# 丰县方言研究

政协江苏省丰县委员会 ◎ 组编
高昌忠 ◎ 主编

东南大学出版社
·南京·

图书在版编目（CIP）数据

丰县方言研究 / 高昌忠主编 . -- 南京：东南大学出版社，2024.8
ISBN 978-7-5766-1213-4

Ⅰ.①丰… Ⅱ.①高… Ⅲ.①江淮方言 – 方言研究 – 丰县 Ⅳ.① H172.4

中国国家版本馆 CIP 数据核字（2024）第 028527 号

丰县方言研究
Fengxian Fangyan Yanjiu

主　　编	高昌忠
出版发行	东南大学出版社
出 版 人	白云飞
责任编辑	周　娟
责任校对	张万莹
封面设计	毕　真
责任印制	周荣虎
社　　址	南京市四牌楼 2 号　邮编：210096
网　　址	http://www.seupress.com
经　　销	全国各地新华书店
印　　刷	广东虎彩云印刷有限公司
开　　本	787mm×1092mm　1/16
印　　张	33
字　　数	645 千
版　　次	2024 年 8 月第 1 版
印　　次	2024 年 8 月第 1 次印刷
书　　号	ISBN 978-7-5766-1213-4
定　　价	128.00 元

本社图书若有印装质量问题，请直接与营销部联系调换。电话（传真）：025-83791830

编辑委员会

顾　问：靳允良　史亚林　徐国良
主　任：巩志刚
副主任：李建新　方　侠　王晓军　韩运鹏　王惠敏　赵　雷
委　员：史先明　韩友夫　程连箴　魏以胜　于圣连　张　庚
　　　　张秀华　范玉友　季朗友
编　审：史先明
主　编：高昌忠

前　言

国务院办公厅《关于全面加强新时代语言文字工作的意见》指出，新时代语言文字工作要以习近平新时代中国特色社会主义思想为指导，"大力推进语言资源的保护、开发和利用。科学保护方言和少数民族语言文字"。

民间艺术、知识、习俗和历史，其精妙之处往往通过方言来表达。方言属于非物质文化遗产，是地域文化的鲜明标志，是一种文化符号，也是区域内人民彼此联系的纽带。

丰县方言千百年代代相传，演化成一种中原官话。许多词语可在古代文献中找到源头，印证其历史的悠久，并蕴涵当地生产生活、风物人情、语言表达等多方面内容，具备了很强的地域性和独特的文化魅力。

丰县方言积聚深厚的文化内涵。本地的俗语、民谣、故事以方言为载体，生动鲜活，展现出浓郁的地方风情；梆子戏、拉魂腔、鼓词、坠子书，在方言的滋养下亦俗亦雅，发出异彩，曾经繁荣一时。丰县方言汇集传统生产经验、生活智慧。农事方面有大量专门用语，生产工具的区分精细详尽，动物、植物往往有独特的名称，衣食住行的词语名目繁多。方言承载民俗，民俗依附方言。丰县的节日礼俗、婚嫁礼俗、各类信仰、喜庆典礼源自古代，形成"过了腊八就是年"、"年垂"（旧历年尾最后一天）、"圆月"（中秋节全家团聚）、"对相"（男女双方为亲事相见交流）、"送粥米"、"吃大席"、"燎锅底"（给乔迁新居的人家庆贺）等语词。

乡音维系桑梓情谊。贺知章诗《回乡偶书》有"少小离家老大回，乡音无改鬓毛衰"的诗句。诗人三十七岁以前离开家乡，回乡时年逾八十，唯一不变的是乡音。丰县话是丰县人的印记，使百万人民心心相通，以生于斯、长于斯而自豪，即便异乡相逢，一旦听出这熟悉的韵味，亲切之情油然而生。

方言既是富有地域特点的语言形式，更是地方文化载体。方言的保护和传承，也是文化的保护、历史的传承。现在，很多年轻人不再熟悉俗语土话，方言发生质的变化。我们需要建立语言文化自信，爱护这份宝贵遗产。为此，丰县政协组织人员开展方言调查，以抢在方言大规模衰亡之前记录下它的面貌，对历史负责，对未来负责。

《丰县方言研究》一书记录丰县方言的语音、词汇和语法现象，经过十多年的搜集整理，终于问世，殷切希望能在文化事业中发挥作用。

编辑委员会
2024 年 6 月

凡　例

1. 书中所说丰县方言，如不另加注释，多指县城（中阳里街道）老派方言。
2. 本书以记录方言事实为主（尤其注重老派说法），一般不分析成因。
3. 词汇部分着重收录与普通话形式不同、意义不同、用法不同的词语，包括词、成语、固定短语、熟语。
4. 有的用例来自口语调查，有的来自丰县人撰写的文章、编印的书籍。
5. 为使行文通俗易懂，本书采用国际音标和汉语拼音共用的方式给方言字词注音。方括号内为国际音标，调值用数字标出，轻声调值均标志为零；汉语拼音约略表示丰县方言的音值。
6. 注音一般不标注变调。
7. 南部和北部的调值略有区别，在注音时一般按城区调值标注。
8. 儿化韵一般不用汉字表示，只在注音中表示。
9. 文读音用双下画线"="表示，白读音用单下画线"—"表示。
10. 例释中以"~"代替本字，例子之间用"｜"隔开，某些方言词语注文后添加双竖线"‖"，说明该词语的其他读音、说法，本字考辨，使用情况等。
11. 方言本字不明者，以同音字代替；无同音字可代者，用方框"□"表示。
12. 书中某些方言词写作规范字，与实际读音不同。比如：介词"跟"，实际音值同"给"[kei^{55}] gēi；介词"在"，实际音值同"逮"[tɛ^{35}] dái；否定副词"别"，实际音值为[pɛ^{55}] bāi。
13. 书中图片除署名外，均为高昌忠摄制。

目　录

前言 ·· 001
凡例 ·· 002

第一章　绪论

第一节　地理人文 ·· 001
第二节　历史沿革 ·· 002
　　一、建置 ·· 002
　　二、区划 ·· 003
第三节　丰县方言的主要特点 ·· 004
　　一、古入声字消失 ·· 005
　　二、属于昌徐型（洛徐型）方言 ·· 005
　　三、"足""笋"之类的字音舌面化 ··· 008
　　四、[iə] ie 和 [iɛ] iɑi 两种韵母并立 ··· 008
　　五、一部分古代入声字韵母特殊 ·· 009
　　六、其他特点 ·· 010
第四节　地域差异 ·· 012
　　一、语音差异 ·· 012
　　二、词汇差异 ·· 023
第五节　新老差异 ·· 027
　　一、语音差异 ·· 027

二、词汇差异 ………………………………………………… 028

第二章 语音系统

第一节 声母、韵母和声调 ………………………………………… 031
一、声母 ………………………………………………… 031
二、韵母 ………………………………………………… 032
三、声调 ………………………………………………… 033

第二节 声韵调配合关系 ………………………………………… 033
一、声母和韵母的配合 ………………………………… 034
二、音节 ………………………………………………… 035

第三节 音变 ……………………………………………………… 049
一、声调变化 …………………………………………… 050
二、轻声 ………………………………………………… 056
三、儿化 ………………………………………………… 059
四、鼻音化 ……………………………………………… 062
五、外地方言词及外来词的读音 ……………………… 063

第四节 异读 ……………………………………………………… 064
一、一字多音 …………………………………………… 064
二、文白异读 …………………………………………… 065
三、口语词的又读 ……………………………………… 070

第三章 同音字汇 …………………………………………………… 071

第四章 丰县音与中古音的比较

第一节 声母的比较 ……………………………………………… 091
第二节 韵母的比较 ……………………………………………… 095
第三节 声调的比较 ……………………………………………… 103
第四节 古今字音比较例外字举例 ……………………………… 106
一、声母例外字 ………………………………………… 106

二、韵母例外字 …………………………………………………… 107

　　三、声调例外字 …………………………………………………… 108

第五节　特殊字音考辨 ………………………………………………… 110

　　一、保留部分古音特点的字 ……………………………………… 110

　　二、擦音转化为塞擦音的字 ……………………………………… 112

　　三、音变复杂的字词 ……………………………………………… 112

第五章　词汇

第一节　概述 …………………………………………………………… 115

　　一、词语反映生产劳动 …………………………………………… 115

　　二、词语反映生活习俗 …………………………………………… 115

　　三、词语反映传统文化 …………………………………………… 115

　　四、词语反映自然、物产 ………………………………………… 116

　　五、带有古语色彩 ………………………………………………… 117

　　六、省缩词 ………………………………………………………… 118

　　七、具有特殊含义的词 …………………………………………… 119

　　八、俗称、雅词和委婉词语 ……………………………………… 120

第二节　丰县方言分类词汇 …………………………………………… 121

　　一、天文、地理 …………………………………………………… 121

　　二、时间、时令 …………………………………………………… 129

　　三、方向、位置 …………………………………………………… 135

　　四、农事、农具 …………………………………………………… 137

　　五、动物 …………………………………………………………… 155

　　六、植物 …………………………………………………………… 173

　　七、房舍、器具 …………………………………………………… 195

　　八、亲属、称谓 …………………………………………………… 219

　　九、身体、疾病、医疗 …………………………………………… 236

　　十、饮食 …………………………………………………………… 249

　　十一、穿戴 ………………………………………………………… 269

十二、起居 …………………………………………………………… 275

　　十三、红白大事、习俗信仰 ………………………………………… 282

　　十四、工商、交通 …………………………………………………… 302

　　十五、教育、文体、娱乐 …………………………………………… 315

　　十六、动作、行为、心理 …………………………………………… 330

　　十七、语言 …………………………………………………………… 362

　　十八、交际 …………………………………………………………… 371

　　十九、性质、状态 …………………………………………………… 389

　　二十、指代 …………………………………………………………… 441

　　二十一、副词 ………………………………………………………… 443

　　二十二、数词、量词 ………………………………………………… 451

　　二十三、介词、连词、叹词、助词 ………………………………… 455

　　二十四、其他 ………………………………………………………… 458

第三节　词语考辨 ……………………………………………………… 463

第六章　语法现象

第一节　词类 …………………………………………………………… 468

　　一、代词 ……………………………………………………………… 468

　　二、副词 ……………………………………………………………… 471

　　三、介词 ……………………………………………………………… 471

　　四、连词 ……………………………………………………………… 472

　　五、形容词带宾语 …………………………………………………… 472

第二节　构词 …………………………………………………………… 473

　　一、重叠式 …………………………………………………………… 473

　　二、附加式 …………………………………………………………… 475

第三节　句式 …………………………………………………………… 486

　　一、"唻"字句 ………………………………………………………… 486

　　二、疑问句 …………………………………………………………… 488

　　三、"A不A的"句式 ………………………………………………… 489

四、"三A两A"和"三A两不A"句式 …………………………… 490

第七章　方言语料

　　第一节　谚语 ………………………………………………………… 491
　　第二节　四句头 ……………………………………………………… 500
　　第三节　歇后语 ……………………………………………………… 501
　　第四节　歌谣 ………………………………………………………… 504
　　　　一、民谣及说唱 …………………………………………………… 504
　　　　二、童谣 …………………………………………………………… 506
　　第五节　谜语 ………………………………………………………… 507
　　　　一、事物谜 ………………………………………………………… 507
　　　　二、字谜 …………………………………………………………… 510

附录

　　一、方言调查大力支持者及合作者名单 ……………………………… 512
　　二、这些字大家是怎样的读法 ………………………………………… 512
　　三、参考文献 …………………………………………………………… 514

后记 ……………………………………………………………………… 515

第一章 绪论

第一节 地理人文

丰县位于江苏省西北部，为徐州市辖县。东与徐州市铜山区、沛县毗邻，南与安徽省萧县、砀山县接壤，西部和北部与山东省单县、金乡县、鱼台县相连。面积1450.2平方千米。

全县属黄泛冲积平原，地势平坦，土层深厚，地表土由黄河携带的泥沙沉积而成，土壤属于潮土类，沙土分布较广。

境内河流（包括干流和支流）有大沙河、复新河、郑集河、黄河故道等，属淮河流域沂沭泗水系。

地处暖温带半湿润季风气候区，四季分明，雨热同季。

境内公路主要有国道237、国道518、徐济高速公路（S69）、省道254、省道322等。

主要产业有电动车制造、木材加工、盐化工、数字经济等。农产品主要有水果、食用菌、蔬菜、畜禽，有江苏省最大的连片果园，所产红富士苹果、酥梨多次获部级奖励。

丰县是全国平原绿化先进县、全国水果生产十强县、国家级生态示范区、国家卫生县城、中国全面小康百佳示范县、国家知识产权强县工程试点县、全国县域数字农业农村发展先进县。

县政府驻凤城街道中阳大道322号。辖中阳里、凤城、孙楼3个街道，范楼、梁寨、大沙河、宋楼、华山、王沟、赵庄、常店、师寨、首羡、顺河、欢口12个镇。2022年末，全县户籍人口119.07万人。

历史文化遗存主要有文庙、古城河、龙雾桥遗址、周亚夫墓、李卫墓、娥墓堌汉墓、凤鸣塔、状元碑园等。主要旅游景点有刘邦故里文化景区、大沙河湿地公园、大沙河水利风景区、果都大观园、梁寨渊子湖、栖凤园、飞龙湖公园、程子书院、永宁寺等。

风俗文化属于中原类型。以面食为主，传统农业把小麦种植当作首务。民谚有"一麦赶三秋"之说，意思是一季麦子比得上三季秋庄稼。

旧时为戏曲之乡，拥有众多班社、剧种，梆子戏、柳子戏、柳琴戏、四平调、花鼓戏、京剧之类戏剧，以及扬琴、大鼓、坠子、渔鼓、评书、莲花落、快书等曲艺争奇斗艳。丰县也是武术之乡，民国期间武馆众多，21世纪武术学校仍有较强活力，培养出大批武林英才。

人文昌盛，俊杰辈出。汉高祖刘邦，率丰沛子弟灭秦挫项，奠定汉朝基业。名相萧何，汉初三杰之首。张陵（又名张道陵，民间称之为张天师），创立道教。李若谷，为宋代参知政事。金代文学家姚孝锡著有《怡云轩集》。李卫，清代三朝重臣。

"丰"是西周时期的古国名。西周时期周公东征鼎、丰伯簠、丰伯车父簋，春秋早期的宋眉父禺上的铭文均有有关丰国的记载。

丰，《说文解字》解释为"豆之丰满者也"。汉代至晋代也写作"酆"，比如张家山汉墓西汉初年竹简《二年律令·秩律》、江苏省东海县尹湾汉墓汉成帝元延二年（公元前11）竹简、晋王嘉《拾遗记》。

丰县别称"秦台""凤城"。清乾隆版《丰县志》卷一说："县名有三，曰古丰、曰秦台、曰凤城。"因传说秦始皇时期曾在县内筑厌气台以镇天子气，故称"秦台"。明隆庆版《丰县志·地理第一》说："丰，又名凤城。"又说："城之西南角独高丈许，旧名凤凰嗉，垂左翼于东南，右翼于西北，各长数百丈，此'凤城'之所由名也。"

第二节　历史沿革

一、建置

春秋时期属宋国，战国时期属魏国。

《史记·高祖本纪》载："周市使人谓雍齿曰：'丰，故梁徙也。'"《汉书》："刘向云：战国时，刘氏自秦获于魏。秦灭魏，迁大梁，都于丰，故周市说雍齿曰：'丰，故梁徙也。'"唐李吉甫《元和郡县图志》卷第九"河南道五"说："丰县……战国时属梁。"

约于战国时期建县。陕西省西安市相家巷遗址出土有"丰玺"封泥，证明秦国灭魏后设立丰县。缪荃孙《江苏省通志稿·方域志》说："丰为魏县，汉高故里。"

秦灭魏，丰县隶四川郡（西安出土的秦代印玺作"四川"，《史记》作"泗川"）。

西汉时期隶沛郡，东汉、西晋时期隶沛国。

南北朝刘宋时期及北魏时期均隶徐州北济阴郡，北齐时隶永昌郡。

隋代隶彭城郡，唐代、北宋、金代均隶徐州。

元代先后隶济州、济宁路。

明代隶徐州。清雍正十一年（1733）至清末隶徐州府。

民国时期，先后隶江苏省徐海道、铜山行政督察区、第九行政督察区。

1949年划归山东省台枣专区，1953年划归江苏省徐州专区，1983年划归江苏省徐州市。

二、区划

唐至五代时期，丰县设18个乡，有雍凤里、吴康里等。《旧五代史·梁书·列传》载："朱珍，徐州丰县雍凤里人也。"又云："时溥乃以全师会战于丰南吴康里，珍乃收丰，破其三万余众。"

北宋初年的石碑记载，宋初设有6个乡：丰邑乡、斩蛇乡、招仁乡、秦台乡、望云乡、德政乡。北宋初《太平寰宇记》载："丰县，西北一百四十里，旧十八乡，今六乡。"

北宋中期《元丰九域志·京东路》载："紧，丰。州西北一百四十里，二乡。"

明正统年间，置有4个乡、11个保：一乡在县之东南，包括华山保、大乌保、留顺保、万安保、七级保；二乡在县之西，包括安靖保、苗城保；三乡在县之西北，包括司马保、田村保；四乡在县之北，包括忽城保、力村保。

明嘉靖年间，置有18个保：华山保、大乌保、留顺保、丁兰保、万安保、襄田保、七级保、艾村保、安靖保、苗城保、新赵保、司马保、田村保、石城保、忽城保、力村保、永安保、新村保。

明隆庆年间置有4个乡、19个里：一乡在县东南，包括华山、大乌、留顺、丁兰、万安、襄田、七级、艾村8个里；二乡在县城西南，包括安靖、苗城、新赵3个里；三乡在县西北，包括司马、田村、食城（石城）3个里；四乡在县东北，包括忽城、力村、永安、新村4个里；在城为1个里。

清顺治年间置有19个里，每里10甲。县东南8个里，即华山、大乌、留顺、丁兰、万安、襄田、七级、艾村；县西南3个里，即安靖、苗城、新赵；县西北3个里，即司马、田村、石城；县东北4个里，即忽城、力村、永安、新村；在城为1里。

清光绪年间置有19个里，每里10甲。县东南8个里，即华山、大乌、留顺、丁兰、石城、襄田、七级、艾村；县西南3个里，即安靖、苗城、新赵；县西北3个里，即司马、田村、万安；县东北4个里，即忽城、力村、永安、新村；在城为1里。

1928年，全县分为7个行政区，区下设乡、镇：第一区，区公所驻县城火神庙街；

第二区，区公所驻欢口；第三区，区公所驻王寨；第四区，区公所驻赵庄集；第五区，区公所驻刘元集；第六区，区公所驻宋楼；第七区，区公所驻华山。

1949年10月，丰县划分为9个区：城关区、冯屯区、王寨区、单楼区、周庄区、赵庄区、首羡区、顺堤区、欢口区。华山县辖7个区：一区（驻戴套楼）、二区（驻孙楼）、三区（驻宋楼）、四区（驻梁寨）、五区（驻草楼）、六区（驻高寨）、七区（驻周寨）。

1953年1月，华山县撤销，其所属一区、二区、三区、五区4个区并入丰县，四区划归铜山县，六区、七区划归砀山县。

1955年6月，铜山县梁寨区划入丰县，丰县疆界从此未变。

1958年9月，14个乡镇的204个高级农业社合并为15个人民公社：城关、宋楼、大沙河果园、李寨、梁寨、范楼、华山、戴套楼、欢口、顺河、首羡、赵庄、王沟、马楼、史小桥。

1983年，人民公社政社合一建制撤销，各公社建立乡（镇）人民政府，全县共计有1个镇、22个乡、1个林场、1个果园：城关镇、张五楼乡、华山乡、套楼乡、孙楼乡、宋楼乡、刘王楼乡、李寨乡、梁寨乡、金陵乡、范楼乡、王沟乡、单楼乡、赵庄乡、和集乡、首羡乡、马楼乡、常店乡、师寨乡、史小桥乡、欢口乡、顺河乡、沙庄乡、国营丰县林场、大沙河果园。

2000年4月，原来的26个乡镇（场）合并为14个镇，即凤城镇、顺河镇、首羡镇、常店镇、梁寨镇、华山镇、范楼镇、大沙河镇、宋楼镇、孙楼镇、王沟镇、赵庄镇、欢口镇、师寨镇。

2014年11月，凤城镇撤销，分置中阳里街道和凤城街道；孙楼镇改建为孙楼街道。

第三节　丰县方言的主要特点

丰县方言属于汉语官话方言区的中原官话。2012年，在中国社会科学院语言研究所、中国社会科学院民族学与人类学研究所、香港城市大学语言资讯科学研究中心编制的《中国语言地图集》（第2版）中，丰县方言归入中原官话徐淮片。

声韵系统简洁，声母23个（含零声母），老派方言比普通话多出1个v；韵母37个，比普通话少o和ueng；声调有阴平、阳平、上声、去声4种，4种声调曲平升降，清晰有别，去声调略有曲折；声韵类型和普通话基本一致，读[ts ts' s] z c s之类舌尖音的字比普通话稍多；轻声变调和儿化韵较为丰富，用法灵活。

少数字词有读书音和口语音的差别，例如，在口语中把"上头"（上边）说成 [xaŋ⁵²³tʻou⁰] hàng tou。

常用词具有地方特色，尤其是各类事物的名称有别于其他地区。关于农业生产的词语较多。许多词语与元明戏曲、小说相同，保留了元明时期的特点，可以为研究古代汉语提供活的资料。

在构词方法上，使用一些特殊的词缀。

丰县处于黄淮平原，周边无高山大河阻隔，与相邻的苏鲁豫皖各县、区来往密切，方言较为相似。

隋唐以后，在多数时期丰县都属徐州管辖，今天的丰县方言接近徐州市区方言，不过，普通丰县人也可以听出二者的差别。

在丰县方言中，古代入声调大多数并入阴平、阳平；古全浊声母今音塞音、塞擦音的平声字读送气清声母，仄声字读不送气声母，与北京话相同；中古知庄章三组声母今分读 [tʂ tʂʻ ʂ] zh ch sh 和 [ts tsʻ s] z c s 两类。

一、古入声字消失

古清声母入声字和次浊声母入声字大部分归阴平，少部分归上声和去声，古全浊声母入声字归阳平。见下表。

表 1-1　丰县方言古入声字归并表

古入声类型	例　字	今音调类
清声母入声字	北不撇笔说铁答德七节作积足雪削脚割桌刻色策烛	阴平
清声母入声字	叔迫	上声
次浊声母入声字	岳叶热麦脉灭绿律鹿烙列	阴平
次浊声母入声字	玉肉六	去声
全浊声母入声字	合狭匣学局拔白谍择杂捷集	阳平

二、属于昌徐型（洛徐型）方言

普通话读 [tʂ tʂʻ ʂ] zh ch sh 声母（中古知、庄、章三组声母）的字，在丰县话中分读为两类，一类声母读 [tʂ tʂʻ ʂ] zh ch sh；另一类读 [ts tsʻ s] z c s，与古精组在今洪音韵母前的读音相同。比如：

罩知 = 躁精 [tsau⁵²³] zào　≠ 赵澄 [tʂau⁵²³] zhào

站知 = 赞精 [tsæ̃⁵²³] zàn ≠ 战章 [tʂæ̃⁵²³] zhàn

支章 = 资精 [tsɿ²¹⁴] zǐ ≠ 知知 [tʂʅ²¹⁴] zhǐ

翅书 = 次清 [tsʻɿ⁵²³] cì ≠ 斥昌 [tʂʻʅ⁵²³] chì

抄初 = 操清 [tsʻau²¹⁴] cǎo ≠ 超彻 [tʂʻau²¹⁴] chǎo

馋崇 = 蚕从 [tsʻæ̃⁵⁵] cān ≠ 缠澄 [tʂʻæ̃⁵⁵] chān

生生 = 僧心 [səŋ²¹⁴] sěng ≠ 升书 [ʂəŋ²¹⁴] shěng

知章组声母大多数读 [tʂ tʂʻ ʂ] zh ch sh，而庄组声母多数读 [ts tsʻ s] z c s。

（一）声母读 [ts tsʻ s] z c s 的字包括知组开口二等字、庄组今音开口字、章组止摄开口三等字

1. 知组开口二等字多数读 [ts tsʻ] z c。比如：

[tsʻɑ] ca 茶搽诧；[tsau] zao 罩；[tsæ] zan 站；[tsʻəŋ] ceng 撑掌；[tsʻei] cei 拆；[tsei] zei 泽择翟宅摘。

2. 庄组今音开口字声母读 [ts tsʻ s] z c s。例如：

假摄开口二等：楂渣诈榨炸叉杈差岔茬查乍沙纱洒厦

蟹摄开口二等：斋豺债钗柴寨筛洒晒

止摄开口三等：差筛师狮辎滓厕士仕柿俟事使史驶

效摄开口二等：找笊抄钞炒吵巢梢捎筲稍潲

流摄开口三等：邹皱绉搊愁骤搜飕馊瘦

咸摄开口二等：斩眨插谗馋闸煠杉

深摄开口三等：簪岑森渗涩

山摄开口二等：盏札扎铲察山产杀煞

山摄开口二等：栈铡册疵

臻摄开口三等：臻衬瑟虱

曾摄开口三等：侧仄测色啬

梗摄开口二等：窄生牲笙甥省争筝睁责策册栅

个别字例外，如：蘸 [tʂæ̃⁵²³] zhàn（咸摄开口二等）。

3. 章组止摄开口三等字声母读 [ts tsʻ s] z c s。例如：

止摄开口三等支韵：支枝肢栀纸只舐舓施豕翅匙是氏

止摄开口三等脂韵：脂旨指至示尸屎视嗜

止摄开口三等之韵：之芝止趾址志痣嗤齿诗始试时市恃侍

个别字例外，如：侈 [tʂʻʅ⁵²³] chì。

（二）声母读 [tʂ tʂʻ ʂ] zh ch sh 的字主要有三类

1. 知组三等字。例如：

遇摄合口三等：猪褚除储箸诛蛛株拄驻注厨柱住

蟹摄合口三等：缀滞

止摄开口三等：知蜘智池驰致迟雉稚置痴耻持痔治追槌锤坠

效摄开口三等：超潮赵兆召

流摄开口三等：肘昼抽丑绸稠筹纣宙

咸摄开口三等：沾

深摄开口三等：沉蛰

山摄开口三等：展缠哲蜇彻撤辙

山摄合口三等：椽篆

臻摄开口三等：珍镇趁陈尘阵侲秩

臻摄合口三等：椿朮

宕摄开口三等：张涨帐账胀畅肠场丈仗杖

曾摄开口三等：征稙饬澄惩橙直值

梗摄开口三等：贞侦逞呈程郑掷

通摄合口三等：忠竹畜虫仲轴宠

2. 章组（不含止摄开口）字。例如：

假摄开口三等：遮者蔗车扯蛇射麝奢赊舍赦舍畲社

遇摄合口三等：诸杵书舒暑鼠黍庶恕署薯朱珠硃主注蛀铸枢戍殊竖树

蟹摄开口三等：制世势誓逝赘税

止摄合口三等：锥水

效摄开口三等：昭招沼照诏烧少韶绍邵

流摄开口三等：周舟州洲帚咒丑臭收手首守兽仇（雠）酬受寿授售

咸摄开口三等：瞻摺褶陕闪摄蟾涉

深摄开口三等：针斟枕执汁葚甚深沈审婶湿甚十什拾

山摄开口三等：毡膻蝉禅善战颤浙舌扇设膳单专砖拙川穿喘串船说

臻摄开口三等：真诊疹振震质神实身申伸娠失室辰晨臣肾慎准準春蠢出盾顺术述秫舜醇

宕摄开口三等：章樟漳獐掌障瘴酌昌菖娼厂唱倡绰焯商伤赏响常尝裳偿上尚勺芍

曾摄开口三等：蒸拯证症织职称秤乘绳剩食蚀升胜识式饰承丞殖植

梗摄开口三等：征整正政只炙赤斥尺射声圣适释成城诚盛石

通摄合口三等：终众祝粥充铳叔熟淑钟锺盅肿烛嘱冲触赎蜀属

3. 庄组合口（包括今音合口）韵母的字。例如：

假摄合口二等：傻耍

遇摄合口三等：初楚础锄助梳所雏数

止摄合口三等：揣吹垂睡

山摄合口二等：撰闩拴涮刷

臻摄合口三等：率（~领）蟀

宕摄开口三等：庄装妆壮疮闯创床状霜孀爽

江摄开口二等：窗双

通摄合口三等：崇缩

三、"足""笋"之类的字音舌面化

普通话一部分读 [ts tsʻ s] z c s 声母的字（古精组通摄、臻摄的一部分合口三等入声字），丰县音声母读为 [tɕ tɕʻ ɕ] j q x。如：

表1-2　古精组声母舌面化常见字表

例字	丰县	中古音（据《广韵》）	普通话
足	[tɕy²¹⁴] jǔ	即玉切，烛韵，精母	zú
俗	[ɕy⁵⁵] xū	似足切，烛韵，邪母	sú
粽子	[tɕyŋ⁵²³] jiòng	作弄切，送韵，精母	zòng
宿，肃	[ɕy²¹⁴] xǔ	息逐切，屋韵，心母	sù
笋	[ɕyẽ³⁵] xún	思尹切，準韵，心母	sǔn
损	[ɕyẽ³⁵] xún	苏本切，混韵，心母	sǔn
槆子	[ɕyẽ³⁵] xún	筍尹切，準韵，心母（《集韵》）	sǔn
葓辣菜	[ɕyŋ²¹⁴] xiǒng	息弓切，东韵，心母	sōng

四、[iə] ie 和 [iɛ] iai 两种韵母并立

普通话中的韵母 ie 在丰县老派方言中分读 [iə] ie 和 [iɛ] iai 两韵。古蟹摄开口二等皆、佳等韵见系字，丰县今韵母作 [iɛ] iai；古假摄开口三等麻韵精组字，丰县今韵母作 [iə] ie。

韵母 [iɛ] iai 大多来自古见、匣两母蟹摄开口二等韵，比如：

[tɕiɛ²¹⁴] jiǎi 皆、阶、街、秸

[tɕiɛ⁵²³] jiài 介、芥、蚧、界、戒、械、诫、届

[tɕiɛ³⁵] jiái 解

[ɕiɛ⁵⁵] xiāi 鞋、谐、偕

[ɕiɛ³⁵] xiái 蟹

[ɕiɛ⁵²³] xiài 懈、澥

[iɛ⁵⁵] yāi 也（以母）

韵母 [iə] ie 来自中古山、咸两摄入声和假摄，与北京音接近，比如：

[tɕiə²¹⁴] jiě 结、节、接、疖、揭、洁、拮、竭

[tɕiə⁵⁵] jiē 截、捷、睫、杰

[tɕiə³⁵] jié 姐

[tɕiə⁵²³] jiè 借、褯

[tɕ'iə²¹⁴] qiě 且、切

[tɕ'iə⁵⁵] qiē 茄

[tɕ'iə⁵²³] qiè 怯、慊、窃

[ɕiə²¹⁴] xiě 楔、蝎、血

[ɕiə⁵⁵] xiē 邪、挟、携、斜、协、胁

[ɕiə³⁵] xié 写、些

[ɕiə⁵²³] xiè 泻、卸、谢、屑、亵

[iə²¹⁴] yě 掖、腋、噎、冶、页、业、烨

[iə³⁵] yé 野、耶

[iə⁵²³] yè 谒、夜

以上两类韵母，宋楼、王沟、赵庄等镇以及孙楼街道南部多数都合并为 [iə] ie。

五、一部分古代入声字韵母特殊

（一）古曾、梗摄的德韵、庄组职韵、陌韵、麦韵，今丰县方言多作 [ei] ei、[uei] ui。如：

曾摄德韵字：得、德 [tei²¹⁴] děi；墨 [mei²¹⁴] měi；特 [tei⁵⁵] dēi；肋 [lei²¹⁴] lěi；则 [tsei²¹⁴] zěi；贼 [tsei⁵⁵] zēi；塞 [sei²¹⁴] sěi；刻、克 [k'ei²¹⁴] kěi；黑 [xei²¹⁴] hěi。

曾摄职韵庄组字：侧、测 [ts'ei²¹⁴] cěi；色、啬 [sei²¹⁴] sěi。

梗摄陌韵字：百、伯、柏 [pei²¹⁴] běi；白 [pei⁵⁵] béi；拆 [ts'ei²¹⁴] cěi；窄 [tsei²¹⁴] zěi；择、宅 [tsei⁵⁵] zéi；格 [kei²¹⁴] gěi；客 [k'ei²¹⁴] kěi；额（名~）[ei³⁵] éi；赫、吓（~唬）[xei²¹⁴] hěi。

梗摄麦韵字：麦、脉 [mei²¹⁴] měi；摘 [tsei²¹⁴] zěi；策、册 [ts'ei²¹⁴] cěi；革、隔 [kei²¹⁴] gěi；扼 [ei³⁵] éi。

（二）古宕摄开口、江摄入声字今韵母读 [ə uə yə] e uo yuo，个别字读 [iau] iao。见下表。

表 1-3　古宕江两摄入声读音

例字	丰县	中古音
薄	[puə] bō	宕摄铎韵一等
鹤	[xə] hē	宕摄铎韵一等
落、烙	[luə] luǒ	宕摄铎韵一等
勺、芍	[ʂuə] shuō	宕摄药韵三等
脚	[tɕyə] juǒ	宕摄药韵三等
略	[luə] luǒ	宕摄药韵三等
雀	[tɕyə] quǒ	宕摄药韵三等
削	[ɕyə] xuǒ	宕摄药韵三等
药	[yə] yuǒ	宕摄药韵三等
跃	[iau] yào	宕摄药韵三等
剥	[puə] bǒ	江摄觉韵二等
雹	[puə] bō	江摄觉韵二等
学	[ɕyə] xuō	江摄觉韵二等
角	[tɕyə] juǒ	江摄觉韵二等

六、其他特点

（一）不分尖音和团音

古精组和晓组声母在今细音前均读 [tɕ tɕʻ ɕ] j q x，与普通话音相同。如精 = 经 [tɕiŋ²¹⁴] jīng、酒 = 九 [tɕiou³⁵] jiǔ；青 = 轻 [tɕʻiŋ²¹⁴] qīng、千 = 牵 [tɕʻiæ²¹⁴] qiān；星 = 兴 [ɕiŋ²¹⁴] xǐng、箱 = 香 [ɕiaŋ²¹⁴] xiāng。

（二）普通话读 [fei] fei 音节的字（古代蟹摄合口三等非组字、止摄合口三等非组字），丰县方言读作 [fi] fi。如：

非、飞 [fi²¹⁴] fī，肥 [fi⁵⁵] fí，妃、匪 [fi³⁵] fǐ，废、肺、费 [fi⁵²³] fì。

（三）普通话韵母为 [ɤ] e 的一部分字（古代果摄合口一等戈韵见晓组字），丰县老派方言把韵母读为 [uə] uo。如：

戈 [kuə²¹⁴] guǒ，棵、颗、科 [kʻuə²¹⁴] kuǒ，课 [kʻuə⁵²³] kuò，和、禾 [xuə⁵⁵] huō。

（四）老派方言将多数古代疑母字读作零声母

例如：凝 [iŋ⁵⁵] yīng，拟、霓 [i⁵⁵] yī，逆 [i⁵²³] yì，孽 [iə²¹⁴] yě，虐、疟 [yə²¹⁴] yuě。

（五）少数古代日母字读音特殊

止摄开口三等字读作自成音节的 [l] lr：儿、尔、而、饵、二、贰。

个别字在口语中读作零声母：臻摄开口字"刃"在口语中说成 [iẽ⁵²³] yìn，如：刀~，开~；臻摄合口字三等字"润""闰"音 [yẽ⁵²³] yùn；"绕"，《广韵》而沼切，口语中说成 [iau²¹⁴] yǎo，如：从东边~过去｜~路｜~一个大弯子。

（六）老派方言有音节 [vi]

古代微、以两母止摄合口字"微、薇、唯、维、帷、惟、未"，老派方言读作 [vi]。处于同样位置的微母止摄合口字"味"和"尾"，分别读作 [uei] ui 和 [i] yi（白读，如：~巴）。

（七）中古"泥""来"两母字今音不混，[n] 只拼开口呼、合口呼，[ŋ] 只拼齐齿呼和撮口呼

古泥（娘）母字今声母大多读 [n]，如：拿奴乃奈奶内脑闹南纳难暖囊能农。

古泥（娘）母字与细音相拼时读 [ŋ]，如：泥你女扭聂捏年撵念宁娘。

也有少量例外字，如：泥母臻摄合口一等去声字"嫩"读 [luẽ⁵²³] lùn；泥母宕摄开口三等字"酿"旧读 [zaŋ³⁵] ráng（酝酿 [yẽ⁵⁵zaŋ³⁵]）；来母通摄合口一等去声字"弄"读作 [nuŋ⁵²³] nòng（又读作 [nəŋ⁵²³] nèng）。

（八）缺少鼻韵尾 [-n]，普通话韵母 an、ian、uan、üan、en、in、un、ün，丰县话分别读为鼻化韵母 [æ̃、iæ̃、uæ̃、yæ̃、ẽ、iẽ、uẽ、yẽ]。"恩、分、音、温、晕"等字的鼻音色彩比较突出

（九）普通话少部分韵母为 [ou] ou 的字，丰县话韵母为 [u] u，比如：

表 1-4 古流摄通摄读韵母 u 常见字表

例字	丰县音	普通话	中古音
某	[mu³⁵] mú	mǒu	流摄侯韵
剖	[pʻu³⁵] pú, [pʻuə³⁵] pó, [pʻau³⁵] páo	pōu	流摄侯韵
牟，眸，谋	[mu⁵⁵] mū	móu	流摄尤韵
轴，妯	[tʂu⁵⁵] zhū	zhóu	通摄屋韵
熟	[ʂu⁵⁵] shū	shóu	通摄屋韵
腊八粥（旧）	[tʂu²¹⁴] zhǔ	zhōu	通摄屋韵

说明：

1. 剖，旧读 [pʻu³⁵]，新派读 [pʻau³⁵]，丰县北部的欢口等镇读 [pʻuə³⁵] pó。

2. 粥，通常读作 [tʂou²¹⁴] zhǒu，老派方言仅在"腊八粥"一词中念 [tʂu²¹⁴] zhǔ。

第四节 地域差异

县内方言声母、韵母、声调的类型基本相同，除北部边界地区缺少声母 [tʂ tʂʻ ʂ] zh ch sh 外，各街道、各镇均为昌徐型方言，均有自成音节的辅音 [l̩] lr，甚至一些特殊词的读音也相同。常用词汇一致性较大。

县内方言略有地域差异，可以分成南、北两个方言小片。北片包括欢口、师寨、首羡、顺河、赵庄、王沟、常店 7 个镇；南片包括中阳里、凤城、孙楼 3 个街道，以及宋楼、大沙河、华山、梁寨、范楼 5 个镇。

一、语音差异

（一）[tʂ tʂʻ ʂ] zh ch sh 的分布规律略有差异

1.普通话 [tʂ tʂʻ ʂ] zh ch sh 与以 u 开头的韵母拼成的许多字，南部地区的大沙河、范楼、梁寨、套楼、宋楼南部等地声母读为 [ts tsʻ s] z c s；而中阳里、凤城、孙楼、华山镇北部，以及王沟、赵庄、师寨、常店、首羡中南部、顺河中南部、欢口西南部大多读为 [tʂ tʂʻ ʂ] zh ch sh。见下表。

表 1-5　南片 [tʂ tʂʻ ʂ] zh ch sh 拼读合口呼韵母的例字

例字	中阳里街道	华山镇	孙楼街道	范楼镇	梁寨镇
充	tʂʻuŋ	tʂʻuŋ	tʂʻuŋ	tsʻuŋ	tsʻuŋ
崇	tʂʻuŋ	tʂʻuŋ	tʂʻuŋ	tsʻuŋ	tsʻuŋ
出	tʂʻu	tʂʻu	tʂʻu	tʂʻu	tʂʻu
初	tʂʻu	tʂʻu	tʂʻu	tsʻuə	tsʻuə
锄	tʂʻu	tʂʻu	tʂʻu	tʂʻu	tʂʻu
楚	tʂʻu	tʂʻu	tʂʻu	tʂʻu	tʂʻu
触	tʂu	tʂu	tʂu	tsu	tsu
床	tʂʻuaŋ	tʂʻuaŋ	tʂʻuaŋ	tsʻuaŋ	tsʻuaŋ
村	tʂʻuẽ	tʂʻuẽ	tʂʻuẽ	tʂʻẽ / tsʻuẽ	tʂʻuẽ
书	ʂu	ʂu	ʂu	ʂu	ʂu
叔	ʂu	ʂu	ʂu	su	su
梳	ʂu	ʂu	ʂu	suə	su

续表

例字	中阳里街道	华山镇	孙楼街道	范楼镇	梁寨镇
输（运~）	su	su	su	su	su
鼠	ʂu	ʂu	ʂu	ʂu	ʂu
束（约~）	su	su	su	su	su
刷	ʂua	sua	ʂua	sua	sua
拴	ʂuæ̃	suæ̃	ʂuæ̃	suæ̃	suæ̃
霜	ʂuaŋ	ʂuang	ʂuaŋ	suaŋ	suaŋ
水	ʂuei	suei	ʂuei	suei	suei
顺	ʂuə̃	ʂuə̃	ʂuə̃	ʂuə̃	ʂuə̃
说（~话）	ʂuə	ʂuə	ʂuə	ʂuə	ʂuə
缩	tʂʻu	tʂʻu	tʂʻu	tsʻu	tsʻu
所（~以）	ʂuə	ʂuə	ʂuə	suə	suə
中	tʂuŋ	tʂuŋ	tʂuŋ	tsuŋ	tsuŋ
轴	tʂu	tʂu	tʂu	tsu	tsu
烛	tʂu	tʂu	tʂu	tsu	tsu
嘱	tʂu	tʂu	tʂu	tsu	tsu
祝	tʂu	tʂu	tʂu	tsu	tsu
筑	tsu	tʂu	tsu	tsu	tsu
专	tʂuæ̃	tʂuæ̃	tʂuæ̃	tʂuæ̃	tʂuæ̃
庄	tʂuaŋ	tʂuaŋ	tʂuaŋ	tsuaŋ	tsuaŋ
追	tʂuei	tsuei	tʂuei	tsuei	tsuei
锥	tʂuei	tsuei	tʂuei	tsuei	tsuei
准	tʂuə̃	tʂuə̃	tʂuə̃	tsuə̃	tsuə̃
桌	tʂuə	tsuə	tʂuə	tsuə	tsuə
浊	tʂuə	tʂuə	tʂuə	tsuə	tsuə

  从上表可看出，古知章庄声母以及部分精组声母与合口呼韵母相拼时，南部地区有一批字念作 [ts tsʻ s] z c s，但仍有大批字念作 [tʂ tʂʻ ʂ] zh ch sh。这是一种没有完成的由 [tʂ tʂʻ ʂ] 向 [tsʻ ts s] 转变的进程。越靠近城区，读翘舌音的字越多。

表 1-6 北片 [tʂ tʂʻ] zh ch 拼读合口呼韵母的例字

片区 例字	师寨	顺河	王沟	首羡和集
充	tʂʻuŋ	tʂʻuŋ	tʂʻuŋ	tʂʻuŋ
崇	tʂʻuŋ	tʂʻuŋ	tʂʻuŋ	tʂʻuŋ
初	tʂʻu	tʂʻu	tʂʻu	tʂʻu
触	tʂu	tʂu	tʂu	tʂu
揣	tʂʻuɛ	tʂʻuɛ	tʂʻuɛ	tʂʻuɛ
村	tʂʻuə̃	tʂʻuə̃	tʂʻuə̃	tʂʻuə̃
束（~缚）	su	su	su	su
中	tʂuŋ	tʂuŋ	tʂuŋ	tʂuŋ
祝	tʂu	tʂu	tʂu	tsu
筑	tsu	tsu	tsu	tsu
庄	tʂuaŋ	tʂuaŋ	tʂuaŋ	tʂuaŋ
浊	tʂuo	tʂuo	tʂuo	tʂuo
镯（~子）	tsuo	tsuə	tsuo	tsuo

2. 北部边界地区缺少 [tʂ tʂʻ ʂ z] zh ch sh r 4 个声母，普通话中的此类声母被替代为 [ts tsʻ s z] z c s z-i。

欢口镇大部分地区、首羡镇北部、顺河镇北部都存在这种情况。比如：

知 [tsʅ²¹⁴] zǐ, 朱 [tsu], 镇 [tsẽ], 张 [tsɑŋ], 中 [tsuŋ], 征 [tsəŋ], 竹 [tsu], 筑 [tsu], 桌 [tsuə]；

彻 [tsʻə], 插 [tsʻa], 超 [tsʻau], 趁 [tsʻẽ], 宠 [tsʻuŋ], 戳 [tsʻuə], 吃 [tsʻʅ²¹⁴]；

治 [tsʅ], 坠 [tsuei], 赵 [tsau], 赚 [tsuæ̃], 沉 [tsʻẽ], 纯 [tsʻuẽ], 撞 [tsʻuɑŋ], 郑 [tsəŋ], 秩 [tsʅ], 直 [tsʅ]；

抓 [tsua], 斩 [tsæ̃], 装 [tsuaŋ], 眨 [tsa], 捉 [tsuə]；

初 [tsʻu], 楚 [tsʻu], 厕 [tsʻʅ], 窗 [tsʻuaŋ], 测 [tsʻei]；

崇 [tsʻuŋ], 锄 [tsʻu], 助 [tsu], 撰 [tsʻuæ̃], 床 [tsʻuaŋ]；

生 [səŋ], 傻 [sa], 梳 [su], 山 [sæ̃], 爽 [suaŋ], 缩 [sʻu]；

章 [tsaŋ], 朱 [tsu], 赘 [tsuei], 至 [tsʅ], 照 [tsau], 战 [tsæ̃], 枕 [tsẽ], 准 [tsuẽ], 专 [tsuæ̃], 质 [tsʅ]；

昌 [tsʻɑŋ], 车 [tsʻə], 处 [tsʻu], 炊 [tsʻuei], 穿 [tsʻuæ̃], 春 [tsʻuẽ]；

船 [tsʻuæ̃]，蛇 [sa]，射 [sə]，神 [sẽ]，实 [sʅ]，乘 [səŋ]，食 [sʅ]；

书 [su]，奢 [tsʻə]，世 [sʅ]，税 [suei]，手 [sou]，闪 [sæ̃]，深 [tsʻẽ]，晌 [saŋ]，升 [səŋ]，设 [sə]，饰 [tsʻʅ]；

禅 [tsʻæ̃]，誓 [sʅ]，垂 [tsʻuei]，谁 [sei]，涉 [sə]，甚 [sẽ]，纯 [tsʻẽ]，尝 [tsʻaŋ]，偿 [saŋ]，承 [tsʻəŋ]，十 [sʅ]，石 [sʅ]；

日 [zʅ]，如 [zu]，饶 [zau]，软 [zuæ̃]，人 [zẽ]，润 [yẽ]，让 [zaŋ]，扔 [zəŋ]，容 [zuŋ]，入 [zu]，热 [zə]。

这些地区与山东省鱼台县、金乡县接壤，缺少声母 [tʂ tʂʻ ʂ ʐ] zh ch sh r 的状况与金乡县、鱼台县相似。

（二）口语中，北片多数地区（欢口、顺河、师寨、首羡、常店、王沟、赵庄）把普通话 [ʂ] sh 与以 [u] u 开头的韵母相拼的字说成 [f-] f-；而南片则读作 [ʂu-] sh- 或 [su-] su-。见下表。

表1-7 南北两片 shu 一类字音对照表

例字	中阳里街道	师寨镇	欢口镇	顺河镇
书	ʂu²¹⁴ shǔ	fu²¹⁴ fǔ	fu²¹⁴ fǔ	fu²¹⁴ fǔ
叔	ʂu³⁵ shú	fu³⁵ fú	fu³⁵ fú	fu³⁵ fú
梳	ʂu²¹⁴ shǔ	fu²¹⁴ fǔ	fu²¹⁴ fǔ	fu²¹⁴ fǔ
熟	ʂu⁵⁵ shū	fu⁵⁵ fū	fu⁵⁵ fū	fu⁵⁵ fū
鼠	ʂu³⁵ shú	fu³⁵ fú	fu³⁵ fú	fu³⁵ fú
树	ʂu⁵²³ shù	fu⁵²³ fù	fu⁵²³ fù	fu⁵²³ fù
数（~学）	ʂu⁵²³ shù	fu⁵²³ fù	fu⁵²³ fù	fu⁵²³ fù
数（动词）	ʂuə³⁵ shuó	fuə³⁵ fó	fuə³⁵ fó	fuə³⁵ fó
刷	ʂua²¹⁴ shuǎ	fa²¹⁴ fǎ	fa²¹⁴ fǎ	fa²¹⁴ fǎ

续表

例字	中阳里街道	师寨镇	欢口镇	顺河镇
摔	ʂuei²¹⁴ shuǐ	fei²¹⁴ fěi	fei²¹⁴ fěi	fei²¹⁴ fěi
拴	ʂuæ̃²¹⁴ shuǎn	fæ̃²¹⁴ fǎn	fæ̃²¹⁴ fǎn	fæ̃²¹⁴ fǎn
霜	ʂuaŋ²¹⁴ shuǎng	faŋ²¹⁴ fǎng	faŋ²¹⁴ fǎng	faŋ²¹⁴ fǎng
水	ʂuei³⁵ shuí	fei³⁵ féi	fei³⁵ féi	fei³⁵ féi
睡	ʂuei⁵²³ shuì	fei⁵²³ fèi	fei⁵²³ fèi	fei⁵²³ fèi
说	ʂuə²¹⁴ shuǒ	fuə²¹⁴ fǒ	fuə²¹⁴ fǒ	fuə²¹⁴ fǒ
所以	ʂuə⁵⁵ shuō	fuə⁵⁵ fō	fuə⁵⁵ fō	fuə⁵⁵ fō
各处里	fu⁰ fu	fu⁰ fu	fu⁰ fu	fu⁰ fu

说明：

1.民国时期，这类现象也存在于书面语中。20世纪50年代后，只保留在口语中，书面语及口语中的书面语用词读法接近普通话。比如，在史小桥方言中，下列书面语词读音均接近普通话：

芍药 [ʂuə⁵⁵] shuō，不读 fō；

淑 [ʂu²¹⁴] shǔ，不读 fǔ；

蜀 [ʂu⁵⁵] shū，不读 fū；

述 [tʂʻu⁵⁵] shū，不读 fū；

衰 [ʂuɛ²¹⁴] shuǎi，不读 fǎi；

帅 [ʂuɛ⁵²³] shuài，不读 fài；

舜 [ʂuɛ̃⁵²³] shùn，不读 fèn。

2.孙楼街道西北部高楼等村少数字也存在这种现象。

（三）北片多数地区把普通话声母为 [tɕ tɕʻ ɕ] j q x 的一些字（古精组声母与三等合口韵母相拼的字）读为 [ts tsʻ s] z c s。如：

表 1-8　北片古精组合口韵母常见字读音表

例字	首羡镇	赵庄镇	王沟（刘小集）镇	师寨镇	欢口镇
俊	[tsuẽ^{523}]	[tsuẽ^{523}]	[tsuẽ^{523}]	[tsuẽ^{523}]	[tsuẽ^{523}]
全	[tsʻuæ̃^{55}]	[tsʻuæ̃^{55}]	[tsʻuæ̃^{55}]	[tsʻuæ̃^{55}]	[tsʻuæ̃^{55}]
选	[suæ̃^{35}]	[suæ̃^{35}]	[suæ̃^{35}]	[suæ̃^{35}]	[suæ̃^{35}]
雪	[suə^{214}]	[suə^{214}]	[suə^{214}]	[suə^{214}]	[suə^{214}]
绝	[tsuə^{55}]	[tsuə^{55}]	[tsuə^{55}]	[tsuə^{55}]	[tsuə^{55}]
削	[suə^{214}]	[suə^{214}]	[suə^{214}]	[suə^{214}]	[suə^{214}]
嚼子	[tsuə^{55}]	[tsuə^{55}]	[tsuə^{55}]	[tsuə^{55}]	[tsuə^{55}]
旋板皮	[suæ̃^{523}]	[suæ̃^{523}]	[suæ̃^{523}]	[suæ̃^{523}]	[suæ̃^{523}]
皴	[tsʻuə̃^{214}]	[tsʻuə̃^{214}]	[tsʻuə̃^{214}]	[tsʻuə̃^{214}]	[tsʻuə̃^{214}]
逊白	[suə̃^{523}]	[suə̃^{523}]	[suə̃^{523}]	[suə̃^{523}]	[suə̃^{523}]
荄子	[suə^{55}]	[suə^{55}]	[suə^{55}]	[suə^{55}]	[suə^{55}]

首羡、顺河、常店、王沟等镇把"前日"（前天）说成 [tsʻɛr^{55}leir^0] cāir leir。

南片方言少数字有此类现象。比如，中阳里、宋楼镇、范楼镇把"嚼子"（横放在牲口嘴里的小铁链）说成 [tsuə^{55}tsʅ^0] zuō zi。

（四）南北两片调值略有差异。中阳里、凤城、孙楼、华山等地的阳平为 54 调，稍带下降色彩，去声为 523 调；范楼、梁寨、大沙河等地的阳平为 44 调，去声为 53 调或 51 调。北片的阳平多为 42 调，下降的色彩明显，特别是在"阳平+轻声"的结构中（如：文章，明白，人口）；北片的去声调带有明显的曲折色彩。

（五）师寨、欢口、顺河、首羡等镇方言上声字在词首位置时，经常变读为高平调（阳平），南片无此现象。比如欢口镇方言中的下列词汇：

上声+上声：雨水 [y$^{35-55}$fei^{24}]，领导 [liŋ$^{35-55}$tau^{24}]，小李 [ɕiau$^{35-55}$li^{24}]，老党员 [lau$^{35-55}$taŋ^{24}yæ̃^{35}]，小小虫 [ɕiau$^{35-55}$ɕiau^{24}tsuŋ^0]，五毛钱 [u$^{35-55}$mau^{24}tɕiæ̃^{0}]；

上声+去声：懂事 [tuŋ$^{35-55}$sʅ^{523}]，满意 [mæ$^{35-55}$i^{523}]，感谢 [kæ̃$^{35-55}$ɕiə^{523}]，解放 [tɕiɛ$^{35-55}$faŋ^{523}]；

上声+轻声：洗洗 [ɕi$^{35-55}$ɕi^0]，改改 [kɛ$^{35-55}$kɛ^0]，比比 [pi$^{35-55}$pi^0]，有些 [iou$^{35-55}$ɕiə^0]，你好点啦呗 [ni$^{35-55}$xau$^{35-55}$tiæ̃r^{0}la^{0}pɛ^0]。

（六）"皆阶秸介界芥疥届戒鞋解矮"一类字的韵母，宋楼（东南部李庄等村例外）、孙楼南部、王沟、赵庄、首羡（和集村、便集村等）说成 [iə] ie，接 = 街 [tɕiə] jié，姐 = 解 [tɕiə] jié，邪 = 鞋 [ɕiə] xié。

表 1-9 古蟹摄开口二等韵读音差别表

例字	中阳里街道	宋楼镇	王沟镇
街	[tɕiɛ²¹⁴] jiǎi	[tɕiə²¹⁴] jiē	[tɕiə²¹⁴] jiē
解	[tɕiɛ³⁵] jiái	[tɕiə³⁵] jié	[tɕiə³⁵] jié
界	[tɕiɛ⁵²³] jiài	[tɕiə⁵²³] jiè	[tɕiə⁵²³] jiè
鞋	[ɕiɛ⁵⁵] xiāi	[ɕiə] xiē	[ɕiə] xiē
蟹	[ɕiɛ³⁵] xiái	[ɕiə³⁵] xié	[ɕiə³⁵] xié
懈	[ɕiɛ⁵²³] xiài	[ɕiə⁵²³] xiè	[ɕiə⁵²³] xiè
捱嚷	[iɛ⁵⁵] yāi	[iə] yē	[iə] yē
挨边	[iɛ²¹⁴] yǎi	[iə²¹⁴] yě	[iə²¹⁴] yě
矮	[iɛ³⁵] yái	[iə³⁵] yé	[iə³⁵] yé

（七）一些特殊字词的读音差异

1. 没（否定词）

否定词，意思是没有、未、不曾：家里~人｜~看见｜天~亮｜老得~牙了｜~事儿｜~法儿办。

旧文读为 [mu⁵⁵]。现代中阳里、凤城、孙楼、华山、宋楼、大沙河、范楼、梁寨、王沟、史小桥等地读去声 [mei⁵²³] mèi，顺河、欢口等地读阴平 [mei²¹⁴] měi。

顺河、欢口等地有"××没啦"之类的句式，比如：馍馍没啦，再买几个去｜他爷爷头年里没啦（婉指去世）。南片没有这种句式。

2. 给

县内大多数地区说成阳平 [kei⁵⁵] gēi，首羡、赵庄、常店等地说成去声 [kei⁵²³] gèi。

3. 着

意思是用、放、安装等：~手扶着车把｜汤里~点儿盐｜~绳拴牛｜~两个人来搬木头｜把螺丝~上。

中阳里、凤城、孙楼、华山、宋楼、范楼、梁寨、王沟等地说成阳平 [tʂaŋ⁵⁵] zhāng，首羡、顺河等镇说成上声 [tʂaŋ³⁵] zháng。

4. 刺猛子

扎猛子：他一个猛子刺到河里。

中阳里、孙楼、马楼说"七绷子" [tɕ'i²¹⁴pəŋ³⁵tsɿ⁰] qǐ béng zi，中阳里也说"七猛子" qǐ méng zi。

华山、范楼说"七猛子" qǐ méng zi；

宋楼说"气绷子" qì béng zi；

首羡、欢口说"亲猛子"qǐn méng zi；

师寨、凤城说"伸猛子"chěn méng zi 或"伸绷子"chěn béng zi。

5. 初

表示开始的、第一个、第一次、最低的（等级）等义：正月～三｜～中。

中阳里、北片普遍读 [tʂ'u²¹⁴] chǔ 或 [ts'u²¹⁴] cǔ，南片的大沙河、套楼、梁寨、范楼等地读 [ts'uə²¹⁴] cuǒ。宋楼镇在"正月初一"之类的词中说 [tʂ'u²¹⁴] chǔ，在"初中"之类的词说 [tʂ'uə²¹⁴] chuǒ。

6. 数

中阳里、孙楼、华山等地把动词"数"说成 [ʂuə³⁵] shuó，名词"数"，在有些词中说成 [ʂu⁵²³] shù，在另一些词中说成 [ʂuə⁵²³] shuò；宋楼镇在"数学""数量""岁数"之类的词中说成 [ʂuə⁵²³] shuò；

梁寨、范楼、套楼等地把动词"数"说成 [suə³⁵] suó 或 [ʂuə³⁵] shuó，名词"数"说成 [suə⁵²³] suò 或 [ʂuə⁵²³] shuò；

顺河、师寨、欢口等地把动词"数"说成 [fuə³⁵] fó，名词"数"说成 [fu⁵²³] fù。

7. 父亲

中阳里、凤城、孙楼、宋楼、华山、王沟、赵庄、首羡、顺河、欢口、师寨说成"达达"[ta⁵⁵ta⁰] dā da，范楼、梁寨、李寨说成"答答"[ta²¹⁴ta⁰] dǎ da。

8. 耳朵

中阳里、华山、宋楼、范楼说 [l³⁵t'ou⁰] lr í tou，顺河、首羡等地说 [l³⁵tau⁰] lr í dao，欢口、史小桥等地说 [l³⁵t'au⁰] lr í tao。

9. 胳膊

中阳里、凤城、师寨、史小桥、顺河、常店、欢口、宋楼等地老派方言说成 [kə²¹⁴pu⁰] gē bu，华山老派方言有的说成 [kə²¹⁴p'u⁰] gē pu，现在这些地区中青年大多数说成 [kə²¹⁴fu⁰] gē fu。沙庄一带有的说 [kə²¹⁴p'uə⁰] gē po。范楼、梁寨大多说成 [kə²¹⁴pa⁰] gē ba。

10. 乳房

中阳里、宋楼、华山、王沟、梁寨、范楼说 [mei⁵⁵mei⁰] mēi mei 或 [mẽ⁵⁵mẽ⁰] mēn men，首羡、师寨、顺河、欢口等地说 [mi⁵⁵mi⁰] mī mi、[miẽ⁵⁵miẽ⁰] mīn min，有时候也说 [mẽ⁵⁵mẽ⁰] mēn men。

11. 这儿、那儿、哪儿

中阳里、孙楼、宋楼、王沟、赵庄、首羡、顺河、欢口、师寨、华山等地说成"这合"[tʂə⁵²³xə⁰] zhè he、"那合"[na⁵²³xə⁰] nà he、"哪合"[na³⁵xə⁰] ná he，范楼、梁寨说成"这哈"[tʂə⁵²³xɑ⁰] zhè ha、"那哈"[na⁵²³xɑ⁰] nà ha、"哪哈"[na³⁵xɑ⁰] ná ha。

12. 轻声字"的""得"的变读

轻声字"的""得",南片方言多说 [ti⁰] di(中阳里街道有些词中也说 [li⁰] li),欢口、师寨、顺河、首羡等北片方言说成"哩"[li⁰] li。北片方言例句:

这两朵花,一朵是白哩,一朵是红哩 | 电视台正放好看哩唻,武打哩 | 赶紧哩做作业 | 俺二哥上劲啦,非哩要找人家去。

13. 蝌蚪

中阳里、孙楼、宋楼、套楼、王沟说"蛤蟆蝌嚓子"[xə⁵⁵maᵏ⁰kʻə²¹⁴ tsʻa⁰tsɿ⁰] hē ma kě ca zi,有的说成"蛤蟆蝌它子"[xə⁵⁵maᵏ⁰kʻə²¹⁴ tʻa⁰tsɿ⁰] hē ma kě ta zi;

宋楼、大沙河、李寨、孙楼、华山说"蛤蟆蝌打子"[xə⁵⁵maᵏ⁰kʻə²¹⁴ ta⁰tsɿ⁰] hē ma kě da zi;

范楼说"蛤蟆蝌蚪子"[xə⁵⁵maᵏ⁰kʻə²¹⁴ tou⁰tsɿ⁰] hē ma kě dou zi、"蛤蟆蝌子"[xə⁵⁵maᵏ⁰kʻə²¹⁴ tsɿ⁰] hē ma kě zi、"蛤蟆蝌喽子"[xə⁵⁵maᵏ⁰kʻə²¹⁴ lou⁰tsɿ⁰] hē ma kě lou zi,范楼镇金陵村说"蛤蟆蝌头子"[xə⁵⁵maᵏ⁰kʻə²¹⁴ tʻou⁰tsɿ⁰] hē ma kě tou zi;

欢口、师寨、顺河、首羡等镇说"蛤蟆蝌台"[xə⁵⁵maᵏ⁰kʻə²¹⁴ tʻɛr⁰] hē ma kě tair、"蛤蟆蝌逮子"[xə⁵⁵maᵏ⁰kʻə²¹⁴ tɛ⁰tsɿ⁰] hē ma kě dai zi、"蛤蟆蝌得子"[xə⁵⁵maᵏ⁰kʻə²¹⁴ tei⁰tsɿ⁰] hē ma kě dei zi。

14. 黄鼠狼

南片许多地区把"黄鼠狼"一词的"狼"说成阴平 [laŋ²¹⁴] lǎng,城区和北片说成阳平 [laŋ⁵⁵] lāng。

中阳里、凤城、孙楼、华山说"淮鼠狼"[xuɛ⁵⁵ʂu⁰laŋ⁵⁵] huāi shu lāng;

宋楼、大沙河、李寨说"淮狼"[xuɛ⁵⁵laŋ²¹⁴] huāi lǎng;

范楼、金陵、梁寨说"淮鼠狼子"[xuɛ⁵⁵ʂu⁰laŋ²¹⁴tsɿ⁰] huāi shu lǎng zi 或"狼子"[laŋ²¹⁴tsɿ⁰] lǎng zi。

顺河、师寨、欢口、赵庄、王沟说"淮鼠狼"[xuɛ⁵⁵fu⁰laŋ⁵⁵] huāi fu lāng。

15. 楮

楮树,即构树,明代也叫楮桃树。明李时珍《本草纲目·木三·楮》:"楮实亦名谷实、楮桃。"

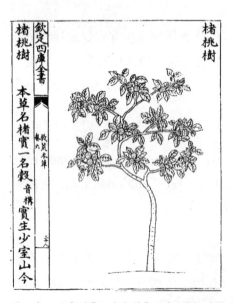

图 1-1 明朱橚《救荒本草》写作"楮桃树"

楮，《广韵》丑吕切，上声、语韵、彻母。《广韵》又有当古切，上声、姥韵、端母。

中阳里街道有"出桃子"[tʂʻu²¹⁴ tʻau⁵⁵tsɿ⁰] chǔ tāo zi、"储桃子"[tʂʻu⁵⁵tʻau⁵⁵tsɿ⁰] chū tāo zi 等说法。

孙楼街道有"楮桃子"[tʂʻu³⁵tʻau⁵⁵tsɿ⁰] chú tāo zi、"出桃子"[tʂʻu²¹⁴ tʻau⁵⁵tsɿ⁰] chǔ tāo zi、"土桃子"[tʻu³⁵ tʻau⁵⁵tsɿ⁰] tú tāo zi、"图桃子"[tʻu⁵⁵ tʻau⁵⁵tsɿ⁰] tū tāo zi 等说法。

凤城街道有"储桃子""出桃子"的说法。

宋楼、范楼、梁寨、套楼等镇多说"图桃子"[tʻu⁵⁵ tʻau⁵⁵tsɿ⁰] tū tāo zi，也有"土桃子"[tʻu³⁵ tʻau⁵⁵tsɿ⁰] tú tāo zi 的说法。

王沟镇有"出桃子""储桃子"的说法。

顺河、首羡、师寨、欢口、赵庄镇说"出桃子"[tʂʻu²¹⁴ tʻau⁵⁵tsɿ⁰] chǔ tāo zi 或 [tsʻu²¹⁴ tʻau⁵⁵tsɿ⁰] cǔ tāo zi。

16. 碑碣

石碑：立了~。

中阳里、赵庄、范楼说 [pei²¹⁴tɕiə⁰] běi jie 或 [pei²¹⁴tɕiɛ⁰] běi jiai；

顺河说 [pei²¹⁴tɕi⁰] běi ji；

欢口、沙庄说 [pei²¹⁴tɕiɑ⁰] běi jiɑ。

17. 弄

城区、王沟、史小桥等地说 [nuŋ⁵²³] nòng：你~啥去？｜这咋~的？

宋楼、套楼、范楼等地说 [nəŋ⁵²³] nèng。

18. 冒失

城区、王沟、史小桥等地说 [mau⁵²³ʂʅ⁰] mào shi，而宋楼、套楼、华山、范楼、李寨等地口语中说 [mau²¹⁴ʂʅ⁰] mǎo shi。

19. 范楼、梁寨两镇去声字变读为阳平的现象少于其他地区。如：

表1-10 去声变读阳平对照表

例字	范楼镇	中阳里街道
牸牛（母牛）	[sɿ⁵²³] sì	[sɿ⁵⁵] sī
犯如（犯得上）	[fã⁵²³] fàn	[fã⁵⁵] fān
壮馍	[tʂuaŋ⁵²³] zhuàng	[tʂuaŋ⁵⁵] zhuāng
露水	[lu⁵²³suei³⁵] lù suí	[lu⁵⁵ʂuei³⁵] lū shuí
范楼	[fã⁵²³] fàn	[fã⁵⁵] fān
细狗	[ɕi⁵⁵kou⁰] xī gou	[ɕi⁵⁵kou⁰] xī gou
絮叨	[ɕy⁵⁵tau⁰] xū dɑo	[ɕy⁵⁵tau⁰] xū dɑo

20. 一部分字词在少数镇、村中有特殊读音

【蓖麻】全县大多数地区说 "麻籽" [ma⁵²³tsʅ³⁵] mà zí，而范楼镇说 [ma⁵⁵tsʅ³⁵] mā zí。

【锅铲子】全县大多数地区说 [kuə²¹⁴tɕ'iæ̃³⁵tsʅ⁰] guǒ qián zi，而范楼镇说 [kuə²¹⁴ts'æ̃³⁵tsʅ⁰] guǒ cán zi。

【蜗牛】全县大多数地区说 "屋拉牛" [u²¹⁴la⁰ɲiou⁵⁵] wǔ la niū，而范楼镇说 "屋喽牛" [u²¹⁴lou⁰ɲiou⁵⁵] wǔ lou niū。

【纳鞋底】全县大多数地区说 [na²¹⁴ɕiə⁵⁵ti³⁵] nǎ xiāi dí，而宋楼、刘王楼等地说 [la²¹⁴ɕiə⁵⁵ti³⁵] lǎ xiē dí。

【早晚】什么时候：你～回家？｜他～上的学？｜你～来，我等你。全县大多数地区说 [tsau⁵⁵ueir⁰] zāo weir，范楼镇说 [tsaŋ⁵⁵ue⁰] zāng wen，梁寨镇有些村说 [tsaŋ⁵⁵ueir⁰] zāng weir。

【落】（鸟、昆虫）降落：小鸟～到树上｜老鸹～到猪身上｜地上～了一群鸽子｜光光蜓（蜻蜓）～到树枝上。全县大多数地区说 [luə²¹⁴] luǒ，欢口、顺河、首羡说 [lau⁵²³] lào。欢口有 "金簪落地" 的短语，意思是婚事已经确定，其中的 "落" 说成 [lau⁵²³] lào。

【集】在首羡镇方言中，"集" 在地名中往往说成 [tseir⁵⁵] zēir，比如 "便集" [piæ̃⁵⁵tseir⁵⁵] biān zēir、"和集" [xuə⁵⁵tseir⁵⁵] huō zēir、"渠集" [tɕ'y⁵⁵tseir⁵⁵] qū zēir。

【林】范楼镇南部、梁寨镇南部、李寨等地说 [lẽ⁵⁵] lēn。

图 1-2　蓖麻（2022 年 11 月摄于华山镇）

二、词汇差异

（一）南片和北片在用词上略有差异，例词如下。

【天地】

指阳光照到的地方。通行于中阳里、顺河、欢口、师寨、王沟等地。县南地区多说"太阳地"。

【冰】

中阳里、华山说"冻琉"[tuŋ²¹⁴ liou⁰] dǒng liu，也说"冻冻"[tuŋ²¹⁴ tuŋ⁰] dǒng dong。

孙楼、宋楼、王沟说"冻琉"[tuŋ²¹⁴ liou⁰] dǒng liu。

范楼有些村说"冻凉"[tuŋ²¹⁴ liaŋ⁰] dǒng liang。

首羡、顺河、师寨、欢口说"冻冻"[tuŋ²¹⁴ tuŋ⁰] dǒng dong。

【石磙】

中阳里、孙楼、华山、宋楼、范楼、梁寨、大沙河均说成"石磙"[ʂʅ⁵⁵ kuẽ³⁵] shī gún。

首羡、常店、师寨、顺河、欢口说成"碌磙"[lu²¹⁴ kuẽ³⁵] lǔ gún 或 [ly²¹⁴ kuẽ³⁵] lǔ gún。

图 1-3　石磙（2019 年 12 月摄于欢口镇前大营村）

图 1-4 平刃铁锨
（2023 年 4 月摄于文庙）

图 1-5 洋灰瓮（2020 年 10 月摄于首羡镇张后屯村）

【平刃铁锨】

城区说成"敛锨"[liæ̃³⁵ɕiæ̃²¹⁴] lián xiǎn，也有人说成"铁木敛"[tʻiə²¹⁴mu⁰liæ̃³⁵] tiě mu lián。

宋楼、范楼、王沟、华山、李寨等镇说成"铁木敛"[tʻiə²¹⁴mu⁰liæ̃³⁵] tiě mu lián。

赵庄、顺河、师寨、欢口等镇说成"敛锨"或"铁敛锨"[tʻiə²¹⁴liæ̃³⁵ɕiæ̃²¹⁴] tiě lián xiǎn。

【瓮】

[pəŋr⁵²³] bèngr，一种小口大腹的瓦缸，用于贮存粮食。形体较大，上有盖儿，近底边有一孔，用于出粮食。20 世纪 80 年代被水泥制作的"洋灰瓮"取代。

这个词主要通行于首羡、顺河、欢口、王沟、师寨等镇，中阳里街道以南地区少见。

【南瓜】

中阳里、孙楼、王沟、赵庄说"番瓜"[fan²¹⁴kua²¹⁴] fǎn guǎ。

华山有的说"番瓜"，有的说"南瓜"。

宋楼镇说"南瓜"[læ̃⁵²³kua²¹⁴] làn guǎ，发音特殊。

大沙河镇岳庄、三分场等地说"南瓜"[næ̃⁵²³kua²¹⁴] nàn guǎ，发音特殊。

范楼、梁寨说"南瓜"[næ̃⁵⁵kua⁰] nān gua。

首羡有的村说"北瓜"，有的村"番瓜"。

顺河说"北瓜"[pei²¹⁴kua⁰] běi gua。

师寨、欢口有的说"京瓜"[tɕiŋ²¹⁴kua⁰] jǐng gua，有的说"北瓜"。当地认为，"京瓜""北瓜"指长形的南瓜，"南瓜"指圆形小南瓜。

【螳螂】

中阳里、孙楼、华山说"砍头螂"[kʻæ̃³⁵tʻou⁰laŋ⁵⁵] kán tou lāng。

宋楼、李寨、范楼等镇说成"砍圪螂"[kʻæ̃³⁵kə⁰laŋ⁵⁵] kán ge lāng。

王沟、赵庄、马楼等镇说成"砍刀"[kʻæ̃³⁵tau²¹⁴] kán dǎo。

师寨、欢口、顺河、首羡等镇说成"蟷螂"[taŋ²¹⁴laŋ⁰] dǎng lang。

【蝙蝠】

中阳里、宋楼、华山、范楼、孙楼说 [iã⁵²³ma⁰xu²¹⁴tsɿ⁰] yàn ma hǔ zi，首羡、顺河、欢口、王沟、赵庄、师寨说 [iã⁵²³miã³⁵xu²¹⁴tsɿ⁰] yàn mián hǔ zi。

【金龟子】

中阳里、王沟说"嘤虼螂" [iŋ²¹⁴kə⁰laŋ²¹⁴] yǐng ge lǎng。

师寨、和集、华山等镇说"京虼螂" [tɕiŋ²¹⁴kə⁰laŋ²¹⁴] jīng ge lǎng。

孙楼街道有"嘤虼螂""京虼螂""瞎碰子"几种说法。

宋楼、华山、范楼等镇说"瞎碰子" [ɕia²¹⁴pʻəŋ⁵²³tsɿ⁰] xiǎ pèng zi、"瞎拉碰" [ɕia²¹⁴la⁰pʻəŋr⁵²³] xiǎ la pèngr。

顺河、欢口、首羡北部说"苍蛛" [tsʻaŋ²¹⁴tʂu²¹⁴] cǎng zhǔ、[tsʻaŋ²¹⁴tsu²¹⁴] cǎng zǔ。

【捉迷藏】

一种儿童群体游戏，一方先躲藏起来，另一方将其找出。

中阳里、首羡、顺河、欢口、师寨说成"藏马虎底" [tsʻaŋ⁵⁵ma²¹⁴xu⁰teir³⁵] cāng mǎ hu déir。

华山有的说"藏马虎" [tsʻaŋ⁵⁵ma²¹⁴xu⁰] cāng mǎ hu，有的说"藏马底" [tsʻaŋ⁵⁵ma²¹⁴teir³⁵] cāng mǎ déir。

宋楼、范楼说"藏花母" [tsʻaŋ⁵⁵hua²¹⁴mu⁰] cāng huǎ mu，范楼有的村说"藏方母" [tsʻaŋ⁵⁵faŋ²¹⁴mu³⁵] cāng fǎng mú。

大沙河、套楼、王沟说成"藏发母" [tsʻaŋ⁵⁵fa²¹⁴mu⁰] cāng fǎ mu。

【肚脐】

中阳里、宋楼说"肚子眼" [tu⁵²³tsɿ⁰iãr³⁵] dù zi yánr、"肚子眼子" [tu⁵²³tsɿ⁰iãr³⁵tsɿ⁰] dù zi yán zi，范楼说"肚眼子" [tu⁵²³iãr³⁵tsɿ⁰] dù yán zi。

欢口、顺河、赵庄说"孛子眼" [pu⁵⁵tsɿ⁰iãr³⁵] bū zi yánr、"孛子眼子" [pu⁵⁵tsɿ⁰iã³⁵tsɿ⁰] bū zi yán zi，黄店也说"孛脐眼" [pu⁵⁵tɕi⁰iãr³⁵] bū qi yánr。

王沟、师寨有"孛子眼""肚子眼子"等说法。

【昨天】

中阳里、顺河、师寨、华山等地说"昨类儿" [tsuə⁵⁵leir⁰] zuō leir，宋楼、王沟等地说 [tsuə⁵⁵ʐeir⁰] zuō reir，范楼等地说"昨个" [tsuə⁵⁵kər⁰] zuō ger。

【前天】

中阳里、孙楼、华山、欢口、师寨等地说 [tɕʻiãr⁵⁵leir⁰] qiānr leir，顺河、首羡、王沟、常店西部说 [tsʻãr⁵⁵leir⁰] cānr leir，范楼等地说"前个" [tɕʻiãr⁵⁵kər⁰] qiānr ger。

【晚上】

中阳里和县南部说"黑喽" [xei²¹⁴lou⁰] hěi lou（中阳里也有"黑价"的说法），师寨、顺河、王沟、赵庄、欢口常说"黑价"[xei²¹⁴tɕia⁰] hěi jia，王沟西部说"黑呀"[xei²¹⁴ia⁰] hěi ya，范楼、梁寨说"黑来"[xei²¹⁴lɛ⁰] hěi lai。

【起火】

一种烟花，又名钻天猴、小火箭。中阳里、大沙河、宋楼、套楼、范楼、孙楼、首羡称为"气鼓子"[tɕ'i⁵²³ku⁰tsʅ⁰] qì gu zi，顺河、师寨、华山、欢口称为"气呼子"[tɕ'i⁵²³xu⁰tsʅ⁰] qì hu zi，王沟、赵庄称为"气花子"[tɕ'i⁵²³xua⁰tsʅ⁰] qì hua zi。

（二）有些词语只通行于少数地区，例词如下。

【棹桩】

[tsau⁵²³tʂuaŋ⁰] zào zhuang 船桨：摇着~，把船划走。通行于县南部的黄河故道地区。

【货郎鼓子】

[xə²¹⁴laŋ⁰ku³⁵tsʅ⁰] hě lang gú zi，在欢口、师寨等地可代指货郎：~来啦，我给你买大米糕吃。| 兔腿、鹰眼，货郎鼓子头（沙庄民谚，指拾粪的诀窍）。| 拉个锯，扯个筛，货郎鼓子上唐街（华山镇童谣）。顺河等地以"货郎挑子"代指货郎。

【抽屉】

中阳里、华山、史小桥、顺河等地说"抽抽"[tʂ'ou²¹⁴tʂ'ou⁰] chōu chou，宋楼、王沟等地说"抽头"[tʂ'ou²¹⁴t'ou⁰] chōu tou。

【抢古刀子】

[tɕ'iaŋ³⁵ku⁰tau²¹⁴tsʅ⁰] qiáng gu dǎo zi，锅铲子。通行于首羡北部、顺河北部、沙庄等地。有的说"抢服刀子"[tɕ'iaŋ³⁵fu⁰tau²¹⁴tsʅ⁰] qiáng fu dǎo zi。

【咋】

[tʂua⁵⁵] zhuā，干什么，做啥：叫你~，你不~，不叫你~你偏~，你说你想~？| 你~去？| 你想~？

这个词通行于王沟、范楼、宋楼等镇。

【百苦】

[pei²¹⁴k'u³⁵] běi kú，非常苦。通行于顺河、欢口等地。

【做】

[tsou⁵²³] zòu，意思是炖：~肉吃 | ~番瓜。通行于刘王楼、王沟等地。

【菊芋】

全县多数地区称为"洋蘁"，大沙河李寨等地称为"洋芋头"。

【鸡豆儿】

[tɕi²¹⁴tour⁰] jǐ dour，鸡头米，芡实。通行于欢口、师寨。也说"鸡豆子"[tɕi²¹⁴tou⁰tsʅ⁰] jǐ dou zi。

【啄木鸟】

中阳里、华山、宋楼、师寨、欢口等地说"参子木" [tsʻæ²¹⁴tsɿ⁰mu²¹⁴] cǎn zi mǔ，顺河等地说 [tʂʻæ²¹⁴tsɿ⁰mu²¹⁴] chǎn zi mǔ，和集等地说"鸧子木" [tɕʻiæ²¹⁴tsɿ⁰mu²¹⁴] qiǎn zi mǔ。有的地区说"参参木""穿子木"。

【蝉的幼虫】

全县多数地区称为"孑啦猴" [tɕiə³⁵la⁰xour⁵⁵] jié la hōur。范楼镇称为"蛈啦龟" [tiə³⁵la⁰kueir²¹⁴] dié la guǐr、"蛈唠龟" [tiə³⁵lau⁰kueir²¹⁴] dié lao guǐr。梁寨镇有的村说"蛈啦龟"，有的村说"蛈啦猴" [tiə³⁵la⁰xour⁵⁵] dié la hōur。

【蜘蛛】

全县多数地区称为"罗罗蛛" [luə⁵⁵luə⁰tʂu²¹⁴] luō luo zhǔ，首羡北部、顺河北部及欢口北部称为"蛾螂蛛子" [ə⁵⁵laŋ⁰tʂu²¹⁴tsɿ⁰] ē lang zhǔ zi、[ə⁵⁵laŋ⁰tsu²¹⁴tsɿ⁰] ē lang zǔ zi。

【田鼠】

全县多数地区称为"地老鼠"，欢口等地称为"地搬闯子" [ti⁵²³pæ²¹⁴tʂʻuaŋ⁰tsɿ⁰] dì bǎn chuang zi、"搬闯子""地搬床"。

【里】

中阳里、王沟、首羡、宋楼、顺河、师寨、欢口等地均用"里" [li⁰] li 在名词后面表示方位、范围、时间：屋里｜家里｜县里｜年头里。范楼、梁寨等地则用"来" [lɛ⁰] lai：家来｜屋来｜肚来疼｜夜来｜黑来｜年头来。

第五节　新老差异

一、语音差异

从旧私塾、学堂中传承的字音，与现在略有不同，成为旧文读音，即老派读音。

表1-11　新派和老派常见字音对照表

例字	老派读音	新派读音
谁	[suei⁵⁵] suī	[sei⁵⁵] sēi
卑	[pi²¹⁴] bǐ	[pei²¹⁴] běi
微，唯	[vi⁵⁵] vī	[uei⁵⁵] wēi
赐	[sɿ⁵²³] sì	[tsʻɿ⁵²³] cì

续表

例字	老派读音	新派读音
蛇	[ʂa⁵⁵] shā	[ʂə⁵⁵] shē
斜	[ɕia⁵⁵] xiā	[ɕiə⁵⁵] xiē
胞（同~）	[pʻau⁵⁵] pāo	[pau²¹⁴] bǎo
导	[tʻau⁵²³] tào	[tau³⁵] dáo
喊	[ɕiæ̃³⁵] xián	[xæ̃³⁵] hán
拯（~救｜包~）	[tʂʻəŋ⁵⁵] chēng	[tʂəŋ³⁵] zhéng
矿（金~｜银~）	[kuŋ³⁵] góng	[kʻuaŋ⁵²³] kuàng
家谱	[pu³⁵] bú	[pʻu³⁵] pú
术，殊	[tʂʻu⁵⁵] chū	[ʂu⁵⁵] shū
国	[kuei²¹⁴] guǐ	[kuə³⁵] guó
液	[i²¹⁴] yǐ，[i⁵²³] yì，[iə²¹⁴] yě	[iə⁵²³] yè
辑，缉	[tɕʻi²¹⁴] qǐ	[tɕi²¹⁴] jǐ
楷	[tɕiə²¹⁴] jiě	[tɕi²¹⁴] jǐ
踏（~青）	[tsa²¹⁴] zǎ	[tʻa²¹⁴] tǎ
爵	[tɕyə²¹⁴] juě	[tɕyə⁵⁵] juē
没（~有）	[mu⁵⁵] mū	[mei⁵²³] mèi
给（~你）	[tɕi⁵²³] jì	[kei⁵⁵] gēi
洽（融~）	[ɕia⁵⁵] xiā	[tɕʻia⁵²³] qià
馝	[pʻi²¹⁴] pǐ	[pi⁵²³] bì
容（~易）	[yŋ⁵⁵] yōng	[ʐuŋ⁵⁵] róng

新派方言的语音系统受到普通话的深刻影响，方言特色渐趋消失。

许多新派口音中，[tʂ tʂʻ ʂ] zh ch sh 分布规律与普通话一致。比如："山" [ʂæ̃²¹⁴] sǎn 改说成 [ʂæ̃²¹⁴] shǎn；不知道"姐"和"解"的区别，只有个别的字保留韵母 [iɛ] iai；"格、国、麦、特、德"之类的韵母由 [ei uei] ei ui 变成 [ə uə] e uo；古入声字归并规律接近普通话，"福""节""哲"之类的字读阳平。

二、词汇差异

每一个时代都淘汰一批旧词，增加一批新词。

中华人民共和国成立后，一大批词语消失，比如：大领（长工）、团悠媳妇（童养媳）、赶黑牛（教私塾的比喻说法）、小盐（用碱土熬成的盐）、快枪（步枪）、编村（抗日战争时期，中共在湖西地区设立的行政村）。

现在，有些词语只有90多岁的老人还会说，比如：机司、学屋、幼稚园、米腊尺（旧指以厘米为测量单位的短小的木尺）。有的旧词只在特殊情况下使用，比如，"日头"只保留在"狗吃日头"等词中。这类词语，中青年人已经感到陌生。

有些词语还保留在60岁以上人的语言中，比如：公姥俩（[kuŋ²¹⁴mu⁰liɑ³⁵] gǒng mu liá（老夫妻)、文香（炒熟的五香花生米）、洋柿子（西红柿）、下学（放学、毕业）、括弧（括号）、扎翅难逃（即插翅难逃。扎，音 [tsa²¹⁴] zǎ）。

许多词语随着事物的消失而淘汰，比如：海棠蓝（一种深蓝色布料）、合嚓子（一种人造棉衣料）、棉车子、宏车子、车屋、粉坊、秋秸个子、吃粮本等。

中青年人从小生活在学校，接触方言的机会较少，有些词能够理解词义，但不常使用，比如：洋车子、洋蒜（洋葱）、洋裙子、鞋呱拉子（拖鞋）。

表 1-12　新派和老派常用词对照表

例词	老派	新派
过去	每先，每每	过去
昨天	昨类	昨天
下午	吃晌饭儿	下午
晚上	黑喽，黑价	晚上
父亲	达达	爸爸
丈夫	外头，当家的	对象
妻子	家里，媳妇	对象，媳妇
锅盖	锅拍	锅盖
玻璃瓶	琉琉瓶	玻璃瓶
小型塑料尺	米腊尺	塑料尺
钱包	票夹子	钱包
香皂	胰子	香皂
松紧带儿	蚂蟥带儿	松紧带儿
戒指	戒溜子	戒指
摩托车	电驴子	摩托车
变魔术	玩二古眼	变魔术
扑克	爬子牌	扑克　扑，音 [pʻu⁵⁵] pū
风筝	风早子，风槽子	风筝

续表

例词	老派	新派
气球（一种能吹响的玩具）	气茄子	气球
油条	油子鬼	油条
糖葫芦	糖牛	糖葫芦
糖果	糖疙瘩	糖果
山楂	酸拉红子	山楂
辣椒	秦椒	辣椒
马铃薯	地豆子	土豆
树苗	树栽子	树苗
喜鹊	嘛嘎子	喜鹊
啄木鸟	参子木	啄木鸟
鼓掌	拍耳刮子	拍手，鼓掌
比照	迷量	比量，比照
错了（作业~一题）	差了 [tsʻa⁵²³laº] cà la	错了
经历	经敛 [tɕiŋ²¹⁴liæ̃³⁵] jīng liǎn	经历

近年来，一些新的方言词流入县内，比如：老爷子（尊称老年男子、父亲）、自卖头、打的（乘出租车）、搞笑、炒鱿鱼、买单、掼蛋、喝饼、撒胡椒面儿（比喻分配时照顾到各方面的利益）、忽悠、医闹子、放鸽子（违约欺骗：他叫人家~了）等。

随着时代的发展，新词源源不断地涌入，比如：地锅鸡、雨搭子、地平、大巴、中巴、高铁、共享单车、微信、支付宝、抖音、外卖小哥、富二代、物业、开发商、拆迁户、小区、套房、学区房、社保、医保、苏康码、密接（密切接触病毒感染者）等。

第二章 语音系统

本章所记为县城中阳里街道老派方言（丰县代表性方言）。

第一节 声母、韵母和声调

一、声母

声母计23个（含零声母，不含[ŋ̍]），见下表。

表2-1 丰县方言声母表

类别	声母（例字）		声母（例字）		声母（例字）	
双唇音	[p] b	帮比并北白	[p'] p	滂普怕拍迫	[m] m	明母暮麦蜜
唇齿音			[f] f	非敷奉发服	[v] v	微唯维惟未
舌尖音	[t] d	端胆定德达	[t'] t	他土透铁脱	[n] n	南脑奈弄纳
					[l] l	来凉里路力
舌尖前音	[ts] z	租止字则宅	[ts'] c	粗从采次策	[s] s	生时锁晒色
舌尖后音	[tʂ] zh	知章照职直	[tʂ'] ch	彻穿澄船尺	[ʂ] sh	书审尚识石
					[ʐ] r	人软让日若
舌面音	[tɕ] j	精践见觉绝	[tɕ'] q	清群翘却七	[ɕ] x	心邪晓宿匣
					[ɲ] ni	泥娘女念捏
舌根音	[k] g	歌改古共格	[k'] k	开葵口看客	[x] h	花好后黑合
零声母	∅	疑云影熬问味玉月				

说明：

1.声母 [n] 和 [ɲ] 为互补关系，逢细音韵母念 [ɲ]，逢洪音韵母念 [n]。如：南 [næ̃]，

年 [ȵiæ̃]。

2. 声母 [v] 仅用于微、唯、维、未等字的老派读音，这些字都读作 vi。中青年已把此类字读作 [uei] wei。

二、韵母

韵母计 37 个（不含儿化韵母和自成音节的鼻辅音 m̩, n̩, ŋ̍），见下表。

表 2-2 丰县方言韵母表

类别	开口呼	齐齿呼	合口呼	撮口呼
纯元音韵母（21 个）	[ɿ] ĭ 支止			
	[ʅ] ï 知质	[i] i 祭齐	[u] u 暮屋	[y] ü 鱼虞
	[a] a 麻茶	[ia] ia 佳狎	[ua] ua 卦蛙	
	[au] ao 豪号	[iau] iao 宵萧		
	[ə] e 歌合	[iə] ie 叶谢	[uə] uo 果左	[yə] üe 药觉
	[ɛ] ai 代泰	[iɛ] iai 皆蟹	[uɛ] uai 怀怪	
	[ei] ei 德麦		[uei] ui 灰或	
	[ou] ou 侯厚	[iou] iu 幽尤		
鼻化韵母（8 个）	[æ̃] an 寒感	[iæ̃] ian 仙咸	[uæ̃] uan 桓缓	[yæ̃] üan 元愿
	[ẽ] en 痕恨	[ĩ] in 欣侵	[ũ] un 魂准	[ỹ] ün 云匀
后鼻音韵母（7 个）	[ɑŋ] ang 唐宕	[iɑŋ] iang 江阳	[uɑŋ] uang 光双	
	[əŋ] eng 庚登	[iŋ] ing 冰青	[uŋ] ong 东冬	[yŋ] iong 兄拥
辅音（1 个）	[l̩] lr 儿耳二			

说明：

1. [ə] e 拼双唇音声母时，舌位明显较高、靠前；而在自成音节或者拼舌根声

母 [k kʻ x] 时，舌位较低。

2. [l] lr 为舌尖后浊边音，舌尖抵硬腭，气流沿舌边流出，自成音节，只出现于"儿""尔""耳""二"等字。老派无韵母 [ər] er，新派方言 [l] lr 渐被 [ər] er 代替。

3. 无单韵母 [o] o，以 [ə] e 或 [uə] ue 代之，如：莫 [muə] mo。

4. 丰县音 [yə] üe 比普通话 [ye] üe 开口度大。

5. [ẽ] en 与唇音声母 b p m f 相拼时，鼻化色彩较浓，口型小，舌位高，如"分""奔""门"等字。

6. [iŋ] ing 的实际读音是 [iəŋ]，[ə] 为过渡音。

7. 无韵母 [uɤŋ] ueng，[uŋ] ong 可以自成音节，如"翁" [uŋ²¹⁴] ǒng。

三、声调

单字调共 4 个（不含轻声），见下表。

表 2-3　丰县方言声调表

调类	调值	例字
阴平	214	东歌屋觉
阳平	55	鱼文乏白
上声	35	语巧马有
去声	523	大道近六

说明：

1. 阳平稍降，降幅较小，调值为 54，这里记为 55。

2. 去声是高降曲折调，时值前长后短，调值记作 523。在单字调及句末、词末中可以明显听出降升特点，但在语流中调值近于 53。县内人以为与普通话去声（第四声）调值相似，本书借用汉语拼音去声（第四声）符号为之注音。

第二节　声韵调配合关系

丰县老派方言的声母、韵母和声调互相配合，生成 1187 个单字音节，其中开口呼 513 个，齐齿呼 287 个，合口呼 322 个，撮口呼 65 个。若不计声调，则有 389 个基本音节，其中开口呼 169 个，齐齿呼 89 个，合口呼 109 个，撮口呼 22 个。以上统计，不包括特殊音变音节、部分拟声词、自成音节的纯鼻辅音词、轻声音节等。

一、声母和韵母的配合

（一）声韵配合关系表

表中字母为国际音标，"＋"表示声韵能够拼合，"－"表示不能拼合，直接写出韵母的表示该组声母只与这一韵母相拼。

表2-4 丰县方言声韵配合关系表

声母	开口呼	齐齿呼	合口呼	撮口呼
p p' m	＋	＋	u uə	－
f	＋	i	u	－
v	－	i	－	－
t t'	＋	＋	＋	－
n	＋	－	＋	－
l	＋	＋	＋	y
ts ts' s	＋	－	＋	－
tʂ tʂ' ʂ ʐ	＋	－	＋	－
k k' x	＋	－	＋	－
tɕ tɕ' ɕ	－	＋	－	＋
ŋ	－	＋	－	y
∅	＋	＋	＋	＋

（二）声韵配合的基本规律

1. [p p' m] 可以拼开口呼、齐齿呼及合口呼，不拼撮口呼。

2. [f] 可以拼开口呼，与齐齿呼相拼只限于 [i]，与合口呼相拼只限于 [u uə]，不拼撮口呼。

3. [v] 只与 [i] 相拼，如"唯""维""未"。

4. [t t'] 可以拼开口呼、齐齿呼、合口呼，不拼撮口呼。

5. [n] 与 [ŋ] 相互补充，前者不拼细音，后者只拼细音。

6. [ts ts' s] [tʂ tʂ' ʂ ʐ] [k k' x] 可以拼开口呼、合口呼，不拼齐齿呼、撮口呼。

7. [tɕ tɕ' ɕ] 可以拼齐齿呼、撮口呼，不拼开口呼、合口呼。

8. 开口呼、齐齿呼、合口呼、撮口呼均有零声母。

（三）声韵配合的特殊情况

传统上，[ts ts' s] 不与 [ə] 相拼，比如"则"读作 [tsei²¹⁴]，"策"读作 [ts'ei²¹⁴]，"色"读作 [sei²¹⁴]；[n] 不与 [u] 拼合，"奴努怒孥驽"均读成 [nuŋ]。

二、音节

以下内容记录丰县方言老派音节，用国际音标表示。

ɿ
tsɿ²¹⁴ 之　tsɿ³⁵ 止　tsɿ⁵²³ 字
ts'ɿ²¹⁴ 眵　ts'ɿ⁵⁵ 慈　ts'ɿ³⁵ 齿　ts'ɿ⁵²³ 翅
sɿ²¹⁴ 诗　sɿ⁵⁵ 时　sɿ³⁵ 始　sɿ⁵²³ 是

ʅ
tʂʅ²¹⁴ 知　tʂʅ⁵⁵ 值　tʂʅ⁵²³ 治
tʂ'ʅ²¹⁴ 吃　tʂ'ʅ⁵⁵ 池　tʂ'ʅ³⁵ 耻　tʂ'ʅ⁵²³ 斥
ʂʅ²¹⁴ 式　ʂʅ⁵⁵ 石　ʂʅ⁵²³ 势
ʐʅ²¹⁴ 日

ɚ
ɚ⁵⁵ 儿　ɚ³⁵ 耳　ɚ⁵²³ 二

i
pi²¹⁴ 必　pi⁵⁵ 鼻　pi³⁵ 比　pi⁵²³ 避
p'i²¹⁴ 披　p'i⁵⁵ 皮　p'i³⁵ 痞　p'i⁵²³ 屁
mi²¹⁴ 密　mi⁵⁵ 迷　mi³⁵ 米　mi⁵²³ 谜
fi²¹⁴ 非　fi⁵⁵ 肥　fi³⁵ 匪　fi⁵²³ 废
vi⁵⁵ 唯　vi⁵²³ 未
ti²¹⁴ 滴　ti⁵⁵ 笛　ti³⁵ 底　ti⁵²³ 弟
t'i²¹⁴ 踢　t'i⁵⁵ 蹄　t'i³⁵ 体　t'i⁵²³ 剃
ni²¹⁴ 妮　ni⁵⁵ 泥　ni³⁵ 你　ni⁵²³ 腻
li²¹⁴ 立　li⁵⁵ 厘　li³⁵ 里　li⁵²³ 励
tɕi²¹⁴ 机　tɕi⁵⁵ 集　tɕi³⁵ 挤　tɕi⁵²³ 计
tɕ'i²¹⁴ 七　tɕ'i⁵⁵ 其　tɕ'i³⁵ 起　tɕ'i⁵²³ 气

ɕi²¹⁴ 希　ɕi⁵⁵ 习　ɕi³⁵ 洗　ɕi⁵²³ 戏
i²¹⁴ 衣　i⁵⁵ 移　i³⁵ 倚　i⁵²³ 意

u
pu²¹⁴ 不　pu⁵⁵ 醭　pu³⁵ 补　pu⁵²³ 步
p'u²¹⁴ 扑　p'u⁵⁵ 蒲　p'u³⁵ 普　p'u⁵²³ 铺
mu²¹⁴ 木　mu⁵⁵ 谋　mu³⁵ 母　mu⁵²³ 暮
fu²¹⁴ 幅　fu⁵⁵ 服　fu³⁵ 府　fu⁵²³ 父
tu²¹⁴ 督　tu⁵⁵ 独　tu³⁵ 堵　tu⁵²³ 度
t'u²¹⁴ 突　t'u⁵⁵ 图　t'u³⁵ 土　t'u⁵²³ 兔
lu²¹⁴ 录　lu⁵⁵ 芦　lu³⁵ 鲁　lu⁵²³ 路
tsu²¹⁴ 租　tsu⁵⁵ 卒　tsu³⁵ 祖
ts'u²¹⁴ 促　ts'u⁵²³ 醋
su²¹⁴ 速　su⁵²³ 素
tʂu²¹⁴ 竹　tʂu⁵⁵ 轴　tʂu³⁵ 主　tʂu⁵²³ 住
tʂ'u²¹⁴ 出　tʂ'u⁵⁵ 锄　tʂ'u³⁵ 楚　tʂ'u⁵²³ 处
ʂu²¹⁴ 书　ʂu⁵⁵ 熟　ʂu³⁵ 鼠　ʂu⁵²³ 竖
ʐu²¹⁴ 入　ʐu⁵⁵ 如　ʐu³⁵ 乳
ku²¹⁴ 谷　ku⁵⁵ 咕　ku³⁵ 鼓　ku⁵²³ 顾
k'u²¹⁴ 哭　k'u³⁵ 苦　k'u⁵²³ 库
xu²¹⁴ 呼　xu⁵⁵ 胡　xu³⁵ 虎　xu⁵²³ 护
u²¹⁴ 屋　u⁵⁵ 无　u³⁵ 五　u⁵²³ 误

y
ny³⁵ 女
ly²¹⁴ 律　ly⁵⁵ 驴　ly³⁵ 旅　ly⁵²³ 虑
tɕy²¹⁴ 菊　tɕy⁵⁵ 局　tɕy³⁵ 举　tɕy⁵²³ 锯
tɕ'y²¹⁴ 曲　tɕ'y⁵⁵ 渠　tɕ'y³⁵ 取　tɕ'y⁵²³ 趣
ɕy²¹⁴ 须　ɕy⁵⁵ 徐　ɕy³⁵ 许　ɕy⁵²³ 续
y²¹⁴ 欲　y⁵⁵ 鱼　y³⁵ 雨　y⁵²³ 玉

a
pa²¹⁴ 八　pa⁵⁵ 拔　pa³⁵ 靶　pa⁵²³ 罢

p'a²¹⁴ 趴　p'a⁵⁵ 爬　p'a⁵²³ 怕
ma²¹⁴ 妈　ma⁵⁵ 麻　ma³⁵ 马　ma⁵²³ 骂
fa²¹⁴ 法　fa⁵⁵ 伐
ta²¹⁴ 答　ta⁵⁵ 达　ta³⁵ 打　ta⁵²³ 大
t'a²¹⁴ 他
na²¹⁴ 纳　na⁵⁵ 拿　na³⁵ 哪　na⁵²³ 那
la²¹⁴ 辣　la⁵⁵ 落（~到后头）　la³⁵ 喇
tsa²¹⁴ 扎　tsa⁵⁵ 闸　tsa³⁵ 眨　tsa⁵²³ 诈
ts'a²¹⁴ 插　ts'a⁵⁵ 茶　ts'a³⁵ 搽　ts'a⁵²³ 岔
sa²¹⁴ 纱　sa⁵⁵ 眷　sa³⁵ 洒　sa⁵²³ 厦
ʂa⁵⁵ 蛇　ʂa³⁵ 傻　ʂa⁵²³ 啥
ka²¹⁴ 嘎　ka⁵⁵ 籴　ka³⁵ 嘎　ka⁵²³ 尬
k'a³⁵ 卡
xa²¹⁴ 哈　xa⁵⁵ 合（眼肿得~死缝儿啦）　xa³⁵ 哈（姓）
a²¹⁴ 腌　a⁵⁵ 阿　a³⁵ 啊

ia
pia²¹⁴ 吧（~叽，拟声词）　pia⁵⁵ 叭（拟声词）
p'ia⁵⁵ 叭（拟声词）
lia³⁵ 俩
tɕia²¹⁴ 佳　tɕia⁵⁵ 夹（~较：过于计较，小气）　tɕia³⁵ 假　tɕia⁵²³ 架
tɕ'ia²¹⁴ 掐　tɕ'ia³⁵ 卡　tɕ'ia⁵²³ 恰
ɕia²¹⁴ 瞎　ɕia⁵⁵ 侠　ɕia⁵²³ 下
ia²¹⁴ 鸭　ia⁵⁵ 牙　ia³⁵ 雅　ia⁵²³ 亚

ua
tʂua²¹⁴ 抓　tʂua⁵⁵ 咋（骂~的：骂骂咧咧的）　tʂua³⁵ 爪
tʂ'ua³⁵ 撮
ʂua²¹⁴ 刷　ʂua³⁵ 耍
kua²¹⁴ 瓜　kua⁵⁵ 挂（钩：衣裳~烂了）　kua³⁵ 寡　kua⁵²³ 挂
k'ua²¹⁴ 夸　k'ua³⁵ 垮　k'ua⁵²³ 跨
xua²¹⁴ 花　xua⁵⁵ 华　xua⁵²³ 画
ua²¹⁴ 挖　ua⁵⁵ 娃　ua³⁵ 瓦　ua⁵²³ 洼

ə

tʂə²¹⁴ 哲　tʂə⁵⁵ 辙　tʂə³⁵ 者　tʂə⁵²³ 这
tʂ'ə²¹⁴ 车　tʂ'ə³⁵ 扯　tʂ'ə⁵²³ 撤（口语音）
ʂə²¹⁴ 设　ʂə⁵⁵ 舌　ʂə³⁵ 舍　ʂə⁵²³ 射
ʐə²¹⁴ 热　ʐə⁵⁵ □（折身翻落：从墙头上～下来）　ʐə³⁵ 惹
kə²¹⁴ 歌　kə⁵⁵ 硌　kə³⁵ 哥　kə⁵²³ 个
k'ə²¹⁴ 壳　k'ə⁵⁵ 可　k'ə³⁵ 苛　k'ə⁵²³ 嗑
xə²¹⁴ 喝　xə⁵⁵ 河　xə⁵²³ 贺
ə²¹⁴ 恶　ə⁵⁵ 鹅　ə⁵²³ 饿

iə

piə²¹⁴ 鳖　piə⁵⁵ 别　piə³⁵ 瘪　piə⁵²³ 别
p'iə²¹⁴ 撇　p'iə³⁵ 苤
miə²¹⁴ 灭
tiə²¹⁴ 跌　tiə⁵⁵ 碟
t'iə²¹⁴ 铁
niə²¹⁴ 捏
liə²¹⁴ 列　liə³⁵ 咧　liə⁵²³ □（退让）
tɕiə²¹⁴ 接　tɕiə⁵⁵ 杰　tɕiə³⁵ 姐　tɕiə⁵²³ 借
tɕ'iə²¹⁴ 且　tɕ'iə⁵⁵ 茄　tɕ'iə⁵²³ 窃
ɕ'iə²¹⁴ 血　ɕ'iə⁵⁵ 邪　ɕ'iə³⁵ 写　ɕ'iə⁵²³ 谢
iə²¹⁴ 叶　iə⁵⁵ 爷　iə³⁵ 野　iə⁵²³ 夜

uə

puə²¹⁴ 剥　puə⁵⁵ 薄　puə³⁵ 簸　puə⁵²³ 簸（～箕）
p'uə²¹⁴ 坡　p'uə⁵⁵ 婆　p'uə³⁵ 颇　p'uə⁵²³ 破
muə²¹⁴ 摸　muə⁵⁵ 馍　muə³⁵ 抹　muə⁵²³ 磨
tuə²¹⁴ 多　tuə⁵⁵ 夺　tuə³⁵ 朵　tuə⁵²³ 剁
t'uə²¹⁴ 托　t'uə⁵⁵ 驮　t'uə³⁵ 妥　t'uə⁵²³ □（～车）
nuə²¹⁴ 搦　nuə⁵⁵ 挪　nuə³⁵ 诺　nuə⁵²³ 懦
luə²¹⁴ 落　luə⁵⁵ 罗　luə³⁵ 掠　luə⁵²³ 摞
tsuə²¹⁴ 作　tsuə⁵⁵ 昨　tsuə³⁵ 左　tsuə⁵²³ 坐
ts'uə²¹⁴ 搓　ts'uə⁵²³ 错

suə²¹⁴ 梭　suə³⁵ 锁　suə⁵²³ 缩（牲口后退）

tʂuə²¹⁴ 卓　tʂuə⁵⁵ 浊

tʂʻuə²¹⁴ 戳（印章：盖个~儿）　tʂʻuə⁵⁵ 戳

ʂuə²¹⁴ 说　ʂuə⁵⁵ 勺　ʂuə³⁵ 数（~得着）　ʂuə⁵²³ 数

ʐuə²¹⁴ 弱

kuə²¹⁴ 锅　kuə³⁵ 果　kuə⁵²³ 过

kʻuə²¹⁴ 棵　kʻuə⁵²³ 课

xuə²¹⁴ 豁　xuə⁵⁵ 活　xuə³⁵ 火　xuə⁵²³ 货

uə²¹⁴ 握　uə³⁵ 我　uə⁵²³ 卧

yə

tɕyə²¹⁴ 脚　tɕyə⁵⁵ 绝　tɕyə⁵²³ 倔

tɕʻyə²¹⁴ 却　tɕʻyə⁵⁵ 瘸　tɕʻyə³⁵ 敠（折断）

ɕyə²¹⁴ 雪　ɕyə⁵⁵ 学

yə²¹⁴ 月　yə³⁵ 哕

ei

pei²¹⁴ 百　pei⁵⁵ 白　pei⁵²³ 倍

pʻei²¹⁴ 拍　pʻei⁵⁵ 培　pʻei³⁵ 迫　pʻei⁵²³ 配

mei²¹⁴ 麦　mei⁵⁵ 眉　mei³⁵ 每　mei⁵²³ 寐

tei²¹⁴ 得　tei⁵⁵ 特

tʻei⁵⁵ 特

nei³⁵ 馁　nei⁵²³ 内

lei²¹⁴ 肋　lei⁵⁵ 雷　lei³⁵ 垒　lei⁵²³ 泪

tsei²¹⁴ 则　tsei⁵⁵ 贼

tsʻei²¹⁴ 策

sei²¹⁴ 色　sei⁵⁵ 谁

kei²¹⁴ 格　kei⁵⁵ 给

kʻei²¹⁴ 克　kʻei⁵⁵ 剋

xei²¹⁴ 黑

ei³⁵ 额

uei

tuei³⁵ 对（撞：车~到树上啦） tuei⁵²³ 队

tʻuei²¹⁴ 推 tʻuei⁵⁵ 颓 tʻuei³⁵ 腿 tʻuei⁵²³ 退

tsuei²¹⁴ 堆 tsuei³⁵ 嘴 tsuei⁵²³ 醉

tsʻuei²¹⁴ 催 tsʻuei⁵⁵ 随（~他去吧） tsʻuei⁵²³ 脆

suei²¹⁴ 虽 suei⁵⁵ 随 suei⁵² 岁

tʂuei²¹⁴ 锥 tʂuei⁵²³ 坠

tʂʻuei²¹⁴ 吹 tʂʻuei⁵⁵ 锤

ʂuei²¹⁴ 摔 ʂuei³⁵ 水 ʂuei⁵²³ 睡

zuei³⁵ 蕊 zuei⁵²³ 瑞

kuei²¹⁴ 归 kuei³⁵ 鬼 kuei⁵²³ 贵

kʻuei²¹⁴ 亏 kʻuei⁵⁵ 葵 kʻuei⁵²³ 愧

xuei²¹⁴ 辉 xuei⁵⁵ 回 xuei³⁵ 毁 xuei⁵²³ 惠

uei²¹⁴ 威 uei⁵⁵ 为 uei³⁵ 伟 uei⁵²³ 卫

ɛ

pɛ⁵⁵ 别（否定副词，别，不要） pɛ³⁵ 摆 pɛ⁵²³ 败

pʻɛ²¹⁴ □（量词，表示粪便） pʻɛ⁵⁵ 排 pʻɛ³⁵ □（猛坐：一腚~到沙发上） pʻɛ⁵²³ 派

mɛ⁵⁵ 埋 mɛ³⁵ 买 mɛ⁵²³ 卖

fɛ⁵⁵ □（叹词，表示疼痛）

tɛ²¹⁴ 呆 tɛ³⁵ 逮 tɛ⁵²³ 代

tʻɛ 胎 tʻɛ⁵⁵ 抬 tʻɛ⁵²³ 泰

nɛ³⁵ 乃 nɛ⁵²³ 耐

lɛ²¹⁴ 襶 lɛ⁵⁵ 来 lɛ⁵²³ 赖

tsɛ²¹⁴ 栽 tsɛ³⁵ 宰 tsɛ⁵²³ 寨

tsʻɛ²¹⁴ 猜 tsʻɛ⁵⁵ 才 tsʻɛ³⁵ 采 tsʻɛ⁵²³ 菜

sɛ²¹⁴ 腮 sɛ³⁵ 甩（口语音） sɛ⁵²³ 晒

kɛ²¹⁴ 该 kɛ³⁵ 改 kɛ⁵²³ 盖

kʻɛ²¹⁴ 开 kʻɛ³⁵ 凯 kʻɛ⁵²³ 忾

xɛ²¹⁴ 嗨 xɛ⁵⁵ 孩 xɛ³⁵ 海 xɛ⁵²³ 害

ɛ²¹⁴ 哀 ɛ⁵⁵ 呆 ɛ³⁵ 蔼 ɛ⁵²³ 碍

iɛ

tɕiɛ²¹⁴ 街　tɕiɛ³⁵ 解　tɕiɛ⁵²³ 届

ɕiɛ⁵⁵ 鞋　ɕiɛ³⁵ 蟹　ɕiɛ⁵²³ 懈

iɛ²¹⁴ 挨（~边儿）　iɛ⁵⁵ 涯　iɛ³⁵ 矮　iɛ⁵²³ 隘（旧读）

uɛ

tʂuɛ³⁵ 跩　tʂuɛ⁵²³ 拽

tsʻuɛ²¹⁴ 撮　tʂʻuɛ³⁵ 揣　tʂʻuɛ⁵²³ 踹

ʂuɛ²¹⁴ 衰　ʂuɛ³⁵ 甩（读书音）　ʂuɛ⁵²³ 帅

kuɛ²¹⁴ 乖　kuɛ³⁵ 拐　kuɛ⁵²³ 怪

kʻuɛ³⁵ 扦　kʻuɛ⁵²³ 快

xuɛ⁵⁵ 怀　xuɛ⁵²³ 坏

uɛ²¹⁴ 歪　uɛ⁵⁵ 崴　uɛ³⁵ 踒　uɛ⁵²³ 外

au

pau²¹⁴ 包　pau³⁵ 宝　pau⁵²³ 抱

pʻau²¹⁴ 抛　pʻau⁵⁵ 袍　pʻau³⁵ 跑　pʻau⁵²³ 炮

mau²¹⁴ 猫（~子）　mau⁵⁵ 毛　mau³⁵ 卯　mau⁵²³ 帽

tau²¹⁴ 刀　tau³⁵ 捣　tau⁵²³ 到

tʻau²¹⁴ 掏　tʻau⁵⁵ 逃　tʻau³⁵ 讨　tʻau⁵²³ 套

nau²¹⁴ 孬　nau⁵⁵ 挠　nau³⁵ 恼　nau⁵²³ 闹

lau²¹⁴ 捞　lau⁵⁵ 劳　lau³⁵ 老　lau⁵²³ 涝

tsau²¹⁴ 遭　tsau³⁵ 找　tsau⁵²³ 罩

tsʻau²¹⁴ 操　tsʻau⁵⁵ 曹　tsʻau³⁵ 草　tsʻau⁵²³ 糙

sau²¹⁴ 骚　sau³⁵ 嫂　sau⁵²³ 潲

tʂau²¹⁴ 招　tʂau⁵²³ 照

tʂʻau²¹⁴ 超　tʂʻau⁵⁵ 潮

ʂau²¹⁴ 烧　ʂau⁵⁵ 韶　ʂau³⁵ 少　ʂau⁵²³ 邵

ʐau⁵⁵ 饶　ʐau³⁵ 扰　ʐau⁵²³ 照（口语音：太阳~眼）

kau²¹⁴ 高　kau³⁵ 稿　kau⁵²³ 告

kʻau²¹⁴ 尻　kʻau³⁵ 考　kʻau⁵²³ 靠

xau²¹⁴ 薅　xau⁵⁵ 毫　xau³⁵ 好　xau⁵²³ 皓

au²¹⁴ 熬　au⁵⁵ 翱　au³⁵ 袄　au⁵²³ 傲

iau

piau²¹⁴ 标　piau³⁵ 表　piau⁵²³ 摽
pʻiau²¹⁴ 飘　pʻiau⁵⁵ 瓢　pʻiau³⁵ 瞟　pʻiau⁵²³ 票
miau⁵⁵ 苗　miau³⁵ 渺　miau⁵²³ 妙
tiau²¹⁴ 刁　tiau³⁵ 屌　tiau⁵²³ 掉
tʻiau²¹⁴ 挑　tʻiau⁵⁵ 条　tʻiau³⁵ 挑　tʻiau⁵²³ 跳
niau³⁵ 鸟　niau⁵²³ 尿
liau⁵⁵ 辽　liau³⁵ 了　liau⁵²³ 料
tɕiau²¹⁴ 娇　tɕiau³⁵ 铰　tɕiau⁵²³ 轿
tɕʻiau²¹⁴ 敲　tɕʻiau⁵⁵ 桥　tɕʻiau³⁵ 巧　tɕʻiau⁵²³ 窍
ɕiau²¹⁴ 萧　ɕiau⁵⁵ 淆　ɕiau³⁵ 小　ɕiau⁵²³ 笑
iau²¹⁴ 腰　iau⁵⁵ 姚　iau³⁵ 咬　iau⁵²³ 跃

ou

tou²¹⁴ 兜　tou³⁵ 抖　tou⁵²³ 豆
tʻou²¹⁴ 偷　tʻou⁵⁵ 头　tʻou⁵²³ 透
lou²¹⁴ 搂　lou⁵⁵ 楼　lou³⁵ 篓　lou⁵²³ 漏
tsou²¹⁴ 诌　tsou³⁵ 走　tsou⁵²³ 揍
tsʻou²¹⁴ 掬　tsʻou⁵⁵ 愁　tsʻou³⁵ 瞅（翻眼怒视）　tsʻou⁵²³ 凑
sou²¹⁴ 搜　sou³⁵ 擞　sou⁵²³ 瘦
tʂou²¹⁴ 周　tʂou³⁵ 肘　tʂou⁵²³ 宙
tʂʻou²¹⁴ 抽　tʂʻou⁵⁵ 稠　tʂʻou³⁵ 丑　tʂʻou⁵²³ 臭
ʂou²¹⁴ 收　ʂou³⁵ 首　ʂou⁵²³ 受
ʐou²¹⁴ □（扔）　ʐou⁵⁵ 柔　ʐou⁵²³ 肉
kou²¹⁴ 沟　kou³⁵ 狗　kou⁵²³ 够
kʻou²¹⁴ 抠　kʻou³⁵ 口　kʻou⁵²³ 扣
xou²¹⁴ 齁　xou⁵⁵ 猴　xou³⁵ 吼　xou⁵²³ 厚
ou²¹⁴ 沤　ou³⁵ 偶

iou

tiou²¹⁴ 丢
niou²¹⁴ 妞　niou⁵⁵ 牛　niou³⁵ 扭　niou⁵²³ 谬
liou²¹⁴ 蹓　liou⁵⁵ 留　liou³⁵ 柳　liou⁵²³ 馏

tɕiou²¹⁴ 揪　tɕiou³⁵ 九　tɕiou⁵²³ 救
tɕ'iou²¹⁴ 秋　tɕ'iou⁵⁵ 求　tɕ'iou³⁵ 瞅
ɕiou²¹⁴ 休　ɕiou³⁵ 朽（文读）　ɕiou⁵²³ 锈
iou²¹⁴ 优　iou⁵⁵ 由　iou³⁵ 友　iou⁵²³ 又

æ̃
pæ̃²¹⁴ 般　pæ̃³⁵ 板　pæ̃⁵²³ 办
p'æ̃²¹⁴ 潘　p'æ̃⁵⁵ 盘　p'æ̃⁵²³ 盼
mæ̃⁵⁵ 瞒　mæ̃³⁵ 满　mæ̃⁵²³ 慢
fæ̃²¹⁴ 翻　fæ̃⁵⁵ 凡　fæ̃³⁵ 反　fæ̃⁵²³ 饭
tæ̃²¹⁴ 单　tæ̃³⁵ 胆　tæ̃⁵²³ 旦
t'æ̃²¹⁴ 摊　t'æ̃⁵⁵ 谈　t'æ̃³⁵ 坦　t'æ̃⁵²³ 炭
næ̃⁵⁵ 男　næ̃³⁵ □（往口中塞）　næ̃⁵²³ 难
læ̃⁵⁵ 兰　læ̃³⁵ 懒　læ̃⁵²³ 烂
tsæ̃²¹⁴ 簪　tsæ̃³⁵ 咱　tsæ̃⁵²³ 站
ts'æ̃²¹⁴ 掺　ts'æ̃⁵⁵ 馋　ts'æ̃³⁵ 产　ts'æ̃⁵²³ 灿
sæ̃²¹⁴ 山　sæ̃³⁵ 伞　sæ̃⁵²³ 散
tʂæ̃²¹⁴ 沾　tʂæ̃³⁵ 展　tʂæ̃⁵²³ 战
tʂ'æ̃²¹⁴ □（滞留；拖延）　tʂ'æ̃⁵⁵ 缠　tʂ'æ̃⁵²³ 忏
ʂæ̃²¹⁴ 膻　ʂæ̃³⁵ 闪　ʂæ̃⁵²³ 善
ʐæ̃⁵⁵ 然　ʐæ̃³⁵ 燃
kæ̃²¹⁴ 甘　kæ̃³⁵ 赶　kæ̃⁵²³ 赣
k'æ̃²¹⁴ 刊　k'æ̃³⁵ 砍　k'æ̃⁵²³ 看
xæ̃²¹⁴ 憨　xæ̃⁵⁵ 寒　xæ̃³⁵ 喊　xæ̃⁵²³ 汗
æ̃²¹⁴ 安　æ̃³⁵ 俺　æ̃⁵²³ 暗

iæ̃
piæ̃²¹⁴ 编　piæ̃³⁵ 扁　piæ̃⁵²³ 变
p'iæ̃²¹⁴ 偏　p'iæ̃⁵⁵ 便　p'iæ̃³⁵ 谝　p'iæ̃⁵²³ 骗
miæ̃⁵⁵ 绵　miæ̃³⁵ 免　miæ̃⁵²³ 面
tiæ̃²¹⁴ 掂　tiæ̃³⁵ 点　tiæ̃⁵²³ 店
t'iæ̃²¹⁴ 天　t'iæ̃⁵⁵ 甜　t'iæ̃³⁵ 舔
niæ̃²¹⁴ 蔫　niæ̃⁵⁵ 年　niæ̃³⁵ 碾　niæ̃⁵²³ 念

liæ̃²¹⁴ □（用韵语说话） liæ̃⁵⁵ 连　liæ̃³⁵ 脸　liæ̃⁵²³ 炼

tɕiæ̃²¹⁴ 煎　tɕiæ̃³⁵ 碱　tɕiæ̃⁵²³ 见

tɕ'iæ̃²¹⁴ 牵　tɕ'iæ̃⁵⁵ 前　tɕ'iæ̃³⁵ 浅　tɕ'iæ̃⁵²³ 欠

ɕiæ̃²¹⁴ 先　ɕiæ̃⁵⁵ 闲　ɕiæ̃³⁵ 险　ɕiæ̃⁵²³ 现

iæ̃²¹⁴ 淹　iæ̃⁵⁵ 盐　iæ̃³⁵ 演　iæ̃⁵²³ 宴

uæ̃

tuæ̃²¹⁴ 端　tuæ̃³⁵ 短　tuæ̃⁵²³ 段

t'uæ̃⁵⁵ 团　nuæ̃³⁵ 暖

luæ̃⁵⁵ 銮　luæ̃³⁵ 卵　lu⁵²³ 乱

tsuæ̃²¹⁴ 钻　tsuæ̃³⁵ 纂　tsuæ̃⁵²³ 攥

ts'uæ̃²¹⁴ 蹿　ts'uæ̃⁵²³ 篡

suæ̃²¹⁴ 酸　suæ̃⁵²³ 蒜

tʂuæ̃²¹⁴ 专　tʂuæ̃³⁵ 转　tʂuæ̃⁵²³ 赚

tʂ'uæ̃²¹⁴ 穿　tʂ'uæ̃⁵⁵ 船　tʂ'uæ̃³⁵ 喘　tʂ'uæ̃⁵²³ 串

ʂuæ̃²¹⁴ 栓　ʂuæ̃⁵²³ 涮

ʐuæ̃³⁵ 软

kuæ̃²¹⁴ 关　kuæ̃³⁵ 管　kuæ̃⁵²³ 灌

k'uæ̃²¹⁴ 宽　k'uæ̃³⁵ 款

xuæ̃²¹⁴ 欢　xuæ̃⁵⁵ 环　xuæ̃³⁵ 缓　xuæ̃⁵²³ 换

uæ̃²¹⁴ 弯　uæ̃⁵⁵ 玩　uæ̃³⁵ 晚　uæ̃⁵²³ 万

yæ̃

tɕyæ̃²¹⁴ 绢　tɕyæ̃³⁵ 卷　tɕyæ̃⁵²³ 倦

tɕ'yæ̃²¹⁴ 圈　tɕ'yæ̃⁵⁵ 全　tɕ'yæ̃³⁵ 犬　tɕ'yæ̃⁵²³ 劝

ɕyæ̃²¹⁴ 宣　ɕyæ̃⁵⁵ 悬　ɕyæ̃³⁵ 选　ɕyæ̃⁵²³ 旋（转着圈切削）

yæ̃²¹⁴ 冤　yæ̃⁵⁵ 圆　yæ̃³⁵ 远　yæ̃⁵²³ 愿

ẽ

pẽ²¹⁴ 锛　pẽ³⁵ 本　pẽ⁵²³ 笨

p'ẽ²¹⁴ 喷　p'ẽ⁵⁵ 盆　p'ẽ⁵²³ □（正在：他~看电视唻）

mẽ²¹⁴ 闷　mẽ⁵⁵ 门　mẽ⁵²³ 焖

fẽ²¹⁴ 分　fẽ⁵⁵ 坟　fẽ³⁵ 粉　fẽ⁵²³ 愤

nẽ³⁵ 恁（你们）

tsẽ²¹⁴ 臻　tsẽ³⁵ 怎

ts'ẽ²¹⁴ 参　ts'ẽ³⁵ 碜　ts'ẽ⁵²³ 衬

sẽ²¹⁴ 森　sẽ⁵²³ 瘆

tʂẽ²¹⁴ 真　tʂẽ³⁵ 珍　tʂẽ⁵²³ 震

tʂ'ẽ²¹⁴ 深　tʂ'ẽ⁵⁵ 沉　tʂ'ẽ⁵²³ 趁

ʂẽ²¹⁴ 身　ʂẽ⁵⁵ 神　ʂẽ³⁵ 审　ʂẽ⁵²³ 甚

zẽ⁵⁵ 人　zẽ³⁵ 忍　zẽ⁵²³ 认

kẽ²¹⁴ 根　kẽ³⁵ 艮　kẽ⁵²³ 亘

k'ẽ³⁵ 肯

xẽ⁵⁵ 痕　xẽ³⁵ 狠　xẽ⁵²³ 恨

ẽ²¹⁴ 恩　ẽ⁵²³ 摁

iẽ

piẽ²¹⁴ 宾　piẽ⁵²³ 鬓

p'iẽ²¹⁴ 拼　p'iẽ⁵⁵ 贫　p'iẽ³⁵ 品　p'iẽ⁵²³ 聘

miẽ⁵⁵ 民　miẽ³⁵ 敏

liẽ²¹⁴ 拎　liẽ⁵⁵ 邻　liẽ⁵²³ 吝

tɕiẽ²¹⁴ 今　tɕiẽ³⁵ 紧　tɕiẽ⁵²³ 近

tɕ'iẽ²¹⁴ 亲　tɕ'iẽ⁵⁵ 芹　tɕ'iẽ⁵²³ 呬

ɕiẽ²¹⁴ 心　ɕiẽ⁵⁵ 寻（娶；嫁）ɕiẽ⁵²³ 信

iẽ²¹⁴ 音　iẽ⁵⁵ 银　iẽ³⁵ 引　iẽ⁵²³ 印

uẽ

tuẽ²¹⁴ 蹲　tuẽ³⁵ 盹　tuẽ⁵²³ 顿

t'uẽ²¹⁴ 吞　t'uẽ⁵⁵ 屯　t'uẽ³⁵ 踳

luẽ⁵⁵ 轮　luẽ³⁵ 檩　luẽ⁵²³ 嫩

tsuẽ²¹⁴ 尊　tsuẽ³⁵ 撙（文读）

ts'uẽ²¹⁴ 村　ts'uẽ⁵⁵ 存　ts'uẽ⁵²³ 寸

suẽ²¹⁴ 孙

tʂuẽ²¹⁴ 谆　tʂuẽ³⁵ 准

tʂ'uẽ²¹⁴ 春　tʂ'uẽ⁵⁵ 纯　tʂ'uẽ³⁵ 蠢

ʂuẽ⁵²³ 顺

kuẽ³⁵ 滚　kuẽ⁵²³ 棍

kʻuẽ²¹⁴ 昆　kʻuẽ³⁵ 捆　kʻuẽ⁵²³ 困

xuẽ²¹⁴ 荤　xuẽ⁵⁵ 魂　xuẽ⁵²³ 混

uẽ²¹⁴ 温　uẽ⁵⁵ 闻　uẽ³⁵ 稳　uẽ⁵²³ 问

yẽ

tɕyẽ²¹⁴ 君　tɕyẽ³⁵ 菌　tɕyẽ⁵²³ 俊

tɕʻyẽ⁵⁵ 群

ɕyẽ²¹⁴ 熏　ɕyẽ⁵⁵ 旬　ɕyẽ³⁵ 笋　ɕyẽ⁵²³ 训

yẽ²¹⁴ 晕　yẽ⁵⁵ 云　yẽ³⁵ 允　yẽ⁵²³ 韵

aŋ

paŋ²¹⁴ 帮　paŋ³⁵ 绑　paŋ⁵²³ 棒

pʻaŋ²¹⁴ 脬　pʻaŋ⁵⁵ 旁　pʻaŋ³⁵ 榜　pʻaŋ⁵²³ 胖

maŋ²¹⁴ 牤　maŋ⁵⁵ 忙　maŋ³⁵ 莽

faŋ²¹⁴ 方　faŋ⁵⁵ 芳　faŋ³⁵ 访　faŋ⁵²³ 放

taŋ²¹⁴ 当　taŋ³⁵ 党　taŋ⁵²³ 荡

tʻaŋ²¹⁴ 汤　tʻaŋ⁵⁵ 唐　tʻaŋ³⁵ 淌　tʻaŋ⁵²³ 烫

naŋ²¹⁴ 囊（扑扑~：松软的肥肉）　naŋ⁵⁵ 囊　naŋ³⁵ 攮　naŋ⁵²³ 齉

laŋ²¹⁴ 螂（京蚾~：金龟子）　laŋ⁵⁵ 狼　laŋ³⁵ 朗　laŋ⁵²³ 浪

tsaŋ²¹⁴ 脏　tsaŋ⁵²³ 葬

tsʻaŋ²¹⁴ 仓　tsʻaŋ⁵⁵ 藏　tsʻaŋ⁵²³ 蹭

saŋ²¹⁴ 桑　saŋ³⁵ 嗓　saŋ⁵²³ 丧

tʂaŋ²¹⁴ 章　tʂaŋ⁵⁵ 着（~点水）　tʂaŋ³⁵ 掌　tʂaŋ⁵²³ 仗

tʂʻaŋ²¹⁴ 昌　tʂʻaŋ⁵⁵ 尝　tʂʻaŋ³⁵ 敞　tʂʻaŋ⁵²³ 唱

ʂaŋ²¹⁴ 伤　ʂaŋ³⁵ 晌　ʂaŋ⁵²³ 尚

zaŋ⁵⁵ 瓤　zaŋ³⁵ 壤　zaŋ⁵²³ 让

kaŋ²¹⁴ 钢　kaŋ³⁵ 港　kaŋ⁵²³ 杠

kʻaŋ²¹⁴ 康　kʻaŋ⁵²³ 扛

xaŋ²¹⁴ 夯　xaŋ⁵⁵ 航　xaŋ⁵²³ 上（~边儿｜~头）

aŋ²¹⁴ 肮　aŋ⁵⁵ 昂

iaŋ

niaŋ⁵⁵ 娘　niaŋ⁵²³ 酿

liaŋ²¹⁴ 掚　liaŋ⁵⁵ 凉　liaŋ³⁵ 两　liaŋ⁵²³ 亮

tɕiaŋ²¹⁴ 江　tɕiaŋ³⁵ 奖　tɕiaŋ⁵²³ 匠

tɕ'iaŋ²¹⁴ 枪　tɕ'iaŋ⁵⁵ 强　tɕ'iaŋ³⁵ 抢　tɕ'iaŋ⁵²³ 跄

ɕiaŋ²¹⁴ 香　ɕiaŋ⁵⁵ 祥　ɕiaŋ³⁵ 响　ɕiaŋ⁵²³ 像

iaŋ²¹⁴ 央　iaŋ⁵⁵ 羊　iaŋ³⁵ 养　iaŋ⁵²³ 样

uaŋ

tʂuaŋ²¹⁴ 庄　tʂuaŋ³⁵ 奘（~光）　tʂuaŋ⁵²³ 状

tʂ'uaŋ²¹⁴ 窗　tʂ'uãŋ⁵⁵ 床　tʂ'uaŋ³⁵ 闯　tʂ'uaŋ⁵²³ 创

ʂuaŋ²¹⁴ 双　ʂuaŋ³⁵ 爽　ʂuaŋ⁵²³ 双（一对~生）

kuaŋ²¹⁴ 光　kuaŋ³⁵ 广　kuaŋ⁵²³ 逛

k'uaŋ²¹⁴ 筐　k'uaŋ⁵⁵ 狂　k'uaŋ⁵²³ 况

xuaŋ²¹⁴ 荒　xuaŋ⁵⁵ 黄　xuaŋ³⁵ 谎　xuaŋ⁵²³ 晃

uaŋ²¹⁴ 汪　uaŋ⁵⁵ 王　uaŋ³⁵ 网　uaŋ⁵²³ 忘

əŋ

pəŋ²¹⁴ 崩　pəŋ³⁵ 绷（合：~上嘴）　pəŋ⁵²³ 蹦

p'əŋ²¹⁴ 烹　p'əŋ⁵⁵ 棚　p'əŋ³⁵ 捧　p'əŋ⁵²³ 碰

məŋ²¹⁴ 懵　məŋ⁵⁵ 蒙　məŋ³⁵ 猛　məŋ⁵²³ 梦

fəŋ²¹⁴ 风　fəŋ⁵⁵ 逢　fəŋ⁵²³ 奉

təŋ²¹⁴ 灯　təŋ³⁵ 等　təŋ⁵²³ 邓

t'əŋ²¹⁴ 熥　t'əŋ⁵⁵ 疼

nəŋ⁵⁵ 能

ləŋ³⁵ 冷　ləŋ⁵²³ 棱

tsəŋ²¹⁴ 争　tsəŋ⁵²³ 赠

ts'əŋ²¹⁴ 撑　ts'əŋ⁵⁵ 曾　ts'əŋ⁵²³ 掌

səŋ²¹⁴ 生　səŋ³⁵ 省

tʂəŋ²¹⁴ 征　tʂəŋ³⁵ 整　tʂəŋ⁵²³ 政

tʂ'əŋ²¹⁴ 称　tʂ'əŋ⁵⁵ 成　tʂ'əŋ³⁵ 呈　tʂ'əŋ⁵²³ 秤

ʂəŋ²¹⁴ 升　ʂəŋr⁵⁵ 绳　ʂəŋ⁵²³ 胜

zəŋ²¹⁴ 扔　zəŋ⁵⁵ 仍

kəŋ²¹⁴ 耕　kəŋ³⁵ 哽　kəŋ⁵²³ 更

k'əŋ²¹⁴ 坑

xəŋ²¹⁴ 亨　xəŋ⁵⁵ 恒

əŋ²¹⁴ 嗯（拟声词，低声：不知他～～地说啥）

iŋ

piŋ²¹⁴ 冰　piŋ³⁵ 饼　piŋ⁵²³ 并

p'iŋ²¹⁴ 乒　p'iŋ⁵⁵ 平

miŋ⁵⁵ 明　miŋ⁵²³ 命

tiŋ²¹⁴ 丁　tiŋ³⁵ 顶　tiŋ⁵²³ 定

t'iŋ²¹⁴ 听　t'iŋ⁵⁵ 停　t'iŋ³⁵ 挺　t'iŋ⁵²³ □（～天由命｜得这样的病，～死）

niŋ²¹⁴ 宁（副词，表程度：～细）niŋ⁵⁵ 宁　niŋ⁵²³ 拧

liŋ⁵⁵ 凌　liŋ³⁵ 领　liŋ⁵²³ 另

tɕiŋ²¹⁴ 精　tɕiŋ³⁵ 景　tɕiŋ⁵²³ 净

tɕ'iŋ²¹⁴ 清　tɕ'iŋ⁵⁵ 情　tɕ'iŋ³⁵ 请　tɕ'iŋ⁵²³ 庆

ɕiŋ²¹⁴ 星　ɕiŋ⁵⁵ 形　ɕiŋ³⁵ 醒　ɕiŋ⁵²³ 杏

iŋ²¹⁴ 英　iŋ⁵⁵ 迎　iŋ³⁵ 影　iŋ⁵²³ 硬

uŋ

tuŋ²¹⁴ 东　tuŋ³⁵ 董　tuŋ⁵²³ 动

t'uŋ²¹⁴ 通　t'uŋ⁵⁵ 同　t'uŋ³⁵ 统　t'uŋ⁵²³ 痛

nuŋ⁵⁵ 农　nuŋ³⁵ 努（～毁啦）　nuŋ⁵²³ 弄

luŋ⁵⁵ 龙　luŋ³⁵ 拢

tsuŋ²¹⁴ 宗　tsuŋ³⁵ 总　tsuŋ⁵²³ 纵

ts'uŋ²¹⁴ 聪　ts'uŋ⁵⁵ 从

suŋ²¹⁴ 松　suŋ³⁵ 耸　suŋ⁵²³ 送

tʂuŋ²¹⁴ 中　tʂuŋ³⁵ 肿　tʂuŋ⁵²³ 种

tʂ'uŋ²¹⁴ 冲　tʂ'uŋ⁵⁵ 虫　tʂ'uŋ³⁵ 宠　tʂ'uŋ⁵²³ 冲

ʐuŋ⁵⁵ 荣　ʐuŋ³⁵ 绒（细小：麦长得～）

kuŋ²¹⁴ 公　kuŋ³⁵ 巩　kuŋ⁵²³ 共

k'uŋ²¹⁴ 空　k'uŋ³⁵ 孔　k'uŋ⁵²³ 控

xuŋ²¹⁴ 烘　xuŋ⁵⁵ 红　xuŋ³⁵ 哄　xuŋ⁵²³ 横

uŋ²¹⁴ 翁　uŋ³⁵ 搑（推）

yŋ

tɕyŋ³⁵ 迥　tɕʻyŋ²¹⁴ 倾　tɕʻyŋ⁵⁵ 穷

ɕyŋ²¹⁴ 兄　ɕyŋ⁵⁵ 雄

yŋ²¹⁴ 拥　yŋ³⁵ 勇　yŋ⁵²³ 用

第三节　音变

在各种因素的作用下，语音会发生变异。一种是在语流中发生的音变，比如变调、轻声、儿化等；一种是历时音变，又叫历史音变，即在不同的历史阶段形成的变化，主要表现在文白异读上，比如，县城和城南地区把"自己"说成"自家"[tɕi⁵²³tɕia⁰] jì jia，把"马上"（立即）说成"马展"[ma³⁵tʂæ̃³⁵] má zhǎn。

引起变异的因素有以下几种。

第一是连读、同化、轻声、儿化等。例如：轻声使声韵发生变化，"盖的"（被子）说成"盖体"[kɛ⁵²³tʻi⁰] gài ti；儿化使齐齿呼韵母 i 脱落，细音变成洪音，"好脸儿"说成 [xau³⁵lɛr³⁵] hǎo láir，"亮儿"说成 [laŋr⁵²³] làngr。

第二是汉字偏旁、近音字的影响。比如：砧（~木），有的人读成 [tʂæ̃²¹⁴] zhǎn。该字《广韵》知林切，平声、侵韵、知母，按规律应读 [tʂẽ²¹⁴] zhěn。汇报，本应读 [xuei⁵²³pau⁵²³] huì bào，许多人读作 [xuei⁵⁵pau⁵⁵] huī bào，音同"回报"。

第三是通用语、外地方言的影响。比如：秘（~密），丰县话本来读 [pi⁵²³] bì，在普通话的影响下变为 [mi⁵²³] mì；帆，在丰县本来只有一个读音 [fæ̃²¹⁴] fǎn，"帆布"传到丰县说成 [fæ̃⁵⁵pu⁵²³] fān bù，"帆"又增加 [fæ̃⁵⁵] fān 的读音。

有的音变过程较为简单，有的较为复杂。比如，"国"字丰县本来读 [kuei²¹⁴] guǐ，现在中青年人普遍读 [kuə³⁵] guó，是由于普通话的影响造成的，音变过程很简单；而"豆枕"[tou⁵²³tʂʻẽ⁰] dòu chen 的来历较为复杂，它来自"枕头"[tʂẽ⁵²³tʻou⁰] zhèn tou，经过字序颠倒、声调转换，变为现在的形式。

丰县话与普通话的音变规律有一些差别。比如：把，在"车把""把住路口"等语词中读上声 [pa³⁵] bá，作介词时（~笔拿来）读去声 [pa⁵²³] bà，东南部分地区说成 [pɛ⁵²³] bài；看，丰县话只有 [kʻæ̃⁵²³] kàn 一种读音，普通话有 kàn 和 kān 两种读音；华，丰县话只有 [xua⁵⁵] huā 一种读音，普通话有 huá、huà 和 huā 三种读音；薄，丰县话中只有 [puə⁵⁵] bō 一种读音，普通话有 báo、bó、bò（薄荷）等读音；背，丰县话在"后背""背着口袋"这样的词语中都读 [pei⁵²³] bèi，普通话分别读 bèi 和 bēi。

一、声调变化

（一）连读变调

在语流中，声调发生自然变化，特别是阴平字，经常失去曲折特点。两字连读时的声调变化规律见下表。

表2-5　两字组连读变调基本规则表

前字＼后字	阴平 214	阳平 55	上声 35	去声 523	轻声
阴平 214	24+214	21+54	21+35	21+523	21+0
阳平 55	55+214	55+54	55+35	55+523	54+0
上声 35	35+214	35+54	35+35	35+523	35+0
去声 523	52+214	52+54	52+35	52+523	52+0

（二）特殊变调

1. 上声字变读为阳平

一部分上声字在特定词中变读为阳平，有的字在各种情况下都读阳平。见下表例字。

表2-6　上声字变读阳平例字表

例字	本音和用例	变读音和用例
仿	[faŋ³⁵] fáng 模仿	[faŋ⁵⁵] fāng 小孩仿大人
俯	常读 [fu⁵⁵] fū	[fu⁵⁵] fū 俯视
腐	常读 [fu⁵⁵] fū 腐败	[fu⁵⁵] fū 腐朽
古	[ku³⁵] gú 古代	[ku⁵⁵] gū 古怪
可	[kə³⁵] ké 许可，可能	[kə⁵⁵] kē 可以
拟	常读 [i⁵⁵] yī	[i⁵⁵] yī 拟定
努	[nuŋ³⁵] nóng ~得冒汗	[nuŋ⁵⁵] nōng 努力
企	常读 [tɕ'i⁵⁵] qī 企图	[tɕ'i⁵⁵] qī 企业
寝	常读 [tɕ'iě⁵⁵] qīn	[tɕ'iě⁵⁵] qīn 寝室
使	常读 [sɹ³⁵] sí	[tʂɻ⁵⁵] chī 使劲
暑	[ʂu³⁵] shú	[ʂu⁵⁵] shū 暑假
署	常读 [ʂu⁵⁵] shū	[ʂu⁵⁵] shū 部署
所	[suə³⁵] suó 派出所	[suə⁵⁵] shuō 所以
讨	[t'au³⁵] táo 研讨	[t'au⁵⁵] tāo 讨伐
体	[t'i³⁵] tí 体型	[t'i⁵⁵] tī 体育

续表

例字	本音和用例	变读音和用例
土	[tʻu³⁵] tú 土垃	[tʻu⁵⁵] tū 土车子（小型独轮车）
许	[ɕy³⁵] xú 许可	[ɕy⁵⁵] xū 姓许（姓氏）
也	常读 [iɛ⁵⁵] yāi	[iɛ⁵⁵] yāi 也许
已	[i³⁵] yí 争论不已	[i⁵⁵] yī 已经
以	常读 [i⁵⁵] yī	[i⁵⁵] yī 以前
允	[yẽ³⁵] yún 公允	[yẽ⁵⁵] yūn 允许
早	[tsau³⁵] záo 清早	[tsau⁵⁵uei⁰] zāo 早晚儿回家？
组	[tsu³⁵] zú	[tsu⁵⁵] zū 组织

2. 去声字在特定词里变读为阳平调

（1）在某些地名中，处于词首的去声字变读为阳平调。

除范楼等地外，全县各镇、街道都有此类现象。

①镇名变调。比如：

宋楼 [suŋ⁵²³→⁵⁵lour⁵⁵] sōng lōur。

②村名变调。比如：

中阳里街道村名：季合园 [tɕi⁵²³→⁵⁵xə⁰ yæ̃r⁵⁵] jī he yuānr，杜庄 [tu⁵²³→⁵⁵tʂuaŋr²¹⁴] dū zhuǎngr，范园 [fæ̃⁵²³→⁵⁵yæ̃r⁵⁵] fān yuānr

凤城街道村名：范庄 [fæ̃⁵²³→⁵⁵tʂuaŋr²¹⁴] fān zhuǎngr，谢集 [ɕiə⁵²³→⁵⁵tɕir⁵⁵] xiē jīr

孙楼街道村名：蔡楼 [tsʻɛ⁵²³→⁵⁵lour⁵⁵] cāi lōur，季庙 [tɕi⁵²³→⁵⁵miaur⁵²³] jī miàor，赵河涯 [tʂau⁵²³→⁵⁵xə⁰iɛ⁵⁵] zhāo he yāi。

宋楼镇村名：费楼 [fi⁵²³→⁵⁵lour⁵⁵] fī lōur，状元集 [tʂuaŋ⁵²³→⁵⁵yæ̃⁰tɕir⁵⁵] zhuāng yuan jīr。

欢口镇村名：邓庄 [təŋ⁵²³→⁵⁵tʂuaŋ²¹⁴r] dēng zhuǎngr，前魏庄 [tɕʻiæ̃⁵⁵uei⁵²³→⁵⁵tʂuaŋr²¹⁴] qiān wēi zhuǎngr。

首羡镇村名：便集 [piæ̃⁵²³→⁵⁵tɕir⁵⁵] biān jīr。

顺河镇村名：大圣集 [tɛ⁵²³→⁵⁵ʂəŋ⁰tɕi⁵⁵] dāi sheng jī。

华山镇村名：套楼 [tʻau⁵²³→⁵⁵lou⁵⁵] tāo lōu，赵屯 [tsau⁵²³→⁵⁵tʻuẽ⁵⁵] zhāo tūn。

赵庄镇村名：赵庙 [tʂau⁵²³→⁵⁵miaur⁵²³] zhāo miàor，邓庄 [təŋ⁵²³→⁵⁵tʂuaŋr²¹⁴] dēng zhuǎngr。

王沟镇村名：赵集 [tʂau⁵²³→⁵⁵tɕir⁵⁵] zhāo jīr，惠庙 [xuei⁵²³→⁵⁵miaur⁵²³] huī miàor。

师寨镇村名：大魏堂 [ta⁵²³uei⁵²³→⁵⁵tʻaŋr⁵⁵] dà wēi tāngr。

梁寨镇村名：后四楼 [xou⁵²³→⁵⁵sɿ⁰lour⁵⁵] hōu si lōur。

（2）在某些常用词中，去声字变读为阳平。这些字多处于词首位置，变调后不容易辨别出本字。比如：

布袋儿 [pu⁵²³→⁵⁵tɛr⁰] bū dair 衣袋：~里装着几张票子。

布瓦 [pu⁵²³→⁵⁵ua³⁵] bū wá 即小瓦，带有布纹，多为青灰色。

凑 [ts'ou⁵²³→⁵⁵] cōu 趁，利用（时间、机会）：~哪天逢集，叫那个不孝顺的人挂牌子游街。

凑空儿 [ts'ou⁵²³→⁵⁵k'uŋr⁵²³] cōu kòngr 抽出时间：~给我指点指点。｜~到外边儿逛逛。

犯如 [fæ̃⁵²³→⁵⁵zu⁵⁵] fān rú 犯得上，值得。

付钱 [fu⁵²³→⁵⁵tɕ'iæ̃⁵⁵] fū qiān 给钱，支付钱款。

附近 [fu⁵²³→⁵⁵tɕiẽ⁵²³] fū jìn 靠近某地的；附近的地方。

附属 [fu⁵²³→⁵ʂu⁵⁵] fū shū 依附；归属。

锯劙 [tɕy⁵²³→⁵⁵ly⁰] jū lü 用不锋利的物体锯割：~鸡脖子｜用钝刀~肉。

挂 [kua⁵²³→⁵⁵] guā ①钩：树枝子把衣裳~烂了。②牵连；牵累：他把一家人都~毁了｜一人出事，全家受~。

挂拉 [kua⁵²³→⁵⁵la⁰] guā la 以攀谈的方式结交，含戏谑义：他在外边儿~上一个女朋友。

露水 [lu⁵²³→⁵⁵ʂuei³⁵] lū shuí 夜晚或清晨近地面的水气遇冷凝结于物体上的水珠：~把头发露湿了。｜草棵子里净是~。

墁苫 [mæ̃⁵²³→⁵⁵ʂæ̃⁰] mān shan 在草屋顶增添、更换麦秸，予以修补：屋漏了，得~一下子。

漫 [mæ̃⁵²³→⁵⁵] mān 满溢外流；跨过，越过：从墙头上~过去。｜黄水从树梢子上~过去了。

蔓豆 [mæ̃⁵²³→⁵⁵tou⁰] mān dou 一种豆科蔓生作物。

细狗 [ɕi⁵²³→⁵⁵kou⁰] xī gou 一种身体细长的猎狗。

牸牛 [sɿ⁵²³→⁵⁵ɲiou⁰] sī niu 母牛。

叫驴 [tɕiau⁵²³→⁵⁵ly⁵⁵] jiāo lǘ 公驴。

絮 [ɕy⁵²³→⁵⁵] xū 因次数过多而感到厌烦：这句话我都听~了。｜我来了好几趟，自家也觉得~得慌。‖《朱子语类》卷六十九："此爻何曾有这义，都是硬入这意，所以说得絮了。"

絮叨 [ɕy⁵²³→⁵⁵tau⁰] xū dao 形容说话啰唆：他说了一遍又一遍，~得烦人。

牛鼻桊 [ɲiou⁵⁵pi³⁵tɕ'iæ̃⁵⁵] niū bī qiān 拴在牛鼻子上的用以牵牛的小铁环。桊，《广韵》

居倦切:"牛拘。"本应读 [tɕyæ̃^{523}] juàn。

（3）某些书面词语的去声字也有变读阳平现象。比如：

梵 [fæ̃^{55}] fān。《广韵》扶泛切，去声，本应读 [fæ̃^{523}] fàn。

懿 [i^{55}] yī：懿行，司马懿。《广韵》乙冀切，去声，本应读 [i^{523}] yì。

丽 [li^{55}] lī：美丽，华丽。《广韵》郎计切，去声，本应读 [li^{523}] lì。

巽 [ɕuẽ^{55}] xūn 八卦之一。本应读去声 [ɕuẽ^{523}] xùn。

违纪 [uei^{35}tɕi$^{523>55}$] wéi jī。纪，本应读 [tɕi^{523}] jì。

荟苑小区 [xuei^{523}yæ̃$^{523>55}$ɕiau^{35}tɕ'y^{214}] huì yuān xiáo qǔ 县城的一个小区名。苑，本应读 [yæ̃^{523}] yuàn。

疫情 [i$^{523>55}$tɕ'iŋ^{55}] yī qīng。疫，本应读 [i^{523}] yì。

3. "的"字结构的形容词变调

（1）"AA+的"式三音节叠音形容词第二个音节往往变读为高平调。如：

【追追的】认真地：要是~管他，他就怕了。

【墩墩的】满满的：倒了~一杯酒。

【好好的】很好；认真：他的心脏~，没大毛病。

【慢慢的】缓慢。

【细细的】很细；仔细：姜丝切得~｜我拿回去~看。

（2）普通话的一些 ABB 式叠音形容词，在丰县方言中，经过变调、儿化，以非叠音的形式表现出来，第二个音节变读为高平调。如：

【白生儿的】白生生的：~脸｜小闺女儿长得~，个子高乎的。

【香喷儿的】香喷喷的：这瓜闻着~。

【脆生儿的】脆生生的。

【凉丝儿的】凉丝丝的：空调屋里~。

【喜眯的】笑眯眯的。

【光溜儿的】光溜溜的：红芋洗得~｜脱得~。

【滴溜儿的】因担心而心情紧张：他整天心里~，睡不着觉。

【肉嘟儿的】肉嘟嘟的：孩子身上~。

（3）以"乎儿的"作后缀构成的三音节形容词较多，"乎"变读为高平调。如：

【软乎儿的】软乎乎的。

【热乎儿的】热乎乎的。

【胖乎儿的】胖乎乎的。

【红乎的】红乎乎的。

【黑乎儿的】黑乎乎的。

【晕乎儿的】晕乎乎的。

【脏乎儿的】有点脏。

【冷乎儿的】有点冷。

【能乎儿的】略显轻狂的样子。

【疼乎儿的】有点疼：护士打针~。

【麻乎儿的】稍微发麻：坐了半天，腿上~。

（4）双音节形容词加"的"构成的三音节形容词，第二个音节变读为高平调，并且读儿化韵。

这种三音节形容词与原双音节形容词在声调、语法功能及词义上有区别。原词末尾音节为轻声，多数不儿化，可以用"真""忒""恁"等修饰，而三音节形容词则不然。比如：

干净儿的（干净）：桌子擦得~｜一筐青菜卖得~。

滑溜儿的（滑溜）：地板上~。

匀溜儿的（匀溜）：筐里的杏~｜分得~，不多不少｜家里过得~。

利洒儿的（利洒）：~拿出来｜干起活儿来~。

光滑儿的（光滑）：身上洗得~。

秀气的（秀气）：她长得~，给小葱苗儿得水似的。

客气的（客气）：见了人家~。

清楚儿的（清楚）：我听得~。

鲜亮儿的（鲜亮）：这种颜色~。

漂亮儿的（漂亮）：打扮得~。

利亮儿的（利亮）：心里~｜屋里拾掇得~｜任务完成得~。

亮堂儿的（亮堂）：一开灯，屋里头~。

轻巧儿的（轻巧）：这把斧头掂起来~。

筋硬的（筋硬）：细粉煮得~｜面条儿吃起来~。

硬邦儿的（硬邦）：说话~，别怕他。

稳当儿的（稳当）：汽车停得~。

年幼儿的（年幼）：你~，咋不想上进？

痛快的（痛快）：他~当兵去了。

老实的（老实）：坐那~别动。

刮净的（刮净）：一身打扮得~。

厚乏的（厚乏）：大席办得~。

（5）其他类型的三音节形容词，第二个音节读高平调。比如：

【俊巴儿的】小孩长得~。

【硬杠儿的】别怕他，只管~给他吵！

【穰哄儿的】这个西瓜~10斤。

【厚墩儿的】袄套得~，穿着暖和。

【沙浓儿的】西瓜~。

【饱腾儿的】吃得~。

【雾腾儿的】在大席上喝得~，舌头不当儿家了。

【满登儿的】口袋里装得~。

【没事儿的】挨了一顿嚷，他还~。

【黏哆儿的】汤烧得~。

【辣嘟儿的】菜里加了一个辣椒，有点~。

【肥嘟儿的】肥嘟嘟的：这块肉~｜裤子做得~。

【饿嘿儿的】凶狠注视的样子：那只狗看起来~。

【瘦气儿的】略显瘦：他长得~｜这件衣裳穿起来~。

【屁溜儿的】形容高兴的样子：喜得~。

（6）有些四音节形容词，带有衬音"不"或"达"（"不""达"均读轻声），第三个音节变读为高平调。如：

【蓝不莹的】书皮有点~色。

【绿不莹的】这件裤子~，看起来顺眼。

【甜不嗦的】棒子秸~｜红芋秧子有股~的味儿。索，音[suə⁵⁵] suō。

【苦不叽的】苦苦菜吃起来~。叽，音[tɕi⁵⁵] jī。

【疼不叽的】我碰到桌子上，腿上~。

【红不叽的】身上晒得~。

【能不叽的】他说话~，不知道人喜人烦。

【大不磁的】他见了熟人~，不打招呼。

【笑不磁的】他一见有好吃的，就~的来。

【秃不咋的】山上~，只有石头。咋，音[tʂua⁵⁵] zhuā。

【急不查的】他手头紧，~。查，音[tsʻa⁵⁵] cā。

【黏达乎的】她端着一碗糨子，手上~。乎，音[xu⁵⁵] hū，下同。

【能达乎的】他~，跟老师犟嘴。

【野达乎的】这个~，不懂礼貌。

【急达乎的】他争不过人家，有点~。

【毛达烘的】猴子脸上~的。烘，音[xuŋ⁵⁵] hōng，下同。

第二章 语音系统 | 055

【油达烘的】油乎乎的，形容物体上油很多的样子：他从车间出来，褂子上~的。|碗上~，摸着粘手。

4."一"的变调

"一"多数情况下读阴平，在少数词中变读为阳平。比如：

【一挨】[i⁵⁵ɛ⁵⁵] yī āi 准定，一定：这个月他不~能回家。

【一准】[i⁵⁵tʂuẽ³⁵] yī zhǔn

【一定】[i⁵⁵tiŋ⁵²³] yī dìng

【一共】[i⁵⁵kuŋ⁵²³] yī gòng

有的把"一会儿"也说成 [i⁵⁵xueir⁵²³] yī huìr：~我就走。

二、轻声

（一）轻声使用范围较广

1. 普通话中一些不带轻声调的词，在丰县话中带轻声调。

（1）名词类带轻声调。比如：百姓、会计、物件、发物（指容易使病状恶化的食物：驴肉是个大~）、大麦、绿豆、山药、鸡蛋、蜜蜂（老派）、一月、二月、去年、上半年、尺寸、龙王、门面、油坊、牌坊、夫妻、年龄、七千块钱、任务。

地名中常用轻声字。

有的省级地名带轻声调，比如：河南、吉林。

带轻声调的地市级地名比较多，比如：盐城、商丘、洛阳、济宁、蚌埠。

多数县级地名带轻声调，比如：丰县、沛县、铜山、新沂、单县、砀山、萧县、金乡。

有的镇级地名带轻声调，比如：顺河（丰县镇名）、赵庄（丰县镇名）、敬安（沛县镇名）、霄云（金乡县镇名）。

有的村级地名带轻声调，如：食城（在大沙河镇）、虺城（在范楼镇）、卜油坊（在孙楼街道）、李药铺（在首羡镇）、李祠堂（在大沙河镇）。

（2）动词类带轻声调。比如：看见、知道、察听、打听、走动、安排、使唤、替换、抛撒、过继、刺笑、交代、落脚、小心、挂心（挂念）、惦记、愿意（你要不愿意就散）、惜怜、恶烦、消化（吃罢饭走走，好~食儿）、托生。

（3）形容词类带轻声调。比如：主贵、娇贵（娇气）、金贵、仗义、行壮、特意、窄狭（客厅有点~）、公道、干净、容易、周正、松闲、小气、大法（大方）。

2. 助词"的、地、得"全部读轻声 [ti⁰] di，有的在口语中说成 [li⁰] li。

3. 有两个轻声字连读现象。

比如：棵棵子、小叔子、每每间（过去）、夜猫子。

（二）轻声的音值有时较长

大多数情况下，轻声字读音轻而短，但前一字为阴平 214 调时，轻声字则拖长音调，读为 24 调。如：干净 [gæ̃²¹tɕiŋ⁵²³⁻²⁴] gǎn jing。

（三）轻声读法使一些字词的声母、韵母发生明显变化

1. 轻声使某些词的声母发生音变。比如：

【蒜薹】[suæ̃⁵²³ t'ɛ⁰] suàn tai > [suæ̃⁵²³ tsɛ⁰] suàn cai 旧音：头耷拉得给蒜薹样。| 蒜薹调藕——光棍的光棍，眼子的眼子（歇后语）。

【蛤蟆蝌蚪子】[xə⁵⁵maˀk'ə²¹⁴tou⁰tsʅ⁰] hē ma kě dou zi > [xə⁵⁵maˀk'ə²¹⁴tsˀaˀ⁰tsʅ⁰] hē ma kě ca zi 蝌蚪。

【咳嗽】[k'ə²¹⁴sou⁰] kě sou > [k'ə²¹⁴ts'au⁰] kě cao。有的说 [k'ə²¹⁴t'au⁰] kě tao。

【邋遢】[la²¹⁴t'a⁰] lǎ ta > [la²¹⁴ts'a⁰] lǎ ca。

【间】用在名词末尾，表示一定的空间或时间里，多说轻声 [ɕiæ̃] xian、[ʂæ̃] shan、[sæ̃] san、[iæ̃] yan，比如：

每间 [meir³⁵ɕiæ̃⁰] méir xian；

原根间 [yæ̃²¹⁴kẽr²¹⁴ɕiæ̃⁰] yuǎn gēnr xian；

小间 [ɕiau³⁵ɕiæ̃⁰] xiáo xian；

庄头间 [tʂuan²¹⁴t'our⁵⁵ɕiæ̃⁰] zhuǎng tōur xian；

河边间 [xə⁵⁵piæ̃r²¹⁴ɕiæ̃⁰] hē biānr xian。

【前】用在名词末尾，表示一定的空间或时间里，多说轻声 [ɕiæ̃] xian。比如：

跟前 [kẽ²¹⁴ɕiæ̃⁰] gěn xian 跟前。①临近某个时间的时候：年~他从外地回来了。②很近的地方：小区~有个超市。③身边：他儿打工去了，~只有两个孙子。

跟跟前 [kẽr²¹⁴kẽr⁵⁵ɕiæ̃⁰] gěnr gēnr jian ①极近的地方。②最后期限：他走到我~，我才看见他。| 赶到~才去办证儿。

边边前 [piæ̃r²¹⁴piæ̃r⁵⁵xiæ̃⁰] biǎnr biānr xian 边缘：他站到水坑~。

2. 轻声使某些词的韵母发生音变。比如：

【家伙】[tɕia²¹⁴xuə⁰] jiǎ huo > [tɕia²¹⁴xu⁰] jiǎ hu。

【柴火】[tsˀɛ⁵⁵xuə⁰] cāi huo > [tsˀɛ⁵⁵xu⁰] cāi hu。

【搀和】[tsæ̃²¹⁴xuə⁰] cǎn huo > [tsæ̃²¹⁴xu⁰] cǎn hu 参加进去（多指搅乱、添麻烦）：你不知道内情，别跟着瞎~。

【搅和】[tɕiau³⁵xuə⁰] jiáo huo > [tɕiau³⁵xu⁰] jiáo hu 混合；掺杂：几个班的同学~得分不开。

【暖和】[nuæ̃³⁵xuə⁰] nuán huo > [nuæ̃³⁵xu⁰] nuán hu：上屋里~。

【匀和】[yẽ⁵⁵xuə⁰] yūn huo > [yẽ⁵⁵xu⁰] yūn hu 均匀：他㧅得些~。

【凑合】[tsʻou⁵²³xə⁰] còu he > [tsʻou⁵²³xuə⁰] còu huo 凑乎：他长得~，就是嘴大喽点儿。｜这几天过得不好，瞎~。中阳里、史小桥等地也说"凑乎"[tsʻou⁵²³xu⁰] còu hu。

【罗锅腰】[luə⁵⁵kuə⁰iau²¹⁴] luō guo yǎo>[luə⁵⁵kuʻ⁰iau²¹⁴] luō gu yǎo。

【过】[kuə⁰] guo >[kuʻ⁰] gu 在动词后的"过来""过去"中，常读 [kuʻ⁰] gu：拿~来｜这个人我见~｜从前边拐~去。

【拾掇】[ʂʅ⁵⁵tuə⁰] shī duo> [ʂʅ⁵⁵tau⁰] shī dao 整理，收拾。

【宽绰】[kʻuæ²¹⁴tʂʻuə⁰] kuǎn chuo> [kʻuæ²¹⁴tʂʻau⁰] kuǎn chao。

【月黑头】[yə²¹⁴xei⁰tʻour⁵⁵] yuè hei tōur>[yə²¹⁴xuʻ⁰tʻour⁵⁵] yuě hu tōur。

【手巾】[ʂou³⁵tɕiẽ⁰] shóu jin > [ʂou³⁵tɕiæ̃⁰] shóu jian 毛巾：白毛~。

【手巾擦子】[ʂou³⁵tɕiẽ⁰tsʻa²¹⁴tsʅ⁰] shóu jin cǎ zi> [ʂou³⁵tɕiæ̃⁰tsʻa²¹⁴tsʅ⁰] shóu jian cǎ zi 手帕。

【张紧】[tʂaŋ²¹⁴tɕiẽ⁰] zhǎng jin >[tʂaŋ²¹⁴ȵiæ̃⁰] zhǎng nian 紧张，急忙；忙：这阵子~得不轻｜操办喜事把我~得不行。有的说成 [tʂaŋ²¹⁴tɕia⁰] zhǎng jia、[tʂaŋtɕiæ̃] zhǎng jian。

【面筋】[miæ̃⁵²³tɕiẽ⁰] miàn jin>[miæ̃⁵²³tɕiæ̃⁰] miàn jian：掬~｜洗~。

【拿劲】[na⁵⁵tɕiẽ⁰] nā jin> [na⁵⁵tɕiæ̃⁰] nā jian ①拘谨：在上级跟前，他有点~。②为难：办事要爽快，不能~人。有的说"拿念"[na⁵⁵ȵiæ̃⁰] nā nian。

【缘分】[iæ̃⁵⁵fẽ⁰] yān fen>[iæ̃⁵⁵ fæ̃⁰] yān fan。

【动弹】[tuŋ⁵²³tʻæ⁰] dòng tan>[tuŋ⁵²³tʻa⁰] dòng ta。

【炮仗】[pʻau⁵²³tʂaŋ⁰] pào zhang > [pʻau⁵²³ʂaŋ⁰] pào shang 爆竹，鞭炮。

【陪送】[pʻei⁵⁵suŋ⁰] pēi song > [pʻei⁵⁵səŋ⁰] pēi seng 娘家送给女儿嫁妆：给闺女~几件常用的家什。

【巴结】[pa²¹⁴tɕiə⁰] bǎ jie>[pa²¹⁴tɕi⁰] bǎ ji。

【摆设】[pɛ³⁵ʂə⁰] bái she>[pɛ³⁵ʂʅ⁰] bái shi 聋子的耳朵——虚~（歇后语）。

【地方儿】[ti⁵²³faŋr⁰] dì fangr > [tir⁵²³fer⁰] dìr feir：这~我来过。｜天黑了，找个~住一夜。"方"失去鼻音韵尾，并且主元音高化。

【大方】[ta⁵²³faŋ⁰] dà fang > [ta⁵²³fa⁰] dà fa：他对人~得很，谁借啥，他都给。

【苤蓝】[pʻiə³⁵læ̃⁰] pié lan > [pʻiə³⁵la⁰] pié la。师寨、顺河、华山说 [pʻiə³⁵liə⁰] pié lie。

【葫芦】[xu⁵⁵lu⁰] hū lu > [xu⁵⁵lou⁰] hū lou。

【眯缝】[mi²¹⁴fəŋ⁰] mǐ feng> [mi²¹⁴xuŋ⁰] mǐ hong 眯哄：他~着眼念了一段语录。

（四）轻声区别词义

举例如下。以下例词中"·"后的字是轻声字。

【兄弟】xiōng dì 哥哥和弟弟：~两个长得差不多。
【兄·弟】xiōng di 弟弟。

【对头】相会合：两个人走~了。也说成"走顶头儿了"。
【对·头】对手；仇敌。

【高低】无论如何：~把他留下来。｜~不能透给人家底子。
【高·低】终于：咱队~赢了。

【老道】指道士或道人。
【老·道】老成；老练：他敲起鼓来~得很，咚咚咚，鼓点子一点儿也不乱。

【见过】①戏曲用词，拜见：~夫人，夫人唤我何事？②见到：大姐见过了那光鲜水灵的青菜，惊奇不已（汪永哲《幸福就在身旁》）。
【见·过】我以前~他。

【仗势】倚仗某种权势（做坏事）：~欺人。｜他敢抢人家的东西，不知道仗谁的势。
【仗·势】可以凭借的威势：他有了~，就天不怕、地不怕，想报复人。

（五）轻声和重读可以表达不同的感情，如：
【啥家·伙】"伙"读轻声，表示一般疑问，什么东西。
【啥家伙】"伙"重读 [xu⁵⁵] hū，表示强烈不满：你治的是~！

【啥黄·子】"子"读轻声，表示一般疑问：那是个~？
【啥黄子】"子"重读，表示不满：你写的~！撕了重新写！

三、儿化

丰县话中的儿化发音方法与普通话类似，后缀"儿"不自成音节，而与前面的音节结合在一起，使前一音节的韵母变成卷舌韵母。

儿化使用广泛，用法灵活，除 [] 外，其余韵母都可以儿化。

（一）儿化的规则

基本韵母（除 [] 以外）儿化后产生 26 个儿化韵母。儿化的规则见下表。

表 2-7　丰县方言韵母儿化基本规则表

开口呼	齐齿呼	合口呼	撮口呼
		u → ur	
ɿ ʅ ei ẽ → eir	i iẽ → ieir	uei uẽ → ueir	y yẽ → yeir
a → ar	ia → iar	ua → uar	
ɛ æ̃ → ɛr	iɛ iæ̃ → iɛr	uɛ uæ̃ → uɛr	yæ̃ → yɛr
ə → ər	iə → iər	uə → uər	yə → yər
ou → our	iou → iour		
au → aur	iau → iaur		
ɑŋ → ɑŋr	iɑŋ → iɑŋr	uɑŋ → uɑŋr	
əŋ → əŋr	iŋ → iŋr	uŋ → uŋr	yŋ → yŋr

1.几个韵母儿化后合并成一个儿化韵。比如，[iɛ iæ̃] 和 [iə] 儿化后都变成 [iɛr]，"街"和"节"儿化后音值相同。

2.儿化使声母、韵母发生特殊变化。

第一，齐齿呼韵母与 [t tʻ l] d t l 构成的音节儿化时，往往脱落 i，变成洪音。如：

太阳地儿 [trer^523] dèir ← dì

最上顶儿 [trəŋr^35] déngr ← díng

常店儿（镇名）[trer^523] dàir ← diàn

出个难题儿 [tr'eir^55] tēir ← tī

老李儿 [leir^35] léir ← lí

差不离儿（差不多）[leir^55] lēir ← lí

切一溜儿西瓜 [lour^523] lòur ← liù

他朝天没有一点好脸儿 [lɛr^35] láir ← lián

墙缝透出一点亮儿 [lɑŋr^523] làngr ← liàng

个零儿个孤 [ləŋr^55] lēngr ← líng

"边"儿化后有时失去介音 i，如：上边儿 [xɑŋ^523 pɛr^0] hàng bair，这边儿 [tʂə^523 pɛr^0] zhè bair。

第二，使前鼻音韵尾消失，变成卷舌的纯元音。[ẽ] en → [eir] eir，[iẽ] in → [ieir] ieir，[uẽ] un → [ueir] ueir，[yẽ] yn → [yeir] yuir；[æ̃] an → [ɛr] air，[iæ̃] ian → [iɛr] iair，[uæ̃] uan → [uɛr] uair，[yæ̃] yuan → [yɛr] yuair。比如：璺儿＝味儿 [ueir] weir，云儿＝鱼儿 [yer] yuir，三儿＝腮儿 [sɛr] sair，烟儿＝业儿 [iɛr] yair。

第三，使舌尖前音、舌尖音声母增加滚音成分 r，变成类似复辅音的声母。如：

小刀儿 [tʂaur²¹⁴] dǎor；一对儿 [tʂuer⁵²³] duìr；

嘴儿 [tsɿueir³⁵] zuír；腿儿 [tʂʰueir³⁵] tuír；

恣儿（适意）[tsɿeir⁵²³] zèir；小事儿 [ʂeir⁵²³] sèir。

个别字词儿化后声母、韵母变化较大，不易认出原字。如：

昨日儿 [tsuə⁵⁵leir⁰] zuō leir，前日儿 [tɕʰiɛr⁵⁵leir⁰] qiāir leir。在这两个词中，"日"的声母 [ʐ] r 变为 [l] l。

3. 儿化词的固定性较强。

很多词只有儿化音。比如：小猫儿、有趣儿、小孩儿、鸡蛋白儿、包圆儿。

4. 多数词类都可以儿化。

名词类：麦穗头儿、牛犊儿、侄儿、侄女儿、羊角辫儿、米粒儿、豁口儿、初一儿。

地名、人名：宋楼儿（镇名）、常店儿（镇名）、三羔儿（人名）。

动词类：领头儿、抱团儿、直嚎儿、试儿试儿、挂零儿、说空儿、摸黑儿、打杂儿。

形容词类：拔尖儿、恣儿、小胆儿、吃香儿。

5. 儿化连用现象较多。

比如：泡儿泡儿、会儿会儿、号儿码儿、墨儿水儿、乒乓儿球儿、地儿分儿、菜水儿水儿。

（二）儿化的功能

其语义、语法功能与普通话相同：表示物量微小，或者轻松、谐谑、喜爱、亲昵等意味。

在有些情况下，儿化可以区别词义、词性。比如：

鱼 [y⁵⁵] yū 指各类鱼；鱼儿 [yer⁵⁵] yūr，指小鱼。

小 [ɕiau³⁵] xiáo 形容词；小儿 [ɕiaur³⁵] xiáor，男孩：头生儿是个~。

讲 [tɕiaŋ³⁵] jiáng 动词；讲儿 [tɕiaŋr³⁵] jiángr，名词。比如：没大讲儿，意思是很少或很小：任务还剩一点没完成，~了。| 不搁讲儿，意思是不合文理，讲不通：这句话~。

响 [ɕiaŋ³⁵] xiáng 形容词或动词；响儿 [ɕiaŋr³⁵] xiángr，名词：憨人放炮，精人听~。| 一炮两~。

鼻子尖 [tɕiæ̃²¹⁴] jiǎn 嗅觉灵敏：小孩儿的~，离多远就闻出来做的啥饭。鼻子尖儿 [tɕiɛr²¹⁴] jiǎr，指鼻子末端最突出的部分，也称鼻尖儿。

老师 [lau³⁵sɿ²¹⁴] láo sǐ 指教师。老师儿 [lau³⁵ʂeir²¹⁴] láo sěir：师傅，对各个行业的工人、手艺人的尊称。

老李 [lau³⁵li³⁵] láo lí 对李姓年长者的尊称。老李儿 [lau³⁵leir³⁵] láo léir：娘家人对夫姓为李的妇女的称呼。（老李儿家：指其丈夫。）

传统上，娘家人称呼已婚女性常用"老+夫姓+儿化"的形式：老张儿、老李儿、老王儿。老嬷嬷抬起头来看，跟前站着俺的闺女小老王儿（民间说唱《钢枪段》）。| 我不给哪个来打架，不给哪个把牙磨，提起老张儿恁妹妹，她受气受得不能活（民间说唱《二乖分家》）。

（三）儿化词和子缀词的差别

许多词既可用儿化韵，也可附加词缀"子"。比如：

胳拉拜儿/胳拉拜子，酒瓯儿/酒瓯子，抓钩儿/抓钩子，石子儿/石子子，坷垃头儿/坷垃头子，落生仁儿/落生仁子，样儿/样子。

儿化和子缀在一些词中所表示的意义、感情色彩有差别。比如：

眼儿，小洞，有时指眼睛；眼子，孔洞，有时指想占便宜反而吃亏的人。

棒儿，指小木棍、草棒等；棒子，指玉米。

油儿，指动植物的脂肪或矿物中提炼的碳氢化合物液体。油子，指油滑的人。

老头儿，带有随意、亲切的色彩。老头子，多含厌恶或戏谑意。

四、鼻音化

一些非鼻音韵母受本字或前后字鼻音的影响，变成鼻音韵母。比如：

奶，本音 [nɛ³⁵] nái（在"吃奶""牛奶"等语词中读本音），在"奶奶"[nã³⁵nã⁰] nán nan 一词中读鼻化音。

妹，本音 [mei⁵²³] mèi，在"妹妹"[mẽ⁵²³mẽ⁰] mèn men 一词中读鼻化音。

闺，本音 [kuei²¹⁴] guǐ，在"闺女"[kuẽ²¹⁴ŋy³⁵] gǔn nǘ 一词中读鼻化音。

系，本音 [ɕi⁵²³] xì，而"喉咙系子（喉管）"一词在口语中说成 [xu⁵⁵luɛ⁰ɕiẽ⁵²³tsɿ⁰] hū lun xìn zi。

搁，本音 [kə²¹⁴] gě，而"耽搁"一词在口语中说成 [tã⁵²³kã⁰] dàn gan：他老叫我治这治那，~得我看不成书 | 他的病~了。

啥，本音 [ʂa⁵²³] shà，在"形容词、动词+得+给啥样"句式中说成鼻化音 [ʂã⁵²³] shàn：喜得给~样 | 忙得给~样 | 烦得给~样。

发，本音 [fa²¹⁴] fǎ，而"打发"一词在口语中说成 [ta³⁵fã⁰] dá fan：一块钱把要饭的~走了 | 站客难~（民谚）。

茴，本音 [xuei⁵⁵] huí，而"小茴"一词在口语中说成 [ɕiau³⁵xuẽ⁵⁵] xiáo hūn。

或，本音 [xuei⁵⁵] huí，而"或是"一词在口语中说成 [xuẽ⁵⁵sɿ⁰] hūn si：人家的喜事儿，~老大去，~老二去，肯定去一个帮忙的。

日，本音 [ʐʅ²¹⁴] rǐ，而"白日里"一词在口语中说成 [pei⁵⁵zẽ⁰li⁰] bēi ren li。

默，读鼻化音 [mẽ²¹⁴] měn：~写课文 | ~字 | ~~无闻。

道，本音 [tau⁵²³] dào，而"过道"一词在口语中说成 [kuə⁵²³taŋ⁰] guò dang，特指大门所在的一间屋子（并非一般通道）。

差，本音 [tsʻa²¹⁴] cǎ，而"差不多"一词在口语中说成 [tsʻəŋ²¹⁴puºtuər²¹⁴] cěng bu duǒr：他俩长得~ | 这个连续剧我~看完了。

肩，本音 [tɕiæ²¹⁴] jiǎn，而"肩膀"一词在口语中说成 [tɕiaŋ²¹⁴paŋ⁰] jiǎng bang 或 [tɕiaŋ²¹⁴maŋ⁰] jiǎng mang。

每，本音 [mei³⁵] méi，而"每每间"（过去，往年）一词在口语中说成 [mẽ³⁵mẽºɕiæ̃⁰] mén men xian。

胡，本音 [xu⁵⁵] hū，而"胡萝卜"一词在口语中说成 [xuŋ⁵⁵luə⁵⁵puº] hōng luō bu。

花，本音 [xua²¹⁴] huǎ，而"黄花蒿"一词在口语中说成 [xuaŋ⁵⁵xuaŋºxau²¹⁴] huāng huang hǎo。

五、外地方言词及外来词的读音

自古以来，各地方言词和外来词不断流入，被吸收消化。有些词往往保留某些外来特征，不合本地规律。

（一）从外地传入的方言词

有些词的声母、韵母或声调不合常规，明显不像本地原有。下面举一些名词为例（加点的字读音特殊）：

山药：薯蓣。山，本应读 [sæ̃²¹⁴] sǎn，此处音 [sɛ²¹⁴] sǎi。

麻籽：蓖麻。麻，本应读 [ma⁵⁵] mā，此处音 [ma⁵²³] mà。

番茄：番，本应读 [fæ̃²¹⁴] fǎn，此处音 [fæ̃⁵⁵] fān。

豆腐乳：乳，本应读 [ʐu³⁵] rú，此处音 [lu³⁵] lú。

货郎：货，本应读 [xuə⁵²³] huò，此处音 [xə²¹⁴] hě。

渔鼓坠：一种曲艺。渔，本应读 [y⁵⁵] yū，此处音 [y⁵²³] yù。‖ 有的写成"玉虎坠"。

落子：莲花落。落，本应读 [luə²¹⁴] luǒ，此处音 [lau⁵²³] lào。

咸阳：咸，本应读 [ɕiæ̃⁵⁵] xiān，此处音 [ɕiæ̃³⁵] xián。

洪洞县：洞，本应读 [tuŋ⁵²³] dòng，此处音 [tʻuŋ⁵⁵] tōng。

（二）被同化的外来词

有些词来自其他语言，其语音形式保留某些外来特点。比如：

慈娄子 [tsʻɿ⁵⁵louºtsɿ⁰] cī lou zi 小茴香的植株。古名"慈谋勒、慈勒"，来自梵文 jiraka，一说来自波斯语 zǐra、zira。

车带 [tʂʻə²¹⁴tɛ⁵²³] chē dài，即车胎。带，来自英语 tyre。

阿訇 [a⁵⁵uŋ²¹⁴] ā ǒng 伊斯兰宗教职业者。

水泵 [ʂuei³⁵paŋ⁵²³] shuǐ bàng 来自英语 pump。
乒乓球 [p'iŋ²¹⁴p'ar²¹⁴tɕ'iour⁵⁵] pǐng pǎr qiūr 来自英语 ping-pong（拟声词）。
爬死 [p'a⁵⁵sɿ⁰] pā si 了结；终止：这个事儿~啦。来自英语 pass。

第四节　异读

一些字有两种以上的语音，有的属于读书音，有的属于口语音；有的是新派读法，有的是老派读法；有的属于自由变读。

一、一字多音

在丰县话中，一部分字有两种或两种以上读音，与普通话的用法不同。举例如下。

【姓】作名词时读去声 [ɕiŋ⁵²³] xìng（~名，~氏），作动词时读阳平 [ɕiŋ⁵⁵] xīng（不知道~啥）。

【沿】丰县话中既有阳平 [iæ̃⁵⁵] yān 的读法（前沿，边沿，沿着），口语中又有去声 [iæ̃r⁵²³] yànr 一音（名词，表示"边沿"：碗~子｜锅~｜床~｜大海看上去没边儿没~儿。

【膏】①读阴平 [kau²¹⁴] gǎo：~药。②读上声 [gau³⁵] gáo：牙~｜雪花~。③读去声 [kau⁵²³] gào，动词：给车子~油｜~了一袖子泥｜往脸上~了一把香脂｜搁砚台上~~毛笔。

【拉】①通常读 [la²¹⁴] lǎ：~扯。②有时候读 [la⁵⁵] lā：~锯｜~二胡｜~呱（讲故事）。

【坡】①读阴平 [p'uə²¹⁴] pǒ，名词：土~。②读上声 [p'uə³⁵] pó，倾斜度低，坡度小：这个坑~得很，容易爬上来。

【得】①通常读 [tei²¹⁴] děi：不计~失｜~意洋洋｜他家生个小子，全家喜~了｜他吃了一回富士苹果吃~了。②在轻声音节中，城区及南部多说 [ti⁰] di，北部多说 [li⁰] li：大家都认~他。③在某些情境下说成 [ti⁵⁵] dī：拍不~，打不~｜哭不~，笑不~｜他等不~雨停就上路了｜他喜得了不~｜你把公路轧毁，那还了~！｜你敢不听招呼，了~你了！

【杉】① [sæ²¹⁴] sǎn：水~。② [sa²¹⁴] sǎ：~条｜~木。

【丹】通常读 [tæ²¹⁴] dǎn，在"牡丹"一词中读 [tæ⁵²³] dàn。

【笆】通常读 [pa²¹⁴] bǎ，在"篱笆子"一词中读 [pa⁵²³] bà。

【应】①在"应该""应付""响应"等词中读 [iŋ⁵²³] yìng。②有些情况下读 [iŋ²¹⁴] yǐng：他跑远了，再喊也喊不~｜占香~（占便宜）｜~孬熊（认输；耍赖）｜你要是不正干，~打给你的，也不给你｜你还说他小，他都~爸爸了（应，本为答应的意思，引申为当上、成为）。

【着】①读书音 [tʂuə⁵⁵] zhuō：~火｜衣~。②作助词，紧接动词后，表示动作、状态的持续，读书音是轻声 [tʂuə⁰] zhuo，口语中有人说成 [tʂouº] zhou，有人说成 [louº] lou：他站~不动｜我看~像他｜走~走~迷路了｜赶明接~说。③ [tʂuə²¹⁴] zhuǒ 意为容纳，盛：这只桶能~十斤水｜仓库~不了这些粮食。④ [tʂaŋ⁵⁵] zhāng 添加，用：往菜里~盐｜~手扶住梯子。

【咋着】怎么样。①口语中经常说成 [tsa³⁵tsa⁰] zá za 或 [tsa³⁵tʂa⁰] zá zha：该~就~｜你又没犯法，他能~你？② 又说 [tsa³⁵tʂau⁰] zá zhao：路又远，又没有车，~走？在强调句式中说 [tsa³⁵tʂau⁵⁵] zá zhāo：看他能~我！③有的说成 [tsa³⁵tʂou⁰] zá zhou：我在这屋里住够了，别管~都得走。④正式场合说 [tsa³⁵tʂuə⁰] zá zhuo 或 [tsa³⁵tʂuə⁵⁵] zá zhuō 庄稼活，不用学，人家~咱~（民谚）｜谁也咋不着他。

二、文白异读

一部分字存在读书音与口语音的差别，在不同的场合用不同的字音，这些字音来历不同。

丰县文白异读不具有系统性。大部分文读音和白读音用在各自的特定词语里，不可随意变读。就语源而言，文读来自通用语，白读为本地固有音。

（一）声母在口语中的变读示例

【铲】①读书音 [tsʻæ̃³⁵] cǎn。②在口语"锅铲子""炭铲子"中音 [tɕʻiæ̃³⁵] qiǎn。‖丰县金陵村等地音 [tsʻæ̃³⁵] cǎn。

【赤】①读书音 [tʂʅ²¹⁴] chǐ。②口语音 [ʂʅ²¹⁴] shǐ：~脚丫子｜~着光脊梁｜~着身子。

【上】①读书音 [ʂaŋ⁵²³] shàng：这东西脏，别~屋里搁｜他~后一扭脸，看见一个熟人过来。②口语音 [xaŋ⁵²³] hàng：~边儿｜~头｜~级｜他上板凳~一坐，半天没动｜你断（追）不~我。"上上看"（往上边看）说成 [ʂaŋ⁵²³ xaŋ⁵²³ kʻæ̃⁵²³] shàng hàng kàn。③口语音 [xaŋ⁰] hang：披~雨衣｜安~玻璃。

【输】①读书音 [su²¹⁴] sǔ：运~。②口语音 [tʂʻu²¹⁴] chǔ：足球赛~了｜久赌神仙~。③口语音 [ʐu²¹⁴] rǔ：比赛又~了。

【馀】①读书音 [y⁵⁵] yū。②口语音 [ʐu⁵⁵] rū：月月~几个钱｜除了工资，~外给点补助｜~在外多给10块零花钱｜他的话是~的，没谁当一回事。‖口语音与《广韵》

以诸切不合。

【照】①读书音 [tʂau⁵²³] zhào。②口语音 [ʐau⁵²³] rào：拿镜子~影影｜外面瞎黑，我拿着电棒子~路｜太阳~眼｜举着~眼的大刀｜电灯~得眼睁不开。

【雉】①读书音 [tʂʅ⁵²³] zhì。②口语"雉鸡翎"音 [tɕi⁵⁵tɕi⁰liŋ⁵⁵] jī ji līng 戏曲角色冠饰翎子。

【甩】①读书音 [ʂuɛ³⁵] shuái。②口语音 [sɛ³⁵] sái：黏得给黏黏胶样，~也~不掉｜~~手上的水｜把他~到后边儿。

【除了】①读书音 [tʂʻu⁵⁵lou] chū lou。②老派口语说 [tɕʻy⁵⁵lou] qū lou：小孩子跟着~添麻烦｜~你，谁都猜不着。

【染】①读书音 [ʐæ̃³⁵] rán。②口语中表示"传染"意思时说 [tʂæ̃³⁵] zhán：一个瞎苹果~毁一筐｜你老是跟憨子玩，别叫他~憨喽。

【刃】①读书音 [ʐɚ̃⁵²³] rèn。②口语音 [iɛ̃⁵²³] yìn：刀~｜开~｜刨子卷~了。

【绕】①读书音 [ʐau³⁵] ráo。②口语音 [iau²¹⁴] yǎo：迷路了，多~了几里才到跟前｜从旁边~过去。

【刺】①读书音 [tsʻʅ²¹⁴] cǐ。②口语音 [tɕʻi²¹⁴] qǐ：~羊（杀羊）｜~猪｜~子（宰杀牲畜用的短尖刀）｜一头~到水底｜~~芽（刺儿菜，小蓟）。

【刺猛子】扎猛子。中阳里、孙楼、马楼等地说"七绷子"[tɕʻi²¹⁴pəŋ³⁵tsʅ⁰] qī béng zi。

【自】①读书音 [tsʅ⁵²³] zì。②中阳里、宋楼、王沟、赵庄等镇口语"自家"（自己）说 [tɕi⁵²³tɕia⁰] jì jia。

【牸牛】母牛。①读书音 [tsʅ⁵²³ ɲiou⁵⁵] zì niū。②口语中说 [sʅ⁵⁵ɲiou⁵⁵] sī niū。牸，《广韵》疾置切，去声，志韵，从母。本应读 zì。

【随】①读书音 [sui⁵⁵] suī。②[tsʻuei⁵⁵] cuī：别管他，~他咋去吧｜你想咋办就咋办，~你的便。

【挽】①读书音 [uæ̃³⁵] wán。②口语音 [piæ̃³⁵] bián：他~上裤腿趟水玩儿｜我~~袖子下厨房。‖范楼镇等地也说 [miæ̃³⁵] mián。《广韵》无远切，上声、阮韵、微母。

【合】①读书音 [xɤ⁵⁵] hē。②口语音 [kɤ⁵⁵] gē：~气（斗气）｜~架（通常指儿童争斗）｜~瞪眼（闭眼）。③口语音 [kɤ²¹⁴] gě：~邻居（与邻居相处）｜~伙计（结成伙伴、朋友）｜~伙：咱俩~包这块菜地｜~作（与人共事）｜~磨｜~椇（把牲畜及相关农具合在一起使用。又称合巴椇）｜~巴牛｜~线（把两股以上的细线合成粗线）｜三合线，两合线，四合线｜拿一疙瘩线来~绳子纳鞋底，~一根三股的麻绳｜一~麦（量词，一升的十分之一）。④口语音 [xa⁵⁵] hā，堵塞：窗纱脏得~死眼儿了｜

眼肿得~上缝了。

【讲】①读书音 [tɕiaŋ³⁵] jiǎng。②口语音 [kaŋ³⁵] gáng，意为传言：说是要裁人，那是瞎~的，不能信丨人家都~反了，说要修铁路。

【更】①读书音 [kəŋ²¹⁴] gěng。②在特定口语词里说 [tɕiŋ²¹⁴] jǐng：打~丨五~头里。

【金针】黄花菜。①读书音为 [tɕiɛ²¹⁴tʂə̃²¹⁴] jīn zhěn。②中阳里街道口语说 [tsə²¹⁴tsə²¹⁴] zěn zěn。

【胡同】①读书音为 [xu⁵⁵tʼuŋ⁰] hú tong。②口语说 [ku⁵⁵tuŋ⁰] gū dong。地名中有时写成"古同"：齐古同（村名，在王沟镇），仇古同（村名，在常店镇）。

【半】①读书音为 [pæ̃⁵²³] bàn。②在有些口语词中说成 [mæ̃⁵²³] màn：~路（半路）丨~拉腰（中途，中间）。

（二）韵母在口语中的特殊读音示例

【契】①读书音为 [tɕʼiə⁵²³] qiè：~约丨~丹。有的读 [tɕʼiə²¹⁴] qiě，合乎《广韵》苦结切。②口语音为 [tɕʼi⁵²³] qì：地~。合乎《广韵》苦计切。

【砌】①读书音为 [tɕʼiə⁵²³] qiè：堆~。②口语音为 [tɕʼi⁵²³] qì：~墙丨~池子丨~水槽。《广韵》七计切，去声、霁韵、清母。

【戒】①读书音为 [tɕiɛ⁵²³] jiài：~备丨~镏子。合乎《广韵》古拜切。②口语有些语境中说 [tɕi⁵²³] jì：~酒丨~烟丨~辣。宋吴棫《韵补》叶居吏切，音记。

【陆续】①读书音 [lu²¹⁴ɕy⁵²³] lǔ xù。②口语音 [ly²¹⁴ɕy⁰] lǔ xu。

【末】①读书音 [muə²¹⁴] mǒ。②口语音 [miə²¹⁴] miě：末了 [miə²¹⁴lauɻ³⁵] miě láor（最后）丨老末 [lau³⁵miə²¹⁴] láo miě 丨末个郎 [miə²¹⁴kə⁰lanɻ²¹⁴] miě ge lǎngr（谑指排行最小的男孩）丨末游 [miə²¹⁴iou⁰] miě you（比赛的最后一名）。③口语音 [ma²¹⁴] mǎ：老~（最后一名）。

【喉咙】①读书音为 [xou⁵⁵luŋ⁰] hōu long。②口语音为 [xu⁵⁵luẽ⁰] hū lun。咙，发生特殊变异，后鼻音韵尾变为前鼻音韵尾。

【粘】①读书音为 [tʂæ̃²¹⁴] zhǎn。②口语中常说 [tsə̃²¹⁴] zěn：~了一手泥丨面条子~到锅底上了丨那些菜贩子见我的货好，就跟蜜蜂似的~过来。有的说 [tʂə̃²¹⁴] zhěn。

【疝气】①读书音为 [ʂæ̃⁵²³tɕʼi⁵²³] shàn qì。②口语音为 [suæ̃tɕʼi] suàn qì。

【檩】①读书音为 [liẽ³⁵] lín。②口语音为 [luẽ³⁵] lún：~子丨~棒丨脊~。北京音为 lǐn，合乎《集韵》力锦切，丰县合口呼，音殊。

【今每儿】[tɕi²¹⁴meiɻ⁰] jǐ meir 由"今日"变化而来，"今"失去鼻音韵尾。

【唇】①读书音为 [tʂʼuẽ⁵⁵] chūn，合乎《广韵》食伦切。②口语音 [tsʼuei⁵⁵] cuī：嘴~子。

【寻】①读书音 [ɕyẽ⁵⁵] xūn。②口语中表嫁娶义时说 [ɕiẽ⁵⁵] xīn：~个媳妇（娶个妻子）。口语音符合《广韵》徐林切侵韵的读法。

【做】①读书音 [tsuə⁵²³] zuò。②口语音为 [tsou⁵²³] zòu：~饭｜~鞋｜~衣裳｜~梦｜~生意｜你~啥活儿咪? ‖ 口语中，"做" [tsou⁵²³] zòu 常构成詈词：不长眼的熊黄子骑喽个舅~的洋车子，把我的胳啦拜子（膝盖）碰淌血啦。‖ "做"较早的读书音是 [tsou⁵²³] zòu。清代前期的徐州韵书《字海直音》将"做"列入幽韵又小韵，与"皱""骤""奏""揍"同音，并举例：~作，~事。《徐州十三韵》也将"做"列入幽韵又小韵："作也，造也。"

【唾】①读书音 [tʻuə⁵²³] tuò：~液。②口语音 [tʻu⁵²³] tù：~沫。《广韵》汤卧切。

【羞】①读书音 [ɕiou²¹⁴] xiǔ，羞，合乎《广韵》息流切。②口语音 [ɕiau] xiǎo：害~｜~得慌。‖《金瓶梅》在口语对话场合大多写作"嚣"，一般叙述文字则写作"羞"，比如第二十九回："周大人送来，咱不好嚣了他的头，教他相相除疑罢了！"蒲松龄《墙头记》第四回也写作"嚣"："一千钱才依填打上，白眉扯眼不害嚣，生纂出名色问你要。"

【涯】①读书音 [ia⁵⁵] yā。②口语音 [iɛ⁵⁵] yāi（也是旧文读）：坑~｜井~｜河~。在村名中均读 [iɛ⁵⁵] yāi，比如银河涯（在王沟镇）、水坑涯（在欢口镇）、海子涯（在凤城街道）。‖ 清代前期的徐州字书《字海直音》牙韵中，"涯"与"牙""芽""衙"同音，并举例"天~"；在台韵中，"涯"与"崖""岩""捱""厓""埃"同音，并举例"水~"。

【斜】①读书音为 [ɕia⁵⁵] xiā。②口语音为 [ɕiɛ⁵⁵] xiē：嘴歪眼~心不正。‖ 在《字海直音》耶韵中，"斜"与"邪""挟""胁"同音。

【蛇】①读书音为 [ʂa⁵⁵] shā。②口语音为 [ʂə⁵⁵] shē。

【爪】①读书音为 [tsau³⁵] záo，合乎《广韵》侧绞切，巧韵、庄母。在《字海直音》咬韵中，"爪"与"早""蚤""澡""枣""找"同音。②口语音为 [tʂua³⁵] zhuá：鸡~子｜猫~子。

（三）声调转换举例

【不】①读书音为 [pu²¹⁴] bǔ。②在口语"不见"（丢失）中说 [pu⁵⁵] bū：车子~见了｜俺的小狗~见了。

【等】①读书音为 [təŋ³⁵] déng。②口语中有时说成 [təŋ⁵²³] dèng：~几天再说｜~了一会子才走｜~俩月回家｜~一崩子就回话儿｜叫他~~。

【抵】①读书音 [ti³⁵] dí，合乎《广韵》都礼切的读法。②口语中表示"比得上"时读 [ti⁵²³] dì：不~人家跑得快｜你一个大人还不~小孩儿心眼子多｜生儿不~养闺女｜这小孩不~以前听话了。‖ 唐朝杜甫《春望》："烽火连三月，家书抵万金。"元代散曲《天净沙·长途野草寒》："西风塞上胡笳，月明马上琵琶，那抵昭君恨多？"

【底】①读书音 [ti³⁵] dí。②口语中有时说 [ter⁵²³] dèir：水桶沉~了丨他拧得很，我到~都没说服他。

【多】①读书音为 [tuə²¹⁴] duǒ。②在口语某些语境中说 [tuə⁵⁵] duō：这个小孩没~大丨花开得~好看呗丨来了~些（多少）人？

【发】①读书音为 [fa²¹⁴] fǎ。②口语词中有时说 [fa⁵⁵] fā：一~走（一同走）丨~誓丨赌咒~誓丨~细粉（粉丝在开水中稍微煮一下）。

【反】①读书音为 [fæ̃³⁵] fán。②口语中常说 [fæ̃²¹⁴] fǎn：~面（背面）丨对子贴~了丨衣裳穿~了。‖反，音同"翻"，来自《广韵》元韵孚袁切。

【反正】①读书音为 [fæ̃³⁵tʂəŋ⁵²³] fán zhèng。②口语音 [fæ̃²¹⁴tʂəŋ⁰] fǎn zheng：~晚了，别赶弄（这么）紧了丨狗皮袜子——没反正（歇后语）。

【妨】①读书音为阳平 [faŋ⁵⁵] fāng：~碍。不符合语音演化规律。②口语音为阴平 [faŋ²¹⁴] fǎng，迷信者所谓犯克：~人。与《广韵》敷方切的调类相合。

【根】①读书音为 [kẽ²¹⁴] gěn。②口语中有时变读为 [kẽ⁵⁵] gēn：洋火~儿（火柴秆）丨一~线丨两~油条丨一~筷子。

【孩】①读书音为 [xɛ⁵⁵] hāi。②口语中"奶孩"一词音 [nɛ³⁵xɛr²¹⁴] nái hǎir，昵称吃奶的孩子，引申为可爱的儿童或青少年。

【识】①读书音为 [ʂʅ²¹⁴] shǐ。②在"识数"一词中说 [ʂʅ⁵⁵] shī：他只识仨钱的数丨小孩吃鱼籽，大了不识数。

【吸】①读书音为 [ɕi²¹⁴] xǐ。②口语有时说 [ɕi⁵²³] xì：~铁石（磁石）丨长虫~蛤蟆（蛇吞青蛙）。

【些】①读书音 [ɕiə³⁵] xié：多~。②口语音 [ɕiə²¹⁴] xiě 用在"老些"一词中，相当于"很多"：老些人排队做核酸咧丨地里收了老些粮食。③作副词时说成 [ɕiə²¹⁴] xiě，表示程度高，相当于"非常""很"：~甜丨~恣丨~会说丨他~有眼色。

【研】①读书音为 [iæ̃³⁵] yán，上声：~究。②有些语境下说阳平 [iæ̃⁵⁵] yān：他~好墨，毛笔上蘸饱墨汁。阳平一音合乎《广韵》五坚切。‖现在中老年人仍读上声，"80后""90后"已改读阳平。

【枕】①读书音为 [tʂẽ³⁵] zhén。②口语中常说 [tʂẽ⁵²³] zhèn：~头丨把头~高点儿丨海棠女牙床~的鸳鸯枕，王天保地上~的半截砖（民间说唱《王天保下苏州》）。

【正】①读书音 [tʂəŋ⁵²³] zhèng。②在有些语境中说 [tʂəŋ³⁵] zhéng：你要是照他说的办，~办不成事儿丨刚说去找你，~巧碰上你丨我~好有空陪你说说话。

【左】①读书音为 [tsuə³⁵] zuó。②在"左撇拉子"中说去声 [tsuə⁵²³] zuò。

（四）次浊声母阳平字变读阴平示例

【熬】①本音 [au⁵⁵] āo：~夜丨点灯~油丨~老鹰丨啥时候才能~出头？②变读

为 [au²¹⁴] ǎo：苦~几年｜~到胡子白也没买成房子｜~鱼。

【捞】①本音 [lau⁵⁵] lāo。②变读为 [lau²¹⁴] lǎo：脸皮薄的~不着吃。

【毛】①本音 [mau⁵⁵] māo。②变读为 [mau²¹⁴] mǎo：棒子~缨（玉米穗上的茸毛）。③有时说 [mau³⁵] máo 货币单位：一~两~的就别要了。

【牛】①本音 [ɲiou⁵⁵] niū。②在有些词中变读为 [ɲiou²¹⁴] niǔ：地牤牛 [ti⁵²³mau⁵⁵ɲiou²¹⁴] dì māo niǔ（一种形如鹌鹑的鸟）｜拉牛 [la²¹⁴ɲiou²¹⁴] lǎ niǔ（陀螺）。③在"麦牛子"中音 [ou⁵⁵] ōu。

【牙】①本音 [ia⁵⁵] yā。②在"姜子牙"等人名中变读为 [ia²¹⁴] yǎ：姜子~钓鱼｜俞伯~。

【螂】①本音 [laŋ⁵⁵] lāng。②在"嘤蚸螂"（金龟子）一词中变读为 [laŋ²¹⁴] lǎng。

三、口语词的又读

少部分字有两种以上的读音，人们在口语中根据习惯而有不同的发音。比如：

【组】有的读 [tsu³⁵] zú：~成。有的读 [tsu⁵⁵] zū：~织。有时读 [tsu²¹⁴] zǔ：村民小~。

【溜地】地面。有的说 [liou²¹⁴] liǔ dì，有的说 [liou⁵²³] liù dì。

【当地】有的说 [taŋ²¹⁴] dǎng dì，有的说 [taŋ⁵²³] dàng dì。当，在下列语词中也读 [taŋ⁵²³] dàng：~时｜~年｜我~是谁咪。

【吱声】有的说 [tɕi⁵⁵ʂəŋ⁰] jī sheng，有的说 [tʂʅ⁵⁵ʂəŋ⁰] zhī sheng，有的说 [tsɿ⁵⁵ʂəŋ⁰] zī sheng。

【将才】刚才。多数人说 [tɕiaŋ²¹⁴tsʻɛ⁵⁵] jiǎng cāi，有的说"张才" [tʂaŋ²¹⁴tsʻɛ⁵⁵] zhǎng cāi。

【原】正规场合下说 [yæ̃⁵⁵] yān，口语中"原来"变读为 [yæ̃²¹⁴lɛ⁵⁵] yuǎn lāi，"原根间"说成 [yæ̃²¹⁴kẽ²¹⁴ɕiæ̃⁰] yuǎn gěnr xian。

【液】有的读 [i²¹⁴] yǐ，有的读 [i⁵²³] yì，有的读 [iə²¹⁴] yě，新派读作 [iə⁵²³] yè。

第三章 | 同音字汇

本字汇主要反映丰县城区中阳里街道的老派语音。以《方言调查字表》为基础，所列的字根据丰县方言使用情况有所增删。按照韵母、声母、声调的顺序排列。

[²¹⁴] [⁵⁵] [³⁵] [⁵²³] 分别表示阴平、阳平、上声、去声的调值，[·] 表示轻声。

无适当的字可写的声韵调组合，用"□"代替。

需要解释和举例的，随文用小字加注。

字下加"="表示文读，加"—"表示白读。

在不同的词中读音不同的，分别在字后举出例词。少数字随文引证《广韵》或《集韵》，说明音义来历。

意义和用法完全相同的又读，字下加注小字"又"。

ɿ

ts[²¹⁴] 资姿咨兹滋孳嗞渽~泥梓栀淄辎孜之芝支枝肢吱~~叫只~有指手~头脂香~｜涂~抹粉 [⁵⁵] 只~该不理他吱（又）~声 [³⁵] 子仔~细籽紫秭姊止址芷纸旨脂~肪指两~宽｜~示 [⁵²³] 字自恣渍忞~儿：舒服，得意痣至志意~志称量

tsʻ[²¹⁴] 刺~激｜~杀差参~龇~牙泚用开水冲：~糖茶；液体喷射：水~到身上疵蚩~尤嗤~笑眵~麻糊：眼眵 [⁵⁵] 瓷慈磁词祠辞茨雌此彼~｜从~刺~刀蛴~螬治~鱼 [³⁵] 跐踩：~着梯子上墙齿匙汤~子 [⁵²³] 次伺~候刺手上扎个~｜~猘赐（新音）翅厕秩~序

s[²¹⁴] 斯嘶撕厮燍~·气：饭菜变馊思私司丝嘶师狮诗尸虱施饲~养 [⁵⁵] 时恃~牛：母牛 [³⁵] 史使驶屎始豕死 [⁵²³] 四泗驷俟肆嗣伺窥~饲~料巳祀赐（旧）士仕是事嗜市柿视寺恃侍试谥氏示似相~｜看得跟宝贝~的

ʅ

tʂ[²¹⁴] 汁只一~鞋｜两~羊织职帜知蜘掷踯执挚质炙秩 [⁵⁵] 直值植殖置侄吱（又）不~拉声 [⁵²³] 滞窒致桎栉制治智稚雉痔炙

tʂʻ[²¹⁴] 吃赤痴尺炽饰 [⁵⁵] 持池弛驰迟使~劲 [³⁵] 耻 [⁵²³] 叱敕斥滞侈奢~

ʂ[²¹⁴] 失湿室式释饰适轼赤~脚丫子识 [⁵⁵] 实石十什~锦糖食蚀拾识~数 [⁵²³] 世誓势逝

z[214] 日

l

[55] 儿而~且 [35] 尔迩耳饵而然~ [523] 二贰

i

p[214] 必逼毕卑~鄙(旧)屄屌(旧) [55] 鼻荸荠 [35] 比秕~麦妣彼~此鄙 [523] 敝弊蔽秘~密。《广韵》兵媚切，帮母匕裨婢~女碧滗币辟复~避壁璧臂僻~静毙惫荜陛闭贝被~迫备辈算~子背~课文｜~街｜旮旯儿｜~静弼~马温愎

p'[214] 丕坯土~邳胚(旧)~胎｜~芽披~着衣裳批劈~木头辟开~僻偏~癖霹譬~如匹两~布砒庀~护 [55] 皮疲脾啤~酒痹裴琵匹一~马｜~配痞地~ [35] 毗劈~叉｜~成两半儿擗(披)折：~树枝子痞 [523] 屁

m[214] 密蜜秘宓泌谧觅靡：~小工幂眯~xuŋ眼儿汨~罗江 [55] 迷眯细小杂物进入眼中。《集韵》莫礼切："说文草入目中。"咪靡糜麋醚弥猕猸糜秫~子口~量，~划：比量、比划 [35] 米 [523] 谜祕~：猜谜。《广韵》莫计切，去声

f[214] 飞非绯霏蜚流言~语 [55] 肥淝 [35] 匪诽菲斐扉翡啡咖~妃 [523] 费废肺痱吠

v[55] 唯维惟微薇 [523] 未

t[214] 低堤提~防滴的目~嘀~咕 [55] 笛迪敌涤镝嫡狄荻递提(又)~喽篮子｜~防的出租车：打~ [35] 底邸抵~挡诋砥䏡害耳~子：中耳炎。《广韵》荠韵都礼切："耳脓。" [523] 地帝谛蒂圪~儿：瓜蒂、果蒂或花蒂弟第抵如，比得上：他不~小孩心眼儿多 [·] 的他~书地慢慢~走得打扫~干干净净的（这三个结构助词均读轻声[ti⁰]）

t'[214] 踢剔梯 [55] 啼蹄提题醍体~育 [35] 体~面｜整~ [523] 剃涕悌缔~造蒂并~莲｜瓜熟~落替惕屉嚏屉

n[214] 妮小~儿 [55] 倪霓拟尼泥昵呢~子布 [35] 你 [523] 腻溺匿逆泥~子；用脚搓磨：用脚~死蚂蚁 [·] 呢句末疑问语气词：这咋治~？｜我的裤子呢？

l[214] 力立粒栗笠砾口用手握住条状物向一端滑动：~榆钱子｜~树叶子 [55] 离~奇｜~婚漓篱~笆子丽鹂骊梨犁黎藜俚方言~语厘狸~猫｜狐~ [35] 里鲤理锂澧醴李礼 [523] 苙戾唳吏历枥雳厉励砺沥利莉俐痢例崖劙割、划~离~开｜~你我也照过 荔~枝隶 [·] 璃玻~娌妯~

tɕ[214] 迹击绩姬基箕~子：商代人名屦稽缉~拿辑编~楫(新音)积羁激几茶~讥机叽矶饥肌圾级畿鸡脊瘠吉髻棘急~迫~紧｜闯红灯的人多，交警拦不~即唧鲫戟寂汲 [55] 集藉籍亟及岌极岌吱(又)~声疾嫉急性子~｜~得满头大汗 [35] 几~乎虮己挤济~宁(山东省地名) [523] 自~家：自己济救~剂荠~菜霁计际祭稷稽技伎妓寄冀骥蓟继记忌既暨季悸系~鞋带儿给~养。

tɕ'[214] 七柒漆戚妻萋凄栖(新音)~息缉~鞋口子｜本子｜通~辑(旧音)编~乞欺期嘁~得

肉疼｜~湿衣裳了。《广韵》去急切："欲燥。" 泣 [55] 齐脐~带其旗棋麒奇~怪奇~数琦绮骑歧岐耆企岂杞栖祈 [35] 起~床｜~场：清理打麦场，去除麦秸杂物，分离出麦粒启 [523] 气汽弃器砌~墙讫迄憩起清除使干净：上地里~草｜~猪圈 [·] 箕簸~

ɕ[214] 西牺栖~居｜~凤园：丰县公园名。《广韵》先稽切，平声，齐韵，心母夕汐昔惜息媳熄膝析晰淅蜥皙锡悉蟋犀樨羲曦熙希稀兮吸隙橄 [55] 奚溪袭席徙眭莱~｜~葱秧子习嬉 [35] 喜禧僖熹洗 [523] 细系联~｜篮子~：篮子提梁戏吸~铁石

Ø[214] 一壹乙衣依揖作~益溢裔亦奕弈抑邑丰~液（老）~体易（旧）《~经》[55] 宜谊移夷姨痍胰~脏遗仪沂疑霓倪拟怡贻饴迤彝伊颐逸安~懿司马~（古代人名）已~经以~前｜~人为本 [35] 椅倚蚁尾~巴已学不可以~以 [523] 意臆义议弋易蜴悒译驿绎刈轶屹逸役疫毅艺吃亿忆诣异翼翌翊羿熠液（又）~体肄逆胰~子：香皂、肥皂医~生｜~院

u

p[214] 不卜~算｜姓氏 [55] 勃孛垺~土。《广韵》没韵蒲没切："尘起。"饽面~醭馍上长白~儿了 [35] 补谱家~ [523] 部步布怖簿卯~埠商~ [·] 膊胳~

p'[214] 扑捕铺~床噗 [55] 菩蒲匍葡扑~克牌 [35] 普谱朴璞甫神~｜杜~（人名）圃哺溥脯果~剖仆~人 [523] 铺店~ [·] 脯胸~

m[214] 穆木沐目牡没水~脚脖子：水漫过脚面睦 [55] 模膜耳~｜脑~炎｜塑料薄~摹（老）~写。《广韵》莫胡切，平声，模韵牟~利牟姓｜中~（地名）眸谋没淹｜装~事人儿 [35] 亩母拇姆保~姥公~俩某 [523] 墓幕暮募慕牧寞漠沙~

f[214] 夫肤麸附（旧）魂不~体｜仙姑~体福辐幅复腹覆妇仆（旧）~倒｜~下身子 [55] 芙~蓉扶孚浮俘孵~化蜉伏服弗拂佛俯符抚沸~腾付讣附~近辅缚腐（又）~败 [35] 斧府腑阜曲~ [523] 父富赴讣付附驸赋负洑~水副缚手无~鸡之力 [·] 咐嘱~｜吩~膊胳~。

t[214] 都国~嘟督屚蚂蚁~子笃~行｜"老~"牌的眼药水 [55] 毒独犊渎黩牍 [35] 堵睹赌肚羊~儿读 [523] 度渡镀肚~量杜吐教泥鳅在水缸里~净他晕过去了，得嘴对嘴地~~气妒

t'[214] 秃突凸 [55] 图徒途涂~抹｜姓荼屠拖~拉机 [35] 土吐 [523] 兔菟唾~沫

n[55] 奴驽 [35] 弩努 [523] 怒

l[214] 鹿漉辘录绿（旧文读）~化碌忙~禄氯~气撸~锄把陆大~｜姓~戮 [55] 卢颅芦炉庐 [35] 卤虏鲁橹 [523] 路赂鹭露雨~｜显~陆

ts[214] 租组小~儿（又）筑 [55] 逐~渐组~织祖（又）~国阻 [35] 阻组~建祖~宗

ts'[214] 粗促蹴蔟蚕上~ [523] 醋蹙

s[214] 苏速速稣酥输运~疏蔬缩~水谡马~，人名 [523] 素嗦鸡~子凤凰~（丰县地名）愫塑溯诉凤

tʂ[214] 诸猪朱诛珠蛛株侏烛竹瞩嘱触尤白~｜金兀~祝粥腊八~（旧）[55] 轴妯~娌 [35] 主拄煮 [523] 注住杜驻蛀铸助仵

tʂ'[²¹⁴] 输~了一盘棋 出 舒~坦 束~腰 囗抽打：~两鞭子 缩~巴｜~着头 初~年｜~中｜~五儿 [⁵⁵] 厨橱锄储除蜍殊(旧)术(旧) [³⁵] 楚褚楮杵础处相~雏 [⁵²³] 处~所 蠢绌黜畜~生

ʂ[²¹⁴] 梳枢书叔表~淑菽舒抒纾输~入(又) [⁵⁵] 殊孰熟塾赎术述秫署部~暑~假｜大~曙蜀属 [³⁵] 鼠署公~暑中~薯黍叔大~ [⁵²³] 树漱嗽~糖疙瘩。《广韵》桑谷切："吮也。"竖墅戍恕庶数~学 [·] 晷苔~｜刷｜扫~

ʐ[²¹⁴] 入辱输~了两盘棋 [⁵⁵] 如茹馀剩余：~出来一车货｜~外｜~在外多炒两盘菜 [³⁵] 汝儒孺擩塞蠕乳

k[²¹⁴] 姑咕~嘟沽菇孤辜箍骨谷 [⁵⁵] 古~怪囗~拥：蠕动；扭动 [³⁵] 古估诂鼓瞽股蛊 [⁵²³] 故固痼堌锢梏顾雇 [·] 蛄蝼~

k'[²¹⁴] 枯骷酷哭窟剀~喳：刮(~锅底子) [³⁵] 苦 [⁵²³] 库裤

x[²¹⁴] 乎呼烀忽惚揔用巴掌打。《集韵》没韵呼骨切："楚谓击为~。" 糊用泥~墙缝｜墙上~满画儿 [⁵⁵] 胡湖瑚葫蝴糊~涂｜~窗户烀烤~了壶核杏~儿弧 [³⁵] 虎唬~人浒狐~狸 [⁵²³] 户沪护扈互怙瓠~子糊~弄｜浆~儿｜~子：用面打成~

Ø [²¹⁴] 污巫诬乌呜侮囗用棍~｜~光光蛏勿物屋 [⁵⁵] 无芜吴蜈吾梧~桐树 [³⁵] 武午五伍捂梧魁~妩焐~热盖体窝子｜~臭豆子 [⁵²³] 恶厌~悟晤寤误戊务雾鹜乌~麦

y

n[³⁵] 女

l[²¹⁴] 绿率规~陆~·续 续：时断时续；渐渐地 [⁵⁵] 驴 [³⁵] 吕铝侣桐稆(穞)野生的；私生的。《广韵》语韵力举切："稻自生也。"旅膂屡缕褛捋把铁条~直｜叫中医~~胳膊｜~着大路走履 [⁵²³] 虑滤囗打：用巴棍子~

tɕ[²¹⁴] 车~马炮雎菊掬鞠驹拘居锔~锅巴碗儿疽橘(桔) [⁵⁵] 局踢 [³⁵] 举矩循规蹈~咀沮 [⁵²³] 巨距拒炬聚遽具惧惧俱飓句剧锯据踞

tɕ'[²¹⁴] 区驱岖躯曲~折｜戏~蛐蛆屈趋黢~黑 [⁵⁵] 渠瞿衢 [³⁵] 取娶龋 [⁵²³] 去祛趣觑

ɕ[²¹⁴] 需吁气喘~~虚嘘墟戌须胥畜牲~｜~牧。《广韵》："六畜，丑救切。又，许宥、许六、丑六三切。" 蓄旭煦宿~舍｜~迁~星~蓿肃夙旧音粟旧音恤 [55] 徐许姓氏俗絮~叨｜~得慌 [³⁵] 许允~栩诩 [⁵²³] 叙序绪续絮 [·] 婿女~

Ø [²¹⁴] 淤~泥~锅~了迂~磨｜~回吁拖长音，喝令牲口止步浴裕欲域蜮狱郁旧音 [⁵⁵] 于竽盂与(又)余禹愚隅俞榆瑜渝逾揄揶~鱼渔禹予谀虞娱 [³⁵] 宇语雨羽屿舆与(又)誉煜玉芋驭育寓遇愈愉喻预豫娱吁呼~曳

a

p[²¹⁴] 巴芭笆疤八捌叭扒挖，刨 [⁵⁵] 拔跋爸 [³⁵] 靶把~握把车~｜手~儿把千~个人屁~~，儿语：粪便；脏东西 [⁵²³] 把介词耙~地坝罢霸

p'[214] 趴啪乓乒~球帕~米尔 [55] 爬笆耙~子扒~瓜：偷瓜 [523] 怕 [·] 琶琵~

m[214] 妈妈~蚱抹~下帽子｜~布｜~桌子眯~·喳：看，留意代看 [55] 麻么什~ [35] 马码玛嬷老~儿趺走过，越过：~着门子过。《集韵》末韵莫葛切："行过也。"落下：能一~村，不能~一家 蚂~蚁 [523] 骂 [·] 蟆蛤~么什~吗句末疑问词

f[214] 发~展｜理了个新~型法砝 [55] 乏罚伐垡筏阀发一~走｜受二~罪｜~誓｜~细粉（粉丝）。《广韵》月韵方伐切："舒也。"

t[214] 答搭褡靶 [55] 达鞑囗父亲：~~ [35] 打 [523] 大 [·] 瘩疙~嗒呱~板儿

t'[214] 他她它榻塌溻裆子~透了蹋沓纷至~来趿~拉鞋塌拓~碑文

n[214] 捺呐纳钠衲娜用于人名 [55] 拿 [35] 哪 [523] 那

l[214] 拉~手｜~扯垃~啦~队蜡腊辣 [55] 拉~弦子｜~锯｜呱儿晃兒~儿落漏~｜~下两个人 [35] 喇~叭 [·] 癞疤~

ts[214] 匝咂咋~呼渣楂喳~叫扎札吒苴~牙｜~毛。《广韵》黠韵邹滑切："草初生。" 踏践~｜~青自行车脚~子 [55] 砸咂芝麻叫虫~了杂铡闸沓一~子纸茬麦｜头发~子煤~菠菜炸~糖糕踏脚~子：旧式床前的踏板 [35] 咋怎么：~办眨砟石头~子拃三~宽 [523] 乍炸爆~榨诈痄~腮爹~线轧~花 [·] 臜腌~蚱蚂~

ts'[214] 察擦礤磋~子：台阶差~距插叉鱼~｜交~权~子囗裂开：撕~了碴碗~子 [55] 茶查茬麦~棒子｜~口儿碴冻琉~子叉挡住；卡住：他~着路，不叫人家过 [35] 搽踏踩：别往泥里~汲狗~屎｜猪~食。《广韵》洽韵楚洽切："狗食。"叉分开：筐头子~着｜两个人治~了｜~子：一种盛具 [523] 诧姹岔刹古~差这道题做~了。《集韵》祃韵楚嫁切："异也。"衩开~叉分开成叉（chā）形：~开腿｜劈~

s[214] 仨撒~开手｜~气：泄气沙~土砂纱鲨杀刹急~车杉~条煞~尾紧肚子~腰儿[55] 脊~了一圈子，没~着人。《集韵》歌韵索何切："视之略也。" [35] 厦高楼大~｜~子：房屋前檐伸出的部分撒把麦种~到地里洒萨煞~白 [523] 沙蚕~：家蚕粪厦~门，地名沙摇动使杂物集中，以便清除：把麦里的草~出来煞凶神恶~撒蛤蟆~子

ʂ[55] 啥（偶用音）蛇（旧文读） [35] 傻 [523] 啥（常用音）

k[214] 尕小马~儿：最小的 [55] 夹鸡~子：男阴 [523] 尬尴~

k'[214] 喀~嚓 [35] 卡~片｜~车

x[214] 哈~~笑煆~着手了。《广韵》麻韵许加切："火气猛也。"呵嘴里往外~热气｜嗓子哑得~不出声来 [55] 合堵塞：气门芯~死眼儿了｜眼肿得~死缝了囗喝令牲口行走的声音

Ø[214] 腌~臜 [55] 阿~姨｜~拉伯啊 [35] 啊叹词，表示惊异或应诺 [523] 啊叹词，表示应诺

ia

p[523] 囗枪声；打耳光声

p'[55] 囗摔打声；拍击声

m[55] 囗猫叫声

l[35] 俩

tɕ[214] 家夹浃郏荚佳加茄雪~枷嘉甲胛钾　[55] 戛　[35] 假贾　[523] 架驾价嫁　[·] 稼庄~

tɕ'[214] 掐　[55] 洽~谈　[35] 卡叫鱼刺~着了丨~子恰　[523] 恰叉大拇指和其余四指分开，紧按在腰旁：~着腰

ɕ[214] 虾马~瞎　[55] 霞遐暇瑕遐侠峡狭匣辖黠洽融~（旧）　[523] 下吓惊~夏厦

Ø[212] 丫压鸦押鸭　[55] 牙伢芽蚜讶庌把门~上，留个缝儿呀衙崖涯天~　[35] 哑雅　[523] 亚揠轧车子~着砖头了丨牛拉着石磙~麦丨丰县~花厂

ua

tʂ[212] 抓　[35] 爪老鸹~子

tʂ'[35] 撮抢夺：~街丨~人家的钱。《集韵》上声蟹韵，初买切："指取物也。"

ʂ[214] 刷　[35] 耍

k[214] 瓜呱~哒刮~风丨~茶丨把刷锅水~出来　[55] 挂扯住，划：树枝~住衣裳了丨牵连：他犯错，我也受~　[35] 刮搜~丨~胡子呱拉~儿剐寡　[523] 挂卦褂　[·] 鸹老~

k'[214] 夸　[35] 垮侉挎~着篮子胯~骨　[523] 跨挎~着书包胯~下之辱

x[214] 花哗水淌得~~响　[55] 华~丽丨~山丨姓氏哗喧~铧桦滑猾划~得来丨~船撺~拳　[523] 划策~话化画

Ø[214] 挖娲女~娘娘蛙哇袜挓~人。《集韵》麻韵乌瓜切："手捉物。"　[55] 娃　[35] 瓦~屋丨红~枓~面丨~米。《广韵》黠韵，乌八切："取物也。"　[523] 瓦~匠丨刀洼~地凹凸~不平

au

p[214] 包苞胞雹褒　[35] 保堡葆饱宝鸨　[523] 报抱鲍刨~子暴爆豹鸨

p'[214] 抛泡电灯~儿脬　[55] 刨用铁锹~地咆庖袍胞同~炮~制　[35] 跑　[523] 炮枪~泡浸~疱　[·] 脬尿~

m[214] 猫~子：指湖、海近处的渔民或居民　[55] 毛矛茅猫　[35] 卯铆毛五~钱□搁开水里~一遍　[523] 冒帽茂貌贸袤

f[35] 否

t[214] 刀叨打擩：~菜吃　[35] 倒摔~岛捣蹈祷导（新）　[523] 道到倒~退盗稻悼

t'[214] 掏韬焘涛滔　[55] 桃逃淘讨~论焘（旧）涛（旧）　[35] 讨　[523] 导（旧）套　[·] 萄葡~

n[214] 孬　[55] 挠蛲　[35] 脑恼瑙　[523] 闹

l[214] 捞顺手~一件衣裳丨~不着好座儿□~~：猪　[55] 劳唠捞从水里~上来痨牢　[35] 老姥~娘：外祖母佬　[523] 涝耢~石丨再一遍丨~个二茬儿劙（身）长：长胳膊~腿儿。《集韵》郎到切，去声号韵，来母。□套：把褂子~身上

ts[214] 遭糟□别 ~电线　[35] 早枣蚤澡藻爪~牙找　[523] 灶皂造糙粗~噪燥躁罩笊　[·] 蚤(又)虼~

ts'[214] 操~作抄剿　[55] 曹漕槽□态度生硬蛮横巢　[35] 草嘈~杂吵炒钞~票　[523] 糙粗~操胡闹: 他光是瞎~, 不好好学超~过沟去。《集韵》笑韵抽庙切: "踃也。"　[·] 嗽咳~

s[214] 骚搔臊捎筲水~　[35] 扫~地嫂稍~微　[523] 扫~帚哨潲~雨。《广韵》孝韵所教切: "雨溅也。"　□砍削: 把秫秫头~掉苕~子: 大巢菜、紫云英

tṣ[214] 朝~夕钊召招昭诏沼　[523] 赵兆棹照肇

tṣ'[214] 超~越□嬉闹: ~着玩儿　[55] 朝~代嘲潮绍介~晁　[35]

ṣ[214] 烧　[55] 绍韶　[35] 少多~　[523] 邵少~年

ẓ[55] 饶~恕　[35] 扰饶富~绕围~娆　[523] 照~眼|~影儿影儿

k[214] 高镐膏~药羔糕　[35] 搞稿膏牙~皋杲　[523] 告诰膏~油

k'[214] 尻□交合　[35] 考拷烤　[55] 可~恶　[523] 靠犒铐□鞋~子熇用微火烧, 使食物的汤减少变浓: 在锅上~~

x[214] 薅~草|~着耳朵拽出来蒿　[55] 豪毫壕嚎号~哭~耗　[35] 好~坏　[523] 号~召好爱~浩皓昊□水~下去了

Ø[214] 熬~了半年熰~汤嗷~儿~儿叫　[55] 熬~药|夜遨翱媪　[35] 袄　[523] 傲鳌遨奥澳懊

iau

p[214] 标膘镖骠彪飙　[35] 表裱婊　[523] 摽~劲儿|~膀儿走路

p'[214] 漂~浮飘缥　[55] 瓢殍　[35] 瞟嫖剽~窃漂~白　[523] 票漂~亮

m[55] 苗描瞄　[35] 秒眇渺缈森藐　[523] 妙庙缪姓

t[214] 刁叼貂雕凋碉　[35] 屌　[523] 掉吊钓调~动工作锚鸟~梢: 偏僻。《广韵》啸韵多啸切: "~, 深貌。"

t'[214] 挑~担子佻　[55] 条迢笤~帚调~整　[35] 挑~头儿|~墙　[523] 跳眺

n[35] 鸟袅　[523] 尿

l[55] 辽撩僚燎~原镣聊　[35] 燎~锅底儿了　[523] 料廖尥~蹶子撂~挑子

tɕ[214] 交茭郊跤佼胶骄娇浇教~书焦蕉礁椒　[35] 皎铰狡绞佼侥矫~健|~枉过正搅缴　[523] 觉睏~较校~对教~育叫轿窖

tɕ'[214] 敲跷~起二郎腿|~~板高~劁~猪锹悄~手蹑脚　[55] 乔侨桥瞧樵憔　[35] 巧　[523] 翘杠子那头儿~起来|~尾巴窍撬俏峭鞘绡贴~

ɕ[214] 肖消硝销宵绡霄萧箫潇羞害~|~得慌枵布稀薄: 这块布~得很枭器　[55] 肴菜~|有肉有~淆混~　[35] 小晓　[523] 笑啸鞘刀~孝哮酵发~校学~效肖不~子孙

Ø[214] 要~求腰夭妖吆~唤幺邀绕~近路|~了一圈　[55] 遥谣摇瑶窑徭尧爻肴　[35] 咬

舀杳 [523] 要 ~学习要 ~子：用麦秆、稻草等拧成的绳状物，用来捆麦子、稻子等 鹞耀勒跃

ə

tʂ[214] 折~断哲浙蜇遮褶 [55] 辙辄蛰谪□地面缓慢下陷□粘在一处：饺子~了蔗~糖｜甘~｜柘~树｜~条子 [35] 者 [523] 这

tʂ'[214] 车彻澈撤~退奢~侈（旧） [35] 扯 [523] 坼撤略往后退：~着身子｜往后~｜把盘子~下去

ʂ[214] 奢（新）赊涉设慑摄~氏温度 [55] 蛇舌折~本儿｜累~了腰佘 [35] 舍~弃 [523] 射舍宿~社赦麝

z̩[214] 热 [55] 苶~脸卖呆。《广韵》薛韵如列切："疲役貌。"□往后仰翻：小孩儿从床上~过去 [35] 惹

k[214] 歌圪~蚤疙割鸽合容量单位：十~一升合~ 犋 ｜~ 线 佮 ~磨：磨合关系｜~作｜~邻居。《集韵》合韵葛合切："说文：合也。"阁骼胳搿葛嗝打~嗝 [55] 合~气：怄气｜~瞪眼儿：合眼 硌 胳~肢：抓挠使发痒圪前缀：~针｜蹱：单足蹦跳｜~拔的：较好 佮 見儿搁~劲拉车｜瓷碗不~得摔 [35] 哥 [523] 个~把儿两~

k'[214] 磕~干净筐底子｜~芝麻梭子｜~月饼｜~砖坯子｜脸~淌血了瞌~头打盹儿蝌可~找着你了｜葡萄~甜啦苛｜求｜受｜排儿轲柯咳｜嗽壳渴 [55] 可~以｜~喜｜贺苛｜刻髁~马 [35] 可~身｜着这些钱花｜再~南一点儿｜劲地嚎坷｜垃头子 [523] 嗑~瓜子儿恪呃｜石头。《集韵》箇韵口箇切："击也。"

x[214] 喝~汤｜采呵~护郝货~郎 [55] 河荷何合蛤｜蟆盒阁涸曷盍核~桃鹤（旧）貉 [523] 贺褐鹤（新）

Ø[214] 恶~劣｜~死赖额~拉盖子厄噩 [55] 阿（老）~胶｜~斗，~瞒（古代人名）婀俄鹅蛾峨莪□~脸：昂脸，表示傲慢 讹遏愕腭萼鄂鳄 [523] 饿

iə

p[214] 憋鳖 [55] 别区~离~｜把锁~开 [35] 瘪 [523] 别执拗，古怪：性子~

p'[214] 撇~开｜~出沫子｜一~儿一捺 [35] 撇~嘴瞥鳖（鳅）用具口大肚浅□一条腿抬起；叉开腿：~腿上了车子｜~拉着腿苤~蓝

m[214] 灭蔑篾乜末老~｜~了

t[214] 爹跌 [55] 碟蝶谍喋叠迭 [35] □~拉着碗

t'[214] 帖贴铁

n[214] 聂摄~影镊蹑~手~脚嗫说话~儿~的涅捏孽

l[214] 列烈冽裂分~劣猎咧大大~~ 鬣~狗 [35] 咧龇牙~嘴□泛义动词，表示干、弄、捕获、吃等：~了一只兔子裂~着怀 [523] 趔~趄

tɕ[214] 接节结洁诘拮碣竭揭羯楫（老）劫（旧音）几世几~｜抢~ [55] 截捷睫杰桀劫（新音）

抢~ [³⁵] 姐 [⁵²³] 借裓~子

tɕʻ[²¹⁴] 且切 [⁵⁵] 茄 [⁵²³] 妾窃契~约｜默~｜~丹怯锲砌堆~

ɕ[²¹⁴] 楔揳歇蝎血些老~ [⁵⁵] 邪斜胁协挟携飙挈 [³⁵] 写些这~ [⁵²³] 谢榭泄泻亵卸

Ø[²¹⁴] 掖腋噎~食叶业邺页晔作~靥分~冶谒 [⁵⁵] 爷 [³⁵] 耶椰揶野 [⁵²³] 夜液（新音）

uə

p[²¹⁴] 波玻菠播钵拨剥博搏驳舶泊梁山~箔纸~｜金~ [⁵⁵] 勃（新音）渤脖帛（新音）薄雹~子箔房~子 [³⁵] 簸~粮食 [⁵²³] 簸~箕

pʻ[²¹⁴] 坡高~泼活~｜~小子 [⁵⁵] 婆 [³⁵] 坡梯子搁得有点儿~颇叵 [⁵²³] 破

m[²¹⁴] 莫摸膜笛~子末茉沫 [⁵⁵] 磨~刀｜~练蘑魔模（新音）馍膜摹 [³⁵] 抹涂~｜~子 [⁵²³] 磨石~｜推~｜~不过来弯儿抹转弯~角

t[²¹⁴] 多掇~门 [⁵⁵] 多~些钱斤｜~大岁数了｜你不知道~喜人｜来的人别提~多啦夺铎陀~螺子：传统捻线合线工具哆打~嗦｜~~嗦嗦 [³⁵] 朵躲垛垒个~子 [⁵²³] 垛柴火｜麦穰~剁跥惰堕舵

tʻ[²¹⁴] 脱托拖拓开~庹他（旧文读）王顾左右而言~ [⁵⁵] 砣沱陀~螺｜佛~驼驮 [³⁵] 妥椭 [⁵²³] 唾~液□~车：农用运输工具

n[²¹⁴] 挼 [⁵⁵] 挪 [³⁵] 诺娜婀~多姿 [⁵²³] 糯懦

l[²¹⁴] 啰~嗦洛落降~烙络骆掠扫：~当院子乐快~ [⁵⁵] 罗萝箩逻锣螺骡 [³⁵] 掠抢~裸 [⁵²³] 摞

ts[²¹⁴] 作 [⁵⁵] 昨凿嚼牛~子｜马~子镯啄~食琢逐绝（旧） [³⁵] 左佐捽（攥）~结实缵缝合：~两针儿。《广韵》末韵子括切："结~也。"撮一~头发座量词：一~山 [⁵²³] 做坐座名词：~位祚左~撇拉子

tsʻ[²¹⁴] 搓~绳蹉磋撮一~儿米｜~合 [⁵⁵] 矬□扣除：~钱｜~分儿 [⁵²³] 措错挫锉

s[²¹⁴] 唆梭蓑 [³⁵] 锁琐唢索绳~｜探~所派出~｜两~学校 [⁵²³] 缩往后~

tʂ[²¹⁴] 卓桌酌拙着这个家什不~货苗~壮捉 [⁵⁵] 浊拙灼着穿~｜打扮｜睡~｜~火濯擢

tʂʻ[²¹⁴] 绰~有余焯~菠菜 [⁵⁵] 戳拿棍~马蜂窝 [⁵²³] 辍

ʂ[²¹⁴] 说搠使长条形物体直立：把秫秸个子~起来。朔 [⁵⁵] 勺芍烁硕所（又）~以 [³⁵] 数~一~二｜~得着所 [⁵²³] 数识~｜~量

ʐ[²¹⁴] 若弱

k[²¹⁴] 锅过走~了｜熟~了郭廓椁括聒戈枕~待旦（旧） [⁵⁵] 果裹馃~子 [⁵²³] 过经~｜~日子

kʻ[²¹⁴] 科（老）棵颗扩阔广~ [⁵²³] 课（老）阔~气

x[²¹⁴] 霍攉豁壑（老）获收~ [⁵⁵] 禾和~气｜~面朱棺材。《集韵》戈韵胡戈切："棺常谓之~。"活 [³⁵] 火伙 [⁵²³] 货百~和洗一~祸

Ø [²¹⁴] 窝莴涡蜗喔握踒~着脚了 挼把铁条~成圆圈。《集韵》戈韵乌禾切："手紫也。"倭幹沃 [³⁵] 我 [⁵²³] 卧

yə

tɕ[²¹⁴] 嗟厥镢撅蹶一~不振觉~察了镢角决抉诀脚崛爵 [⁵⁵] 掘倔~强橛撅个~子绝（新）爵（又）嚼 [⁵²³] 倔~脾气

tɕ'[²¹⁴] 缺炔却确榷摧~蒜。《广韵》觉韵苦角切："击也。"阙阕雀鹊 [⁵⁵] 瘸 [³⁵] □~断。

ɕ[²¹⁴] 雪削薛靴 [⁵⁵] 学穴踅鹰在天上~了一圈儿

Ø[²¹⁴] 约药曰悦阅越岳粤月钥疟虐乐音~ [³⁵] 哕干~

ɛ

p[⁵⁵] □否定副词，别，不要：~慌 [³⁵] 摆□用清水漂洗 [⁵²³] 拜败

p'[²¹⁴] 派一~屎 [⁵⁵] 排徘牌 [³⁵] □篮子~了|洋车子~圈了□猛坐：往地上一~ [⁵²³] 派湃

m[²¹⁴] 咩羊叫声：~儿~儿叫 [⁵⁵] 埋霾 [³⁵] 买 [⁵²³] 卖迈陌（又）~生|阡~。

f[⁵⁵] □叹词，突然疼痛时的叫声

t[²¹⁴] 呆 [³⁵] 歹逮□介词，在：~家睐 [⁵²³] 待戴代贷袋黛带怠殆大~王|~夫

t'[²¹⁴] 胎苔舌~孀态姿~|状~汰淘~ [⁵⁵] 台抬苔青~薹白菜长~子了|韭菜~子 [⁵²³] 太态（新）~度泰

n[³⁵] 乃奶~水 [⁵²³] 奈耐

l[²¹⁴] 唻~~：小孩哭 [⁵⁵] 来莱睐 [³⁵] 擸揪着拽扯：~红芋秧子|~麦苗子《集韵》洛骇切，赖上声。把擸，弃去也。 [⁵²³] 赖癞籁

ts[²¹⁴] 灾栽哉斋 [³⁵] 载记~|千~难逢宰崽仔打工~|牛~裤 [⁵²³] 在再债寨□~子：楔子□拿针~上衣裳载装~|~客

ts'[²¹⁴] 猜钗差~事插嫁接：~杏 [⁵⁵] 才财材裁豺柴□~坏：瑕疵，缺陷瘥干瘦，不滋润。《广韵》佳韵士佳切："瘦也。" [³⁵] 采睬彩踩 [⁵²³] 菜蔡

s[²¹⁴] 腮鳃筛 [³⁵] 甩 [⁵²³] 塞边~赛晒

k[²¹⁴] 该赅垓 [³⁵] 改 [⁵²³] 盖丐钙概溉

k'[²¹⁴] 开 [³⁵] 凯铠错楷慨~叹 [⁵²³] 忾

x[²¹⁴] 咳叹词□大老~ [⁵⁵] 核~对骸亥辛~革命骇阂还~有 [³⁵] 海 [⁵²³] 害

Ø[²¹⁴] 哀唉~声叹气 [⁵⁵] 呆~板|一~挨 [³⁵] 矮埃尘~皑霭蔼癌哎叹词，表示提醒 [⁵²³] 爱媛艾碍隘哎叹词唉叹词，表示悲伤或惋惜 [·] □句末语气词，表祈使：快走~

iɛ

tɕ[²¹⁴] 街阶皆秸麦~ [³⁵] 解讲 [⁵²³] 介芥疥界戒诫械届

tɕ'[²¹⁴] 楷（老）：写大~

ɕ[⁵⁵] 鞋偕谐 [³⁵] 蟹 [⁵²³] 解不~话儿|姓懈邂澥粥~了|鸡蛋黄了□陷：~到泥窝里

Ø [²¹⁴] 挨~个儿拿｜~家~户　[⁵⁵] 也（又）捱~打 涯坑~ 咽强咽：吃不了别硬~　[³⁵] 矮也（又) 埃~及｜尘~

uɛ

tʂ [³⁵] 跩　[⁵²³] 拽

tʂ' [²¹⁴] 擩~面｜~他一拳　[³⁵] 揣　[⁵²³] 踹一脚把门~开 㿧用杵捣砸：~红芋干子。《广韵》泰韵七外切："小舂也。"膪胖而不协调：~得很。

ʂ [²¹⁴] 衰　[³⁵] 甩　[⁵²³] 帅率~领 蟀

k [²¹⁴] 乖　[³⁵] 拐　[⁵²³] 怪

k' [³⁵] 扻~痒痒 蒯　[⁵²³] 块快筷会~计侩哙刽~子手（旧）狯脍

x [⁵⁵] 淮槐踝怀徊　[⁵²³] 坏

Ø [²¹⁴] 歪　[⁵⁵] □（坐着或躺着）蠕动：他把沙土窝~了一个坑｜~老将（象棋用语）　[³⁵] 歪扭伤：~着腿了 喂叹词，打电话时招呼的声音　[⁵²³] 外

ei

p [²¹⁴] 杯悲碑卑掰北百柏伯笔　[⁵⁵] 白　[⁵²³] 背~着口袋悖钡倍

p' [²¹⁴] 拍帕手~儿　[⁵⁵] 培陪赔呸叹词　[³⁵] 迫魄胚（新）　[⁵²³] 沛配佩辔

m [²¹⁴] 麦脉墨陌　[⁵⁵] 煤媒枚玫梅霉莓酶眉楣嵋媚　[³⁵] 美镁每　[⁵²³] 妹昧寐魅袂

t [²¹⁴] 得德　[⁵⁵] 特~别｜~为：故意

t' [⁵⁵] 特~别

n [³⁵] 馁　[⁵²³] 内

l [²¹⁴] 肋勒　[⁵⁵] 雷镭　[³⁵] 蕾垒磊儡累积~　[⁵²³] 累劳~泪类酹擂打~｜~台

ts [²¹⁴] 责仄摘窄测~脉儿：心中测算则　[⁵⁵] 泽择宅贼翟

ts' [²¹⁴] 测侧恻策册拆

s [²¹⁴] 塞瓶~子涩啬瑟色　[⁵⁵] 谁

k [²¹⁴] 革格隔膈　[⁵⁵] 给~你

k' [²¹⁴] 克客刻　[⁵⁵] 剋~饭｜~架｜~小鸟儿

x [²¹⁴] 赫吓~唬人黑嘿

Ø [³⁵] 厄扼额~头

uei

t [³⁵] 兑抵消：~账 □对撞；撞：~架｜~到树上　[⁵²³] 对队兑~换碓~窝子　[·] 敪操~｜打~

t' [²¹⁴] 推忒~好　[⁵⁵] 颓　[³⁵] 腿　[⁵²³] 退煺褪蜕

ts [²¹⁴] 堆　[³⁵] 嘴　[⁵²³] 最醉罪

ts' [²¹⁴] 崔摧催璀炊　[⁵⁵] 随任凭：~他咋着去吧　[⁵²³] 粹悴翠淬萃瘁脆

s [²¹⁴] 虽睢濉尿~脬　[⁵⁵] 遂邃燧隋绥髓随跟~谁（旧文读）　[⁵²³] 碎岁穗　[·] 荽芫~

tʂ[²¹⁴] 追椎脊~ 锥骓　[⁵²³] 赘惴坠缀缒

tʂʻ[²¹⁴] 吹　[⁵⁵] 垂捶陲锤槌

ʂ[²¹⁴] 摔　[³⁵] 水　[⁵²³] 睡说涗~ 税

ʐ[³⁵] 蕊　[⁵²³] 锐瑞睿芮

k[²¹⁴] 规硅归龟国帼闺　[³⁵] 鬼诡癸轨　[⁵²³] 桂贵柜刿刽跪瑰玫~丨~丽

kʻ[²¹⁴] 亏盔窥　[⁵⁵] 逵馗奎喹葵睽揆魁傀　[⁵²³] 溃缋绗个活~儿：用绳类挽成活结聩愦匮愧岿喟

x[²¹⁴] 挥晖辉灰恢诙徽　[⁵⁵] 回茴洄蛔或　[³⁵] 悔海毁惑获 ~奖　[⁵²³] 会~议绘烩荟桧秦~：人名汇慧卉蕙贿讳喙秽溃（殨）~脓

Ø[²¹⁴] 威偎依傍：不~群儿丨~着大人坐煨巍　[⁵⁵] 为行丨~人处世丨~什么丨因~围惟维唯帷微圩土~子丨寨~　[³⁵] 委萎诿逶痿危桅韦伟苇纬韪尾娓　[⁵²³] 味畏喂~饭丨~鸡胃渭谓魏位卫尉蔚慰伪~装丨~军。《广韵》危睡切，去声，寘韵，疑母："假也，欺也，诈也。" [·] 猬刺~

ou

t[²¹⁴] 都全~兜　[³⁵] 斗容量单位抖蚪陡　[⁵²³] 豆逗痘窦斗~争

tʻ[²¹⁴] 偷　[⁵⁵] 头投揄~炉子丨~老鼠窟窿丨~奶。《广韵》侯韵度侯切："引也。"　[⁵²³] 透

l[²¹⁴] 搂用抓钩子~地　[⁵⁵] 娄喽楼搂~柴火丨~扳机丨麦喽~啰耧髅蝼　[³⁵] 搂~抱丨两~粗的大树篓　[⁵²³] 陋漏露~出头来　[·] 喽助词

ts[²¹⁴] 诌邹　[³⁵] 走　[⁵²³] 奏揍皱骤做~饭丨~生意

tsʻ[²¹⁴] 搊向上托：把他~到树上。《广韵》楚鸠切，平声尤韵，初母　[⁵⁵] 愁　[³⁵] □怒视：~他一眼　[⁵²³] 凑腠辏

s[²¹⁴] 搜馊㑅~胡萝卜丝　[³⁵] 叟擞薮□裹紧：~好盖体（被子）　[⁵²³] 瘦

tʂ[²¹⁴] 州洲周舟粥　[³⁵] 帚肘扭把湿布或湿衣拧去水分：~~衣裳。《广韵》有韵陟柳切："扭按也。" [⁵²³] 纣商~王丨~棍子：系在驴、马等尾下的横木宙胄咒昼□机械涩滞

tʂʻ[²¹⁴] 抽　[⁵⁵] 酬筹踌畴仇~恨惆稠绸　[³⁵] 丑　[⁵²³] 臭

ʂ[²¹⁴] 收　[³⁵] 守首手　[⁵²³] 兽售寿受授绶狩

ʐ[²¹⁴] □扔□象声词：电扇转得~~的丨风刮得~~的　[⁵⁵] 柔揉糅　[⁵²³] 肉褥

k[²¹⁴] 勾沟钩构（老）~成购佝篝　[³⁵] 狗苟枸　[⁵²³] 垢诟够构（新）结~媾

kʻ[²¹⁴] 抠眍　[⁵⁵] □厉害：死~不讲理　[³⁵] 口　[⁵²³] 扣叩寇蔻

x[²¹⁴] 齁　[⁵⁵] 侯候喉瘊猴　[³⁵] 吼　[⁵²³] 后厚逅

Ø[²¹⁴] 讴沤衣裳~了丨麻丨~粪。《广韵》乌候切："久渍也。"欧区姓殴呕鸥　[⁵⁵] 生~子：生在粮、面中的象鼻虫丨~郎（老）：民间传说中的人名　[³⁵] 偶藕熰㷇烧~了丨~一把豆秸来烤火。《集韵》乌侯切，平侯，影。

iou

t[²¹⁴] 丢

n[²¹⁴] 妞　[⁵⁵] 牛　[³⁵] 扭纽忸　[⁵²³] 谬拗

l[²¹⁴] 溜~走｜~着墙根儿走 蹓遛~大街｜~达｜~着玩儿　[⁵⁵] 留瘤榴刘浏流硫琉　[³⁵] 绺柳 [⁵²³] 溜熟练, 速度快: 车开得真~溜一~桃树馏~馍遛~鸟｜~马六陆"六"的大写

tɕ[²¹⁴] 赳纠究揪啾㕀疚鬏　[³⁵] 九玖久灸鸠韭酒　[⁵²³] 就臼旧救舅枢厩疚~筋。《集韵》去声宥韵即就切:"缩也。"

tɕʻ[²¹⁴] 秋揪~眯着眼鳅丘邱蚯阄抓~儿　[⁵⁵] 求球逑裘仇姓酋遒囚虬　[³⁵] 朽腐~｜木头~了揪下四下里~不着人｜~磨麹一种家庭自制酵子; 酿酒用的曲: 陈~。

ɕ[²¹⁴] 羞休修脩　[⁵²³] 袖秀绣锈臭乳~未干嗅

Ø[²¹⁴] 优忧攸悠幽　[⁵⁵] 游尤犹酉由油邮蚰　[³⁵] 友有　[⁵²³] 右佑祐又柚铀釉鼬宥囿诱莠幼黝

æ̃

p[²¹⁴] 班斑颁般搬扳　[³⁵] 板版拌扔, 弃。《广韵》蒲旱切, 桓韵, 合口, 上声, 并母:"弃也。" [⁵²³] 半伴拌搅~绊~脚办扮瓣

pʻ[²¹⁴] 潘攀　[⁵⁵] 盘磐蟠蹒　[⁵²³] 泮畔判叛盼襻车~｜鞋~子

m[⁵⁵] 蛮瞒鞔~鞋口子馒漫~过墙头｜大水从树梢子上~过去　[³⁵] 满　[⁵²³] 曼蔓漫~长｜一~腿骑上车子慢谩幔

f[²¹⁴] 反~是不中了, 随他去吧｜~不能光闲着唉番幡翻藩帆~船　[55] 凡梵矾帆~布繁烦樊蕃　[³⁵] 反~对返　[⁵²³] 饭贩犯范泛

t[²¹⁴] 单~独眈耽丹担　[³⁵] 胆掸疸　[⁵²³] 旦但淡氮诞弹子~｜~弓惮蛋石容量单位耽~搁

tʻ[²¹⁴] 贪滩摊瘫　[⁵⁵] 谈痰郯坛昙檀潭谭弹~琴　[³⁵] 坦袒毯忐　[⁵²³] 炭碳探叹

n[⁵⁵] 南楠难困~男　[³⁵] □往口中塞; 大口吃 㚎奶~~　[⁵²³] 难苦~

l[⁵⁵] 兰栏拦蓝篮阑澜谰斓岚　[³⁵] 览揽缆懒婪嵝 柿子㰀　[⁵²³] 烂滥谰无耻~言。《广韵》郎旰切, 去声:"谩谰。"

ts[²¹⁴] 簪　[³⁵] 咱斩崭攒积~盏　[⁵²³] 暂錾赞瓒站

tsʻ[²¹⁴] 餐参惨掺搀骖~条子鹐~子木: 啄木鸟　[⁵⁵] 蚕惭残灿馋　[³⁵] 产铲　[⁵²³] 灿粲璨屖潺

s[²¹⁴] 三叁山衫杉~树珊删姗姗　[³⁵] 散松~｜~板儿繖伞　[⁵²³] 散分~｜~伙

tʂ[²¹⁴] 沾粘毡詹瞻占~卜　[³⁵] 展搌~碗布辗~转　[⁵²³] 占战绽颤栈蘸湛

tʂʻ[²¹⁴] □滞留; 耽搁: 在家~悠了半天　[⁵⁵] 蝉婵禅参~缠蟾　[⁵²³] 忏颤

ʂ[²¹⁴] 扇搧用手掌打。《集韵》仙韵尸连切:"批也。"煽苫麦秸~子　[³⁵] 闪陕　[⁵²³] 善鳝膳缮赡扇~子骟擅苫~屋单姓禅封讪疝钐~镰

z[⁵⁵] 然 ｜ [³⁵] 冉苒髯染燃

k[²¹⁴] 干~扰｜焦~竿杆电线~子｜旗~｜白蜡~子肝甘柑尴 [³⁵] 赶秆麦~｜~草杆秤~子｜枪~子｜笔~子敢感擀 [⁵²³] 干~活赣

k'[²¹⁴] 刊堪勘瞰龛佛~ [³⁵] 砍坎侃槛门~口｜~上大印：盖章 [⁵²³] 看~大门｜~守｜~见阚姓

x[²¹⁴] 酣鼾憨傻，痴呆 [⁵⁵] 寒邯韩含函涵 [³⁵] 喊 [⁵²³] 汗汉罕旱悍捍焊翰瀚憾撼

Ø[²¹⁴] 安鞍氨庵鹌 [³⁵] 俺埯点种瓜、豆时挖的小坑：刨个~儿，~上一棵红芋（红薯）揞~上药面子 [⁵²³] 按案岸暗黯谙

iæ

p[²¹⁴] 编煸~肉丝鳊蝙鞭边 [³⁵] 扁~担褊匾贬砭 [⁵²³] 辩辨辫卞汴变遍便~利｜~宜：方便；顺当弁

p'[²¹⁴] 篇偏翩片拍~子｜电影~子 [⁵⁵] 便~宜货 [³⁵] 谝夸耀，卖弄：~本事□~亮：敞亮 [⁵²³] 骗片木头~儿｜名~｜~面

m[⁵⁵] 棉绵眠 [³⁵] 免勉娩晚~辈儿冕缅~怀｜一缗｜裆裤腼 [⁵²³] 面

t[²¹⁴] 颠癫滇巅趈慢跑：~~地来了几趟《广韵》先韵都年切："走顿。"掂玷 [³⁵] 典碘点跕~着脚尖 [⁵²³] 淀靛奠垫电店惦佃甸殿

t'[²¹⁴] 天添 [⁵⁵] 田畋甜填恬 [³⁵] 觍~着脸舔殄腆

n[²¹⁴] 蔫行动缓慢，拖沓：真能~ [⁵⁵] 年黏鲇 [³⁵] 辇撵捻~线｜~军碾石~拈 [⁵²³] 念捻灯~子｜炮仗~子碾油~｜石~

l[²¹⁴] □瞎胡~｜·编 [⁵⁵] 帘廉镰联连涟莲鲢琏奁怜 [³⁵] 脸敛潋 [⁵²³] 恋练炼链楝殓糯~米饭《集韵》龙卷切："熬饵黏也。"

tɕ[²¹⁴] 兼蒹奸犍艰坚间房~菅肩监尖煎歼 [³⁵] 剪蕳柬减碱缄拣茧趼脚上老~检捡俭睑简锏蹇践□~脚：地基笕 [⁵²³] 箭贱溅钱渐荐鉴见舰剑件建健键腱腱间~断涧谏

tɕ'[²¹⁴] 千迁阡纤化~扦铁~子钎铅佥签笺信~牵悭谦骞鹐 [⁵⁵] 前钳乾钱黔虔缄（旧）[³⁵] 浅潜铲锅~子｜炭~子遣谴笺 [⁵²³] 欠芡嵌歉堑茜倩

ɕ[²¹⁴] 鲜先仙掀锨 [⁵⁵] 嫌贤咸衔涎闲娴弦弓~｜~子 [³⁵] 洗姓跣鲜~见显险喊（旧文读）[⁵²³] 现苋县宪陷馅限羡献线腺纤~维 [·] 间一定的时间里：过年~他回家了｜每儿每儿~

Ø[²¹⁴] 焉蔫~巴嫣燕~山｜姓氏烟胭咽~喉湮奄淹阉腌偃宽 [⁵⁵] 言颜炎严俨盐岩延蜒檐沿~途｜边~｜~着小路走阎焰衍妍研（旧）~黑墨｜~成药面儿芫~荽缘 [³⁵] 演眼掩研~究｜~磨 [⁵²³] 宴晏唁燕堰厌餍雁艳验谚筵砚咽~到肚子里□~好：刚好，刚巧酽沿边：锅~｜碗~

uæ

t[²¹⁴] 端 [³⁵] 短断~路《集韵》缓韵覩缓切："截也。" [⁵²³] 断截~踹追赶段缎锻煅

t'[55] 团湍抟　[523] 疃旧指古代居民组织"里"：大乌~｜力村~

n[35] 暖

l[55] 峦栾銮鸾挛孪娈　□搜捡剩余作物：~红芋｜~苹果　[35] 卵　[523] 乱

ts[214] 钻~洞□｜~腰　[35] 缵纂编~｜缉~｜~瞎话　[523] 攥钻~石

ts'[214] 窜流~蹿向外~｜~圈：逃跑氽　[55] 攒把麦秸个子~成堆｜秌秸~　[523] 窜篡□蔓延：癣~了一身

s[214] 酸　[523] 蒜算

tʂ[214] 专砖颛　[35] 转~换　[523] 赚传~记转~圈子撰馔篆

tʂ'[214] 穿川钏　[55] 传~递船椽　[35] 喘　[523] 串

ʂ[214] 栓拴闩　[523] 疝~气涮

ʐ[35] 软阮

k[214] 官倌棺关冠鸡~子观纶鳏　[35] 管~吃~住｜~饭｜毁了~换馆　[523] 冠~军灌罐鹳盥观道~贯惯

k'[214] 宽　[35] 款

x[214] 欢獾　[55] 还~原还~有（旧文读）环桓寰鬟　[35] 缓　[523] 宦豢患奂唤换焕痪涣幻

Ø[214] 弯湾剜豌　[55] 完烷玩顽丸纨　[35] 皖莞脘绾晚挽宛惋腕婉蜿　[523] 万

yæ̃

tɕ[214] 捐涓娟鹃　[35] 卷~土重来　[523] 眷卷手不释~圈羊~倦绢

tɕ'[214] 圈圆~儿　[55] 全荃诠痊醛泉拳权蜷颧鬈　[35] 犬　[523] 劝券用砖砌成圆形或拱形物：~井（用砖砌井壁）｜发~（用砖砌成圆圈形）｜~门（在门上用砖砌成斗拱形）。

ɕ[214] 宣喧楦萱暄轩　[55] 旋~转漩悬玄弦勾股~眩炫　[35] 选癣　[523] 旋~板皮｜~锭子

Ø[214] 渊冤鸳鸯原（口语音）~来｜~根儿　[55] 元沅鼋园原源袁猿辕员圆爰援媛垣苑　[35] 远　[523] 院愿怨苑

ẽ

p[214] 奔~走锛贲　[35] 本苯　[523] 笨奔直~正西

p'[214] 喷~水□大~大拉　[55] 盆　[523] 喷~香喷正在：他~听戏咪。收获作物的茬口：头~子黄瓜｜番茄正摊到~儿上

m[214] 闷~声不响｜~着头地走默~写　[55] 门扪们人~　[523] 妹闷烦~｜~热焖懑　[·] 们弟~

f[214] 分~开纷吩芬氛　[55] 坟　[35] 粉酚焚　[523] 分名~份忿愤奋

t[523] 扽两头同时用力，或一头固定而另一头用力，把线、绳子、布匹、衣服等猛一拉：把浆好的布~~

n[35] 恁你；你们

ts[214] 粘（沾）~一手泥｜~着不放 榛臻砧 ~子（捶打金属时垫在底下的铁器） [35] 怎 [523] 譖

ts'[214] 参~差 [35] 碜~牙 [523] 衬

s[214] 森 参人~生 炉子渗 [523] 渗水管子~水瘆~人

tʂ[214] 真针榛甄箴缜籈斟 [35] 珍诊疹轸枕落~ [523] 振赈震阵镇鸩圳朕枕~头｜~着胳膊睡。《广韵》之任切，沁韵，去声："枕头也。"论语曰："饮水，曲肱而枕之。"

tʂ'[214] 深琛伸 [55] 沉忱陈臣辰宸晨尘 [523] 称~心趁讖

ʂ[214] 申呻砷绅伸身深 [55] 什~么神 [35] 审婶沈 [523] 甚肾慎蜃葚

ʐ[55] 人任姓仁 [35] 忍 [523] 认任~何任袵茬妊刃仞韧纫

k[214] 根跟 [35] 艮~瓜 [523] 亘艮卦名

k'[35] 肯啃恳垦 [523] 裉杀~（把裉缝上）

x[55] 痕 [35] 很狠 [523] 恨很别吃~甜的狠一有钱，他就~着花

Ø[214] 恩 [523] 摁

iẽ

p[214] 宾滨傧斌濒 [523] 摈殡出~鬓

p'[214] 拼姘 [55] 贫频颦嫔 [35] 品 [523] 聘牝

m[55] 民旻 [35] 闵悯闽渑岷抿皿敏

l[55] 林淋琳霖麟遴磷嶙鳞凛邻临 [35] 廪 [523] 蔺躏赁吝淋过滤：~石灰

tɕ[214] 今金斤巾矜禁~得动襟筋津浸~盐味儿 [55] 谨瑾槿馑紧仅锦尽~~前头儿｜~是缠人｜~吃~住□丸子 [523] 尽~力烬晋缙禁~止噤近妗靳劲进

tɕ'[214] 亲~密侵钦衾 [55] 秦蓁勤禽噙擒琴芹寝 [523] 唚沁

ɕ[214] 辛锌新薪心芯欣歆馨鑫 [55] 寻婜或嫁 [523] 迅讯汛信衅囟

Ø[214] 音喑因洇茵姻阴荫殷堙 [55] 寅淫霪银垠龈 [35] 引~路蚓尹饮~酒隐瘾吟 [523] 刃刀~饮~羊引~火｜~炉子荫胤印窨地~子□植物通过根部繁殖蔓延：蒲子~了一大片

uẽ

t[214] 敦墩吨蹲□重重地往下放 [35] 盹 [523] 顿钝沌炖囤麦~盾遁 [·] 饨馄~

t'[214] 吞 [55] 屯囤~积臀豚 [35] 踒在泥里~。《集韵》佗恨切："蹋也。"

l[55] 仑沦轮抡论~语伦 [35] 檁~棒 [523] 论~述嫩 [·] 囵囫~

ts[214] 尊遵樽

ts'[214] 村皴脸~了｜脸~得给狗腚样 [55] 存 [35] 忖 [523] 寸

s[214] 孙狲飧

tʂ[214] 谆 [35] 准

tʂ'[214] 春椿村（旧） [55] 淳醇鹑纯唇 [35] 蠢

ʂ[³⁵] 吮　[⁵²³] 顺瞬舜

k[²¹⁴] 龈~女　[³⁵] 衮滚磙鲧绲　[⁵²³] 棍

k'[²¹⁴] 昆琨鲲坤　[³⁵] 捆　[⁵²³] 困睏

x[²¹⁴] 昏婚荤　[⁵⁵] 馄浑魂囫小~或~是：或者　[⁵²³] 诨混~合□~是，倒是：你~是说话

Ø[²¹⁴] 温瘟　[⁵⁵] 文蚊纹雯汶闻　[³⁵] 吻刎稳紊　[⁵²³] 问璺裂~儿

yẽ

tɕ[²¹⁴] 均钧军君　[³⁵] 菌撙布不大宽绰，缝的时候~一寸窘艰~。《广韵》渠陨切："急迫也。"　[⁵²³] 俊浚峻竣骏峻郡

tɕ'[²¹⁴] 逡　[⁵⁵] 裙群

ɕ[²¹⁴] 勋埙熏醺　[⁵⁵] 旬询荀徇寻浔巡循驯~化　[³⁵] 损笋隼（旧）榫~子　[⁵²³] 训驯~狗｜温~逊巽

Ø[²¹⁴] 晕　[⁵²³] 云芸纭耘酝匀昀　[³⁵] 允狁陨殒愠蕴　[⁵²³] 恽郓韵孕运熨

aŋ

p[²¹⁴] 邦帮梆傍~晚　[³⁵] 榜膀肩~绑　[⁵²³] 蒡谤磅傍依~蚌棒埲~一身灰。《广韵》董韵蒲蠓切："尘起。"泵

p'[²¹⁴] 胮（膀）面条子~了｜馍馏~了。　[⁵⁵] 旁滂螃膀~胱｜蹄~庞彷　[³⁵] 髈　[⁵²³] 胖

m[²¹⁴] 牤　[⁵⁵] 忙芒茫硭氓盲　[³⁵] 莽蟒□~一停｜小孩儿~~话儿

f[²¹⁴] 方坊妨迷信者所谓犯克：~人。　[⁵⁵] 芳房防妨~碍肪　[³⁵] 访仿纺舫　[⁵²³] 放

t[²¹⁴] 当~场裆　[³⁵] 挡档~次｜~案党　[⁵²³] 砀荡当我~是谁｜~地｜~时｜~不了（有可能）宕　[·] 铛铃~

t'[²¹⁴] 汤蹚~水蹚　[⁵⁵] 唐溏塘搪螗糖堂螳膛棠　[³⁵] 躺淌倘　[⁵²³] 烫趟

n[²¹⁴] □远喽亲，近喽~□扑扑~：松软的肥肉　[⁵⁵] 囊馕　[³⁵] 攮曩馕往嘴里~饭[⁵²³] 齉　[·] 囔嘟~

l[²¹⁴] 螂京虼~：金龟子　[⁵⁵] 郎廊榔~头螂屎虼~狼　[³⁵] 朗　[⁵²³] 浪

ts[²¹⁴] 脏不洁赃臧姓　[⁵²³] 脏内~葬藏宝~奘

ts'[²¹⁴] 仓苍沧舱　[⁵⁵] 藏躲~　[⁵²³] 蹭~了一身土

s[²¹⁴] 丧~事儿桑　[⁵⁵] □~弄人　[³⁵] 嗓搡牛肉~牙。《集韵》荡韵写朗切："填也。"　[⁵²³] 丧~失□热情高：干活真~

tʂ[²¹⁴] 章樟漳璋彰嶂保~瘴张　[⁵⁵] 着~点儿糖　[³⁵] 掌长生~涨~钱　[⁵²³] 帐账胀障~碍丈仗杖涨~红了脸

tʂ'[²¹⁴] 昌菖猖娼伥倡　[⁵⁵] 尝常长肠场打~徜　[³⁵] 敞氅厂场~所｜第一~戏　[⁵²³] 畅唱倡怅

ʂ[²¹⁴] 商墒伤觞殇青少年死亡的婉辞　[³⁵] 偿补~｜~还赏垧晌□~润：称心，舒适　[⁵²³] 尚

绱上 [·] 裳衣~

ʐ[⁵⁵] 穰瓤 [³⁵] 壤攘让责备，批评。《广韵》漾韵人样切："责~。"酿酝~｜~酒 [⁵²³] 让谦~

k[²¹⁴] 缸肛刚岗打滑溜~ 纲钢缰~绳 [³⁵] 冈岗±~子 港讲瞎~ [⁵²³] 杠~子钢磨：在石头上~~刀

k'[²¹⁴] 康糠 [⁵⁵] 慷~慨 [³⁵] 慷 [⁵²³] 扛亢抗炕

x[²¹⁴] 夯 [⁵⁵] 杭吭航行内~ [⁵²³] 上~边儿｜~头

Ø[²¹⁴] 肮 [⁵⁵] 昂 [⁵²³] 盎

iaŋ

n[⁵⁵] 娘 [⁵²³] 酿

l[²¹⁴] 挧带领，拉 [⁵⁵] 梁粱良粮凉量~衣裳 [³⁵] 两俩伎~魉 [⁵²³] 亮谅晾辆量~力

tɕ[²¹⁴] 江豇姜僵缰礓疆将刚：~进家｜~要 桨浆豆~ [³⁵] 讲耩奖蒋膙 [⁵²³] 犟脾气~糨 强倔~酱将~领㗂~嘴。《集韵》养韵巨两切："词不屈也。"匠绛虹降~落

tɕ'[²¹⁴] 戕枪呛~水焀~绿豆芽饯~风锵羌腔 [⁵⁵] 墙蔷檣强~大 [³⁵] 抢强勉~ [⁵²³] 呛够~腔锅~子

ɕ[²¹⁴] 相~对象｜互~湘箱厢襄镶乡香 [⁵⁵] 翔详祥降投~ [³⁵] 想饷响飨享 [⁵²³] 巷项相~貌向象像橡

Ø[²¹⁴] 央秧殃鞅泱 [⁵⁵] 羊佯杨扬 [³⁵] 养痒氧仰 [⁵²³] 样恙漾 [·] 鸯

uaŋ

tʂ[²¹⁴] 庄桩装妆 [³⁵] □~门面｜~光 [⁵²³] 撞壮状

tʂ'[²¹⁴] 窗疮 [⁵⁵] 床 [³⁵] 闯 [⁵²³] 创怆撞

ʂ[²¹⁴] 霜孀双 [³⁵] 爽挷①聚拢并撒齐：把报纸~齐。②往下扯拽：~棒子叶 [⁵²³] 双一对~生：双胞胎

k[²¹⁴] 光胱咣~当 [³⁵] 广犷 [⁵²³] 逛桄~线□~荡：晃荡□~香油

k'[²¹⁴] 匡筐 [⁵⁵] 狂 [⁵²³] 矿旷框眶况

x[²¹⁴] 荒慌肓 [⁵⁵] 皇蝗徨凰惶煌隍黄璜蟥磺簧 [³⁵] 晃~眼幌恍谎 [⁵²³] 晃摇~

Ø[²¹⁴] 汪 [⁵⁵] 亡芒麦~王往~前｜从今~后 [³⁵] 往来~｜~年 枉网罔惘魍 [⁵²³] 忘妄旺望

əŋ

p[²¹⁴] 崩绷迸向外喷射：火星子乱~ [⁵⁵] 嘣~的响声 [³⁵] 绷~上嘴 [⁵²³] 蚌~埠蹦迸

p'[²¹⁴] 怦砰抨嘭澎~一身泥烹□胡乱猜测：~准了 [⁵⁵] 彭澎~湃膨朋棚鹏蓬篷□层：三~大楼 □把器物垫高 [³⁵] 捧 [⁵²³] 碰

m[²¹⁴] 蒙头~~的（昏沉沉的） [⁵⁵] 蒙~蔽｜~古濛朦檬萌盟 [³⁵] 蠓~虫猛蜢虻懵 [⁵²³] 孟梦

f[²¹⁴] 讽枫疯丰封蜂烽 [⁵⁵] 峰锋逢缝~衣裳冯 [⁵²³] 奉俸缝墙~凤

t[214] 灯登蹬　[35] 等戥　[523] 邓瞪磴凳澄~清抷 | 紧绳子等~会儿再说

t'[214] 熥　[55] 滕藤腾誊疼

n[55] 能

l[35] 冷　[523] 棱楞愣发~

ts[214] 曾姓增争睁峥狰筝挣~扎 | □撑开：~口袋　[523] 净挣~钱 | 他~着去当兵赠憎锃剔 明~亮

ts'[214] 撑　[55] 层丛曾~经　[523] 蹭

s[214] 僧生牲甥笙　[35] 省

tʂ[214] 正~月征蒸贞侦　[35] 正~好整拯　[523] 正~式证政症郑

tʂ'[214] 称~赞 | ~量　[55] 成城诚盛~饭呈程乘橙澄丞拯骋　[35] 逞惩　[523] 秤

ʂ[214] 声升　[55] 绳乘　[523] 胜盛旺~乘兵车一~剩圣

ʐ[214] 扔　[55] 仍□耳朵震得~~的

k[214] 更半夜三~ | 打~ | ~改耕庚赓绠~绳 | 牛~　[35] 耿埂梗哽羹　[523] 更~加

k'[214] 坑吭~哧

x[214] 亨哼　[55] 恒衡　[523] □叹词，表示不满

Ø[214] 嗯小声应答或议论

                          iŋ

p[212] 冰兵　[35] 丙柄炳饼秉禀摒~弃　[523] 并病

p'[214] 乒　[55] 平坪评苹萍瓶凭屏~蔽

m[55] 名茗铭酩明鸣冥~器瞑瞑　[523] 命

t[214] 丁疔酊叮盯钉螺丝~订~正 | 装~　[35] 顶鼎　[523] 定锭腚订~货 | ~合同钉~鞋掌

t'[214] 厅汀听蜓光光~：蜻蜓　[55] 亭停婷葶廷庭霆蜓莛某些草本植物的茎：秫秸~子。《广韵》 迥韵徒鼎切："草茎。"　[35] 挺艇

n[214] □程度副词，表示小：~细　[55] 宁安~拧~紧柠汀狞凝　[523] 拧~筋佞宁姓 | ~可

l[55] 灵棂凌菱陵绫铃羚伶零玲聆龄翎　[35] 岭领　[523] 令另

tɕ[214] 精睛旌晶京惊鲸经兢更打~ | 三~　[35] 景憬璟境井阱警　[523] 靖竞竟镜境静 净敬儆径茎颈胫□鱼汤~了

tɕ'[214] 青清蜻氰轻氢卿　[55] 情赌~吃坐喝晴鲸（旧）鲸擎　[35] 请苘顷　[523] 磬馨庆 亲~家

ɕ[214] 星惺猩腥兴时~ | □~人：哄人　[55] 形型刑邢硎桁~条行~走 | 他~的事儿不能说 姓~李 | ~张　[35] 省反~醒擤　[523] 兴~奋幸悻性姓~名杏

Ø[214] 鹰膺莺英瑛婴鹦樱缨应喊不~　[55] 赢嬴迎盈楹荥茔营萤紫蝇　[35] 影颖郢 [523] 应~酬 | 该硬映

uŋ

t[214] 冬咚东冻~琉：冰。《广韵》东韵德红切："~凌。" [35] 董懂 [523] 冻化~｜~得慌栋洞恫侗动

t'[214] 通彤（老） [55] 童潼瞳同桐酮茼~蒿铜佟彤（新） [35] 桶捅统筒 [523] 痛恸

n[55] 农侬脓浓奴努~力 [35] 努~出一身汗 [523] 弄

l[55] 龙茏笼~鸟 聋胧隆 [35] 垄拢笼~罩陇 [·] 窿窟~

ts[214] 宗棕综踪鬃 [35] 总 [523] 粽糉纵

ts'[214] 匆葱聪 [55] 从丛淙琮 [35] 囱烟~

s[212] 松凇嵩 [35] 怂耸悚竦 [523] 宋送讼颂诵

tʂ[214] 中~间｜看~忠衷盅钟终 [35] 种~子肿踵冢坟 [523] 中~暑种~地仲众重~点

tʂ'[214] 冲充□一~扑克牌 [55] 虫重~复 [35] 宠崇 [523] 冲气味、味道浓烈；语气生硬

ʐ[55] 容熔溶熔榕荣嵘茸绒戎融庸慵冗 [35] 䎃纤细柔软：~毛｜树枝子有点~

k[214] 工功攻弓躬公宫恭供~他上学｜活儿多得干不~ [35] 汞巩拱龚 [523] 共供~奉贡 [·] 蚣蜈~

k'[214] 空~虚箜 [35] 孔恐 [523] 空~缺控

x[214] 烘哄~抢轰薨訇 [55] 鸿红荭虹洪弘泓肱宏簧 [35] 哄~骗 [523] 哄起~讧横

Ø[214] 翁嗡訇阿~：伊斯兰教主持教仪、讲授经典的人 [35] 㨃推。《集韵》乳勇切 [523] 瓮~城

yŋ

tɕ[35] 炯迥

tɕ'[214] 倾 [55] 穷琼穹

ɕ[214] 凶汹匈胸兄菘~辣菜 [55] 熊雄屟精液

Ø[214] 拥佣雍~痈雍臃□"因为"的合音 [55] 容（旧）~易 [35] 永咏泳蛹勇涌踊甬 [523] 用佣~人

第四章 丰县音与中古音的比较

丰县音指当代丰县方言的语音，中古音指《切韵》《广韵》所代表的语音。本章据中国社会科学院语言研究所的《方言调查字表》（1982年商务印书馆重印本）列出中古音的分类，与丰县今音对比，以利于我们查看对应关系，了解语音的演变规律。

第一节　声母的比较

丰县音有23个声母（含零声母，不含 ŋ）：[p p' m f v]、[t t' n l]、[ts ts' s]、[tʂ tʂ' ʂ z]、[tɕ tɕ' ŋ ɕ]、[k k' x]、[Ø]。其中，[n] 和 [ŋ] 是互补关系。

根据李荣《切韵音系》的研究，切韵有36个声母：帮 p、滂 p'、并 b、明 m、端 t、透 t'、定 d、泥 n、来 l、知 ʈ、彻 ʈ'、澄 ɖ、精 ts、清 ts'、从 dz、心 s、邪 z、庄 tʂ、初 tʂ'、崇 dʐ、生 ʂ、俟 ʐ、章 tɕ、昌 tɕ'、船 dʑ、书 ɕ、常 ʑ、日 nʑ、见 k、溪 k'、群 g、疑 ŋ、晓 x、匣 ɣ、影 ʔ、喻 Ø。

丰县音的声母比中古时期减少很多。

表 4-1　丰县音与中古音声母比较表一

		清		全浊		次浊		清		全浊	
				平	仄					平	仄
帮组		帮 p	滂 p'	并 p'	p	明 m					
非组		非 f	敷 f	奉 f	f	微 v Ø					
端泥组		端 t	透 t'	定 t'	t	泥 n ȵ	来 l				
精组		精 ts tɕ	清 ts' tɕ'	从 ts' tɕ'	ts tɕ			心 s ɕ		邪 ts' tɕ'	s ɕ

续表

			清		全浊		次浊		清		全浊	
					平	仄					平	仄
知组	二今开	知	ts	彻	tsʻ	澄	tsʻ	ts					
	其他		tʂ		tʂʻ		tʂʻ	tʂ					
庄组	今开	庄	ts	初	tsʻ	崇	tsʻ	ts s		生	s		
	今合		tʂ		tʂʻ		tʂʻ	tʂ ʂ			ʂ		
章组	止今开	章	ts	昌	tsʻ	船	tsʻ	s		书	s	禅	s	s
	其他		tʂ		tʂʻ		tʂʻ	ʂ			ʂ		tʂʻ, ʂ	tʂ ʂ
日母							日 ʐ / Ø						
见晓组	今洪	见	k	溪	kʻ	群	kʻ	k	疑 nØ	晓	x	匣	x
	今细		tɕ		tɕʻ		tɕʻ	tɕ			ɕ		ɕ
影组		影	Ø					云 Øɕ / ʐ	以 tɕʻ ʐ / Ø				

表4-2 丰县音与中古音声母比较表二

中古声母	丰县音声母	例　　字
帮	p	波巴补拜保遍帮宾兵百秘别
	pʻ	痹
滂	pʻ	坡怕炮盼漂盘滂烹喷姘扑
	p	玻怖醭
并	pʻ	婆蒲牌培袍盘盆旁瓶篷仆
	p	薄步败倍抱伴笨棒并雹
明	m	磨麻买米貌棉门忙萌命沫墨
非	f	夫废非富分方风封法发
敷	f	敷肺费副泛纷芳丰峰覆
	pʻ	捧
奉	f	父复范佛房凤奉乏服
微	Ø	无尾（文读）味晚问亡袜勿
	v	微未
端	t	多朵都呆堤对担端顿当登答
透	tʻ	拖土台推套透探吞汤通塔贴

续表

中古声母	丰县音声母	例　　字
定	tʻ	驼徒台题图桃头甜屯堂腾同
	t	舵杜怠弟道豆叠盾荡特定笛
泥	n ŋ	挪拿努女乃泥纳黏捏娘能溺
	l	赁嫩
来	l	罗来离老楼腊廉立蓝邻良令
精	ts	左组再子嘴枣走赞作增总踪
	tɕ	借焦酒接剪节进俊即精足
清	tsʻ	搓粗蔡催此参寸仓聪从促
	tɕʻ	且趣砌悄秋签侵枪七鹊清
从	ts	坐自字造在杂咋赠族
	tsʻ	才瓷慈曹蚕惭存层从
	tɕ	聚荠渐集就尽匠籍寂
	tɕʻ	齐脐前潜樵钱秦墙情
心	s	梭苏腮碎斯四扫三酸桑送速
	ɕ	些絮须小修雪仙心损想星肃
邪	ɕ	邪斜徐续袖寻旋旬祥席俗
	tsʻ	词寺随遂穗颂
	tɕʻ	囚
知	tʂ	著知追肘展哲转珍桌贞竹
	ts	罩站扎摘
彻	tʂʻ	褚痴超抽彻撤椿趁畅饬逞宠
	tsʻ	掌撑拆
澄	tʂʻ	除储池迟持锤绸沉缠陈肠澄
	tsʻ	茶搽
	tʂ	箸柱治坠赵宙侄仗浊郑轴
	ts	泽择宅
庄	ts	渣诈榨阻斋债眨扎窄争邹责
	tʂ	抓蘸庄壮捉
初	tsʻ	叉钗厕抄插搀铲篡察衬测策
	tʂʻ	初楚础揣创
崇	tsʻ	岑查愁
	s	事士
	tʂʻ	锄撰床状崇

续表

中古声母	丰县音声母	例　　字
生	s	沙厦筛师使梢瘦衫涩山色生
	ʂ	傻耍梳数帅拴刷率霜缩
章	tʂ	遮诸制赘照周占真章蒸浙祝
	ts	支枝纸脂旨指至之芝止址志
昌	tʂʻ	车处侈吹丑穿出昌称赤充冲
	tsʻ	齿
船	ʂ	蛇舐舌神实秫乘射赎
	tʂʻ	船唇
	s	示
书	ʂ	舍书水少收闪湿审商升叔
	tʂʻ	输深
	s	施豕翅尸矢诗始试
禅	ʂ	社署誓睡谁邵受甚上石熟属
	tʂʻ	纯成垂仇蟾禅辰纯常承
	tʂ	植殖
	s	匙是氏视嗜时市恃
日	ʐ	惹如饶柔染任热日瓤仍肉茸
	l̩	儿尔二贰而耳饵
	Ø	刃（口语）闰润
见	k	歌戈瓜该桂高勾感括各耕工
	tɕ	家居皆佳寄交减今见姜京菊
	kʻ	会（~计）剑愧昆矿
溪	kʻ	可夸枯开盔考坎渴垦康客空
	tɕʻ	去契企巧丘恰欠钦腔卿倾曲
	ɕ	溪隙
群	tɕʻ	茄渠其乔求钳琴拳勤群强擎
	tɕ	具技忌轿旧俭倦橛近窘极竞
	k	跪柜共
	kʻ	逵狂
疑	Ø	我牙吾鱼艾涯疑熬验孽月凝
	ŋ	牛

续表

中古声母	丰县音声母	例　字
晓	x	火花呼海灰好吼喊昏荒黑亨
	ɕ	靴虾虚牺喜晓休险欣香兴兄
匣	x	河华胡孩回豪候含痕鹤黄横
	ɕ	下谐鞋携效咸匣县学杏幸形
	tɕ	械茎迥
影	Ø	阿窝鸦蛙乌哀椅幽庵因秧影
喻（云）	Ø	于卫矣为尤炎越云王域永雄
	ʐ	荣
喻（以）	Ø	耶余移以摇油盐悦寅匀羊
	v	维惟唯

第二节　韵母的比较

丰县音有37个韵母：ɿ ʅ i u y a ia ua au iau ə iə uə yə ɛ iɛ uɛ ei uei ou iou æ̃ iæ̃ uæ̃ yæ̃ ẽ iẽ uẽ yẽ aŋ iaŋ uaŋ əŋ iŋ uŋ yŋ l̩，《切韵》有193韵、90个部。

表4-3　丰县音与中古音韵母比较表

中古音韵母	丰县音韵母	例字
果摄开一歌韵	uə	多拖罗搓
	a	大他哪那
	ə	哥个
果摄开三戈韵	iə	茄
果摄合一戈韵	uə	波破婆磨躲妥糯螺坐锁
果摄合三戈韵	yə	靴
假摄开二麻韵	a	巴怕爬麻拿茶渣叉乍沙厦
	ia	家丫雅亚
假摄开三麻韵	ə	扯惹遮车蛇奢社
	iə	借泻斜爹夜爷姐写且些
假摄合二麻韵	a	傻
	ua	瓜寡夸瓦化蛙花华

续表

中古音韵母	丰县音韵母	例字
遇摄合一模韵	u	补浦部土肚鲁租粗苏模塑赂
	uə	错
遇摄合三鱼韵	y	女吕序居墟渠语许蛆絮去
	u	著除煮处书疏署如猪褚锄阻楚梳初
遇摄合三虞韵	u	敷夫扶无务数诛厨主枢输竖儒
	y	趋须聚拘区瞿吁迂于愈
蟹摄开一咍韵	ɛ	带太泰戴蔡态乃代来猜才
	i	贝
蟹摄开二皆韵	ɛ	拜排埋斋豺骇
	iɛ	挨皆谐
蟹摄开二佳韵	ɛ	摆牌买奶差（出~）败债柴迈晒
	ia	佳
	iɛ	矮解涯
蟹摄开三祭韵	ɿ	滞制世逝
	i	蔽敝例祭艺
蟹摄开四齐韵	i	闭批鎞迷低梯题泥犁妻西鸡溪倪
蟹摄合一灰韵	ei	杯培梅内雷
	uei	堆推队最魁回
蟹摄合二皆韵	uɛ	乖蒯坏
蟹摄合二佳韵	ua	挂画蛙
	uɛ	拐歪
蟹摄合二夬韵	ua	话
	uɛ	筷
蟹摄合三祭韵	uei	脆岁缀赘税芮锐卫鳜
蟹摄合三废韵	i	废肺吠
蟹摄合四齐韵	uei	圭奎慧
止摄开三支韵	i	彼披皮靡离寄企奇宜戏
	ɿ	紫雌疵斯差（参~）是豉施
	ʅ	知池
	ei	碑卑

续表

中古音韵母	丰县音韵母	例字
止摄开三脂韵	i	比屁琵地尼梨眉饥器丕备
	ei	悲美
	ʅ	致迟
	ɿ	师脂示尸视资次瓷
止摄开三之韵	ɿ	子慈司似厕滓士
	ʅ	置耻持
	ɭ	耳而
止摄开三微韵	i	几气祈毅希衣
止摄合三支韵	uei	嘴吹垂髓随毁规亏跪伪委为
止摄合三脂韵	uei	醉翠虽追锤锥谁（文读）龟柜葵槌水
	i	季唯维
止摄合三微韵	uei	挥辉徽归鬼贵魏讳围威
	i	非妃肥未
效摄开一豪韵	au	保抱毛岛讨道脑老早草扫稿考熬好浩奥
效摄开二肴韵	au	包泡跑茅闹罩炒稍
	iau	咬交孝巧肴
	ua	抓
效摄开三宵韵	au	朝超兆昭烧绍饶
	iau	飘瓢苗燎焦樵消
效摄开四萧韵	iau	刁挑调尿了萧浇尧吆晓
流摄开一侯韵	ou	斗偷头漏走凑叟狗口
	u	某剖母拇
摄流开三九韵	ou	肘抽绸邹愁瘦周
	iou	扭柳酒秋就修袖九丘求
	u	浮谋富副妇
流摄开三幽韵	iau	彪
	iou	谬丢纠幽
咸摄开一覃韵	æ̃	贪潭谭南簪参蚕感坎含暗耽
咸摄开一谈韵	æ̃	担坍谈兰惭三喊甘
咸摄开二咸韵	æ̃	站斩谗杉
	iæ̃	咸馅
	uæ̃	赚

续表

中古音韵母	丰县音韵母	例字
咸摄开二衔韵	æ̃	搀衫
	iæ̃	监嵌岩舰
咸摄开三盐韵	æ̃	染贬黏占闪蟾
	iæ̃	廉尖签渐检钳验
咸摄开三严韵	iæ̃	剑欠严
咸摄开四添韵	iæ̃	掂添甜念兼谦嫌
咸摄合三凡韵	æ̃	泛凡
深摄开三侵韵	iẽ	品赁林浸侵心今琴吟音淫
	ẽ	任沉参（~差）岑森针沈葚甚
	yẽ	寻
山摄开一寒韵	æ̃	丹滩弹难拦赞灿残珊干看岸汉安
山摄开二山韵	æ̃	盼办绽盏铲山
	iæ̃	眼限艰
山摄开二删韵	æ̃	班攀片蛮删
	iæ̃	奸颜晏雁
山摄开三仙韵	iæ̃	变骗便面碾连煎迁钱仙
	æ̃	展缠战扇膳然
山摄开三元韵	iæ̃	建键言宪堰
山摄开四先韵	iæ̃	扁片麵颠天田年莲笺
山摄合一桓韵	æ̃	半判漫
	uæ̃	断段暖乱钻氽酸
山摄合二山韵	uæ̃	鳏顽
山摄合二删韵	uæ̃	篡撰闩官关还弯
山摄合三仙韵	iæ̃	恋沿缘
	uæ̃	转传专川船软
	yæ̃	全宣旋圈拳圆
山摄合三元韵	æ̃	反番烦万
	yæ̃	劝元喧冤远
山摄合四先韵	yæ̃	犬玄渊
臻摄开一痕韵	ẽ	跟垦痕恩
	uẽ	吞

续表

中古音韵母	丰县音韵母	例字
臻摄开三真韵	iẽ	宾贫民邻津亲秦辛巾
	ẽ	珍趁阵衬真神身辰人
臻摄开三殷韵	iẽ	斤芹欣殷
臻摄合一魂韵	ẽ	奔喷盆门
	uẽ	敦盾嫩论尊村魂温昆坤
臻摄合三谆韵	uẽ	伦遵皴椿准蠢顺舜纯
	yẽ	俊均允
臻摄合三文韵	ẽ	分芬焚
	uẽ	文莘
	yẽ	君群熏熨云
宕摄开一唐韵	ɑŋ	帮滂旁忙当汤堂囊郎赃茫芒（文读）
宕摄开三阳韵	iɑŋ	娘良将枪墙相详疆强
	ɑŋ	张畅长章商常
	uɑŋ	庄疮床霜
宕摄合一唐韵	uɑŋ	光旷荒黄汪
宕摄合三阳韵	ɑŋ	方芳防
	uɑŋ	逛匡狂况枉往
江摄开二江韵	æ̃	胖
	ɑŋ	邦胖夯蚌
	uɑŋ	窗双撞
	iɑŋ	江腔降
曾摄开一登韵	əŋ	登腾能楞增蹭曾僧朋
曾摄开三蒸韵	iŋ	冰凭凌凝兴应蝇
	əŋ	徵惩蒸称乘升承仍
曾摄合一登韵	əŋ	烹亨彭猛冷澄生更坑衡撑
	uŋ	弘
梗摄开二耕韵	iŋ	茎幸莺鹦樱
	əŋ	橙争耕萌棚
梗摄开三庚韵	iŋ	兵平京卿擎迎英
梗摄开三清韵	iŋ	饼名令井请静姓颈轻
	əŋ	贞呈正声成
梗摄开四青韵	iŋ	瓶铭丁听亭宁零青星磬形

续表

中古音韵母	丰县音韵母	例字
梗摄合二庚韵	uŋ	横矿（旧文读）
梗摄合二耕韵	uŋ	轰宏
梗摄合三庚韵	yŋ	兄
	uŋ	荣
梗摄合三清韵	yŋ	倾琼
	iŋ	营
梗摄合四青韵	iŋ	萤
	yŋ	迥
通摄合一东韵	uŋ	东通同笼聪丛公空
通摄合一冬韵	uŋ	冬统农宗宋
通摄合三东韵	əŋ	风丰冯梦
	uŋ	嵩中崇终充绒融
	yŋ	穷熊
通摄合三锺韵	əŋ	封峰逢
	uŋ	龙纵从松冢宠重
	yŋ	胸拥容（旧）
咸摄开一合韵	a	答纳杂沓踏搭
	ɔ	合喝盒
咸摄开一盍韵	ɔ	磕
	a	塔腊
咸摄开二洽韵	a	扎眨插闸
	ia	夹狭恰
咸摄开二狎韵	ia	胛匣鸭甲
咸摄开三叶韵	iə	聂接妾捷叶
	ə	摺涉
咸摄开三业韵	iə	劫怯业胁
咸摄开四帖韵	iə	跌帖蝶挟协
咸摄合四乏韵	a	法乏
深摄开三缉韵	i	立缉集习急及吸揖
	ʅ	执湿十
	ə	蛰
	ei	涩

续表

中古音韵母	丰县音韵母	例字
山摄开一曷韵	a	獭达捺辣擦撒
	ɔ	割渴喝
山摄开二黠韵	a	八拔札察杀
山摄开二鎋韵	a	铡
	ia	瞎辖
山摄开三薛韵	iə	别列杰孽
	yə	薛
	ə	热哲彻辙浙舌设折
山摄开三月韵	iə	歇蝎
山摄开四屑韵	iə	撇篾铁节切截屑结噎捏
山摄合一末韵	uə	钵泼末括夺脱掇撮阔豁
山摄合二黠韵	ua	滑猾挖
山摄合二鎋韵	ua	刷刮
山摄合三薛韵	yə	雪月悦阅
	iə	劣
山摄合三月韵	a	发伐
	yə	厥掘月越
山摄合四屑韵	yə	诀缺穴
	iə	血
臻摄开三质韵	i	匹弼密栗七疾悉吉
	ʅ	质实失日
臻摄开三迄韵	i	乞
臻摄合一没韵	u	不勃没突卒猝骨窟忽核骨
臻摄合三术韵	y	律率戌恤橘
	u	术出述
臻摄合三文韵	u	佛彿物
	y	屈
	yə	掘
宕摄开一唐韵	uə	博泊薄莫诺落作索
	ə	鹤恶郝
宕摄开三药韵	uə	略着酌若
	yə	爵嚼鹊削脚却虐约药

续表

中古音韵母	丰县音韵母	例字
宕摄合一铎韵	uə	郭廓霍
宕摄合三药韵	u	缚
江摄开二觉韵	uə	剥桌捉朔朴（旧读）
	yə	角觉确岳学
曾摄开一德韵	ei	北墨得特肋则克贼塞
曾摄开三职韵	i	逼匿力即息抑翼极
	ʅ	直织食识殖
	ei	侧测色
曾摄合一德韵	uei	国或
曾摄合三职韵	y	域
梗摄开二陌韵	ei	百拍白拆宅窄客泽格额赫
梗摄开二麦韵	ei	麦策革责扼
	ɛ	核
梗摄开三陌韵	i	碧逆屐
	y	剧
梗摄开三昔韵	i	壁僻积藉昔席益亦
	ʅ	掷只尺石
梗摄开四锡韵	i	壁劈觅的踢笛溺历绩戚
梗摄合二麦韵	uei	获
	ua	划
梗摄合三昔韵	i	疫役
通摄合一屋韵	u	卜仆瀑木秃独鹿族速谷屋
通摄合一沃韵	u	笃毒酷
	uə	沃
通摄合三屋韵	u	福覆服目竹祝叔熟轴
	y	肃菊曲畜郁育
	ou	肉
通摄合三烛韵	y	绿足粟俗曲局玉欲浴
	u	促烛触赎束蜀
	ou	褥

第三节 声调的比较

古代有平声、上声、去声、入声 4 个声调，按照声母的清浊演变为现代丰县方言的阴平、阳平、上声、去声 4 个声调，演变规律见下表。

表 4-4 丰县音与中古音声调比较表

中古音调类		丰县音调类调值	例字
平声	清	阴平 214	知章天清飘
	次浊	阳平 55	来麻明人疑
	全浊	阳平 55	茶时陈含唐
上声	清	上声 35	古走口丙腿
	次浊	上声 35	老五有马女
	全浊	去声 523	倍道柱近杏
去声	清	去声 523	拜器透照宋
	次浊	去声 523	耐冒梦让岸
	全浊	去声 523	办大共郑械
入声	清	阴平 214	八竹室册出
	次浊	阴平 214	辣麦物目月
	全浊	阳平 55	白直薄合舌

1.古平声清音今读阴平，如"知班刀针江方天尖千三飞今"；古平声浊音今读阳平，如"穷陈床才唐平娘人龙难麻明来宜"。

2.古上声清音和上声次浊音今仍读上声，如"古展走纸手短比口楚丑草普五女染老马暖买有"；古上声全浊音今读去声，如"倍道断柱件近是坐淡厚社父"。

3.古去声今仍读去声，如"大地共备盖帐正醉对变抗唱菜放阵助饭路怒冒用"。

4.古入声清音和次浊音今多数读阴平，如"北得摘谷竹笔室黑出桌七切铁尺辣木麦物目月入药"。少数字例外，如"膜"今读阳平，"撒扼额迫"今读上声，"轧跃幕郁育玉六肉"今读去声。古入声全浊音今读阳平，如"白直毒薄夺局宅杂合舌"。

表4-5 丰县古入声字今音表

	例字	丰县	北京
古清声母入声今读阴平	出	[tʂ'u²¹⁴] chǔ 阴平 ↓	chū 阴平
	福	[fu²¹⁴] fǔ 阴平 ↓	fú 阳平
	必	[pi²¹⁴] bǐ 阴平 ↓	bì 去声
	铁	[t'iə²¹⁴] tiě 阴平 ↓	tiě 上声
古次浊声母入声今读阴平	辣	[la²¹⁴] lǎ 阴平 ↓	là 去声
	麦	[mei²¹⁴] měi 阴平 ↓	mài 去声
	弱	[ʐu²¹⁴] ruǒ 阴平 ↓	ruò 去声
	药	[yuə²¹⁴] yuǒ 阴平 ↓	yào 去声
古全浊声母入声今读阳平	雹	[puə⁵⁵] bō 阳平	báo 阳平
	达	[ta⁵⁵] dā 阳平	dá 阳平
	合	[xə⁵⁵] hē 阳平	hé 阳平
	十	[ʂʅ⁵⁵] shī 阳平	shí 阳平
少数入声读去声	玉	[y⁵²³] yù 去声 ↘	yù 去声
	肉	[ʐou⁵²³] ròu 去声 ↘	ròu 去声
	六	[liou⁵²³] liù 去声 ↘	liù 去声
极少数入声读上声	迫	[p'ei³⁵] péi 上声 ↗	pò 去声
	额	[ei³⁵] éi 上声 ↗	é 阳平

以下选择612个古入声字，比较丰县话和北京话入声归类的差别。

1. 丰县读阴平的入声字401个

①丰县阴平——北京阴平（122个）

八逼憋鳖拨剥钵驳擦插拆出撮搭答滴跌督发胳鸽割刮郭喝黑忽豁击迹积绩缉激夹接秸揭鞠掬镉磕哭窟拉摸捏拍劈霹撇泼扑七柒戚漆掐切曲屈缺撒塞杀失虱湿菽刷说缩塌剔踢贴秃突凸托脱挖屋汐吸昔析息悉惜淅皙锡熄蜥膝瞎削楔歇蝎戌薛压押鸭噎掖一揖约扎摘蜇汁织只粥卓捉桌拙

②丰县阴平——北京阳平（64个）

伯博搏箔（纸~）察答得德幅福蝠革格阁隔膈国帼吉级即急疾棘楫辑瘠颊节劫诘洁结竭菊橘决诀抉觉崛厥镢蹶攫壳咳识媳则责札折哲摺职执躅竹烛蹋足苴酌

③丰县阴平——北京上声（25）

百柏北笔卜（姓）尺法谷骨脊戟甲脚渴乞曲（歌~）辱塔铁雪血乙窄褶（~皱）嘱

④丰县阴平——北京去声（190）

必毕辟不册侧测策彻撤澈赤触啜绰辍促蹙蹴恶噩复腹覆馥各赫豁获寂鲫克刻客酷扩括阔廓腊蜡辣烙酪乐勒肋力立栎栗砾笠粒列劣冽烈猎裂陆录鹿禄碌辘麓戮律率绿略络骆珞落麦脉泌觅密蜜幂谧灭蔑抹末沫莫墨默木沐目睦穆纳捺呐涅聂孽蘖疟虐僻愎泣切却雀确阙鹊榷热日入若弱卅色涩啬设涉慑摄式饰室适轼释束肃速宿粟夙踏帖拓袜沃幄握斡勿物隙屑旭恤畜蓄药业叶页谒液腋抑益屹亦邑弈狱浴郁域欲曰月岳悦阅粤越浙质栉炙祝筑作谒

2. 丰县读阳平的入声字 145 个

①丰县阳平——北京阳平（127）

拔跋白雹鼻别脖勃铍渤薄达迪敌涤笛嫡狄荻迭谍叠牒蝶毒牍特嘿独度（揣~）夺铎乏伐垡罚阀筏伏佛拂服匐鹄合核盒滑猾活及汲极亟急集嫉籍杰桀捷睫截局绝倔掘橛爵嚼膜勺芍舌折（~本）十什石实拾蚀食孰赎塾熟俗抬习袭席匣侠狎峡狭协胁挟穴学油杂砸凿择泽贼铡宅谪辙侄直值植轴逐浊啄着琢濯镯卒族昨

②丰县阳平——北京上声（4 个）

给匹蜀属

③丰县阳平——北京去声（14 个）

愕鳄缚鹤或洽殁术述烁硕挞特逸

3. 丰县读上声的入声字 19 个

①丰县上声——北京阴平（3）

劈瞥叔

②丰县上声——北京阳平（3）

读额仆

③丰县上声——北京上声（4）

眨嗦抹索

④丰县上声——北京去声（9）

厄扼获诺迫魄萨惑掠

4. 丰县读去声的入声字 47 个

丰县去声——北京去声（47）

碧壁璧斥蠹错梏划剧历沥枥六蓦寞幕牧逆匿溺契妾怯肉褥惕泄袭续轧亿忆役疫译易蜴臆翼玉育煜毓跃桎室恰

从上述比较中可以看出，古入声字在丰县话和北京话里的归类显著不同。

表 4-6 612 个入声字在丰县话与北京话中分布情况对照表

方言点	阴平	阳平	上声	去声
丰县	401（65.52%）	145（23.69%）	19（3.10%）	47（7.68%）
北京	125（20.42%）	194（31.70%）	33（5.39%）	260（42.48%）

第四节 古今字音比较例外字举例

与《广韵》所代表的中古音系相比，丰县话有一部分字读音特殊，不符合一般对应规律。现列举一些变例。

一、声母例外字

帮母（声母本应读[p] b） 庇辟[p'i] ｜ 痹[p'i] ｜ 迫[p'ei] ｜ 礕[p'ei] ｜ 甫圃谱（新）[p'u] ｜ 泌秘（新）[mi]

滂母（声母本应读[p'] p） 玻[puə] ｜ 怖[pu]

并母（声母本应读[p] b） 哺捕[p'u]（老派音）｜ 叛[p'æ̃] ｜ 佩[p'ei] ｜ 痞[p'i] ｜ 仆[p'u] ｜ 瀑曝[p'u]

明母（声母本应读[m] m） 谬[ŋiou]

敷母（声母本应读[f] f） 捧[p'əŋ]

端母（声母本应读[t] d） 鸟[ŋiau]

透母（声母本应读[t'] t） 贷[tɛ] ｜ 踏[tsa]

定母（声母本应读[t] d） 挑[t'iau] ｜ 挺艇[t'iŋ]

泥母（声母本应读[n] n） 赁[liẽ] ｜ 嫩[luẽ] ｜ 酿[zɑŋ]

来母（声母本应读[l] l） 辇[ŋiæ̃] ｜ 弄[nuŋ]

精母（声母本应读[tɕ] j） 歼[tɕ'iæ̃] ｜ 雀[tɕ'yə] ｜ 剿[ts'au]

从母（声母本应读[ts'] c） 蹲[tuẽ] ｜ 砸[tsa]

心母（声母本应读[s] s） 粹[ts'uei] ｜ 燥[tsau]

知母（声母本应读[tʂ] zh） 爹[tiə]

彻母（声母本应读[tʂ'] ch） 侦[tʂən]

澄母（声母本应读[tʂ] zh） 瞪[tən] ｜ 撞[tʂ'uɑŋ]：～车（老派音）

庄母（声母本应读[tʂ] z） 侧 [tsʻei]

生母（声母本应读[ʂ] s） 缩 [tʂʻu]

书母（声母本应读[ʂ] sh） 摄 [ɲiə]

禅母（声母本应读[ʂ] sh） 瑞 [zuei]

见母（声母本应读[k tɕ] g j） 刽会 [kʻuɛ] ｜奇仡 [tɕʻi] ｜脸 [liæ] ｜蜗 [uə] ｜懈 [ɕiɛ] ｜愧溃 [kʻuei] ｜阄 [tɕʻiou] ｜昆 [kʻuẽ] ｜矿 [kʻuaŋ] ｜肱 [xuŋ]

溪母（声母本应读[kʻ] k q） 吃 [tʂʅ] ｜恢 [xuei] ｜溪 [ɕi] ｜墟 [ɕy]

疑母（声母本应读[ø]） 牛 [niou]

晓母（声母本应读[x ɕ] h x） 况 [kʻuaŋ] ｜朽 [tɕʻiou]

匣母（声母本应读[x ɕ] h x） 茎 [tɕiŋ] ｜丸完皖 [uæ] ｜萤 [iŋ] ｜舰 [tɕiæ] ｜汞 [kuŋ] ｜迥 [tɕyŋ]

影母（声母本应读[ø]） 秽 [xuei] ｜娟 [tɕyæ]

云母（声母本应读[ø]） 雄 [ɕyŋ]

以母（声母本应读[ø]） 捐 [tɕyæ] ｜铅 [tɕʻiæ] ｜庸 [zuŋ]

二、韵母例外字

括号内为古韵。

假摄　蜗（麻合二）

遇摄　都（模）｜露（暮）｜错措（暮）

蟹摄　咳（代）｜罢（蟹）｜洒（蟹）｜佳（佳）｜畦（齐）

止摄　玺徙（纸）｜筛（支）｜揣（纸）｜遗（脂）

效摄　抓（肴）｜猫（宵）

流摄　彪（幽）｜廖（宥）｜宿（宥）｜漱（宥）

咸摄　赚（陷）

深摄　禀（寝）｜寻（侵）｜蛰（缉）

山摄　癣｜轩（元）｜宛（阮）｜薛（薛）｜捋（末）

臻摄　吞｜褪｜尹（准）｜述（没）

江摄　饺（觉）｜壳（觉）

曾摄　肯（等）｜孕（证）

梗摄　盲（庚）｜打（梗）｜盟（庚）｜聘（劲）｜拼（青）｜矿（梗）｜倾（清）｜琼（清）｜核（麦）

通摄　丛（东）｜熥（东）｜六（屋）｜续（烛）

三、声调例外字

清平今读阳平　阿嘲肪从芳妨锋峰烽孵敷俘奎魁滂绥荀台溪
清平今读上声　埃杆膏菱些颇钞羹珍
清平今读去声　蓖俱扛胜憎占纵框眶
次浊平今读阴平　巫诬悠
次浊平今读上声　危椰耶疡虻
次浊平今读去声　愉逾
全浊平今读阴平　冲蹲酣乎期涛松兮
全浊平今读上声　场匙崇焚脯狐跑潜裳筒
全浊平今读去声　茎翘驯
清上今读阴平　纠殴颗且惨
清上今读阳平　此抚傀岂
清上今读去声　垢贿纪颈矿侈叩歉
次浊上今读阳平　靡挠拟努禹俨
次浊上今读去声　诱愈
全浊上今读阴平　妇
全浊上今读阳平　绍
全浊上今读上声　汞很缓幌俭践迥窘菌挑挺皖
清去今读阴平　迸播讽购究沤帕态综窜
清去今读阳平　蔗痹耗
清去今读上声　蔼惋腕访慨稍统
次浊去今读阳平　宁焰玩谊
次浊去今读上声　屡偶泳
全浊去今读阳平　鼻隧暇眩殉
全浊去今读上声　逮翡仅薯
清入今读阳平　啄琢卒戳给挞
清入今读上声　瘪饺迫魄瞥萨撒叔索眨嗲
清入今读去声　碧壁璧斥矗错梏妾怯窃塞蟀惕泄亵亿忆轧桎窒
次浊入今读阳平　鄂膜逸
次浊入今读上声　额厄扼抹掠诺
次浊入今读去声　历沥枥六蓦寞幕牧匿溺肉褥易役疫译蜴翼跃逆臆玉育煜毓
全浊入今读阴平　跌复屐辑寂涉淑突夕掷
全浊入今读上声　读惑获仆

全浊入今读去声　秩划剧续

丰县方言表示亲属称谓的"爸""叔""哥",其声调不符合古今对应规律。

【爸】读阳平 [pa⁵⁵] bā,按古今对应规律应读去声。《广韵》捕可切,上声、果韵、并母。《集韵》必驾切,去声、祃韵、帮母。"爸爸"一词近代传入丰县,20世纪80年代后逐渐取代原有的"达达"。

【叔】《广韵》式竹切,入声、屋韵、书母。丰县有上声、阴平两读,两种读音出现在不同语境中。①上声 [ʂu³⁵] shú,使用率较高,如:大叔、二叔、叔叔。②阴平 [ʂu²¹⁴] shǔ,仅用于少数语境,如:表叔、叔伯兄弟、秦叔宝、李叔同。在"小叔子"一词中,中阳里、师寨、欢口、华山等地说轻声 [tʂʻu⁰] chu。在清代韵书《徐州十三韵》中,"叔"有阴平、上声两读。

【哥】读上声 [kə³⁵] gé,按古今对应规律应读阴平。《广韵》古俄切,平声、歌韵、见母。

一部分去声字读阴平,是丰县话的特色之一。举例如下。

【订】[tiŋ²¹⁴] dǐng:装订。与《广韵》丁定切不合。

【构】[kou²¹⁴] gǒu:~建,~造。与《广韵》古候切不合。《集韵》居侯切,平声、侯韵、见母:"牵也。"

【购】[kou²¹⁴] gǒu:~买。与《广韵》古候切不合。

【态】[tʻɛ²¹⁴] tǎi:状~｜表~发言｜~度。与《广韵》他代切不合。

【汰】[tʻɛ²¹⁴] tǎi:淘~。与《集韵》他盖切不合。

【沤】[ou²¹⁴] ǒu 长时间地浸泡,使起变化。与《广韵》乌候切不合。

【裕】[y²¹⁴] yǔ 与《广韵》羊戍切不合。

【迸】[pəŋ²¹⁴] běng 与《广韵》北诤切不合。

【瞰】[kʻæ²¹⁴] kǎn 与《广韵》苦滥切不合。有的读上声 kán。

【窜】[tsʻuæ²¹⁴] cuǎn:流~｜逃~。与《广韵》七乱切不合。

【障】[tʂɑŋ²¹⁴] zhǎng:保~。与《广韵》之亮切不合。

【倡】[tʂʻɑŋ²¹⁴] chǎng:提~。与《广韵》尺亮切不合。

【中】[tʂuŋ²¹⁴] zhǒng:相~｜看~｜~状元。与《广韵》陟仲切不合。

【记事儿】[tɕi⁵²³ sɿr²¹⁴] jì sǐr 指儿童记事:那时候我还不~。事,变读为阴平。

第五节　特殊字音考辨

比起普通话，丰县话有些字词保留古音特点，有些字词经过复杂的演化，变成不正常的形态。

一、保留部分古音特点的字

少数字在声母、韵母或声调上保留古音特点，与普通话音变规律不同。

（一）在声母上保留古音特点

【秘】《广韵》兵媚切，帮母。旧文读 [pi^{523}] bì，声母与中古帮母一致。

【括】《广韵》古活切，见母。今音 [kuə^{214}] guǒ，声母与中古见母一致。

【鲸】《广韵》渠京切，平声、庚韵、群母。旧文读 [tɕ'iŋ^{55}] qīng，符合全浊声母平声变为送气清音的规律。

【晚】读书音 [uæ̃^{35}] wǎn，在口语"他比我晚一辈""他的辈晚"之类的语境中说成 [miæ̃^{35}] miǎn。《广韵》无远切，微母，隋唐时期声母音值为 m。

【楮】口语中，宋楼、范楼、梁寨、套楼等地把楮树说成 [t'u^{55} t'au^{55}tsʅ^{0}] tū tāo zi 或 [t'u^{35} t'au^{55}tsʅ^{0}] tú tāo zi，"楮"的声母 [t'] t 类似于隋唐时期的彻母。

【蛴】《广韵》徂奚切，平声、从母。口语中"蛴螬"说成 [tsʻʅ^{55}tsʻau^{0}] cī cao，"蛴"的声母保留舌尖音的读法。

【细】口语中，"仔细"说成 [tsʅ^{35}sei^{0}] zí sei：他干活真~｜~想想。"细"的声母保留舌尖音的读法。

【茬】《集韵》有锄加切和仕下切两读，均为崇母。丰县音 [tsʻa^{55}] cā 来自麻韵锄加切，表示作物种植或生长的次数，如：麦~红芋｜麦~豆儿，豆~麦儿｜收了上~儿接下~儿｜韭菜割了三~儿。引申用法：~口儿。

另一音 [tsa^{55}] zā 当来自马韵仕下切，今读阳平，表示作物收割后的带根底茎：麦~｜豆~｜棒子~｜苇~子。引申用法：头发~子（理发剪下的碎头发）、烟~子（烟头）、褂~子（短袖衫）、裤~子（裤衩）。

【特】《广韵》徒得切，入声、德韵、定母。今音 [tei^{55}] dēi，符合全浊声母入声变为不送气清音的规律。由"特"构成的词"特意"（故意）、"特为"（因为）等至今仍在口语中使用。

【鞘】《广韵》私妙切，心母。今音 [ɕiau^{523}] xiào，符合心母与细音韵母相拼变为 [ɕ] x 的规律。‖口语中，"刀鞘子"音为 [tau^{214}ɕiau^{523}tsʅ^{0}] dǎo xiào zi，也有人说"刀销子"[tau^{214}ɕiau^{214}tsʅ^{0}] dǎo xiǎo zi。

【偿】《广韵》一读市羊切，平声、禅母，与"尝"同音；一读时亮切，去声、禅母，与"上"同音。丰县读 [ʂaŋ³⁵] sháng，应为保留古音：赔~｜~还。

（二）在韵母上保留古音特点

【厕】《广韵》初吏切，去声、志韵。今音 [tsʻɿ⁵²³] cì，韵母符合志韵的演变规律。

【沸】《集韵》敷勿切，入声、敷母。今音 [fu⁵⁵] fū，韵母符合勿韵的演变规律。

【核】表示核果中心的坚硬部分时，今音 [xu⁵⁵] hū，合于《集韵》胡骨切，比如"枣核子""杏核"。其读书音 [xɛ⁵⁵] hāi 来自《广韵》下革切，比如"审核""核对"。

【窘】《广韵》渠殒切，上声、轸母、群母："急迫也。"今音 [tɕyɛ³⁵] jún：日子过得有点儿艰~。韵母符合轸韵的演变规律。

【讯】《广韵》息晋切，去声、震韵、心母。今音 [ɕie⁵²³] xìn，韵母符合震韵的演变规律。

【贞】《广韵》陟盈切，清韵、知母。今音 [tʂəŋ²¹⁴] zhěng，韵母符合清韵的演变规律。

【侦】《广韵》丑贞切，清韵、彻母。今音 [tʂəŋ²¹⁴] zhěng，韵母符合清韵的演变规律。

【茁】表示出、长的意思时，今口语音 [tsa²¹⁴] zǎ，合于《广韵》邹滑切，比如"小孩~三个牙了""小鸟~毛了"。读书音 [tʂuə²¹⁴] zhuǒ 来自《广韵》侧劣切。

（三）在声调上保留古音特点

【冻】《广韵》有两种读音，其中多贡切释为"冰冻"，德红切释为"冻凌"。冰，丰县口语中说"冻琉" [tuŋ²¹⁴ liou⁰] dǒng liu 或"冻冻" [tuŋ²¹⁴ tuŋ⁰] dǒng dong，"冻"的阴平调与德红切相合。

【帆】《广韵》符咸切，平声、奉母。今音在"帆布"等词中为阳平 [fã⁵⁵] fān，符合浊平并入阳平的规律。在"帆船""一帆风顺"等词中均读阴平 [fã²¹⁴] fǎn。

【罕】《广韵》有呼旱切和呼旰切两种读音。丰县今读去声 [xæ̃⁵²³] hàn：~见｜~闻。

【很】《广韵》胡垦切，上声、很韵、匣母。口语中有些语境中说去声 [xɛ⁵²³] hèn，程度副词，多用于否定句：文章不能~长，~长就没有人看了｜~大的苹果不好吃｜只要不~难看就行｜店里~贵的衣裳也有。符合全浊上声归入去声的规律。

【恨】《广韵》胡艮切，去声、匣母。口语中有些语境中说 [xɛ³⁵] hén，保留上声读法：这小孩迷到网上啦，能~死喽｜叫他早来一会儿，他就是不听，真能~死人｜老嬷嬷捏着蝼蛄，~得咬着牙。

【践】《广韵》慈演切，上声、从母。今音 [tɕiæ̃³⁵] jián，保留上声读法，未按一般规律变读去声。

【境】《广韵》居影切，上声、见母。老派音 [tɕiŋ³⁵] jíng，保留上声读法。

【慷】《广韵》苦朗切，上声、溪母。今音 [kʻaŋ³⁵] káng，保留上声读法。

【谜】《广韵》莫计切，去声、明母。今音 [mi⁵²³] mì，保留去声读法。

【稍】今读上声 [sau³⁵] sáo，与《中州音韵》双爪切的调类相合。

【微】《广韵》无非切，微母。今读阳平 [vi⁵⁵] vī，符合浊平归入阳平的规律。

【蟹】《广韵》胡买切，上声、匣母。今音 [ɕie³⁵] xiái，保留上声读法。

二、擦音转化为塞擦音的字

普通话中读 [ʂ] sh 声母的少数字，丰县读 [tʂʻ] ch。举例如下。

【奢】《广韵》式车切，书母，丰县读 [tʂʻə²¹⁴] chě：～侈。

【输】《广韵》式朱切，书母，丰县口语说 [tʂʻu²¹⁴] chǔ：比赛～啦。

【舒】《广韵》伤鱼切，书母，丰县口语说 [tʂʻu²¹⁴] chǔ：～坦。

【绍】《广韵》市沼切，禅母，丰县读 [tʂʻau⁵⁵] chāo：介～。

【使】《广韵》疏士切，生母，丰县口语"使劲"音 [tʂʻʅ⁵⁵tɕie⁵²³] chī jìn：～往前挤。

【深】《广韵》式针切，书母，丰县音 [tʂʻẽ²¹⁴] chěn。

【伸】《广韵》失人切，书母，丰县音 [tʂʻẽ²¹⁴] chěn：～手。

【饰】《广韵》赏职切，书母，丰县音 [tʂʻʅ²¹⁴] chǐ：装～。

【束】《广韵》书玉切，书母。丰县口语表示"系扎"的意思时说成 [tʂʻu²¹⁴] chǔ：腰里～着皮带｜～上围裙｜～腰带。宋周邦彦《南乡子·咏秋夜》词："罗带束纤腰，自剪灯花试彩毫。"《歧路灯》第三十一回作"搐"："小的是错搐了别人的带子。"

【叔】《广韵》式竹切，书母，丰县城区及城北口语"小叔子"一词音 [ɕiau³⁵tʂʻu⁰tsʅ⁰] xiáo chu zi。

【殊】《广韵》市朱切，禅母，旧文读为 [tʂʻu⁵⁵] chū：特～。

【术】《广韵》食聿切，船母，旧文读为 [tʂʻu⁵⁵] chū。

三、音变复杂的字词

有些词演化过程复杂，语音和词义均有特殊性。举例如下。

【糊涂】

表示头脑不清楚或不明事理时说 [xu⁵⁵tu⁰] hū du 形容词：清楚不了～了（民谚）。表示稀饭、粥时说 [xu⁵⁵tou⁰] hū dou：绿豆～｜麦仁～｜豆扁子～。

【言语】

表示向神或死去的亲人祷告时说 [yæ⁵⁵i⁰] yuān yi，音同"圆吃"：在坟头上～～｜给老天爷～几句｜她～罢，把供果拿给小孩吃了｜把各个先人都～到。

【插】

表示嫁接植物时说 [tsʻɛ²¹⁴] cǎi，音同"猜"：~树苗子｜~了二亩柿子｜冬瓜苗上~西瓜｜西葫芦上~黄瓜。

古代嫁接植物多为切接或劈接，即将砧木剪断，把削尖的接穗插入砧木切口内，绑扎并埋土保湿。这种嫁接方法称为"插"。北魏贾思勰《齐民要术》"插梨第三十七"（金抄本、明抄本作"插"，明代以后刻本改作"种"）："杜如臂以上，皆任插。"

【拖】

文读音为 [tʻuə²¹⁴] tuǒ：~拉作业｜~延时间。在口语词"拖秧""拖车"中分别说 [tʻuə⁵⁵] tuō、[tʻuə⁵²³] tuò，"拖拉机"说成 [tʻu⁵⁵la⁰tɕi²¹⁴] tū la jǐ。

拖秧 [tʻuə⁵⁵iaŋr²¹⁴] tuō yǎngr：西瓜~了｜红芋秧子拖了一片。元鲁明善《农桑衣食撮要》"种甜瓜"："盐水洗子，用盦过粪土，种之。仍将洗子盐水浇灌，候拖秧时掏去苦心，再用粪土压根实。"

拖车 [tʻuə⁵²³tʂʻə²¹⁴] tuò chě 一种用牲口拖动滑行的简易木架。

【合】

文读音 [xə⁵⁵] hē，"合"在一些口语词中读为 [kə⁵⁵] gē、[kə²¹⁴] gě 或 [xa⁵⁵] hā。举例如下。

合气 [kə⁵⁵] gē qì，义为闹别扭、争吵：他俩老是~，再劝也不听。也缩略成"合"[kə⁵⁵] gē：他俩一见面就~｜别给人家~。《徐州方言志》写作"格气"，《徐州方言词典》写作"詥气"。元杨显之《潇湘雨》第四折："怎么我这眼连跳又跳的，想是夫人又来合气了。"《金瓶梅》第九回："你可备细说与我，哥哥和甚人合气？"

合瞪眼 [kə⁵⁵təŋ⁰iæ̃³⁵] gē deng yán 合眼，闭眼：他走路走得乏，一~就迷糊了。‖梁寨说 [kə⁵⁵tɕiŋ⁰iæ̃³⁵] gē jing yán，范楼说 [kə²¹⁴ɲiŋ⁰iæ̃³⁵] gě ning yán。

当合的 [taŋ⁵²³gər⁵⁵ti⁰] dàng gēr di 当真，确实。用于反问句：~比不过他吗？｜你~来不了吗？

合线 [kə²¹⁴ɕiæ̃⁵²³] gě xiàn 拿陀螺子~｜两~｜三~。

合 [xa⁵⁵] hā 眼肿得~死缝了｜墙缝~上了｜气门芯~死眼了。

合惧 [kə²¹⁴tɕy⁵²³] gě jù 这几头牛不~。

合巴牛 [kə²¹⁴pa⁰ɲiour⁵⁵] gě ba niūr 合作：他俩一正一副，搭班~｜这两家干活会会~。

佮 [kə²¹⁴] gě，由"合"派生而来。《说文·人部》："佮，合也。"《广韵·入合》古沓切："佮，并佮聚。"《集韵》葛合切。"佮"在丰县话中可单用，也构成许多词：我给他~不上来｜他俩不~作｜他俩~磨到一坨｜~伙计｜不~人儿｜四邻不~｜~亲为邻。

第五章 | 词汇

在词汇方面，丰县方言与普通话有较大一致性，也有许多差异。大量词语反映的是生产劳动、生活习俗、传统文化。很多日常用语带有地域特征，见下表例词。

普通话例词	丰县（中阳里街道）例词
冰	冻琉 [tuŋ²¹⁴liou⁰] dǒng liu
毛毛雨	雾拉子雨 [u⁵²³la⁰tsɿ⁰y³⁵] wù la zi yú
父亲	达达 [ta⁵⁵ta⁰] dā da
外祖母	姥娘 [lau³⁵ŋiaŋ⁰] láo niang，姥姥 [laur³⁵l aur⁰] láor laor
额头	额拉盖子 [ə²¹⁴la⁰kɛ⁵²³tsɿ⁰] ě la gài zi
脖子	圪拉绷 [kə⁵⁵la⁰pəŋ³⁵] gē la béng
夜里	黑喽 [xei²¹⁴lou⁰] hěi lou，黑价 [xei²¹⁴tɕia⁰] hěi jia
今天	今每儿 [tɕi²¹⁴meir⁰] jǐ meir
过去	每先 [me͂³⁵ɕiæ͂⁰] mén xian
末尾	末了 [miə²¹⁴liaur³⁵] miě liáor
东边	东边个 [tuŋ²¹⁴pæ͂⁰kər⁵²³] dōng ban gèr
手帕	手巾擦子 [ʂou³⁵tɕiæ͂⁰ts'a²¹⁴tsɿ⁰] shóu jian cǎ zi
很好	些好 [ɕiə²¹⁴xau³⁵] xiě háo，圪拔的 [kə⁵⁵par⁵⁵ti⁰] gē bār di
不错	不穰 [pu²¹⁴ʐaŋ⁵⁵] bǔ rāng，不孬 [pu²¹⁴nau²¹⁴] bǔ nāo
招人喜爱	甜化人 [t'iæ͂⁵⁵xua⁰ʐə͂⁵⁵] tiān hua rēn
好奇	洋兴 [iaŋ⁵⁵ɕiŋ⁰] yāng xing
仰脸	峨脸 [ə⁵⁵liæ͂³⁵] ē liǎn
闭眼	圪瞪眼 [kə⁵⁵təŋ⁰iæ͂³⁵] gē deng yǎn
拨弄	孛拉 [pu⁵⁵la⁰] bū la
搅拌	合拉 [xə⁵⁵la⁰] hē la
夹，搛	扚 [tau²¹⁴] dǎo
推	搒 [uŋ³⁵] wóng
稍停	打定儿 [ta³⁵təŋr⁵²³] dá dèngr
比量	迷量 [mi⁵⁵liaŋ⁰] mī liang

第一节　概述

一、词语反映生产劳动

丰县是传统农业县，农业方面的词语较为丰富。比如：

【耩地】[ʂaŋ⁵²³ti⁵²³] shàng dì 给田地施肥料。

【打场】[ta³⁵tʂʻaŋ⁵⁵] dá chāng 用石磙等物碾轧脱粒。

【刮红芋片子】[kua³⁵xuŋ⁵⁵y⁵²³pʻiæ̃⁵²³tsɿ⁰] guá hōng yù piàn zi 用刮子将红薯擦成薄片。

【掰棒子】[pei²¹⁴paŋ⁵²³tsɿ⁰] běi bàng zi 把成熟的玉米穗从植株上折下来。

【摘绿豆】[tsei²¹⁴ly²¹⁴tou⁰] zěi lǔ dou 采摘绿豆。

【杀芝麻】[sa²¹⁴tsɿ²¹⁴ma⁰] sǎ zǐ ma 砍割芝麻。

【压瓜】[ia²¹⁴kua²¹⁴] yǎ guā 在瓜蔓上压土块，防止瓜蔓翻滚。

【打顶】[ta³⁵tiŋr³⁵] dá díngr 去掉作物的顶尖，控制主茎生长。

【蹿树】[tsʻuæ̃²¹⁴ʂu⁵²³] cuǎn shù 削去树的侧枝。

二、词语反映生活习俗

丰县人以面食为主。"好面"指小麦磨成的面粉，"飞罗面"旧指精细的面粉，"一破成"指磨面机研磨一次而得到的粗面粉；"馍馍"指馒头、面饼、窝窝头等，"发馍"指用发酵面做成的馍，"蒸馍"指上圆下平的馒头，"卷子"指半圆柱形或长方形的馒头，"花拉虎卷子"指用白面包杂面做成的卷子，饼类面食有锅饼、烧饼、壮馍、油旋子、烙馍、懒馍、面糊子（一种油煎的稀软面片）等。

三、词语反映传统文化

丰县的戏曲曾经十分繁荣，方言中有大量的专门用语。比如：

【大戏】一般指梆子戏。

【窝班】民间戏曲科班。

【玩友】即票友，业余艺人。

【喇叭班】以唢呐为主要乐器的小型演唱团体：婚礼上请了一个~｜剧团解散以后，她跟着~各处跑。

【唱家儿】专业唱戏或唱歌的人。

【把子】表演用的兵器。也叫"武把子"。

【开脸】指演员脸部化装。

【赶场】演员演完一场后又去另一处参加演出。

图 5-1 喇叭班（王汝楫摄于丰县文清阁广场）

四、词语反映自然、物产

有的词与地理环境有关。比如：

【淹子】[iæ²¹⁴tsɿ⁰] yǎn zi 河流溃决形成的大型水潭。

图 5-2 高寨淹子（2022 年 10 月摄于大沙河镇）

【漫洼】[mã⁵²³ua⁵²³] màn wà 面积较大的低洼地。

【高头】[kau²¹⁴t'ou⁰] gāo tou 黄河故道流域的宋楼、大沙河、范楼、梁寨等镇把古代修建的拦河大堤称作"高头"。梁寨镇的"西高头"村因村西有梁寨淹子大堤而得名。

【套里】[t'au⁵²³li³⁵] tào lǐ 通行于范楼、梁寨等镇。"套里"指黄河大堤以内,"套外"指黄河大堤以外。

【高堌墩儿】[kau²¹⁴ku⁰tuẽr²¹⁴] gāo gu dǔnr 高大的土堆,多由废弃的村宅台地、砖瓦窑形成,通行于欢口、顺河、赵庄、凤城街道等地。

常见动物、植物往往有特殊的名称,有的由古词演化而来,有的由别名、拟声词演化而来。比如:

【咾咾】[lau²¹⁴lau⁰] lǎo lao 猪。

【小小虫】[ɕiau³⁵ɕiau⁰tʂ'uŋ⁰] xiáo xiao chong 麻雀。

【嘛嘎子】[ma⁵⁵ka⁵⁵tsɿ⁰] mā gā zi 喜鹊。

【漕鱼】[ts'au⁵⁵y⁰] cāo yu 鲫鱼。

【割吚】[kə²¹⁴iɛ⁰] gě yai 黄颡鱼,昂刺鱼。

【眉豆】[mei⁵⁵tou⁵²³] mēi dòu 作蔬菜用的扁豆。

图 5-3 嘛嘎子——喜鹊(刘树安摄)

【豆角子】[tou⁵²³tɕyə²¹⁴tsɿ⁰] dòu juǒ zi 豇豆(常用蔬菜)。

【桐花菜】[t'uŋ⁵⁵xua²¹⁴ts'ɛ⁵²³] tōng huā cài 紫藤,本地喜食用其花。由"藤花菜"演化而来。

五、带有古语色彩

丰县方言保留一些古词或古语素。例如:

【扁食】[piæ̃³⁵ʂɿ⁰] biǎn shi 饺子:大年三十晌午,家家都吃~。古书写作"匾食"。元忽思慧《饮膳正要•三下锅》:"丸肉弹子,丁头棋子,羊肉指甲匾食。胡椒一两同盐、醋调和。"

【标】[piau²¹⁴] biǎo 漂亮;出众:恁的人马没我~,恁的人马尽我挑(儿童游戏"挑老界"念词)。

【酒瓯】[tɕiou³⁵our²¹⁴] jiǔ ǒur 酒盅。又称"酒瓯子"。瓯作量词时,说成瓯儿、瓯子:连喝三瓯儿满的丨最后一瓯子酒,都喝透。瓯,《广韵》乌侯切:"瓦器。"

南唐李煜《渔父》词："花满渚，酒满瓯。"宋邵雍《对酒吟》："有酒时时泛一瓯，年将七十待何求。"

【敹】[liau⁵⁵] liáo 缝缀：～上几针。《广韵》落萧切，平声、萧韵、来母。《尚书·费誓》："善敹乃甲胄。"孔颖达疏引郑玄曰："敹，谓穿彻之。谓甲绳有断绝，当使敹理穿治之。"章炳麟《新方言·释器》："凡非绽裂而粗率缝之亦曰敹。"

【縻】[mi⁵⁵] mī 用绳系住牲畜，拴在一固定物（如树桩、橛子等）上：把羊～到河滩上啃草。《广韵》支韵，靡为切："系也。"

【捒】[ʂuə²¹⁴] shuǒ 竖；使物直立。《集韵》色角切，入声、觉韵、生母。元代无名氏《争报恩》楔子："搭造起百十座水兵营，忠义堂高捒杏黄旗，一面上写着替天行道宋公明。"

【自家】[tɕi⁵²³tɕia⁰] jì jia 自己：没人送他，他～回家了。有的地区说 [tsɿ⁵²³tɕia⁰] zì jia，有的地区说"自个儿"。《北史·卷一·魏本纪第一·太宗明元帝》："冬十一月壬午，诏使者巡行诸州，校阅守宰资财，非自家所赍，悉簿为赃。"唐代施肩吾《望夫词》："自家夫婿无消息，却恨桥头卖卜人。"

六、省缩词

丰县方言中有很多省缩而成的词，在一定的语言环境中，对话双方能够理解。举例如下：

【般】一般，一样：两个人～大，都是属小龙（蛇）的。

【不沾】系"不沾弦"之省，不行：他说起话来哇啦哇啦的，做起事来就不～了。

【场儿】酒场儿：今每儿（今天）我有个～，不得闲陪你。

【得】得意：吃饱喝足，他觉得些～。

【第天】第二天：头天来，～走｜头天座谈，～参观。

【坏】告发坏事：他打你，你～他娘去。

【会过】会过日子，节俭：他～得很，穿的是旧衣裳，吃的是自种的菜，破家什都舍不得扔。

【假斯】故作客套，假装斯文。

【乱】乱开玩笑：他喜欢给人瞎～。

【落生】落花生。

【闪】闪失：小满不满，麦子有～（民谚）。

【烧】烧包，没有经济实力却勉强摆阔：你望他～的，不干活还想穿好的｜一根柴火不拾——～的啥（歇后语）。

【受】受苦，受罪，受气：没娘的小孩～得可怜｜她在婆家～得不轻。

【搜】搜抠，吝啬。

【现】现世，现眼，在世人眼前出丑、现丑：真能~｜~不够｜你别~了｜活~。

【作】作践，作害，作孽：~得不像样｜你~就是了，总有一天挨揍。

七、具有特殊含义的词

（一）有些词语与普通话形同而义异。举例如下：

【梧桐】指泡桐。

【豇豆】指一种煮饭用的豆类。

【豆子】一般指黄豆。

【姑娘】姑母。

（二）有些词比普通话的含义多。举例如下：

【搬演】指排练：咱把发奖仪式~一遍。

【鼻子】既指五官之一的鼻子，也指鼻涕：清水~淌到嘴边。

图 5-4　梧桐——泡桐
（2023 年 3 月摄于凤城街道）

【茶】多指白开水。用清水加食物煮出的稀汤也称为"**茶"：鸡蛋茶、糖茶、红芋茶、绿豆茶、米茶、牛蒡茶。

【答应】既表示应声回答、应允，也表示服侍、照料：有病有殃，都是小儿在跟前~他｜儿女轮流~爹娘。

【怪】常指儿童调皮、牲畜不驯服：这小孩儿多~呗，见啥摸啥｜马驹子~起来就难管。

【喝汤】常指吃晚饭。

【毁】打，多用于成人打儿童。

【活动】指器具零件松动：板凳腿~了。也指人行为灵活：这个人~得很。

【买卖儿】指物件儿：那个~不管用｜这是个啥~（什么东西）？

【人家】既指别人、他人，也指某个家庭的人：一家~都旅游去了｜这家~咋还不回来？

【熥】既指把凉的熟食烤热，也指烤、烫其他物品：在鏊子上~~油饼｜把棉裤~热｜用热药袋子给病人~腰｜把脚丫子搁到热土里~~。

【瞎】①坏：肉都搁~了，也不舍得吃｜这事儿办~了｜他的脾气~。②作废：

粮票~了。

（三）有些词与普通话的使用范围、使用方法不同。举例如下：

【玩】搭配方式与普通话不同：~电影（放电影）｜~把戏｜~猴｜~人（戏弄人）｜~心眼子｜~了一瓶啤酒｜这个手机不管~｜他的硬任务~不转。

【很】①与普通话用法不同，可以直接作谓语中心词：他这会儿~了，当上大企业家了｜这个开销~了，我可受不了。②用在形容词后，表示程度高：你要能来参加聚会就好~了｜高铁开得快~了｜他家干净~了。

【生意】用作动词：一不~，二不买卖，三口人的日子有点艰窘。

八、俗称、雅词和委婉词语

雅词、委婉词语表示尊重、恭敬、正规，俗称容易冒犯对方，这几种词语的使用场合不同。

（一）称呼对方时的俗称、雅称和爱称

"老头""老嬷嬷"是对老人的俗称，委婉的叫法是"有年人儿"。

"小闺女儿""妮子""妮儿"是对小女孩的俗称，亲切的叫法是"毛妮儿"。

"女婿"是一般称呼，雅称则为"客"：这是俺的客。

传统上，经常比照子女称呼对方，以示有礼貌，比如：大伯哥称呼弟媳妇为"他婶子""恁婶子"，嫂子称呼小叔子为"他叔""恁叔"，长辈称呼年轻人为"恁哥""他哥""恁姐姐""他姐姐""恁嫂""他嫂""**家爸爸""**家娘"。

亲属称谓语和儿语常用重叠式双音词，比如：爷爷，奶奶，外爷爷，姥姥，达达，爸爸，妈妈，哥哥，姐姐，妹妹。

（二）生活中的雅词和委婉词语

送礼、随份子，说成"行礼"，表示郑重。

做事，说成"行事儿"：他行事儿些是那样儿的｜他不行人事儿。

"买卖"之类的字眼，容易使人想起"买卖争分毫"，显得薄气，因而，卖家往往吆喝："要点儿肉呗？""头喷子黄瓜，你拿点呗？"用"要""拿"代替"买"，显得不见外。

购买神圣物品，习惯上说成"请"，以示虔诚。比如，"买观音像"说成"请观音像"，"买一套家谱"说成"请一套家谱"。

人的嘴，雅称为"口"，贬称为"嘴头子"。

雄猫、雌猫，称为"男猫""女猫"，带有喜爱意味。

（三）避讳词语

表示"死亡"的婉词较为常见。口语多用"走了""不在了""没有了""老了""倒头"等,称未成年人、中青年死亡为"殇了"。书面语色彩的词语有"仙逝""过世""下世""去世""驾鹤西去"等。诙谐、憎恶的说法有"上那间去""见阎王爷""上西天""爬烟筒"(指在火葬场火化)等。

"生病"的委婉说法有"身上不好""不如适""不得劲","受伤"说是"遭着了"。

"怀孕"的委婉说法是"有喜""有了"。

"大小便"的委婉说法是"解手""上茅子""上厕所",新派说法有"上洗手间""上卫生间""唱歌""蹲点"。

第二节 丰县方言分类词汇

凡例

1. 本词汇按意义分为 24 类,所收词条多数跟普通话有别。
2. 每个词条包含的项目依次为:词目、注音、释义、例句。
3. 有音无字的用同音字代替,无合适同音字可写的用"□"号表示。
4. 按词义关联度排序。多数条目在注音后加释义。多义项词语的释义,按①②③的顺序标出不同义项。
5. 例句加在释义的冒号之后,两个以上的例句之间用"丨"号隔开,例句中的"~"号代表本条目。
6. 例句或例词后的圆括号"( )"中的内容主要是对例句或例词的补充说明。

一、天文、地理

(一)天文

太阳地 [t'ɛ^{523}iaŋ^{0}tir^{523}] tài yang dìr ①阳光照射处:他在~里直头地晒丨把麦摊到~里晒晒。②阳光:晌午顶上~多毒,上外跑啥?丨真凉快,弄(这么)凉快,~里晒鳖盖(童谣)。

天地 [t'iæ̃^{214}tir^{523}] tiǎn dìr 指太阳、阳光:出~了丨~多好,搁~里晒晒衣裳。

狗吃日头 [kou^{35}tʂ'ʅ^{214}ʐʅ^{214}t'ou^{0}] góu chǐ rǐ tou ①旧指日食。②比喻出现急迫情况:看你张紧的,~了咋咋?丨慌慌的啥,还能~?‖有的说"天狗星吃日头"。

树凉影 [ʂu^{523}liaŋ^{55}iŋr^{35}] shù liāng yíngr 树木枝叶在日光下形成的阴影:夏天,案板摆到~里,一家人围着吃饭丨他坐到~下,从腰带上拿下来芭蕉扇,眯缝着眼慢慢地扇着丨到~里歇歇,缓口气再走。

花凉影 [xua²¹⁴liaŋ⁵⁵iŋr³⁵] huā liāng yíngr 树影斑驳的阴凉地。

月母地 [yə²¹⁴mu³⁵tir⁵²³] yuě mú dìr ①月光：~里看不很清楚｜凑着~纺棉花｜再好的~不跟半阴子天（民谚）。②月亮：二十七八，~一吱啦（民谚。农历二十七日、二十八日，月亮出来后很快就消失）。‖ 有的地区称作"月亮地儿""月芒地""月马地""月明地""月朦地"。

月姥姥 [yə²¹⁴laur³⁵laur⁰] yuě láor laor 儿语，月亮：~，黄黄巴，爹织布，娘纺花（童谣）。‖ 也称"月姥娘"[yə²¹⁴lau³⁵ɲiaŋ⁰] yuě láo niang。

天狗吃月亮 [t'iæ²¹⁴kou³⁵tʂʅ²¹⁴yə²¹⁴liaŋ⁰] tiān góu chǐ yuě liang 旧指月食。

风圈 [fəŋ²¹⁴tɕ'yæ²¹⁴] fēng quǎn 月晕。月光折射形成的光环：起~了，两天里要刮大风。

勺头星 [ʂuə⁵⁵t'ou⁵⁵ɕiŋ²¹⁴] shuō tōu xǐng 北斗星。大熊星座的七颗明亮的星，排列如同勺子：~，耙子星，天上掉下个轱轮子星，谁要说七遍，到老不腰疼（绕口令）。‖ 有的称作"勺子头星""勺子星"。

慌忙星 [xuaŋ²¹⁴maŋ⁵⁵ɕiŋ²¹⁴] huāng māng xǐng ①指金星等星星。有人认为，半夜以后东方先后出现大慌忙星（五车二星）、二慌忙星（大角星）、三慌忙星（金星），许多做生意的人半夜起床干活，大慌忙星出来时起床的是勤快人，二慌忙星出来时起床的是懒人，三慌忙星出来时干活就迟了：大慌忙勤快二慌忙懒，三慌忙出来亮了天（民谣）。②比喻做事慌张的人：~先落，他这样的人及早出事啦｜他属~的，脑子一热就开工建厂。

鞋底惣星 [ɕiɛ⁵⁵ti³⁵xu²¹⁴ɕiŋ²¹⁴] xiāi dí hǔ xǐng 一种由许多星星汇聚形成的长星团，状如蚰蜒（俗名鞋底惣）。‖ 有的称作"鞋底惣子星"。

扫帚星 [sau⁵²³ʂu⁰ɕiŋ²¹⁴] sào shu xǐng ①彗星。迷信的人认为出现扫帚星就会发生灾难。②喻指带来祸害的人：天上有颗~，地上有个害人精。

贼星 [tsei⁵⁵ɕiŋ²¹⁴] zēi xǐng 流星：庄上有一个小偷，啥东西都偷，叫人家把胳膊打断，还是改不了，老年人说：他叫~罩住了，到死也改不掉。

蜷巴 [tɕ'yæ⁵⁵pa⁰] quān ba 三星近处的一个椭圆形星团：~撵三星，撵上三星过清明；三星撵~，撵上~是年下（民谚。指这两个星座的相对位置随着季节的变化而交替）。

漫古云里 [mæ̃⁵²³ku⁰yẽ⁵⁵li⁰] màn gu yūn li 半空中：飞机飞到~里｜~翻跟头——早晚要落地（歇后语）。‖ 有的说"漫缓云里""漫乎云里""漫头云"。

云彩眼里 [yẽ⁵⁵ts'ɛ⁰iær³⁵li⁰] yūn cai yánr li 云层深处：风早子（风筝）飞到~去了｜飞机待~飞，只能看见一个小黑点儿｜眼先（现在）一人不合九分地，再过三十年，得上~种地去。

贼风 [tsei⁵⁵fəŋ²¹⁴] zēi fěng 从隙缝、胡同、过道等处刮过的风。民俗认为，贼风可使人致病（中风）：窗户里吹过来一股~，他哆嗦了一下子｜不怕北风一大片，就怕~一条线（民谚）。

溜河风 [liou⁵²³xə⁵⁵fəŋr²¹⁴] liù hē fěngr 顺着河道刮的风：一阵~吹得我喘不过气来。

刺拉 [tsʻɿ²¹⁴la⁰] cǐ la （风）猛烈地吹：衣裳叫风~干了｜北风~得脸生疼｜他叫风~成风泪眼。

龙挂 [luŋ⁵⁵kua⁵²³] lōng guà 旧指龙卷风：俺几个玩得正高兴，听见轰隆轰隆的雷声，看见南地里有一个大旋风，上边接到云彩里，里边瞎黑，旋着不动，有人说是~。‖清光绪版《丰县志》记载，道光二十六年（1846年）五月二十日薄暮，西北浓云如墨，二物蜿蜒下垂如巨柱，人呼"龙挂"。

炸雷 [tsa⁵²³lei⁵⁵] zà lēi 发出巨响的雷：天上打了一个~，汽车上的报警器都震响了。

闪将 [sæ̃³⁵tɕiaŋ⁵²³] shán jiàng 指传说中掌管闪电的神。

风婆婆 [fəŋ²¹⁴pʻuə⁵⁵pʻuə⁰] fěng pō po 指传说中掌管刮风的神。

龙抓 [luŋ⁵⁵tʂua²¹⁴] lōng zhuǎ 旧指雷电劈人：我再亏待俺公公婆婆，就叫雷劈~！｜炸雷一个接一个，闪电给龙爪子样，树底下避雨的叫~了。

霹雷霍闪 [pʻi²¹⁴lei⁵⁵xə²¹⁴sæ̃³⁵] pǐ lēi hě shán 雷电交加：正想出门，老天爷~地下起大雨｜外边~一阵子，就下一点雨，跟挤眼泪的样。

雷暴嗡 [lei⁵⁵pau⁵²³uŋ²¹⁴] lēi bào wǒng 雷暴雨：外面下着~，搬天往下倒。

五雷轰 [u³⁵lei⁵⁵xuŋ²¹⁴] wú lēi hōng 五雷击顶。比喻遭到沉重打击：谁要亏待爹娘，天打~｜听说他出了事，我头顶像是~。

面条子雨 [miæ̃⁵²³tʻiau⁵⁵tsɿ⁰y³⁵] miàn tiāo zi yú 不紧不慢的中雨。雨线密集，如同面条：~下得哗哗的，演员还在台上照唱不误。

麻秆子雨 [ma⁵⁵kã³⁵tsɿ⁰y³⁵] mā gán zi yú 中雨。

雾拉 [u⁵²³la⁰] wù la 下毛毛雨。‖史小桥等地说"毛影" [mau²¹⁴iŋr³⁵] mǎo yíngr。

雾拉子雨 [u⁵²³la⁰tsɿ⁰y³⁵] wù la zi yú 毛毛雨，在空中飘动、不能形成雨丝的雨：老天下场~，棉苗出得齐又全｜那天下着~，我没打伞就出门了。

滴星 [ti²¹⁴ɕiŋ⁰] dī xing 下细小的雨点：黑云彩越来越厚，天~了｜大风刮了一阵子，没下大雨，就~一点点。

滴点 [ti²¹⁴tiæ̃r³⁵] dī diánr 开始落下稀疏的雨点：外边~了。‖点，指雨点。

住点 [tʂu⁵²³tiæ̃r³⁵] zhù diánr 雨停：雨刚~，他就往门外跑｜大雨哗哗地不~。

水卜喽 [ʂuei³⁵pu²¹⁴lour⁰] shuí bǔ lour 水中的气泡：坑里直往外冒~。

冻琉 [tuŋ²¹⁴liou⁰] dǒng liu 冰：小孩拿着~扔着玩｜河里的~忒薄，禁不住人。

冻冻 [tuŋ²¹⁴tuŋ⁰] dǒng dong 同"冻琉"。通行于县城以北地区。

冻冻碴子 [tuŋ²¹⁴tuŋ⁰tsʻa³⁵tsɿ⁰] dǒng dong cá zi 冰碴：他踩着~，咯吱咯吱地走了。‖

有的说"冻冻荏子"[tuŋ²¹⁴tuŋ⁰ tsʻa⁵⁵tsʅ⁰] dǒng dong cā zi。

鸡皮凌 [tɕi²¹⁴pʻi⁵⁵ləŋ⁵⁵] jī pī līng 薄冰。‖有的称作"鸡毛凌"。

琉琉 [liou⁵⁵liou⁰] liū liu ①冰挂。滴水凝成的锥状的冰：屋檐上的~坠得有尺把两尺长｜从~上头拴根线，~能从屋檐上捋着线一坠到地。②玻璃（老派）：~瓶｜~蛋儿（玻璃球）。

缘冻琉 [iæ̃⁵⁵tuŋ²¹⁴liou⁰] yān dǒng liu 在冰上走。‖又叫"缘冻冻"。

冻琉眼 [tuŋ²¹⁴liou⁰iæ̃³⁵] dǒng liu yán 水面冰封后出现的圆圈形的冰纹。该处冰层很薄：别往~上踩，能漏里边去。

雪床子 [ɕyə²¹⁴tʂʻuaŋ⁵⁵tsʅ⁰] xuě chuāng zi 冰霰。空中降落的小冰粒：北风裹着~劈头盖脸地下｜下罢~，大雪片子就下来了。

盐粒子 [iæ̃⁵⁵li²¹⁴tsʅ⁰] yān lǐ zi 同"雪床子"，通行于县南部。

雹子 [puə⁵⁵tsʅ⁰] bō zi 冰雹：下~了。

苦霜 [kʻu³⁵ʂuaŋ²¹⁴] kú shuǎng 浓霜，使植物严重受冻的霜：一场~打得辣椒耷拉叶儿啦｜五谷怕~，小孩怕晚娘｜脸上给~打的样，没一点笑丝儿。

臭雾 [tʂʻou⁵²³u⁵²³] chòu wù 传说中的毒雾。相传元末明初下臭雾，百姓大量死亡，明朝初年从山西迁民填补：那年八月十四黑喽，上了~，一家伙臭死多些人，只剩下一家打豆腐的，一家给牛接生的。

好天 [xau³⁵tʻiæ̃²¹⁴] háo tiǎn 晴天：凑~晒晒过冬的衣裳。

响晴天 [ɕiaŋ³⁵tɕʻiŋ⁵⁵tʻiæ̃²¹⁴] xiáng qīng tiǎn 非常晴朗的天。

半阴天 [pæ̃⁵²³iẽ⁰tʻiæ̃²¹⁴] bàn yin tiǎn 多云天气。云量较大，光线暗，无阳光：干打穄子湿打谷，~里打秋秋（民谚）｜月黑头，~，小鬼掂着个半头砖（童谣）。

白阴天 [pei⁵⁵iẽ⁰tʻiæ̃²¹⁴] pēi yin tiǎn 有云的天气。

白白阴阴 [pei⁵⁵pei⁰iẽ²¹⁴iẽ²¹⁴] pēi pei yǐn yǐn 形容云气很大：天~的，不下也不晴。

作阴天 [tsuə²¹⁴iẽ⁰tʻiæ̃²¹⁴] zuǒ yin tiǎn 潮湿、沉闷的天气。迷信认为作恶容易带来阴天：不行好事~｜不贤的女人~（旧俗语）。

雾星 [u⁵²³ɕiŋ⁰] wù xing 下极细微的雨。

毛阴 [mau⁵⁵iẽ⁰] māo yin 同"雾星"。

雾阴 [u⁵²³iẽ⁰] wù yin 雾气弥漫，阴云笼罩：天~了。

（二）地理

溜地 [liou²¹⁴ti⁵²³] liū dì 地面：坐到凉~上容易拉肚子｜他摔到~下了。‖有的说 [liou⁵²³ti⁵²³] liù dì。

流平地 [liou⁵⁵pʻiŋ⁵⁵ti⁵²³] liū pīng dì 戏曲用词，平地：解差坐在~，两眼一合打呼噜（民间说唱《王庆卖拳》）。‖有时也颠倒词序，说成"地流平"："双膝跪在地流平。"

一漫坡 [i²¹⁴mæ̃⁵²³pʻuə³⁵] yī màn pó 倾斜度较小的斜坡。

漫敞地 [mæ̃⁵²³tṣʻaŋ⁰ti⁵²³] màn chang dì 野地：他怕邻居不喜欢听，就上～里练吹笛｜几辆大车待～里对到一坨，上头棚上板子，搭成戏台子。‖ 有的说成"漫埫地""漫壤地""漫地"。

漫洼 [mæ̃⁵²³ua⁵²³] màn wà 面积较大的低洼地：南河～里有他家六亩碱场皮｜～里净是好庄稼。

洼子地 [ua⁵²³tsɿ⁰ti⁵²³] wà zi dì 低洼的田地。通行于欢口、师寨等地。

包袱地 [pau²¹⁴fu⁰ti⁵²³] bǎo fu dì 小块田地：他分的都是～，有三分大的，有四分大的，也有二分的。通行于欢口等地。

四梢子地 [sɿ⁵²³sau²¹⁴tsɿ⁰ti⁵²³] sì sǎo zi dì 边缘地带：这是八不管的～。‖ 又叫"四梢地""边梢地""四梢子头里""梢子地"。

垡子地 [fa⁵⁵tsɿ⁰ti⁵²³] fā zi dì 耕翻后未耙平的田地：他想快点回家，就从干～里穿了过去。

旱垡 [xæ̃⁵²³fa⁵⁵] hàn fā 改良土壤结构的一种方式。麦收后将土地犁翻曝晒：今年留个～，下年收季子好麦。‖ 又称"晒垡" [sɛ⁵²³fa⁵⁵] sài fā：收罢麦，犁地～。

冻垡 [tuŋ⁵²³fa⁵⁵] dòng fā 改良土壤结构的一种方式。秋季将土地犁翻，利用冬季冻结和春季化冻使土壤变得疏松，并消灭地下害虫：薅了棉花，犁地～，明年栽红芋。

生茬子 [səŋ²¹⁴tsʻa⁵⁵tsɿ⁰] sēng cā zi 没有耕作的地（相对于熟地而言）：趁下雨，～里点豆子。

台田 [tʻɛ⁵⁵tʻiæ̃⁵⁵] tāi tiān 带有许多排水沟的平整农田。在盐碱地上每隔五六米挖一条深约1.5米的沟，挖出的土平摊于两边田地上：生产队挖成30亩～｜～里栽红芋，亩产3000多斤。

杂巴地 [tsa⁵⁵pa⁰ti⁵²³] zā ba dì 栽种多种作物的田地：那块～种的是红芋、落生，还有绿豆。‖ 有的说"杂花地"。

插花地 [tsʻa²¹⁴xua²¹⁴ti⁵²³] cǎ huǎ dì 穿插在别人家田地中的地：苏鲁边河北沿有丰县的一长溜～。

刮白地 [kua³⁵pei⁰ti⁵²³] guá bei dì 盐碱地：黄水退了，原来的好地成了一片～，连棵树也见不着。

碱场地 [tɕiæ̃³⁵tṣʻaŋ⁵⁵ti⁵²³] jián chāng dì 盐碱地：那二亩～种啥啥不成，年年白搭功夫。‖ 有的说"碱墒地" [tɕiæ̃³⁵ṣaŋ⁰ti⁵²³] jián shang dì。

园 [yæ̃⁵⁵] yuān 菜园：这些番茄、豆角是从～里现摘的｜旱浇田，涝浇～（民谚）｜一亩～，十亩田（民谚）｜家有一亩～，一年不缺钱（民谚）。‖ 又称"园子" [yæ̃⁵⁵tsɿ⁰] yuān zi。

柴火园子 [tsʻɛ⁵⁵xu⁰yæ̃⁵⁵tsʅ⁰] cāi hu yuān zi 旧时富裕人家的用柴园。

地阳沟 [ti⁵²³iaŋ⁵⁵kour²¹⁴] dì yāng gǒur 田块之间的界沟。

高头 [kau²¹⁴tʻou⁰] gǎo tou 指废弃的黄河大堤。通行于范楼、梁寨、宋楼等地区：丰县人在北边修苏北大堤，在城南修~来挡黄水｜走到~前，车子推不上去。

灰橛 [xuei²¹⁴tɕyə⁰] huī jue 一种用作地界标记的带石灰粉末的洞眼。用锤子将木橛或铁钎砸入地界上的土中，然后拔出来，在拔出后的洞眼内灌进石灰粉末。

桑墩 [saŋ²¹⁴tuẽ²¹⁴] sǎng dǔn 旧时大户人家用作地界标记的灌木状桑树。

高堌墩 [kau²¹⁴ku⁰tueir²¹⁴] gǎo gu duǐr 土丘，高大的台地。多为旧宅基地、砖瓦窑废墟等。‖山东省等地写成"高堌堆"。

宅堌顶 [tsei⁵⁵kuº⁰tiŋ³⁵] zēi gu díng 废弃的村落基址。

土垃 [tʻu³⁵la⁰] tú la 碎土：走到~窝里，鞋里灌的都是~｜挖点儿~炒落生｜把~堆刨开。

堌 [ku⁵²³] gù 高大的坟墓，冢堆。经常用作地名，如：娥墓堌（在首羡镇，有汉代集体墓葬）、马维堌（在县城北郊，已淤没，传说为汉高祖刘邦幼年时老师马维的坟墓）、贺堌集（在欢口镇，有唐代贺知章的寄灵墓）、杨陶堌（在王沟镇张集村）、牛王堌（在顺河镇，传说有牛王冢）、青堌寺（在顺河镇）、宝堌寺（在凤城街道王大庄村）、吕堌寺（在孙楼街道三河里村）。

坷垃 [kʻə³⁵la⁰] ké la 土块：拿起榔头打~｜拾起一个~砸过去。

坷垃头子 [kʻə³⁵la⁰tʻou⁵⁵tsʅ⁰] ké la tōu zi 小土块：地里的~多的是｜我是修理地球的出身，满身~味儿｜他有嘴抹儿，能把~说成堆儿。

垺土 [pu⁵⁵tʻu³⁵] bū tú 尘土，粉土：一个月没下雨，路上起~了｜桌子上落了一重~。‖垺，《广韵》蒲没切："尘起。"

垺土窝 [pu⁵⁵tʻu³⁵ uə²¹⁴] bū tú wǒ 粉土较多的地方：从~里蹚过去，灌了一鞋土垃｜~里走路——捧脚（歇后语）。

垺土杠烟 [pu⁵⁵tʻu³⁵kaŋ⁵²³iæ²¹⁴] bū tú gàng yǎn 尘土飞扬：汽车一跑，路上~的｜一队人马蹚着沙土走过去，~，灰土飘了老远。

狗头淤 [kou³⁵tʻou⁵⁵y²¹⁴] góu tōu yǔ 黏性较大的淤土地。此种土地犁起的土块大而坚硬，如同狗头：这一块是~，耕起来的地都是坷垃山｜俺家的地是~，得用槐木榔头打坷垃。

红花淤 [xuŋ⁵⁵xua²¹⁴y²¹⁴] hōng huǎ yǔ 红色的淤地。

胮沙 [pʻaŋ²¹⁴sa²¹⁴] pǎng sǎ 飞泡沙土，河水冲积带来的松散流沙。多分布在河滩、河水泛滥区：那片地是个~窝。

暄土 [ɕyæ²¹⁴tʻu³⁵] xuǎn tú 松软的土：这块地里都是～，年年好收成｜～地里栽红芋。

胶泥瓣子 [tɕiau²¹⁴n̠i⁵⁵pæ̃⁵²³tsɿ⁰] jiǎo nī bàn zi 块状的胶泥。

滓泥 [tsɿ²¹⁴n̠i⁵⁵] zǐ nī 水中沉积的污泥：泥鳅喜欢拱～｜大鱼吃小鱼，小鱼吃蚂虾，蚂虾吃～（民谚）。

泥糊涂 [n̠i⁵⁵xu⁵⁵tou⁰] nī hū dou 泥浆。

河筒子 [xə⁵⁵tʻuŋ³⁵tsɿ⁰] hē tóng zi 河道：挖大河的人排满～。

漫河 [mæ̃⁵²³xə⁵⁵] màn hē 河床较浅、河水经常漫流的河：庄前头有一条东西～。

洑沿 [fu⁵²³iæ̃r⁵²³] fù yànr（液体）将要溢出的样子：河里的水～了。

洑沿洑沿的 [fu⁵²³iæ̃r⁵²³fu⁵²³iæ̃r⁵²³ti⁰] "洑沿"的强调说法：坑里的水～｜酒瓯子里～的，端到手里滴滴拉拉。‖ 有的地区说 [fu⁵²³iæ̃r⁵⁵fu⁵²³iæ̃r⁵⁵ti⁰] fù yānr fù yānr di。

海子 [xɛ³⁵tsɿ⁰] hái zi 旧指寨河、城河或较大的水坑：修寨子撇出一条多深的～。‖ 海子崖社区，位于凤城街道。

海 [xɛ³⁵] hái 同"海子"：常店大寨名声响，三道寨～两道墙（邓贞兰《夸常店》）‖ 王海，村名，旧称王家海，位于欢口镇。

海沟子 [xɛ³⁵kou²¹⁴tsɿ⁰] hái gǒu zi 围绕大院墙挖成的护院水沟：学校外有一圈～。

海壕 [xɛ³⁵xau⁵⁵] hái hāo 大深沟：地里有一条大～。

寨围子 [tsɛ⁵²³uei⁵⁵tsɿ⁰] zài wēi zi 旧指防守村庄的围墙。始兴于清咸丰年间，为防御捻军而修筑。围墙绕村一周，由土筑成，建有垛口，外带寨河：八路军到了新范庄，把～包围起来。‖ 又称"土圩子"。清光绪《丰县志》写作"圩砦""圩寨"。

淹子 [iæ̃²¹⁴tsɿ⁰] yǎn zi 河流决堤冲积形成的大型水潭。丰县境内有梁寨淹子（今写作"渊子"）、高寨淹子等：沙河砖拱桥离华山集二里多路，桥南桥北都有～。

图 5-5　梁寨渊子湖，本名梁寨淹子（2016 年 5 月摄）

汪 [uaŋr²¹⁴] wǎngr 量词，用于水、眼泪等：地头间有一~水｜共拢只有这一~水，不够浇菜的。

水汪子 [ʂuei³⁵uaŋ²¹⁴tsʅ⁰] shuí wǎng zi 小而浅的积水坑：下罢雨，土路上净是~，没法过车。

河涯 [xə⁵⁵iɛ⁵⁵] hē yāi 河岸。

坑涯 [k'əŋ²¹⁴iɛ⁵⁵] kěng yāi 坑沿。

坑嘴子 [k'əŋ²¹⁴tsuei³⁵tsʅ⁰] kěng zuí zi 坑塘尽头的狭窄处。

井涯 [tɕiŋ³⁵iɛ⁵⁵] jíng yāi 井沿。

土井子 [t'utɕiŋ³⁵tsʅ⁰] tú jíng zi 没有砌砖的简易井。多用于临时灌溉等：大田地里有两眼~，天旱的时候抽水浇地。

恶水 [ə²¹⁴ʂuei³⁵] ě shuǐ 污水，脏水：厂里的~先净化，才能排放｜把刷锅的~刮出来｜当院里有个~坑，还有个~缸。‖唐韩愈《病鸱》诗："屋东恶水沟，有鸱堕鸣悲。"

局 [tɕy⁵⁵] jū（液体）积聚而不能流通：水~到这个洼坑里，淌不出去了｜她~奶了｜血~一坨儿，皮上起血斑。

蛰 [tʂə⁵⁵] zhē ①塌陷，沉陷：下场大雨，地基~下去了｜地上~了一个凹坑｜面剂子~到一坨了。②蛰伏：到冬天，蛤蟆~到地下去了。

石子子 [ʂʅ⁵⁵tsʅ³⁵tsʅ⁰] shī zí zi 石子：公路边上有碎~、玻璃碴子、琉瓶碴子、钉杂子，不小心就能扎破车带。‖也称"石子儿""石头子儿"。

老鸹豆枕 [lau³⁵kua⁰tou⁵²³tʂ'ə⁰] láo gua dòu chen 鹅卵石。

老鸹枕头 [lau³⁵kua⁰tʂə⁵²³t'ou⁰] láo gua zhèn tou 同"老鸹豆枕"。

生鏉 [səŋ²¹⁴ʂu⁰] sěng shu 金属生锈：镰头~了｜切菜刀~了｜大门上的锁~了。‖有的说 [səŋ²¹⁴tʂ'u⁰] sěng chu。城北多数地区说 [səŋ²¹⁴fu⁰] sěng fu，范楼镇说"生髓" [səŋ²¹⁴suei⁰] sěng sui。"生髓"可能来自古代的"生涩"。金代董解元《西厢记诸宫调》卷二："顽羊角靶尽尘缄，生涩了雪刃霜尖。"元郝经《冤鐻叹》诗："铁簧生涩深金苔，沴气缠结埋阴霾。"

风快 [fəŋ²¹⁴k'uɛ⁵²³] fěng kuài 形容非常锋利：刀磨得~。

沤 [ou²¹⁴] ǒu（木料、柴草）腐朽：屋里潮气大，床腿都~了｜把苘秆子扔到水坑里~一个月。

拱 [kuŋ³⁵] góng 煤油、柴油等浸入锈蚀的铁器，使之松动：用汽油~~螺丝。

地分 [tir⁵²³feir⁰] dìr feir 地方：这~我共拢没来过｜你哪~疼？

背旮旯儿 [pi⁵²³kə⁵⁵lar⁵⁵] bì gē lār 偏僻的角落：他走到一个~里出不去了｜落脚到这~里，啥时候能熬好？‖也称"背旮旯儿子"。

乱死岗子 [luæ⁵²³sʅ³⁵kaŋ³⁵tsʅ⁰] luàn sí gáng zi 旧时埋葬无墓地的流浪者、穷人、夭

折儿童的地方：三岔路口老窑坑是埋死孩子的~｜~上吊簿——都是鬼名（歇后语）。

老圣人没走到的地分 [lau³⁵ʂəŋ⁵²³zẽ⁰mei⁵²³tsou³⁵tau⁵²³tir⁵²³fer⁰] láo shèng ren mèi zóu dào di dìr feir 喻指缺乏礼教、落后荒蛮的地方。老圣人，指孔子。

丰县坡里 [fəŋ²¹⁴ɕiæ̃⁰p'uər²¹⁴li⁰] fēng xian pǒr li 丰县一带：~没多大，谁不认得谁？低头不见抬头见｜在~，他是出名的能人。

十里八乡 [ʂɻ⁵⁵li³⁵pa²¹⁴ɕiaŋ²¹⁴] shī lí bǎ xiǎng 指方圆十里几个乡的地域：庄上有个石匠，是~出了名的巧手。

南徐州 [næ̃⁵⁵ɕy⁵⁵tsou²¹⁴] nān xū zhōu 旧指宿州；一指镇江。

紧淤慢沙 [tɕiẽ³⁵y²¹⁴mæ̃⁵²³sa²¹⁴] jín yǔ màn sǎ 黄河泛滥时，水流急处沉积淤土，水流缓处沉积沙土。‖有的说"紧淤慢沙咣当碱"。

云南鏊儿国 [yẽ⁵⁵næ̃⁵⁵au⁵²³lɻ⁰kuei²¹⁴] yūn nān ào lr guǐ 喻指极远的地方：那件事早忘到~里去了｜~出这样的事。

云南鏊子国 [yẽ⁵⁵næ̃⁵⁵au⁵²³tsɿ⁰kuei²¹⁴] yūn nān ào zi guǐ 同"云南鏊儿国"。

□国 [zou²¹⁴kuei²¹⁴] rǒu guǐ 同"云南鏊儿国"：跑到~国里去了｜扯到~了。通行于顺河等地。

二、时间、时令

（一）时间

眼眼 [iæ̃³⁵iæ̃⁰] yán yan 眼前，现在：他早清起来出门，到~还没回来｜~不兴骑洋车子了｜大集体的时候分的粮食不够吃的，~都不挨饿啦。‖有的说"眼先" [iæ̃³⁵ɕiæ̃⁰] yán xian、"眼眼先"、"眼时"。

这会儿 [tʂə⁵²³xuer⁰] zhè huir 现在，目前：以前穷得叮当响，~过有了｜到~，她还穿着大襟褂子。

那会儿 [na⁵²³xueir⁰] nà huir 那时候：我在酒厂~，买酒提货的排成长队｜打~，庄上的人学会了挖山药沟。

多会儿 [tuə²¹⁴xueir⁰] duǒ huir 不久前，刚才：他~间还在屋里咪｜我~来了，没看见你｜起~我就想走了。‖有的说"多会儿先" [tuə²¹⁴xueir⁰ɕiæ̃⁰] duǒ huir xian：他多会儿先走的。

跟先 [kẽr²¹⁴ɕiæ̃⁰] gěnr xian ①临近某个时间的时候：年~他从外地回来了。②很近的地方：小区~有个超市。③身边：他儿打工去了，~只有两个孙子。‖也说"跟前"。

每每先 [mẽ³⁵mẽ⁰ɕiæ̃⁰] mén men xian 过去，往年：~，老的下世，当儿的得丁忧三年｜从前过去~，如今现在这眼先（民谣）。‖有的说"每每三" [mẽ³⁵mẽ⁰sæ̃⁰] mén men san、"每每闪" [mẽ³⁵mẽ⁰ʂæ̃⁰] mén men shan、[meir³⁵meir⁰ɕian⁰] méir meir xian。

每先 [mẽ³⁵ɕiæ̃⁰] mén xian 同"每每先"：那~，城里有一个县立公园。‖ 有的说 [meir³⁵ɕian⁰] méir xian、[mẽ³⁵ʂæ̃⁰] mén shan。

每每 [meir³⁵meir³⁵] méir meir 同"每每先"。

先先 [ɕiæ̃²¹⁴ɕiæ̃⁰] xiǎn xian 先前。‖ 又说"头先先" [tʻou⁵⁵ɕiæ̃²¹⁴ɕiæ̃⁰] tōu xiǎn xian。

头上来 [tʻou⁵⁵ʂaŋ⁵²³lɛ⁵⁵] tōu shàng lāi 刚开始：~说得好好的，到末了他翻脸不认账 | ~还凑合，后来越过越不中了。

小参 [ɕiau³⁵tsʻæ̃⁰] xiáo can 小时候。‖ 有的说 [ɕiau³⁵sæ̃⁰] xiáo san、[ɕiau³⁵iæ̃⁰] xiáo yan。

两头挂橛 [liaŋ³⁵tour⁵⁵kua⁵²³tɕyər⁵⁵] liáng tōur guà juēr 喻指开始和结束的时间都算上：我参加工作~十年了。‖ 挂橛，又叫挂橛子，织布的一道工序。

来年 [lɛ⁵⁵niæ̃⁰] lāi nian 明年。‖ 又说"来前" [lɛ⁵⁵tɕʻiæ̃⁵⁵] lāi qiān、"下年" [ɕia⁵²³ŋiæ̃⁰] xià nian。

年时 [ŋiæ̃⁵⁵sɿ⁰] niān si 去年。

头年里 [tʻou⁵⁵ŋiæ̃⁵⁵li⁰] tōu niān li 去年年底以前或今年年底以前：他~回了一趟家。

年跟先 [ŋiæ̃⁵⁵ker²¹⁴ɕiæ̃⁰] niān gěnr xian 临近春节的几天，年底：~，大人忙着蒸发馍、黄团子、豆包子、菜包子、炸丸子、焦叶子、酥菜、炒落生、剁扁食馅……哪有时间问孩子的事。

过啦年 [kuə⁵²³laʻniæ̃r⁵⁵] guò la niānr 春节以后；明年。‖ 有的说"过喽年" [kuə⁵²³lou⁰niæ̃r⁵⁵] guò lou niānr、"将过年" [tɕiaŋ²¹⁴kuə⁵²³niæ̃r⁵⁵] jiǎng guò niānr。

闪喽年 [ʂæ̃³⁵lou⁰niæ̃r⁵⁵] shán lou niānr（旧历）年初：~我回到老家走亲戚 | ~他把人家订的货发走。‖ 又称"闪过喽年" [ʂæ̃³⁵ kuə⁵²³ lou⁰ niæ̃r⁵⁵]、"闪过年儿"。

今每 [tɕi²¹⁴meir⁰] jǐ meir 今天：~黑喽有个聚会 | ~的太阳还不孬哩。‖ 有的说 [tɕi²¹⁴mẽ⁰] jǐ men，范楼、梁寨等地说"今个儿"。

赶明 [kæ̃³⁵miŋr⁵⁵] gán mīngr 明天：小鸡上窝早，~天气好（民谚）| 光说~办~办，多些个~过去了，也没办成 | 闺女长得还不孬哩，~给你说个对象。

明儿 [miŋr⁵⁵] mīngr 同"赶明"：到~我有了钱，给你买身好衣裳 | 他年纪大了，到了有今儿没~的时候。

明个 [miŋr⁵⁵kər⁰] mīngr ger 同"赶明"。通行于范楼等地。

昨类儿 [tsuə⁵⁵leir⁰] zuō leir 昨天：~俺几个在百年梨园转了一圈。‖"昨日"的音转。

前类儿 [tɕʻiær⁵⁵leir⁰] qiānr leir 前天。"前日"的音转。

大前类儿 [ta⁵²³tɕ'iæ̃r⁵⁵leir⁰] dà qiānr leir 大前天。

过明 [kuə⁵²³miŋr⁰] guò mīngr 后天。

大过明 [ta⁵²³kuə⁵²³miŋr⁰] dà guò mīngr 大后天。

第天 [ti⁵²³t'iæ̃²¹⁴] dì tiān 第二天：一觉睡到~天亮。

晚天 [uæ̃³⁵t'iæ̃²¹⁴] wǎn tiān 过几天：~我治个场儿谢谢你｜~我给你送个猫来。

早五更 [tsau³⁵u³⁵tɕiŋ⁰] zǎo wú jing 天将明时：爸爸~就催我下地干活｜无利不起~（民谚）｜焦麦炸豆的时候，还得起~｜起个~，赶了大晚集（比喻起步虽早，却落在后边）。

五更头里 [u³⁵tɕiŋ⁰t'our⁵⁵li⁰] wú jing tōur li 同"早五更"：到~咋着也睡不着了｜他~起来收拾家什，准备进城。

胧明 [luŋ³⁵miŋr⁵⁵] lóng mīngr 天色微明的时候：刚到~，集上的人就满满的了｜天一~他就下地刨红芋去了。

拂胧明 [fu²¹⁴luŋ³⁵miŋr⁵⁵] fǔ lóng mīngr 同"胧明"。‖拂，音同"夫"。

大天老明 [ta⁵²³t'iæ̃²¹⁴lau³⁵miŋ⁵⁵] dà tiān láo mīng（早晨）天已大亮：~了，咋还不起？

天刚拔白 [t'iæ̃²¹⁴tɕiaŋ²¹⁴pa⁵⁵peir⁵⁵] tiān jiǎng bā bēir 天刚亮。

太阳冒红 [t'ɛ⁵²³iaŋ⁰mau⁵²³xuŋ⁵⁵] tài yang mào hōng 早上太阳即将出来：太阳还没冒红，他就拉着平车上路了。‖旧时，人们没有钟表，看太阳来确定时间，由此产生日出三竿、太阳正南、太阳扭头、日头偏西、太阳落山等词。

太阳晒煳腚 [t'ɛ⁵²³iaŋ⁰sɛ⁵²³xu⁵⁵tiŋ⁵²³] tài yang sài hū dìng 比喻天已大亮，时间已经很晚（含戏谑意味）：~了，该起了｜他天天等到~才起。

清起来 [tɕ'iŋ²¹⁴tɕ'i³⁵lɛ⁰] qǐng qí lai 早上：~他干了一歇子活才回家吃饭。‖也称"早清起来" [tsau³⁵tɕ'iŋ²¹⁴tɕ'i³⁵lɛ⁰] zǎo qǐng qí lai。

大清起来 [ta⁵²³tɕ'iŋ²¹⁴tɕ'i³⁵lɛ⁰] dà qǐng qí lai 大清早，"清起来"的强调说法：~，俺妈妈就吆唤我起啦｜~喝凉水不嫌砸牙。

半清起来 [pæ̃⁵²³tɕ'iŋ²¹⁴tɕ'i³⁵lɛ⁰] bàn qǐng qí lai 天亮至早饭之间的一段时间：割了一阵子草，到~啦。

清饭 [tɕ'iŋ²¹⁴fæ̃r⁵²³] qǐng fànr 早饭后的一段时间：我送罢小孩，就买菜、洗衣裳，一~都没捞着喝一口茶｜他出去一~啦，还没回来。‖有的说"清起饭""吃清饭"。

头晌午 [t'our⁵⁵ʂaŋ³⁵u⁰] tōu sháng wu 上午：~忙得脚不沾地，一口茶也没喝。

东南晌午 [tuŋ²¹⁴næ̃⁵⁵ʂaŋ³⁵u⁰] dǒng nān sháng wu 太阳运行到东南方的时候，大约上午9时至11时：到~了你才来，俺都等急了。

半晌午 [pæ̃⁵²³ʂaŋ³⁵u⁰] bàn sháng wu 上午：干到~，她赶紧回家做饭。

晌午头里 [ʂaŋ⁵⁵u⁰t'our⁵⁵li⁰] sháng wu tōur li 接近中午的时候。

晌午顶上 [ʂaŋ⁵⁵u⁰tiŋr³⁵xaŋ⁰] sháng wu díngr hang 中午 12 点前后：到了~，他在树凉影里铺个凉席子睡了。

天地正南 [tʻiæ̃²¹⁴teir⁵²³tʂən⁵²³næ̃⁵⁵] tiǎn dìr zhèng nān 太阳正南的时候。

吃晌饭儿 [tʂʅ²¹⁴ʂaŋ³⁵fæ̃r⁵²³] chǐ sháng fànr 下午。

半吃晌饭儿 [pæ̃⁵²³tʂʅ²¹⁴ʂaŋ³⁵fæ̃r⁵²³] bàn chǐ sháng fànr 半下午：到~的时候他才回家。

白日里 [pei⁵⁵zə̈⁰li⁰] bēi ren li 白天。‖ 史小桥等地说 [pei⁵⁵iə̆⁰li⁰] bēi yin li。

白间 [pei⁵⁵tɕiæ̃⁰] bēi jian 同"白日里"：为了小孩的婚事，他愁得黑天~睡不着。‖ 又说"白里间"[pei⁵⁵li⁰ iæ̃⁰] bēi li yan、"白更里"[pei⁵⁵tɕiŋ⁰ li⁰] bēi jing li、"白里"。

大天白日里 [ta⁵²³tʻiæ̃²¹⁴pei⁵⁵zə̈⁰li⁰] dà tiǎn bēi ren li 大白天：~拉拉扯扯，叫人家笑话｜~，哪有抢钱的！

挨麻黑 [yə²¹⁴ma⁰xeir²¹⁴] yě ma hěir 傍晚，黄昏：他熬到~才收摊｜~家家都烧锅做饭啦。‖ 有的称作"挨忙黑""挨黑"[yə²¹⁴xeir²¹⁴] yě hěir、"傍黑"[paŋ²¹⁴xeir²¹⁴] bǎng hěir。

合黑 [xə⁵⁵xeir²¹⁴] hē hěir 天刚黑的时候：~的时候，家家都烧锅做饭，喂猪喂羊｜十七、十八，~摸瞎（民谚。农历十七、十八日的傍晚时分天就黑了，需要在黑暗中摸索行动）。

黑胧的 [xei²¹⁴luŋ⁵⁵ti⁰] hěi lōng di（天色）黑乎乎的：~他就起来跑出租车。

黑喽 [xei²¹⁴lou⁰] hěi lou 夜晚：白间干不完的活，~接着干｜~困得晚，赶明起不来｜这菜是昨类~剩的。

黑价 [xei²¹⁴tɕia⁰] hěi jia 同"黑喽"。通行于中阳里、欢口、顺河、师寨、凤城等地。

黑天半夜 [xei²¹⁴tiæ̃⁰pæ̃⁵²³iə⁵²³] hěi tian bàn yè 深更半夜：别~才回来｜~治啥去？

轰黑 [xuŋ²¹⁴xei²¹⁴] hǒng hěi 天完全黑的时候：他天不亮就去赶集，~才收摊儿。

二半夜 [l̩⁵²³pæ̃⁵²³iə⁵²³] lrì bàn yè 上半夜：都~了还不回家，赶明还能上学不？

月乎头 [yə²¹⁴xu⁰tʻour⁵⁵] yuě hu tōur 没有月亮的夜晚。月亮运行到一定位置，晚上看不到，如农历每月初一、二十五的夜晚：天黑又赶上~，对脸看不见人｜麦收~（民谚。麦收赶在农历下旬，就会有好收成）｜贼人见不得~（民谚）。‖ 王沟、顺河、常店等地说"月黑头儿"[yə²¹⁴xei⁰tʻour⁵⁵] yuě hei tōur。

年初一儿 [ɲiæ̃⁵⁵tʂʻu²¹⁴ir²¹⁴] niān chū yǐr 正月初一。

早晚 [tsau⁵⁵ueir⁰] zāo wenr 什么时候：你~到家的？｜你~办喜事？｜这件事不急，你~来都行｜门面上~去，~有人｜你看看天到~了，还肉着不走！‖ 有的说"早会"[tsau⁵⁵xueir⁰] zāo huir、"早晚先"[tsau⁵⁵ueir⁰ɕiæ̃⁰] zāo weir xian。范楼等地说 [tsaŋ⁵⁵uə̃⁰] zāng wen。

几儿 [tɕir³⁵] jǐr 哪一天，用于问哪一日：今每儿是~了？｜你看看到~了，还知不道上紧！‖ 现在常说"几号儿"：你几号儿回来的？｜几号儿该我值班？

生月 [səŋ²¹⁴yuə⁰] sēng yue 出生的月份：俺俩是一年人，我的~比他大，他得喊我哥。‖ 有的地区说"生份"。

得岁 [tei²¹⁴suei⁵²³] děi suì 出生在年初，计算岁数时多加一岁：我是正月里生的，~｜他是腊月里生的，不~。

一屁吱啦会 [i²¹⁴pʻi⁵²³tsɿ²¹⁴la⁰xueir⁵²³] yǐ pì zǐ la huìr 比喻极短的时间：熊他一回，只能管~｜过了~又来了。

哪百朝年 [na³⁵pei²¹⁴tʂʻau⁵⁵ɲiæ̃⁵⁵] ná běi chāo niān 哪年哪月，不可期望的时期：这是~的事儿了，到这会儿你还提？｜照这样拖下去，~才能盖起大楼？

啥百朝年 [ʂa⁵²³pei²¹⁴tʂʻau⁵⁵ɲiæ̃⁵⁵] shà běi chāo niān 同"哪百朝年"。

猴年马月 [xou⁵⁵ɲiæ̃⁵⁵ma³⁵yə²¹⁴] hōu niān má yuè 指遥不可待的年月：你总说"再等等，再等等"，得等到~｜照这样来回折腾，~才能办好手续。‖ 也称"驴年马月"。

陈年古道 [tʂʻẽ⁵⁵ɲiæ̃⁵⁵ku³⁵tau⁵²³] chēn niān gú dào 多年以前的（事情）：几个老年人坐在庄头上拉呱，说的都是~老辈子的事｜想治他还不容易？把~的事都翻腾出来，给他算总账。

末脚年 [miə²¹⁴tɕyə⁰ɲiæ̃⁵⁵] miě jue niān 某个朝代灭亡的年份：壬子年（1912）是大清的~。

腌臜子年 [a²¹⁴tsa⁰tsɿ⁰ɲiæ̃⁵⁵] ǎ za zi niān 四十五岁的讳称。民间把驴看作蠢贱之物，把四十五岁的人说成属驴的，所以忌言四十五岁：~是最累的时候，上有老，下有小，操不完的心。

旬头 [ɕyẽ⁵⁵tʻour⁰] xūn tour 指七十三岁和八十四岁：我今年摊~｜人毕竟八十四了，又是~，七十三、八十四，阎王不叫自己去嘛。‖ 按照十二属相排序，每十二年为"一旬"，七十三岁、八十四岁分别是人生第七旬的开头和末尾，也就是第七旬的两头，所以叫"旬头"。民间认为，孔子享寿七十三，孟子享寿八十四，这两个年龄是老人难过的两道"坎"（关口），吃鲤鱼可以"破解"：七十三，吃条鲤鱼窜一窜。

十七大八 [ʂɿ⁵⁵tɕi²¹⁴ta⁵²³pa²¹⁴] shī qǐ dà bā 十七八岁。强调年轻人已经长大成人：~了，该学干活儿了｜~不出嫁，早晚得赶出门。

四五老十 [sɿ⁵²³u³⁵lau³⁵ʂɿ⁵⁵] sì wú láo shī 四五十岁。旧时认为已经进入老年：~的人，该知道过日子了。

七八老十 [tɕi²¹⁴pa²¹⁴lau³⁵ʂɿ⁵⁵] qī bǎ láo shī 七八十岁。指年事已高：到了~，还有啥想不开的？‖ 也说"七老八十"。

猫大的年纪 [mau⁵⁵ta⁵²³ti⁰ɲiæ̃⁵⁵tɕi] māo dà di niān ji 比喻岁数很小（含戏谑意味）：

这个小羔子，~净说大人话。

（二）时令

无冬历夏 [u⁵⁵tuŋ²¹⁴li²¹⁴ɕia⁵²³] wū dǒng lǐ xià 不论冬天、夏天，指一年四季之间：他摆摊修洋车子，~都不停。

小年 [ɕiau³⁵ɲiæ̃⁵⁵] xiáo niān ①农历腊月二十三日。当日，人们打扫房子，擦洗家具，干干净净迎新春。②农历六月初一。人们为庆贺夏粮丰收，用新麦面蒸馒头、蒸糖发馍（有的蒸糖角子）、炒猪肉，并置办时鲜果品（如玉皇李子、花红、鲜桃、杏等）作为供果，焚香叩头敬上天，祈求风调雨顺：六月初一~下（民谚）。

过了腊八就是年 [kuɤ⁵²³lou⁰la²¹⁴pa²¹⁴tɕiou⁵²³sɿ⁵²³ɲiæ̃⁵⁵] guò lou lǎ bǎ jiù sì niān 过了腊月初八日之后，就算进入春节：~，草棒底下都有神，说话行事都得讲规矩，别犯了忌讳。‖另有"十五头里都是年"的说法，意思是正月十五日之前都是春节。

年垂 [ɲiæ̃⁵⁵tʂʻueir⁵⁵] niān chuīr 旧历年尾最后一天。一般为农历腊月三十日：~黑喽，居家老小围着桌子喝辞岁酒。

没年垂 [mei⁵²³ɲiæ̃⁵⁵tʂʻueir⁵⁵] mèi niān chuīr 腊月为小尽（29天）：他张紧得给~的样。

大年年 [ta⁵²³ɲiæ̃⁵⁵ɲiæ̃⁰] dà niān nian 春节期间：~，人家都忙着走亲戚，你咋还去干活？｜~，不兴骂人的。

滑年 [xua⁵⁵ɲiæ̃⁵⁵] huā niān 农历当年无立春节气的年份。旧时有滑年不订结婚日期的习俗。

火神节 [xuɤ³⁵ʂẽ⁰tɕiə²¹⁴] huó shen jiě 农历正月初七。当日傍晚，少年儿童举行送火神活动，举着火把到村外大路嬉戏。火神，神话中司火之神，丰县城南关旧有火神庙、火神庙街。

二月二 [l̩⁵²³yə⁰l̩⁵²³] lrì yue lrì "龙抬头"的日子。

五月端午 [u³⁵yə⁰tuan²¹⁴ur³⁵] wú yue duǎn wúr 端午节。

五月十三 [u³⁵yə⁰ʂɿ⁵⁵sæ̃²¹⁴] wú yue shī sǎn 传说关老爷磨刀的日子。迷信的人认为关公磨刀用的水会洒落成雨，解除旱情。农谚云："大旱不过五月十三。"若是旱情至该日仍不缓解，人们就举行求雨活动：有的地区邀集青壮年，带着扫帚去扫坑，扫井台；有的将关公塑像抬出放在太阳下晒；有龙王庙的地方则向龙王庙烧香求雨，或晒龙王。

头麦里 [tʻou⁵⁵mei²¹⁴li⁰] tōu měi li 麦收以前：~走一趟亲戚。

挨麦口儿 [iə²¹⁴mei⁰kʻour³⁵] yě mei kóur 快要收获麦子的时节：到了~里，他买了新镰、木锨。

麦口儿 [mei²¹⁴kʻour³⁵] měi kóur 麦子将熟的时节：~里，在外打工的回到庄里。

麦黄梢的时候 [mei²¹⁴xuɑŋ⁵⁵saur²¹⁴ti⁵⁵sɿ⁵⁵xou⁰] měi huāng sāo di sī hou 麦穗由青转

黄的时候。

麦季 [mei²¹⁴tɕier⁵²³] měi jìr 收麦季节：~里，家家都上地，有的割麦，有的看麦，有的拾麦，有的铲麦茬｜今年~收了几千斤麦｜穷的别受有的哄，楝子开花才不冷；你说这话不可考，~还得穿棉袄（民谣。有的，指富人；楝子，指楝树）。

麦里 [mei²¹⁴li⁰] měi li 同"麦季"。

过喽麦 [kuə⁵²³lou⁰meir²¹⁴] guò lou měir 麦季过后的一段时间：~，娘看妮儿（本地风俗，麦季过后，母亲到女儿家看望）。‖ 有的地区说"过啦麦"[kuə⁵²³la⁰meir²¹⁴] guò la měir。

秋漫趟里 [tɕ'iou²¹⁴mæ̃⁵²³t'aŋr⁵²³li⁰] qiū màn tàngr li 秋季中间，秋季庄稼未熟之时。

收起了 [ʂou²¹⁴tɕ'i³⁵liau³⁵] shǒu qí liáo 庄稼收获完毕的季节：等到~我给你买件新衣裳｜年年~公社里都叫民工挖河。

七月七 [tɕ'i²¹⁴yə⁰tɕ'i²¹⁴] qǐ yue qǐ 传说牛郎会织女的日子：年年有个~，天上的牛郎会织女（民歌）。

鬼节 [kuei³⁵tɕiə²¹⁴] guí jiě ①农历七月十五日，传说此日阴曹地府的鬼放假外出，因而人们焚化纸钱，以保平安。②农历十月一日，人们上坟烧纸，祭祀先人。旧时，此日丰县城区举行城隍出巡活动。

八月十五 [pa²¹⁴yə⁰ʂʅ⁵⁵ur³⁵] bǎ yue shī wúr 中秋节：~月亮圆，西瓜月饼敬老天。

腊八 [la²¹⁴par²¹⁴] lǎ bǎr 农历十二月（腊月）初八。传说释迦牟尼在这一天成道。民间在这一天有喝腊八粥的习俗：~这天，不少人来到永宁寺喝腊八粥。

大年 [ta⁵²³ŋiæ̃⁵⁵] dà niān 果品产量较高的年份：今年苹果是~。

小年 [ɕiau³⁵ŋiæ̃⁵⁵] xiáo niān 果品产量较低的年份：今年俺的苹果赶到~，减产一半。

贱年 [tɕiæ̃⁵²³ŋiæ̃⁵⁵] jiàn niān 饥荒年，收成差的年份。

孬年成 [nau²¹⁴ŋiæ̃⁵⁵tʂ'əŋ⁰] nǎo niān cheng 一年中农作物收成不好的时候。

三、方向、位置

当中间 [taŋ²¹⁴tʂuŋ²¹⁴tɕiær⁵²³] dǎng zhōng jiànr 当中，正中间：你站到~里多碍事｜华山有三个山头，南边的山头叫华山，~的叫岚山，尽后边的叫龟山。‖ 有的说"当冲间""当不间"。

当阳 [taŋ²¹⁴iaŋr⁵⁵] dǎng yāngr 当中；中间：他站到路~｜水泥地，粉白墙，寿星图，挂~（民间说唱）。‖ 阳，当为"央"的音变。

正当阳 [tʂəŋ⁵²³taŋ²¹⁴iaŋr⁵⁵] zhèng dǎng yāngr 正中间：新亲~，老亲站一旁｜新瓦屋，新楼房，八仙桌子~｜院子里头真利亮，桌子摆到~，这边站的天仙女，那边站个状元郎（拜天地歌）。

脸前头 [liæ³⁵tɕ'iæ⁵⁵t'ou⁰] lián qiān tou 面前。‖ 又说"眼前头"。

打圈 [ta³⁵tɕ'yæ̃r²¹⁴] dá quǎnr 周边，周围：一有事儿，~的邻居都来帮忙｜那是个岛，~都是水｜~县的口音都差不多｜城~有不少菜地。‖ 也说"周圈""一周圈""四周圈"。

一圈圈 [i²¹⁴tɕ'yæ̃r²¹⁴tɕ'yæ̃r²¹⁴] yī quǎnr quǎnr 指周围的（人）：他能吃亏，肯干活，~人都喜欢他｜一句话没说好，得着（得罪）~｜~人都巴着他赶快调走。

四梢头 [sɿ⁵²³sau²¹⁴t'ou⁵⁵] sì sāo tōu 边远处：牛屋安到庄南~里｜老屋塌了，他住到~的窝棚里｜庄里住不开，一家人只好搬到~里去住。

辽辽边 [liau⁵⁵liau⁵⁵piæ̃r²¹⁴] liāo liāo biǎnr 最边缘：他坐到戏台子~上｜俺的庄子在县界~。

跟跟先 [kɚr²¹⁴kɚr⁵⁵ɕiæ̃⁰] gěnr gēnr xian ①很近的地方：他都走到~了，我还没看见他｜他家很近，就在~。②最后期限：到了~才去写作业。

边边先 [piæ̃r²¹⁴piæ̃r⁵⁵ɕiæ̃⁰] biānr biānr xian 边缘：他站到水坑~。

漫路 [mæ̃⁵²³lur⁵²³] màn lùr 半路：~上碰见熟人了｜走到~接到单位儿的电话。

半拉腰 [pæ̃⁵²³la⁰iaur⁵⁵] bàn la yāor 中间；中途；做事的进程中：爬山爬到~里，累得不想动了｜走到~拐回去了｜干到~来劲了。‖ 有的说"半花腰" [pæ̃⁵²³xua⁰iaur⁵⁵] bàn hua yāor、"漫拉腰" [mæ̃⁵²³la⁰iaur⁵⁵] màn la yāor、"漫古腰" [mæ̃⁵²³ku⁰iaur⁵⁵] màn gu yāor、"二漫腰" [l⁵²³mæ̃⁵²³iaur⁵⁵] lrì màn yāor。

漫腰 [mæ̃⁵²³iaur²¹⁴] màn yǎor 半腰：碑碣立到山~里。

半半拉拉 [pæ̃⁵²³pæ̃⁰la²¹⁴la²¹⁴] bàn ban lǎ lǎ 一半；半截：话说了个~，就不说了｜墙垒得~停下了。

东关 [tuŋ²¹⁴kuæ̃²¹⁴] dōng guān 原指城市东边的关口，后指城市的东部地区：~有文庙、五门口、萧何宅。

边个 [pæ̃²¹⁴kər⁵²³] bān gèr 边。方位词的后缀：大姐把着东~，二姐把着西~｜房子里~安着电扇｜把番瓜搁到一~｜他在我旁~站着。

顶上 [tiŋ³⁵xaŋ⁰] dǐngr hang 上面：他坐到车~（他坐在车上）｜门~贴着一对门神。

底下 [ti³⁵ɕia⁰] dí xia 下面：床~｜地~。

大北里 [ta⁵²³pei²¹⁴li⁰] dà běi li 北部很远处：丰县~有个单个的周仓庙。

搭界 [ta²¹⁴tɕiɛ⁵²³] dǎ jiè 挨边，引申为没有关联：这两样事儿不~。

到边到沿 [tau⁵²³piæ̃²¹⁴tau⁵²³iæ̃r⁵²³] dào biānr dào yànr 指延伸到最边沿，全部布满：脱坯要四角填满泥，~，不能虚乎。

老末 [lau³⁵miæ²¹⁴] láo miě 最后：挂号的人多得很，我排到~｜期末考试，他考个~。‖ 有的说 [lau³⁵ma²¹⁴] láo mǎ。

四、农事、农具

（一）农事

耪地 [pʻaŋ³⁵tiɨ⁵²³] páng dì 锄地，用锄松土除草：~得学会换架儿，老是一个架子能累毁。

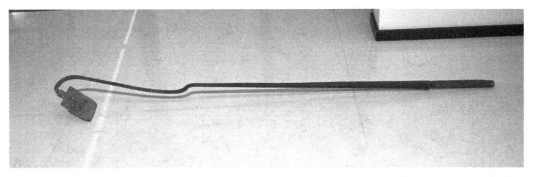

图 5-6 耪地用的锄（2023 年 1 月摄于丰县文博园）

撸锄杠 [lu²¹⁴tʂʻu⁵⁵kaŋ⁵²³] lǔ chū gàng 喻指从事农业劳动：要不好好学习，将来就得回家~｜他是~的料，干不成大事。‖有的说"撸锄把" [lu²¹⁴tʂʻu⁵⁵pa³⁵] lǔ chū bá。

下晌 [ɕia⁵²³ʂaŋ³⁵] xià sháng 收工：眼看到东南晌午，她就~回家做饭｜太阳落山下了晌。‖又说"歇晌"。

打坷垃 [ta³⁵kʻə³⁵la⁰] dá ké la 用榔头等把犁起的坷垃（土块）砸碎，使庄稼易于播种、生长（一般在淤土地中）：我这~的也变成文人了｜穿上高跟鞋，不能~。

垡子地 [fa⁵⁵tsɿ⁰tiɨ⁵²³] fā zi dì 耕翻起来的土地：这块~到秋里种麦｜那边不好走，都是~｜年轻时候谁不踏三年~。

蹽脚坑 [uə²¹⁴tɕyə⁰kʻəŋ²¹⁴] wǒ jue kěng 田间小道上的凹坑：走路要小心~｜那个路上净是~，你去平平。

帮耩子 [paŋ²¹⁴tɕiaŋ³⁵tsɿ⁰] bǎng jiáng zi 牲畜拉耧车播种时，由一人牵引牲畜，控制速度和方向：他扶着耩子摇耧，我在前边~。

领犋 [liŋ³⁵tɕy⁵²³] líng jù 耕作时起带领作用的牲畜。

领墒 [liŋ³⁵ʂaŋ²¹⁴] líng shǎng （某个牲畜）在耕作时起带领作用：~牛拉着犁子顺着墒沟走，地犁得笔直｜歪腚犟牛能~，谁还买老犍（民谚）？

犋牛顷地 [tɕy⁵²³ȵiou⁵⁵tɕʻiŋ³⁵tiɨ⁵²³] jù niū qíng dì 一犋牛可以耕种一顷地。‖较老的说法。

耩地 [tɕiaŋ³⁵tiɨ⁵²³] jiáng dì 用耧车播种：他牵着牲口、扛着耩子去~｜他是~的行家，耩麦、耩豆子、耩绿豆都靠他。

洇地 [iẽ²¹⁴tiɨ⁵²³] yǐn dì 用水浇地。

砘地 [tuẽ⁵²³ti⁵²³] dùn dì 播种后，用石砘子压平耩沟。

弃地 [tɕ'i⁵²³ti⁵²³] qì dì 清除田地里的庄稼秸秆等，以便于犁地播种：先~，再派牲口犁地｜该种麦了，地还没弃。‖弃，本字大概为"起"。

领趟子 [liŋ³⁵t'aŋ⁵²³tsɿ⁰] líng tàng zi 收割庄稼时在前面起带头作用：他割起麦来手把快，在头里~。

倒地 [tau⁵²³ti⁵²³] dào dì（用抓钩子、镢头）刨地：拿抓钩子来~｜我倒了一片地，准备种红芋｜下生抱着个抓钩子——穷种~（歇后语。倒地，谐"到底"）。

图 5-7　倒地用的抓钩子（2020 年 10 月摄于常店镇）

倒 [tau⁵²³] dào 动词，用抓钩、镢头等工具刨：地硬了，拿抓钩子~~。

畦 [ɕi⁵⁵] xī 动词，筑畦培育秧苗：~白菜｜~稻秧子。

剔苗 [t'i²¹⁴miaur⁵⁵] tī miāor 间苗。

薅草 [xau²¹⁴ts'au³⁵] hǎo cáo 用手拔掉杂草。

弃草 [tɕ'i⁵²³ts'au³⁵] qì cáo 田间锄草：地里的草把庄稼盖住了，该~了｜打了除草剂，用不着~了。‖弃，清理，起除。

沤积肥 [ou²¹⁴tɕi²¹⁴fi⁵⁵] òu jī fi 用杂草、秸秆、树叶、灰土等沤制土杂肥。

澜 [lã⁵⁵] lān 给植物施肥：用草木灰~地｜这块菜地~的豆子，没~化肥｜给西瓜~点儿麻糁。

绱 [ʂaŋ⁵²³] shàng 施（肥）：种地不~粪，等于瞎胡混（民谚）｜伏天犁道墒，就赶~遍粪（民谚，伏天犁起地，比得上施一遍粪）｜~化肥。

绱地 [ʂaŋ⁵²³ti⁵²³] shàng dì 给田地施肥料：用草木灰~｜麻糁~比啥粪都壮。

青灰 [tɕ'iŋ²¹⁴xuei²¹⁴] qīng huī 草木灰。一种常用的肥料。

树粪 [ʂu⁵²³fẽ⁵²³] shù fèn 树木腐烂生成的碎末。常用来培育蔬菜种子。

掩青 [iæ̃³⁵tɕ‘iŋ²¹⁴] yán qīng 增加土壤有机质的一种方法。将玉米秸或扬花期的苕子、田菁、绿豆作为绿肥掩埋于土中。

攒 [ts‘uæ̃⁵⁵] cuān ①动词，把成捆的作物秸秆斜立倚靠在一起，中间留有缝隙，以利于通风透光、晒干：把秫秸~起来。②名词，把成捆的作物秸秆斜立倚靠在一起形成的堆儿：秫秸~。

打顶 [ta³⁵tiŋr³⁵] dá díngr 去掉某些作物的顶尖，控制主茎生长：蚕豆快该结角儿的时候得~，农民掐掉嫩顶，拿去做蒸菜。

揷 [ts‘ɛ²¹⁴] cǎi 嫁接（植物）：这十亩苹果是海棠~的｜冬瓜苗上~西瓜，西葫芦上~黄瓜。‖音同"猜"。

苦揷 [k‘u³⁵ts‘ɛ²¹⁴] kú cǎi 传统嫁接方法，即切接、劈接。将砧木剪断，在砧木断面上劈出一个切口，把削尖的接穗插入切口内，绑扎并保湿。

蹿（树）[ts‘uæ̃²¹⁴ (ʂu⁵²³)] cuān (shù) 管理树木的一种方法，去除树的侧枝，使树干向上挺直生长：把斜股子~掉，留个大股子。

下 [ɕia⁵²³] xià 大批量采收（瓜果）：~苹果｜~梨｜~桃｜~瓜。

挛 [luæ̃⁵⁵] luān 搜捡剩余作物：~红芋｜~苹果｜~落生｜~麦｜~庄稼。‖本字不明，以同音代替。

窝脖 [uə²¹⁴puər⁵⁵] wǒ bōr 豆类作物出土前发芽。

拍 [p‘ei²¹⁴] pěi ①下雨后土地板结，庄稼幼芽不能出土，闷死于土中：豆子耩得忒深，一下雨都~了。②平板状物体压下来：墙头要倒，别把人~底下喽。

沤根 [ou²¹⁴kẽ²¹⁴] ǒu gěn 树木等根部受水浸湿腐烂：苹果树~了。

闷根 [mẽ²¹⁴kẽ²¹⁴] měn gěn 树木因栽植过深而使根部腐烂：杨树栽深了容易~。

拱土 [kuŋ³⁵t‘u³⁵] góng tú 幼苗出土前顶起小土包。

发棵 [fa²¹⁴k‘uər²¹⁴] fǎ kuǒr ①分蘖：麦开始~了。②植株逐渐长大。

拖 [t‘uə⁵⁵] tuō 植物枝、蔓伸展：树股子~到墙头外边儿去了｜葫芦秧~满架子｜一棵番瓜~了三个省｜南来的花枝往北~，东来的花枝往西缠，~的~来缠的缠，缠一个珍珠倒卷帘（民间说唱《梁山伯祝英台》）。‖拖，此处音同"驮"。

拖秧 [t‘uə⁵⁵iaŋr²¹⁴] tuō yǎngr 植物茎蔓伸展：甜瓜开始~了。

长过苗 [tʂaŋ³⁵kuə²¹⁴miau⁵⁵] zháng guǒ miāo 庄稼苗生长过于旺盛：麦种早了，都~了｜缯的化肥多，好~。‖苗，有的说成上声 [miau³⁵] miáo。

长疯 [tʂaŋ³⁵fəŋ²¹⁴] zháng fēng 作物过于旺盛，结果、结籽较少：棉花~了，光长棵不坐桃。

衍花 [iæ̃³⁵xuar²¹⁴] yán huǎr 庄稼穗开花：稻子~了｜麦快该~了。

挣青 [tsəŋ⁵²³tɕ‘iŋ⁰] zèng qing 豆、麦等类庄稼在成熟季节仍然青葱未成熟，已无成熟可能：树底下的一片豆子~了。

胤 [iɛ⁵²³] yìn ①植物通过根部繁殖蔓延：苇子~了一坑。②引申为扩散、繁衍。‖有的写作"荫"。

逮苗 [tɛ³⁵miau⁵⁵] dái miāo 作物成活率高，出苗整齐：这块地能~。

水仁 [ʂuei³⁵zɚ⁵⁵] shuí rēnr 含水分较多的未成熟果实籽粒：楝子树开花的时候，麦粒还是~，搓着生吃有股清香味儿｜剥开棒穗子，里边儿都是~。

麦个子 [mei²¹⁴kə⁵²³tsʅ⁰] měi gè zi 捆扎过的麦子：麦子刚割过，地里摆着一捆一捆的~｜把~拉到场里摊开晒干。

麦铺子 [mei²¹⁴pu²¹⁴tsʅ⁰] měi pǔ zi 割下来没有捆扎的成堆的麦子：把~捆起来。

麦余子 [mei²¹⁴y⁵⁵tsʅ⁰] měi yū zi 麦子脱粒、扬场后清理出的带壳秕粒。

麦秸筒子 [mei²¹⁴tɕiɛ²¹⁴tʰuŋ³⁵tsʅ⁰] měi jiē tóng zi 未经碾轧的麦秸。去掉麦粒后用来苫盖房屋、编织苫子等：打麦场边，几个妇女正在乒乒乓乓地摔~。

麦秸莛子 [mei²¹⁴tɕiɛ²¹⁴tʰiŋ⁵⁵tsʅ⁰] měi jiē tīng zi 麦茎顶端与麦穗相连的一节。常用来编织草帽、扇子等。

麦穰 [mei²¹⁴zaŋ⁵⁵] měi rāng 碾轧脱粒过的麦秸：抱点~铺床。

麦要子 [mei²¹⁴iau⁵²³tsʅ⁰] měi yào zi 用麦秆拧成的用来捆麦的绳状物：打~，得用湿麦秆，把两股麦秆的麦穗对头绾缯。‖有的说"麦系要子" [mei²¹⁴tɕi⁵²³iau⁰tsʅ⁰] měi jì yao zi。

麦茬 [mei²¹⁴tsa⁵⁵] měi zā 麦子割过留在地上的底茎。可以作柴火：剜了~当柴火｜收割机留的~高，用镰割的~矮。

场 [tʂʰaŋ⁵⁵] chāng 打麦场：打罢~，~边上垛满麦穰垛｜黑喽（晚上）在~里放电影。

按场 [æ̃⁵²³tʂʰaŋ⁵⁵] àn chāng 把一块地犁起、耙平、泼湿、用石磙轧实，使之平滑坚硬，建成晒打谷物的场地：就地~，把麦打好、扬净、晒干运回家。

洇场 [iɛ²¹⁴tʂʰaŋ⁵⁵] yīn chāng 打场之前，用水泼湿脱粒场，放上软麦秸再轧实。

摊场 [tʰæ̃²¹⁴tʂʰaŋ⁵⁵] tǎn chāng 把准备脱粒的庄稼在打麦场里摊晒。

翻场 [fæ̃²¹⁴tʂʰaŋ⁵⁵] fǎn chāng 将初步碾轧的庄稼挑翻出另一面。

轧场 [ia⁵²³tʂʰaŋ⁵⁵] yà chāng 用石磙等物碾轧脱粒。‖也说"打场"。

起场 [tɕʰi³⁵tʂʰaŋ⁵⁵] qǐ chāng 作物在脱粒场里轧好后，用杈子等工具将秸秆聚拢起来，然后把麦粒堆成堆儿。

扬场 [iaŋ⁵⁵tʂʰaŋ⁵⁵] yāng chāng 把打下来的粮食用木锨等农具扬起，借风力吹掉碎秆、皮壳和尘土，分离出干净的籽粒。‖民谚：会扬的扬一线，不会扬的扬一片。

戗场 [tɕʰiaŋ²¹⁴tʂʰaŋ⁵⁵] qiǎng chāng 顶着风，把初步扬过的粮食再用木锨扬洒，使粮粒更干净：~要戗去麦余子。

打落 [ta³⁵luə²¹⁴] dá luǒ 扬场时，用扫帚在粮堆上轻扫糠皮等杂质。

耢场 [lau⁵²³tʂ'aŋ⁵⁵] lào chāng 把脱粒未净的谷物再一次碾轧脱粒。

打灌场 [ta³⁵k'uæ̃⁵²³tʂ'aŋ⁵⁵] dá guàn chāng 指打麦脱粒时突遇暴雨：狗咬羊，火上梁，小孩爬到井涯上，庄稼老头~（民谚"急慌事"）。

豆铺 [tou⁵²³p'ur²¹⁴] dòu pǔr 割下来摆放成堆的豆棵：处暑秫秫白露谷，秋分两旁看~（民谚。处暑收获高粱，白露收获谷子，秋分前后收获黄豆）‖也叫"豆铺子"。

图 5-8 轧场用的石磙（2020 年 4 月摄于孙楼街道）

豆毛子 [tou⁵²³mau⁵⁵tsʅ⁰] dòu māo zi 打豆子剩下的皮壳等杂物。

母子 [mu³⁵tsʅ⁰] mú zi 做种子用的作物块茎：红芋~发芽了｜毛芋头~不好吃。

炕红芋芽子 [k'aŋ⁵²³xuŋ⁵⁵y⁵²³ia⁵⁵tsʅ⁰] kàng hōng yù yā zi 早春季节在炕房中加温给红薯块催芽：炕这些红芋芽子，够栽五亩地的。

翻红芋秧子 [fæ̃²¹⁴xuŋ⁵⁵y⁵²³iaŋ²¹⁴tsʅ⁰] fǎn hōng yù yǎng zi 夏季翻转红薯茎蔓，扯断其次生根，防止次生根扎地以及茎蔓旺长。常用一根小木棍作翻秧的工具。

刮红芋片子 [kua³⁵xuŋ⁵⁵y⁵²³p'iæ̃⁵²³tsʅ⁰] guá hōng yù piàn zi 用刮子将红薯擦成薄片：大人刮了一堆红芋片子，叫小孩运到家后地里晒，红芋片子晒干就成了红芋干子，红芋干子比鲜红芋搁的时间长，到冬天、春天喝红芋片子糊涂，推红芋干子面。‖有的说"推红芋片子"。

图 5-9 晒红芋干子（2022 年 10 月摄于华山）

晒红芋干子 [sɛ⁵²³xuŋ⁵⁵y⁵²³kæ̃²¹⁴tsʅ⁰] sài hōng yù gǎn zi 将刮好的红薯片摊在地上或挂在绳上晒干。

红芋窖 [xuŋ⁵⁵y⁵²³tɕiau⁵²³] hōng yù jiào 储藏红薯用的地窖。多为圆形竖穴式，也有长方体横穴式。20 世纪 60 至 80 年代，农村以红薯为主粮，每家都有这种地窖。

夹园子 [tɕia²¹⁴yæ̃tsʅ⁰] jiǎ yuān zi 用枝条、秸秆给菜园织作篱笆：~不叫鸡进来吃菜｜我把园子夹好，种上番瓜。

秫秸个子 [ʂu⁵⁵tɕiɛ²¹⁴kə⁵²³tsʅ⁰] shū jiǎi gè zi 砍下来捆扎在一起的高粱秆：把～攒到一堆。

秫秸攒 [ʂu⁵⁵tɕiɛ²¹⁴tsʻuã⁵⁵] shū jiǎi cuān 几个成捆的高粱秸靠在一起搭成的圆锥形的堆儿，中间有一些空隙：吃屎的狗离不开～（民谚。旧时人们常在秫秸攒内大便。比喻有不良嗜好的人喜欢到特定地方去）。

秫秫挠子 [ʂu⁵⁵ʂu⁰nau⁵⁵tsʅ⁰] shū shu nāo zi 脱粒过的高粱穗。常用以扎制笤帚、刷帚。

秆草 [kã³⁵tsʻau³⁵] gán cáo 没有碾轧过的谷子秸秆（一般用作牲畜饲料）：驴吃～｜猪吃糠｜铡好～好喂驴｜软铺是用～打的｜吃～屙驴粪——不通人性（歇后语）。

白霎 [pei⁵⁵sa⁵²³] bēi sà 麦子白粉病或葱疫病。

乌霉 [u⁵²³mei⁰] wù mei ①麦类、高粱、玉米等作物上病变生长的菌类。染此病的麦穗，苞内外白内黑，嫩时味甘可食，有土气，其后则裂开，不可食：他钻到秫秫地里，打几个～，吃得嘴角发黑。②喻指炸弹、子弹等发射后未爆炸：炸弹～了，落地上没炸｜别怕，这是个～弹。‖古时写作"乌糜""乌昧"等。

搡秫秫叶 [ʂuaŋ³⁵ʂu⁵⁵ʂu⁰iə²¹⁴] shuáng shū shu yě 高粱接近成熟时，把叶子拽扯下来（用作饲料等）。‖搡，往下拽扯。

砍秫秫 [kʻæ̃³⁵ʂu⁵⁵ʂu⁰] kán shū shu 收获高粱时，用镢头整棵砍下：砍罢秫秫拉秫秸，拾净烂秫秸｜立秋十天～（民谚）。

扦 [tɕiæ̃²¹⁴] qiǎn 用扦刀将谷穗、高粱穗等割下：男子在前头割谷子，妇女在后头～谷穗｜把～好的秫秫头装上车。

点棒子 [tiæ̃³⁵paŋ⁵²³tsʅ⁰] dián bàng zi 点种玉米。

掰棒子 [pei²¹⁴paŋ⁵²³tsʅ⁰] běi bàng zi 把成熟的玉米穗从植株上折下来：狗黑子（狗熊）～，掰一个，拌（扔掉，舍弃）一个。‖也说"擗（pí）棒子"。

摘绿豆 [tsei²¹⁴ly²¹⁴tou⁰] zěi lǔ dou 采摘绿豆。

杀芝麻 [sa²¹⁴tsʅ²¹⁴ma⁰] sǎ zǐ ma 砍割芝麻。

磕芝麻 [kə²¹⁴tsʅ²¹⁴ma⁰] kě zǐ ma 芝麻脱粒。手持晒干的芝麻捆，使其头朝下，不停敲打，让芝麻粒脱落在布上或容器里：队长安排，男子砍秫秫，妇女～。

点落生 [tiæ̃³⁵luə²¹⁴səŋ²¹⁴] dián luǒ sěng 点种花生：沙地里～，淤地里栽番茄。

撸棉花腿 [lu²¹⁴miæ̃⁵⁵xua⁰tʻuei³⁵] lǔ miān hua tuí 棉花现蕾前有4～6片真叶时，把真叶以下子叶去掉。

去毛耳朵 [tɕʻy⁵²³mau⁵⁵l̩³⁵tʻou⁰] qù māo lŕí tou 摘除棉花枝上的赘芽，利于丰产。"毛耳朵"，棉花果枝与主茎相接的叶腋处生出的无用芽。

擗棉花杈子 [pʻi³⁵miã̠⁵⁵xuaºtsʻa⁵²³tsๅº] pí miān huā cà zi 拽掉棉株多余的侧枝，使营养充分供应果枝。‖擗，有的说"掰"。

打杈 [ta³⁵tsʻa⁵²³] dá cà 同"擗棉花杈子"：棉花不~，光长柴火架（民谚）。

留眼子毛 [liou⁵⁵iã̠³⁵tsๅºmau⁵⁵] liū yán zi māo 喻指棉花拾得不干净，在棉桃壳内留下一些绒毛。

棉柴 [miã̠⁵⁵tsʻɛ⁵⁵] miān cāi 棉花采收后剩下的茎秆，可作柴火：到秋里拔~。

重茬 [tʂʻuŋ⁵⁵tsʻar⁵⁵] chōng cār 在同一块田地中连年种植同一种作物：山药怕~｜~容易生病｜~种的西瓜，等到瓜结的给蒜臼子样的时候，就塌叶。

倒茬 [tau³⁵tsʻar⁵⁵] dáo cār 在某块田地中轮换种植不同的作物。

夹篱笆子 [tɕia²¹⁴li⁵⁵paʻ⁵²³tsๅº] jiǎ lī bà zi 编做篱笆。一般用树枝、作物秸秆编成，作为障隔的栅栏，环绕在房屋、菜园等周围。

老年土 [lau³⁵ȵiã̠⁵⁵tʻu³⁵] láo niān tú 移植植物时植物根部带的原土：移树的时候多带点~，容易栽活。‖有的称作"姥娘土"。

盘瓜 [pʻã̠⁵⁵kua²¹⁴] pān guǎ 用铲或瓜刀为瓜苗松土。

压瓜 [ia²¹⁴kua²¹⁴] yǎ guǎ 为防止瓜的茎蔓互相缠压、风吹翻滚，人们将茎蔓拉直理顺，隔一定距离压上一个土块，使其固定不动。有的顺着瓜蔓的走向挖横向浅沟，把瓜蔓放入沟内用土压紧：他在瓜园里拿着瓜刀~｜土地爷~——净出神叉子（歇后语）。

罢园 [pa⁵²³yã̠r⁵⁵] bà yuānr 瓜果蔬菜收获结束后，清理园中枝蔓和工具：南地的瓜该~了，我正准备拉瓜秧。‖顺河、常店、欢口等地说"败园"。

从开花吃到败园 [tsʻuŋ⁵⁵kʻɛ²¹⁴xuar²¹⁴tʂʻʅ²¹⁴tau⁵²³pɛ⁵²³yã̠r⁵⁵] cōng kǎi huǎr chǐ dào bài yuānr 本义指某人从开始收摘瓜果蔬菜到停止收摘都在吃这些果蔬，比喻自始至终参与其中（含戏谑意味）：生产队种了二亩瓜，队长的爹、会计的叔~，工分没少抓，瓜也吃足了｜俺当院里有两棵枣，邻居二羔子~｜我跟着扶贫工作队到乡里蹲点，~，一直熬到最后。

荒草胡棵 [xuɑŋ²¹⁴tsʻau³⁵xu⁵⁵kʻuə²¹⁴] huǎng cáo hū kuǒ 形容因无人管理而野草丛生：河滩上~，不长庄稼｜家里几年没住人，当院里~。

打粉面子 [ta³⁵fɛ³⁵miã̠⁵²³tsๅº] dá fén miàn zi （用红薯等粮食）做淀粉，用于生产粉丝。‖粉面子，指淀粉。

漏细粉 [lou⁵²³ɕi⁵²³fɛ³⁵] lòu xì fén 制作粉丝。用漏勺或漏瓢将淀粉糊浆下在开水中，煮熟捞出：生产队添了一台红芋粉碎机，召集一班人打沫子、过罗、~，做成的细粉分给社员，粉渣用来喂猪｜把粉面子加水搅成糊子，拿着漏瓢~。

淘豆芽子 [tʻau⁵⁵tou⁵²³ia⁵⁵tsๅº] tāo dòu yā zi 制作豆芽。将黄豆（或绿豆、黑豆）泡涨，放入底部带孔的瓦罐、土缸中，使其发芽，每日用清水冲洗两次，至豆芽长成为止。

縻 [mi⁵⁵] mī 用绳系住牲畜，拴在橛子、树桩等固定物上：把羊~到地头上｜拿根长绳~上羊。

翻坑 [fæ²¹⁴k'əŋ²¹⁴] fǎn kěng 鱼群因缺氧或水质浑浊而浮到水面：热天~的时候，河里的鱼都到水面上张嘴喘气。

解板 [tɕiɛ³⁵pæ³⁵] jiái bán 把木头锯成木板：枣核子~——没几锯（歇后语，谐"没几句"）。

拉梢子 [la²¹⁴sau²¹⁴tsʅ⁰] lǎ sǎo zi 在车辆侧前方用绳拉车：一个人扶车把，两个人~｜我掌车把，四弟给我~。

掌把 [tʂaŋ³⁵pa³⁵] zháng bá 掌扶车把。

大撒把 [ta⁵²³sa²¹⁴pa³⁵] dà sǎ bá ①（骑自行车时）两手放开车把：骑车子不能~，容易出事儿｜他来了一个~，两手平伸，像是凤凰展翅。②比喻完全放手：这件事你还得管着，不能~。

打把 [ta³⁵pa³⁵] dá bá 转动车把手，使车辆变动方向：二哥骑车刚出胡同口，看见迎面来了一辆电动车，急忙往右边~。‖也说"磨把"[muə⁵²³pa³⁵] mò bá。

驾辕子 [tɕia⁵²³yæ⁵⁵tsʅ⁰] jià yuān zi 驾着车辕拉车。

刮烟 [kua³⁵iæ²¹⁴] guá yǎn 旧时指用烟刨子刮烟丝。在烟叶上喷洒香油和高粱酒，并加入香料，用压叶板（或称刮烟板）将烟叶压紧，再以烟刨子刮成烟丝。所刮烟丝以细为佳，由细到粗依次称为皮丝、雪丝、丹桂、兰蓉等。

蚂蚱腿 [ma²¹⁴tsa⁰tuei³⁵] mǎ za tuí 旧时指一种粗劣的烟丝。刮烟剩下的烟排头，用小铡刀切碎，加些香料，放入小口坛中封闭十余天出售。‖又称"杂瓣"。

不通庄稼性 [pu²¹⁴t'uŋ²¹⁴tʂuaŋ²¹⁴tɕia⁰ɕiŋr⁵²³] bǔ tǒng zhuǎng jia xìngr 不懂得种庄稼：他才到农村，~｜苇棵里打乌麦——~（歇后语）。

耪二八 [p'aŋ³⁵l̩⁵²³pa²¹⁴] páng lrì bǎ 20世纪40年代以前租佃关系的一种形式。农民租种地主的田地，所产粮食按"二八"分成，农民和地主各得二成、八成。当时田间管理的主要农活是耪地（锄地），故名：~，真不易，吃糠菜，出牛力（旧歌谣）。‖有的说"锄二八"。

耪三七 [p'aŋ³⁵sæ²¹⁴tɕ'i²¹⁴] páng sǎn qī 抗日战争时期，中共领导的根据地实行的租佃关系的一种形式。根据减租减息政策，租种田地按"三七分成"。

打短 [ta³⁵tuær³⁵] dá duánr 旧指打短工：上湖里去~。

借青麦 [tɕia⁵²³tɕ'iŋ²¹⁴mei²¹⁴] jiè qǐng měi 20世纪40年代前，农民为度春荒，向地主或债主借粮（多为高粱、谷子等杂粮），收麦后偿还小麦，利率多是借一还二。

佮巴犋 [kə²¹⁴pa⁰tɕy⁵²³] gě ba jù 合犋。1954年以前农民常用的互助生产方式。两个或两个以上的家庭把牲畜、配套农具合在一起使用，用后便各自收回：你对犁子我对马，咱两家~。

佮巴牛 [kə²¹⁴pa⁰ŋiour⁵⁵] gě ba niūr ①两个或两个以上的家庭合用牲畜、配套农具。②引申为合伙：几个人~做生意｜咱俩~，把这碗酒喝干。

大呼隆班 [ta⁵²³xu²¹⁴luŋ⁰pãr²¹⁴] dà hū long bǎnr 人民公社时期的农村集体劳动方式。其特点是以生产队为单位"上工一窝蜂，干活大呼隆"，20世纪80年代初取消：~的时候，社员辛辛苦苦干一年，年终分不了几块钱。

吃计划 [tʂʅ²¹⁴tɕi⁵²³xua⁵²³] chī jì huà 指计划经济时期非农业户口人员依靠工资生活：好好学习，考上大学~｜人家是~的，俺是个打坷垃的老百姓。‖也说"吃粮本""吃商品粮"。

大包干 [ta⁵²³pau²¹⁴kãr²¹⁴] dà bāo gānr 20世纪80年代初农村实行的土地承包责任制，即包干到户（以家庭为单位承包土地）。土地分配到户，农民拥有使用权，自行安排生产活动，产品除纳税以外归己所有。大包干民谣："揳个橛，划个印，比谁干得都有劲""刨个坑，埋个棍，人人干得都有劲""土地到了户，家家出干部"。

决分 [tɕyə²¹⁴fẽ²¹⁴] jué fēn 农村集体经济组织对全年收入进行的决算和分配：到年底~，社员一人只分五块钱。

建 [tɕiã⁵²³] jiàn 收（作物）：一亩地~了七八百斤麦｜这是自家地里~的，送给你尝尝。

挖大河 [ua²¹⁴ta⁵²³xə⁵⁵] wā dà hē 在政府部门的组织下，民工开挖、疏浚大型河道：各乡都派劳力上河工~，开挖大沙河、苗城河、复新河。

（二）农具

敛锨 [liã³⁵ɕiã²¹⁴] lián xiǎn 平刃铁锨，用于铲土、装卸、平整土地等：以前俺庄上没有铁~，光有木~。

铁木敛 [tʰiə²¹⁴mu⁰liã³⁵] tiě mu lián 同"敛锨"（通行于宋楼、孙楼、范楼、王沟、华山、李寨等地）。

图5-10 铁木敛——平刃铁锨（2023年5月摄于孙楼街道）

铁敛锨 [tʻiə²¹⁴liæ̃³⁵ɕiæ̃²¹⁴] tiě lián xiǎn 同"敛锨"（通行于欢口、顺河等地）。

木锨 [mu²¹⁴ɕiæ̃²¹⁴] mù xiān 扬场时用来铲粮食的木制农具，形状跟铁锨相似。‖有的称作"扬场锨""木敛锨"（顺河等镇）。

尖锨 [tɕiæ̃²¹⁴ɕiæ̃²¹⁴] jiān xiān 圆口锨。刃口椭圆形，锨头略呈凹弧状。‖又称"圆头铁锨""尖头锨""圆锨""锨"（首羡）、"铁锹""瓦垄子铁锨"（范楼镇金陵村等地）。

图 5-11　尖锨——圆口锨（2018 年 10 月摄）

抓钩子 [tʂua²¹⁴kou²¹⁴tsɿ⁰] zhuǎ gǒu zi 三齿钉耙（铁塔）。刨土用的工具，柄长，耙头有三根铁齿：拿~上地里刨红芋去｜~扪痒痒——是把硬手；~挠头——不一路（歇后语）。‖又称"抓钩儿"。

搵耙 [uŋ²¹⁴pʻa⁰] wěng pɑ 摊木。堆聚、摊晒粮食用的工具，头部为一长方形横木板，柄长，推行。

镢头 [tɕyə²¹⁴tʻou⁵⁵] juě tōu ①刨土、砍收庄稼的常用农具。铁质头部与木柄近于垂直。②这种工具的铁质头部：有个金~，少不了柳木把（民谚）。

图 5-12　镢头（2020 年 10 月摄于常店镇）

锛镢 [pẽ²¹⁴tɕyə²¹⁴] běn juě 一种砍劈木头、树根等物的镐，铁质头部一端为横刃，另一端为竖刃。

鹰头镢 [iŋ²¹⁴t'ou⁵⁵tɕyə²¹⁴] yǐng tōu juě 一种镐，用于刨、砍，头部一端为略弯的鹰嘴状，另一端为横刃。

砍耙 [k'æ̃³⁵p'a⁵⁵] kán pā 筑畦埂用的农具。耙头为一长方形铁板，装有长木柄。

沙耙 [sa⁵²³p'a⁰] sà pɑ 打场时用来分离粮粒中秸秆的木齿耙，耙头排列有八根弯成爪状的木齿，柄长。

搂耙 [lou⁵⁵p'a⁰] lōu pɑ 钉耙。平土、碎土用的农具。耙头排列有八根微弯铁齿，装有长木柄。

巴棍子 [pa²¹⁴kuẽ⁵²³tsɿ⁰] bǎ gùn zi 一种短木棍，一端稍微翘起，常用来捶打作物使之脱粒，或在洗涤衣物时捶打衣物脱污：她在河边洗衣裳，拿着~在捶布石上边洗边捶。

竹披子 [tʂu²¹⁴p'i²¹⁴tsɿ⁰] zhǔ pǐ zi 竹片。竹子劈成的窄长片材：买一捆~搭个棚。

石磙 [ʂʅ⁵⁵kuẽ³⁵] shī gún 碾压谷物和场地的圆柱形石器。配有木框、耢石，用牲畜牵引。20世纪80年代以前，农村用牲口拉着石磙碾麦，采用机械脱粒后，石磙废弃：场里正在打麦，两头牛拉着~在场里转圈子｜~轧在麦秸上，"吱吱哇哇"地响，农民撵着牛，哈哈了了地吆喝着。‖ 通行于中阳里、孙楼、华山、宋楼、范楼、梁寨、大沙河等地。

碌磙 [ly²¹⁴kuẽ³⁵] lǔ gún 同"石磙"：参子木叨~——仗着嘴硬（歇后语）。通行于首羡、常店、师寨、顺河、欢口等地。‖ 有的地区说 [lu²¹⁴kuẽ³⁵] lǔ gún、[ly⁵²³kuẽ³⁵] lǜ gún、[liou⁵²³kuẽ³⁵] liù gún。

磙椁子 [kuẽ³⁵kuə⁰tsɿ⁰] gún guo zi 套在石磙上的木框，在上边拴接绳索以便拉动石磙。

耢石 [lau⁵²³ʂʅ⁰] lào shi 辅助脱粒用的一种錾有浅沟的扁石。近三角形，边缘略有弧度，有一圆孔用来挂连石磙：石磙拉着~轧场。

耢托子 [lau⁵²³t'uə²¹⁴tsɿ⁰] lào tuǒ zi 石磙后边挂接耢石的器物，多为铁制，上有一直立木棍穿过耢石孔露出。

杈子 [tʂ'a³⁵tsɿ⁰] cǎ zi 一种有略弯的长齿的农具，带有长柄，用来翻挑庄稼秸秆、柴草等。有铁制、木制，常

图 5-13　铁杈子（2016 年 5 月摄）

见的为三齿，也有两齿、四齿的。

平磙子 [pʻiŋ⁵⁵kuẽ³⁵tsʅ⁰] pīng gún zi 用于轧平、轧实土地或轧平墒沟、覆土的细长石磙。上有条状浅沟，两端有凹槽用于安装木框：驴拉着~轧谷子地的耩沟。‖有的称作"打地磙子" [ta³⁵ti⁵²³kuẽ³⁵tsʅ⁰] dá dì gún zi、"打地轱轮子" [ta³⁵ti⁵²³ku³⁵lẽ²¹⁴tsʅ⁰] dá dì gú lěn zi。

砘子 [tuẽ⁵²³tsʅ⁰] dùn zi 播种时掩土、压土的农具。在一个木框中串联三个短小的石磙（砘子子）。播种后，人或牲口拉着砘子顺耩沟压土：~掉井里——眼子到底（歇后语）。

粪扒子 [fẽ⁵²³pa²¹⁴tsʅ⁰] fèn bǎ zi 形如镢头而小、薄，用于捡粪。

镰头 [liæ̃⁵⁵tʻou⁵⁵] liān tōu 镰刀的铁质刀片。

裤子镰 [kʻu⁵²³tsʅ⁰liæ̃⁵⁵] kù zi liān 镰头带有铁裤的短柄镰，通常用来割草、水稻等。

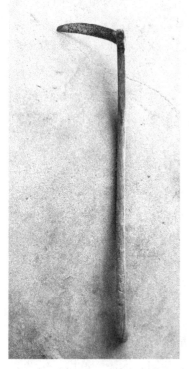

图 5-14 镰（2021 年 1 月摄）

锄钩 [tʂʻu⁵⁵kou²¹⁴] chū gǒu 锄头：立了秋，挂~（民谚）｜头伸得跟~样。

钐夹子 [ʂæ̃⁵²³tɕia²¹⁴tsʅ⁰] shàn jiǎ zi 一种长柄大铲，宽刃，用来铲草等。

红芋刮子 [xuŋ⁵⁵y⁵²³kua³⁵tsʅ⁰] hōng yù guá zi 一种将红薯刨片的简易工具。主要构件是一块钉有刀片的长木板。使用时，放在宽面板凳上，人坐在刮子的后半部固定刮子，手握红薯在刀片上刨刮成片。‖又叫"红芋镂子"。

扒磅子 [pa²¹⁴tsʻa⁰tsʅ⁰] bǎ ca zi 一种灌装粮食或面粉的工具，半圆柱形，由带有舌头的长方形木板或铁板卷成，带有把手。旧时为木制，后改为铁制。

玉米刮子 [y⁵²³mi³⁵kua³⁵tsʅ⁰] yù mí guá zi 使玉米脱粒的简易工具，由挖有凹槽的圆木安装一根小铁锥而成。

撩钩 [liau⁵⁵kou²¹⁴] liāo gǒu 挠钩。田间松土的小农具，带有两个弯齿，柄长：手伸得给~样。

搂钩 [lou⁵⁵kou²¹⁴] lōu gǒu 田间松土

图 5-15 扒磅子（2008 年 7 月摄）

保墒的工具，两个铁钩突出在前，三个铁钩排列在后，柄长。多用在稻田。‖也称"挠秧耙"。

棉柴夹子 [miæ⁵⁵tsʻɛ⁵⁵tɕia²¹⁴ tsɿ⁰] miān cāi jiǎ zi 拔棉花茎秆（棉柴）的工具。木柄，顶端装有"V"形铁夹，用来夹住棉秆基部往上撬。‖有的称为"跃棒"[iau⁵²³paŋ⁰] yào bang、"别棒子""薅子"。也用来拔残留在地里的作物根茎。

扦刀子 [tɕʻiæ²¹⁴tau²¹⁴tsɿ⁰] qiān dǎo zi 削割高粱穗、谷穗等的小型刀具。用一刀片卡在短木棍中制成，有的用镰刀头嵌在一节高粱秆中制成。

耧斗 [lou⁵⁵tou³⁵] lōu dóu 耧车上盛种子的斗形容器。

图 5-16　耩子——耧车
（2018 年 3 月摄于大沙河镇）

耩铧子 [tɕiaŋ³⁵xua⁵⁵tsɿ⁰] jiáng huā zi 耧车底部的三角形铁器，用于破土。

笼嘴 [luŋ⁵⁵tsuei⁰] lōng zui 役使牲口时，套在牲口嘴上，使它不能吃东西的器物，用树条等编成。

搭腰 [ta²¹⁴iau²¹⁴] dǎo yāo 套在马身上的鞍形器具。

驴盖眼 [ly⁵⁵kɛ⁵²³iæ̃³⁵] lǘ gài yán 驴拉磨时戴的捂眼罩。

驴脖圈 [ly⁵⁵puə⁵⁵tɕʻyæ²¹⁴] lǘ bō quān 套在驴颈部的细长布袋状护垫。用老粗布缝制，内装谷糠或麦秸，垫在木轭（驴夹板子）下防止磨伤皮肉。‖也叫"驴圪拉子"[ly⁵⁵kə²¹⁴la⁰tsɿ⁰] lǘ gě la zi。

驴夹板子 [ly⁵⁵tɕia²¹⁴pæ̃³⁵tsɿ⁰] lǘ jiǎ bán zi 套在驴颈部的轭，由两根木棍做成。

肚带 [tu⁵⁵tɛ⁰] dū dai 役使驴之类的牲口时，从牲口肚子下面穿过的连接套绳的带子或绳子。

驴扎约 [ly⁵⁵tsa²¹⁴yə⁰] lǘ zǎ yue 驴背上垫的鞋底。用来防止缏绳磨伤驴的皮肤。

纣棍子 [tʂou⁵²³kuẽ⁰tsɿ⁰] zhòu gun zi 系在驴、马等尾下的横木。两端用绳子与鞍相连，防止鞍滑脱：驴不拉磨，单赖～弯（民谚。比喻做不好事情却埋怨条件差）。

牛缏 [ȵiou⁵⁵kəŋ²¹⁴] niū gěng 役牛时给牛披挂的一套器具，包括牛梭头、缏绳、牛肚带、单弓盘等。

缏 [kəŋ²¹⁴] gěng 缏绳。套在牲口身上的粗而结实的绳子：老百姓准备了井绳、大～，想沿着绳从寨墙上滑下去｜套上车，挂上~，打起牲口一溜风（民谣）。

打绠 [ta³⁵kəŋ²¹⁴] dá gěng 编织绠绳：~的摆手——倒劲了（歇后语。编织绠绳时摆手，绳子就会倒转松劲。倒劲，绠绳倒转松劲，谐"到尽"，支撑不住）。

牛梭头 [ȵiou⁵⁵suə²¹⁴tʻou⁰] niū suǒ tou 牛鞅。架在牛颈上连接套绳的挽具，木制，弯弓形。

撇绳 [pʻiə²¹⁴ʂəŋ⁰] piē sheng 拿在手中用来操纵牲口走向的绳。

图 5-17 食槽（2020 年 10 月摄于首羡镇张后屯村）

铡墩 [tsa⁵⁵tuẽ²¹⁴] zā dǔn ①铡床。硬木做成，中间有长凹槽安放铡刀。②比喻男子矮胖结实：他长得跟~样。

食槽 [ʂʅ⁵⁵tsʻau⁵⁵] shī cāo 给牲畜喂饲料用的长槽，石质或木质：牛~里有铡好的草，掺上炒熟的料豆子。

料豆子 [liau⁵²³tou⁵²³tsɿ⁰] liào dòu zi 喂牲口的黄豆、黑豆等，一般炒熟。

淘草涝子 [tʻau⁵⁵tsʻau³⁵lau⁵²³tsɿ⁰] tāo cáo lào zi 铁丝编成的大笊篱。有长柄，用来从淘草缸里捞出饲草。

犁铧头 [li⁵⁵xua⁵⁵tʻou⁵⁵] lī huā tōu 安装在犁的下端，用来铲翻土壤的铁器。很多人也把犁壁说成犁铧头。

犁面子 [li⁵⁵miæ̃⁵²³tsɿ⁰] lī miàn zi 犁镜（犁壁）。安于犁铧上方的金属部件。用以翻转和破碎犁起的土块。

图 5-18 犁子（2020 年 4 月摄于范楼镇汪洼村）

耙床子 [pa⁵²³tʂʻuaŋ⁵⁵tsɿ⁰] bà chuāng zi 钉齿耙的木框。底部装有耙齿，用于碎土、平地。

图 5-19　耙（2023 年 1 月摄于丰县文博园）

抹棒 [ma²¹⁴baŋ⁰] mǎ bang 耧车后拖带的横木，用于把种子掩在土中。‖有的说"抹杠子" [ma²¹⁴kaŋ⁵²³tsɿ⁰] mǎ gàng zi。

喷喷车 [pʻeir²¹⁴pʻeir⁰tʂʻə²¹⁴] pěir peir chē 旧称带车厢的手扶拖拉机。因发动机发出"喷喷"的响声而得名：~带上车厢拉庄稼、拉人拉货，跑起来一溜烟。

摇把 [iau⁵⁵pa³⁵] yāo bá 柴油机上的摇手。

轧链子拖拉机 [ia⁵²³liæ̃⁵²³tsɿ⁰tʻu⁵⁵laºtɕi²¹⁴] yà liàn zi tū la jǐ 履带式拖拉机。

大车 [ta⁵²³tʂʻə²¹⁴] dà chē 太平车。木制，四轮，以牛牵引。20 世纪 60 年代以前为主要畜力运输工具：庄里有三辆~，拉庄稼、运肥料、娶媳妇轮换着用，阴雨天存到车屋里｜他赶着~把公粮送到粮站｜几辆~对到一坨儿，上边儿铺上木板，就成戏台子了。‖也称"牛车"。

图 5-20　大车——太平车（2020 年 10 月摄于首羡镇）

第五章　词汇　｜　151

车梯 [tʂʻə²¹⁴tʻi²¹⁴] chě tǐ 太平车车框侧部的构件：大车瀣到泥窝里，一下子瀣到~。

开棍 [kʻɛ²¹⁴kuẽ⁰] kǎi gun ①辅助太平车转弯的带弯硬木棍。②支撑独轮车车把的木棍，多为枣木，呈"丫"字形，停车时立于地面，顶住车把。‖有的称作"开车棍子""车开棍"。

排杈子 [pʻɛ⁵⁵tsɑ⁰tsɿ⁰] pāi cɑ zi 太平车、平板车等车具上用来堵住车厢敞口的木栅栏。

闸厢 [tsa⁵⁵ɕiaŋ²¹⁴] zā xiǎng 装在太平车两端堵塞敞口的可移动木板，高出车厢部分为半圆形。

停盘子 [tʻiŋ⁵⁵pʻæ⁵⁵tsɿ⁰] tīng pān zi 役使牲畜用的带有铁环的横木。可连接缰绳、车具等。

抬杠 [tʻɛ⁵⁵kɑŋ⁰] tāi gɑng 太平车前端的横木，上有铁鼻，用于挂连弓盘和车体。

大嵌 [ta⁵²³tɕʻiæ̃⁵²³] dà qiàn 太平车上绑扎抬杠的铁链。‖又称"抬杠要子"。

车穿 [tʂʻə²¹⁴tʂʻuæ²¹⁴] chě chuǎn 嵌在太平车轮毂内的铁环，既防磨损，又起轴承作用。安装车穿时，须用大锤重砸才能合拢。民谚"四紧"：打油的尖，刮烟的板，下车穿，夹骨眼（打油的尖，指榨制豆油或棉油的机械，用油槌砸击榨油；刮烟板，指夹住烟叶用来刮烟丝的板子）。

车屋 [tʂʻə²¹⁴ u²¹⁴] chě wǔ 存放太平车的小屋：他没地方住，就住在好户家的~里。

恶堵 [ə²¹⁴tu⁰] ě du 由于装车不当，车中庄稼等物崩散滑落：一车麦~了。

底盘 [ti³⁵pʻæ̃r⁰] dí pɑnr 指堆放草料、柴禾、谷物、农家肥等后留下的底子：草垛~｜屋扒了，光剩下个~。

拖车 [tʻuə⁵²³tʂʻə²¹⁴] tuò chě 一种简单的木制运输工具。长方体硬木架，无轮、无帮、无底板，底部有两根前头翘起的长方木与地面接触。一般用牛拖动滑行。主要用于运载犁、耙等农具，也在泥地、雪地中运送人和物品：属~的，三天不揳巴就散板儿（比喻人需要经常管教）。

铁嵌 [tʻiə²¹⁴tɕʻiæ⁵²³] tiě qiàn 连接拖车与缰套的链条形零件。主体为铁链，一端为铁钩，一端为圆环。

窝弓子棚 [uə²¹⁴kuŋ²¹⁴tsɿ⁰pʻəŋ⁵⁵] wǒ gǒng zi pēng 种植蔬菜、瓜果的塑料薄膜弓棚。不建土墙，而将小竹竿或竹披、细树枝条窝成弓状，插入土中，上蒙塑料薄膜。

大弓棚 [ta⁵²³kuŋ²¹⁴pʻəŋ⁵⁵] dà gǒng pēng 指大型塑料薄膜弓棚。20世纪70年代，城关镇蔬菜大队开始建塑料大棚，建土墙，两侧建成屋山状，用竹竿搭架，覆盖塑膜，后发展到全县。现多用钢管建成弓形大棚。

塑料纸 [su⁵²³liau⁵²³tsɿ³⁵] sù liào zí 塑料布的旧称。

磨盘 [muə⁵²³pʻæ⁵⁵] mò pān 石磨下的大圆台，用于承接磨出的面粉，有木制、石制等类型：狗舔~——打圈子转（歇后语）。

磨杠 [muə⁵²³kaŋ⁵²³] mò gàng 绑在石磨上的棍棒。以人力推棍带动磨转，或用畜力拉棍而转磨。

磨棍 [muə⁵²³kuẽ⁵²³] mò gùn 同"磨杠"。

磨棋子 [muə⁵²³tɕ'i⁵⁵tsʅ⁰] mò qī zi 磨扇。石磨的上下两爿圆石。上爿叫上棋子，系扎磨棍，用来推转；下爿叫下棋子，固定在磨盘上：~压着驴耳朵——嚎得没人腔（歇后语）。

图 5-21　石磨（2008 年 7 月摄）

磨脐 [muə⁵²³tɕ'i⁵⁵] mò qí 石磨下爿圆石上竖立的短轴，圆柱形，木质，套有铁环，起轴承作用。

磨眼 [muə⁵²³iæ̃³⁵] mò yǎn 石磨上爿磨扇上的圆孔，一般有两个，用以流入粮食。

磨锥子 [muə⁵²³tʂuei²¹⁴tsʅ⁰] mò zuǐ zi 石磨上用来堵塞磨眼、调节流入粮食数量的木塞。

磨棒 [muə⁵²³paŋ⁵²³] mò bàng 插在磨眼里的小棍，用以使粮食均匀下漏、防止粮食堵塞。一般由光滑的小木棍或高粱莛制成。

推面 [t'uei²¹⁴miæ̃⁵²³] tuī miàn 推动石磨来磨面粉：套上青驴~去｜这是刚推的面。‖又说"推磨"。

图 5-22　碓幺子——杵臼
（2019 年 7 月摄于季合园）

碫磨 [tuæ̃⁵²³muə⁵²³] duàn mò 用錾子修凿石磨的齿：他带着錾子、凿子、锤一套家什上门给人家~｜磨要勤碫，账要勤算（民谚）。

碓幺子 [tuei⁵²³iau²¹⁴tsʅ⁰] duì yāo zi 杵臼，简易的碓。由石臼、带柄碓头（杵）组成，用来捣碎粮粒、盐粒，舂去粮食糙皮等。‖又说"碓窝子" [tuei⁵²³uə²¹⁴tsʅ⁰] duì wǒ zi。幺，本字不明。

碓头 [tuei⁵²³t'ou⁵⁵] duì tōu 杵臼中装有木柄的半圆形石头，用以舂捣谷物、盐、药物等：北山的~，南山的碓窝｜她抱着~擢麦仁｜这种红芋长得跟~样。

擢碓 [tɕ'yə²¹⁴tuei⁵²³] què duì 使用杵臼舂捣粮食：王母娘娘~，越擢越累（民谣）。

䂥 [tʂ'uɛ⁵²³] chuài 舂。把东西放在石臼、陶钵里用

图 5-23 荄子——箦子围成的粮囤
（2008 年 7 月摄）

杵捣：~碓窝子｜~豆子｜~谷子｜~麦仁｜人情礼节都是闺女，推磨~碓都是儿媳。‖《广韵》泰韵七外切："小舂也。"《徐州十三韵》作"碣"，泰韵腊："杵于臼中击物。"

拧车子 [ȵiŋ⁵⁵tʂʻə⁰tsʅ⁰] nīng che zi 将麻坯拧成绳经的木制工具，方形框架，中间有转轴，也用于紧线、缠线。

荄子 [ɕyə⁵⁵tsʅ⁰] xuē zi 用高粱箔、苇箔、箦子围成的贮粮容器，用于存放未脱粒的谷物、红薯干等。‖ 有的写作"趄子"。

趄 [ɕyə⁵⁵] xuē ①用箦子围粮食：把红芋干子~起来。②旋转；回旋的：旋风把树叶子~到一堆｜~风扑倒麦（民谚。旋转的风把麦扑倒）。

箦子 [tʂə²¹⁴tsʅ⁰] zhě zi 芦苇篾、荻篾等编成的窄而长的席子。用时，盘旋向上围起来囤粮食：买了两挂~来趄豆子｜把~趄起来盛麦。

孛篮 [pu⁵⁵lã⁰] bū lan 用去皮的杞柳条编成的浅帮盛器。体大，略呈长方形，用以盛放食物等：炸了一~馓子｜~里盛着发馍｜他没上过学，斗大的字不识一~。

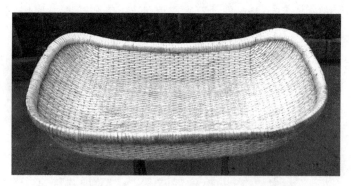

图 5-24 孛篮（2023 年 1 月摄于中阳里街道毓秀小区）

罗柜 [luə⁵⁵kuei⁵²³] luō guì 用来筛面粉的大木柜。用罗在柜中木架上来回滑动，面粉从罗中漏入柜底。

罗底 [luə⁵⁵ti³⁵] luō dí 张在圆环状木框上的网状物，用来使细的粉末或流质漏下去：这个是细罗，~细，罗的面白。

罗圈 [luə⁵⁵tɕʻyæ̃²¹⁴] luō quǎn 罗上的圆环状木框。

丝溜子 [sʅ²¹⁴liou⁵²³tsʅ⁰] sī liù zi 拦在水中的长方形固定渔网，鱼撞上后卡在网眼上，则可捕获。

宿笼 [ɕy²¹⁴luŋ⁵⁵] xǔ lōng 捕捉小鱼和虾类的小笼子。用时将多个宿笼以绳串联，沉于水中，诱使小鱼和虾入笼。常在傍晚投放，第二天收取。

槬笼子 [tu⁵⁵luŋ⁰tsɿ⁰] dū long zi 捕鱼用的圆柱形大笼子。用竹篾或铁丝编成圆圈形骨架，外蒙纱布，笼口有倒刺，沉入水中诱鱼入笼。‖ 有的称作"地笼"[ti⁵²³luŋ⁵⁵] dì lōng、"槬笼"。

槬篓 [tu⁵⁵lou⁰] dū lou 盛鱼的篓子，捕鱼时背在身后或斜挎在腰间：单等出水再看背~的（出水才能看出谁是捕鱼能手）。‖ 有的称作"槬篓子""鱼槬篓子""槬噜子"[tu⁵⁵lu⁰tsɿ⁰] dū lu zi。

搇网 [uŋ²¹⁴uaŋ³⁵] wěng wáng 一种方形渔网，用时二人撑网前行，将鱼赶进网中。民谚说：紧搇鱼，慢搇虾，不快不慢搇王八。

扳网 [pæ̃²¹⁴uaŋ³⁵] bǎn wáng 一种用竹片、纱布等扎成的简易渔网。网中放诱饵，沉入浅水中，每隔一段时间扳起网来收取一次。

推网 [tʻuei²¹⁴uaŋ³⁵] tuī wáng 一种带有长木柄的渔网。用时双手推网贴水底前行，捕捉小鱼、螺蛳等。

豁网子 [xuə²¹⁴uaŋ³⁵ tsɿ⁰] huǒ wáng zi 一种在浅水中使用的渔网。网架为交叉成X形的竹片或木棍，中间有一根木棍作梁。捕鱼人身穿皮衩进入水中，一手握着网梁前行，一手拿水瓢泼水赶鱼进网；发觉有鱼进网时，就提起网，用瓢将鱼舀住，抛进背后的鱼篓中。

鱼罩 [y⁵⁵tsau⁵²³] yū zào 用竹片或柳条编成的圆圈形的捕鱼工具，用于浅水中。捕鱼人看见鱼后，快速用鱼罩罩住，然后把手伸进罩内捉鱼：秫秫地里上水，游过来不少鱼，我用~逮住一条火头鱼。

撞杆子 [tʂʻuaŋ⁵²³kæ̃²¹⁴tsɿ⁰] chuàng gǎn zi 用木棍扎成三角架形的捕鱼工具。使用时，一人在水中推着撞杆子贴地奔跑，把鱼赶进豁网子，另一人急速扳起网，用瓢舀起鱼，扔进鱼篓中。

五、动物

牲灵子 [səŋ²¹⁴liŋ⁰tsɿ⁰] sěng ling zi 牲畜。有时也包括鸡、鸭等：喂了一当院子~。

儿马 [l̩⁵⁵ma⁰] lrī ma 公马。

儿马蛋子 [l̩⁵⁵ma⁰tæ̃⁵²³tsɿ⁰] lrī má dàn zi ①公马驹。②喻指小伙子（含戏谑意味）：他还是个~，活蹦欢跳的。

骒马 [kə⁵⁵ma⁰] kē ma 母马。

牤牛 [maŋ²¹⁴ɲiou⁵⁵] mǎng niū 公牛。

老犍 [lau³⁵tɕiæ̃²¹⁴] láo jiān 犍牛，阉（捶）过的公牛。比较驯顺，容易驾驭，易于肥育：他干起活儿来像~｜牤牛一捶是~（民谚）。

牸牛 [sɿ⁵⁵ȵiou⁵⁵] sī niū 母牛。

架子牛 [tɕia⁵²³tsɿ⁰ȵiou⁵⁵] jià zi niū 身架已大、尚未肥壮的牛。

抓地虎 [tʂua²¹⁴ti⁵²³xu³⁵] zhuǎ dì hǔ 一种体型较矮、四肢粗短、体躯较长的牛。侧视呈长方形，胸围较大；毛赤褐色，粗密；力大耐久：种地两合土，养牛~｜买牛要买~（民谚）。

对帮子牛 [tuei⁵²³paŋ²¹⁴tsɿ⁰ȵiou⁵⁵] duì bāng zi niū 母子牛，母牛和它所生的牛犊的合称：他牵着~上地了｜一个~多少钱？‖有的称作"对帮"。

牛屎派 [ȵiou⁵⁵sɿ³⁵pɛ²¹⁴] niū sí pǎi 新鲜的湿牛粪。

牛屋 [ȵiou⁵⁵u²¹⁴] niūwǔ 养牛的房屋。养牛人晚上经常和牛住在一起。

打仰站 [ta³⁵iaŋ³⁵tsæ⁵²³] dá yang zàn 驴、马类前腿抬起悬空，后腿撑地的动作，往往以此将骑者掀翻：马惊了，"咴咴"叫了一声，打了个仰站。

倒弹蹄 [tau⁵²³tʻæ̃⁵⁵tʻi⁵⁵] dào tān tī ①马、驴类牲畜向后踢腿。②喻指人用脚向后踢（含戏谑意味）：他还会~哞。‖有的说"倒甩蹄"。

倒磨 [tau⁵²³muə⁰] dào mo 畜类反刍。把粗粗咀嚼咽下的食物返回到嘴里细嚼。

牴架 [ti³⁵tɕia⁵²³] dí jià 牛、羊类动物以角相撞：牛~啦，没人敢拉｜驴跟驴~——舍着脸上（歇后语）。

叫驴 [tɕiau⁵⁵ly⁵⁵] jiāo lǘ 公驴。

草驴 [tsʻau³⁵ly⁵⁵] cáo lǘ 母驴。

大青驴 [ta⁵²³tɕʻiŋ²¹⁴ly⁵⁵] dà qǐng lǘ 一种体型高大的驴，体毛多为青灰色，也有黑色。

图 5-25 大青驴（2007 年 9 月孙启善摄）

雄驴性情暴烈。可与马、骡配套使役。常用来与马杂交,生育骡子。属于优良地方畜种。‖也称"大个子驴"。

银河驴 [iẽ⁵⁵xə⁵⁵ly⁵⁵] yīn hē lǘ 体毛灰色、腹部白色的驴,中等体型。

马骡 [ma³⁵luə⁵⁵] má luō 母马与公驴交配所生的骡。

驴骡 [ly⁵⁵luə⁵⁵] lǘ luō 公马与母驴交配生育的骡。

角猪 [tɕyə²¹⁴tʂu²¹⁴] juě zhū 种公猪。

壳喽子猪 [kʻə²¹⁴lou⁰tsʅ⁰tʂu²¹⁴] kě lou zi zhū 已经长大但还没有养肥的猪:把~追肥,能卖个好价钱。‖又叫"架子猪""壳郎猪"。

咾咾 [lau²¹⁴lau⁰] lǎo lao ①对猪的别称:家里喂了两只大~｜~饿了,哼哼地叫唤｜~跑了,快去逮。②唤猪的声音。

老改劁 [lau³⁵kɛ³⁵tɕʻiau²¹⁴] láo gái qiāo 阉过的母猪。‖又叫"劁猪""骟猪"。

牙猪 [ia⁵⁵tʂu²¹⁴] yā zhū 公猪。‖有的称作"豚猪" [tʻuẽ⁵⁵tʂu²¹⁴] tūn zhū、"豚子"。

猪秧子 [tʂu²¹⁴iaŋ²¹⁴tsʅ⁰] zhū yǎng zi 仔猪:他喂着一圈~。

膘猪 [pau²¹⁴tʂu²¹⁴] biāo zhū 已经养肥的猪。

盖子猪 [kɛ⁵²³tsʅ⁰tʂu²¹⁴] gài zi zhū 太湖猪。以母猪产仔多而著称。20世纪70年代在丰县推广饲养。又称"二花脸"。

打泥 [ta³⁵ŋi⁵²³] dá nì 猪等动物在泥水中翻滚。

扱 [tsʻa³⁵] cá 猪、狗类吃食:一群猪围着食槽呱嗒呱嗒地~起食来｜猫走千里都吃肉,狗走千里都~屎。‖《广韵》楚洽切:"犬食。"

打圈子 [ta³⁵tɕyæ̃⁵²³tsʅ⁰] dá juàn zi 母猪发情。

羯虎头 [tɕiə²¹⁴xu⁰tʻou⁵⁵] jiě hu tōu 公羊。‖又说"羯虎"。

图 5-26 羯虎头——公羊（2007 年 9 月摄）

水羊 [ʂuei^{35}iaŋ^{0}] shuí yang 母羊。

混子羊 [xuẽ^{523}ʦɿ^{0}iaŋ^{55}] hùn zi yāng 传统绵羊与外地细毛羊杂交生出的羊，毛蜷曲。

羊盖尾 [iaŋ^{55}kɛ^{523}i^{35}] yāng gài yí 绵羊尾巴。其尾短而呈椭圆形。

嘬青 [ʦ‘uə^{214}ʨiŋ^{214}] cuǒ qǐng 牲畜啃食庄稼苗。

刺 [ʨ‘i^{214}] qǐ 用尖刀刺牲畜的颈部：~羊 | ~猪。

小垫窝 [ɕiau^{35}tiæ̃^{523}uər^{0}] xiáo diàn wor ①哺乳类动物同胎生的最小的一只：这是猪秧子里的一个小~。②戏称排行最小的男孩。‖ 也称“垫窝”“小垫咣”。

哈 [xa^{214}] hǎ（犬类）咬人：他叫狗~着了 | 狗~了他一口 | 狼狗好~人。

牙狗 [ia^{55}kou^{35}] yā góu 公狗。

细狗 [ɕi^{55}kou^{35}] xī góu 细犬。传统狩猎犬种。头、身及四肢均细长，善跑，有耐力。常用来捕捉野兔等。

四眼子狗 [sɿ^{523}iæ̃^{35}tsɿ^{0}kou^{35}] sì yán zi góu 眼眶上方长有圆圈的狗：~不咬人——装呆（歇后语）。

巴狗 [pa^{214}kour^{35}] bǎ góur 哈巴狗。一种体小、毛长、腿短的宠物狗：小~，上南山，割荆条，编篩篮（童谣）。‖ 也称“巴巴狗”[pa^{214}pa^{0}kour^{35}] bǎ ba góur。

披毛狗 [p‘i^{214}mau^{55}kou^{35}] pǐ māo góu 一种浑身长满长毛的宠物狗。‖ 有的说“披合狗”。

闷头狗 [mẽ^{214}t‘ou^{55}kou^{35}] měn tōu góu ①不吠叫就咬人的狗：~，暗下口（民谚）。②喻指暗中攻击人的人：他属~的，不吱拉声暗地里伤人。

吊秧子 [tiau^{523}iaŋ^{214}tsɿ^{0}] diào yǎng zi 狗类交配：两条狗在野地里~。‖ 有的说“链秧子”[liæ̃^{523}iaŋ^{214}tsɿ^{0}] liàn yǎng zi、“走秧子”[ʦou^{35}iaŋ^{214}ʦɿ^{0}] zóu yǎng zi。

男猫 [næ̃^{55}mau^{55}] nān māo 公猫。

女猫 [ɳy^{35}mau^{55}] nű māo 母猫。

儿猫蛋子 [ɭ^{55}mau^{55}tæ̃^{523}tsɿ^{0}] lrī māo dàn zi 小公猫。

寄 [tɕi^{523}] jì 抱养（猫、狗等）：上他家~一只小猫 | 这个小狗我~下了，它的脖子上有我系的红线。

叫猫子 [ʨiau^{523}mau^{55}ʦɿ^{0}] jiào māo zi 母猫发情。

鸡狗狼什 [tɕi^{214}kou^{35}laŋ^{55}ʂẽ^{55}] jǐ góu lāng shēn 形容饲养的畜禽多而乱：当院里~，乱跑乱叫 | 刘邦的邻居带着~的，搬到新丰县。‖ 有的说“鸡狗狼十”“鸡狗狼群”。

淮鼠狼 [xuɛ^{55}ʂu^{0}laŋ^{55}] huāi shu lāng 黄鼠狼。‖ 有的地区说“淮狼”[xuɛ^{55}laŋ^{214}] huāi lǎng、“狼子”[laŋ^{214} ʦɿ^{0}] lǎng zi。

山猫 [sæ̃^{214}mau^{55}] sǎn māo 猞猁。外形像猫，两耳的尖端各有一撮长毛，性凶猛。

地老鼠 [ti⁵²³lau³⁵ʂʅ⁰] dì láo shu 田鼠。‖ 有的地区叫"地搬床""地搬床子"（欢口镇）、"地搬锹"。

燕蚂乎子 [iæ̃⁵²³ma⁰xu²¹⁴tsʅ⁰] yàn ma hǔ zi 蝙蝠。通行于中阳里、宋楼、华山、范楼、孙楼等地：~不是老鼠吃盐变的。‖ 也叫"燕蚂乎儿"：燕蚂燕蚂乎，我的鞋底是你的屋（童谣）。

燕眠乎子 [iæ̃⁵²³miæ̃⁰xu²¹⁴tsʅ⁰] yàn mian hǔ zi 同"燕蚂乎子"。通行于首羡、顺河、欢口、王沟、赵庄、师寨等地。

獾狗子 [xuæ̃²¹⁴kou³⁵tsʅ⁰] huǎn góu zi 獾。旧时多在林地、坟墓打洞做窝：老历九月底，刨獾的人拿着獾叉、獾钩、铁锹到徐州东南去找獾洞，赶~。‖ 也称"狗獾子"。

趴窝 [pʻa²¹⁴uə²¹⁴] pā wǒ ①畜禽过度疲乏，卧下不动。②比喻人体力不支，非常困乏：连续干了一个星期，他累~了。

份腾 [fẽ⁵²³tʻəŋ⁰] fèn teng（兽畜类）繁育：~了五只羊羔丨兔子又~了一窝儿。‖ 有的说"份登" [fẽ⁵²³təŋ⁰] fèn deng。

将 [tɕiaŋ²¹⁴] jiǎng（雌性兽类）产仔：水羊（母羊）~了两只小羊羔儿丨柠牛腚大~好犊，草驴腚大~好驹（民谚）丨他几个天天瞎蹓，~不了好狗。

衣胞子 [i²¹⁴pau⁰tsʅ⁰] yī bao zi 胎盘。

水泠子 [ʂuei³⁵liŋ⁵⁵tsʅ⁰] shuí līng zi 盛有羊水的羊膜：掉~了。

落古 [luə²¹⁴ku⁰] luǒ gu ①畜类流产：羊~了，可能是叫谁打的。②比喻事情遭到挫折：这件事~了。‖ 金陵等地说"落果" [luə²¹⁴kuə⁰] luǒ guo。

反群 [fæ̃³⁵tɕʻyæ̃⁵⁵] fán qūn 雌性马、驴发情。

带驹子 [tɛ⁵²³tɕy²¹⁴tsʅ⁰] dài jǔ zi 马、驴怀孕。

爬羔 [pʻa⁵⁵kaur²¹⁴] pā gǎor（雄性畜类）交配。

跑羔 [pʻau³⁵kaur²¹⁴] páo gǎor（雌性羊、兔类动物）交配：眼瞪得跟兔子~的样丨这只水羊该~啦。

带羔 [tɛ⁵²³kaur²¹⁴] dài gǎor 羊、兔类动物怀孕。

鞭 [piæ̃²¹⁴] biān 兽类阴茎的别称：虎~丨牛~。

转窝 [tʂuæ̃⁵²³uə⁰] zhuàn wo 指动物、植物发生不合人意的遗传变异：这二亩泰山1号（小麦品种名）~了，下年改种徐州21号丨原来觉得这是头波尔山羊，叫懂行的一看，说是~羊。‖ 有的说 [tʂuæ̃⁵²³uæ⁰] zhuàn wan、"串种" [tʂʻuæ̃⁵²³tʂuŋ³⁵] chuàn zhóng。

孵蛋 [fæ̃⁵²³tæ̃⁵²³] fàn dàn 禽鸟产蛋：芦花鸡孵了一个双黄蛋丨鸡多不~，人多瞎胡乱（民谚）丨黑一千，麻一万，白膛鸭子不~（民谚。黑色的鸭子生蛋多，麻鸭生蛋更多，而黄白色的鸭子很少生蛋。白膛，黄白色）。

开裆 [kʻɛ²¹⁴taŋ²¹⁴] kǎi dǎng 母鸡孕育鸡蛋的状态。人往往用手指插进母鸡体内查看。开一指裆，表明可以生蛋；开三指裆，表明蛋已育成，即将生下。

引蛋 [iẽ³⁵tæ̃⁵²³] yín dàn 放在鸡窝里的鸡蛋，诱使第一次生蛋的母鸡到鸡窝产蛋。

慌窝 [xuɑŋ²¹⁴uə²¹⁴] huǎng wǒ 禽类生蛋前在巢窝内外不停地走动、察看。

落蛋 [la⁵⁵tæ̃⁵²³] lā dàn 禽类不在自己的窝里产蛋，而在别处产蛋：这只芦花鸡老是~，不知道尥到谁家了。

歇窝 [ɕiə²¹⁴uə²¹⁴] xiě wǒ 禽类在天热、天冷换毛期间较长一段时间不下蛋。

抱窝 [pau⁵²³uə²¹⁴] bào wǒ 禽鸟孵卵。

耢窝 [lau⁵²³uə²¹⁴] lào wǒ ①母鸡停止生蛋后长时间趴在窝中：鳖鸡光是耢空窝，不尥蛋。②比喻学生留级：上学期两门课没及格，又耢了一窝｜班里有两个~鸡。

倒毛 [tau⁵²³mau⁵⁵] dào māo 禽类更换羽毛。

鸡毛筒子 [tɕʻi²¹⁴mau⁵⁵tʻuŋ³⁵tsɿ⁰] jǐ māo tóng zi 鸡翎。

鹅毛筒子 [ə⁵⁵mau⁵⁵tʻuŋ³⁵tsɿ⁰] ē māo tóng zi 鹅翎。

打野 [ta³⁵iə³⁵] dá yé （家禽类）外出寻找食物：这些鸡是散养的，白日里出去~，黑喽飞到树上上宿。

打食 [ta³⁵ʂɿ⁵⁵] dá shī 同"打野"。

吃满嗦 [tʂɿ²¹⁴mæ̃³⁵sur⁵²³] chǐ mán sùr （家禽）吃饱；喻指贪污足够多的不义之财：他当了几年官，~了。

上宿 [ʂɑŋ⁵²³ɕy²¹⁴] shàng xǔ （禽鸟类）傍晚回到窝巢里去。‖又叫"上窝"。

打扑啦 [ta³⁵pʻu²¹⁴la⁰] dá pū la ①禽鸟、飞虫在地上扇动翅膀挣扎：那只鸡打了一会扑啦，挺腿不动了。②植物贴地面生长：高的是葱，矮的是蒜，菠菜在地上~｜这种菠菜叫"埋头菠菜"，团团的棵儿，小叶子，贴着地皮~，腊月里正该吃。

扑扇 [pʻu²¹⁴ʂæ̃⁰] pǔ shan 禽鸟类扇动（翅膀）：大白鹅~着翅膀来扭人。

轧龙 [ia⁵²³luŋr⁵⁵] yà lōngr 禽鸟类交配。‖有的说"压㨰""压蛋"。

踩蛋 [tsʻɛ³⁵tæ̃⁵²³] cái dàn 家禽类交配：公鸡~，才能抱出小鸡。

苍 [tsʻɑŋ²¹⁴] cāng 动物受到惊吓后紧张不安，乱跑乱撞：狗~了，蹿到庄外去了｜小小虫~得很，一见来人就在笼子里扑扑棱棱乱飞。

刺棱 [tsʻɿ²¹⁴ləŋ⁰] cǐ leng ①禽鸟惊逃：小小虫吓~了。②引起抵触：硬叫他干，就治~了｜事儿办~了（办砸了）。

鳖鸡 [li⁵⁵tɕi²¹⁴] lǐ jǐ 毛色黑黄相间的母鸡：眼瞪得跟~样，想吓唬谁。

凤头鸡 [fəŋ⁵²³tʻou⁵⁵tɕi²¹⁴] fèng tōu jǐ 一种冠羽突出的鸡。

笨鸡 [pẽ⁵²³tɕi²¹⁴] bèn jǐ 指传统家鸡。因比速生品种鸡生长慢、体形小而得名。‖有的称作"土鸡"。

图 5-27　笨鸡（2020 年 4 月倪士峰摄于欢口镇）

品种鸡 [p'iɛ̃³⁵tʂuŋ³⁵tɕi²¹⁴] pǐn zhǒng jī 指速生品种的鸡，相对于传统家鸡而言。

鸣鹅 [miŋ⁵⁵ə⁵⁵] míng ē 公鹅。

草鹅 [tsʻau³⁵ə⁵⁵] cáo ē 母鹅。

雁鹅 [iæ̃⁵²³ə⁵⁵] yàn ē 一种体型较大的传统鹅类，起源于鸿雁，有额疱，毛色灰暗，平均蛋重为 150～180 克。旧时，常用来看家护院。

鸣鸭 [miŋ⁵⁵ia²¹⁴] míng yǎ 公鸭。

草鸭 [tsʻau⁵⁵ia²¹⁴] cáo yǎ 母鸭。

泛花 [fæ̃⁵²³xua²¹⁴] fàn huǎ ①鱼类在水面搅起水花。②比喻人沉寂一段时间后再次出现（含戏谑意味）。

撒子 [sa⁵²³tsɿ³⁵] sà zí 蛙类、鱼类、昆虫产卵：蛤蟆～了｜洞里有蚂蚁撒的子。

过鱼 [kuə⁵²³y⁵⁵] guò yū 指夏秋季节鱼群从微山湖顺着河道游入丰县境内。

顶梁子 [tiŋ³⁵liaŋ⁵⁵tsɿ⁰] dǐng liāng zi 鱼等水生动物在水面游动：那边一条大鱼～过来了，用鱼叉准能叉着喽。

治鱼 [tsʻɿ⁵⁵y⁵⁵] cī yū 刮鱼鳞：卖鱼的正在～，哪一条鱼都有十斤左右｜这个慌着去杀鸡，那个忙着～鳞；这个慌着去生火，那个忙着束围裙（民间说唱《王天保下苏州》）。‖ 有人认为治鱼也包括剖肚、去内脏等。‖ 有的地区说 [tʂʅ⁵⁵y⁵⁵] chī yū。‖ 治，《广韵》直之切，平声、之韵、澄母："理也。"

鳃夹子 [sɛ²¹⁴tɕia²¹⁴tsɿ⁰] sǎi jiǎ zi 鱼鳃。

鱼拨子 [y⁵⁵puə²¹⁴tsɿ⁰] yū bǒ zi 鱼胸鳍。‖ 有的称作"鱼拨刺"[y⁵⁵puə²¹⁴tsʻʅ⁰] yū bǒ ci。

脊刺骨 [tɕi²¹⁴tsʻʅ⁰ku²¹⁴] jǐ ci gǔ 鱼背鳍。

鲤鱼拐子 [li³⁵y⁵⁵kuɛ³⁵tsɿ⁰] lí yū guǎi zi 幼小鲤鱼。‖ 也称"鲤鱼拐儿""鲤鱼核子"。

图 5-28 漕鱼——鲫鱼（2020 年 4 月摄于常店镇）

漕鱼 [tsʻau⁵⁵yº] cāo yu 鲫鱼。身体侧扁而高，头短小，背部一般呈青褐色或深灰色。

漕鱼核子 [tsʻau⁵⁵y⁵⁵xu⁵⁵tsʅº] cāo yū hū zi 小鲫鱼：他钓了半桶~。

草混 [tsʻau³⁵xuẽ⁵²³] cáo hùn 草鱼。‖ 也称"草鱼混子"。有的称为"沪子" [xu⁵²³tsʅº] hù zi：~不能当鲤鱼卖。

鲤鱼混子 [li³⁵y⁵⁵xuẽ⁵²³tsʅº] lí yū hùn zi 鲤鱼的杂交品种：~比鲤鱼还好吃。

大头鱼 [ta⁵²³tʻou⁵⁵y⁵⁵] dà tōu yū 鳙鱼。头部肥大，体侧上半部灰黑色。‖ 现多称"花鲢"。

噘嘴鲢子 [tɕyə²¹⁴tsuei³⁵liɛ̃⁵⁵tsʅº] juē zuí liān zi 红鳍鲌。小型鱼类，头后背部急剧隆起，下唇肥厚并向上翘。

鰺条子 [tsʻæ̃²¹⁴tʻiau⁵⁵tsʅº] căn tiāo zi 鰺，一种淡水小鱼。

火头鱼 [xuə³⁵tʻouºy⁵⁵] huó tou yū 黑鱼（乌鳢）：~肉厚刺少，适合红烧。

鲚花鱼 [tɕi⁵²³xua²¹⁴y⁵⁵] jì huǎ yū 鳜鱼。背部隆起，生有鳍刺。

地趴虎 [ti⁵²³pʻa²¹⁴xu³⁵] dì pǎ hú 棒花鱼。一种浅水小鱼，鱼身带有斑纹，体粗，唇厚。‖ 又称"地趴虎子""趴地虎""地趴子""砂壶嘴子""茶壶嘴子""蛤蟆鱼""麻尼姑"。

麻尼姑 [ma⁵⁵ʎi⁵⁵kuº] mā nī gu 麦穗鱼，一种浅水区小鱼。‖ 有些地区指棒花鱼。有的地区叫"麻尼姑丁子"。

割吔 [kə²¹⁴iɛº] gě yai 黄颡鱼。体青黄色，头扁，背鳍、胸鳍生有尖利的硬刺，捕捉时易扎伤手：~一伙，鲇鱼一伙（民谚。比喻物以类聚，人以群分；也比喻各自为政，互不配合）｜雨从西南来，床底下摸~（民谚）｜~头，鲇鱼尾（丰县北部旧民谚，意思是夏秋季节微山湖的鱼群顶水游到丰县境内，黄颡鱼群在前，鲇鱼群在后）。

马狼 [ma³⁵laŋº] má lang 草鱼的一种，体细长，肉酸。

丝桄子 [sʅ²¹⁴kuaŋ⁵²³tsʅº] sī guàng zi 鳑鲏。一种小型鱼类。体高，扁薄，卵圆形。

铁片子鱼 [tʻiə²¹⁴pʻiɛ̃⁵²³tsʅºy⁵⁵] tiě piàn zi yū 圆尾斗鱼。一种小型鱼类。鳃盖后缘

具一蓝色眼状圆斑，雌鱼体色暗黑，雄鱼身上有彩色光亮。‖ 又称"黑老婆"（欢口）、"铁皮子""铁板鱼"。

刀鳅 [tau²¹⁴tɕ'iou⁰] dāo qiu 刺鳅。为底栖性淡水小鱼。身细长，脊背上有一排各自独立的利刺，臀鳍上有棘三枚。

蚂虾 [ma³⁵ɕia²¹⁴] má xiǎ 虾：腰弓得跟~样。

草虾 [ts'au³⁵ɕia²¹⁴] cáo xiǎ 中华米虾，小型虾类。

马鳖 [ma³⁵piə²¹⁴] má biě 水蛭。

绿香篓 [ly²¹⁴ɕiaŋ²¹⁴lour³⁵] lǚ xiāng lóur 青绿色的青蛙。

小梆梆 [ɕiau³⁵paŋr²¹⁴paŋr²¹⁴] xiáo bǎngr bangr 一种褐色的小蛙，多生活在草丛、沟渠、土洞中。因其叫声响亮而得名。‖ 有的地区称作"土蛤蟆"[t'u³⁵xə⁵⁵ma⁰] tú hē ma。

花老崴 [xua²¹⁴lau³⁵uɛ⁵⁵] huǎ láo wāi 一种带有黑色花纹的青蛙。‖ 有的地区称作"花菜瓜""花菜蛤蟆""菜蛤蟆"。和集等地称作"花里崴"[xua²¹⁴li⁰uɛ⁵⁵] huǎ li wāi。

疥蛤蟆 [tɕiɛ⁵²³xə⁵⁵ma⁰] jiài hē ma 癞蛤蟆，蟾蜍。‖ 宋楼、范楼等地说 [tɕiɛ⁵²³xə⁵⁵ma²¹⁴] jiài hē mǎ。

癞蛤浆 [lɛ⁵²³xə⁵⁵tɕiaŋ²¹⁴] lài hē jiāng 同"疥蛤蟆"。通行宋楼镇南部等地。

蛤蟆蝌蚪子 [xə⁵⁵ma⁰k'ə²¹⁴ts'a⁰tsɿ⁰] hē ma kě ca zi 蝌蚪。‖ 有的说 [xə⁵⁵ma⁰k'ə²¹⁴t'a⁰tsɿ⁰] hē ma kě ta zi、[xə⁵⁵ma⁰k'ə²¹⁴ta⁰tsɿ⁰] hē ma kě da zi、[xə⁵⁵ma⁰k'ə²¹⁴tou⁰tsɿ⁰] hē ma kě dou zi、[xə⁵⁵ma⁰k'ə²¹⁴tsɿ⁰] hē ma kě zi、[xə⁵⁵ma⁰k'ə²¹⁴lou⁰tsɿ⁰] hē ma kě lou zi、[xə⁵⁵ma⁰k'ə²¹⁴ t'ɛr⁰] hē ma kě tair、[xə⁵⁵ma⁰k'ə²¹⁴ tɛ⁰tsɿ⁰] hē ma kě dai zi、[xə⁵⁵ma⁰k'ə²¹⁴ tei⁰tsɿ⁰] hē ma kě dei zi。

海蚆子 [xɛ³⁵pa⁰tsɿ⁰] hái ba zi 河蚌；海贝：下河摸了几个大~。‖ 有的地区说 [xɛ³⁵pa²¹⁴tsɿ⁰] hái bǎ zi、[xɛ³⁵p'a²¹⁴tsɿ⁰] hái pǎ zi、[xɛ³⁵p'a⁰tsɿ⁰] hái pa zi。‖ 李时珍《本草纲目·贝子》："海蚆……用为交易，以二为朋。今独云南用之，呼为海蚆……"

屋拉牛 [u²¹⁴la⁰ȵiou⁵⁵] wǔ la niū 田螺；蜗牛：屋拉屋拉牛，先出角，后出头（童谣）。‖ 范楼等镇说"屋喽牛"：屋喽牛，大蚂虾，谁掌权，谁当家（民谣）。

水拖车 [ʂuei³⁵t'uə⁵²³tʂ'ə²¹⁴] shuí tuò chē 水黾。常见的小型水生昆虫，身体细长，轻盈，有6条细长的腿，可在水面划行而不浸湿腿脚。‖ 清光绪版《丰县志》写作"水脱车"。

出飞 [tʂ'u²¹⁴fir²¹⁴] chū fir ①幼鸟飞离鸟巢。②比喻青年离家独立生活：孩子~了，我管不了啦。

图 5-29 屋拉牛
（2022年6月摄）

光腚溜溜 [kuaŋ²¹⁴tiŋ⁵²³lour⁵⁵lour⁵⁵] guǎng dìng lōur lōur 没有生出毛的雏鸟、幼鼠。‖ 城区也称"血光腚溜溜"。

血光腚溜溜 [ɕia²¹⁴kuaŋ²¹⁴tig⁵²³lour⁵⁵lour⁵⁵] xiě guǎng dìng lōur lōur 同"光腚溜溜"，通行于顺河、师寨等地。‖ 亭台集等村也称"光腚猴""血光溜溜"。

小扑啦叶 [ɕiau³⁵p'u²¹⁴la⁰iɛr²¹⁴] xiáo pǔ la yěr 刚长出少数毛的幼鸟。

大扑啦叶 [ta⁵²³p'u²¹⁴la⁰iər²¹⁴] dà pǔ la yěr 羽毛刚刚长全的雏鸟。

雏 [tʂ'ur³⁵] chúr ①雏鸟。②比喻年幼的人或新手：两个小伙子都是～。‖ 也称"雏子" [tʂ'u³⁵ tsɿ⁰] chú zi。

图 5-30 小小虫——麻雀（刘树安摄）

黄嘴叉 [xuaŋ⁵⁵tsuei³⁵ts'ar²¹⁴] huāng zuí cǎr ①嘴角边缘发黄的雏鸟。②喻指儿童。

小小虫 [ɕiau³⁵ɕiau³⁵tʂ'uŋ⁰] xiáo xiáo chong 麻雀。

老爪 [lau³⁵tsau³⁵] láo záo 成年麻雀。

叽叽唧 [tɕi⁵⁵tɕi⁰kueir⁵⁵] jī ji guīr 大山雀。体羽灰蓝有白花，脸侧有白斑，喜鸣叫，叫声欢快。‖ 有的称作"山小虫""山叽叽唧"。

阿啷子 [ə²¹⁴laŋ⁰tsɿ⁰] ě lang zi 云雀、小云雀。叫声婉转悦耳，为常见笼养鸟类。‖ 其名来自"阿兰"。《中国动物志·鸟纲》（中国科学院中国动物志编辑委员会主编，郑宝赉等编著，科学出版社，1985年）记载云雀、小云雀的别名有"阿兰"。清乾隆版《丰县志》写作"阿鵧"。有的镇称作"阿啷蛋子"。

白头翁 [pei⁵⁵t'ou⁵⁵uŋ²¹⁴] bēi tōu wǒng 白头鸭。鸭科小鸟，耳羽后部有一明显的白斑。

嘛嘎子 [ma⁵⁵ka⁵⁵tsɿ⁰] mā gā zi 喜鹊（花嘛嘎子）、灰喜鹊（蓝嘛嘎子）。‖ 民间认为，喜鹊"早

图 5-31 嘛嘎子——灰喜鹊（刘树安摄）

报喜,晚报忧"。

老鸹 [lau³⁵k‘ua⁰] láo gua 乌鸦:清明麦子没~(民谚。清明时节,麦苗可以把乌鸦遮住)|不给你骂,不给你还,~替我骂三年(旧童谣)。

靛壳 [tiæ⁵²³k‘ər²¹⁴] diàn kěr 红喉歌鸲、蓝喉歌鸲。鹟科小鸟。

黑马勺 [xei²¹⁴ma³⁵ʂuər⁵⁵] hěi má shuōr 黑卷尾。卷尾科鸟类,通体黑色,具辉光,尾长而叉深。

黑鹊帘 [xei²¹⁴tɕ‘yə²¹⁴liæ̃⁵⁵] hěi què liān 同"黑马勺"。

黄溜子 [xuaŋ⁵⁵liou⁵²³tsɿ⁰] huāng liù zi 黄鹂。体羽黄色,过眼纹及颈背黑色:天还没明,树上的~就叫了,庄稼人听见就起床干活。

参子木 [ts‘æ²¹⁴tsɿ⁰mu²¹⁴] cǎn zi mǔ 啄木鸟:你嘴硬得跟~样 | ~扨碌碡——仗着嘴硬(歇后语)。‖ 有的称为"穿子木""鸰子木""参参木""鸰鸰木" [tɕ‘iæ̃²¹⁴tɕ‘iæ̃⁰mu²¹⁴] qiǎn qian mǔ。参,即"鸰"的变音,指鸟类啄食:张三"扑通"跪倒,磕头跟鸡鸰碎米的样。鸰,《广韵》:"鸟啄物也。"

地毛牛 [ti⁵²³mau⁵⁵ŋiou²¹⁴] dì māo niǔ ①鹑类鸟,形如鹌鹑而小,背羽褐色,初夏在麦田做窝,跑动迅速,叫声"哞哞"如牛鸣。传说该鸟将嘴插进地缝,大声鸣叫,呼唤同类:~叫,大雨来到(民谚)。②喻指土生土长、没见过世面的妇女(含戏谑意味):

图 5-32 参子木——啄木鸟(刘树安摄)

俺媳妇是个~,没文化,不能跟人家洋鸟比 | 有个~就不孬啦,别玩洋鸟啦。‖ 其名来自"地牤牛"。古名"鹑母""鴽"。

胡海 [xu⁵⁵xɛr³⁵] hū háir 斗鹌鹑术语,指鹌鹑嘴下的毛:有几道~?‖ 嘴下毛黑色者叫黑海红胡子,善斗。旧民谚:黑海红胡子,不咬值个牛犊子。

菜花 [ts‘ɛ⁵²³xua²¹⁴] cài huǎ 养鸟者称出生第一年的鹌鹑。‖ 又叫"雏子"。

白膛 [pei⁵⁵t‘aŋ⁰] bēi tang 养鸟者称出生第二年的鹌鹑,较为强健:一地~你不逮,一逮逮个地毛牛(此句比喻不追求较好的目标,结局很差)。

老刀鳅 [lau³⁵tau²¹⁴tɕ‘iou⁰] láo dǎo qiu 养鸟者称出生第三年的鹌鹑。

鸪鸪 [ku⁵⁵ku⁰] gū gu 斑鸠。体形似鸽而羽色暗，雄鸟叫声响亮，声如"咕咕""咕咕"。常见的有山斑鸠、珠颈斑鸠、灰斑鸠。

图 5-33　鸪鸪——斑鸠（刘树安摄）

百舌 [pei²¹⁴ʂə⁵⁵] běi shē 乌鸫。通体黑色，喙为蜡黄色，眼周有一黄圈，善鸣。

洋鸟 [iaŋ⁵⁵ȵiau³⁵] yāng niǎo ①一种笼养小鸟。②喻指城市或外国的时尚女子：他留学回国，娶来一个~。

广广跺锄 [kuaŋ³⁵kuaŋ³⁵tuə⁵²³tʂʻu⁵⁵] guáng guáng duò chū 四声杜鹃。头部灰色，背部深灰色，叫声为响亮清晰的四声哨音，不断重复，音如"广广多锄"：~，麦子要熟；广广跺脚，麦子要割；广广跺镰，麦子要完（民谣。四声杜鹃开始鸣叫时，麦子将要成熟）| ~来得早，麦子糠多粒子少（民谚）| ~，你在哪住？黄庄家后。吃的啥饭？白饼鸭蛋。给我留了没？刷锅再做（童谣）。‖有的称为"光光多锄""广广多住""关关多处"。

图 5-34　广广跺锄——四声杜鹃（刘树安摄）

瞎掰掰 [ɕia²¹⁴peir²¹⁴peir⁰] xiǎ běir beir ①雌杜鹃鸟，叫声为一连串的"掰掰"[peir²¹⁴peir²¹⁴] běir běir。②胡乱说话（含贬义）。也称"胡掰掰"。

苇茬子 [uei³⁵tsa⁵⁵tsɿ⁰] wéi zā zi 苇莺。背羽棕褐色，鸣声高而响亮，生活于芦苇丛中。

戛戛 [tɕia⁵⁵tɕia⁰] jiā jia 伯劳。头灰色，背羽黄褐色。‖ 有的说 [tɕia²¹⁴tɕia⁰] jiǎ jia。

老鸨子 [lau³⁵pau⁵²³tsɿ⁰] láo bào zi 鹰类鸟。体羽灰白黑混杂，时常在村头捕鸡：~吃鸡啦，快来撵丨~，烧锅烧鳖子（童谣）。‖ 有人认为是雄性猎隼。

老鸨子扑鸡 [lau³⁵pau⁵²³tsɿ⁰ p'u²¹⁴tɕi²¹⁴] láo bào zi pū jī 形容以强凌弱，非常凶猛：他直往这跑，抓住小孩，跟~的样。

鹰鹯鹯 [iŋ²¹⁴tʂɛr²¹⁴tʂɛr²¹⁴] yīng zhǎir zhair 隼，体形较小的鹰类。‖ 有的说"鹰鹯子""鹰尖儿尖儿"。《左传·文公十八年》："见无礼于其君者，诛之，如鹰鹯之逐鸟雀也。"

生鹰 [səŋ²¹⁴iŋ²¹⁴] sěng yīng 刚捕住的未经驯化的鹰。

兔虎 [t'u⁵²³xur³⁵] tù húr 一种猎鹰（有人认为是猎隼），主要用来捕兔：富玩~穷玩鹰（旧民谚）丨他架着黄鹰、~，骑着高头大马，上野地里去了丨~把兔子打得乱打滚。

溜虫 [liou⁵²³tʂuŋ⁰] liù chong 鹀类小鸟。常见的有栗鹀（红金棕）、灰头鹀、田鹀等。体形似麻雀，行动敏捷：姥娘疼外孙（音"甥"[səŋ⁰] seng），秫秫棵里踹~（民谚，意为外祖母疼爱外孙，难以得到报答，如同在高粱地里捕捉鹀一样徒劳无功）。

柳叶 [liou³⁵iər²¹⁴] liú yěr 柳莺。体小，背部灰绿色，鸣叫时发出一连串的嘟嘟声。

水鸡 [ʂuei³⁵tɕi²¹⁴] shuí jī ①水雉。②一种公鸡形泥制玩具。形体较小，一端装水，另一端带有芦苇秆做成的哨子，可以吹响。

冷等 [ləŋ³⁵təŋ³⁵] léng déng ①池鹭：~也是吃，参子木也是吃（民谚。比喻闲在的人和忙碌的人都可以吃上饭，生活方式不同。参子木，啄木鸟）。②喻指没眼色的人：他是个~。‖ 也称"老等"。

哇子 [ua⁵²³tsɿ⁰] wà zi 鹭类水鸟，如草鹭、白鹭、苍鹭等：~叫三声，不下雨，就刮风（民谚）。‖ 有时也简称"哇"[ua⁵²³] wà：早哇阴，晚哇晴，半夜里哇叫等不到明（民谚。意思是早上鹭叫，天要阴；晚上鹭叫，天要晴；半夜里鹭叫会下雨）。

青水 [tɕ'iŋ²¹⁴ʂueir³⁵] qīng shuír 绣眼鸟。上体绿色，具白色眼圈，性活泼，叫声轻柔，常被捕捉笼养。

山和尚 [sæ̃²¹⁴xuə⁵⁵ʂaŋ⁰] sǎn huō shang 戴胜。头上冠羽耸立，两翼及尾部带有黑白相间的条纹。

臭鹄鹄 [tʂ'ou⁵²³ku⁵⁵ku⁰] chòu gū gu 同"山和尚"。

麻姑油 [ma⁵⁵ku⁰iou⁵⁵] mā gu yōu 灰椋鸟。全身灰褐色，头侧具白色纵纹，常成群飞翔：一个~吃馋嘴（比喻贪心不足，得寸进尺）。

扁毛 [piæ³⁵maur⁵⁵] biǎn māor 民间文学作品中鸟类的别称：～、畜生知孝母，难道你连禽兽也不如？

蹿圈 [tsʻuæ²¹⁴tɕʻyæ²¹⁴] cuǎn quǎn ①（禽兽）逃离：李家的鹌鹑咬了三四嘴，马家的鹌鹑就～了｜猴子挠伤玩猴的，～了。②比喻人逃跑（含诙谐意味）：他看着要吃亏，就不吱拉声蹿了圈。‖圈，本指用筶子围成的圆圈，用于斗鹌鹑，鹌鹑逃出圈外，即为蹿圈。

呹 [tɕiɛ⁵²³] qìn ①猫、猪、狗呕吐：猫吃老鼠的时候你别看，不然的话它就～。②贬称人说话：他满嘴胡～，瞎编乱造。

上套 [ʂaŋ⁵²³tʻau⁵²³] shàng tào ①使役牲口时，给牲口拴上套具：这个牛犊子还没上过套来。②比喻受到管理约束：他找着工作结了婚，有了管教，总算～了。

耩 [tɕiaŋ³⁵] jiáng ①虫类拱动：蛆在烂肉里乱～｜蚂蚁把馍～得不能吃了。②比喻人喧闹、搅扰：那些孩子在台下乱跑乱叫，～得开不成会。

鼓踊 [ku⁵⁵yŋ⁰] gū yong ①虫类蠕动：豆虫在叶子上～～的｜一条毛虫鼓鼓踊踊在地上爬。②人像虫类一样拱动、扭动：稳稳当当地坐着，别瞎～｜小孙子坐我怀里不安生，老是乱～。

出律 [tʂʻu²¹⁴ly²¹⁴] chǔ lǔ ①指动物进出：老鼠～一趟，～一趟，老在当院里跑｜这个狗在人群里～～地钻。②贬指人进出。‖史小桥等地说"入律" [zu²¹⁴ly⁰] rǔ lü。

出出律律 [tʂʻu²¹⁴tʂʻu⁰ly²¹⁴ly²¹⁴] chǔ chu lǔ lǔ 动物伸缩爬行或窜动的样子：长虫～的真吓人｜老鼠水缸里顺里个秫秸～地往上爬。

蝎虎子 [ɕiə²¹⁴xu⁰tsɿ⁰] xiě hú zi 壁虎。‖明版《丰县志》写作"蝎虎"。

蛇头粒子 [ʂə⁵⁵tʻou⁵⁵li²¹⁴tsɿ⁰] shē tōu lǐ zi 蜥蜴（麻蜥），野地中多见。

长虫 [tʂʻaŋ⁵⁵tʂʻuŋ⁰] cháng chong 蛇，用于口语：～过道，大雨就到（民谚）。

信子 [ɕiɛ⁵²³tsɿ⁰] xìn zi 蛇、蜥蜴类的舌头：那条长虫从草棵里蹿出来，抬着头，吐着～。

雾 [u⁵²³] wù ①神怪施孕：小媳妇不敢在大树底下睡觉，怕叫怪物～着。龙雾桥，地名，在凤城街道，因汉高祖之母梦与龙遇的神话而得名。②蛇类交配。‖有人在此处读作阴平 [u²¹⁴] wǔ，音同"污"。

雾长虫 [u⁵²³tʂʻaŋ⁵⁵tʂʻuŋ⁰] wù cháng chong 交配时的蛇。民间认为可作良药。

红花子长虫 [xuŋ⁵⁵xua²¹⁴tsɿ⁰ tʂʻaŋ⁵⁵tʂʻuŋ⁰] hōng huǎ zi cháng chong 赤链蛇。常见蛇类。‖别称"家蛇""屋龙"。

花斑子 [xua²¹⁴pæ³⁵tsɿ⁰] huǎ bán zi 同"红花子长虫"。通行于华山、梁寨、范楼等镇。

青龙 [tɕiŋ²¹⁴luŋ⁵⁵] qǐng lōng 一种青绿色的蛇。‖有的称作"绿花斑子长虫"。

麦芒蛇 [mei²¹⁴uaŋ⁵⁵ʂə⁵⁵] měi wāng shē 田野间一种土黄色的蛇。传说小麦成熟季节可以在麦梢上快速游动。‖又叫"土地蛇"。

水长虫 [ʂuei³⁵tʂʻaŋ⁵⁵tʂʻuŋ⁰] shuí chāng chong 水蛇。多为绿色，无毒，生活在水田及河塘边沿。

肿头蚕 [tʂuŋ³⁵tʻou⁵⁵tsʻæ̃⁵⁵] zhóng tōu cān ①即将上蔟结茧的蚕，其头部肿大发亮。②喻指傲慢无礼的人：他脾气暴躁，跟~似的，是有名的愣种｜跟~样，又肿又亮｜嗔得跟~样。‖ 又称"种子蚕"。

吃老食 [tʂʻʅ²¹⁴lau³⁵ʂʅ⁵⁵] chǐ láo shī 结茧前的蚕大量进食，每天要多次添加桑叶：蚕该~了，我半夜也得起来喂蚕。

上蔟 [ʂaŋ⁵²³tsʻu²¹⁴] shàng cǔ 将老的家蚕上草束吐丝结茧。蔟，供蚕吐丝作茧的用具，多用庄稼秆扎成。

蚕帘子 [tsʻæ̃⁵⁵liæ̃⁵⁵tsʅ⁰] cān liān zi 带有蚕蛾卵的纸。

光光蜓 [kuaŋ²¹⁴kuaŋ⁰tʻiŋ²¹⁴] guǎng guang tǐng 蜻蜓。

图 5-35 光光蜓——蜻蜓（2020 年 8 月摄于河滨公园）

胡啦子头 [xu⁵⁵la⁰tsʅ⁰tʻour⁵⁵] hū la zi tōur 雄蜻蜓：~，一梆子油（童谣）。

老引 [lau³⁵iẽr³⁵] láo yínr 雌蜻蜓。旧时，儿童喜欢将雌蜻蜓拴住来诱引雄蜻蜓。

老麻 [lau³⁵mar⁵⁵] láo mār 碧伟蜓之类的大型蜻蜓：~落，~落，~落到苇子棵（童谣）。

豆瓣子 [tou⁵²³pæ̃tsʅ⁰] dòu bàn zi 同"老麻"：光光蜓，~，天天出来闹乱子（顺河镇童谣）。

老红 [lau³⁵xuŋ⁵⁵] láo hōng 赤蜻，通体赤红的蜻蜓。‖ 有的称作"红辣椒"。

光光蜓龟 [kuaŋ²¹⁴kuaŋ⁰tʻiŋ²¹⁴ kueir²¹⁴] guǎng guang tǐng guǐr 蜻蜓幼虫。

老黑 [lau³⁵xei²¹⁴] láo hěi 一种黑色的蜻蜓类昆虫。‖有的称作"黑老鸹""黑老嬷嬷"。

屠子 [tu²¹⁴tsʅ⁰] dǔ zi 昆虫、蜘蛛等虫类的尾部：蜜蜂的~上有根蜇人的刺｜死蝎子，活~（民谚）｜长虫的牙，马蜂的针，蝎子的~，皇帝的心（民谚"四大毒"）。

图 5-36　罗罗蛛——蜘蛛
（2022 年 6 月摄于河滨公园）

老牛 [lau³⁵ȵiou⁵⁵] láo niū 天牛。

罗罗蛛 [luə⁵⁵luə⁰tʂu²¹⁴] luō luo zhǔ 蜘蛛：庙门口巴满~网。‖北部边界地区称作"蛾螂蛛子"。

罗罗网 [luə⁵⁵luə⁰uaŋ³⁵] luō luo wǎng 蜘蛛网：电线扯得跟~样。通行于首羡、欢口、师寨、史小桥等镇。‖县城及县南部多数地区称作"罗罗蛛网"。

黏虫 [ȵiæ̃⁵⁵tʂ'uŋ⁵⁵] niān chōng 鼻涕虫。

呕子 [ou⁵⁵tsɿ⁰] ōu zi 生活在麦、米、面中的象鼻虫（象甲）：麦~｜面缸里生~了。‖呕，本字为"牛"。

大母猪 [ta⁵²³mu³⁵tʂu²¹⁴] dà mú zhǔ 喻指虱子：这几年常洗澡、换衣裳，虼蚤、~、疥疮、湿疹都没影了｜破袄里藏着成把的~。‖有的称作"老母猪" [lau³⁵mu³⁵tʂu²¹⁴] láo mú zhǔ。

青蚰子 [tɕiŋ²¹⁴iou⁵⁵tsɿ⁰] qǐng yōu zi 蝈蝈。

土蚰子 [t'u³⁵iou⁵⁵tsɿ⁰] tú yōu zi 蟋蟀。‖又叫"黑蚰子"。

曲蜷 [tɕ'y²¹⁴tɕ'uæ̃⁰] qǔ quan 蚯蚓。

砍头螂 [k'æ̃³⁵t'ou⁰laŋ⁵⁵] kán tou lāng 螳螂。通行于县城、孙楼、华山等地。‖中阳里也称"砍刀螂" [k'æ̃³⁵tau⁰laŋ⁵⁵] kán dao lāng。

砍刀 [k'æ̃³⁵tau²¹⁴] kán dǎo 同"砍头螂"。通行于王沟、赵庄、马楼等镇。

砍圪螂 [k'æ̃³⁵kə⁰laŋ⁵⁵] kán ge lāng 同"砍头螂"。通行于宋楼、李寨、范楼等镇。

蟷螂 [taŋ²¹⁴laŋ⁰] dǎng lang 同"砍头螂"。通行于师寨、欢口、顺河、首羡等镇。‖明代李时珍《本草纲目·虫一·蟷螂》："蟷螂，两臂如斧，当辙不避，故得当郎之名。俗呼为刀螂。"

螳喽子 [t'aŋ⁵⁵lou⁰tsɿ⁰] tāng lou zi 螳螂卵鞘。灰褐色，半圆柱形，紧附于树枝上，如同树瘤。传说烧熟食用可治儿童尿床。

土蚕 [t'u³⁵ts'æ̃⁵⁵] tú cān 地老虎，农田地下害虫。‖又叫"地蚕"。

土蜂 [t'u³⁵fəŋ²¹⁴] tú fěng 野生蜂类，常在土墙缝内筑巢。

黑头蜂 [xei²¹⁴t'ou⁵⁵fəŋr²¹⁴] hěi tōu fěngr 喻指被激怒的人：他恼了，六亲不认，跟~样，光是发火。‖有的称作"黑脸蜂"。

无王的蜂 [u⁵⁵uaŋ⁵⁵ti⁰fəŋr²¹⁴] wū wāng di fěngr 比喻失去控制的混乱人群：班主任请假没来，学生跟~样，到处乱窜。

嘤圪螂 [iŋ²¹⁴kə⁰laŋ²¹⁴] yǐng ge lǎng 金龟子。通行于中阳里、王沟及孙楼北部。

京㞗螂 [tɕiŋ²¹⁴kə⁰laŋ²¹⁴] jǐng ge lǎng 同"嘤㞗螂"。通行于师寨、和集、华山、孙楼等镇。

瞎碰子 [ɕia²¹⁴p'əŋ⁵²³tsɿ⁰] xiǎ pèng zi 同"嘤㞗螂"。通行于宋楼、范楼等镇。‖宋楼、梁寨、华山等镇也称"瞎拉碰"[ɕia²¹⁴la⁰p'əɲr⁵²³] xiǎ la pèngr、"瞎拉碰子"。

苍蛛 [ts'aŋ²¹⁴tʂu²¹⁴] 同"嘤㞗螂"。通行于顺河、欢口、首羡北部。‖有的说 [ts'aŋ²¹⁴tsu²¹⁴] cāng zǔ。

老鸹虫 [lau³⁵kua⁰tʂ'uŋ⁵⁵] láo gua chōng 天鹅绒金龟子,甲壳黑色而有光亮,体小,略呈圆形,春末夏初天黑以后钻出土外,人们常捉来饲鸡:几个小孩一人拿一个琉璃瓶,在树底下逮~。‖有的地区称作"马蜂虫"。范楼镇有的村称作"老木虫"[lau³⁵mu⁰ts'uŋ⁵⁵] láo mu cōng。

地漏子 [ti⁵²³lou⁵²³tsɿ⁰] dì lòu zi 蛴螬,金龟子的幼虫。

孑唠子 [tɕiə³⁵lau²¹⁴tsɿ⁰] jié lǎo zi 蝉,知了:待柳树上戳了几个白~。‖有的说 [tɕiə³⁵lau⁰tsɿ⁰] jié lao zi、"孑唠"[tɕiə³⁵laur²¹⁴] jié lǎor。

孑啦猴 [tɕiə³⁵la⁰xour⁵⁵] jié la hōur 蝉的幼虫:到了合黑,庄上的人都上柳树行里摸~ | 有几家子栽柳树,种~,一只~卖到七八毛钱。‖范楼等镇称作"蛈啦龟"[tiə³⁵la⁰kueir²¹⁴] dié la guǐr。

孑啦猴皮 [tɕiə³⁵la⁰xour⁵⁵p'i⁵⁵] jié la hōur pīr 蝉蜕。可入药:夏天,他拿棍去戳~,卖了一点零花钱。

伏唠 [fu⁵⁵laur⁰] fū laor 蝉类昆虫,叫声高低起伏如同"伏唠"。‖有的地区称作"金子唠"。

吱唠 [tsɿ²¹⁴laur³⁵] zǐ láor 蟪蛄。形体小于蝉,粗短,叫声尖直。‖有的称作"小吱唠"。

图 5-37 孑唠子——蝉
（2021 年 7 月摄）

图 5-38 孑啦猴——蝉的幼虫
（2022 年 7 月摄于河滨公园）

图 5-39 吱唠——蟪蛄
（2022 年 6 月摄）

老扁担 [lau³⁵piæ̃³⁵tæ̃²¹⁴] láo bián dǎn 剑角蝗。一种形体狭长、青绿色的蝗虫。‖有的说 [lau³⁵piæ̃³⁵tæ̃⁰] láo bián dan。

扑拉蛾子 [pʻu²¹⁴laə⁵⁵tsɿ⁰] pǔ la ē zi 飞蛾。

土蚊子 [tʻu³⁵uẽ⁵⁵tsɿ⁰] tú wēn zi 按蚊。本地原有的蚊类。雌蚊多在天黑后叮咬人畜。

花蚊子 [xua²¹⁴uẽ⁵⁵tsɿ⁰] huǎ wēn zi 伊蚊。身上有黑白相间的条纹。常在白天吸食人血。‖又称"花脚蚊子"。

饭蝇子 [fæ̃⁵²³iŋ⁵⁵tsɿ⁰] fàn yīng zi 家蝇。

花大姐 [xua²¹⁴ta⁵²³tɕiə⁰] huǎ dà jie 瓢虫。

臭大姐 [tʂʻou⁵²³ta⁵²³tɕiə⁰] chòu dà jie 臭椿象。体扁，带有花斑，能排放臭气。

鸡闹子 [tɕi²¹⁴nau⁵²³tsɿ⁰] jǐ nào zi 鸡虱。家禽体表的寄生虫，体小，繁殖快，主要寄生在鸡的羽毛和皮肤上，也寄生在狗、猫、鼠、鸡等有毛动物身上。

小咬 [ɕiau³⁵iaur³⁵] xiáo yáor 蠓科昆虫，叮人。

啄木虫 [tsuə⁵⁵muʔ²¹⁴tʂʻuŋ⁵⁵] zuō mǔ chōng 蛀虫：柳树叫~拱得净窟窿｜油炸~香得很，还能消化食。‖有的称作"钻木虫"。

喳 [tsa⁵⁵] zā （虫类）咬碎干物：秫秸叫虫~啦｜芝麻叫虫~成渣儿了｜虫把粮食~碎了。

土蚰蜒 [tʻu³⁵iou⁵⁵iæ̃⁰] tú yōu yan 金针虫，叩头虫的幼虫。体细长，金黄或茶褐色，是危害多种农作物的常见地下害虫。

地蛆 [ti⁵²³tɕʻy²¹⁴] dì qǔ 蝇的幼虫。危害粮食、蔬菜、树木的地下害虫，常见于蒜类、洋葱、韭菜根部。‖菜农称之为"韭菜蛆""葱蒜蛆"。

吊包虫 [tiau⁵²³paur²¹⁴tʂʻuŋ⁵⁵] diào bǎor chōng 袋蛾（蓑蛾）幼虫。织造丝质袋囊，悬于植物叶下。‖又称"吊死鬼""吊袋虫"。

豆虫 [tou⁵²³tʂʻuŋ⁰] dòu chong 豆天蛾之类的幼虫：豆地里~多得很，吓死我了。

腻虫子 [ȵi⁵²³tʂʻuŋ⁰tsɿ⁰] nì chong zi 蚜虫，常见农业害虫。

纺棉精 [faŋ³⁵miæ̃⁵⁵tɕiŋ²¹⁴] fáng miān jīng 白星金龟子。甲壳黑色，带有不规则的白斑。儿童常捉来使其带动高粱秆做成的纺车转动。‖宋楼、范楼等镇称"扔屹螂" [zəŋ²¹⁴kə⁰laŋ²¹⁴] rěng ge lǎng。

过虫子 [kuə⁵²³tʂʻuŋ⁰tsɿ⁰] guò chong zi 尺蠖，造桥虫。

梆梆卖油 [paŋ²¹⁴paŋ²¹⁴mɛ⁵²³iour⁵⁵] bǎng bǎng mài yōur 盗虻。为食虫虻科昆虫，形状如蜻蜓而身短，飞行敏捷。‖有的称作"卖油郎"。

巴角子 [pa²¹⁴tɕyə⁰tsɿ⁰] bǎ jue zi 刺蛾幼虫。体侧生有毒刺毛，越冬前在小树枝上产椭圆形茧，茧壳光滑而坚硬。

草鞋底 [tsʻau³⁵ɕiɛ⁵⁵ti³⁵] cáo xiái dí 一种蚰蜒。青灰色，脚细而多，生活于阴湿隙缝中。

鞋底㧰[ɕiɛ⁵⁵ti³⁵xur²¹⁴] xiái dí hǔr 同"草鞋底"。人们见到后，习惯于脱鞋用鞋底打它，故名。

潮虫 [tʂʻau⁵⁵tʂʻuŋ⁵⁵] cháo chōng 鼠妇虫。身体长卵形，受惊吓时蜷曲成团。生活于潮湿、阴暗之处。旧时把它捣烂染成胭脂色的布，因此又称为"胭脂虫"。

椿蹦子 [tʂʻuɛ²¹⁴pəŋ⁵²³tsɿ⁰] chǔn bèng zi 斑衣蜡蝉。

榆虱子 [y⁵⁵sɿ²¹⁴tsɿ⁰] yū sǐ zi 榆树生的一种虫。常密集附着在枝、干上。

六、植物

葫芦头 [xu⁵⁵lou⁰tʻou⁵⁵] hū lou tōu 一种传统小麦品种，抗病，耐盐碱。

碧玛一 [pi⁵²³ma³⁵i²¹⁴] bì má yī 指碧玛1号小麦。粒大色白。‖也叫"白麦"。20世纪50年代中期引进，播种面积曾占麦田面积50%以上，因不抗病而被淘汰。

拱子大麦 [kuŋ³⁵tsɿ⁰ta⁵²³mei⁰] góng zi dà mei 一种裸粒大麦，短芒，易脱壳，面黏，早熟，旧时常在春荒时用来充饥。

芒子大麦 [uaŋ⁵⁵tsɿ⁰ta⁵²³mei⁰] wāng zi dà mei 有稃大麦，长芒，不易脱壳，常带壳磨粉制炒面。

秫秫 [ʂu⁵⁵ʂu⁰] shū shu 高粱：半吊子，二百五，卖了高粱买~（旧民谣）。

老鸹座 [lau³⁵kua⁰tsuər⁵²³] láo gua zuòr 一种传统高粱品种，穗形松散。

小秫秫 [ɕiau³⁵ʂu⁵⁵ʂu⁰] xiáo shū shu 一种植株矮小的高粱。

黏秫秫 [ɲiæ̃⁵⁵ʂu⁵⁵ʂu⁰] niān shū shu 一种植株较高的高粱，茬长，穗形散，籽粒带有硬壳，磨出的面粉具黏性。主要用作牲畜饲料，也可用来蒸制年糕。

甜秫秸 [tʻiæ̃⁵⁵ʂu⁵⁵tɕiɛ²¹⁴] tiān shū jiāi ①旧时指一种秸秆较甜的高粱。②较甜的高粱秆、玉米秆：~吃起来有股青酸的甜味，虽说比不过甜秆子（甘蔗），反正比没零嘴吃强。

棒子 [paŋ⁵²³tsɿ⁰] bàng zi 玉米。20世纪50年代之前零星种植，20世纪50年代引进玉米新品种，称

图 5-40 秫秫——高粱
（2020年9月摄于欢口镇）

图 5-41 棒子——玉米
（2020年9月摄于师寨镇）

作"玉米棒子""玉米蜀黍",后来称作"棒子"。由于高粱易倒伏,20世纪70年代开始大面积种植玉米,用以取代高粱。

玉蜀黍 [y⁵²³ʂu⁵⁵ʂu⁰] yù shū shu 玉米的旧称。‖有的称作"银秋秋"。

黏棒子 [ȵiæ̃paŋ⁵²³tsʅ⁰] niān bàng zi 籽粒带有黏性的玉米:刚煮好的~,又嫩又香,你啃一个吧丨~粒煮羊肉些有味。

豆子 [tou⁵²³tsʅ⁰] dòu zi 一般指黄豆:~能制豆腐、豆皮、豆芽、豆浆、豆酱、臭豆子、蝎子爪,还能制成豆杂面、豆扁子、豆饼、豆油。

牛芒黄 [ȵiou⁵⁵maŋ⁵⁵xuaŋ⁵⁵] niū māng huāng 传统黄豆品种。

图 5-42　黏棒子
(2022年6月摄于凤城街道)

看谷老 [k'æ̃⁵²³ku²¹⁴lau³⁵] kàn gǔ lǎo 谷类白发病,病原为禾生指梗霜霉。病株谷穗短缩,严重时全穗蓬松,如扫帚状或刺猬状。

小豆 [ɕiau³⁵tou⁰] xiǎo dou 赤豆(赤小豆):烀一锅~蒸团子。‖也叫"红小豆"。

蔓豆 [mæ̃⁵⁵tou⁰] mān dou 传统栽培小杂粮。蔓生,可攀附高秆作物,荚黄褐色,容易落粒,豆粒有红、淡绿、黄色等,多栽种在路边或高粱田内。为优质煮饭用豆,也可制作豆沙馅。

红芋 [xuŋ³⁵y⁵²³] hóng yù 甘薯(红薯):俺的是春~,不是麦茬~丨农民冬天吃~,夏秋吃~片,春天瓜菜代丨~糊涂~馍,离了~不能活(民谣)。

栗子香 [li²¹⁴tsʅ⁰ɕiaŋ²¹⁴] lì zi xiāng 一种红薯,块茎细长,淀粉含量多,熟食干面,有栗子香味。

小花叶 [ɕiau³⁵xua²¹⁴iər²¹⁴] xiǎo huā yěr 一种红薯,叶小,茎细,产量低,块茎细长,淀粉含量多。

脆把子 [ts'uei⁵²³pa⁵²³tsʅ⁰] cuì bà zi 一种红薯,产量高,块茎脆,水分多,体大,不适合晒红芋片子。

桑根皮 [saŋ²¹⁴kən²¹⁴p'i⁵⁵] sāng gēn pī 一种红薯,块茎皮厚,表皮和内瓤均为黄色,甜度高,体大,耐储存。

红瓤红芋 [xuŋ⁵⁵ʐaŋ⁵⁵xuŋ⁵⁵y⁵²³] hōng rāng hōng yù 块茎内瓤呈浅红、橘黄色的红薯,甜度高,水分多。

二红头 [l⁵²³xuŋ⁵⁵t'ou⁵⁵] lrì hōng tōu 一种红薯,块茎黄白色,味淡。

洋白 [iaŋ⁵⁵pei⁵⁵] yāng bēi 一种红薯,块茎表皮和肉均为白色,产量高,口感一般。

拉鞭 [la²¹⁴piæ̃²¹⁴] lǎ biǎn 红薯的细长茎状根：这块地忒硬，光长~，不结红芋。‖又称"飞根"。

棉花羽子 [miæ̃⁵⁵xuaº y³⁵tsɿ⁰] miān huā yú zi 棉花蒴果长出的带籽成瓣茸毛。

芝麻蒴子 [tsɿ²¹⁴maº suə²¹⁴tsɿ⁰] zǐ ma suǒ zi 芝麻蒴果。

落生 [luə²¹⁴səŋ²¹⁴] luǒ sěng 落花生。普通油料作物：俺几个跑到饭店里，要喽两盘~，一盘油炸的，一盘水煮的，又要喽一份地锅鸡。‖有的称作"罗生"[luə⁵⁵səŋ²¹⁴] luō sěng。

落生豆子 [luə²¹⁴səŋ²¹⁴tou⁵²³tsɿ⁰] luǒ sěng dòu zi 花生米。落花生荚果中的种子。

签子 [tɕ'iæ̃²¹⁴tsɿ⁰] qiǎn zi 花生的子房柄。花生胚珠受精后子房柄逐渐延长，下弯，插入土中，在地下发育出荚果。

苘勃喽子 [tɕiŋ³⁵pu⁵⁵louº tsɿ⁰] qíng bū lou zi 苘麻的半圆形蒴果：嘴撮得跟~样（比喻闭口不言）。‖孙楼南部、宋楼等地说"苘卜喽子" [tɕiŋ³⁵pu²¹⁴louº tsɿ⁰] qíng bǔ lou zi。

麻籽 [ma⁵²³tsɿ³⁵] mà zí 蓖麻，油料作物：河堤上种了一块~，收了种子卖给供销社｜霜打眉豆架，光棍害了怕；霜打~头，光棍发了愁（民谣。光棍因无人缝制棉衣，所以害怕过冬）。‖范楼等镇说 [ma⁵⁵tsɿ³⁵] mā zí。

葵头 [k'uei⁵⁵t'ou⁵⁵] kuī tōu 向日葵：这几棵~是花籽的，那几棵是黑籽的。‖又称"葵葵头" [k'uei⁵⁵k'ueiº t'ou⁵⁵] kuī kui tōu。

葵头陀螺 [k'uei⁵⁵t'ou⁵⁵tuə⁵⁵luə⁰] kuī tōu duō luo 向日葵的头状花序。

葵头籽 [k'uei⁵⁵t'ou⁵⁵tsɿ³⁵] kuī tōu zí 向日葵种子。

葵瓜籽 [k'uei⁵⁵kua²¹⁴t'ou⁵⁵] kuī guā zí 炒熟的向日葵种子。又称"葵花籽"。

菜籽 [ts'ɛ⁵²³tsɿ⁰] cài zi 油菜（芸薹）。

白菜碴子 [pei⁵⁵ts'ɛ⁰ts'a³⁵tsɿ⁰] pēi cai cá zi 未抱芯的大白菜：你不通二十四气，过了国庆节才栽白菜秧子，只能长成~，哪能抱芯？

辣萝卜 [la²¹⁴luə⁵⁵puº] lǎ luō bu 萝卜。传统品种有大红袍、红心萝卜、里外青、

图 5-43 葵头——向日葵
（2020 年 6 月摄于凤城镇）

图 5-44　辣萝卜——萝卜
（2022 年 10 月摄于孙楼街道）

图 5-45　番瓜——南瓜
（2022 年 6 月摄于孙楼街道）

图 5-46　苤拉疙瘩——苤蓝
（2022 年 11 月摄于凤城街道）

白萝卜等。2000 年后推广徐州蔬菜所的杂交种红优 5 号红心脆萝卜，既可当水果生食，又可凉拌。

穿心红 [tʂʻuæ²¹⁴ɕiẽ²¹⁴xuŋ⁵⁵] chuān xīn hōng 一种甜脆多汁的红心萝卜，表皮上部淡绿色，下部白色，肉呈紫红色。多作凉拌菜。

气辣萝卜 [tɕʻi⁵²³la²¹⁴luə⁵⁵ pu⁰] qì lǎ luō bu 收过种子后的萝卜。民间以之加陈曲、煳馍，治消化不良、厌食。

番瓜 [fæ̃²¹⁴kua²¹⁴] fǎn guǎ 南瓜：~秧爬满菜园，长的、圆的到处都是｜掐一把~花去烧汤。通行于中阳里、孙楼、王沟、常店、华山等地。

京瓜 [tɕiŋ²¹⁴kua⁰] jǐng gua 同"番瓜"。通行于师寨、凤城及欢口部分地区。当地认为，京瓜为长形，南瓜为圆形。

北瓜 [pei²¹⁴kua⁰] běi gua 同"番瓜"。通行于顺河、欢口等地。

对花 [tuei⁵²³xua²¹⁴] duì huā 给南瓜等瓜类做人工授粉。

苤拉疙瘩 [pʻiə³⁵la⁰kə²¹⁴ta⁰] pié la gě da 苤蓝（芜菁甘蓝）的块根。球形或纺锤形，多用于腌制咸菜、炒食。

苤咧疙瘩 [pʻiə³⁵liə⁰kə²¹⁴ta⁰] pié lie gě da 同"苤拉疙瘩"。通行于华山、史小桥等地。

辣菜 [la²¹⁴tsʻɛ⁰] lǎ cai 根用芥菜：~疙瘩腌着吃，~缨子也能腌着吃｜头伏萝卜二伏芥，三伏里头撒~（民谚）。

辣菜疙瘩 [la²¹⁴tsʻɛ⁰kə²¹⁴ta⁰] lǎ cai gē da 辣菜的块根。大体呈圆锥形，两侧有纵沟，有辣味，用于制作咸菜、酱菜：~个头小，白色，不水旺，长得瘶。

包菜 [pau²¹⁴tsʻɛ⁵²³] bāo cài 卷心菜，结球甘蓝。一种常见蔬菜。

眉豆 [mei⁵⁵tou⁰] mēi dou 扁豆。荚果扁平，镰刀形，为普通蔬菜。

图 5-47 眉豆——菜用扁豆
（2022 年 11 月摄于孙楼街道）

老来少 [lau³⁵lɛ⁵⁵ʂau⁵²³] láo lāi shào 一种成熟较晚的菜用扁豆。荚果嫩厚，纤维素少，直到籽粒失水收缩前，仍鲜嫩如初；初为青绿色，逐渐变为深紫红色。春种秋收，多种在庭院、菜园边。

豆角子 [tou⁵²³tɕyə²¹⁴tsɿ⁰] dòu juě zi 菜用豇豆。普通蔬菜：园子里的~要拖秧，该扎架了｜圆里有青皮~、花皮~、白皮~，还有"叶里藏"~。‖也称"豆角儿"。

五早龙 [u³⁵tsau³⁵luŋ⁵⁵] wú záo lōng 菜用豇豆的一种。成熟早，五月即可采摘。角长约 18 厘米，紫红色，鲜艳美味。

毛豆角子 [mau⁵⁵tou⁵²³tɕyə²¹⁴tsɿ⁰] māo dòu juě zi 带青绿色外皮的嫩黄豆角，常煮熟剥食。

图 5-48 豆角子——菜用豇豆
（2020 年 6 月摄于凤城街道）

洋蒜 [iaŋ⁵⁵suɛ̃⁵²³] yāng suàn 洋葱。现在多称"洋葱"。

洋柿子 [iaŋ⁵⁵ʂɿ⁵²³tsɿ⁰] yāng sì zi 旧称西红柿。现多称"番茄" [fɛ̃⁵⁵tɕʻiə⁵⁵] fān qiē。

樱桃柿子 [iŋ²¹⁴tʻau⁰ʂɿ⁵²³tsɿ⁰] yǐng tao sì zi 一种果形较小的番茄，由于大小如樱桃，故名。既可作蔬菜，也可作水果。‖又说"樱桃番茄"。

桐花菜 [tʻuŋ⁵⁵xua²¹⁴tsʻɛ⁵²³] tōng huǎ cài 紫藤。豆科落叶灌木，本地常食用其花。‖

第五章 词汇 ｜ 177

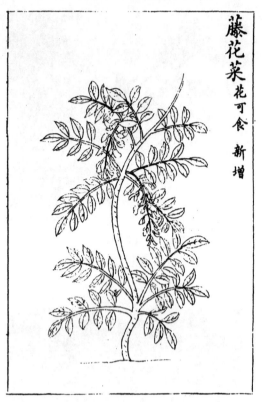

图 5-49 明代朱橚《救荒本草》写作"藤花菜"

其名源自"藤花菜"。范楼等镇称为"葛花"。

水山药 [ʂuei³⁵sɛ²¹⁴yə⁰] shuí sǎi yue 一种水分较多的山药。做菜脆嫩而不面软。由范楼镇金陵村农民于 1953 年从怀山药单株变异中选育出来。‖也称"菜山药"。

望天猴 [uaŋ⁵²³tʻiæ²¹⁴xour⁵⁵] wàng tiǎn hōur 朝天椒。一种果尖向上生长的辣椒。果形小而辣味浓烈：他能吃辣，专吃~｜这种秦椒叫~。‖欢口镇也称"尖椒"。

秦椒 [tɕʻiẽ⁵⁵tɕiau²¹⁴] qīn jiǎo 辣椒：~地里种的是菜椒子、尖椒子。

莴角 [uə²¹⁴tɕyə⁰] wǒ jue 莴苣。

毛芋头 [mau⁵⁵y⁵²³tʻou⁰] māo yù tou 一种母体分蘖出很多小块茎的芋，多子芋。块茎群生，密生纤毛：以前把~煮熟蘸糖吃，这眼前也用它烩肉吃。

图 5-50 望天猴——朝天椒
（2022 年 10 月摄）

图 5-51 毛芋头（2022 年 7 月摄于凤城街道）

洋姜 [iaŋ⁵⁵tɕiaŋ²¹⁴] yāng jiǎng 菊芋。其块茎常用来腌咸菜。‖李寨等地称为"洋芋头"。

穴蒿 [ɕyə⁵⁵xau²¹⁴] xuē hǎo 青蒿。叶小，微苦而草香浓郁。本地有栽培，常用其嫩茎叶腌制咸菜。‖清代吴其濬《植物名实图考》卷四"蔬类"："邪蒿，《嘉祐本草》始著录。叶纹即邪，味亦非正，人鲜食之，纹斜遂以邪名。味辛亦多艾气。"

地豆子 [ti⁵²³tou⁵²³tsɿ⁰] dì dòu zi 旧指马铃薯。‖又叫"地蛋"。今多称"土豆""土豆子"。

水筲葫芦 [ʂuei³⁵sau²¹⁴xu⁵⁵lou⁰] shuí sǎo hū lou 一种形状如水桶（水筲）的传统葫芦。体型大而丰产，青白色，幼时作菜，肉厚而细脆。易老，不及时收获，就会"吃菜老，开瓢嫩"。

牙牙葫芦 [ia⁵⁵ia⁰xu⁵⁵lou⁰] yā ya hū lou 小葫芦（亚腰葫芦）。果实哑铃状，腰部细。老熟后用作容器（比如装酒），或制作玩具、工艺品。‖又叫"牙葫芦"。

图5-52 穴蒿——青蒿
（2022年5月倪士峰摄）

西葫芦 [ɕi²¹⁴xu⁵⁵lou²¹⁴] xǐ hū lǒu 一种葫芦科蔬菜，果实淡绿色，长筒形。

甘篓子 [kæ̃²¹⁴lou³⁵tsɿ⁰] gǎn lóu zi 甘露子（又名宝塔菜、螺蛳菜）。其地下块茎为田螺形，用来加工酱菜。‖明、清代《丰县志》均记作甘露。

慈喽子 [tsʻɿ⁵⁵lou⁰tsɿ⁰] cī lou zi 小茴香的植株。其果实称作小茴 [ɕiau³⁵xuẽ⁵⁵] xiáo hūn。嫩茎叶作蔬菜用，烧鱼、肉时去腥增香，用作咸馍的夹馅。果实为常用佐料，亦入药：用~做咸卷子｜炖鱼的时候放一撮~。‖也称"慈喽""慈唠" [tsʻɿ⁵⁵lau⁰] cī lao。吴其濬《植物名实图考》卷四"蔬类"："莳萝，《开宝本草》始著录。即小茴香子。

图5-53 慈喽子——小茴香植株（2008年7月摄）

以为和治肾气，方多用之。"

独喽头蒜 [tu⁵⁵lou⁰t'ou⁵⁵suɛ̃⁵²³] dū lou tōu suàn 独头蒜，鳞茎（即蒜头）不分瓣的大蒜。旧时将其捣碎贴脚心治疗疟疾。‖有的称作"独头蒜""独疙瘩蒜""独蒜"。

蒜疙瘩 [suɛ̃⁵²³kə²¹⁴ta⁰] suàn gě da 蒜头，蒜的地下鳞茎。

蒜辫 [suɛ̃⁵²³piɛ̃⁵²³] suàn biàn 用带蒜头的大蒜茎叶编成的辫子。通常挂在屋檐下、厨房墙上：从~上揪下两疙瘩蒜｜苹果稠得给~样。

鸡腿葱 [tɕi²¹⁴t'uei³⁵tsʰuŋ²¹⁴] jī tuí cōng 一种植株粗矮、基部肥大、表皮橘黄色的葱。

图 5-54　葱勃喽子（2023 年 4 月摄）

葱勃喽子 [tsʰuŋ²¹⁴pu⁵⁵lou⁰tsɿ⁰] cōng bū lou zi 葱的球形花苞。‖孙楼南部、宋楼等镇说"葱卜喽子"[tsʰuŋ²¹⁴pu²¹⁴lou⁰tsɿ⁰] cōng bǔ lou zi。

金针 [tṣɛ̃²¹⁴tṣɛ̃²¹⁴] zěn zěn 黄花菜：北海的鱼，南海的虾，~萱黄芽（民谚。指三种美味）。‖字音较为特殊。顺河、首羡、师寨、范楼等镇说 [tṣɛ̃²¹⁴tṣɛ̃²¹⁴] zhěn zhěn 或 [tṣɛ̃²¹⁴tṣɛ̃⁰] zhěn zhen。

萱黄芽 [ɕyɛ̃²¹⁴xuan⁵⁵ia⁵⁵] xuǎn huāng yā 开春时用土掩培黄花菜，使其长出嫩黄的叶芽。

湖藕 [xu⁵⁵ou³⁵] hū óu 野生藕。花粉红色，地下茎面而香。

家藕 [tɕia²¹⁴ou³⁵] jiǎ óu 种植的藕，多指白莲藕。

藕瓜 [ou³⁵kuar²¹⁴] óu guǎr 莲藕肥大的部分：小孩的胳膊跟~样，老头的胳膊跟干姜样。

图 5-55　金针——黄花菜（2023 年 6 月摄）

甜秆子 [tʰiæ⁵⁵kæ²¹⁴tsʅ⁰] tiān gǎn zi 甘蔗：地里种了一亩~｜~吃中节。

歪瓜裂枣疙瘩梨 [uɛ²¹⁴kua²¹⁴liə²¹⁴tsaur³⁵kə²¹⁴taºli⁵⁵] wǎi guǎ liě záor gě da lī 长得不正的瓜、表面开裂的枣、长满疙瘩的梨。人们认为，此类瓜果虽不好看，但味道甜美。

小瓜 [ɕiau³⁵kua²¹⁴] xiáo guǎ 指甜瓜、菜瓜，相对于西瓜而言。‖ 又说"小瓜子"。

访白袍 [faŋ³⁵pei⁵⁵pʰau⁵⁵] fáng bēi pāo 传统优质甜瓜品种。瓜皮墨绿色，瓜肉洁白，甜度较高。‖ 其名出自"尉迟敬德访白袍"的故事，瓜皮比作尉迟敬德，白肉比作薛仁贵。

到口酥 [tau⁵²³kʰou³⁵su²¹⁴] dào kóu sū 一种地方传统优良品种的甜瓜，淡青色，略有花纹，薄皮，肉外层约 3～4 毫米浅绿色，内层由黄变淡黄红色，瓤橙红色，瓜肉酥而脆，甜度高，香味浓。

图 5-56　甜秆子——甘蔗
（2020 年 10 月摄于常店镇）

九道沟 [tɕiou³⁵tau⁵²³kou²¹⁴] jiú dào gǒu 传统品种的甜瓜，瓜皮暗绿色，上有九道凹沟，肉脆，甜度高。

腊梅瓜 [la²¹⁴meir⁵⁵kua²¹⁴] lǎ mēir guǎ 传统品种的甜瓜，瓜皮深绿色，有点状花纹。瓤青绿或橘黄，籽红色，甜度高。

狮子头 [sʅ²¹⁴tsʅ⁰tʰou⁵⁵] sǐ zi tōu 一种大果型甜瓜。瓜皮底色青绿，有淡白翡翠状花纹，成熟后有棱沟，单瓜重 1.5 公斤左右。瓜瓤橙红色，味甜质脆，爽口多汁。

打瓜 [ta³⁵kua²¹⁴] dá guǎ 一种主要食用其籽仁的西瓜。成熟期早，籽粒大，吃瓜时常用拳头捶打开来，故名。

青菜瓜 [tɕʰiŋ²¹⁴tsʰɛ⁵²³kua²¹⁴] qǐng cài guǎ 一种成熟期较早的鲜食菜瓜。棒槌形，皮白绿色，瓤脆嫩微甜，爽口解渴。

艮瓜 [kẽ³⁵kua²¹⁴] gén guǎ 一种蔬菜，果形如黄瓜而体大，口感韧而不脆。多用来烧面筋汤、做凉拌菜。

大面瓜 [ta⁵²³miẽ⁵²³kua²¹⁴] dà miàn guǎ 一种淀粉含量较大的甜瓜。皮深墨绿色，熟透时瓜皮开裂卷起。单瓜重 1 公斤左右，产量较高。瓜肉沙面，不耐贮藏，甜度低，香味较浓。可当饭食用，深受老年人喜欢，常用来制作酵曲。

秋鳖子 [tɕʰiou²¹⁴piə²¹⁴tsʅ⁰] qiǔ biě zi 一种秋后成熟的甜瓜，个小，皮厚，味淡。

齐头黄 [tɕ‘i⁵⁵t‘our⁵⁵xuaŋ⁵⁵] qī tōur huāng 一种传统西瓜。花皮，黄沙瓤，甜度高，瓜籽乳白色。1970—1985 年，王沟公社李胡集以之为地方名产远销南京、上海。1990 年后绝迹。

三白 [sæ̃²¹⁴pei⁵⁵] sǎn bēi 一种传统西瓜。皮、瓤、籽均为白色，皮厚，沙瓤，甜度高，果体大，产量高。20 世纪 70 年代之前多有种植，70 年代后强调种粮，该品种面积减少，80 年代失传。

三异 [sæ̃²¹⁴i⁵²³] sǎn yì 传统西瓜。皮黑色，瓤红色，籽黄色。因皮、瓤、籽颜色不同而得名。瓤脆甜，皮厚。已失传。

瓜纽子 [kua²¹⁴ɲiou³⁵tsʅ⁰] guǎ niú zi 瓜类幼果。

拉秧子瓜 [la²¹⁴iaŋ²¹⁴tsʅ⁰kua²¹⁴] lǎ yǎng zi guǎ 收获期将要结束时结的瓜（口味较差）俺这是头喷子瓜，不是~，黑籽红瓤，吃错了管换｜鲜果吃鲜，单等成了半老葫芦、~，就不值钱了。

隔皮猜瓜 [kei²¹⁴p‘i⁵⁵tsʻɛ²¹⁴kua²¹⁴] gěi pī cǎi guǎ 本义指看外表来猜测西瓜是否成熟，比喻凭表面现象来猜测：~只能猜准七八成。

树股子 [ʂu⁵²³ku³⁵tsʅ⁰] shù gú zi 与树身相连的较粗大的树枝：他骑到~上够杏吃。

树末梢 [ʂu⁵²³miə²¹⁴sau⁰] shù miě sao 树枝的顶端。

冒冒梢 [maur⁵²³maur⁰saur²¹⁴] màor maor sǎor 树梢顶部：老鸹窝垒到~。

老母柯杈子 [lau³⁵mu³⁵k‘ə⁵⁵tsʻa³⁵tsʅ⁰] láo mú kē cá zi 树干分枝处，树丫：坐到~上牢稳得很｜你不是父母生的，还能是~上结的吗？‖ 李寨等镇说 "老吗柯杈" [lau³⁵ma⁰k‘ə⁵²³tsʻar³⁵] láo ma kè cár。

树母柯杈 [ʂu⁵²³mu³⁵k‘ə⁰tsʻar³⁵] shù mú ke cár 树杈，树枝的交汇处。

树栽子 [ʂu⁵²³tsɛ²¹⁴tsʅ⁰] shù zǎi zi 用于移栽的树苗：拉来一车~，栽到河滩上。

小老头树 [ɕiau³⁵lau³⁵t‘our⁵⁵ʂu⁵²³] xiáo láo tōur shù 生长已久却发育不良、细弱矮小的畸形树：河滩上有一大片盐碱地，苹果树栽上六七年，老是赖赖巴巴，又矮又小，挂不了果，成了~。‖ 又叫 "小老树"。

果木子 [kuə³⁵muə⁰tsʅ⁰] guó mo zi 指果品：南地里栽的是~树，有苹果、桃，还有几棵枣｜我看看集上有啥~，买点给小孩吃。

花捏 [xua²¹⁴ɲiɛr²¹⁴] huā niěr 花蕾，没有开放的花。‖ 有的专指棉花花蕾。

捏儿 [ɲiɛr²¹⁴] niěr 同 "花捏"：~到花，二十八；花到花，四十八；白露花，不进家（意谓棉花从现蕾到开花为二十八天，从开花到结棉絮为四十八天，白露时开的花结不成棉絮，无收获）。

幌花 [xuaŋ³⁵xuar²¹⁴] huáng huǎr 不结果的花：他从番瓜地里摘了一大掐~，带回家煎丸子吃｜番瓜葫芦种一坨，光开~不干活（民谚）。

坐纽 [tsuə⁵²³ŋiour³⁵] zuò niúr 坐果，瓜果类长出幼果：西瓜~了，有的像蒜臼子，有的像皮槌（拳头）｜哪棵瓜几号放的秧，哪棵瓜几号坐的纽，老头儿一清二楚。

滑棵 [xua⁵⁵kʻuər] huā kuǒr 某些作物不结果：棒子~了｜秫秫~了｜苹果~了。

滑条子 [xua⁵⁵tʻiau⁵⁵tsʅ⁰] huā tiāo zi 一年生，不长花果的徒长枝。

离核 [li⁵⁵xur⁵⁵] lí hūr（桃、杏类水果）果肉与核分离，不粘连：这种桃~｜巴头杏不~。

圪蒂 [kə⁵⁵teir⁰] gē deir 蒂。瓜、果等跟茎、枝相连的部分：辣椒~｜黄瓜~｜苹果~｜她一下子买了几个梨，剜去~削去皮，递到他的手心里。

圪针 [kə⁵⁵tʂẽ²¹⁴] gē zhěn 植物上的棘刺：洋槐~｜皂角~又大又长｜摘月季花，不小心叫~扎着了手｜枣树上的~——有点翘头（歇后语）。

图 5-57 圪针
（2022 年 12 月摄于河滨公园）

圪针条 [kə⁵⁵tʂẽ²¹⁴tʻiau⁵⁵] gē zhěn tiāo 带有棘刺的枝条：他从树棵子里钻了一趟，叫~扎得净血道子。

落蛋 [luə²¹⁴tæ̃r⁵²³] luǒ dànr ①瓜类成熟后从藤蔓上自行脱落：这个瓜熟~了。②比喻失势：前阵子还人五人六的咴，这会~啦｜你不走正道，早晚得~。

黏黏胶 [ŋiæ̃⁵⁵ŋiæ̃⁰tɕiau²¹⁴] niān nian jiāo 树木枝干上分泌出的胶汁。

喝囊 [xə²¹⁴naŋ⁰] hě nang 瓜类熟过而发软变质，瓜瓤渗出汁水：这个瓜~了，别吃了。

糊浓 [xu⁵²³nuŋ⁰] hù nong 瓜果、肉类发软，溏软：柿子~了｜红芋煮~了｜一块好肉搁橱子里几天，~得拿不成个了。

熟淌 [ʂu⁵⁵tʻaŋ⁰] shū tang 瓜果过于成熟而变软：甜瓜~了，扔了吧｜西瓜晒~了｜那个桃叫他摆划~了。

浆包 [tɕiaŋ²¹⁴pʻau⁰] jiǎng bao 瓜果外皮被风干：番瓜老是不摘，~了｜摘了一个枣，拿到手里一看是~的。‖有的说"浆卯"[tɕiaŋ²¹⁴mau⁰] jiǎng mao、"浆泡"[tɕiaŋ²¹⁴pʻau⁰] jiǎng pao。

圪蔫 [kə²¹⁴iæ̃⁰] gē yan 花木、果蔬等因失去水分而干瘪发皱：玫瑰~了｜苹果搁了一个月，~了，不能吃了。

缩瘪 [tʂʻu²¹⁴piə³⁵] chǔ bié ①（瓜果）在生长中萎缩干瘪：黄瓜纽子~了。②比喻人举止拘谨，不自然。

憋堵 [piə²¹⁴tu⁰] biě du 瓜果幼时皱缩。

乌喽 [u²¹⁴lou⁰] wǔ lou ①瓜果、树叶干枯：瓜纽子没长成，~了｜柿子叶子~了。②比喻事情未办成，衰败：这件事~了｜他混了一辈子官场，越干越~。

五月鲜 [u³⁵yə⁰ɕiæ̃²¹⁴] wú yue xiǎn 农历五月初上市的早熟桃类。果实白色，体圆，带有红尖。肉质脆绵，汁多，清香爽甜。桃核不能出苗，靠嫁接繁殖。为丰县主要地方品种桃之一。

白凤 [pei⁵⁵fəŋ⁵²³] bēi fèng 一种底色乳白的桃。汁多，浓甜。

冬桃 [tuŋ²¹⁴tʻau⁵⁵] dǒng tāo 一种11月下旬到12月初成熟的桃。果肉脆而甜，坐果率低。

水蜜桃 [ʂuei³⁵mi²¹⁴tʻau⁵⁵] shuí mǐ tāo 一种果肉柔软多汁的桃。果皮青中泛白，有大面积红晕，果肉味甜。现在种植面积较大。

图5-58　梅杏（2020年6月摄于中阳里街道）

核子癞 [xu⁵⁵tsɿ⁰lɛ⁵²³] hū zi lài 油桃的旧称。果色鲜艳，味略酸：桃花开，杏花败，李子开了~（民谚）｜~搽粉——可俊到家了（歇后语。核子癞外表鲜艳，如果搽粉，就更美了。此歇后语比喻人俊美，含讥讽意味）。‖也叫"油光桃"。

笆斗杏 [pa²¹⁴tou³⁵ɕiŋ⁵²³] bǎ dóu xìng 一种优质杏，果大，略呈方形，果肉柔软多汁，味甜，核仁可食。

梅杏 [mei⁵⁵ɕiŋ⁵²³] mēi xìng 兼具杏、李两种性状的优质水果，果色黄亮，肉细密甘甜。嫁接繁殖。

麦黄杏 [mei²¹⁴huaŋ⁵⁵ɕiŋ⁵²³] měi huāng xìng 一种麦收季节成熟的杏，甜度不高：吃了~，才把棉袄送（民谚）。

灰子 [xuei²¹⁴tsɿ⁰] huǐ zi 李子的一种。果实未熟时青灰色，熟后灰黄色，离核，味淡。

红富士 [xuŋ⁵⁵fu⁵²³sɿ⁵²³] hōng fù sì 一种表皮鲜红的晚熟苹果。果肉爽脆，酸

图5-59　红富士苹果（1995年10月王汝楫摄）

甜多汁，果形大，不裂果，耐贮藏。原产日本，1972年丰县大沙河果园由郑州果树研究所引入丰县，逐渐成为主栽品种，多次在全国评比中名列第一。1990年起，丰县每年都举办"中国·丰县红富士苹果节"。

元帅 [yæ⁵⁵ʂuɛ⁵²³] yuān shuài 一种中熟苹果。果实长圆锥形，果顶五棱凸起，果形大，单果重200～240克。果皮阳面鲜红，果面蜡质较厚，初摘时果肉脆甜，贮存数日后变得干面，香味浓。20世纪50年代引入丰县，成为主栽品种，20世纪80年代后逐渐被红星系品种代替。‖ 又名"红香蕉"。

红星 [xuŋ⁵⁵ɕiŋ²¹⁴] hōng xǐng 由元帅芽变选育成的苹果。果色鲜红、全红、浓红，果顶有明显的凸起五棱，萼洼深。‖ 从美国引入的首红、超红、银红等红星系列品种，市场上一般称为"蛇果"。

金帅 [tɕiẽ²¹⁴ʂuɛ⁵²³] jǐn shuài 一种果色金黄的中熟苹果。果肉细密，有芳香气，表皮多带果锈。易丰产，耐贮藏。7月中下旬至10月下旬采收。20世纪50年代末引入丰县。20世纪80年代后，为丰县仅次于红富士的第二大主栽苹果品种。

辽伏 [liau⁵⁵fu⁵⁵] liáo fū 辽宁果树研究所培育成的一种早熟苹果。平均果重100克，脆而多汁，味甜，稍有香气。开花早，花粉多，是优良的苹果授粉品种。20世纪70年代初引入丰县。

图 5-60 金帅苹果
（2022年8月摄于凤城街道）

檎子 [tɕʻiẽ⁵⁵tsɿ⁰] qīn zi 林檎。果实比花红大，长椭圆形，底色黄白，果面粉红至玫瑰红色，有光泽，肉白，略显淡黄色。8月上中旬成熟，刚采摘的果实肉硬而绵，略有涩味，2～3天后变甜，并逐渐转面沙。贮存期间散发出浓厚的香味。

歪子 [uɛ²¹⁴tsɿ⁰] wāi zi 花红（沙果）类水果，果柄基部呈瘤状歪斜。

棠梨子 [tʻɑŋ⁵⁵li⁵⁵tsɿ⁰] tāng lí zi 一种梨类水果。卵球形，大小如杏，褐色，有稠密斑点。鲜果贮存面软后食用。其植株为高大乔木。种子育苗用作栽培梨的砧木。旧时为常见水果，现在即将绝迹。

酥梨 [su²¹⁴li⁵⁵] sū lí 一种传统品种的梨，属白梨系统，包括白皮酥、金盖酥等。果实黄绿色，贮存后变成黄色，酥脆爽口，汁多味甜，有香气，果

图 5-61 棠梨子
（2019年11月摄于王沟镇）

第五章 词汇 ｜ 185

点小而密，耐贮藏，栽种面积较大。

紫酥梨 [tsɿ³⁵su²¹⁴li⁵⁵] zǐ sǔ lí 一种传统地方品种的梨。果实圆形，果皮紫褐色，肉质细软，汁多，浓甜。平均单果重225克，耐贮藏，丰产性好，开花早，花粉多，是酥梨良好授粉品种。

茌梨 [ts'ɿ⁵⁵li⁵⁵] cī lí 原产山东省茌平县（2019年，改为聊城市茌平区）。果形大，多为不正纺锤形，肩部常有一侧凸起。果皮粗糙，果点大而凸出。肉细、汁多、味甜酸，有微香，品质上等。20世纪50年代引入丰县。

圆黄 [yæ̃⁵⁵xuaŋ⁵⁵] yuán huáng 一种中熟品种的梨。果皮黄褐色，扁圆形。果形大，重300~850克。甜酸适口，细脆多汁，有香味。采收期为8月下旬至9月上旬，贮藏期30天左右。20世纪90年代末引入丰县。

黄金梨 [xuaŋ⁵⁵tɕiẽ²¹⁴li⁵⁵] huáng jīn lí 一种果皮黄绿的梨。果形大，平均单果重300克。肉质脆嫩，石细胞少，味甜多汁，有香气。不耐贮藏。1998年引入丰县。

黄冠 [xuaŋ⁵⁵kuæ̃⁵²³] huáng guàn 一种果皮黄白色的梨。皮薄，肉质细脆多汁，味甜，有香气。果锈多。8月下旬至9月上旬采收。

马蹄黄 [ma³⁵t'i⁵⁵xuaŋ⁵⁵] mǎ tí huáng 一种果实扁圆形、果顶萼凹深广的梨。果面黄绿，阳面有浓黄色晕。肉脆汁多，味甜酸，稍有香气，品质中上。

木头疙瘩梨 [mu²¹⁴t'ou⁵⁵kə²¹⁴ta⁰li⁵⁵] mǔ tou gē da lí 一种果肉较硬的梨。果实紫褐色，果面光滑，有绿褐色果点。果形为长圆至鹅卵形。

玫瑰香 [mei⁵⁵kuei⁵²³ɕiaŋ²¹⁴] méi guì xiāng 一种带有浓郁的玫瑰香味的葡萄。平均粒重5克，紫红色，含糖量18%~20%，是20世纪60至80年代丰县主栽生食葡萄，20世纪90年代后渐少。

巨峰 [tɕy⁵²³fəŋ⁵⁵] jù fēng 一种大粒生食葡萄。平均粒重9克，黑紫色或青色。含糖16%、酸0.7%。抗病力强，耐贮运。20世纪90年代后在丰县广泛引种栽培，现为主栽品种。

提子 [t'i⁵⁵tsɿ⁰] tí zi 硬肉葡萄。主要品种有红提、黑提、青提等。20世纪90年代引入丰县。

红地球 [xuŋ⁵⁵ti⁵²³tɕ'iou⁵⁵] hóng dì qiū 红提代表品种。粒重10克左右，深紫红色，果皮中硬，肉硬而脆，糖度16.3%，酸甜适口，耐贮运。采收期8月下旬至9月上旬。是丰县农林局向全县推荐的优良发展品种。

木铃枣 [mu²¹⁴liŋ⁵⁵tsau³⁵] mǔ līng záo 一种果肉松绵、果形大而圆的枣。多用于晒制干枣。欢口镇陈大庄村有200余年生的老枣树，生长结果良好。

脆铃枣 [ts'uei⁵²³liŋ⁵⁵tsau³⁵] cuì līng záo 一种脆甜的鲜食品种枣。果实有圆形、椭圆形两类，一般不如木铃枣体大。

牛心柿 [ȵiou⁵⁵ɕiẽ²¹⁴sɿ⁵²³] niū xǐn sì 一种果实心脏形的柿子。肉质细软，汁多味甜，不耐贮运。为传统地方品种。

烘柿子 [xuŋ²¹⁴sɿ⁵²³tsɿ⁰] hǒng sì zi 将成熟鲜柿子脱涩使其变得面软。鲜柿子脱涩的办法有多种——旧时用点燃的锯末熏烘三昼夜；有的贮存在麦囤中一段时间；有的在蒂部滴卤水；20 世纪 90 年代后，多与苹果混合存放：~单拣软的捏。

溇柿子 [læ̃³⁵sɿ⁵²³tsɿ⁰] lán sì zi 用热水或石灰水浸泡柿子以去涩。溇过的柿子脆而甜。

元枣子 [yæ̃⁵⁵tsau³⁵tsɿ⁰] yuān záo zi 君迁子。果实小，有硬核，脱涩后可生食或酿酒。该树常作柿树的砧木。‖《齐民要术》称为"软枣"。

铁皮石榴 [tʻiə²¹⁴pʻi⁵⁵ʂʅ⁵⁵liou⁰] tiě pī shī liu 一种果皮较硬、有褐色斑的石榴。中小果型。表皮向阳面有红晕。籽粒鲜红，汁多味甜。旧时，果皮作染料。属于高寿果树，百年大树尚可结果。

车厘子 [tʂʻə²¹⁴li⁵⁵tsɿ³⁵] chě lī zí 从国外引进的大果型厚皮樱桃。译自英语单词 Cherries（樱桃）。2011 年后丰县开始栽培。

酸拉红子 [suæ̃²¹⁴la⁰xuŋ⁵⁵tsɿ⁰] suǎn la hōng zi 山楂（山里红）。‖ 又叫"酸桃红子""山拉红子"。

葚子 [ʂẽ⁵²³tsɿ⁰] shèn zi 指桑椹：~黑，割大麦｜老鸹等不得~黑（民谚）。

耷拉柳 [ta²¹⁴la⁰liou³⁵] dǎ la liú 垂柳。

柳橼子 [liou³⁵tʂʻuæ̃⁵⁵tsɿ⁰] liú chuān zi 从柳树上截下的稍粗的树枝，用于栽插繁殖幼树。

柳葚子 [liou³⁵ʂẽ⁵²³tsɿ⁰] liú shèn zi 柳树的柔荑花序，状若桑椹。春季采摘，沸水焯后，可以凉拌食用。

柳棉 [liou³⁵miæ̃⁵⁵] liú miān 柳絮。

杨毛虫 [iaŋ⁵⁵mau⁵⁵tʂʻuŋ⁵⁵] yāng māo chōng 杨树柔荑花序，状若毛虫。‖ 宋楼等镇称作"杨巴狗子"。

杨棉 [iaŋ⁵⁵miæ̃⁵⁵] yāng miān 杨树结出的带有种子的白色绒毛。

洋槐牌子 [iaŋ⁵⁵xuɛ⁵⁵pʻɛ⁵⁵tsɿ⁰] yāng huāi pāi zi 刺槐树荚果。‖ 又说"槐牌子"。

梧桐 [u⁵⁵tʻuŋ⁰] wū tong 泡桐。玄参科落叶乔木。‖

图 5-62　梧桐——泡桐（2023 年 4 月摄）

普通话所指"梧桐"属于梧桐科，种子可食、可榨油。

槐连豆子 [xuɛ⁵⁵liɛ̃⁵⁵tou⁵²³tsʅ⁰] huāi liān dòu zi 槐角，国槐的荚果。肉质，串珠状，内有种子1~6颗。

绒花树 [zuŋ⁵⁵xua²¹⁴ʂu⁵²³] rōng huǎ shù 合欢。为常见行道绿化树。

臭槐棵 [tʂʻou⁵²³xuɛ⁵⁵kʻuə²¹⁴] chòu huāi kuǒ 木蓝。旧时染坊用以制靛染布。‖ 又称"野靛棵"。

阴柳 [iɛ̃²¹⁴liou³⁵] yǐn liú 柽柳。其枝条为编织良材。‖ 有的称作"观音柳"。

图5-63　阴柳——柽柳（2023年4月摄于飞龙湖公园）

图5-64　楮桃子
（2022年7月摄于凤城街道）

簸箕柳 [puə⁵²³tɕʻi⁰liou³⁵] bò qi liú 杞柳。杨柳科落叶灌木。其枝条用来编织簸箕、筤子、孛篮、条箱等器具。多栽植于河滩、沟沿、空闲地。

楝豆子 [liɛ̃⁵²³tou⁵²³tsʅ⁰] liàn dòu zi 楝树的球形核果。旧时常在结婚仪式上撒向新人。‖ 有的称作"楝子豆子"。

楮桃子 [tʂʻu²¹⁴tʻau⁵⁵tsʅ⁰] chǔ tāo zi 楮树（构树）。雌性楮树结球形聚花果，状如杨梅，熟时红色。‖ 又称"储桃子"[tʂʻu⁵⁵tʻau⁵⁵tsʅ⁰] chū tāo zi、"图桃子"[tʻu⁵⁵tʻau⁵⁵tsʅ⁰] tū tāo zi 等。明代朱橚《救荒本草》写作"楮桃树"。

楮桃子勃纠 [tʂʻu²¹⁴tʻau⁵⁵tsʅ⁰ puə⁵⁵tɕiour⁰] chǔ tāo zi bū jiur 雄性楮树（构树）所结的肉穗。‖ 有的说"图桃子卜纠"[tʻu⁵⁵tʻau⁵⁵tsʅ⁰ puə²¹⁴tɕiour⁰] tū tāo zi bǔ jiur。

湖苇 [xu⁵⁵uei³⁵] hū wéi 野生芦苇：湖西一拉溜的坡地上长满~、野草。

家苇 [tɕia²¹⁴wei³⁵] jiǎ wéi 人工种植的芦苇。

芦缨 [lu⁵⁵iŋ²¹⁴] lū yǐng 芦絮。常用以编织茅窝等。‖也称"苇缨"。

芦芦草 [lu⁵⁵lu⁰tsʻau³⁵] lū lu cáo 小芦苇类的野草。生于田间或沟渠旁，可作饲草。‖华山、首羡等镇称为"芦草芽"。

死不了 [sɿ³⁵pu⁰liaur³⁵] sí bu liáor 景天。多栽种在土墙上。

甲花桃子 [tɕia²¹⁴xua⁰tʻau⁵⁵tsɿ⁰] jiǎ hua tāo zi 凤仙花（指甲花）。女孩常用其叶、花加矾染指甲。

图 5-65 甲花桃子——凤仙花
（2022 年 6 月摄）

马蜂菜 [ma³⁵fəŋ²¹⁴tsʻɛ⁵²³] má fēng cài 马齿苋。常作野菜食用。民间认为，此草可以治疗马蜂蜇伤（茎叶揉碎涂抹患处），故名。

洋马蜂菜 [iaŋ⁵⁵ma³⁵fəŋ²¹⁴tsʻɛ⁵²³] yāng má fēng cài 大花马齿苋（太阳花）。观赏花类。

狗尿子 [kou³⁵ȵiau⁵²³tsɿ³⁵] góu niào zí 野生枸杞。

麻芋头棵 [ma⁵⁵y⁵²³tʻou⁰kʻuə²¹⁴] mā yù tou kuǒ 半夏。

麻不留 [ma⁵⁵pu⁰liou⁵⁵] mā bu liū 麦蓝菜。种子入药，药名"王不留行"：~，穿山甲，通草葫芦八，大闺女吃了也有妈。‖有的说"王不留"。

蜜罐子棵 [mi²¹⁴kuæ⁵²³tsɿ⁰kʻuə²¹⁴] mǐ guàn zi kuǒ 地黄。肉质根入药。

棉套子棵 [miæ̃⁵⁵tʻau⁵²³tsɿ⁰kʻuə²¹⁴] miān tào zi kuǒ 萝藦。蓇葖果角状，内有白色绢质种毛，状如棉絮。‖又称"葫芦秧子""鹤瓢"。

图 5-66 面条子棵——米瓦罐
（2023 年 4 月摄于凤城街道）

面条子棵 [miæ⁵²³tʻiau⁵⁵tsɿ⁰kʻuə²¹⁴] miàn tiāo zi kuǒ 麦瓶草（米瓦罐）。基生叶匙形，茎生叶长圆形或披针形。本地人喜食其嫩茎叶：把~洗净，撒上面蒸熟，盛出来拌上香油、蒜泥。

泡泡草 [pʻau²¹⁴pʻau⁰tsʻau³⁵] pǎo pao cáo 牛繁缕。石竹科多年生草本植物。

图 5-67　荬荬芽——刺儿菜
（2020 年 6 月摄于凤城街道）

沿取子 [iæ̃⁵⁵tɕ'y³⁵tsɿ⁰] yān qú zi 剪刀股、山苦荬、小苦荬等菊科苦荬菜属植物。

婆婆丁 [p'uə⁵⁵p'uə⁵⁵tiŋ²¹⁴] pō po dǐng 蒲公英。嫩苗可作野菜食用。‖ 有的称作"孛孛丁" [pu⁵⁵pu⁰tiŋ²¹⁴] bū bu dǐng、"蒲蒲丁"[p'u⁵⁵p'u⁰tiŋ²¹⁴] pū pu dǐng。

蔃子 [tɕ'iaŋ³⁵tsɿ⁰] qiáng zi 苍耳。全株有毒。茎皮可取纤维，植株可制农药。果实可提取工业用的脂肪油，亦可入药。‖ 蔃，《徐州十三韵》玖养韵："胡蔃子，夜花实苂。"

荬荬芽 [tɕ'i²¹⁴tɕ'i⁰ia⁵⁵] qǐ qi yā 刺儿菜（小蓟）。‖ 又写作"刺刺芽"。和集等村镇称作"荬菜芽"。

扫帚菜 [sau⁵²³ʂu⁰ts'ɛ⁵²³] sào shu cài 地肤。藜科一年生草本植物。有栽培，也有野生。

扫帚秒子 [sau⁵²³ʂu⁰miau³⁵tsɿ] sào shu miáo zi 地肤的茎枝。晒干用以扎制小扫帚。‖ 宋楼、套楼等镇指地肤：~蒸着吃。

涩叶子 [sei²¹⁴iə²¹⁴tsɿ⁰] sěi yě zi 离蕊芥（涩荠）。为县本地经常食用的野菜。顺河等镇称作"涩涩菜"。

苕子 [sau⁵²³tsɿ⁰] sào zi 大巢菜之类的植物。

银银菜 [iẽ⁵⁵iẽ⁰ts'ɛ⁵²³] yīn yin cài 苋菜。苋科普通蔬菜，栽培和野生均常见。

掐不齐 [tɕ'ia²¹⁴pu⁰tɕ'i⁵⁵] qiǎ bu qī 鸡眼草。‖《中华本草》：叶用指甲掐后，小叶沿羽状脉断开而不齐，互相嵌入如人字形，故有掐不齐、人字草之称。

三棱子草 [sæ̃²¹⁴ləŋ⁵²³tsɿ⁰ts'au³⁵] sān lèng zi cáo 香附子（莎草）。‖ 王沟镇称作"张罗草"，首羡镇和集村称作"江米草"，有的地区称作"莎莎草" [suə²¹⁴suə⁰ts'au³⁵] suō suo cáo。其地下块茎长圆形，俗称"毛地梨子"。

水荭棵子 [ʂuei³⁵xuŋ⁰k'uə²¹⁴tsɿ⁰] shuí hong kuǒ zi 红蓼、酸模叶蓼之类的植物。‖ 又称"水荭"。古称水红、荭草。宋代孔平仲《芙蓉堂》诗："今日重来皆蔓草，水红无数强排秋。"李时珍《本草纲目·荭草》："此蓼甚大而花亦繁红，故曰荭。"

水落生 [ʂuei³⁵luə²¹⁴səŋ²¹⁴] shuí luǒ sěng 空心莲子草（喜旱莲子草）。多作绿肥和饲料。

水荠菜 [ʂuei³⁵tɕi⁵²³ts'ɛ⁰] shuí jì cai 蔊菜。十字花科草本植物，可食。

羊蹄子棵 [iaŋ⁵⁵t'i⁵⁵tsɿ⁰k'uə²¹⁴] yāng tī zi kuǒ 麦家公（田紫草）。紫草科一年生草

本植物。本地人喜用面粉拌和蒸食。‖ 也称"羊蹄"。

五叶草 [u³⁵iə²¹⁴tsʻau³⁵] wú yě cáo 乌蔹莓。葡萄科草质藤本，掌状复叶，小叶 5 枚，排成鸟足状。全草入药。‖ 有的误称为"绞股蓝"，因两者叶片相似。

屋松 [u²¹⁴suŋ²¹⁴] wǔ sōng 瓦松。景天科草本植物，生于屋顶旧瓦缝。

天星星棵 [tʻiæ²¹⁴ɕiŋ²¹⁴ɕiŋ⁰kʻuə²¹⁴] tiān xǐng xing kuǒ 小画眉草。植株细弱矮小，鲜草有鱼腥气味。

小小虫盖子棵 [ɕiau³⁵ɕiau³⁵tʂʻuŋ⁰kɛ⁵²³tsɿ⁰kʻuə²¹⁴] xiáo xiáo chong gài zi kuǒ 地锦草（铺地锦）。又称"小小虫盖儿"‖《救荒本草》称之为"小虫儿卧单"，《本草纲目》记有"雀儿卧单""雀单"之别名。

星星草 [ɕiŋ²¹⁴ɕiŋ⁰tsʻau³⁵] xǐng xing cáo 早熟禾、画眉草之类的野草。

暄包 [tɕʻyæ̃²¹⁴pau²¹⁴] xuǎn bǎo 马勃。真菌类灰包科，子实体球形或近球形，包被白色，夏季常见于草丛、林中。常有人采食。

泽漆麻 [tsei⁵⁵tɕʻi²¹⁴ma⁵⁵] zēi qǐ mā 罗布麻。夹竹桃科亚灌木。

泽蒜 [tsei⁵⁵suæ̃⁵²³] zēi suàn 小根蒜（薤白）。‖ 又称"稆蒜"（单楼村）。其球形鳞茎俗称"泽蒜疙瘩"。

苲草 [tsa³⁵tsʻau³⁵] zá cáo 指菹草、眼子菜、狐尾藻等水草。

沤脚草 [ou²¹⁴tɕyə²¹⁴tsʻau³⁵] ǒu juě cáo 苦草。沉水草本，叶如长带。

猪耳朵壶棵 [tʂu²¹⁴l³⁵tʻou⁰xu⁵⁵kʻuə²¹⁴] zhǔ lrí tou hū kuǒ 车前草。种子为常用中药，嫩叶可食。‖ 又叫"猪耳朵棵"[tʂu²¹⁴l³⁵tʻou⁰kʻuə²¹⁴] zhǔ lrí tou kuǒ、"猪耳朵壶""牛舌头棵"。

蓬蓬菜 [pʻəŋ⁵⁵pʻəŋ⁰tsʻɛ⁵²³] pēng peng cài 猪毛菜。叶细长如线，肉质。常作野菜食用。

猪牙草 [tʂu²¹⁴ia⁵⁵tsʻau³⁵] zhǔ yā cáo 萹蓄。蓼科一年生草本植物。

抓抓秧 [tʂua²¹⁴tʂua⁰iaŋ²¹⁴] zhuǎ zhua yǎng 马唐。禾本科一年生草本植物，茎蔓生根抓地，草质柔软细嫩，为优良饲料。

扁扁草 [piæ̃³⁵piæ̃⁰tsʻau³⁵] bián bian cáo 芒稗等禾本科稗属杂草的统称。茎扁，穗披散。

老牛拽 [lau³⁵ɲiou⁵⁵tʂuɛ⁵²³] láo niū zhuài 牛筋草。根系发达，茎秆坚韧。若要薅下此草，需使出"老牛一样的劲"，故名。

图 5-68 蒿苗秧——打碗花（2023 年 4 月摄于凤城街道）

蕗苗秧 [fu⁵²³miau⁵⁵iaŋ²¹⁴] fù miāo yǎng 打碗花。旋花科一年生草本植物。其根状茎淀粉含量高，在灾荒年月人们曾大量食用。

臭脚丫子棵 [tʂʻou⁵²³tɕyə²¹⁴ia²¹⁴tsɿ⁰kʻuə²¹⁴] chòu juě yǎ zi kuǒ 鳢肠（墨旱莲）。可作饲料。‖又叫"鸭子屄屄棵"（宋楼镇），"鸭子嘴棵"。

洋麻籽 [iaŋ⁵⁵ma⁵²³tsɿ³⁵] yāng mà zí 曼陀罗（洋金花）。茄科一年生草本植物，有腐败气味。‖有的地区称为"大麻籽"（首羡镇、顺河镇）、"胡蘹子棵"（孙楼镇）、"大蘹子棵""臭麻籽" [tʂʻou⁵²³ma⁵²³tsɿ³⁵] chòu mà zí（宋楼镇）。

兔酸子 [tʻu⁵²³suæ̃²¹⁴tsɿ⁰] tù suǎn zi 旱型两栖蓼。幼苗生食有酸味：～吃多了倒牙｜～，酸兔子，小孩吃了尿裤子（童谣）。‖史小桥村称为"醋酸子" [tsʻu⁵²³suæ̃²¹⁴tsɿ⁰] cù suǎn zi，首羡镇和集村称为"醋酸子棵"，王沟镇有的村称为"酸醋"。明代朱橚《救荒本草》写作"兔儿酸"。

图 5-69 灯笼棵——苦职
（2022 年 11 月摄于凤城街道）

灯笼棵 [təŋ²¹⁴luŋ⁰kʻuə²¹⁴] děng long kuǒ 苦职。茄科草本植物，浆果球形，熟时黄色或者紫色，有膨大宿存萼片包围。‖本地又称"灯笼草""暄泡""暄包"，顺河镇称为"酸泡"，宋楼镇南部称为"浆泡" [tɕiaŋ²¹⁴pʻau⁰] jiǎng pao、"泡浆豆" [pʻau⁵²³tɕiaŋ²¹⁴tour⁵²³] pàng jiǎng dòur。

地丁 [ti⁵²³tiŋ²¹⁴] dì dǐng 米口袋（甜地丁）。豆科多年生草本植物。民间用来和鸡蛋清外敷治疮。

鸪鸪苗子 [ku⁵⁵kuº miau⁵⁵tsɿ⁰] gū gu miāo zi 狗尾草（莠）。‖王沟、华山等镇称作"纽草" [ɲiou³⁵tsʻau⁰] niú cao，孙楼镇称作"纽纽草"。

鬼不沾 [kuei³⁵puº tʂæ̃²¹⁴] guǐ bu zhǎn 牛膝。胞果上生有细刺，粘在衣服上难以摘除，故名。

图 5-70 黑莲豆子棵——龙葵
（2022 年 11 月摄于凤城街道）

黑莲豆子棵 [xei²¹⁴liæ̃⁰tou⁵²³tsɿ⁰kʻuə²¹⁴] hěi lian dòu zi kuǒ 龙葵。茄科一年生草本植物。浆果球形，熟时黑色，可食，有甜味。‖宋楼镇、范楼镇称作"黑天天棵"[xei²¹⁴tʻiæ²¹⁴tʻiæ⁰kʻuə²¹⁴] hēi tiān tian kuǒ，史小桥村、华山镇说"黑天豆棵"[xei²¹⁴tʻiæ²¹⁴t⁰tour⁵²³kʻuə²¹⁴] hēi tiān dòur kuǒ，顺河镇称作"黑鸹鸹"[xei²¹⁴tɕʻiæ²¹⁴tɕʻiæ⁰] hēi qiǎn qian，北部有的村称作"蟷螂棵"[taŋ²¹⁴laŋ⁰kʻuə²¹⁴] dǎng lang kuǒ。

蒲子 [pʻu⁵⁵tsɿ⁰] pū zi 香蒲：复新河两沿长满~、苇子。

葫芦撇子 [xu⁵⁵lou⁰pʻiə²¹⁴tsɿ⁰] hū lou piē zi 荇菜（荇菜）。龙胆科水生草本植物。茎细长并沉水，叶浮于水面，卵圆形。‖又称"油葫芦漂"。

灰灰菜 [xuei²¹⁴xuei⁰tsʻɛ⁵²³] huī hui cài 藜。嫩叶可食。

图 5-71 蒲子——香蒲
（2020 年 7 月摄于河滨公园）

碱灰灰菜 [tɕiæ̃³⁵xuei²¹⁴xuei⁰tsʻɛ⁵²³] jiǎn huī hui cài 灰绿藜。可作饲料。

鸡蛋球棵 [tɕi²¹⁴tæ⁵²³tɕʻiou⁵⁵kʻuə²¹⁴] jī dàn qiū kuǒ 铁苋菜。‖有的地区称作"鸡蛋头棵""铁链头棵"。

狼尾巴棵 [laŋ⁵⁵i³⁵paʻkʻuə²¹⁴] lāng yí ba kuǒ 小白酒草（小飞蓬）。茎直立，上部叶线状披针形。

拉拉秧 [la⁵⁵la⁵⁵iaŋ²¹⁴] lā lā yǎng 葎草。大麻科一年生缠绕性草本植物，茎、枝和叶柄均有倒刺。

疥蛤蟆棵 [tɕiɛ⁵²³xə⁵⁵ma⁰kʻuə²¹⁴] jiè hē ma kuǒ 荔枝草（雪见草）。因其叶面粗糙，疙瘩、皱纹稠密，状若癞蛤蟆皮，故名。常作药用。‖又称"癞蛤蟆棵"。

堇堇菜 [tɕiẽ³⁵tɕiẽ⁰tsʻɛ⁵²³] jǐn jin cài 紫花地丁。堇菜科多年生草本植物，常作野菜食用。

苦苦菜 [kʻu³⁵kʻu⁰tsʻɛ⁵²³] kú ku cài 苣荬菜（匍茎苦菜，长裂苦苣菜）。有苦味。常食野菜。

苦死驴 [kʻu³⁵sɿ⁰ly⁵⁵] kú si lǘ 苦苣菜、续断菊。

地瓜 [ti⁵²³kua²¹⁴] dì guǎ 地梢瓜。萝藦科，菁葵果纺锤形。全草入药。‖有的把萝藦也称作"地瓜子"。

地皮子 [ti⁵²³pʻi⁵⁵tsɿ⁰] dì pī zi 一种野生菌。夏季阴雨天从地下生出，初为圆形小泡，肉质白色，顶端有圆孔，后圆孔渐渐裂开，肉质变黑。

地羽子 [ti⁵²³y³⁵tsȵ⁰] dì yú zi 朝天委陵菜。

豆瓣子棵 [tʻou⁵²³pæ̃⁵²³tsȵ⁰kʻuə²¹⁴] dòu bàn zi kuǒ 附地菜。

莪子 [ə⁵⁵tsȵ⁰] ē zi 一种小型蘑菇。

鹅肠子棵 [ə⁵⁵tʂʻɑŋ⁵⁵tsȵ⁰kʻuə²¹⁴] ē chāng zi kuǒ 婆婆纳。

稻铲子 [tau⁵²³tsʻæ̃³⁵tsȵ⁰] dào cán zi 稗草。

葛巴草 [kə²¹⁴pɑ⁰tsʻau³⁵] gě ba cáo 狗牙根。禾本科野草，茎蔓匍匐于地，节部着地生根，根系发达，多用来护土。‖ 华山镇称作"葛绷草"[kə²¹⁴pəŋ⁰tsʻau³⁵] gě beng cáo、"葛摩草秧"[kə²¹⁴muə⁰tsʻau³⁵iɑŋ²¹⁴] gě mo cáo yǎng，宋楼镇称作"葛马草秧"[kə²¹⁴mɑ⁰tsʻau³⁵iɑŋ²¹⁴] gě ma cáo yǎng，顺河镇称作"葛摩草"[kə²¹⁴muə⁰tsʻau³⁵] gě mo cáo。

马泡 [mɑ³⁵pʻau⁵²³] má pào 马泡瓜、小马泡。葫芦科一年生匍匐草本植物。果实椭圆形，大小如鹌鹑蛋，有香味，果肉极薄：坐着椅子啃~——充大人吃瓜（歇后语）。

图5-72 马泡（2020年7月摄于沙支河公园）

麦珠子 [mei²¹⁴tʂu²¹⁴tsȵ⁰] měi zhǔ zi 猪殃殃。茜草科草本植物。‖ 又称"拉拉油"。

猫脸棵 [mau⁵⁵liæ̃³⁵kʻuə²¹⁴] māo lián kuǒ 泽漆。全草有小毒，汁液沾到眼皮上，会使眼皮浮肿。本地童谣："猫脸棵，点眼皮儿，一眼看到北京门儿。"。‖ 首羡、宋楼等镇称作"猫儿眼"，王沟、顺河等镇称作"肿眼泡"。李时珍《本草纲目·草部·草之六》云："今考《土宿本草》及《宝藏论》诸书，并云泽漆是猫儿眼睛草……叶圆而黄绿，颇似猫睛，故名猫儿眼。"

茅荻菇 [mau⁵⁵ti⁵⁵ku⁰] māo dī gu 茅草的花苞，嫩时可食。‖ 孙楼称作"荻菇"[ti⁵⁵ku⁰] dī gu，史小桥称作"荻菇菇"[ti⁵⁵ku⁵⁵ku⁰] dī gū gu，套楼称作"茅草荻子"。

黄黄蒿 [xuɑŋ⁵⁵xuɑŋ⁰xau²¹⁴] huāng huɑ hǎo 黄花蒿。‖ 有的称作"黄蒿"。

米米蒿 [mi³⁵mi⁰xau²¹⁴] mí mi hǎo 播娘蒿。十字花科,一年生草本植物。其花碎小,黄色,状若小米。‖ 又称"米蒿子"。

碱蒿 [tɕiæ̃³⁵xau²¹⁴] jián hǎo 茵陈。

醭子 [pu⁵⁵tsɿ⁰] bū zi 物体生出的霉菌:发馍捂了十几天,有的长绿~,有的长白~｜连阴七八天,麦穗头长黑~了。‖ 也称"霉醭" [mei⁵⁵puɹ⁵⁵] méi būr。

七、房舍、器具

(一) 房舍

宅基地 [tsei⁵⁵tɕi²¹⁴ti⁵²³] zēi jǐ dì 宅地。

明三暗五 [miŋ⁵⁵sæ̃²¹⁴æ̃⁵²³u³⁵] mīng sǎn àn wú 20世纪80年代中后期后农村出现的一种住房样式。由三间相连的堂屋构成,两端的房屋向前跨出,与走廊平齐:闺女说老婆婆,要求男家盖~的屋,还要有个大当院子。

大头屋 [ta⁵²³tʻou⁵⁵u²¹⁴] dà tōu wū 指平房两端或一端向前跨出的大房间:两口子住在东头的~里,西头的~里搁满家什、粮食。‖ 20世纪80年代中后期后出现于农村。

缸碴楼 [kɑŋ²¹⁴tsʻa³⁵lou⁵⁵] gǎng cá lōu 旧时乡村守卫庄园的炮楼。顶部有墙垛(女墙),形如破缸碴。

图 5-73 缸碴楼(2020年4月倪士峰摄于顺河镇)

趴趴屋 [pʻaɹ²¹⁴pʻaɹ⁰u²¹⁴] pǎr par wū 矮小的房子:以前住的是~,如今住上高楼了。

半边翘 [pæ̃⁵²³piæ̃²¹⁴tɕʻiau⁵²³] bàn biān qiào 房顶不起脊的小屋,为穷人所居住。‖ 又称"半半翘" [pæ̃⁵²³pæ̃⁰tɕʻiau⁵²³] bàn ban qiào。

筒子屋 [tʻuŋ³⁵tsɿ⁰u²¹⁴] tóng zi wǔ 在山墙上留门的低矮房屋。

坯垛子屋 [pʻi²¹⁴tuə⁵²³tsɿ⁰u²¹⁴] pǐ duò zi wǔ 用土坯砌墙建成的房屋。

篱笆子屋 [li⁵⁵pa⁵²³tsɿ⁰u²¹⁴] lī bà zi wǔ 用作物秸秆夹成墙、外部涂泥建成的简易房屋。旧时为穷人所住：1948 年，俺的教室是～，屋角垒几个砖垛子，撑起屋帽，用秫秸隔成墙，再用泥糊墙。

屋壳廊子 [u²¹⁴kʻə²¹⁴laŋ⁰tsɿ⁰] wǔ kě lang zi 屋框。

毛茬子屋 [mau⁵⁵tsʻa⁵⁵tsɿ⁰u²¹⁴] māo cā zi wǔ 没有装修的房屋。

盖屋 [kɛ⁵²³u²¹⁴] gài wǔ 建造房屋。

行夯 [ɕiŋ⁵⁵xaŋ²¹⁴] xīng hǎng 用夯砸实地基：四个壮劳力拉着绳子正～。

地工 [ti⁵²³kuŋ⁰] dì gong 地基：垫好～才能打践。

践 [tɕiã³⁵] jián 墙的基础：石～比砖～隔潮气｜四个角的～要打好｜穷人盖屋挑成的墙头没有砖～，叫土里墩，中等人家打五层砖～。‖ 又称 "践脚" [tɕiã³⁵tɕyə⁰] jián jue。

平窗践 [pʻiŋ⁵⁵tʂʻuaŋ²¹⁴tɕiã³⁵] pīng chuāng jián 高度与窗户下口紧接的墙基。

打践 [ta³⁵tɕiã³⁵] dá jián 建房基。‖ 也说 "垒践"：垒好砖践再垒墙。

花砖 [xua²¹⁴tʂuã²¹⁴] huā zhuān ①表面有花纹的砖。正规古式建筑使用成品砖雕，民间多将青砖以刀、锯雕成花砖：打～｜拉了一车～。②屋檐下砌入的一层拼成图案的砖。有三角形（狗牙式）、半圆弧形（圆滚）、羊蹄形、竹节形等样式。

墙头 [tɕʻaŋ⁵⁵tʻou⁵⁵] qiāng tōu 墙：屋外边儿垒上～｜老家拉上～院。

影壁墙 [iŋ³⁵piʻtɕʻiaŋ⁰] yíng bi qiāng ①居民院门内做屏蔽的矮墙，往往绘有松鹤延年、福禄寿等彩图：进了大门，前边是一道～。②县衙、寺庙等大门外做屏蔽的矮墙。‖ 有的称作 "影门墙"。

砖头摞 [tʂuã²¹⁴tʻou⁰luə⁵²³] zhuǎn tōu luò 整齐地堆积在一起的砖：路边有几个～｜几个老年人坐在～上闲拉。

券 [tɕʻyã⁵²³] quàn 碹，用砖、石等砌成圆形或拱形物：～井（用砖砌井壁）｜～门（在门上用砖砌成斗拱形）。

发券 [fa²¹⁴tɕʻyã⁵²³] fǎ quàn 用砖、石等砌拱：当年，城东北角用城墙砖～垒成一个小拱门，是淌水用的，老百姓叫 "五门" "小五门" "五门口"。

挑墙 [tʻiau³⁵tɕʻiaŋ⁵⁵] tiáo qiāng 用铁叉挑着掺有阳筋的湿泥砌墙。

阳筋 [iaŋ⁵⁵tɕiə⁰] yāng jin 用泥砌墙、涂墙时，掺入泥中的麦秸、麦糠等。‖ 有的掺加稻草、杂草。

麻捻 [ma⁵⁵ȵiã⁰] mā nian 麻刀。与石灰和在一起抹墙用的碎麻、碎苘、碎麻包、头发屑等。‖ 有的说 "毛捻"。

绞泥墙 [tɕiau³⁵ȵi⁰tɕ'iaŋ⁵⁵] jiáo ni qiāng 用稀泥把墙涂抹光滑。

腰子墙 [iau²¹⁴tsʅ⁰tɕ'iaŋ⁵⁵] yǎo zi qiāng 指墙基和墙上部由砖砌成、中部由泥筑成的房墙。流行于 20 世纪 70 年代：他盖的两间东屋～，封山封肺封四角，上覆小瓦，下有滴水｜两口子翻新了屋，～换成一片青的｜50 年代住草房，70 年代住～，80 年代住瓦房，90 年代住楼房（民谣）。

浑砖 [xuẽ⁵⁵tʂuæ̃²¹⁴] hūn zhuǎn 指全部用砖砌成的房墙：腰子墙的小屋拆掉，盖了四间～的屋｜敬老院全是～的新瓦屋｜墙倒三遍，给个～都不换（民谚。意思是土墙调和多次，比砖墙还要结实）。

浑砖到顶 [xuẽ⁵⁵tʂuæ̃²¹⁴tau⁵²³tiŋ³⁵] hūn zhuǎn dào díng 同"浑砖"：盖了三间～的新屋。

瓦间边 [ua³⁵tɕiæ̃⁰piæ²¹⁴] wá jian biān 指房屋顶盖的边缘和两端覆瓦、主体铺草的结构：那时候盖不起瓦屋，盖的是腰子墙，～。‖有的称作"瓦檐边"。

封檐封肺瓦间边 [fəŋ²¹⁴iæ̃⁵⁵fəŋ²¹⁴fi⁵²³ua³⁵tɕiæ̃⁰piæ²¹⁴] fěng yān fěng fì wá jian biān 屋檐上铺三层瓦、屋山上铺瓦、用砖砌成花边的结构：他家住的～的屋。

合拢瓦 [xə⁵⁵luŋ³⁵ua³⁵] hē lóng wá 房顶上覆盖屋脊的特制大瓦。

翻毛脊 [fæ²¹⁴mau⁵⁵tɕi²¹⁴] fǎ māo jǐ 传统房顶上铺盖小瓦的方法，即将小瓦的凹面朝上按行扣铺。

猫头 [mau⁵⁵t'ou⁵⁵] māo tōu 瓦当。因带有如同猫头的兽面图案而得名：堂楼顶上有五脊六兽、～排山。

铁叉云雁 [t'iə²¹⁴ts'a²¹⁴yẽ⁵⁵iæ⁵²³] tiě cǎ yūn yàn 传统祠庙等建筑正脊上的铁制装饰品，由铁叉和展翅的大雁构成。

填楦 [t'iæ̃⁵⁵ɕyæ²¹⁴] tiān xuǎn 用碎砖填补践脚中的空隙。

苫屋 [ʂæ̃⁵²³u²¹⁴] shàn wǔ 建造草房的最后一道工序，在房面铺盖麦秸或稻草等。

墁苫 [mæ̃⁵⁵ʂæ̃⁰] mān shan 修缮草房时在房顶旧草上覆盖一层新草。

掏补屋 [t'au²¹⁴pu³⁵u²¹⁴] tǎo bú wǔ 在草屋屋顶漏雨处添加新草。

掏补墙 [t'au²¹⁴pu³⁵tɕ'iaŋ⁵⁵] tǎo bú qiāng 掏出土墙下部受损处的土，并用砖填补上。

搅泥 [tɕiau³⁵ȵi⁰] jiáo ni 用泥涂抹（墙）：把墙～得光滑的｜屋里屋外都～一遍。

溜缝 [liou⁵²³fəŋr⁵²³] liù fèngr 勾缝，用灰浆、水泥等填缝。

一架起 [i²¹⁴tɕia⁵²³tɕ'i³⁵] yǐ jià qí 从砌墙至粉刷不拆脚手架，一气完成的建房方式。

坐鼓 [tsuə⁵²³ku⁰] zuò gu （土墙墙体）下沉，底部变形向外鼓出。

当院 [taŋ²¹⁴yæ̃r⁵²³] dǎng yuànr 庭院：这个～有半亩地大｜～里打了一个手压井。‖也称"当院子"。

阳沟 [iaŋ⁵⁵kou²¹⁴] yāng gǒu 从院墙下通过的排水沟。

阳沟口 [iaŋ⁵⁵kou²¹⁴k'our³⁵] yāng gǒu kóur 院墙下的排水孔：把水豁到~里。‖ 有的说"阳路口" [iaŋ⁵⁵lu⁵²³k'our³⁵] yāng lù kóur、"阳地口"。

过当 [kuə⁵²³taŋ⁰] guò dang 庭院大门中的过道。一般与配房相连，配房作仓库或厨房：几个老头坐到~里拉呱。‖ 过当，为"过道"的变音。

过当底 [kuə⁵²³taŋ⁰ ti³⁵] guò dang dí 同"过当"。

过底 [kuə⁵²³ti³⁵] guò dí 同"过当""过当底"。

神仙过当 [ʂẽ⁵⁵ɕiæ̃⁰kuə⁵²³taŋ⁰] shēn xian guò dang 庭院简易的大门，不带配房，上面搭建遮护大门的屋顶。

屋帽 [u²¹⁴maur⁵²³] wǔ màor 房屋顶部：官府的屋是大檐帽，老百姓的~屋檐小。‖ 也称"屋上帽""上盖"。

上帽 [ʂaŋ⁵²³ maur⁵²³] shàng màor 指建筑物、树木等的顶部：这座小楼的~是古式的｜大树~的枝子、叶子叫龙卷风卷到天上了。

雀户眼 [tɕ'yə²¹⁴xu⁰iæ̃³⁵] què hu yán 旧式房屋山墙上的通风小孔。两面山墙上各有3个，平行排列，方形。有的指在后墙留出一个小洞。‖ 有的称作"雀豁眼""雀古眼"。

百叶窗 [pei²¹⁴iə²¹⁴tʂ'uaŋ²¹⁴] běi yě chuāng 装在屋山上部的小窗扇。用许多横板条做成，横板条之间有空隙，既可以遮光挡雨，又可以通风：屋山上安着~。

燕路 [iæ̃⁵²³lu⁵²³] yàn lù 旧式房屋正门门框和横木之间的窄缝，为燕子进出的通道。

屋山 [u²¹⁴sæ̃²¹⁴] wǔ sǎn 山墙，人字形屋顶的房屋两侧的墙壁：爬墙虎拖满~｜~西边个有棵大梧桐树。

屋山头 [u²¹⁴sæ̃²¹⁴t'our⁵⁵] wǔ sǎn tōur 同"屋山"。

山花子 [sæ̃²¹⁴ xua²¹⁴ tsʅ⁰] sǎn huǎ zi 屋山的上部。

封火山 [fəŋ²¹⁴xuə³⁵sæ̃²¹⁴] fēng huó sǎn 筑、砌房屋的山墙。

搭山 [ta²¹⁴sæ̃²¹⁴] dǎ sǎn 两栋房共享山墙。

屋搭山，地连边 [u²¹⁴ta²¹⁴sæ̃²¹⁴ti⁵²³liæ̃⁵⁵piæ̃²¹⁴] wǔ dǎ sǎn, dì liān biān 双方的房屋共用山墙，土地相连。引申为双方相邻：两家是~的好邻居｜丰县跟鱼台~。

挨门 [iɛ²¹⁴mẽr⁵⁵] yǎi mēnr 邻门：他两家~。

门挨门 [mẽr⁵⁵iɛ²¹⁴mẽr⁵⁵] mēnr yǎi mēnr 同"挨门"。

厦子 [sa³⁵tsʅ⁰] sá zi 凑一面房墙搭成的简易棚屋，或只有两面山墙的棚屋。多用来饲养牲畜等：东屋跟前搭个~，喂个羊｜他没屋住，只好住~。‖ 有的称作"厦底"。

厦檐 [sa⁵²³iæ̃⁰] sà yan 院子大门上突出的遮挡雨水的顶盖，也指房屋（包括楼房）大门前由立柱支起的较宽的房檐。

前出厦 [tɕ'iæ̃⁵⁵ tʂ'u²¹⁴sa⁵²³] qiān chǔ sà 大门上修建突出的遮挡雨水的顶盖：盖新

房，~，玻璃门，明三暗五两头沉，再盖上配房垒上院儿，合计合计万把块（民间说唱）。

西晒 [ɕi²¹⁴sɛ⁵²³] xǐ sài 指西山墙长时间受阳光照射：东晒不如~热｜楼西头~，夏天热得不得了。

夹箍当 [tɕia⁵⁵ku⁰taŋr⁵²³] jiā gu dàngr ①两墙之间的狭窄通道；夹缝。②比喻左右为难的境地：书记跟局长合不来，俺这些股长在~里不好干。

当门 [taŋ²¹⁴mẽr⁵⁵] dǎng mēnr 门厅，外间屋：上~说话去｜堂屋~摆着八仙桌｜正~挂着寿星捧桃。‖也称"屋当门儿"。

隔扇 [kei²¹⁴ʂæ̃⁰] gěi shan 分隔房间的屏板。旧时殷实人家以木格作屏，饰有绘画。

迎接门子 [iŋ⁵⁵tɕiə²¹⁴mẽ⁵⁵tsɿ⁰] yīng jiē mēn zi 房中的内门。‖又说"影帘门子"。

房箔子 [faŋ⁵⁵puə⁵⁵tsɿ⁰] fāng bō zi 房间里用高粱秸或芦苇秆等物扎成的隔扇：屋里夹上~｜隔着~，听见当门有人说话。

圈席 [tɕ'yæ̃²¹⁴ɕi⁵⁵] quǎn xī 一种织有彩色花纹的大号席。贴在床边墙上，用来遮挡墙上的尘土，也起装饰作用。常以红色高粱篾在席子两端织出"双喜"等图案，用于布置婚房。

夹山 [tɕia²¹⁴sæ̃²¹⁴] jiǎ sǎn 室内隔墙。一般砌于梁下，将房间隔开。‖也称"隔山墙""隔山"。

过木 [kuə⁵²³mu⁰] guò mu 房屋门框、窗框上砌入墙内的横木（桁）或者水泥板。

过梁 [kuə⁵²³liaŋ⁵⁵] guò liāng 同"过木"。

圈梁 [tɕ'yæ̃²¹⁴liaŋ⁵⁵] quǎn liāng 房檐下墙体上用水泥浇铸的梁。

地梁 [ti⁵²³liaŋ⁵⁵] dì liāng 地基上水泥浇铸成的一层梁。

覆棚子 [fu²¹⁴p'əŋ⁵⁵tsɿ⁰] fǔ pēng zi 旧时室内的顶棚。用高粱秸扎成骨架，搭芦席，上面糊贴白纸。有的在白纸四角贴剪纸（称作"云子"），有的在白纸上涂彩绘。多用于布置新婚洞房：我把旧箱子棚到~顶上啦。‖也称"仰饰""顶棚"。此处的"覆"，有的说 [fu⁵²³] fù。

吊顶 [tiau⁵²³tiŋ³⁵] diào díng 以纤维板、石膏板、塑料板等制作室内顶棚。

叉手 [tsʻa²¹⁴ʂou³⁵] cǎ shóu 传统屋架中脊檩下斜向承重的两根木柱，用以固持脊檩、檩条。叉手与平

图 5-74 叉手与平梁构成三角形支架（2019 年 12 月摄于欢口镇）

梁构成三角形支架：~入了墙，圪当瓢子能当梁（夸张的说法。叉手承受压力，超过房梁，置入墙内，房顶就会稳定，而房梁承受的重力不大，即使如高粱秆内芯一样绵软也不要紧）。‖潘谷西《中国建筑史》："其形状犹如侍者叉手而立，故名。多见于唐、宋、元、明建筑上。"

叉手股子 [tsʻa²¹⁴ʂou³⁵kuə³⁵tsʅ⁰] cǎ shóu gú zi 同"叉手"。通行于范楼、宋楼等镇。

叉股子 [tsʻa²¹⁴kuə³⁵tsʅ⁰] cǎ gú zi 同"叉手"。

穷梁富叉手 [tɕʻyŋ⁵⁵liaŋ⁵⁵fu⁵²³tsʻa²¹⁴ʂou³⁵] qióng liāng fù cǎ shóu 意思是横梁（又称平梁）承受的压力比叉手轻，可以用质地稍次的木料；而叉手（斜梁）必须用坚实的硬料。

佮磨叉手 [kə²¹⁴muə⁰tsʻa²¹⁴ʂou³⁵] gě mo cǎ shóu 请木匠筹划把叉手与平梁搭成三角架。

合计叉手 [xə⁵⁵tɕi⁰tsʻa²¹⁴ʂou³⁵] hē ji cǎ shóu 同"佮磨叉手"。

梁头 [liaŋ⁵⁵tʻou⁵⁵] liāng tōu 屋架中用以支撑叉手的平梁：~又粗又直｜~上滴溜着菜篮子。

大梁 [ta⁵²³liaŋ⁵⁵] dà liāng 同"梁头"：该上~了，放炮吧。

顶梁 [tiŋ³⁵liaŋ⁵⁵] díng liāng 立在平梁与叉手间顶托脊檩的立柱。‖有的称作"顶梁柱"。

上梁 [ʂaŋ⁵²³liaŋ⁵⁵] shàng liāng 把屋梁和叉手搭建的三角架拉上屋墙。为建房中最受重视的一道工序，一般要放鞭炮、贴对联庆贺。对联上多写"上梁逢黄道，立柱遇紫薇"。有的唱《上梁歌》："大梁凤凰台，祖祖辈辈出人才；二梁凤凰窝，世世代代子孙多。"

重梁起架 [tʂʻuŋ⁵⁵liaŋ⁵⁵tɕʻi³⁵tɕia⁵²³] chōng liāng qí jià 用两道以上的平梁来支撑檩、叉手的结构样式。由叉手、大梁、二梁、立柱等构件组成。

图 5-75 重梁起架（2020年10月摄于首羡镇）

檩子 [luẽ³⁵tsɿ⁰] lún zi 檩。房屋上支撑椽子或屋面板的长条形构件：屋上有 7 道~｜以前用木头~，眼前用洋灰~。‖ 又说"檩棒"[luẽ³⁵paŋ⁰] lún bang。

桁条 [ɕiŋ⁵⁵tʻiau⁰] xīng tiao "檩子"的正规说法。

脊檩 [tɕi²¹⁴luẽ³⁵] jǐ lún 架在木结构屋架上最顶端的一根粗檩。

杉条 [sa²¹⁴tʻiau⁰] sǎ tiao 杉木棒杆：屋上的檩棒是~的，这个梯子也是~打的｜传说丰县建文庙时，井里拔~。

扁椽 [piæ̃³⁵tʂʻuæ̃⁰] bián chuan 房顶上钉在檩上支撑屋面板的长木条：新盖的大瓦屋，巴砖~，浑砖到顶｜叉手上边是檩子，檩子上边钉~，~上边铺巴砖。

笆 [pa²¹⁴] bǎ 铺设于房顶内层的高粱秆扎成的捆子：屋顶的~是用新秋秸扎的。‖ 又说"笆箔"。

笆板 [pa²¹⁴pæ̃r³⁵] bǎ bánr 铺设于房顶内层的水泥薄板。大者约 2 米长，1 米宽；小者约 0.6 米长，0.3 米宽。

瓦瓦 [ua⁵²³ua³⁵] wà wá 在屋顶铺瓦：~是个技术活，不练几年就不会有过硬的本事。

水管子 [ʂuei³⁵kuæ̃³⁵tsɿ⁰] shuí guán zi 自来水管。

水溜子 [ʂuei³⁵liou⁵²³tsɿ⁰] shuí liù zi 檐沟，横置于屋檐下的排水沟槽。用来承接屋顶的雨水，与竖管相通，将雨水引向地面。

腰穿 [iau²¹⁴tʂʻuæ̃²¹⁴] yǎo chuǎn 传统大门的腰闩。

门插床子 [mẽ⁵⁵tsʻa²¹⁴tʂʻuaŋ⁰tsɿ⁰] mēn cǎ chuang zi 门闩。门关上后，插在门内使门推不开的木棍或铁棍。

门连道子 [mẽ⁵⁵liẽ⁵⁵tau⁵²³tsɿ⁰] mēn liān dào zi 门扇上用来套挂门鼻、连接两扇门的铁链扣：找铁匠打个~。‖ 有的称作"门连吊子"[mẽ⁵⁵liẽ⁵⁵tiau⁵²³tsɿ⁰] mēn liān diào zi。古代写作"了鸟""了吊""鸟吊"等。唐代李商隐《病中闻河东公乐营置酒口占寄上》："锁门金了鸟，展障玉鸦叉。"《金瓶梅》第八十三回："见房门倒扣着，推不开。于是伸手出来，拨开鸟吊儿。"

顶门杠 [tiŋ³⁵mẽ⁵⁵kaŋ⁵²³] díng mēn gàng 用来抵住门防止别人打开门的粗大木棍：大门插好，再用~对（duí）上。‖ 有的称作"顶门棍"。

门堑子 [mẽ⁵⁵tɕʻiæ⁵²³tsɿ⁰] mēn qiàn zi 门槛：

图 5-76 门连道子——了吊
（2016 年 5 月摄于赵庄镇）

来提亲的把~都踩烂了｜出了~就不认账｜这一崩子有疫情，都不叫出~。

门枕 [mẽ⁵⁵tʂẽ⁰] mēn chen 旧式大门门框下的两块基石，长方形，有凹槽用以安装闸板：二月二，敲门框，金子银子往家扛；二月二，敲门枕，金子银子往家滚（旧时民谣）。

窗户棂子 [tʂʻuaŋ²¹⁴xu⁰liŋ⁵⁵ tsʅ⁰] chuāng hu līng zi 带有木质格子的窗户。有五棂七穿、七棂九穿等样式：把~搿开透透气。‖ 有的称作"窗璜棂子"[tʂʻuaŋ²¹⁴xuaŋ⁰liŋ⁵⁵ tsʅ⁰] chuǎng huang līng zi、"窗不棂子"[tʂʻuaŋ²¹⁴pu⁰liŋ⁵⁵ tsʅ⁰] chuǎng bu līng zi、"窗芒棂子"[tʂʻuaŋ²¹⁴maŋ⁰liŋ⁵⁵ tsʅ⁰] chuǎng maŋ līng zi。

图 5-77　窗户棂子
（2020 年 10 月摄于首羡镇）

卜啦门子 [pu²¹⁴la⁰mẽ⁵⁵tsʅ⁰] bǔ la mēn zi 关闭不严、一拨就开的简陋门：他是光棍汉子爷一个，住个套筒子屋，安的个~，连鸡狗都挡不住。卜啦，拨。‖ 也说"卜啦门"：卜拉门对卜拉门（形容双方都是平常人家，门户相当）。

打地平 [ta³⁵ti⁵²³pʻiŋ⁵⁵] dá dì pīng 室内用水泥墁地。

捶洋灰地 [tʂʻuei⁵⁵yaŋ⁵⁵xuei²¹⁴ti⁵²³] chuī yāng huī dì 用水泥混合石子、砂子砌成坚硬、光滑的平地：从前农村屋里都是泥地，起土、起潮、老鼠倒，眼时屋里都~，干净、不起潮、好打扫｜院子西边个原先是个菜园，后来~，改成晒粮场。

礓嚓子 [tɕiaŋ²¹⁴tsʻa²¹⁴tsʅ⁰] jiāng cǎ zi 砖、石砌成的台阶。

石磴子 [ʂʅ⁵⁵təŋ⁵²³tsʅ⁰] shī dèng zi 石阶：顺着~往上爬。

图 5-78　锅灶（2008 年 7 月摄）

锅屋 [kuə²¹⁴u²¹⁴] guǒ wǔ 家庭用的厨房：~盖到当院西边儿，留出空地盖过当。

锅门 [kuə²¹⁴mẽ⁵⁵] guǒ mēn 灶门。火灶进燃料及出灰的洞口：她天天串东家，走西家，谁家~朝哪她都知道。

锅门口 [kuə²¹⁴mẽ⁵⁵kʻou³⁵] guǒ mēn kóu 厨房的锅灶门前：她抱了一捆棒子秸搁到~烧锅｜他坐到~拉风箱，填柴火。

锅门脸 [kuə²¹⁴mẽ⁵⁵liẽ³⁵] guǒ mēn lián 锅灶正面：~上的锅饼好煳。‖ 有的

称作"锅门脸子"。

灶火窝 [tsau⁵²³xu⁰uə²¹⁴] zào hu wǒ 锅灶前面放置柴火的地方：白间他不停地赶路，夜里睡到人家的~里｜~里吹喇叭——起里往外迎（歇后语。迎，谐"赢"。本句意思是输了）｜谁家~里不冒烟（民谚。比喻家家都有难处理的事）？

灶窝 [tsau⁵²³uə²¹⁴] zào wǒ 同"灶火窝"：猫卧到~里睡觉｜过日子人家囤里有粮，~有柴，当院利亮。

干棒 [kæ̃²¹⁴paŋ⁵²³] gǎn bàng 干枯的小树枝，常用来作柴火：他拾了一抱~，够烧两顿锅了。

柴火棒子 [tsʻɛ⁵⁵xu⁰paŋ⁵²³tsʅ⁰] cāi hu bàng zi 烧火用的树枝、木柴：一个~不拾——烧的啥（歇后语）？

柴火垛 [tsʻɛ⁵⁵xu⁰tuə⁵²³] cāi hu duò 做燃料用的树枝、庄稼秸秆等堆成的垛子：以前家家当院里都有~，农民从地里拾来干棒、树叶、麦茬、豆茬、棉花茬垛起来，烧火做饭就靠它。

麦穰垛 [mei²¹⁴ʐaŋ⁵⁵tuə⁵²³] měi rāng duò 碾过的麦秸堆成的垛子。多为蘑菇状，顶部用掺有麦糠的泥涂抹，防止雨水浸湿。麦穰为牲畜饲料，也作燃料。自从牲畜为机械取代，煤气在农村普及后，麦穰垛失去用途，逐渐消失：场边堆着四五个~，有圆的、方的，高的、矮的｜王二麻子的~——谁想搂，谁就搂（歇后语）。

麦秸垛 [mei²¹⁴tɕiɛ²¹⁴tuə⁵²³] měi jiǎi duò 未经碾轧的麦秸堆成的垛子。经常置于打麦场边。农民常用麦秸苫盖屋顶、编织草苫子：分地以前，生产队打麦场边上有七八个~、麦穰垛，喂牲口用的｜分地以后，农民把~、麦穰垛放到自家院里、庄头上｜这些年，农民做饭改烧煤气、用电，又兴秸秆还田，~、麦穰垛、各样柴火垛都少见了。

豆秸垛 [tou⁵²³tɕiɛ²¹⁴tuə⁵²³] dòu jiǎi duò 碾轧过的黄豆茎秆堆成的垛子。旧时豆秸主要用作燃料、牲畜饲料。

磨屋 [muə⁵²³u²¹⁴] mò wū 旧时磨面粉的小房子，内设石磨等工具。

磨道 [muə⁵²³tau⁵²³] mò dào 磨屋里牲口推磨时的走道：懒驴上~，不是屙，就

图 5-79 压水井（2021 年 3 月摄于欢口镇）

是尿（民谚）｜~里跑的驴——不识好人逮（歇后语。逮，谐"歹"）。

越杆子 [yə²¹⁴kæ̃³⁵tsɿ⁰] yuè gán zi ①桔槔。汲取井水的古老工具。在井旁架设一杠杆，靠近井口的一端系绳挂桶，另一端绑缚石块等重物，利用杠杆原理将水轻便提出。旧时村庄井台的必备物。20世纪70年代还在使用，80年代初为压水井取代。②杆秤。

压水井 [ia²¹⁴ʂuei³⁵tɕiŋ³⁵] yǎ shuí jǐng 通过压、抬手柄造成井管内大气压强变化，从而汲取地下水的手工工具。由井头、闭水阀、压水杆、吸水管、手柄等部件组成。吸水管一般深12~25米，起初为竹管，后来改成钢管、塑料管。20世纪70年代初传入。1974年在赵庄公社推广使用。20世纪80年代在农村普及，有的改造成拉水井（手拉式提水铁井）。21世纪后，农村仍在广泛使用。‖ 又称"手压井" [ʂou³⁵ia²¹⁴tɕiŋ³⁵] shóu yǎ jǐng。

地窨子 [ti⁵²³iẽ⁵²³tsɿ⁰] dì yìn zi 在地下挖坑建成的防寒小屋。在院内或大门外挖一带有出口的坑，坑上搭盖秸秆，表层覆土。冬季，人在里面点燃油灯，编篮子、打茅窝子等。也用作仓库：他在杨树行子里挖了个~，顶上盖上杂草，进到里头打茅窝子。‖ 范楼、赵庄等镇称为"地屋子"，史小桥等地称"地窝子"。

茅子 [mau⁵⁵tsɿ⁰] māo zi 厕所：他上~啦，一会儿就过来。‖ 现在城区有的说"洗手间""卫生间"：先跑到洗手间里边刷个牙，再洗个头。

恶水坑 [ə²¹⁴ʂuei³⁵k'əŋ²¹⁴] ě shuí kěng 污水池。

恶渣子 [ə²¹⁴tsɑ⁰tsɿ⁰] ě zɑ zi ①垃圾：屋里扫出来一堆~。②用于沤制土杂肥的柴草碎末、树叶等：拉了两车~撒到地里｜把这些~填到坑里。‖ 有的说"恶撒子" [ə²¹⁴sɑ⁰tsɿ⁰] ě sɑ zi、"恶磕子" [ə²¹⁴ts'ɑ⁰tsɿ⁰] ě cɑ zi。

恶渣子坑 [ə²¹⁴tsɑ⁰tsɿ⁰k'əŋ²¹⁴] ě zɑ zi kěng 垃圾池。存放垃圾的坑，旧时也指沤制土杂肥的坑：生产队里的~里填满麦秸、杂草、大粪。‖ 也称"粪坑"。

粪池子 [fẽ⁵²³tʂɿ⁵⁵tsɿ⁰] fèn chī zi 沤制肥料的水泥池。在地上挖出长方形的坑，用水泥糊抹，使之不渗水，放满水，填入杂草、牲畜粪、大粪等。

街筒子 [tɕiɛ²¹⁴t'uŋ³⁵tsɿ⁰] jiǎi tóng zi 街道：她顺着~走了半里路，买着一件合身的褂子｜结婚那天，十几辆小轿车停了半个~｜交流会上，满~都是人。

城门楼子 [tʂ'əŋ⁵⁵mẽ⁵⁵lou⁵⁵tsɿ⁰] chēng mēn lōu zi 旧时城墙上的门楼。

牌楼子 [p'ɛ⁵⁵lou⁵⁵tsɿ⁰] pāi lōu zi 牌坊。‖ 也称"牌坊楼子"。

（二）器具

家事 [tɕia²¹⁴sɿ⁰] jiǎ sɿ 家什，器具：锅屋里摆满做饭的~｜用的~，吃的物件，两家不分你我，谁有就用谁的｜好用的~先毁（民谚）｜他家有织布的整套~。‖ 宋代孟元老《东京梦华录·防火》："及有救火家事，谓如大小桶、洒子、麻搭、斧、锯、梯子、火杈、大索、铁猫儿之类。"

家伙茬 [tɕia²¹⁴xuºtsʻar⁵⁵] jiǎ hu cār 家什，器具（含诙谐意味，用于随意的场合）：这些都是种地的~｜坑里有条大鱼，可惜手里没有~去逮。‖ 也称"家伙茬子"。

家伙三 [tɕia²¹⁴xuºsæ²¹⁴] jiǎ hu sǎn 家什的诙谐说法，包括各类用具、武器等：咱啥~都有。‖ 一般作男性用词。三，与"四"相关联，"四"与"事"同音。

镇物山 [tʂẽ⁵²³uºsæ²¹⁴] zhèn wu sǎn 家具、东西。

本打 [pẽ³⁵ta³⁵] bén dá 本地出产或制作的：这些布都是~货｜吃点~菜，不能再好啦｜守着老乡，我只说~话，不说普通话。

白茬子 [pei⁵⁵tsʻa⁵⁵tsɿº] bēi cā zi ①没有涂抹油漆的家具。②没有装修的房屋。

实木 [ʂɿ⁵⁵mu²¹⁴] shī mǔ 指天然木料，与人造板材相对而言：这套家具是~的，比刨花板的贵得多。

拔缝 [pa⁵⁵fəŋr⁵²³] bā fèngr 木器相接部位因松动而出现缝隙：槐木打的家具容易~｜站柜~了。

走翘 [tsou³⁵tɕʻiau⁵²³] zóu qiào 木制器具变形：这扇门~了，不好关｜箱子~了，盖不严了。

翘棱 [tɕʻiau⁵⁵ləŋº] qiāo leng 多指板状物弯曲变形：门~了。

散板 [sæ³⁵pær³⁵] sán bánr ①散架：椅子叫他坐~了。②散伙：这个村里找不着人当支书，班子~了。

滑丝 [xua⁵⁵sɿ²¹⁴] huā sǐ 螺丝的丝扣磨损，不能拧紧。

站柜 [tsæ⁵²³kuei⁵²³] zàn guì 大衣柜，存放衣物的高大木柜。

橱柜 [tʂʻu⁵⁵kuei⁵²³] chū guì 饭橱，放置餐具和食物的木柜。

闷柜 [mẽ⁵²³kuei⁵²³] mèn guì 柜子中以活动木板作盖儿的部分：橱柜里带个~。

板箱 [pæ³⁵ɕiɑŋ²¹⁴] bán xiāng 用木板做成的箱子。多用以存放衣物。

条箱 [tʻiau⁵⁵ɕiɑŋ²¹⁴] tiāo xiāng 用去皮的杞柳条编成的箱子。

勤桌 [tɕʻiẽ⁵⁵tʂuər²¹⁴] qín zhuǒr 家庭中使用的一种矮小方桌。招待客人时放置茶水、果品等，也用作饭桌。

一头沉 [i²¹⁴tʻour⁵⁵tʂʻẽ⁵⁵] yǐ tōur chēn ①书桌或办公桌的一种样式，一端有柜子或抽屉，另一端没有。②指这种样式的桌子。

抽抽 [tʂʻou²¹⁴tʂʻouº] chōu chou 抽屉。‖ 宋楼等镇说"抽头" [tʂʻou²¹⁴tʻouº]

图 5-80　勤桌（2022 年 7 月摄于毓秀小区）

第五章　词汇　｜　205

chǒu tou。

面子板凳 [miã⁵²³tsɿ⁰pã³⁵təŋ⁰] miàn zi bán deng 座面呈四方形的稍大板凳。

板头 [pã³⁵t'ou⁰] bán tou 小板凳。比普通板凳（凳子、高板凳）小很多。‖ 通行于宋楼、范楼等镇。也称"板斗"。

马杌子 [ma³⁵u⁵²³tsɿ⁰] má wù zǐ 方形高脚凳：搬来~，我趿着它安灯泡。

坐床子 [tsuə⁵²³tʂ'uaŋ⁵⁵ tsɿ⁰] zuò chuāng zi 一种宽大的四方形凳子，用绳织成座面。多为老年人坐具。

图 5-81 顶子床（2007 年 9 月摄）

顶子床 [tiŋ³⁵tsɿ⁰tʂ'uaŋ⁵⁵] díng zi chāng 装配有顶盖、围栏、踏板，饰以雕花的大型木床。旧时为富贵人家所用：双橱双箱描金柜，~上漫红毡（民间说唱《王天保下苏州》）。

曲板子床 [tɕ'y²¹⁴pã³⁵tsɿ⁰tʂ'uaŋ⁵⁵] qǔ bán zi chuāng 正面立板上涂绘彩漆、饰有雕花图案的传统双人床。配有踏板，无围栏，无顶盖。普通家庭所用，多在结婚时制作。‖ 通常称作"大床"，有的称作"面子床" [miã⁵²³tsɿ⁰tʂ'uaŋ⁵⁵] miàn zi chuāng。

罗圈床 [luə⁵⁵tɕ'yã²¹⁴tʂ'uaŋ⁵⁵] luō quǎn chuāng 有围栏的大木床。有雕花、踏板，无顶盖。

掌子床 [ts'əŋ⁵²³tsɿ⁰tʂ'uaŋ⁵⁵] cèng zi chuāng 带有四条腿的简易木床。有木掌，无正面立板。

软床子 [ʐuã³⁵tʂ'uaŋ⁵⁵tsɿ⁰] ruán chuāng zi 用苘绳织成床面的简易木床。有时用来抬送伤病者。

脚踏子 [tɕyə²¹⁴tsa⁵⁵ tsɿ⁰] juě zā zi 旧式床前的踏板：他媳妇家法严，他隔一崩（一段时间）就得跪~。‖ 有的说 [tɕyə²¹⁴ta⁵⁵ tsɿ⁰] juě dā zi。

盖体 [kɛ⁵²³t'i⁰] gài ti 被子：套了一床新~，新里、新面、新棉花。‖ 有的地区说"盖的""盖哩"。

盖体套 [kɛ⁵²³t'i⁰t'au⁵²³] gài ti tào 用棉絮做成的絮被子的胎。

棉套子 [miã⁵⁵t'au⁵²³tsɿ⁰] miān tào zi 用棉花做成的可以絮成被、褥、袄等的胎。‖ 又叫"棉花套子"。简称"套""套子"：盖体套，裤套，袄套。

单子 [tæ̃²¹⁴tsɿ⁰] dǎn zi 床单。

头枕 [tou⁵²³tʂʻə̃⁰] dòu chen 枕头：鸳鸯~摆到新床上｜搬块砖头当~｜祝英台点着灯一盏，拾掇拾掇铺上床，荷花~两头放，界牌立到正当阳（民间说唱《梁山伯祝英台》）。‖ 通行于县城以北地区。头，读如豆。

凉枕 [liaŋ⁵⁵tʂẽ³⁵] liāng zhén 外裹小型凉席的枕头。有的外裹竹篾席。‖ 又称"凉枕头"。

头枕皮子 [tou⁵²³tʂʻə̃⁰pʻi⁵⁵tsɿ⁰] dòu chen pī zi 枕套。

尿罐子 [ȵiau⁵²³kuæ̃⁵²³tsɿ⁰] niào guàn zi 旧式瓦罐形便壶。

尿壶 [ȵiau⁵²³xu⁵⁵] niào hū 旧式瓦质便壶。‖ 雅称"夜壶"。

尿盆 [ȵiau⁵²³pʻə̃⁵⁵] niào pēn 旧式女用便盆，瓦盆形。

火棍头子 [xuə³⁵kuẽ⁰tʻou⁵⁵tsɿ⁰] huó gun tōu zi 顶端有烧痕的捅灶膛的小木棍：离锅远点，小心~烫着脚面子｜脸黑得跟~样。

火钩子 [xuə³⁵kou²¹⁴tsɿ⁰] huó gǒu zi 捅灶膛或炉子的铁钩。

火夹子 [xuə³⁵tɕia²¹⁴tsɿ⁰] huó jiǎ zi 火钳。

自来风 [tsɿ⁵²³lɛ⁵⁵fəŋ²¹⁴] zì lāi fěng 一种不用风箱烧火的灶，烟筒高，炉条和炉箅子较大。

炭 [tʻæ̃⁵²³] tàn 煤：买一车~，够烧一冬天的。

炭球 [tʻæ̃⁵²³tɕʻiour⁵⁵] tàn qiūr 蜂窝煤：用炭球机子打了几十个~。

乏炭 [fa⁵⁵tʻæ̃⁵²³] fā tàn 烧过的煤。乏，陈旧的，用过的。

炭核子 [tʻæ̃⁵²³xu⁵⁵tsɿ⁰] tàn hū zi 燃烧后的成块煤渣。

醭炭火 [pu⁵⁵tʻæ̃⁵²³xuə³⁵] bū tàn huó 燃烧的木柴、秸草的明火熄灭后形成的暗火：~烧的鲜落生（花生）真好吃｜有人说，~烧斑蝥鸡蛋能治癌症。

火炭 [xuə³⁵tʻæ̃⁵²³] huó tàn 燃烧的炭：从锅底下扚（夹）出一块~｜小孩身上给~样，热得烫人，得叫医生看看｜这个酒给~样，喝到肚里滚热。

煆 [xa²¹⁴] hǎ 热气灼烫：别掀锅盖，小心~着手｜热气~熟馍。‖《广韵》许加切，平声、麻韵、晓母："火气猛也。"

急燎 [tɕi²¹⁴liau⁰] jǐ liáo 火焰蹿烧物体：头发叫蜡烛~了一绺子。

锅腔子 [kuə²¹⁴tɕʻiaŋ⁵²³tsɿ⁰] guǒ qiàng zi ①用土坯、砖块砌成的锅灶框。②用掺杂麦糠的泥土做成的可以移动的小型锅灶。

洋火 [iaŋ⁵⁵xuər³⁵] yāng huór 旧指火柴。

洋火根儿 [iaŋ⁵⁵xuə³⁵kẽr⁵⁵] yāng huó gēnr 火柴杆。

烟筒 [iæ̃²¹⁴tʻuŋ³⁵] yǎn tóng 烟囱：一到合黑，家家~里都冒着烟｜~不出烟，一准是阴天（民谚）。

图 5-82 拍子
（2023 年 1 月摄于丰县文博园）

图 5-83 锅圪拉
（2020 年 10 月摄于首美镇）

图 5-84 茶瓶
（2020 年 12 月摄于首美镇）

耳朵锅 [l^{35}t'ou^{0}kuə^{214}] lrí tou guǒ 带有两个对称的抓手的小锅：他赶集回来，手里提喽着一个小~。

张子 [tʂaŋ^{214}tsɿ^0] zhǎng zi 锅的口径的计量单位，一张子约等于 0.25 尺（约 8.33 厘米）：这个锅有八~大｜人多的得用十~锅。‖ 也说"张""砚子"。

锅拍 [kuə^{214}p'ei^{214}] guǒ pěi 锅盖：这个~是秫秸莛子穿的。

缸拍 [kang^{214}p'ei^{214}] gǎng pěi 缸盖。多用莛子缉成。

锅柯叉子 [kuə^{214}k'ə^{0}ts'a^{35}tsɿ^0] guǒ ke cá zi 用树杈做成的馏馍、馏菜用的带叉木棒。放在箅子下，用来支撑箅子，也单独放在锅内，直接在叉上放馍、菜。‖ 有的说"柯叉子"[k'ə^{35}ts'a^{0}tsɿ^0] ké ca zi。

笼棋子 [luŋ^{55}tɕ'i^{55}tsɿ^0] lōng qī zi 蒸笼。

锅圪拉 [kuə^{55}kə^{0}la^{214}] guǒ ge lǎ 麦秆编成的两层蒸笼，用于大量蒸馍。‖ 有的说"馍圪拉子"[muə^{55}kə^{214}la^{0}tsɿ^0] mō gě là zi、"圪拉子"。

笼布 [luŋ^{55}pu^{523}] lōng bù 蒸食物时铺在箅子上的布，防止食物粘在箅子上：她铺好~，蒸了一锅桐花菜｜她从锅底下扒出一个热窝窝，用~打打吃了。

茶瓶 [ts'a^{55}p'iŋ^{55}] cā pīng 保温瓶。有竹篾、铁皮、塑料等做成的外壳：飞机上带~——水平高（歇后语）。‖ 旧称"暖水瓶""暖瓶"。现在也有人说"热水瓶"。

茶壶 [ts'a^{55}xu^{55}] cā hū 盛茶水的带嘴的壶：~里煮扁食——有嘴倒不出（歇后语。倒，谐音道）。

炊 [tʂ'uei^{214}] chuǐ 燎壶，烧水用的长嘴壶。

旧时常吊挂在灶前烧热水。

面缸 [miã⁵²³kaŋ²¹⁴] miàn gǎng 盛放面粉的缸。

水缸 [ʂuei³⁵kaŋ²¹⁴] shuí gǎng 贮水的缸。

砂缸 [sa²¹⁴kaŋ²¹⁴] sǎ gǎng 用黏土加沙粒烧制成的带釉缸。用来盛放水、面粉等。

搠缸 [ʂuə²¹⁴kaŋ²¹⁴] shuǒ gǎng 粗而深的大号砂缸，多用来盛放粮食或水。

土缸 [tʻu³⁵kaŋ²¹⁴] tú gǎng 用黏土烧制的无釉陶缸，用来盛放粮食等物。

洋灰缸 [iaŋ⁵⁵xuei²¹⁴kaŋ²¹⁴] yāng huǐ gǎng 用水泥和黄沙、小石子制成的大型缸，用来贮存粮食等。20 年代 80 年代联产承包责任制实行后，粮食大丰收，农民普遍购置此缸。

二缸 [l̩⁵²³kaŋr²¹⁴] lrì gǎngr 二号的缸，中型缸。

瓮 [pəŋr⁵²³] bèngr 旧时一种小口大腹的瓦缸，用于贮存粮食。形体较大，上有盖儿，近底部有一孔。20 年代 80 年代被洋灰瓮取代。

洋灰瓮 [iaŋ⁵⁵xuei²¹⁴pəŋr⁵²³] yāng huǐ bèngr 水泥制成的大型粮食缸。上有盖儿，近底部有一孔，平时用锥子堵塞，取粮食时拔下锥子，粮食便流出。通行于城北部和西部地区。

二瓮 [l̩⁵²³pəŋr⁵²³] lrì bèngr 二号的瓮，中型瓮。通行于城北部地区：他是虚胖，脸跟判官样，腰跟～样。

拍子 [pʻei²¹⁴tsʅ⁰] pěi zi 高粱穗颈（莛子）缉成的圆形盖子。多盖在缸、罐等器物口上，也用于临时摆放、端送食物。

图 5-85 洋灰瓮
（2019 年 12 月摄于欢口镇）

鳖盖子 [piə²¹⁴kɛ⁵²³tsʅ⁰] biě gài zi 旧时淘菜用具，高粱穗颈编成，底圆，放入洗净的蔬菜，置于盆上控净水。通行于范楼等镇。

碗碴子 [uã³⁵tsʻa²¹⁴tsʅ⁰] wán cǎ zi 碗打碎后的残片。

茶缸子 [tsʻa⁵⁵kaŋ²¹⁴tsʅ⁰] cā gǎng zi 比较深的带有把手的圆柱形茶杯，多为搪瓷制品：～喝糊涂——抖起来了（歇后语）｜二分钱买了个～——洋瓷还不少咪（歇后语。洋瓷，谐"洋词"）。

茶盅 [tsʻa⁵⁵tʂuŋr²¹⁴] cā zhǒngr 喝茶用的小杯子。

醋浅 [tsʻu⁵²³tɕʻiær³⁵] cù qiánr ①盛醋的小碟子。②泛指小碟子：喝两～酒。‖也叫"醋浅子"。

汤匙子 [tʻaŋ²¹⁴tsʻʅ³⁵tsʅ⁰] tāng cí zi 餐具。喝汤用的小勺。

图 5-86 水筲
（2023 年 1 月摄于丰县文博园）

图 5-87 钩担
（2023 年 1 月摄于吕堤湾）

汤勺子 [tʻaŋ²¹⁴ ʂuə⁵⁵tsʅ⁰] tāng shuō zi 同"汤匙子"。

筷椟笼子 [kʻuɛ⁵²³ tu⁵⁵luŋ⁰tsʅ⁰] kuài dū long zi 箸笼，存放筷子的筒。旧时常用高粱穗颈缉成，或用竹篾、麦秆编成，现多为塑料制品。

筷椟噜子 [kʻuɛ⁵²³ tu⁵⁵lu⁰tsʅ⁰] kuài dū lu zi 同"筷椟笼子"。

筷笼子 [kʻuɛ⁵²³ luŋ⁵⁵tsʅ⁰] kuài lōng zi 同"筷椟笼子"。

酒瓯 [tɕiou³⁵ our²¹⁴] jiú ǒur 酒盅，不带把儿的底小口大的圆形小杯子：大老执端着一个托盘，托盘里搁着十个～，领着新郎来敬酒。‖也叫"酒瓯子"。

酒甏 [tɕiou³⁵ pəŋr⁵²³] jiú bèngr 旧指酒坛。

面瓢 [miɛ̃⁵²³ pʻiau⁵⁵] miàn piāo 舀取面粉用的葫芦瓢。

漏瓢 [lou⁵²³ pʻiau⁵⁵] lòu piāo 带有稠密圆孔的瓢，用于制作粉丝、面鱼。早期多用葫芦做成，后来改为金属制品。

水舀子 [ʂuei³⁵ iau³⁵tsʅ⁰] shuí yáo zi 舀水用的器具，底平，口圆，有柄，多用铝或铁皮制成。‖也称"舀子"。

水瓢 [ʂuei³⁵ pʻiau⁵⁵] shuí piāo 用对半剖开的葫芦做的舀水用具。

水筲 [ʂuei³⁵ sau²¹⁴] shuí sāo 旧时用木板做成的水桶：他挑着～到井涯打水｜～上的筲檾子该换了。‖有人把铁皮做成的水桶也称为"水筲"。

水挑子 [ʂuei³⁵ tʻiau²¹⁴tsʅ⁰] shuí tiǎo zi 扁担和水桶的合称。

钩担嘴 [kou²¹⁴ tæ̃⁰ tsuei³⁵] gǒu dan zuí 扁担上的铁链钩。

钩担 [kou²¹⁴ tæ̃⁰] gǒu dan 两端缀有铁链钩的扁担：拿过来～去挑水｜背地里要～（惯用语，

比喻背后说狠话）。

案板 [æ̃⁵²³pæ̃⁰] àn ban 一种炊事用的简易矮桌。桌面长方形，四条腿，不涂漆料，可在上面做面食、切菜，经常代作餐桌：在~上擀好面条子｜盛好碗，搁到~上，一家三口围着吃起来。‖ 有些地区说 [æ̃⁵²³pẽ⁰] àn ben。

擀面杖 [kæ̃³⁵miæ̃⁵²³tʂaŋ⁵²³] gán miàn zhàng 擀面用的木棍：~吹火——一窍不通（歇后语）。

轴子 [tʂu⁵⁵tsɿ⁰] zhū zi 两头尖的小擀杖。用于制作薄饼、烙馍等：她坐到案板前拿着~擀面，我坐到鏊子前，一边烧火，一边拿翻馍披子翻馍，一会儿烙了一馍筐子烙馍。‖ 有的称作"擀面轴子" [kæ̃³⁵miæ̃⁵²³tʂu⁵⁵tsɿ⁰] gán miàn zhū zi、"烙馍轴子" [luə²¹⁴muə⁵⁵tʂu⁵⁵tsɿ⁰] luǒ mō zhū zi、"小擀轴子"。

图 5-88 烙馍轴子（2023 年 1 月摄于中阳里街道）

翻馍披子 [fæ̃²¹⁴muə⁵⁵p'i²¹⁴tsɿ⁰] fǎn mō pǐ zi 在鏊子上翻、挑烙馍的小竹片或长木片。‖ 有的称作"披子"。

刮子 [kua³⁵tsɿ⁰] guá zi 擦床，刮刀。把土豆、胡萝卜、红薯之类的食物刨成细丝或薄片的刨具。‖ 有的地区称作"锞子"。

搌碗布 [tʂæ̃³⁵uæ̃³⁵pu⁵²³] zhǎn wán bù 擦碗布。

油撇子 [iou⁵⁵p'iə²¹⁴tsɿ⁰] yōu piě zi 旧时家庭用铁皮做成的舀油小匙：炕油馍的时候用~滴拉几滴子油。

琉琉瓶 [liou⁵⁵liou⁰p'iŋ⁵⁵] liū liu pīng 玻璃瓶。

锥子 [tʂuei²¹⁴tsɿ⁰] zhuǐ zi ①塞子，堵塞容器口的物品，多为木制：瓶~｜磨~。②有尖头的用来钻孔的工具。

蒜臼子 [suæ̃⁵²³tɕiou⁵²³tsɿ⁰] suàn jiù zi 一种制作蒜泥的小型砂罐，有的为石质：蒜瓣装到~里，加一点盐，蜷起手捂住~口开始搥蒜，搥好的蒜泥加醋浇在凉拌藕、凉拌薄荷叶、凉拌花椒叶上｜黑碗~——一个窑的货（歇后语。黑碗和蒜臼子是一个窑里烧成的，比喻一路货色，都不是好人）。

图 5-89 蒜臼子（2023 年 1 月摄于中阳里街道）

蒜臼子把 [suɛ̃⁵²³tɕiou⁵²³tsʅ⁰pa³⁵] suàn jiù zi bá 在蒜臼子中捣蒜用的小木槌。

搉蒜 [tɕyə²¹⁴suɛ̃⁵²³] quě suàn 用蒜臼子把蒜瓣捣碎：~剥葱，各管一工（民谚）。

黄盆 [xuaŋ⁵⁵pʻẽ⁵⁵] huāng pēn 表面涂有黄釉的瓦盆。多用来和面、洗菜。

大盆 [ta⁵²³pʻẽ⁵⁵] dà pēn 厨房使用的大号陶盆。多用于和面、刷碗。

陡窝子盆 [tou³⁵uə²¹⁴tsʅ⁰pʻẽ⁵⁵] dóu wǒ zi pēn 同"大盆"。

二盆 [l̩⁵²³pʻẽr⁵⁵] lrì pēnr 厨房使用的中号陶盆：嘴张得跟~样。

水磨 [ʂuei³⁵muə⁵²³] shuí mò 将浸泡过的湿粮磨成糊状的石磨。多用来磨红薯粉浆、豆浆、绿豆粉浆等。

油磨 [iou⁵⁵muə⁵²³] yōu mò 将芝麻磨碎加工香油的磨。

拐磨子 [kuɛ³⁵muə⁰tsʅ⁰] guái mo zi 家庭用的小型石质水磨。装有木柄，手摇转动，用来把浸泡过的粮粒磨成浆：抓上几把豆子，搁到~上磨成浆，连浆带水倒到锅里。‖也叫"手磨""小磨子""小拐磨儿"。

馍筐子 [muə⁵⁵kʻuaŋ²¹⁴tsʅ⁰] mō kuāng zi 盛放馒头等食品的浅帮小筐。多用高粱莛秆或去皮的杞柳条编成。

馍馍囤子 [muə⁵⁵muə⁰tuẽ⁵²³tsʅ⁰] mō mo dùn zi 麦秸编织、高粱秸篾锁边的盛馍小囤。

草囤子 [tsʻau³⁵tuẽ⁵²³tsʅ⁰] cáo dùn zi 用麦秸秆和高粱篾编织的存放粮食的容器。

条囤 [tʻiau⁵⁵tuẽ⁵²³] tiāo dùn 白蜡条编织的粮囤，内用泥涂平。

筅子 [yæ̃³⁵tsʅ⁰] yuán zi 用去皮的杞柳条编成的带梁的圆筐。用来装粮食、面食等：她拐了一~麦回家了。

图 5-90 筅子
（2023年1月摄于丰县文博园）

提篮 [tʻi⁵⁵læ̃⁵⁵] tī lān 带系的能提的篮子：~里装着礼，有鸡蛋、红糖、小孩玩意儿。

挎篮 [kʻua³⁵læ̃⁵⁵] kuá lān 用白蜡条编成的大型深篮子。有圆形、长方形等，用时为双人抬：他用一根杉条截子担着两~柿子，上徐州府去卖｜她的名气大，求爱信一月能收一~。

条筐 [tʻiau⁵⁵kʻuaŋ²¹⁴] tiāo kuāng 白蜡条等编织成的筐。有圆形、长方形两种：大~里装满红芋，两个人抬着过秤｜一群卖菜的挑着~走到集上。

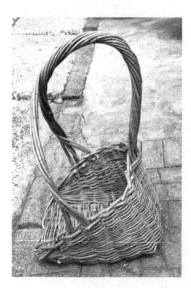

图 5-91 槎子
（2023年5月摄于中阳里街道）

槎子 [tsʻa³⁵tsʅ⁰] cá zi 一种提梁较高的箕类盛器。

多用白蜡条编成，头部为较深的簸箕形，提梁（槎子系）在上部叉开，分为两股，分别连接箕帮。用于装运饲草、庄稼等，使用时挎在肩上：他从早到晚挎着～在地里割草，拾柴禾｜他天不明就挎着～拾大粪｜干棒堆到槎嘴，他挎着～累得歪歪着。

槎头 [tsʻa³⁵tʻou⁵⁵] cá tōu ①槎子。②槎子簸箕形的头部：他把红芋拾巴拾巴，装到～里，挎着回家了。

抬筐 [tʻɛ⁵⁵kʻuaŋ²¹⁴] tāi kuǎng 两人抬的圆形大筐。多为白蜡条编织而成，以苘绳作系。

箩筐 [luə⁵⁵kʻuaŋ⁵⁵] luō kuāng 同"抬筐"：快入秋的时候，沟满壕平，微山湖的鱼走顶水，往河沟里游，老百姓拿网的拿网，用～的用～。

烘篮 [xuŋ²¹⁴læ⁰] hǒng lan 烘笼。用柳条、荆条、竹篾或者铁丝编成。罩在炉子或者火盆上，用来烘烤衣物、被子等。

秫秸箔 [ʂu⁵⁵tɕiɛ²¹⁴puə⁵⁵] shū jiǎi bō 高粱秸秆织成的帘子。用于晾晒物品、围成粮囤、做隔扇、搭建临时棚架等：他织了三领～，晾衣裳，晒红芋片子。‖ 也称"箔" [puə⁵⁵] bō。

刷帚 [ʂua²¹⁴ʂu⁰] shuǎ shu 用脱过粒的高粱穗扎制成的刷具，用于刷锅、刷碗等。‖ 也称"刷帚把子"。

扫帚 [sau⁵²³ʂu⁰] sào shu 用脱过粒的高粱穗扎制成的用具，用于扫除垃圾等。

竹扫帚 [tʂu²¹⁴sau⁵²³ʂu⁰] zhǔ sào shu 用竹枝扎成的扫除垃圾的用具。

笤帚 [tʻiau⁵⁵ʂu⁰] tiāo shu 用脱过粒的穄穗扎成的清扫用具，常用于磨面时扫面。

土垃簸箕 [tʻu³⁵la⁰puə⁵²³tɕʻi⁰] tú la bò qi 垃圾簸箕。

树轱轮子 [ʂu⁵²³ku²¹⁴luɛ⁰tsɿ⁰] shù gǔ lun zi 锯好的树木；截成段的树木：木材市场上到处都是～｜几个老头坐到～上拉闲呱。‖ 宋楼、梁寨等镇说 [ʂu⁵²³ku³⁵luɛ²¹⁴tsɿ⁰] shù gú lǔn zi。

棒子轱轮 [paŋ⁵²³tsɿ⁰kuʻ²¹⁴luɛ˞⁰] bàng zi gǔ lunr 玉米穗轴：棒子秸、～都是烧锅的好材料。

秫秸莛子 [ʂu⁵⁵tɕiɛ²¹⁴tʻiŋ⁵⁵tsɿ⁰] shū jiǎi tīng zi 高粱穗颈，高粱穗与秸秆相连的细长秆：这个馍筐子是用～缉成的｜用～缉锅拍（锅盖）。

圪当莛子 [kə⁵⁵taŋ²¹⁴tʻiŋ⁵⁵tsɿ⁰] gē dǎng tīng zi 高粱秸秆的一节：板凳一点也不结实，跟～插的样。

圪当瓤子 [kə⁵⁵taŋ²¹⁴zaŋ⁵⁵tsɿ⁰] gē dǎng rāng zi 高粱秸秆的芯：用～插个马。

秫秸裤 [ʂu⁵⁵tɕiɛ²¹⁴kʻu⁵²³] shū jiě kùr 高粱叶鞘，包裹茎秆的圆筒状的鞘。常用以编织苫子、蓑衣、草墩。

秫秸篾子 [ʂu⁵⁵tɕiɛ²¹⁴mi⁵⁵tsɿ⁰] shū jiǎi mī zi 高粱秆皮劈出的篾片。常用来编织器具：

第五章 词汇

编了个～篓子｜用～编个席夹子（斗笠）｜蛐子笼是用～编的｜用～插个牤牛蛋（一种儿童玩具，可在地上滚动）。‖《玉篇·竹部》："篾，竹篾也。"

苇篾子 [uei³⁵mi⁵⁵tsʅ⁰] wéi mī zi 芦苇劈成的篾片。用以织席等。

竹篾子 [tʂu²¹⁴mi⁵⁵tsʅ⁰] zhǔ mī zi 竹篾。

巴锔子 [pa²¹⁴tɕy²¹⁴tsʅ⁰] bǎ jǔ zi 锔子。用铁或铜打制的扁平的两脚钉，用来连接破裂的缸、盆、锅等器物。

枣核子钉 [tsau³⁵xu⁵⁵tsʅ⁰tiŋ²¹⁴] záo hū zi dǐng 旧式大铁钉，两头尖，形如枣核：大车上钉着～｜棺材上钉着枣核子寿钉。

铆钉 [mau³⁵tiŋ²¹⁴] máo dǐng 旧时大木门、太平车等器具上的大铁钉，带有大圆帽。

载子 [tsɛ⁵²³tsʅ⁰] zài zi 楔子。插在木器榫子缝中的木片，使接榫的地方不活动：凳子上的～松了，拿锤砸砸｜扁担两头安上～，挑筐的时候不下滑。‖载，大概为"屧"的变音。屧，《广韵》有侧洽切的读音，意为"薄楔"。

花扳子 [xua²¹⁴pæ̃²¹⁴tsʅ⁰] huǎ bǎn zi 带有多种固定扳口的扳手，用于拧紧或旋松螺帽等。

活口扳子 [xuə⁵⁵k'our³⁵pæ̃²¹⁴tsʅ⁰] huō kóur bǎn zi 活络扳手。使用时转动蜗轮，调整扳口的大小，以夹紧螺母等：这个螺丝太大，死口扳子降不了，快拿～来。

经子 [tɕiŋ²¹⁴tsʅ⁰] jǐng zi 合成绳子用的线：用苘～在口袋上捆三道｜馃子上扎着纸～｜麻～搓成麻绳。

披毛绳 [p'i²¹⁴mau⁵⁵ʂən⁵⁵] pǐ māo shēng 因磨损而披散松劲的苘绳。

苘坯子 [tɕ'iŋ³⁵p'i²¹⁴tsʅ⁰] qíng pǐ zi 用来制绳的苘麻：拿～搓根绳。

苘毛缨子 [tɕ'iŋ³⁵mau⁵⁵iŋ²¹⁴tsʅ⁰] qíng māo yǐng zi 碎苘麻，用来做袼褙、麻刀等：把～撒到石灰糊子里。

鞋筐子 [ɕiɛ⁵⁵k'uaŋ²¹⁴tsʅ⁰] xiāi kuǎng zi 针线筐，盛放针线、碎布等物的浅帮圆筐：生产队里一开会，她就端着～上会场，一边听队长讲话，一边做针线活｜说是～，实际上不盛鞋，里边都是针头线脑、布头、铺衬。

盖筐子 [kɛ⁵²³k'uɑŋ⁰tsʅ⁰] gài kuang zi 用高粱莛编成的有盖儿方形筐。存放针线、碎布、鞋样子等。

陀螺子 [tuə⁵⁵luə⁰tsʅ⁰] duō luo zi 线砣。捻线、合线的简易工具。用来把线坯拧成线，或把细线合成粗线。头部以锡、铜钱焊合而成（或以电瓷葫芦、胡萝卜段等代替），缠线部分由一根细木棒或筷子做成。‖有的称作"捻悠转子"[ɲiã³⁵iou⁰tʂuæ̃⁵²³tsʅ⁰] nián you zhuàn zi。

毂轮子 [ku²¹⁴luɛ⁰tsʅ⁰] gǔ lun zi 木制顶针。中间鼓，两端渐细，内孔穿有套绳，可套在手指上：戴上～纳鞋底。

针扎子 [tʂẽ²¹⁴tsa²¹⁴tsɿ⁰] zhěn zǎ zi 旧时妇女存放针的小布袋，长筒状，内填头发等，可将针插入其中。

尺棒子 [tʂʮ²¹⁴paŋ⁵²³tsɿ⁰] chǐ bàng zi 木制直尺。

铺衬 [pʻu²¹⁴tsʻẽ⁰] pǔ cen 制作补丁、袼褙的碎布：她搬来案板，铺上报纸，拿来～抹袼褙。

布拉条子 [pu⁵²³la⁰tʻiau⁵⁵tsɿ⁰] bù la tiāo zi 零碎的布条：找个～扎口袋｜老梨树上拴着红～。

包袱皮子 [pau²¹⁴fu⁰pʻi⁵⁵tsɿ⁰] bǎo fu pī zi 包裹衣服等东西的布：她拾掇了几件衣裳，用～包上，套到胳膊上就出门了。

包皮 [pau²¹⁴pʻir⁵⁵] bǎo pīr 包袱皮子的简称：以前～是新媳妇的必备物，里边包着没做好的鞋、衣裳。

棉绒子 [miẽ⁵⁵ʐuŋ⁵⁵tsɿ⁰] miān róng zi 弹松的棉絮：用～搓棉卜叽纺棉。

棉穰子 [miẽ⁵⁵ʐaŋ³⁵tsɿ⁰] miān ráng zi 去籽后尚未弹松的棉花。

棉卜叽 [miẽ⁵⁵pu²¹⁴tɕi⁰] miān bǔ ji 搓成细筒状的棉绒，用于纺棉线：她拿着一根莛子，搓了一簸箕～｜弹里个棉绒子细曾曾，搓里个～心里空（棉花谣）。

棉车子 [miẽ⁵⁵tʂʻə²¹⁴tsɿ⁰] miān chē zi 纺车，手摇的纺线工具。其构件分别称为车架、车扑棱子（辐轮）、连杆、车脚丫子（车脚）、锭子：～，团团转，黑价白间纺棉线（童谣）｜一个～八个翅，带个锭子两头尖（民谣）。

棉车脚丫子 [miẽ⁵⁵tʂʻə²¹⁴ tɕyə²¹⁴ia²¹⁴tsɿ⁰] miān chē juě yǎ zi 纺车车脚，用于安放锭子。

棉车扑棱子 [miẽ⁵⁵tʂʻə²¹⁴ pʻu²¹⁴ləŋ⁰tsɿ⁰] miān chē pǔ leng zi 纺车辐轮。

棉穗子 [miẽ⁵⁵suei⁵²³tsɿ⁰] miān suì zi 用纺车纺出的穗状棉线：她纺的～个头大，线又细又匀。

拐子 [kuɛ³⁵tsɿ⁰] guǎi zi 带有四棱的木制缠线工具。安在一木架（俗名桩子）上，摇动木架上的把手，将棉穗子上的线缠到拐子上。将拐子上的棉线取下，用粉浆浸泡，使线干后发硬发挺：～拐，络子缠，经线跑如马，织布坐花船（织布谣）。

风篓子 [fəŋ²¹⁴lou³⁵tsɿ⁰] fēng lóu zi 缠线的工具，两根木片交叉构成主体，每根木片顶端安有一根竖直的短棍，两根木片的交叉处有一根垂直的木轴。使用时，把浆好的线围着这些竖直的短棍缠绕成一圈，棉线一端与络子相连接；风篓子插在一个带孔的短板凳上，随着绞桩子转动。‖ 有的称作"风撑子""风挣子""风棱子"。

绞桩子 [tɕiau³⁵tʂuaŋ⁰tsɿ⁰] jiáo zhuang zi 络车。木制缠线工具，木座上装有一铁质转轴。使用时，将络子装在转轴上，摇动把手，带动络子旋转，将风篓子上的棉线转缠到络子上。‖ 有的称作"绞床"。

络子 [luə²¹⁴tsɿ⁰] luǒ zi 纺织时缠线的木架。由木条交叉构成，中有小孔，安装在绞桩子的转轴上，用手摇动绞桩子以缠线。‖ 顺河等镇说"籰子" [yə²¹⁴tsɿ⁰] yuě zi。

浆线 [tɕiaŋ⁵²³ɕiæ̃⁵²³] jiàng xiàn 用面粉做成稀浆糊，把棉线放入其中揉透，捞出晒干，使线变硬。

经线 [tɕiŋ²¹⁴ɕiæ̃⁵²³] jǐng xiàn 确定织布长度和宽度的工序。在墙上横扯一根线绳，上拴一些圆环（经线圈子），在地上摆放一些缠绕棉线的络子，与经线圈子一一对应；起始点和终点的地上插数根木橛（一般来说织十尺布插一个木橛）。经线者将络子上的线穿过经线圈子合成一绺，交给挂橛者挂在木橛上。最后的两根木橛为交橛，将拾好交的一绺线挂在交橛上，以此橛上的线数计算帖数（80 根线为 1 帖），确定布面宽度：他一趟一趟来回跑，跟 ~ 的样，不知道有啥事。

拾交 [ʂɿ⁵⁵tɕiau²¹⁴] shī jiǎo 在经线的过程中，在每遍的最后一把，将棉线交叉挂在交橛上。

幢柡 [tʂʻuaŋ⁵⁵tʂu⁵²³] chuāng zhù 织布的一道工序，用幢柡篾（一种带钩的竹篾）把带交的线穿进柡眼里，每个柱眼里穿两根。柡，篾状部件。

图 5-92 安装在绞桩子的络子（2008 年 7 月摄）

芦箈子 [lou⁵⁵fu⁰tsɿ⁰] lōu fu zi 织布用的纤子。用芦苇秆截成，上面缠绕纬线，装入织布梭腔内：用锭子打了一篮子 ~｜把 ~ 安到梭子里。‖ 芦，此处音同"楼"。

芦箈筒子 [lou⁵⁵fu⁰tʻuŋ³⁵tsɿ⁰] lōu fu tóng zi 用作纤子的一截芦苇秆。

梭弓子 [suə²¹⁴kuŋ²¹⁴tsɿ⁰] suǒ gǒng zi 织布梭中安装芦箈子的轴。

拌连梭 [pæ̃³⁵liæ̃⁵⁵suə²¹⁴] bán liān suǒ 织布时快速连续掷梭：她会 ~，织得比人家快。

图 5-93 芦箈子（2023 年 1 月摄于丰县文博园）

刮烟板 [kua³⁵iæ̃²¹⁴pæ̃³⁵] guá yǎn

bán 旧时加工烟丝时压住烟叶的器具。

烟刨子 [iã²¹⁴pau⁵²³tsʅ⁰] yǎn bào zi 旧时刮制烟丝的刨子。

龙磺 [luŋ⁵⁵xuaŋ⁰] lōng huang 硫磺。

糊子 [xu⁵²³tsʅ⁰] hù zi 较稠的糊状物：拿一桶石灰~抹墙缝儿｜膏药~黏得很｜打糨~贴对联。

洗脸盆 [ɕi³⁵liã³⁵pʻẽ⁵⁵] xí liǎn pēn 用来盛水洗手和脸的盆。

香胰子 [ɕiaŋ²¹⁴i⁵²³tsʅ⁰] xiǎng yì zi 香皂。‖也称"胰子"。

臭胰子 [tʂʻou⁵²³i⁵²³tsʅ⁰] chòu yì zi 肥皂。

洋碱 [iaŋ⁵⁵tɕiã³⁵] yāng jiǎn 旧指洗涤用的粉末状的碱。‖又称"碱面子"。

海蚆子油 [xɛ³⁵pɑ⁰tsʅ⁰iou⁵⁵] hái ba zi yōu 旧时用小海贝壳盛装的脂膏，用以防止皮肤皴裂等：我连~都没抹过，更别说化妆品了。‖有的地区说"海蚆子蜜" [xɛ³⁵pɑ⁰tsʅ⁰mi²¹⁴] hái ba zi mǐ。

香香 [ɕiaŋ²¹⁴ɕiaŋ⁰] xiǎng xiang 儿童语，指香脂等化妆品：洗罢脸，抹上~，妈妈送你上幼儿园。

毛手巾 [mau⁵⁵ʂou³⁵tɕiã̃⁰] māo shóu jian 毛巾：她头上顶着花~｜他手里拿着镰，裤带上掖着白~。

手巾擦子 [ʂou³⁵tɕiã⁰tsʻa²¹⁴tsʅ⁰] shóu jian cǎ zi 手帕。

手袱子 [ʂou³⁵fu⁰tsʅ⁰] shóu fu zi 旧指手绢。

罩子灯 [tsau⁵²³tsʅ⁰təŋ²¹⁴] zào zi děng 旧指带有玻璃罩的油灯。

灯信子 [təŋ⁰ɕiẽ⁵²³tsʅ⁰] děng xìn zi 煤油灯中包灯捻的铁筒，可使灯捻不被烧坏。

电棒子 [tiã⁵²³paŋ⁵²³tsʅ⁰] diàn bàng zi 手电筒。‖有的地区称作"电灯棒子""手电棒子"。

黑灯 [xei²¹⁴təŋ²¹⁴] hěi děng 旧指用盛有棉油的黑碗加棉花条灯芯做成的灯。20世纪60年代以前普遍使用。

洋油灯 [iaŋ⁵⁵iou⁵⁵təŋ²¹⁴] yāng yōu děng 用装有煤油的玻璃瓶加铁筒灯芯做成的灯。20世纪70年代普遍使用。

汽灯 [tɕʻi⁵²³təŋ²¹⁴] qì děng 白热照明灯具的一种：该上灯课了，两个值班的同学把~擩亮。

电棍 [tiã⁵²³kuẽr⁵²³] diàn gùnr 棍棒形日光灯：天花板上安着两个大~。

灯篓 [təŋ²¹⁴lou⁰] děng lou 灯笼：正月十五打~｜有的~里边安着白菜疙瘩做成的灯，白菜疙瘩里盛着猪板油，板油里竖着一根棉花捻子；有的安着一个辣萝卜轱轮做成的灯；有的安着猪蹄甲子做成的灯。

票夹子 [pʻiau⁵²³tɕia²¹⁴tsʅ⁰] piào jiǎ zi 钱夹，钱包。

图 5-94 拜匣（2023年1月摄于丰县文博园）

戳子 [tʂ'uə²¹⁴tsʅ⁰] chuǒ zi 印章的俗称。

拄棍 [tʂu³⁵kuẽ⁰] zhú gun 拐棍。

拜匣 [pɛ⁵²³ɕia⁰] bài xia 旧时拜客、送礼时放置柬帖、礼封和零物之类的长方形木匣。多漆成深紫色、棕红色。

拜盒 [pɛ⁵²³xə⁰] bài he 同"拜匣"。

端子 [tuæ̃²¹⁴tsʅ⁰] duǎn zi 舀油、酒等的工具。多用竹节、木头或白铁制成，一般按斤两制成大小不等的一套：他舀了一~酱油，正好半斤。

溜子 [liou⁵²³tsʅ⁰] liù zi 漏斗。

蝇拍子 [iŋ⁵⁵p'ei²¹⁴tsʅ⁰] yīng pěi zi 扑打苍蝇的工具。‖ 又叫"蝇拍儿"。

系子 [ɕi⁵²³tsʅ⁰] xì zi 编织物的把手：用阴柳编成篮子~｜砍一截白蜡条制成箢子~。

铁条 [t'iə²¹⁴t'iau⁵⁵] tiě tiāo 铁丝。

砧子 [tsẽ²¹⁴tsʅ⁰] zěn zi 锻砸金属用的铁质垫座。方形，有把手：老铁匠用铁钳夹着通红的铁料搁到~上，两旁的徒弟抡起大锤叮当叮当地砸起来，火花乱飞。

纸壳子 [tsʅ³⁵k'ə²¹⁴tsʅ⁰] zí kě zi ①废旧纸箱、纸盒。②硬纸板。用以制造纸箱、纸盒等类物品。‖ 也称"硬纸壳子" [iŋ⁵²³tsʅ³⁵k'ə²¹⁴tsʅ⁰] yìng zí kě zi。王沟、史小桥、顺河、马楼称作"硬纸榷子" [iŋ⁵²³tsʅ³⁵tɕ'yə²¹⁴tsʅ⁰] yìng zí quě zi。旧称"纸榷子" [tsʅ³⁵tɕ'yə²¹⁴tsʅ⁰] zí quě zi。

卫生丸 [uei⁵²³səŋ²¹⁴uæ̃⁵⁵] wèi sěng wān 旧指樟脑丸（卫生球）。

刺子 [tɕ'i²¹⁴tsʅ⁰] qǐ zi 宰杀畜类用的尖刀。

枪头子 [tɕ'iaŋ²¹⁴t'ou⁵⁵tsʅ⁰] qiāng tōu zi 旧式枪前端的铁尖头。也指长矛、红缨枪、标枪等武器：他看见鬼子正猫腰抓鸡，就从后头噗刺一~，鬼子马时见了阎王。

快枪 [k'uɛ⁵²³tɕ'iaŋ²¹⁴] kuài qiǎng 旧指步枪：镇上大户家有几棵~、套桶枪、湖北条｜日本鬼，喝凉水儿；坐飞机，光打滚儿；坐火车，轧断腿儿；放~，光卡子儿（旧时童谣）。

枪子子 [tɕ'iaŋ²¹⁴tsʅ³⁵tsʅ⁰] qiāng zí zi 旧指子弹。

裤枪 [k'u⁵²³tɕ'iaŋ²¹⁴] kù qiǎng 旧式枪，长木柄一端装有铁尖头，用来刺击。‖ 裤，指用来插进柄的铁套。

八、亲属、称谓

（一）亲属

老爷 [lau³⁵iə⁰] láo ye ①旧称祖父辈的人：大~是教书的先生，二~在县里开店，俺爷爷排行老三｜我没见过她做的衣裳，不知道是~样、奶奶样。②旧时称呼官员、神仙或其他有权威的人：十月初一是城隍~出巡的日子｜关~门前耍大刀｜华祖~（对华佗的尊称）。③詈语，用于长辈责备晚辈：小~，咱能早起会不？再迟到就要开除啦｜~，恁能不吵不，跟人家交警缠磨啥？

大人 [ta⁵²³ẓə⁰] dà ren ①对父母等长辈的敬称：这件事我不能许给你，得回家问俺家~。②指成年人：~说话，小孩别插嘴。

老的 [lau³⁵ti⁰] láo di 指父母：两个~年纪都大了，不能干重活｜十个孩子不嫌多，一个~没处着（民谚。形容喜欢自己的孩子，而不顾及父母。着 [tʂuə²¹⁴] zhuǒ，此处意为安置）。

外爷 [uɛ⁵²³iə⁵⁵] wài yē 外祖父，多作背称。

外爷爷 [uɛ⁵²³iə⁵⁵iə⁰] wài yē ye 外祖父，可作面称。

姥娘 [lau³⁵ɲiaŋ⁰] láo niang 外祖母，多作背称：从小好走~家。

姥姥 [laur³⁵laur⁰] láor laor 外祖母，可作面称。

姑老爷 [ku²¹⁴lau³⁵iə⁰] gǔ láo ye 父亲或母亲的姑父。

舅老爷 [tɕiou⁵²³lau³⁵iə⁰] jiù láo ye 父亲或母亲的舅父。

达达 [ta⁵⁵ta⁰] dā da 父亲。通行于中老年人：七坐八爬扎，十个月喊~（婴儿七个月会坐，八个月会爬，十个月会喊达达。有的说成"七坐八爬扎，迎生喊达达"。迎生，一周岁）。‖现在，丰县方言中对父亲的称呼有"爸爸""达达""答答" [ta²¹⁴ta⁰] dǎ da、"爹"，其中"达达""答答"为老派称呼，"答答"通行于范楼、梁寨等镇以及大沙河部分地区，"爹"为非尊重称呼。

娘 [ɲiaŋ⁵⁵] niāng 母亲。多用于口语。现通行于中老年人。

晚娘 [uæ̃³⁵ɲiaŋ⁵⁵] wán niāng 继母。

干爷 [kæ̃²¹⁴iə⁵⁵] gǎn yē 拜认的义父：他看小孩儿娇，想叫小孩认个~，多个亲人。

干娘 [kæ̃²¹⁴ɲiaŋ⁵⁵] gǎn niāng 拜认的义母。

姑娘 [ku²¹⁴ɲiaŋ⁰] gǔ niang 姑母，背称。‖面称为"姑""姑姑"。

老亲亲 [lau³⁵tɕ'iɛ̃²¹⁴tɕ'iɛ̃⁰] láo qīn qin 指岳父家。

好面亲亲 [xau³⁵miɛ̃⁵²³tɕ'iɛ̃²¹⁴tɕ'iɛ̃⁰] háo miàn qīn qin 喻指儿女亲家。

平班 [p'iŋ⁵⁵pæ̃²¹⁴] pīng bǎn 平辈：他俩是~。

公姥俩 [kuŋ²¹⁴mu⁰lia³⁵] gōng mu liá 老派用词，老年夫妻二人，有时也指公公和婆婆：恁~吃的啥饭？｜家里只有老~，没人养老，日子可难过了｜吃了娘家的蝎子爪，死她~（旧时迷信认为，新媳妇在娘家过二月二会妨死公公、婆婆。蝎子爪，指农历二月二日炒熟的咸味黄豆）。‖《玉台新咏·古诗〈为焦仲卿妻作〉》："便可白公姥，及时相遣归。"有的说成"咕姥俩" [ku²¹⁴mu⁰lia³⁵] gǔ mu liá。有的说"公每俩" [kuŋ²¹⁴mei⁰lia³⁵] gǒng mei liá。

对象 [tuei⁵²³ɕiaŋr⁵²³] duì xiàngr 本指恋爱的一方：人家给她介绍个~。20世纪90年代末，词义扩大，既指恋爱的一方，也指夫妻的一方：老李的~五十大多了。

外头 [uɛ⁵²³t'ou⁰] wài tou 旧称丈夫，背称：她~常年在外边儿跑跑着。‖也称"外头人儿"。

当家的 [taŋ²¹⁴tɕiar²¹⁴ti⁰] dǎng jiǎr di 指丈夫：俺~说一不二，外头的大事不叫我插把儿｜恁~跑啥生意？

俺那家子 [ã³⁵na⁵²³tɕia²¹⁴tsɿ⁰] án nà jiǎ zi 妻子对丈夫的背称：~从来不跟我吵架。

家里 [tɕia²¹⁴li⁰] jiǎ li 妻子，老派说法，背称：俺~走亲亲去了。

媳妇 [ɕi²¹⁴fur⁰] xǐ fur 妻子：他~坐到地上，手搦着脚脖，前张后合，哭天嚎地｜兄弟~｜侄~｜孙子~｜外甥~。‖偶尔说"老婆""老婆子"。

小媳妇 [ɕiau³⁵ɕi²¹⁴fur⁰] xiáo xǐ fur ①旧指妾：他过有了，又寻了个~。②年轻已婚女子。

团幼媳妇 [t'uã⁵⁵iou⁰ɕi²¹⁴fur⁰] tuān you xǐ fur 旧指童养媳：小时候，他爹给他领了一个~。

老大伯 [lau³⁵ta⁵²³pei⁰] láo dà bei 大伯哥，丈夫的哥哥（背称）。‖也称"老大伯哥""大伯子哥"。面称"哥"。

小叔子 [ɕiau³⁵tʂ'u⁰tsɿ⁰] xiáo chu zi 丈夫的弟弟（背称）。‖面称"兄弟"[ɕyŋ²¹⁴li⁰] xiǒng li。

大姑子姐 [ta⁵²³ku⁰tsɿ⁰tɕiə³⁵] dà gu zi jié 丈夫的姐姐（背称）：~拽一把，不生仨，就生俩（婚礼时的民谣）。‖面称"姐"。

小姑子 [ɕiau³⁵ku⁰tsɿ⁰] xiáo gu zi 丈夫的妹妹（背称）。‖面称"妹妹"。

老姊妹 [lau³⁵tsɿ³⁵mẽ⁰] láo zí men 成年人平辈之间的亲切互称（面称）。既用于女与女之间，也用于男与女之间。

姊们 [tsɿ³⁵mẽ⁰] zí men ①姐姐和妹妹：这~俩长得多像。②兄弟姐妹：他有一个哥、一个姐，总共~仨。‖又说"姊妹们"。

弟们 [ti⁵²³mẽ⁰] dì men ①弟兄们：他~仨，还有一个姐姐｜他俩跟亲~样。②朋友之间的称呼，义同"哥们"：~，给我捎点货行不？

兄弟 [ɕyŋ²¹⁴li⁰] xiǒng li 弟弟。‖兄弟 [ɕyŋ²¹⁴di⁵²³] xiǒng dì 意为哥哥和弟弟。

兄弟媳妇 [ɕyŋ²¹⁴li⁰ɕi²¹⁴fur⁰] xiǒng li xǐ fur 弟弟的妻子（背称）。

乖兄 [kuɛ²¹⁴ɕyŋ²¹⁴] guǎi xiǒng 对弟弟的爱称。

乖妹 [kuɛ²¹⁴meir⁵²³] guǎi mèir 对妹妹的爱称。

叔伯弟们 [ʂu²¹⁴pei⁰ti⁵²³mẽ⁰] shǔ bei dì men 堂兄弟。‖又叫"叔兄弟 [ʂu²¹⁴ɕyŋ²¹⁴ti⁵²³] shǔ xiǒng dì。

叔伯哥 [ʂu²¹⁴pei⁰kə³⁵] shǔ bei gé 堂兄。

姑表兄弟 [ku²¹⁴piau³⁵ɕyŋ²¹⁴ti⁵²³] gǔ biáo xiǒng dì 与姑母的儿子之间的称谓：他是俺大姑家的儿子，我跟他是~。

姨老表 [i⁵⁵lau³⁵piau³⁵] yī láo biáo 与姨母的子女之间的称谓：他俩是~。

仁兄弟 [zɛ⁵⁵ɕyŋ²¹⁴ti⁵²³] rēn xiǒng dì 结拜兄弟：他五个人跪倒在关二爷像前，磕头拜成~｜他俩是~，无话不说｜上级反对认干亲、拜~。

图 5-95　拜仁兄弟用的金兰契
（2021 年 4 月摄）

儿 [l̩⁵⁵] lī 儿子。

囝女 [kuɛ̃²¹⁴ŋy³⁵] gǔn nǘ 女儿。

囝女婿 [kuɛ̃²¹⁴ŋy³⁵ɕy⁰] gǔn nǘ xu 女婿。

客 [kʰei²¹⁴] kěi ①特指女婿：他是俺的~｜他的~见了邻居多热和｜这是俺庄上的~。也叫"高客"。②亲戚：家里来~了。

外甥 [uɛ⁵²³səŋɻ⁰] wài sengr ①外孙。②外甥。

乔外甥 [tɕʰiau⁵⁵uɛ⁵²³səŋɻ⁰] qiāo wài sengr 对妻子姐妹的儿子的称呼。背称。

孙男弟女 [suɛ̃²¹⁴nɛ̃⁵⁵ti⁵²³ŋy³⁵] sǔn nān dì nǘ 子孙后代：她带着~十几口子过日子｜哭啥哭！~一大帮在跟前，叫人家笑话。

两来拽 [liaŋ³⁵lɛ³⁵tʂuɛ⁵²³] liáng lāi zhuài 连襟，姐姐的丈夫和妹妹的丈夫之间的亲戚关系。‖有的称作"两来襟"。

两乔 [liaŋ³⁵tɕʰiaur⁵⁵] liáng qiāor 同"两来拽"。

亲戚里道 [tɕʰiɛ²¹⁴tɕʰi⁰li³⁵tau⁵²³] qīn qi lí dào 有亲戚关系：来的都是~的，没外码｜咱~的，多照应。

亲亲 [tɕʰiɛ̃²¹⁴tɕʰiɛ̃⁰] qǐn qin 亲戚：她走~去了，没在家｜他不想认这门穷~。

走亲亲 [tsou³⁵tɕʰiɛ̃²¹⁴tɕʰiɛ̃⁰] zóu qǐn qin 走亲戚：过年~的规矩改了，以前是年后~，眼前是年前~｜亲亲越走越亲，越不走越远。

房份 [faŋ⁵⁵fɛr⁵²³] fāng fènr 旧指家族的支派：你跟他是多远的~？｜他俩是同谱弟兄，~近得很｜论~，这个老盆该大哥摔。

份 [fẽr⁵²³] fènr ①旧指家族的分支：大~（即长门、长房）| 二~（即次子的一支）。②指儿子的序次：大~（长子），二~（次子），二~（三子）| 这个小孩是大份儿的，那个是二份儿的。

近门 [tɕiẽ⁵²³mẽr⁵⁵] jìn mēnr 家族中亲缘关系较近的：这是他~的兄弟。‖ 欢口等镇说"亲近门儿"。

五服沿上 [u³⁵fu⁵⁵iæ̃r⁵⁵ʂaŋ⁰] wú fū yānr shang（亲缘关系）将要出五服的关系：俺俩是~的本家。

出五服 [tʂ'u²¹⁴u³⁵fu⁵⁵] chǔ wú fū 指亲缘超出五代，关系较远：他两家~了。

拐弯子亲亲 [kuɛ³⁵uæ̃²¹⁴tsɿ⁰tɕ'iẽ²¹⁴tɕ'iẽ⁰] guái guǎn zi qǐn qin 有连带亲缘关系的亲戚：他托的是一个~，远门表嫂的娘家哥。

八竿子打不着的亲亲 [pa²¹⁴kæ̃²¹⁴tsɿ⁰ta³⁵pu⁰tʂuə⁵⁵ti⁰tɕ'iẽ²¹⁴tɕ'iẽ⁰] bǎ gǎn zi dá bu zhuó di qǐn qin 比喻亲缘关系非常远的亲戚。

一手托两家 [i²¹⁴ʂou³⁵t'uə²¹⁴liaŋ³⁵tɕiar²¹⁴] yǐ shóu tuǒ liáng jiǎr 同时顾及两方：她来说媒，又当姑娘，又当婶子，~。

狗连蛋的亲亲 [kou³⁵liæ̃⁵⁵tæ̃⁵²³ti⁰tɕ'iẽ²¹⁴tɕ'iẽ⁰] góu liān dàn di qǐn qin 蔑指不正当的亲戚。

狗链秧子亲亲 [kou³⁵liæ̃⁵²³iaŋ²¹⁴tsɿ⁰tɕ'iẽ²¹⁴tɕ'iẽ⁰] góu liàn yǎng zi qǐn qin 同"狗连蛋的亲亲"。

岔辈 [ts'a⁵²³pir⁵²³] cà bìr 辈分混乱：别喊他哥，~了，该喊他叔的。

爬辈 [p'a⁵⁵pir⁵²³] pā bìr 抬高自己的辈分。

卖辈 [mɛ⁵²³pir⁵²³] mài bìr 降低自己的辈分：他一心求人家办事，就称人家一辈，暗地里卖了一辈。

祖老爷 [tsu⁵⁵lau³⁵iə⁰] zū láo ye ①责备语：我的个~，好好的你卖啥的地！②表感叹：~，可不得了啦！大水灌到屋里了。③泛指辈分很高的男性：人家看他像个高人，拿他当~敬着。

老白毛 [lau³⁵pei⁵⁵maur⁵⁵] láo bēi māor 詈词，喻指祖宗：跟~样，赇等着叫人伺候 | 谁要干这事，就骂谁家~。

祖奶奶 [tsu⁵⁵næ̃³⁵næ̃⁰] zū nán nan 詈词，用于长辈怒责晚辈女子：~少娘你别找事，你说咋着就咋着。

小爹 [ɕiau³⁵tiə²¹⁴] xiáo diē 詈语，用于怒责青少年男性：谁家的~把俺的瓜摘了，连个瓜纽子都没剩，这不是作孽吗！‖ 有的说"少爹"。

少娘 [ʂau⁵²³ɲiaŋ⁵⁵] shào niāng 詈语，用于怒骂女童或年轻女子。

(二) 称谓

大号 [ta⁵²³xaur⁵²³] dà hàor 大名，某人的正式名字：人家光知道他的小名，不知道他的~。

有年人 [iou³⁵ɲiæ̃⁵⁵zʅ⁵⁵] yóu niān renr 老年人。

老人头 [lau³⁵zʅ⁵⁵t'our⁵⁵] láo rēn tōur 乡村中有一定威信、经常处理公共事务的长者。系自然产生，非选举或委派而来：他是庄上的~，有啥事都请他出面 | 找个~来评评理 | 王家的~、李家的~都出来喊人开会。

半截老头 [pæ̃⁵²³tɕia⁵⁵lau³⁵t'our⁵⁵] bàn jiē láo tōur 刚进入老年的男子，一般在50岁后：单位里几个~都二线了。

半截老头子 [pæ̃⁵²³tɕia⁵⁵lau³⁵t'ou⁵⁵tsʅ⁰] bàn jiē láo tōur zi 同"半截老头"：恁那头，尽俺挑，挑谁吧？挑张彪，张彪有胡子，单挑那个~（儿童游戏"挑老界"念词）。

老嬷嬷 [lau³⁵mar³⁵mar⁰] láo már mar ①老年妇女。②老年男子称自己的妻子。

老嬷子 [lau³⁵mar³⁵tsʅ⁰] láo már zi 老年妇女（略含贬义）。

爷们儿 [iə⁵⁵mẽr⁰] yē menr ①男性长辈对男性晚辈的称呼：~，你混抖了，见了我也不打招呼了。②20世纪90年代后有些人也用来称呼男性长辈：那是俺本家的~。

小爷们儿 [ɕiau³⁵iə⁵⁵mẽr⁰] xiáo yē menr 男性长辈对男性晚辈的称呼。

老爷们 [lau³⁵iə⁵⁵mẽr⁰] láo yē menr 晚辈男子对长辈男子的称呼。

棒劳力 [paŋ⁵²³lau⁵⁵li²¹⁴] bàng lāo lì 壮劳力。身体健壮、劳动能力较强的人：他是个~，挖河捣坝一类大趟上的活都能干 | 家里~多，挣的工分也多。

小年轻 [ɕiau³⁵ɲiæ̃⁵⁵tɕ'iŋr²¹⁴] xiáo niān qǐngr 小青年：拔河的是一帮~。

年幼棒子 [ɲiæ̃⁵⁵iou⁰paŋ⁵²³tsʅ⁰] niān you bàng zi 没结婚的小伙子：四个~抬着花轿 | 那个~老是跟人家年幼媳妇瞎闹。‖ 有的称作"年幼核"[ɲiæ̃⁵⁵iou⁰xur⁵⁵] niān you hūr、"年幼蹦子"[ɲiæ̃⁵⁵iou⁰pəŋ⁵²³tsʅ⁰] niān you bèng zi、"鲇鱼核子"[ɲiæ̃⁵⁵y⁰xu⁵⁵tsʅ⁰] niān yu hū zi。

半大孩子 [pæ̃⁵²³ta⁰xɛ⁵⁵tsʅ⁰] bàn da hāi zi 指未成年的男孩子，一般在12~17岁：几年不见，这些孩羔子都长成~了，吃得跟牛犊子样 | 这些~跟人家新媳妇瞎闹。

小大姐 [ɕiau³⁵ta⁵²³tɕia⁰] xiáo dà jie 旧指年轻女子：十七大八的~听戏入了迷。

童男子 [t'uŋ⁵⁵næ̃⁵⁵tsʅ³⁵] tōng nān zí 指没有性交经历的男子：他都三十大多了，还是~ | 他才十五六岁，早就不是~了。

小雏 [ɕiau³⁵tʂ'ur³⁵] xiáo chúr 比喻年幼的人或新手。

奶嗨 [nɛ³⁵xɛr²¹⁴] nái hǎir "奶孩"的变音。①本指吃奶的男孩，喻指不懂世事的少年儿童：俺的个小~，胖乎的，见人就笑 | 他下了学屋，还跟~样。②有时谑称不懂事的男青年：他二十好几啦，还是个小~。‖ 有人认为，指长相可爱、行动笨拙的男

孩或者胖乎乎的男孩。

白白 [pei⁵⁵pei⁰] bēi bei ①对幼儿的昵称：我的~咪。②儿语，干净的脸：该洗~了，洗罢去上幼儿园。

乖儿 [kuɛ²¹⁴l̩⁵⁵] guǎi lr̃ 对晚辈人的爱称：~咪，你要好好孝顺恁爹哈，比养个猪强｜她见了小侄，一口一声地喊着~｜我的个~咪，可了不得啦，你咋弄（这样）有本事！

宝贝疙瘩 [pau³⁵pi⁰kə²¹⁴ta⁰] báo bi gě da ①喻指珍爱的东西：一个旧罐子，他看得跟~样。②喻指心爱的孩子：这个小孙子是他的~。‖也称"宝贝蛋"。

毛 [mau⁵⁵] māo 名词词缀，加在儿童名字前，构成昵称：~羔｜~秧｜~妮｜~伟｜~强。

毛娃 [mau⁵⁵uar⁵⁵] māo wār 昵指幼儿：他家有个小~。

小月娃 [ɕiau³⁵yə²¹⁴uar⁵⁵] xiáo yuě wār 不满月的幼儿。

毛秧秧 [mau⁵⁵iaŋr²¹⁴iaŋr⁰] māo yǎngr yangr 戏称岁数很小的男童。‖又称"小毛秧秧""小毛秧子"。

毛羔 [mau⁵⁵kaur²¹⁴] māo gǎor 小男孩。‖有的称作"孩羔子"。

羔 [kaur²¹⁴] gǎor ①指动物幼崽：羊~｜老鼠~｜老虎~。②喻指男孩：地主~｜皇帝~。③男性乳名用字：大~｜二~。

羔子 [kau²¹⁴tsʅ⁰] gǎo zi 喻指男孩，与"羔"感情色彩略有不同：他家小~都会唤鸡了｜大~六岁了，二~才会跑｜狗~｜熊~｜龟孙~。

巴搊儿羔子 [pa²¹⁴xu⁰l̩⁵⁵kau²¹⁴tsʅ⁰] bǎ hu lr̃ gǎo zi 詈词，多用于青少年男性：你再毁坏俺的桃，我非摔死你个~！‖有的说"巴搊子羔"。同类的词还有"丈人羔子"[tʂaŋ⁵²³zə⁰kau²¹⁴tsʅ⁰] zhàng ren gǎo zi、"妻侄羔子" [tɕi²¹⁴tʂʅ⁰kau²¹⁴tsʅ⁰] qī zhi gǎo zi、"小舅子羔子""龟孙羔子"等。

毛妮 [mau⁵⁵ȵier²¹⁴] māo nǐr 对小女孩的爱称。

人芽 [zə⁵⁵iar⁵⁵] rēn yār 人影儿：胡同里的人听见锣鼓夹子响，"呼隆"下子走得一干二净，连个~也没留。

小娇孩 [ɕiau³⁵tɕiau²¹⁴xɛr⁵⁵] xiáo jiāo hāir 受娇惯的儿童：他是蜜罐子里长大的~，从来没下地干过活，二十多岁了都不知道自家的庄稼地在哪地分儿｜从儿子下生起，两口子就把这个独苗娇惯成~，攥到手里怕碎了，噙到嘴里怕化了。

小怪孩 [ɕiau³⁵kuɛ⁵²³xɛr⁵⁵] xiáo guài hāir 调皮捣乱的儿童：他这一咋呼真管乎，~都吓跑了。

小孩头 [ɕiau³⁵xɛr⁵⁵tʻour⁵⁵] xiáo hāir tōur 孩子王。指在一群孩子中起领头作用的人：他是这一片儿的~，成天领着一群小孩跑得跟疯毛驴样。

劳盆架 [lau⁵⁵pʻə̃⁰tɕiar⁵²³] lāo pen jiàr 对头生男孩的戏称，意为父母死后摔盆的人：

这是他的个~｜躲上环，躲结扎，一心想生个~｜儿是爹娘的~，没儿就没~，年纪大了谁养老，百年以后指着啥？（民间说唱）‖ 劳盆，"老盆"的变音。

老小 [lau³⁵ɕiau³⁵] láo xiáo 排行最小的人：他在家是~，老大、老二都让着他。

末个郎 [miə²¹⁴kə⁰laŋr²¹⁴] miě ge lǎngr 戏称排行最小的男孩：他是家里的~，上边有两个哥。

耢渣 [lau⁵²³tsar²¹⁴] lào zǎr ①剩下的食物、药渣子等：不能吃人家的~。②戏称排行最小的男孩：这是他的~｜前三胎都是闺女，末了生个~。

小黑孩 [ɕiau³⁵xei²¹⁴xɛr⁵⁵] xiáo hěi hāir 违反计划生育政策生育的未报户口的二胎、三胎孩子（含讽刺意味）。

独孤丁 [tu⁵⁵ku⁰tiŋr²¹⁴] dū gu dǐngr 独生子。‖ 有的称作"独丁"。

棺材瓤子 [kuæts'ɛ⁰ʐaŋ⁵⁵tsʅ⁰] guǎn cai rāng zi 喻指老年人（含讽刺或厌恶意味）：三个儿都分家单过了，老头儿成了没人管、没人问的~｜你给他吃的是谷糠豆腐渣，还骂他是~老废物。

光腚朋友 [kuaŋ²¹⁴tiŋ⁵²³pəŋ⁵⁵iou⁰] guǎng dìng pēng you 自幼一同长大的朋友：他的几个~上城里找他咪。

对点子 [tuei⁵²³tiæ̃³⁵tsʅ⁰] duì dián zi 指同名同姓：他跟我~，一字不差。

码里 [ma³⁵li³⁵] má lí 指彼此关系密切的人；自己方面的人。‖ 也称"内码儿"。

外码 [uɛ⁵²³mar³⁵] wài már 指某范围或组织以外的人；外来的人：这一屋子没~，都是自家人｜儿媳妇也该当成闺女待，不该当~｜咱四个人，三个是丰县的，就我一个是~。‖ 又叫"外撇"[uɛ⁵²³p'iə³⁵] wài pié。

外皮 [uɛ⁵²³p'i⁵⁵] wài pī 同"外码"：我在这合（这里）是~，人生地不熟，吃不开。

旁撇子 [p'aŋ⁵⁵p'iə³⁵tsʅ⁰] pāng pié zi 同"外码"：他不是码里的，是个~｜正头香主坐上首，~坐旁边。

坐窝子腿 [tsuə⁵²³uə²¹⁴tsʅ⁰t'uei³⁵] zuò wǒ zi tuí ①喻指关系密切的一伙人。②喻指近邻或本村人。‖ 也称"坐窝子水"。

邻居百舍 [liẽ⁵⁵tɕy⁰pei²¹⁴ʂə⁵²³] līn ju běi shè 相邻生活多代的邻居：她家安上沼气池，~跟看稀罕景的样都跑过来｜你撇着洋腔说话，~都得笑话你。‖ 有的说成"邻居百世""邻里百世"。

老邻世交 [lau³⁵liẽ⁵⁵ʂʅ⁵²³tɕiau²¹⁴] láo līn shì jiāo 长期相邻并且有两代以上交情的人：咱是要好的~｜~的，低头不见抬头见，可不能为小孩打架的事儿翻脸｜回到老家，见着~、弟兄爷们，喜得说不出话来。

本家合户 [pẽ³⁵tɕia²¹⁴xə⁵⁵xur⁵²³] běn jiǎ hē hùr 指同姓同谱：~的，没外人。

住家户 [tʂu⁵²³tɕiar²¹⁴xur⁵²³] zhù jiǎr hùr 住户，定居的人家：这个小区有百把~｜统

计统计城里有多些（多少）~。

老户 [lau³⁵xur⁵²³] lǎo hùr 原有的住户：这庄上都是几百年的~，不是外来的逃荒户。

老门旧家 [lau³⁵mẽ⁵⁵tɕiou⁵²³tɕiar²¹⁴] lǎo mēn jiù jiǎr 指在本地长期居住、从事正当行业的人家：给孩子找对象，还是~的好 | 姥姥家是~，一大片人烟，外爷爷是有头有脸的人物，几个舅都吃公家饭。‖ 有的称作"老门旧户"。

侉子 [kʻua³⁵tsɿ⁰] kuá zi 讥称北方人、西部人：南蛮子，北~。

蛮子 [mẽ⁵⁵tsɿ⁰] mān zi 讥称南方人。

猫子 [mau²¹⁴tsɿ⁰] mǎo zi 讥称东部湖区、海边的渔民：天不亮，~就从湖里划船到~集上挑灯卖鱼，太阳露头的时候，集上就见不着人影了 | ~不识秤，看看篮子的鱼。

肉头 [zou⁵²³tʻou⁵⁵] ròu tōu 喻指殷实富裕而没有靠山的人：他勤力能干，置下家业，成了~地主 | 大马子专门绑架这种~ | 他平常不露相，实际上是个~，有存项。‖ 又称"肉头鮈" [zou⁵²³tʻou⁵⁵xour²¹⁴] ròu tōu hǒur。

好户 [xaur³⁵xur⁵²³] hǎor hùr 富裕家庭：他是庄上的~ | 嫁到东庄~家。

土鳖子 [tʻu³⁵piə²¹⁴tsɿ⁰] tú biě zi 贬称土气的人。

土包子 [tʻu³⁵pau²¹⁴tsɿ⁰] tú bāo zi 讥称土生土长、没有见过世面的人。

干家疯 [kẽ²¹⁴tɕia²¹⁴fəŋr²¹⁴] gǎn jiǎ fěngr 不顾一切地操持家业的人：她是个~，种菜、盖屋，浑身是劲。

搅家星 [tɕiau³⁵tɕia²¹⁴ɕiŋ²¹⁴] jiáo jiǎ xǐng 喻指在家中胡乱纠缠、不讲道理的妇女：娶了一个~。

下菜烂 [ɕia⁵²³tsʻɛ⁰lẽ⁵²³] xià cai làn 贪馋或贪财的人：肯吃嘴的~，见了酒肉馋得直咂嘴。

撮挤头 [tsuəˀ³⁵tɕiˀtʻou⁵⁵] zuó ji tōu 吝啬鬼：婶子一看堂叔不舍得花钱，就说他是个~，没男人味 | 他是个~，一块钱的毛各（硬币）看得比豆饼还大。

老鳖一 [lau³⁵piə²¹⁴i²¹⁴] lǎo biě yǐ 特别吝啬的人：那个~从来都不出血，能说会拉，一毛不拔。

十不足 [ʂʅ⁵⁵puˀ⁰tɕyr²¹⁴] shī bu jǔr ①贪心不足：别~了，够用的就行。②贪心不足的人：从前有个~，他在大街上要饭吃，老天爷给他一碗饭，他又说身上没有衣（《民间说唱·十不足》）。

三升箢子 [sẽ²¹⁴ʂəŋ²¹⁴yẽ³⁵tsɿ⁰] sān shěng yuán zi 本义是可装三升粮食的大号箢子，喻指贪心的人。

败坏头 [pɛ⁵²³xuɛ⁰tʻou⁵⁵] bài huai tōu 毁坏、挥霍财物的人。

三番子 [sẽ²¹⁴fẽ²¹⁴tsɿ⁰] sān fǎn zi 旧指青帮（又名安清帮）。得名于其首领之一潘清林的"潘"（由"三点水"和"番"构成）。民国时期，徒众甚多，成为势力强大的秘密帮会：砀山的庞三杰是个~头，丰县的大户遭了抢，找庞三杰求情，准能摆平｜参加~，好在江湖上混。

大马子 [ta⁵²³ma³⁵tsɿ⁰] dà má zi 旧时结伙抢劫的盗匪、贼寇。文学作品中称作"响马"：~骑着马，带着枪，见东西就抢，见人就抓｜几股~合伙来打寨子｜那会儿这一带荒草胡棵，雁过拔毛，~多很啦。

大捻子 [ta⁵²³ȵiæ³⁵tsɿ⁰] dà niǎn zi 指捻军：过长毛子、~的时候，老百姓都藏到圩寨里｜他家大儿叫~裹走了，再也没回来。

八路皮 [pa²¹⁴lu⁵²³pʻi⁵⁵] bā lù pī 战争年代，国民党对中共干部家属和支持中共的群众的蔑称。

二鬼子 [l̩⁵²³kuei³⁵tsɿ⁰] lrì guǐ zi 旧指日本侵略军占领时期的汉奸。‖有的称作"假日本"。

竿子头 [kæ̃²¹⁴tsɿ⁰tʻour⁵⁵] gǎn zi tōur 旧指土匪首领。

抬大户 [tʻɛ⁵⁵ta⁵²³xur⁵²³] tāi dà hùr 掳取富家的人作人质，勒索钱财。

操蛋猴 [tsʻau⁵²³tæ̃⁵²³xou⁵⁵] cào dàn hōu 惯于恶作剧、胡闹的青少年：这个小孩儿就是说俏点子话在行，是个~｜哪个~把俺的篱笆子推倒了？｜这个~心眼子不少，跟谁都敢瞎闹。‖也称"捣蛋猴"。

捣世头 [tau³⁵ʂɿ⁰tʻou⁵⁵] dáo shi tōu 不务正业、惯于捣乱、胡闹的人：有个~，吃喝浪荡，把家产踢蹬光了｜这些~，开高级轿车，住大宾馆，不过日子。‖捣，意为捣乱，胡闹：他专门~着玩儿｜他会~得很，不是在人家门上画个鬼脸，就是把人家的墙挖个窟窿。

捣角 [tau³⁵tɕyər⁰] dáo juer 同"捣世头"。‖也称"捣家"。

青皮 [tɕʻin²¹⁴pʻi⁵⁵] qīng pī 不务正业、混吃混喝的人：~、光棍、二流子，啥人跟啥人｜庄上几个~光棍啥活都不干。

街滑子 [tɕiɛ²¹⁴xua⁵⁵tsɿ⁰] jiǎi huā zi 指城镇街面上轻浮油滑的人。

小混混 [ɕiau³⁵xuẽr⁵²³xuẽr⁰] xiáo hùnr hunr 小流氓。惯常打架斗殴、毁坏财物的青少年：几个~叉着路，要俺交过路钱｜店里招小偷了，是几个~干的。‖该词新近传入。

牴牴牛 [ti³⁵ti⁰ȵiour⁵⁵] dí di niūr ①好斗的牛。②比喻性情暴躁、凶狠好斗的人：他跟~样，腰里别着小刀，三句话不投簧，就跟人家拼死的。

赖襶毛 [lɛ²¹⁴tɛ⁰mau⁵⁵] lǎi dɑi māo 喻指无赖、不讲信义的人：他是个~，借钱不还，还净讲歪理。

赖毛头 [lɛ⁵²³mau⁵⁵tʻou⁵⁵] lài māo tōu 同"赖襶毛"。

鸡杂子 [tɕi²¹⁴tsa⁵⁵tsɿ⁰] jī zā zi 喻指目光短浅、贪占小便宜的人（含贬义）：他是个~，天天撅着腚想巧儿。

琉琉头 [liou⁵⁵liou⁰tʻou⁵⁵] liū liu tōu ①烧成琉璃状的砖。②喻指玩世不恭、惯常做坏事的人：好好上你的学，别跟那些~混到一堆｜他到街上白吃白喝白拿，人家知道他是个~，都不敢惹他。

妖孽头 [iau²¹⁴iə²¹⁴tʻou⁵⁵] yǎo ye tōu 惯常捣乱、危害他人的人：他特意找岔子，跟院长犟嘴，院长知道他是个~，也不跟他一样（一般见识）。

可恶蛋 [kʻau⁵⁵u⁰tæ̃⁵²³] kǎo wu dàn 惹事生非、令人厌恶的青少年：那个~可不是一般人，啥事行不上来？旁人不敢烧麦穰垛，他敢。‖也称"可恶头"。

祸害 [xuə⁵²³xɛ⁰] huò hai 指危害他人的人：老~，你再干叫人家背后戳脊梁骨的事，你的孩子在外边都难做人｜好人不长寿，~一千年（民谚）。

祸害头 [xuə⁵²³xɛ⁰tʻou⁵⁵] huò hai tōu 同"祸害"：你咋把这个~弄来了。‖也称"祸害眼子"。

七叶子 [tɕʻi²¹⁴iə²¹⁴tsɿ⁰] qǐ yě zi 不通情理、任性蛮横的人：那个~货半夜里骑着摩托车炸街，毁坏广场上的健身器材。‖七，有人在此处说成 [tɕʻi⁵⁵] qī。

瞎包孩子 [ɕia²¹⁴pau⁰xɛ⁵⁵tsɿ⁰] xiǎ bao hāi zi 惯于捣乱胡闹的青少年：那个~偷鸡摸狗拔蒜苗，只要抓不住他，他就不认账。‖有的称作"瞎巴孩子"。

瞎包熊 [ɕia²¹⁴pau⁰ɕyŋ⁵⁵] xiǎ bao xiōng 不懂事理、常做坏事的人：那些半大孩子不是~，就是瞎包汤，说能话儿，办瞎事儿。

瞎包 [ɕia²¹⁴pau²¹⁴] xiǎ bǎo 不懂事理的人。

臊包 [sau²¹⁴pau²¹⁴] sǎo bāo 对异性特别有兴趣的人（含贬义，多指男性）。

大侃皮 [ta⁵²³kʻæ̃³⁵pʻi⁵⁵] dà kán pī 信口乱说、说话不讲依据的人。

理论皮 [li³⁵luẽ⁵²³pʻi⁵⁵] lí lùn pī 只讲大道理，不会解决实际问题的人。

大喷 [ta⁵²³pʻẽ²¹⁴] dà pěn 惯常吹牛的人。

瞎话篓子 [ɕia²¹⁴xua⁰lou³⁵tsɿ⁰] xiǎ hua lóu zi 惯于说谎的人：他说瞎话不打草稿，张嘴就来，人家给他起个外号叫~｜你天天编瞎话，~顺腚淌，要是不改，还能说上媳妇不？

老瘥 [lau³⁵tsʻɛ⁵⁵] lǎo cāi 惯于说不吉利话的人：他有个外号叫~，好话孬话一样说，他偏拣孬话说。

生棵子 [səŋ²¹⁴kʻuə²¹⁴tsɿ⁰] sěng kuǒ zi 喻指生手。刚从事做某项工作、业务生疏的人。

下家 [ɕia⁵²³tɕiar²¹⁴] xià jiǎr 接续办事的人：我只能给办到这儿，你再找个~吧｜任务领来了，找不着~。

证价儿 [tʂəŋ⁵²³tɕiar⁰] zhèng jiar ①证明人：好人死到~手里（民谚）。②证据：要告状得有~。‖元代关汉卿《裴度还带》第三折写作"证见"："山神，你便是证见，我两只手便还他，也是好勾当。"

居家 [tɕy²¹⁴tɕia²¹⁴] jǔ jiǎ 举家，全家。文雅的说法：他~满员都带个精样儿｜他领着~老小闯关东去了｜咱~老是吃不上饭不行｜先生的八卦算得准，再给俺~来算算（民间说唱《董卓算卦》）。

天仙玉美人 [tʰiæ̃²¹⁴ɕiæ̃²¹⁴y⁵²³mei³⁵zə̃⁵⁵] tiān xiǎn yù méi rēn 喻指非常俊秀的女子（含戏谑意味）：人家是天底下少找的~。

猴七 [xou⁵⁵tɕʰiʴ²¹⁴] hōu qǐr 喻指体瘦而精明的人（含嘲讽意味）：他跟~样，眼珠子滴溜儿乱转，脑子里净些点子，吃的好啥没长肉，都供到脑子里啦。

青眼睛 [tɕʰiŋ²¹⁴iæ̃³⁵tɕiŋr⁰] qǐng yán jingr ①喻指青菜：丸子汤里加点菠菜当~。②比喻后备人才：他年轻能干，是这单位的~。

土垃驴 [tʰu³⁵la⁰ly⁵⁵] tú la lǖ 喻指满身尘土的少年儿童（含不满意味）：你上哪疯去啦？鼓捣得跟~样。

疯毛驴 [fəŋ²¹⁴mau⁵⁵ly⁵⁵] fěng māo lǖ 疯狂奔跑的人（含讥讽意味）：他跑得跟~样，披头散发，鞋也掉了。

邋遢仙 [la²¹⁴tsʰa⁰ɕiæ̃²¹⁴] lǎ ca xiān 戏称不整洁的人：~到人堆里，人人都烦。‖也称"邋遢子仙"。

直筒子 [tʂʅ⁵⁵tʰuŋ³⁵tsʅ⁰] zhī tóng zi 比喻性情耿直、言语直爽的人：她是个~，有话当面说，快人快语，直截了当。‖也称"直喽筒子" [tʂʅ⁵⁵lou⁰tʰuŋ³⁵tsʅ⁰] zhī lou tóng zi。

直肠子驴 [tʂʅ⁵⁵tʂʰaŋ⁵⁵tsʅ⁰ly⁵⁵] zhī cháng zi lǖ 谑指憨直而又不善思考的人。

神拐子 [ʂə̃⁵⁵kuɛ³⁵tsʅ⁰] shēn guái zi 指特别神气、精神饱满的女孩：俺的个~，见了人就好叨叨、好谝能｜俺孙女是个~，人见人喜。

善茬 [ʂæ̃⁵²³tsʰaʴ⁵⁵] shàn cār 容易对付的人：这伙人里没一个~｜你别惹他，他可不是个~，小心他报复。‖多用于否定句。

孬熊 [nau²¹⁴ɕyŋ⁵⁵] nǎo xiōng ①贬称怯懦的人或品质恶劣的人：他一见群众闹起来，吓得跟~样，关上门不敢出来｜出了事，不能当~。②怯懦，品质恶劣：这几个熊羔子吃了包子不给钱，真~。‖又说"孬种"。

坏熊 [xuɛ⁵²³ɕyŋ⁵⁵] huài xiōng 心眼坏、惯做坏事的人：方圆十几里的人都知道他是个~，可见他臭成啥样了｜他的伙计怨他告黑状、吃里扒外，指着鼻子骂他是个~。

不觉死的鬼 [pu²¹⁴tɕyə²¹⁴sʅ³⁵ti⁰kueir³⁵] bù juě sí di guǐr 喻指在危机面前思想麻木的人：大火蹿到门口了，他还跟~样，站着不动｜望乡台上唱大戏——~（歇后语）。

哪架的鸡 [na³⁵tɕia⁵²³ti⁰tɕi²¹⁴] ná jià di jī 喻指哪一路人，以反问语气表示反感、蔑视：她是~？有啥资格来管我！‖有的说"哪家的鸡" [na³⁵tɕia²¹⁴ti⁰tɕi²¹⁴] ná jiǎ di jī。

面叶子耳朵 [miæ̃⁵²³iə²¹⁴tsʅ⁰ɭ³⁵tʰou⁰] miàn yě zi lrí tou 喻指没有主见、容易受怂恿的人。

面糊子耳朵 [miæ̃⁵²³xu⁵²³tsɹ⁰[³⁵t'ou⁰] miàn hù zi lŕí tou 同"面叶子耳朵"。

老实头 [lau³⁵ʂɭ⁰t'ou⁵⁵] láo shi tōu 老实人：精人给自家舀了一碗稠饭，给~撇了一碗稀汤｜~只知道下死力干活，不会看脸色行事。

老实买卖 [lau³⁵ʂɭ⁰mɛr³⁵mɛr⁰] láo shi máir mair 老实人（含诙谐意味）：他是个~，跟谁都不争究。

石打锤 [ʂɭ⁵⁵ta³⁵tʂ'uei⁵⁵] shī dá chuī 实在而呆板的人：他是个~，连话都不会说。

石猴子 [ʂɭ⁵⁵xou⁵⁵tsɹ] shī lōu zi 喻指为人实诚敦厚的人：~有啥不好的？全身都是石头，没有拐弯心眼，我就喜欢当~。

老好好 [lau³⁵xaur³⁵xaur³⁵] láo háor háor 遇事随和、不与人争斗而又缺乏原则性的人：他是个~，没跟人家吵过架，谁也不得着。

老实炫 [lau³⁵ʂɭ⁰ɕyæ̃⁵⁵] láo shi xuān 外表老实而实际机灵的人：他看上去老实巴交的，其实是个~，心里怪（调皮）。

穰茬 [zɑŋ⁵⁵ts'ar⁵⁵] rāngr cār 弱者，软弱的人。

窝囊废 [uə²¹⁴nɑŋ⁰fi⁵²³] wǒ nang fi 懦弱无能的人：他是个~，谁都能熊他。

受气的布袋 [ʂou⁵²³tɕ'i⁵²³ti⁰pu⁵⁵tɛ⁰] shòu qì di būdai 喻指经常忍受欺侮的人。

鼻鼻筒 [pi⁵⁵pi⁰t'uŋ³⁵] bī bi tóng 软弱无能的人；做派、仪表不佳的人。

菜包子 [ts'ɛ⁵²³pau²¹⁴tsɹ⁰] cài bāo zi ①用蔬菜馅做成的包子。②比喻能力较差的人：那个~，说不会说，干不会干，跟着白吃饭｜他哥是个~，他也是个㿍子馍。

瀣瓜子 [ɕiɛ⁵²³kua²¹⁴tsɹ⁰] xiài guǎ zi ①变质发软的瓜。②喻指性格懦弱、有理不敢申辩的人。‖ 也称"瀣熊"。

公道屈 [kuŋ²¹⁴tau⁰tɕ'y²¹⁴] gǒng dao qū 得到公道还抱怨的人：买屈卖屈~，十里八庄数第一｜那个人是~、便宜怪，嫌妈妈只疼老二。

便宜屈 [p'iæ̃⁵⁵i⁰tɕ'y²¹⁴] piān yi qū 占到便宜也不满意的人。

气包包 [tɕ'i⁵²³paur²¹⁴paur⁰] qì bǎor baor 喻指缺少气量、容易生气的人：她是个~，人家随便说句话就得着她了。

事故眼子 [sɹ⁵²³ku⁰iæ̃³⁵tsɹ⁰] sì gu yán zi ①心胸狭窄、易于生气的人。②特殊要求：她~七千，整天嫌好道歹。‖ 有的称作"故事眼子"。

倒堵眼子 [tau⁵²³tu⁰iæ̃³⁵tsɹ⁰] dào du yán zi 指在琐事上的特殊要求（含贬义）：瞎讲究啥？就你~多。

露头青 [lou⁵²³t'ou⁵⁵tɕ'iŋ²¹⁴] lòu tōu qǐng ①露出土外经日晒而上部发青（绿）的萝卜、胡萝卜、红薯等作物块茎：霜打~（民谚）。②比喻好出风头的人。

愣头青 [lən⁵²³t'ou⁵⁵tɕ'iŋ²¹⁴] lèng tōu qǐng 指鲁莽而好出风头的人：~想逞能，就冒冒失失地冲上来。

二愣子 [l⁵²³ləŋ⁵²³tsʅ⁰] lrì lèng zi 鲁莽冒失的人：跳出来一个~，一下子把蜂箱打开，叫蜜蜂蜇得嗷嗷叫。

能灯 [nəŋ⁵⁵təŋ²¹⁴] nēng děng 喜欢出风头、显示自己的人（一般指青少年。含不满意味）：骑洋车子上山——能蹬（歇后语。蹬，谐音灯）。‖也称"能猴子"。

能豆子 [nəŋ⁵⁵tou⁵²³tsʅ⁰] nēng dòu zi 同"能灯"：他是个瞎露昧的~｜羊屎蛋子钻天——~一个（歇后语）。‖也称"能豆"。

能屌台 [nəŋ⁵⁵tiau³⁵tʻɛ⁵⁵] nēng diáo tāi 贬指爱出风头的人。

活猴 [xuə⁵⁵xou⁵⁵] huō hōu ①机灵、敏捷的猴子：你在家安生写作业，外边就是来了玩~的，也不能去看｜他对你跟玩~的样，你还觉不出来。②喻指顽皮、不安分的人：这孩子是个~，老鼠窟窿里掏三把｜他一上岗就给~样，没人能制服他。

晕头鸭子 [yẽ²¹⁴tʻou⁵⁵ia²¹⁴tsʅ⁰] yǔn tōu yǎ zi 喻指头脑昏乱的人（含讽刺意味）：他喝了七八两酒，跟~样摇摇晃晃。

摔不烂的破毡帽 [ṣuei²¹⁴puʻ⁰lã⁵²³ti⁰pʻuə⁵²³tʂã²¹⁴mau⁵²³] shuǐ bu làn di pò zhǎn mào 喻指浑浑噩噩、不求上进的人。

坑爹匠 [kʻəŋ²¹⁴tiə²¹⁴tɕiɑŋ⁵²³] kěng diē jiàng 对骗子的辱称。

龟孙 [kuɛ²¹⁴suɛ²¹⁴] gǔn sǔn 詈词：真想揍死他个孬~｜人家说他是个值钱宝，叫我看，这~不值半毫分｜到家跟俺老爷说，回来把恁的~柜台掀！

圣人蛋 [ṣəŋ⁵²³zə⁰tæ̃⁵²³] shèng ren dàn 指傲慢自大、目空一切的人：他是个~，你越夸他越上脸。

顺毛驴 [ṣuɛ̃⁵²³mau⁵⁵ly⁵⁵] shùn māo lǘ 喻指只爱听称赞、鼓励的好话，而不能接受批评的人：他是属~的，三句好话能把他哄得不知东西南北。

逆歪头 [i⁵²³uɛ⁰tʻou⁵⁵] yì wai tōu ①做事经常违背情理的人：俺单位那个~，大错不犯，小错不断，谁要熊他，他就大呼小叫，叫谁下不了台。②惯常顶撞他人、桀骜不驯的人：那熊羔子是个~，光脊梁一抹，上来就揪我的领子。

黏魔头 [ŋiæ̃⁵⁵muə⁰tʻou⁵⁵] niān mo tōu 纠缠不休的人。

难缠精 [næ̃⁵⁵tʂʻæ̃⁵⁵tɕiŋ²¹⁴] nān chān jǐng 不容易对付的人。多指儿童或妇女。

拧筋头 [ŋiŋ⁵²³tɕiɛ⁰tʻou⁵⁵] nìng jin tōu 性情执拗的人：人家都先看行情再找买家，~偏偏不看行情就开店，倒骑毛驴翻搓绳｜俺庄有个~，专门认死理，一条路走到黑，老牛也拉不回来。‖有的称作"拧头筋""别跟头"[piə⁵⁵kə⁰tʻou⁵⁵] biē gen tōu。

宁二 [ŋiŋ⁵²³l⁵²³] nìng lrì 比喻执拗的人：他喝得跟~样，东倒西歪，要跟过路的打架。

死八板 [sʅ³⁵pa²¹⁴pæ̃³⁵] sí bǎ bán 呆板的人：他是个~，做事没一点活动气。

茬子 [tsʻa⁵⁵tsʅ⁰] cā zi 本指农作物收割后残留在地里的根茎，引申为需要处理的事物、人：上一届留下的~，这一届得摆平｜他碰到~上，叫公安逮起来了｜他也不是饶人的~。

苴儿 [tsʻar⁵⁵] cār 碴儿。指提到的事或刚说完的话：俺的车五证俱全，交警就是不理我这个~，非要罚款不行｜人家看不上咱，不跟咱搭~。

光棍 [kuaŋ²¹⁴kuẽ⁰] guǎng gun ①体面人。旧时，此类人有一定的家产、社会地位，多出身官宦之家，穿大褂，戴礼帽，拎画眉笼子，提文明棍，游手好闲：他占地不交税，是个有面子的~人｜腊月的~快如马（民谚。腊月里穿着单薄以显苗条的人动作很快）｜~怕敬，眼子怕弄（民谚）。②形容词，体面：你要能带着交税，戴着红花上奖台，多~、多体面｜人人平等，有钱的也不比穷人~｜这小青年长得水洗似的~，上等的人才。③单身汉，没有妻子的成年人：他四十多了，还是条~，一个人吃饱，全家不饿。

眼子 [iæ̃³⁵tsɿ⁰] yán zi 额外投入人力、物力却没有得到好评的人，含贬义：有充人的时候，就有落~的时候｜这事儿不该我出头，我不能落这个~｜他干的是~活儿，给人家看的｜赶集上店咱哥去，你待家做些~活｜蒜薹调藕——有光棍，有~（歇后语）。

眼子头 [iæ̃³⁵tsɿ⁰ tʻou⁵⁵] yán zi tōu 同"眼子"：我花钱了，出力了，没人说一句好话，任啥没捞着，落个~。

憨子 [xæ̃²¹⁴tsɿ⁰] hǎn zi 傻子：明人点眼就过，~百教不知（民谚）。

憨瓜 [xæ̃²¹⁴kua⁰] hǎn gua 傻瓜。

憨熊 [xæ̃²¹⁴ɕyŋ⁵⁵] hǎn xióng 詈词，傻瓜：那个~没脑子，不该说的乱说，叫人家揍了一顿。‖也称"憨种"。

差心眼子 [tsʻa²¹⁴ɕiẽ²¹⁴iæ̃³⁵tsɿ⁰] cǎ xǐn yán zi ①缺心眼儿，心智不健全：她有点~，大学毕业叫一个初中生哄得滴溜转，非要嫁给那个初中生不行｜人家说的明明是气话，他也听不出来，~。②缺心眼的人。

半熟 [pæ̃⁵²³ʂu⁵⁵] bàn shū 喻指智力较差、不通事理的人。近似于"半吊子""二百五"。

二乎通 [l⁵²³xu⁰tʻuŋr²¹⁴] lrì hu tōngr 所知不多、理解肤浅的人：叫一个~去买打鸣的鸡，结果买来一个鸭子。‖有的称作"二不通""二古通"。

憨大胆 [xæ̃²¹⁴ta⁵²³tæ³⁵] hǎn dà dán 无知而蛮干的人。

滑苴子 [xua⁵⁵tsʻa⁰tsɿ⁰] huā ca zi 油滑的人：干活的时候他装病，有好处的事他比谁都积极，同事都说他是个老~。‖又说"滑头"。

憨老刁 [xæ̃²¹⁴lau³⁵tiau²¹⁴] hǎn láo diāo 外表愚笨而内心善于为自己打算的人：他看上去迂迂魔魔，实际上软硬刁憨精样样行，是个有名的~｜他说送给咱一瓶酒，实际上记上账啦，他可是个~。

奸狡滑溜头 [tɕiæ̃²¹⁴tɕiau⁰xua⁵⁵liou⁰tʻou⁵⁵] jiǎn jiao huā liu tōu 奸滑狡诈的人（含贬义）。

油子 [iou⁵⁵tsʅ⁰] yōu zi 老练、油滑的人：吃过二亩豆叶——老~了（歇后语，蚰子谐"油子"）。

老油条 [lau³⁵iou⁵⁵tʰiau⁵⁵] lǎo yōu tiāo 喻指阅历丰富而又油滑、疲沓的人。

老苍 [lau³⁵tsʰaŋ²¹⁴] lǎo cǎng 处世经验丰富且圆滑的人。

小人精 [ɕiau³⁵zẽ⁵⁵tɕiŋ²¹⁴] xiǎo ren jīng ①年龄虽小却很精明的少年儿童。②刻薄而富有心计的人：那家伙心眼多，是个~，不好共局。‖史小桥等地也称"小人能"。

小精细 [ɕiau³⁵tɕiŋ²¹⁴ɕi⁰] xiǎo jǐng xi 过于精打细算且吝啬的人。

礓磋子眼 [tɕiaŋ²¹⁴tsʰa²¹⁴tsʅ⁰iæ̃³⁵] jiǎng cǎ zi yán 势利眼，按照身份、财产分别待人的人。‖礓磋子，阶梯，台阶。

话痨 [xua⁵²³lau⁵⁵] huà lāo 喻指特别好说话的人：俺单位有个~，说起话来没完没了，旁人插不上嘴。‖也称"话痨子"。

嘟喽嘴子 [tu²¹⁴lou⁰tsuei³⁵tsʅ⁰] dǔ lou zuí zi 不停说话、爱唠叨的人。

呱嗒嘴 [kua²¹⁴ta⁰tsuei³⁵] guǎ da zuí ①指惯于随意说话的人。②梆子戏板式之一。

烂面叶子嘴 [læ̃⁵²³miæ̃⁵²³iə²¹⁴tsʅ⁰tsuei³⁵] làn miàn yě zi zuí 喻指惯常胡乱骂人者：他是个~，恁别跟他一样。

吃絮儿屎 [tʂʅ²¹⁴ɕy⁵⁵lʅ⁰sʅ³⁵] chǐ xū lr sí 比喻重复说话，絮叨：你老说重话，~啦？

刺闷的猪 [tsʰi²¹⁴mẽ²¹⁴ti⁰tʂu²¹⁴] qǐ měn di zhǔ 贬指闷声不说话的人：一句话把他堵得张不开嘴，跟~样。

慌忙星 [xuaŋ²¹⁴maŋ⁵⁵ɕiŋ²¹⁴] huǎng māng xǐng ①一种在傍晚最早出现的星星。②喻指做事慌张粗心的人：他是个~，板凳还没粘腚咪，就跑出去啦。

急脚鬼 [tɕi²¹⁴tɕyə⁰kuei³⁵] jǐ jue guí 喻指做事慌乱、不稳重的人：他是个~，正经事不能交给他。

马虎灯 [ma²¹⁴xu⁰təŋ²¹⁴] mǎ hu děng 做事草率、疏忽大意的人。

吃家 [tʂʅ²¹⁴tɕiar⁰] chǐ jiar 戏称会吃、好吃或食量大的人。

肯吃嘴 [kʰẽ³⁵tʂʅ²¹⁴tsuei³⁵] kén chǐ zuí ①贪吃：他~，见着好吃的就走不动。②贪吃的人：他本来是个~，看见一桌子好吃的，伸手捏块热年糕。

菜乞丐 [tsʰɛ⁵²³tɕʰi²¹⁴kɛ⁰] cài qǐ gai 喻指能吃菜的人。

卧牛筷子 [uə⁵²³ɲiou⁵⁵kʰuɛ⁵²³tsʅ⁰] wò niú kuài zi 指从下掏底夹起大量菜的方式（含夸张调侃意味）。一筷子夹的菜可使牛吃饱卧下：他用~，几下子把盘子里菜扨（夹）完了。

酒晕子 [tɕiou³⁵yə²¹⁴tsʅ⁰] jiú yǔn zi 酒鬼，经常喝酒至醉的人：这家的男主人是出了名的~，哪儿有酒场哪儿就有他｜~揣着酒瓶，走到哪喝到哪，回回喝醉都睡到地上哭爹喊娘。

办事的衙役 [pã⁵²³sɿ⁵²³ti⁰ia⁵⁵i⁰] bàn sìr di yā yi 尽力为他人办事的人（多用于否定语，含不满意味）：别找他了，他多是个~唻！（反语）。

叶里藏 [iə²¹⁴li⁰tsʻaŋ⁵⁵] yě li cāng 本指瓜果结在叶子里，喻指有才能而不外露：他有真本事，就是不显摆，不给外人说，~。

大茬 [ta⁵²³tsʻar⁵⁵] dà cār 大腕，具有雄厚财力、物力或者在某领域影响较大的人：人家是个~，看不上这小打小敲的。

小不拉脚子 [ɕiau³⁵pu²¹⁴la⁰tɕyə²¹⁴tsɿ⁰] xiáo bǔ la juě zi ①贬称无足轻重的人物：他在机关里是个~，说话不管用 | 来的没有大茬儿，都是~ | 没想到大领导要接见我这个~。②特指小孩。‖ 也称"小不拉脚"。

自来熟 [tsɿ⁵²³lɛ⁰su⁵⁵] zì lai shū 初次见面就显得非常熟悉亲热的人：他是个~，一上火车就跟邻座的又说又笑的。‖ 也称"见面熟"。

热粘皮 [zə²¹⁴tʂæ²¹⁴pʻir⁵⁵] rě zhǎn pīr ①过于亲热地粘住别人的人：假三套碰着个~ | 可别招惹那个~，粘上了，甩不掉。②一种嫁接果树的方法。在夏季高温天气里，切除砧木上与接穗芽相同大小的一块树皮，将接穗芽粘贴在该部位，密封固定。

主儿 [tʂueir³⁵] zhuír ①主人：这把铁锨搁这儿好几天了，找不着~。②人（戏称）：那个~不好缠 | 他是个好戳祸的~ | 这个~，好的吃个死，孬的死不吃。③旧指丈夫（含讽刺意味）：人家福气好，寻个有钱的~。

旁人 [pʻaŋr⁵⁵zẽr⁰] pāngr renr 别人：~都走了，就他自家守老营 | 会怨的怨自己，不会怨的怨~（民谚）。‖ 旧时口语中不使用"别人"一词。

二旁人 [l̩⁵²³pʻaŋ⁵⁵zẽr⁵⁵] lrì pāng rēnr 任何人；别人：这种事只有他能干上来，没有~ | 这件事非得你办，~去都白搭。

这户的 [tʂə⁵²³xu⁵²³ti⁰] zhè hù di 这一类人：你咋是~？说话不算话 | 他~不讲究，没人理。‖ 有的说"这一户的"。

黄黄 [xuaŋr⁵⁵xuaŋr⁰] huāngr huangr ①玩具；东西：买个小~拿着玩儿。②指人（多指儿童。含戏谑意味）：他的小~多喜人。

黄子 [xuaŋ⁵⁵tsɿ⁰] huāng zi ①贬指人：三十大多的~了，还不会洗衣裳，不会冲厕所，自己顾不住自己 | 这个不讲良心的~！跟喂不熟的狗样。②东西，有时含贬义：你手里拿的个啥~？| 你治的是啥~唉，干啰人 | 说那~治啥？不够肮脏人的。‖ 表示不满时，"黄子"中的"子"重读为 [tsɿ³⁵] zí：你给的是啥黄子！

熊黄子 [ɕyŋ⁵⁵xuaŋ⁵⁵tsɿ⁰] xiōng huāng zi 詈词，指人：我累死累活你不管，你这个~还有良心渣儿呗？| 这个小~，刺龙画虎，骑个摩托车炸街，差点一头拾到墙上。

老官中 [lau³⁵kuæ²¹⁴tsuŋ²¹⁴] láo guǎn zhǒng ①家族公用资产。②引申为公家（财物）：都来吃~，把~吃空了 | 地是~的,谁都不能独占。‖ 有的说"老官东" [lau³⁵kuæ²¹⁴tuŋ²¹⁴] láo guǎn dǒng。

会首 [xuei⁵²³ʂou³⁵] huì shóu 旧指某些团体的首领：新赵保~杨茂才｜这是张~，那是李~。

片长 [pʻiær⁵²³tʂaŋ³⁵] piànr zháng 负责一片（县内某些乡镇或乡镇内数村）的领导干部：领导班子一人包一片，都下去当~｜1980年，他当副县长，兼任东南片的~。

大老管 [ta⁵²³lau³⁵kuæ̃³⁵] dà láo guán 大管家。

大领 [ta⁵²³liŋ³⁵] dà líng ①旧时富贵人家长工的头目，带领佃户给财主种地、干杂活：~慌忙喊着二帮套上大车，搬家拉东西。②也指长工：雇了一个~忙地里的活｜老嬷嬷叫~快去套车，送闺女回家。

小工 [ɕiau³⁵kuŋ²¹⁴] xiáo gōng 干零活的临时工：家里的活干不了，觅个~帮着干｜他没大本事，只能到工地上去当~。

二小 [l̩⁵²³ɕiaur³⁵] lrì xiāor ①旧称跑腿当差的人。②借指不被尊重、受人支使的人：叫我干活，跟支使~的样｜一看来客了，他张紧得跟~样。

菜贩子 [tsʻɛ⁵²³fæ̃⁵²³tsɿ⁰] cài fàn zi 转卖蔬菜的商贩。

生意精 [sən²¹⁴iº tɕiŋr²¹⁴] sěng yi jǐngr 擅长做生意的人（含轻蔑意味）：你再精，也精不过~｜他做惯小买卖，一分一毫都看到眼里，是个~。

先生 [ɕiæ̃²¹⁴səŋ⁰] xiǎn seng 旧指教师、医生：学堂里有四五个~｜他祖孙三代人都当~，附近的人有病都上他家来看。

书迂子 [ʂu²¹⁴y²¹⁴tsɿ⁰] shū yǔ zi 书呆子，只知读书而缺乏实践能力的人：他上了十几年的学，学成了~，叫他指挥几万民工挖河，他真不是那个料。

兵油子 [piŋ²¹⁴iou⁵⁵tsɿ⁰] bǐng yōu zi 旧指久在行伍而油滑的士兵。

老师儿 [lau³⁵sɿr²¹⁴] láo sǐr ①师傅。对某些行业中有专门技艺的人的尊称：木匠~｜剃头~｜这一点小毛病，别请~了，我鼓捣鼓捣就行｜想学编篮子，就拜~。②中青年男性之间的敬称：~，请问长途汽车站咋走？

清水匠 [tɕʻiŋ²¹⁴ʂuei³⁵tɕiaŋ⁵²³] qīng shuí jiàng 泥瓦匠，从事砌砖、盖瓦等工作的建筑工人：~手里离不开瓦刀。‖清水匠和泥水匠有一定区别，前者建瓦房、楼房，后者筑土墙、建草房。

小锢漏子 [ɕiau³⁵ku⁵⁵lou⁰tsɿ⁰] xiáo gū lou zi 走乡串户修补锅、缸、盆等器物的手工艺者：他挑着挑子溜乡，给人家锢锅、锢盆，人家都叫他~。

锔锅匠 [tɕy²¹⁴kuə²¹⁴tɕiaŋ⁵²³] jǔ guǒ jiàng 同"小锢漏子"。

旋匠 [ɕyæ̃⁵²³tɕiaŋ⁰] xuàn jiang 切削擀面杖、锭子、农具把手等木器的工匠：世上不如~好，旋刀旋板来抖威，长的旋个擀面杖，短的与奴旋棒槌（民间说唱《十女夸夫》）。

吃红饭的 [tʂʅ²¹⁴xuŋ⁵⁵fæ̃⁵²³ti⁰] chī hōng fàn di 旧时屠户（专业杀猪者）的别称。

吃红粮的 [tʂʅ²¹⁴xuŋ⁵⁵liaŋ⁵⁵ti⁰] chī hōng liāng di 旧指刽子手。

拉脚的 [la²¹⁴tɕyər²¹⁴ti⁰] lǎ juěr di 旧指脚夫，搬运工：他是个～，天天拉着平车给人家送货。

厨子老师儿 [tʂʻu⁵⁵tsʅ⁰lau³⁵sʅr²¹⁴] chū zi láo sǐr 对厨师的敬称。

焗长 [tɕy²¹⁴tʂaŋ³⁵] jǔ zháng 在红白事中，负责指挥饭菜事务的厨师：几天头里，～写好菜单，叫事主照单买菜，又喊来几个小伙子打下手｜～亲自掌勺，戴着套袖，系着围裙，拿着菜刀，忙得不可开交。‖ 又称"大厨师""大厨"。

九、身体、疾病、医疗

（一）身体

身量 [ʂẽ²¹⁴liaŋr⁰] shěn liang 身材：这件褂子是比着他的～做的｜他大高～，干活麻利。‖ 有的说"身板"。

身架 [ʂẽ²¹⁴tɕiar⁵²³] shěn jiàr 身体、躯体：他年纪不大，～不小。

个头 [kə⁵²³tʻour⁵⁵] gè tōur ①指人的身材：他～不高，嗓门大得很。②指动物身体的大小：这只羊～最大，百把斤重。③指物体的大小：家藕比湖藕～大。

拍把 [pʻeir²¹⁴par³⁵] pěir bár 体魄，人的块头：他这样的～，扛百把斤麦跟玩儿的样｜他的～大，胳膊粗，有劲。

肖画 [ɕiau⁵²³xuar⁰] xiào huàr 人的身高、身材：他一米九的～，腿又长，跑得可快啦｜不高不矮的～｜大高～。‖ 本字不明，以同音字代替。又说"肖画子" [ɕiau⁵²³xua⁰tsʅ⁰] xiào hua zi：恁望望，他长了多高的～｜就你这～，这点活儿还趁干的？

车头肖画 [tʂʻə²¹⁴tʻou⁵⁵ɕiau⁵²³xuar⁰] chě tōu xiào huar 指中等、壮实的身材。有人认为，此类身高与车头平齐：他是个～，墩墩实实的。‖ 也称"车头个儿"。

粗噜短 [tsʻu²¹⁴lu⁰tuær³⁵] cū lu duánr 粗短矮小的人或物体：别看他是个～，可有劲了。

囊墩 [naŋ²¹⁴tuær²¹⁴] nāng dǔnr ①喻指矮胖的人：这孩子吃得跟～样。有的说"夯墩"。②比喻受气的人：俺是～，吃不开。

细拉条子 [ɕi⁵²³la⁰tʻiau⁵⁵tsʅ⁰] xì la tiāo zi 细高条，又瘦又高的身材：他还上着大学，是～小白净。

巧个 [tɕʻiau³⁵kər⁵²³] qiáo gèr 适中的身材：她是斤半的鲤鱼——～，可四称了。

瘥疙瘩 [tsʻɛ⁵⁵kə⁰tar²¹⁴] cāi ge dǎr 干瘦矮小的人：他是一把大的个子，跟个～样｜这人小时候受苦排，长大成了～。

小老头 [ɕiau³⁵lau³⁵tʻour⁵⁵] xiáo láo tōur 年龄小却带有老人相的人：长到三十多岁，

头上半秃，干巴精瘦，成了~｜这孩子没有个小孩款儿，慢慢腾腾跟~样。

长腿獠爪 [tʂʻaŋ⁵⁵tʻuei³⁵lau⁵²³tsau³⁵] chāng tuí lào záo 指胳膊、腿很长：砍头螂（螳螂）~，专门吃小虫子。‖獠，《集韵》郎到切，去声号韵，来母："獠䯅，身长。"

大洋马 [ta⁵²³iaŋ⁵⁵ma³⁵] dà yāng má 比喻身材高大的女人（含嘲讽意味）。

拔个 [pa⁵⁵kər⁵²³] bā gèr 青少年长身体：他正该~，原本胖乎的身子变成细高条了。

头尖 [tʻou⁵⁵tɕiɛr²¹⁴] tōu jiǎnr 头顶：我摸摸他的~，他把我推开｜这顶帽子忒小，刚能盖住~｜只有鞋啃袜，哪有袜啃鞋，咱庄稼老冤三号三啥时占过便宜？还不是叫人家有权有势的趿到咱~上？

额拉盖子 [ə²¹⁴la⁰kɛ⁵²³tsɹ⁰] ě la gài zi 额头。‖也称"额拉盖儿"。范楼镇金陵等地说"额拉头子" [ə²¹⁴la⁰tʻou⁵⁵tsɹ⁰] ě la tōu zi。

脑膜勺子 [nau³⁵mu⁵⁵ʂuə⁵⁵tsɹ⁰] náo mū shuō zi 后脑勺，脑袋后面突出的部分：把这事儿忘到~后头了。‖有的地区称作"后脑瓜子"。

脑后根 [nau³⁵xou⁵²³kẽ⁰] náo hòu gen 后脑勺的下部。

寿星头 [ʂou⁵²³ɕiŋ⁰tʻou⁵⁵] shòu xing tōu 和寿星相似的额部向前凸出隆起的头形。

争嘴窝子 [tsəŋ²¹⁴tsuei³⁵uə²¹⁴tsɹ⁰] zhěng zuí wǒ zi 脑后的凹窝。‖有的称作"财窝" [tsʻɛ⁵⁵uə²¹⁴] cāi wǒ、"馋窝"。

圪拉绷 [kə⁵⁵la⁰pəŋ³⁵] gē la béng 脖颈：听得见外边吹喇叭的声音，大家一齐伸长~去看｜冻得~缩到领子里｜老燕子叼来食，小燕子挺着~咽。

囟子毛 [ɕiẽ⁵²³tsɹ⁰maur⁵⁵] xìn zi māor 幼儿囟门上的毛发：~上边一片舅舅屎。

头发根子 [tʻou⁵⁵faʻkẽ²¹⁴tsɹ⁰] tōu fa gěn zi 头发的根部：他的~长得牢，不大掉头发｜他的汗从~冒出来，顺着头发梢子往外淌｜你的~咋弄硬？尺棒子都压不下去。

茶壶盖 [tsʻa⁵⁵xu⁵⁵kɛr⁵²³] cā hū gàir 一种男式发型，顶部一圈内头发稍长，周圈部位头发很短，几乎露出头皮。

阿啷窝 [ə²¹⁴laŋ⁰uər²¹⁴] ě lang wǒr 幼儿发式，只留囟门上的一片头发，其余剃光。

蘑菇头 [muə⁵⁵kuʻtʻou⁵⁵] mō gu tōu 新兴的幼儿发式，中间头发多，边缘头发短，如同蘑菇形。

八十毛 [pa²¹⁴ʂɿ⁵⁵maur⁵⁵] bǎ shī māor 被父母特别娇看的独生男童蓄在脑后的一绺长发（太长时编成小辫子）。取意长寿。有的在八岁时剪去：小娃娃前边留着囟子毛，脑后留着~。‖有的称作"八子毛" [pa²¹⁴tsɹ⁰maur⁵⁵] bǎ zi māor、"八岁毛"。

剪发头 [tɕiæ³⁵fa²¹⁴tʻou⁵⁵] jián fǎ tōu 妇女的一种发型，短发头：~，真好看，奔拉辫子老封建；东洋头，西洋脸，洋袜子吊带裤子短（20世纪50年代歌谣）｜兴~以后，也不兴给闺女送花了｜十八的大姐不把小金莲爱，只爱的文明大脚~（民间说唱）。

芽子 [ia⁵⁵tsɹ⁰] yā zi 刘海。妇女或儿童额前垂覆的短发：她的~铰得齐齐的。

打芽子 [ta³⁵ia⁵⁵tsɿ⁰] dá yā zi 女性把额前短发用卡子偏向一边分开卡住。‖又叫"打偏芽"。

烫发头 [t'aŋ⁵²³fa²¹⁴t'ou⁵⁵] tàng fǎ tōu 用加热或使用药物的方法理成的卷曲发型。20世纪80年代开始流行。

秃马蛋 [t'u²¹⁴ma³⁵tæ̃⁵²³] tǔ má dàn 谑称光头：他赶时髦，剃了个~。‖有的地区称作"秃光蛋"。

牤牛蛋 [maŋ²¹⁴ȵiou⁵⁵tæ̃⁵²³] mǎng niū dàn ①谑称光头。②一种圆球形儿童玩具，用秫秸篾或竹篾做成空心骨架，外糊牛皮纸，刮风时顺风滚动，人们在后追跑。③一种圆球形灯笼。

败顶 [pɛ⁵²³tiŋ³⁵] bài dǐng 谢顶。头顶的头发逐渐脱落：他到了五十多岁开始~。

小杪杪 [ɕiau³⁵miaur³⁵miaur³⁵] xiáo miáor miáor 女孩的一种发式，将头发扎成一个独把儿。

圪拉纽子 [kə²¹⁴la⁰ȵiou²¹⁴tsɿ⁰] gě la niǔ zi 妇女盘在脑后的一种鬏髻。将辫子绾作椭圆形，盘于脑后，以线绳束扎：绾~比盘纂省事儿｜~在脑膜勺子上撅哄着，上边插着圪拉针｜她绾着个~，跟张驴儿的娘样。‖有的称作"圪圪纽子"[kə⁵⁵ kə⁰ȵiou²¹⁴tsɿ⁰] gē ge niǔ zi、"圪圪纽"[kə⁵⁵ kə⁰ȵiou²¹⁴] gē ge niǔ。

纂 [tsuæ̃³⁵] zuán 妇女梳在头后边的发髻。

盘头网子 [p'æ̃⁵⁵t'ou⁵⁵uaŋ³⁵tsɿ⁰] pān tōu wáng zi 妇女罩在发髻上的线网。

脸膛 [liæ̃³⁵t'aŋr⁵⁵] lián tāngr 脸，脸盘。‖也称"脸膛子"。

漫长脸 [mæ̃⁵²³tʂ'aŋ⁵⁵liæ̃³⁵] màn chāng lián 稍微长的脸：~，俊死人。

挖苦脸 [ua²¹⁴k'u⁰liæ̃³⁵] wǎ ku lián 额头和下巴向外凸，脸部向里凹的脸形，侧面看上去像猪腰子。‖有的说"挖口脸"[ua²¹⁴k'ou³⁵liæ̃³⁵] wǎ kóu lián、"挖勾脸"[ua²¹⁴kou⁰liæ̃³⁵] wǎ gou lián、"挖古脸"[ua²¹⁴ku⁰liæ̃³⁵] wǎ gu lián。

坠肚子脸 [tʂuei⁵²³tu²¹⁴tsɿ⁰liæ̃³⁵] zhuì dǔ zi lián 腮上肉下坠的脸形。

枣核子脸 [tsau³⁵xu⁵⁵tsɿ⁰liæ̃³⁵] záo hū zi lián 上下都尖的脸形。

记花脸 [tɕi⁵²³xua²¹⁴liæ̃³⁵] jì huǎ lián 脸上长有大片胎记的脸。

圪躁纹 [kə⁵⁵tsau⁰uẽ⁵⁵] gē zao wēn 抬头纹，额上的皱纹：到了这个年纪，不长个子，光长~。

鸡爪纹 [tɕi²¹⁴tʂua³⁵uẽ⁵⁵] jǐ zhuá wēn 鱼尾纹，人的眼角与鬓角之间的皱纹：眼角有几道~。

缵子 [tsuə³⁵tsɿ⁰] zuó zi 皱纹：过了50岁，脸上囊（[naŋ⁵²³] nàng）~了｜小孩子不知道爱惜，才买的新褂子搓得净~。

缵巴子 [tsuə³⁵pa⁰tsɿ⁰] zuó ba zi 同"缵子"。

毛胡子脸 [mau⁵⁵xu⁵⁵tsɿ⁰liæ̃³⁵] māo hū zi lián 长有络腮胡子的脸。‖ 嘴周围留有浓密胡须的称作"毛胡子嘴"。

串草胡 [tʂʻuæ̃⁵²³tsʻau³⁵xur⁵⁵] chuàn cáo hūr 络腮胡子。‖ 又说"串腮胡"[tʂʻuæ̃⁵²³sɛ²¹⁴xur⁵⁵] chuàn sǎi hūr。

双眼叠皮 [ʂuaŋ²¹⁴iæ̃³⁵tiə⁵⁵pʻir⁵⁵] shuǎng yán diē pīr 指长着秀美的双眼皮。

明鼻子大眼 [miŋ⁵⁵pi⁵⁵tsɿ⁰ta⁵²³iæ̃³⁵] míng bī zi dà yán 形容人的鼻子光亮洁净，眼睛大而美。

眼子毛 [iæ̃³⁵tsɿ⁰mau⁵⁵] yán zi māo 睫毛：他的~又长又稠｜只考这几十大分，薅着~上吊去吧（戏指对方无用而且不知羞耻）。

眵麻糊 [tsʻɿ²¹⁴ma⁰hu²¹⁴] cǐ ma hǔ 眼屎：清起来还没醒透，带着~就去上班｜你眼上有~，淌清水鼻子，可能上火了｜月姥娘，两半子，锅里炜着豆馅子；谁来啦？他姑夫，带着两眼~（凤城街道童谣）。

肿眼泡 [tʂuŋ³⁵iæ̃³⁵pʻaur²¹⁴] zhóng yán pǎor 眼皮厚而突出。

鼻子 [pi⁵⁵tsɿ⁰] bī zi ①鼻涕：听了媳妇一席话，只哭得~一把泪两行（邓贞兰坠子书《探监》）｜他整天两筒~擤不净｜~过河（比喻儿童鼻涕流出来）｜他穿的忒薄，清水~直往下淌。②鼻。

鼻子眼 [pi⁵⁵tsɿ⁰iæ̃r³⁵] bī zi yánr 鼻孔。

鼻子疙疤 [pi⁵⁵tsɿ⁰kə²¹⁴pa⁰] bī zi gě ba 鼻涕的凝结物。

嘴头子 [tsuei³⁵tʻou⁵⁵tsɿ⁰] zuí tōu zi 贬指嘴：他的~会说得很｜不能光把"人民"两个字挂在~上，还得给老百姓办事才对。‖ 也叫"嘴头"。

嘴叉子 [tsuei³⁵tsʻa²¹⁴tsɿ⁰] zuí cǎ zi 嘴（用于随意场合）：他吃了一盘桑椹子，~染得虚紫｜他的~有点儿大｜吃甜秋节好烂~｜这个小小虫是个黄~，刚会飞。

饭牙 [fæ̃⁵²³ia⁵⁵] fàn yā 恒牙，乳齿脱落以后生出的牙。

槽牙 [tsʻau⁵⁵ia⁵⁵] cāo yā 臼齿，在口腔后方的两侧。‖ 又叫"大牙"。

牙衬 [ia⁵⁵tsʻẽ⁰] yā cen 牙垢。附着在牙齿表面、牙缝等处的污垢。

牙花子 [ia⁵⁵xua²¹⁴tsɿ⁰] yā huǎ zi 牙齿和牙龈接触的部位；齿龈。

牙巴壳子 [ia⁵⁵pa⁰kʻə²¹⁴tsɿ⁰] yā ba kě zi 牙床：她的牙掉完了，光剩下~｜~上起了个泡。

牙巴骨 [ia⁵⁵pa⁰ku²¹⁴] yā ba gǔ 上下牙骨：~碰得咔嚓响。

苴 [tsa²¹⁴] zǎ 长出：一窝小燕子都还没~毛｜小孩~新头发了｜~三个牙了｜~翅难逃。‖ 苴，音扎，《广韵》黠韵邹滑切："草初生。"

苴牙 [tsa²¹⁴ia⁵⁵] zǎ yā 长出牙齿：小孩五个多月，苴了两个奶牙｜他才两个月，还没~哝。

苗大牙 [tsa²¹⁴ta⁵²³iã⁵⁵] zǎ dà yā 长出最后面的白齿（后槽牙）。一般在 18 至 30 岁长出来。

口拉水 [kʻou³⁵la⁰ʂuei³⁵] kóu la shuí 口水，唾液：他一看见肉，就直淌～。

舌头尖子 [ʂə⁵⁵tʻou⁰tɕiæ̃²¹⁴tsʅ⁰] shē tou jiǎn zi 舌尖，指舌体的前端。

舌头根子 [ʂə⁵⁵tʻou⁰kẽ²¹⁴tsʅ⁰] shē tou gěn zi 舌根，舌头靠近咽喉的部分。

嘴巴子 [tsuei³⁵pa⁵²³tsʅ⁰] zuí bà zi 下巴，下巴颏。‖"巴"在此读去声。

重嘴巴子 [tʂʻuŋ⁵⁵tsuei³⁵pa⁵²³tsʅ⁰] chōng zuí bà zi 下巴底部有较多的肉。

嬷嬷嘴 [ma³⁵ma⁰tsuei³⁵] má ma zuí ①老年妇女的嘴形，下巴突出，唇瘪。②形容委屈的样子（含戏谑意味）：屈得跟～样｜亏得跟～样。

胡仑眼儿 [xu⁵⁵luẽ⁰iæ̃r³⁵] hū lun yánr 喉咙：他的～里卡着一根刺｜我要再乱吃乱喝，叫我～里长干黄。

胡仑眼子 [xu⁵⁵luẽ⁰iæ̃³⁵tsʅ⁰] hū lun yán zi 同"胡仑眼儿"：他的～细，大块的肉咽不下去。

胡仑疙瘩 [xu⁵⁵luẽ⁰kə²¹⁴ta⁰] hū lun gě da 喉结。

胡仑信子 [xu⁵⁵luẽ⁰ɕiẽ⁵²³tsʅ⁰] hū lun xìn zi 喉管：家里没吃的，也不能扎上～｜杀鸡就是把鸡的～割断。‖也称"胡仑信" [xu⁵⁵luẽ⁰ɕiẽr⁵²³] hū lun xìnr。

耳朵门子 [lʅ³⁵tʻou⁰mẽ⁵⁵tsʅ⁰] lrí tou mēn zi 外耳门及其周围的部位：～上长个小肉疙瘩。

耳朵眼子 [lʅ³⁵tʻou⁰iæ̃³⁵tsʅ⁰] lrí tou yán zi 耳孔：我的～发热，有人骂我了。

耳朵垂子 [lʅ³⁵tʻou⁰tʂʻuei⁵⁵tsʅ⁰] lrí tou chuī zi 耳廓下端的肥柔部分：迷信的人说～大的人有福。

耳碎 [lʅ³⁵suei⁰] lrí sui 耳垢。

肩膀头子 [tɕiaŋ²¹⁴paŋ³⁵tʻou⁵⁵zi⁰] jiǎng báng tōu zi 肩膀。‖有的说"肩芒头子" [tɕiaŋ²¹⁴maŋ⁰tʻou⁵⁵zi⁰] jiǎng mang tōu zi、"肩马膀" [tɕiaŋ²¹⁴ma⁰paŋr³⁵] jiǎng ma bángr。

光膀子 [kuaŋ²¹⁴paŋ³⁵tsʅ⁰] guǎng báng zi 赤着上身。

脊梁骨 [tɕi²¹⁴ȵiaŋ⁰ku²¹⁴] jǐ niang gǔ 脊背：他～上的肉厚实得很｜～上背着小孩。‖有的说"脊阳骨""脊将骨"。

肩窝 [tɕiæ̃²¹⁴uər²¹⁴] jiǎn wǒr 肩上凹处。

锨板骨 [ɕiæ̃²¹⁴pæ³⁵ku²¹⁴] xiǎn bán gǔ 肩胛骨。人体胸背部最上部外侧的骨头。左右各一，略呈三角形，状似铲粮食用的木锨板。

胳膊曲子 [kə²¹⁴pu⁰tɕʻy²¹⁴tsʅ⁰] gě bu qǔ zi 肘部。上臂和前臂相接处向外面突起的部分。

胳膊弯 [kə²¹⁴puºuæ̃r²¹⁴] gě bu wǎir 上臂和前臂相接处的内侧。

胳啦肢 [kə²¹⁴lɑºtsɿ²¹⁴] gě lɑ zǐ 腋下。

胳肢 [kə⁵⁵tsɿº] gē zi 在他人身上抓挠,使其发痒而笑。‖ 也写作"膈肢"。

手脖子 [ʂou³⁵puə⁵⁵tsɿº] shóu bō zi 手腕。

手面子 [ʂou³⁵miæ̃⁵²³tsɿº] shóu miàn zi 手背。

耳刮子 [l̩³⁵kuɑ²¹⁴tsɿº] lří guǎ zi ①巴掌;手掌:他的~真大、真有劲 | 她唱了一段《白蛇传》,台下~拍得哗哗的 | 这个事不能拍拍~散了。②耳光:你的话要有半句假,我就照脸搲你两~ | 不是看你年纪小,这就扇你一~。‖ 又称"耳刮" [l̩³⁵kuar²¹⁴] lří guǎr。

大每手指头 [ta⁵²³mẽºʂou³⁵tsɿ²¹⁴t'ouº] dà men shóu zǐ tou 大拇指。‖ 每,有的说 [meiº] mei,下同。

二每手指头 [l̩⁵²³mẽºʂou³⁵tsɿ²¹⁴t'ouº] lrì men shóu zǐ tou 食指。

小每手指头 [ɕiau³⁵mẽºʂou³⁵tsɿ²¹⁴t'ouº] xiáo men shóu zǐ tou 小拇指。

手指盖子 [ʂou³⁵tsɿ²¹⁴kɛ⁵²³tsɿº] shóu zǐ gài zi 指甲。‖ 又叫"手指头盖子" [ʂou³⁵tsɿ²¹⁴t'ouºkɛ⁵²³tsɿº] shóu zǐ tou gài zi、"手指甲盖子" [ʂou³⁵tɕ'i²¹⁴tɕiɑºkɛ⁵²³tsɿº] shóu jǐ jia gài zi、"指甲盖子"。

手指头旮旯 [ʂou³⁵tsɿ²¹⁴t'ouºkə⁵⁵lar⁵⁵] shóu zǐ tou gē lār 手指缝。

倒抢子 [tau⁵²³tɕ'iaŋ³⁵tsɿº] dào qiáng zi 皮肤与手指甲连接处因干裂而翘起的刺状皮。

斗 [tou³⁵] dóu 圆形的指纹。迷信认为有此类指纹的人"会过日子"(节俭,善于安排生活)。

簸箕 [puə⁵²³tɕ'iº] bò qi 簸箕形的指纹。迷信认为有此类指纹的人大手大脚。

皮捶 [p'i⁵⁵tʂ'uei⁵⁵] pī chuī 拳头:他仗着~硬,横得了不得 | 他搋了一~,那家伙没敢吭声。

把儿 [par³⁵] bár 手:伸~拉住他 | 早下~,早完工 | 他打起架来下狠~。

手把儿 [ʂou³⁵par³⁵] shóu bár 指人的动作:她缝衣裳~快,式样新 | 他的~狠,一点也不留情。

左撇拉子 [tsuə⁵²³p'iə³⁵lɑ²¹⁴tsɿº] zuò pié lǎ zi 左撇子:~裹裹脚——翻缠(歇后语。翻缠,对着干。缠,搅闹)| 二哥的右手受伤了,就用~炒菜做饭。

胸脯肋子 [ɕyŋ²¹⁴pu⁰ləŋ²¹⁴tsɿº] xiōng bu lěng zi 胸脯。

胸口窝 [ɕyŋ²¹⁴k'ou³⁵uər²¹⁴] xiōng kóu wǒr 胸骨下端的凹窝:树苗长到~了。

心壳廊 [ɕiɛ̃²¹⁴k'əºlaŋ²¹⁴] xǐn ke lǎng 心腔;心胸:我一咳嗽,就震得~疼 | 提起来他行的事儿,能把~给气叉。

第五章 词汇 | 241

肝花肠子 [kæ²¹⁴hua⁰tʂ'aŋ⁵⁵tsɿ⁰] gǎn hua chāng zi 泛指人或动物的内脏：路上坑坑洼洼，把~都颠出来了｜领家过日子不容易，努得~疼。

尿脬 [suei²¹⁴p'au⁰] suǐ pao 膀胱。

门门 [mã⁵⁵mã⁰] mēn men 乳房；乳液：小孩儿吃~。‖有的说 [mei⁵⁵mei⁰] mēi mei。北部也说 [mi⁵⁵mi⁰] mī mi、[miã⁵⁵miã⁰] mīn min。

门门顶子 [mã⁵⁵mã⁰ tiŋ³⁵tsɿ⁰] mēn men díng zi 乳头。

肋巴骨 [lei²¹⁴pa⁰ku²¹⁴] lěi ba gǔ 肋骨，人或高等动物胸壁两侧的长条形的骨：别看他瘦得~一根一根的，就是有精神。

肋叉 [lei²¹⁴ts'a⁵²³] lěi cà 胁下部位：~有点疼。

肚子眼 [tu⁵²³tsɿ⁰iæ̃r³⁵] dù zi yánr 肚脐。‖也称"肚子眼子"。范楼等镇说"肚眼子"，欢口、顺河、赵庄说"孛子眼" [pu⁵⁵tsɿ⁰iæ̃r³⁵] bū zi yánr、"孛子眼子" [pu⁵⁵tsɿ⁰iæ̃³⁵tsɿ⁰] bū zi yán zi。

胳拉拜子 [kə²¹⁴la⁰pɛ⁵²³tsɿ⁰] gě la bài zi 膝盖：他摔到地上，~磕淌血了。

腿弯子 [t'uei³⁵uæ²¹⁴tsɿ⁰] tuí wǎn zi 大腿和小腿相接处向里弯曲的部分。

迎面骨 [iŋ⁵⁵miæ̃⁵²³ku²¹⁴] yīng miàn gǔ 胫骨，小腿正面的长形骨。

腚帮子 [tiŋ⁵²³paŋ²¹⁴tsɿ⁰] dìng bāng zi 臀部。

光腚拉叉 [kuaŋ²¹⁴tiŋ⁵²³la²¹⁴ts'a²¹⁴] guǎng dìng lǎ cǎ 赤裸身体（含贬义）：两个小孩~地睡着。

光腚猴 [kuaŋ²¹⁴tiŋ⁵²³hou⁵⁵] guǎng dìng hōu ①戏称赤裸身体的男性青少年。②戏称赤贫的人：光脚的不怕穿鞋的，要饭的不怕~（民谚）。

朵朵 [ka⁵⁵ka⁰] gā ga 阴茎。‖也称"鸡朵子""鸡巴"。

小鸡 [ɕiau³⁵ɕir²¹⁴] xiáo jǐr 喻指童子阴茎。

毛衣 [mau⁵⁵i⁰] māo yi ①兽类身上的毛：人心隔肚皮，虎心隔~，隔层肚皮隔层山（民谚）。②贬指人身上的绒毛：胳拉肢里露着~｜还没~疙瘩大咪，就想造反了。

踝子疙瘩 [xuɛ⁵⁵tsɿ⁰kə²¹⁴ta⁰] huāi zi gě da 脚踝骨，小腿和脚之间左右两侧突起的骨头。‖有的称作"踝子骨"。

脚骨拐 [tɕyə²¹⁴ku²¹⁴kuɛ⁰] juě gǔ guai 大趾和脚掌相连向外突出的骨头：他的~长，不好买鞋。

脚丫子 [tɕyə²¹⁴ia²¹⁴tsɿ⁰] juě yǎ zi 脚：走到河边，他抹~就要蹚水｜大~走路稳当。

大每脚指头 [ta⁵²³mei⁰tɕyə²¹⁴tsɿ²¹⁴t'ou⁰] dà mei juě zǐ tou 第一个脚指头。

二每脚指头 [l̩⁵²³mei⁰tɕyə²¹⁴tsɿ²¹⁴t'ou⁰] lrì mei juě zǐ tou 第二个脚指头。

小每脚指头 [ɕiau³⁵mei⁰tɕyə²¹⁴tsɿ²¹⁴t'ou⁰] xiáo mei juě zǐ tou 第五个脚指头。

脚指盖子 [tɕyə²¹⁴tsɿ²¹⁴kɛ⁵²³tsɿ⁰] juě zǐ gài zi 脚指甲。

脚底板 [tɕyə²¹⁴ti³⁵pær³⁵] juě dí bánr 脚掌。‖ 也叫"脚底板子"。

脚指头肚子 [tɕyə²¹⁴tʂɿ²¹⁴t'ou⁰tu⁵²³tsɿ⁰] juě zǐ tou dù zi 脚指前端鼓起的部分。

脚指头旮旯 [tɕyə²¹⁴tʂɿ²¹⁴t'ou⁰kə⁵⁵lar⁵⁵] juě zǐ tou gē lār 脚指缝。

对脚板子 [tuei⁵²³tɕyə²¹⁴pæ̃³⁵tsɿ⁰] duì juě bán zi 走路时双脚的脚尖向外撇开呈八字形的脚。

摆莲腿 [pɛ³⁵liæ̃⁵⁵t'uei³⁵] bái liān tuí 旧指女青年八字腿。这种腿形走路时两个脚尖向内或向外撇：她是里勾金、外摆莲的～。

小放脚 [ɕiau³⁵faŋ⁵²³tɕyər²¹⁴] xiáo fàng juěr 旧时指裹小脚又放开的脚：她的～穿着一双布鞋。

随 [suei⁵⁵] suī 像，与某人相似：他的脸盘儿～他达达（父亲）｜他的小孩都～他。‖ 也说"仿" [faŋ⁵⁵] fāng。

（二）疾病、医疗

有病有殃 [iou³⁵piŋ⁵²³iou³⁵iaŋr²¹⁴] yóu bìng yóu yǎngr 泛指生病：老的～，全靠儿女伺候。

小病小殃 [ɕiau³⁵piŋ⁵²³ɕiau³⁵iaŋr²¹⁴] xiáo bìng xiáo yǎngr 轻微的病：他壮实得很，得个～，扛一扛就过去了。

不得劲 [pu²¹⁴tei²¹⁴tɕiẽ⁵²³] bǔ děi jìn 不舒服，有病的委婉说法。

不如适 [pu²¹⁴zu⁵⁵ʂɿ²¹⁴] bǔ rū shǐ 同"不得劲"。

不好 [pu²¹⁴xau³⁵] bǔ háo 同"不得劲"：你咋～咪？｜我觉得心口不大好｜孩子不在跟前，你好咪～咪，谁来答应（陪侍）你？

病病歪歪 [piŋ⁵²³piŋ⁰uɛ²¹⁴uɛ²¹⁴] bìng bing wǎi wǎi 疾病缠身、衰弱无力的样子。‖ 又说"病病拉拉""病病怏怏"。

病秧子 [piŋ⁵²³iaŋ²¹⁴tsɿ⁰] bìng yǎng zi 体弱多病的人。‖ 也称"病秧秧"。

病芽芽 [piŋ⁵²³iar⁵⁵iar⁰] bìng yār yar 喻指经常生病的青少年。

癞芽芽 [lɛ⁵²³iar⁵⁵iar⁰] lài yār yar 喻指身体虚弱的人：他打小就是个～，三天两头生病｜他跟～样，不搁得折腾。

症 [tʂ'əŋr⁵²³] zhèngr 疾病：他身上净～，不是高血压，就是冠心病。

出症 [tʂ'u²¹⁴tʂəŋr⁵²³] chū zhèngr ①生病：一到阴天我的腿就～。②出故障：这架缝纫机老是～｜车跑到半路上～了。③生事：他到学校里光～｜一叫他干活，他就～。

长远病 [tʂ'aŋ⁵⁵yæ⁰piŋ] chāng yuan bìng 慢性病：这是个～，不好治。

好利亮 [xau³⁵li⁵²³liaŋ⁰] háo lì liang 病痊愈：在医院住了一个月，～了｜等病～了，我去找你玩儿。‖ 也说"好伶俐" [xau³⁵liŋ⁵⁵li⁰] háo līng li。

出根 [tʂ'u²¹⁴kẽr²¹⁴] chū gěnr 病从根本上消除：这种老慢支，看不～｜家里净事儿，等不到~就出院。

回头 [xuei⁵⁵tʻou⁵⁵] huí tōu （病情）好转：住院没几天，他的病~了。

劳犯 [lau⁵⁵fæ̃⁰] lāo fan 病症复发：这两天又忙又累，眼里泛黑花，病又~了。

赗死 [tɕʻiŋ⁵⁵sɿ³⁵] qíng sí 等着死：得了这种病，没法子治，~。

痨伤 [lau⁵⁵ʂaŋ⁰] lāo shang 一种慢性呼吸道疾病，症状有咳嗽、消瘦、憋喘。多为出力过重而致，或由其他病症积久而成：他得了~，不能出重力。

咳嗽痨病 [kə²¹⁴tsʻau⁰lau⁵⁵piŋ⁵²³] kě cao lāo bìng 犯有咳嗽虚劳的疾病：他会会~的，没好过。

心慌 [ɕiɛ̃²¹⁴xuaŋ²¹⁴] xǐn huǎng 心悸。心脏跳动加速，节律不齐：我搬了一会子砖，觉得~、头晕。

冻着 [tuŋ⁵²³tʂuə⁰] dòng zhuo 感冒：别站到风口里，能~｜他~了，直淌清水鼻子。

脓鼻子 [nuŋ⁵⁵pi⁵⁵tsɿ⁰] nōng bī zi 黏稠的鼻涕。

风吹着 [fəŋ²¹⁴tʂʻuei²¹⁴tʂʻuə⁰] fěng chuǐ zhuo 因受强风刺激而生病：他顶风骑车子，叫~了｜他在电扇底下叫~了，又发热，又咳嗽。

晾汗 [liaŋ⁵²³xæ̃⁵²³] liàng hàn 出汗后没保暖而生病：他打罢球，光着脊梁在当院里站了一会儿，就~了。

齁齁的 [xou²¹⁴xou²¹⁴ti⁰] hǒu hǒu di 因气管患病而发出哮喘声：他的气管炎犯了，天天~。

哑胡仑 [ia³⁵xu⁵⁵luə̃⁰] yá hū lun 喉咙嘶哑。

发疟子 [fa²¹⁴yə²¹⁴tsɿ⁰] fǎ yuě zi 患疟疾。‖又叫"打摆子"。

晕血 [yuɛ̃²¹⁴ɕiə²¹⁴] yǔn xiě 见到鲜血时头晕、呕吐甚至昏厥。

扎歪 [tsa²¹⁴uɛ⁰] zǎ wai 因消化不良而引起的胃中受扎的感觉：我多吃了一把生落生（花生），~得难受。

扎扎歪歪 [tsa²¹⁴tsa⁰uɛ²¹⁴uɛ²¹⁴] zǎ za wǎi wǎi 胃中受扎不适的感觉：晌午饭吃得忒快了，堵到心里~的。

作心 [tsuə²¹⁴ɕiɛ̃⁰] zuǒ xin 胃部酸水翻涌、胃液上泛的感觉：这几天老是觉得~，看见煮棒子（玉米）、豆扁子就不想吃。

反登 [fæ̃³⁵təŋ⁰] fán deng 反胃：这个菜半生不熟，吃罢心里就~，一个劲地干哕。

虚撑 [ɕy²¹⁴tsʻəŋ²¹⁴] xǔ cěng 腹胀。

出疹子 [tʂʻu²¹⁴tʂɛ̃³⁵tsɿ⁰] chǔ zhén zi 感染麻疹。

噎食 [iə²¹⁴ʂʅ⁰] yě shi 旧称食道癌。

道食 [tau⁵²³ʂʅ⁰] dào shi 旧称胃癌。

雪皮 [ɕyə²¹⁴pʻi⁰] xuě pi 头皮屑。

雀子 [tɕ'yə²¹⁴tsɿ⁰] quě zi 黑痣。有的黑痣只有一个，有的较多：他脸上有成片的~，一脸麻皮雀。

蒙脸沙 [məŋ⁵⁵liæ̃³⁵sa²¹⁴] mēng liǎn sǎ 稠密的雀斑：他一脸~，跟蝇子屎样。‖又称"满皮省"，戏称"蝇子屎"。

瘊子 [xou⁵⁵tsɿ⁰] hōu zi 皮肤上生出的小肉瘤（扁平疣）：他用无花果树汁抹身上的~。

孛揪 [pu⁵⁵tɕiour⁰] bū jiur 皮肤上凸起的小肉瘤：他光头净面，全身光滑的，连个疤瘌~都没有｜他胳膊上长个肉~｜伤好了，落个疤瘌，没落~。

白卜老 [pei⁵⁵pu⁰laur³⁵] bēi bu lǎor 人皮肤上突起的带有白头的疹状脓包。‖有的称作"白不老子""白虎老儿"。

蛇虫丹 [ʂə⁵⁵tʂ'uŋ⁵⁵tæ²¹⁴] shē chōng dǎn 带状疱疹，一种由水痘带状疱疹病毒引起的常见皮肤病。患者皮肤上有簇集成片的小水疱。‖有的称作"蛇头丹""缠腰龙"。

扁皮疙瘩 [piæ̃³⁵p'i⁵⁵kə²¹⁴ta⁰] bián pī gě da 荨麻疹，皮肤上成片出现的红色肿块：这小孩起了一身~，快去医院看看。

枣疙瘩子 [tsau³⁵kə²¹⁴ta⁰tsɿ⁰] záo gě da zi 粉刺（青春痘），生在面部的圆锥形小红疙瘩。

卜淋 [pu²¹⁴liẽ⁰] bǔ lin 条状物抽打后皮肤上隆起的伤痕：一条子搐（抽）下去，他身上起了一道子~。‖有的说"卜勒" [pu²¹⁴lei⁰] bǔ lei。

淤青 [y²¹⁴tɕ'iŋ²¹⁴] yū qīng 身体受到撞击后，皮下产生青紫色的瘀斑：大嫂摔倒地上，除了身上有几块~外，没有大碍。

潽潦 [p'u²¹⁴liau⁰] pǔ liao 由于上火、暴晒、灼烫等原因，皮肤上隆起的水疱：这几天他的火气大，起了一嘴~。‖有的说"水潦疱" [ʂuei³⁵liau⁵⁵p'au⁵²³] shuí liāo pào。

血潽潦 [ɕiə²¹⁴p'u²¹⁴liau⁰] xiě pǔ liao 皮肤上隆起的带血的疱。‖有的说"血卜潦" [ɕiə²¹⁴pu²¹⁴liau⁰] xiě bǔ liao。

鼓脓 [ku³⁵nuŋ⁵⁵] gú nōng 溃脓，鼓起脓包：伤口上~了。

拔脓 [pa⁵⁵nuŋ⁵⁵] bā nōng 出脓；淌出脓来：疮~了。

火牙 [xuə³⁵ia⁵⁵] huó yā 牙周炎：我一累，这个~就疼。

倒牙 [tau³⁵ia⁵⁵] dáo yā 吃了太酸的食物，牙神经受到过分刺激，咀嚼时感觉不舒服：青杏疙瘩酸得~。

砸牙 [tsa⁵⁵ia⁵⁵] zā yā 因食用凉物牙齿受刺激发麻：大冷天喝凉水不嫌~。

牙碜 [ia⁵⁵tsʻə̃³⁵] yā cén 食物中夹杂砂子，嚼起来牙齿不舒服：海鲜里有砂子，吃起来~。

瞎鼻子 [ɕia²¹⁴pi⁵⁵tsɿ⁰] xiǎ bī zi 嗅觉不灵的鼻子。

橛眼 [tɕuə⁵⁵iæ⁰] juē yan 麦粒肿病，由葡萄球菌侵入眼睑的皮脂腺而引起的眼病：他眼皮上起~了。

鸡宿眼 [tɕi²¹⁴ɕy²¹⁴iæ³⁵] jī xǔ yán 夜盲症，因缺乏维生素A而使视网膜上的视紫质减少所引起，症状是在夜间光线不充足的地方视力很差或完全不能看见东西。‖又称"雀瞽眼" [tɕʻyə²¹⁴kuº iæ³⁵] quě gu yán、"雀膜眼" [tɕʻyə²¹⁴muº iæ³⁵] quě mu yán。

害耳朵底子 [xɛ⁵²³l̩³⁵tʻouºti³⁵tsɿ⁰] hài lrí tou dí zi 中耳炎。

耳沉 [l̩³⁵tʂʻə̃⁵⁵] lrí chēn 听力不好：他有点~，把"棒子"听成"胖子"了。

聋三拐四 [luŋ⁵⁵sæ̃²¹⁴kuɛ³⁵sɿ⁵²³] lōng sǎn guái sì 形容耳朵聋得厉害，听不准别人的话：她~，没法跟人家说话了。

实聋 [ʂɿ⁵⁵luŋ⁵⁵] shī lōng 完全聋：他是~，啥也听不清。

木耳不灵 [mu²¹⁴l̩³⁵pu²¹⁴liŋ⁵⁵] mǔ lrí bǔ līng 比喻耳朵像木头做的一样非常聋：爸爸大声数落他，他装成~，低着头走自己的路｜我给你说正经的，你~，出了事别怨我。

瞎毛日眼 [ɕia²¹⁴mau⁵⁵ʐɿ²¹⁴iær³⁵] xiǎ māo rǐ yánr 形容视力不好（含戏谑或厌恶意味）：你这个老家伙，~的，黑天半夜跑出来干啥？

跑马子 [pʻau³⁵ma³⁵tsɿ⁰] páo má zi 遗精。

老鼠疮 [lau³⁵ʂuºtʂʻuaŋ²¹⁴] láo shu chuǎng 淋巴结核：他脖子上长个~。

脐风 [tɕʻi⁵⁵fəŋ⁰] qī feng 中医指初生婴儿的破伤风。多由接生时用未经消毒的器具切断脐带，感染破伤风杆菌引起。发病多在出生后4~6天：她的命真苦，十几年没解怀，四十多岁生个小孩，得~了。

气孛子 [tɕʻi⁵²³pu⁵⁵tsɿ⁰] qì bū zi 脐部突出肿大。

气蛋 [tɕʻi⁵²³tæ̃⁵²³] qì dàn 阴囊肿大，小肠下垂。

睡颠倒 [ʂuei⁵²³tiæ̃²¹⁴tauº] shuì diǎn dao 指睡觉时间与正常人相反，白天睡觉，晚上不睡：他黑喽光是玩，白日里困不醒，~了。

迎着 [iŋ⁵⁵tʂuəº] yīng zhuo 中邪：就在奶奶断气的时候，他睡到地上，不能睁眼，满嘴胡话，大家都觉得他~奶奶了｜她不吃不喝，光是哭，奶奶说怕是~仙姑了，想叫个神嬷嬷（女巫）来圆吤圆吤（祷告）。

着 [tʂuə⁵⁵] zhō 传染：他有甲流，离他远点儿，别叫他~着你喽｜这种病~人，得隔离。

展 [tʂæ̃³⁵] zhán 同"着"："非典"~人快得很｜一个瞎苹果~瞎了一筐｜我不跟你玩了，别叫你~憨喽。‖"染"的变音。

遭着 [tsau²¹⁴tʂuəº] zǎo zhuo 被碰伤（委婉说法）：~一点皮，不大要紧｜他的腿叫汽车~了，正住院咪。

踒着 [uə²¹⁴tʂuə⁰] wǒ zhuo （手、脚等）折伤：手脖子~了。

存着 [tsʻuẽ⁵⁵tʂuə⁰] cūn zhuo 腿、脚等在往下跳或往下走时扭伤：他从树上跳下来，~着脚了。

局 [tɕy⁵⁵] jū 肢体向前伸时被折伤：胳膊~着了｜我搬箱子咴，手指头~了一下子。

崴着 [uε³⁵tʂuə⁰] wái zhuo 扭伤：穿这种高跟鞋，容易~脚｜他剜了一锨土，"唉哟"一声~脚脖子了｜他踩着一个小坑，脚~了。

绾着 [uæ̃³⁵tʂuə⁰] wán zhuo 韧带受伤：他的胳膊~筋了，疼得直号。

转筋 [tʂuæ̃⁵²³tɕiẽ²¹⁴] zhuàn jǐn 痉挛：睡到半夜，屋门"忽通"下子叫谁撞开了，他吓得腿肚子~，站不起来。

错缝 [tsʻuə⁵²³fəŋr⁵²³] cuò fèngr 脱臼：骨头~了。

红伤 [xuŋ⁵⁵ʂɑŋ²¹⁴] hōng shǎng 流血的外伤。

淌生血 [tʻɑŋ³⁵səŋ²¹⁴ɕiə²¹⁴] táng sěng xiě 流鲜血：杀好的羊淌着生血｜他磕倒了，腿上~。

冒血渍 [mau⁵²³ɕiə²¹⁴tsʅ²¹⁴] mào xiě zǐr 血从皮肤上少量渗出：胳膊碰到地上，冒点血渍，没大碍。

露血渍脉 [lou⁵²³ɕiə²¹⁴tsʅ²¹⁴meir⁰] lòu xiě zǐ meir 露出带血的伤痕：我去拉了一场架，叫人家打了几下子，现在手上还露着血渍脉。

霍霍的 [xuə²¹⁴xuə²¹⁴ti⁰] huǒ huǒ di 跳动式疼痛的感觉：手上裂了个口子，疼得~｜牙~疼。

火不燎的 [xuə³⁵puʻ⁰liau⁵⁵ti⁰] huó bu lāo di 被火燎灼一样的痛感：蚂蜂蜇得~疼。

火不拉的 [xuə³⁵puʻ⁰la⁵⁵ti⁰] huó bu lā di 受到辣椒刺激或受伤而产生的灼热痛感：辣椒面子沾到手上，~疼｜走路踒着脚了，脚脖子老是~疼｜几句话说得他脸上~。

蜇蜇拉拉 [tʂə²¹⁴tʂə⁰la²¹⁴la²¹⁴] zhě zhe lǎ lǎ 受到刺痛的感觉：抹上这个药膏子，伤口~地疼。

疼疼唧唧 [tʻəŋ⁵⁵tʻəŋ⁰tɕi²¹⁴tɕi²¹⁴] tēng teng jǐ jǐ 不间断地微痛：伤口还是~，没好伶俐｜这几天胸口~，不知得的啥病。

旋指 [ɕyæ̃⁵²³tsʅ⁰] xuàn zi 指甲脱落：他长~了。‖ 旧时迷信认为用手指彩虹易坏指甲。‖ 又叫"掉手指盖子"。

老寒腿 [lau³⁵xæ̃⁵⁵tʻuei³⁵] láo hān tuí 膝关节经常在冷天、阴雨天疼痛的病症：冬天，他没有棉衣裳，在外干活冻伤腿脚，落下了~。

踮脚 [tiæ̃³⁵tɕyə²¹⁴] dián juě 一只脚有病，走路做点地的样子；轻微腿瘸：七个天仙女，不跟一个~儿（民谚，意思是七个俊美的女儿不如一个跛脚儿子有用）。

孬胳膊 [nau²¹⁴kə²¹⁴puʻ⁰] nāo gē bu 胳膊有残疾的人。

瞎胳膊 [ɕia²¹⁴kə²¹⁴pu⁰] xiā gě bu 同"孬胳膊"。

魔道 [muə⁵⁵tau⁰] mō dao ①精神病人：这一溜病房里住的都是~。②动词，患精神病：他见了一回打群架的，吓~了｜纪检上一审他，他~了。③过于执拗的人：我好说歹说，那两个~就是不听｜他~得不轻。

魔道病 [muə⁵⁵tau⁰ piŋr⁵²³] mō dao bìngr 精神病：精神病院专治~。

文疯子 [uẽ⁵⁵fəŋ²¹⁴tsɿ⁰] wēn fěng zi 温和的精神病人。

武疯子 [u³⁵fəŋ²¹⁴tsɿ⁰] wú fěng zi 具有攻击倾向的精神病人：看好~，别叫他打伤人喽。

瘫巴 [tʻæ̃²¹⁴pa⁰] tǎn ba （身体）瘫痪。

中风不语 [tʂuŋ⁵²³fəŋ²¹⁴pu²¹⁴y³⁵] zhòng fěng bǔ yú 脑梗引起的不能说话、身体不灵：他得了~，得叫人伺候。

拖巴 [tʻuə²¹⁴pa⁰] tuǒ ba 下肢瘫痪。

钻腰 [tsuæ̃²¹⁴iau²¹⁴] zuǎn yǎo 腰向前弯，驼背：年老了，有点~｜树老焦梢叶子稀，人老~把头低（民谚）。‖钻，本字为跧。跧，《广韵》庄缘切："屈也，伏也，蹴也。"

背锅 [pei⁵²³kuər²¹⁴] bèi guǒr 驼背：他年轻的时候虎背熊腰，上了年岁显得~了。

罗锅腰 [luə⁵⁵kuºiau²¹⁴] luō gu yǎo ①驼背。②驼背的人：~上山——前头子紧（歇后语，意为缺钱。前，谐"钱"）。

豁子 [xuə²¹⁴tsɿ⁰] huǒ zi ①指豁嘴的人（含贬义）。②裂口。

半语子 [pæ̃⁵²³y³⁵tsɿ⁰] bàn yú zi 发音器官不健全、说话含混不清的人。

咬舌头 [iau³⁵ʂə⁵⁵tʻou⁰] yáo shē tou 指说话时舌尖常接触牙齿，发音不清：他说话有点~。‖又说"咬碟子"[iau³⁵tiə⁵⁵tsɿ⁰] yáo diē zi。

白光子 [pei⁵⁵kuaŋ⁰tsɿ⁰] bēi guang zi 白化病患者，也指脸上长满白斑的白癜风患者，含贬义。

二结子 [l̩⁵²³tɕiə⁰tsɿ⁰] lrì jie zi 指两性人。‖有的地区称作"二孽子"[l̩⁵²³iə⁰tsɿ⁰] lrì ye zi。

抽抽 [tʂʻou²¹⁴tʂʻou⁰] chōu chou 抽搐。多由高烧或癫痫引起：那小孩犯羊羔子风了，睡在地上~半天，咬着牙。

返登 [fæ̃⁵⁵təŋ⁰] fān deng ①返生，昏迷后苏醒：他一头攮到地下，第二天才~过来｜这条狗叫人家打闷了，过一会子才~过来｜他没气了，掐掐人中，又~过来。②引申为恢复：受了一场大灾，多些年~不过来。‖有的说成"返腾"[fæ̃⁵⁵tʻəŋ⁰] fān teng、"返经"[fæ̃⁵⁵tɕiŋ⁰] fān jing、"返挣"[fæ̃⁵⁵tsəŋ⁰] fān zeng。

脑油 [mau³⁵iou⁰] náo you 头发和头皮上分泌的油脂：他头上~多，枕头皮子上沾得透脏｜他走到跟前，带来一股~味。

扳罐子 [pæ̃²¹⁴kuæ̃⁵²³tsɿ⁰] bǎn guàn zi 拔火罐。在罐内点火燃烧片刻，把罐口扣在皮肤上，造成局部充血，以调理气血。

起针 [tɕ'i³⁵tʂẽ²¹⁴] qǐ zhěn 扎针或打点滴结束时拔出针头：瓶里的水滴完了，该~了｜他起了针，用药棉摁着针眼。

打吊针 [ta³⁵tiau⁵²³tʂẽ²¹⁴] dá diào zhěn 打点滴。利用悬挂的药瓶、皮条等输液装置把掺加药物的葡萄糖溶液、生理盐水等通过静脉输入病人体内：他在病房里打了四瓶吊针，又打了两针小针，觉得轻多了。‖ 有的说"挂盐水""挂吊水""挂水"。

鼓针 [ku³⁵tʂẽ²¹⁴] gú zhěn 指打点滴时针眼处皮肤鼓起圆包（多由针头晃动引起）：快喊护士，针眼~了。

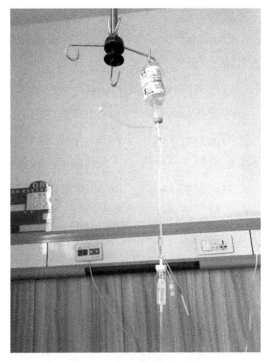

图 5-96 打吊针（2022年5月摄于博爱医院）

打小针 [ta³⁵ɕiau³⁵tʂẽ²¹⁴] dá xiáo zhěn 用玻璃管注射器把液体药物注射到体内：头疼脑热的，打个小针，吃几片药丸子就好了。

过电 [kuə⁵²³tiæ̃⁵²³] guò diàn 电流兴奋刺激疗法，常用于治疗面瘫、精神病等。

紫蓝水 [tsɿ³⁵læ̃⁵⁵ʂueir³⁵] zí lān shuír 高锰酸钾溶液。紫红色，医药上用作消毒剂：头上抹着~，膏的跟花瓜样。‖ 也称"灰锰氧"。

红药水 [xuŋ⁵⁵yə²¹⁴ʂueir³⁵] hōng yuě shuír 红汞溶液（汞溴红水溶液）。鲜红色或暗赤色。常用的皮肤创伤消毒药：手破了，抹点~。

老鼠油 [lau³⁵ʂu⁰iou⁵⁵] láo shu yōu 以老鼠幼仔泡在植物油中制成的药膏，用于治疗烧伤、烫伤。

野药 [iə³⁵yə²¹⁴] yé yuě 在街头、乡下叫卖的非正规的药：他常年溜乡卖~，过年的时候才回家｜卖~的串四乡，坑人家的钱。

医闹子 [i⁵²³mau⁵²³tsɿ⁰] yì nào zi 专门在医院闹事而得利的人。

十、饮食

吃头 [tʂʅ²¹⁴t'ou⁰] chǐ tou ①食物，多指零食：街头上有卖~的，卖的是煮棒子、棒子花、焦落生，都贵的给啥样｜我给小孩捎点儿~。②值得吃的地方：面条子没啥~，咱换换好饭吧。

饭力 [fæ⁵²³leir²¹⁴] fàn lěir　饭食的作用：你弄（这么）大年纪，就靠～了，多吃点儿吧。

清起来饭 [tɕ'iŋ²¹⁴tɕ'i³⁵lɛ⁰fæ⁵²³] qǐng qí lai fàn　早饭。‖又说"清饭"。

响饭儿 [ʂaŋ³⁵fæ̃r⁵²³] sháng fànr　午饭：吃罢～，我送小孩去上学。

喝汤 [xə²¹⁴t'aŋ²¹⁴] hě tāng　指吃晚饭：白间的两顿饭叫"清饭""晌午饭"，合黑不管吃啥饭，一律说成～｜别玩了，该回家～了｜喝罢汤，我跟科长瞎摧起来。

饭顿 [fæ⁵²³tuẽr⁵²³] fàn dùnr　吃饭的时间：我光顾说话，误了～啦｜到～了，恁可不能走哈，就在俺家随便吃点儿｜前边儿就是他家，咱上他家赶～去。‖有些情况下说成"饭点儿""饭时"。

过饭顿 [kuə⁵²³fæ⁵²³tuẽr⁵²³] guò fàn dùnr　随便、简单地吃饭（诙谐、随意的说法）：快12点了，我上朋友家～去｜老规矩，过个饭顿，不要麻烦，随便吃点。

饭局 [fæ⁵²³tɕy⁵⁵] fàn jū　会餐，也指酒席：操办个～。

零嘴头子 [liŋ⁵⁵tsuei³⁵t'ou⁵⁵tsɿ⁰] líng zuí tōu zi　零食：买～浪费钱｜人家的小孩都有～吃，俺的小孩捞不着。‖有的说"零吃嘴" [liŋ⁵⁵tʂʅ²¹⁴tsuei³⁵] líng chī zuí。

锅疙巴 [kuə²¹⁴kə²¹⁴pa⁰] guǒ gě ba　锅巴：把～刮了给狗吃。‖又叫"饭疙疤" [fæ⁵²³kə²¹⁴pa⁰] fàn gě ba。

好面 [xau³⁵miẽ⁵²³] hǎo miàn　小麦磨成的面粉：这个馍是～的｜八月十五推的～，专门留给客吃。

孬面 [nau²¹⁴miẽ⁵²³] nǎo miàn　旧指红薯干、高粱、玉米等磨成的面粉。

飞罗面 [fi²¹⁴luə⁵⁵miẽ⁵²³] fī luō miàn　在罗柜中筛出的精细的小麦面粉。罗面时，细面粉飞落到柜子边缘，粗面粉落在中间，将边缘处的面粉取出，即为飞罗面。

洋面 [iaŋ⁵⁵miẽ⁵²³] yāng miàn　旧指机器磨出的小麦面粉：城里人吃的是大米～，乡下人吃的是杂面窝窝。

一破成 [i²¹⁴p'uə⁵²³tʂ'əŋr⁵⁵] yǐ pò chēngr　在打面机上将小麦等粮食磨一遍，不罗出麸皮的面粉。流行于20世纪70~80年代：没分地以前，能吃上～的面就不孬了，别想顿顿吃好面｜以前说～，当今说成全麦粉｜把豆子炒熟，搁磨上推个～，粗乎的当饲料，牲口吃了上膘。

豆杂面 [tou⁵²³tsa⁵⁵miẽ⁵²³] dòu zā miàn　黄豆、高粱、小麦等粮食合在一起磨成的面粉：这面条子是三红七白的～擀的。

杂面 [tsa⁵⁵miẽ⁵²³] zā miàn　两三种杂粮合在一起磨成的面粉，用于制作烙馍、窝头、锅饼、面条等食品，或用于煮稀饭。

一块面 [i²¹⁴k'uɛ⁵²³miẽr⁵²³] yǐ kuài miànr　指纯小麦面粉做的：以前只能吃红芋、黑

面饼子，能吃饱就算享福了，分了地以后，一季子麦吃不了，家家都吃上～的白馍了｜我给你擀～的面条子吃。

白面条 [pei⁵⁵miã⁵²³t'iaur⁵⁵] bēi miàn tiāor ①清水下的面条。又说"清汤面条"。②小麦面粉做成的面条。区别于杂面做成的面条。

咸面条 [ɕiã⁵⁵miã⁵²³t'iaur⁵⁵] xiān miàn tiāor 用菜汤下的加盐面条。

宽面条子 [k'uã²¹⁴miã⁵²³t'iau⁵⁵tsŋ⁰] kuān miàn tiāo zi 形状较宽的面条。区别于细面条。

凉面条 [liaŋ⁵⁵miã⁵²³t'iaur⁵⁵] liāng miàn tiāor 一种凉着吃的面条。面条煮熟后捞出放入冷水中，捞出加作料和菜：三伏天，面条在开水里煮翻两个滚，捞在冰凉的井水里淘两遍，面条变得冰凉冰凉的，装碗，泼蒜泥、醋汁，滴上香油，一碗～下肚，心里凉丝丝的。

面叶 [miã⁵²³iər²¹⁴] miàn yěr 一种下在水中煮熟的斜四棱形的面片。将面擀成薄片，在擀面杖上一刀划开，切成长方形，下在绿豆汤、小米汤之类的汤中煮熟。‖ 有的地区称作"面叶子""宽面叶子""旗子""煮锅饼""煮饼子""擀锅饼"。宋楼等镇说"饼子"。孙楼街道有的村称作"面皮子"。

蛙鱼 [ua²¹⁴yr⁵⁵] wǎ yūr 小鱼形的凉拌面食。淀粉打糊，用漏瓢漏入开水中煮熟，捞出用凉水拔凉，加佐料拌食。是夏天街上常卖的零食。‖ 也称"凉面鱼"。

面鱼 [miã⁵²³yr⁵⁵] miàn yūr 在汤中煮出的小鱼形的面食。在碗中用面粉和成稠糊，用筷子将面糊拨入滚开的汤中，煮熟即成：他家吃的羊肉汤～。‖ 也称"面鱼子""拨疙瘩"。

鸡屎面条 [tɕi²¹⁴sŋ³⁵miã⁵²³t'iaur⁵⁵] jǐ sí miàn tiāo 旧指红薯面轧制的一种面条。生活困难时期，将红薯面窝窝趁热塞进木制的轧面条机槽中，挤压成面条，加汤汁（浇头）即成。面条色黑而短，如同鸡屎。有的地区做法与此类似：将和好的红薯面团在排孔刮子上轧成面条，放在锅内蒸熟，盛碗时加汤汁。‖ 有的地区称作"轧面鱼子""轧面条子" [ia⁵²³miã⁵²³t'iau⁵⁵tsŋ⁰] yà miàn tiāo zi。

图 5-97　面鱼（2022 年 9 月摄）

扁食 [piã³⁵ʂʅ⁰] bián shi 饺子：大年初一吃～——一样饭（歇后语。正月初一家家都吃饺子）｜正月初一清起来，吃的是素馅～，图个吉利素素净净一整年｜恁老人家今年吃几碗～？

油子鬼 [iou⁵⁵tsɿ⁰kueir³⁵] yōu zi guír 旧指多股油条。每股都较细小，有八股、六股、四股等类型，用来泡粥吃：赶明我请你吃烧饼、麻花、~。‖ 有的写作"油子滚"。

擦咸馍 [tsʻa²¹⁴ɕiæ̃⁵⁵muə⁵⁵] cǎ xiān mō 在鏊子上制作加馅面饼。在鏊子上摊开一张熟烙馍，上放油盐、佐料、蔬菜等，加盖一张熟烙馍，摩擦，使两张烙馍醮匀油盐，烙熟后折叠，切开食用。多用作出门在外时的干粮。‖ 又说"塌馍" [tʻa²¹⁴muə⁵⁵] tǎ mō。

合子 [xə⁵⁵tsɿ⁰] hē zi 两张烙馍合在一起在鏊子上烙熟的带馅面饼：肉~、鸡蛋~、韭菜~ ｜荠菜能包素馅的扁食，还能烙菜~。‖ 有的说"双合子馍" [ʂuɑŋ²¹⁴xə⁵⁵tsɿ⁰muə⁵⁵] shuǎng hē zi mō。

拍饼子 [pʻei²¹⁴piŋ³⁵tsɿ⁰] pěi bíng zi 用手拍压成的杂面小薄饼。放在鏊子上烙熟：这些棒子面~，够吃三天的。‖ 有的说"炕饼子""呱达子" [kua²¹⁴ta⁰tsɿ⁰] guǎ da zi。

油旋子 [iou⁵⁵ɕyæ̃⁵²³tsɿ⁰] yōu xuàn zi 圆形的多层油饼。在擀好的面片上加油、盐、葱花佐料，卷成圆柱，揪剂子，每个剂子都拧转半圈或一圈，压扁擀成薄饼，烙熟后表面黄亮，带有旋转的暗纹：在鏊子上炕了五个~ ｜她炕的~真不孬。‖ 通行于中阳里、凤城等街道。‖ 顺河、师寨等镇说 [iou⁵⁵suæ̃⁵²³tsɿ⁰] yōu suàn zi。有的地区称作"油馍""油饼"。

锅饼 [kuə²¹⁴piŋ³⁵] guǒ bíng 一种贴在锅周圈烙熟的扁圆形面饼。有发面锅饼和死面锅饼两类：炖鸡肉，贴~。

发面锅饼 [fa²¹⁴miæ̃⁵²³kuə²¹⁴piŋ³⁵] fǎ miàn guǒ bíng 用发面做成的锅饼，多是白面。

死面锅饼 [sɿ³⁵miæ̃⁵²³kuə²¹⁴piŋ³⁵] sí miàn guǒ bíng 未经发酵的面做成的面饼，贴在锅上烧熟：锅里炖着鱼，周圈贴着~，揭下来锅饼，贴锅的一面结出金黄的硬疙瘩。

漕鱼喝饼 [tsʻau⁵⁵y⁵⁵xə²¹⁴ piŋ³⁵] cāo yū hē bíng 炖漕鱼（即鲫鱼）时，将扁圆形小面饼放在锅里煮熟或贴在锅上与菜同时烧熟，菜汁沾在饼上，有独特风味。

壮馍 [tʂuɑŋ⁵⁵muə⁵⁵] zhuāng mō 一种在平锅上文火烙熟的大面饼。有的不加油盐，两面带有刀压的菱形花纹，表面龟裂，面硬，筋道；有的加油盐、花椒面、葱花。可存放很长时间，便于外出携带。传统壮馍每个3~5斤重：面条子省，烙馍费，吃了~卖了地（民谚）。

干炕 [kæ̃²¹⁴kʻɑŋr⁵²³] gǎn kàngr 在锅中或鏊子上烙熟的不加佐料的圆饼。

卷子 [tɕyæ̃³⁵tsɿ⁰] juán zi 长方形或半圆柱形的馒头：他揭开锅盖，见一锅发面~蒸熟了，就拾到馍筐子里。

图 5-98　卷子（2022年7月摄）

咸卷子 [ɕiæ̃⁵⁵tɕyæ̃³⁵tsʅ⁰] xiān juán zi 和面制成薄片，撒上油盐、佐料、葱花等，有的加蔬菜叶，卷起切段蒸熟而成。

花拉糊 [xua²¹⁴la⁰xu⁵⁵] huǎ la hū 用白面包高粱面做成的半圆柱形的卷子，带有棕白相间的花纹。‖ 有的称作"花拉虎" [xua²¹⁴la⁰xu³⁵] huǎ la hú、"花老虎" [xua²¹⁴lau⁰xu³⁵] huǎ lao hú。

图 5-99　面糊子（2023 年 4 月摄）

面糊子 [miæ̃⁵²³xu⁵²³tsʅ⁰] miàn hù zi 一种油煎稀软面片。在锅里加少许油，把面糊倒进锅内摊薄煎熟而成。‖ 有的称作"煎面糊"。

辣椒糊子 [la²¹⁴tɕiau²¹⁴xu⁵²³tsʅ⁰] là jiāo hù zi ①面糊中加入辣椒粉、青菜、粉丝等蒸制的菜。有的说"辣椒面糊子"。②用辣椒粉做成的糊。装瓶出售：济宁出的~、八宝菜真好吃。

发馍 [fa⁵⁵muə⁵⁵] fǎ mō 馒头。用发酵的小麦面粉蒸成的食品，上圆而下平：刚出锅的~，陈麦面蒸的，比新麦面的好吃｜卖~的赚钱（民谚。卖馒头风险小，易于盈利。比喻生意虽小，利润却丰厚。有的说成"卖大发馍的赚钱"，卖的馒头比别人的个头大，看似折本，其实销量多，反而多赚）。‖ 也叫"蒸馍"。

团子 [tʻuæ̃⁵⁵tsʅ⁰] tuān zi 一种半球状的有馅面食。用小米面、穄面或玉米面做面皮，内裹豆沙、红薯泥、红枣或其他馅料。常在春节前蒸制：用小米面蒸一锅黄~｜馍筐子里还剩下几个菜~｜年头里，俺娘把红芋洗干净、煮熟、捣成糊糊，掺点红小豆馅、红枣，制成~馅，和好棒子面，包成~，摆到锅里。

黄团子 [xuaŋ⁵⁵tʻuæ̃⁵⁵tsʅ⁰] huáng tuān zi 小米面、穄子面或玉米面包成的团子。

黑团子 [xei²¹⁴tʻuæ̃⁵⁵tsʅ⁰] hēi tuān zi 红薯面包成的团子。

面馞 [miæ̃⁵²³pu⁵⁵] miàn bū 做面食时防止粘黏用的干面粉。‖ 有的写作"面勃"。

面卜揪儿 [miæ̃⁵²³pu²¹⁴tɕiour⁰] miàn bǔ jiur 和面时搓出的条状面：和罢面，她的手上搓下来一小堆~。

烙馍 [luə²¹⁴muə⁵⁵] luǒ mō 一种在鏊子上烙熟的薄饼，为家常主食。其特点是柔

图 5-100　黄团子（2023 年 3 月摄）

软，布满小气泡，麦香扑鼻。常见吃法有烙馍卷臭豆子、卷咸菜丝、卷砂糖、卷咸鸭蛋、卷咸鱼、卷油炸蚂虾，有的加油、盐、葱花，折叠成长方形的"双合子馍"，有的用羊肉汤泡烙馍。

懒馍 [læ³⁵muə⁵⁵] lǎn mō 在锅里蒸熟的薄饼。把擀薄的面片每隔片刻就摊一张放在锅里箅子上，层层叠加，蒸熟而成。‖ 有的称作"懒烙馍""烙懒馍"。

包皮子馍 [pau²¹⁴pʻi⁵⁵tsɿ⁰muə⁵⁵] bāo pī zi mō 用小麦面裹粗粮面烤制的烙馍。在物质匮乏的年代，为人们常吃的食物。

焦馍 [tɕiau²¹⁴muə⁵⁵] jiāo mō 在鏊子上烤熟的干酥香脆的薄饼，做法与烙馍相同，带有芝麻。

烧饼 [ʂau²¹⁴piŋ³⁵] shāo bíng 一种由木炭文火烤熟的扁圆形面饼。正面撒芝麻，刷糖稀水，周边以刀砍成花边，饼内分为三层（含饼心），掺有五香粉等佐料。香咸微甜，外脆里嫩，黄白底色中带有红亮。烧饼炉由两口铁锅对扣而成，其中上口锅切除一部分作炉口：他开了个~铺，也卖包子、油条、糖糕 | 拾麦打~——清赚（歇后语。比喻用轻易得到的本钱来获取利益）。

图 5-101　烧饼（2023 年 1 月摄于中阳里街道）

烧饼夹羊盘肠 [ʂau²¹⁴piŋ³⁵tɕia²¹⁴iaŋ⁵⁵pʻæ̃⁵⁵tʂʻaŋ⁵⁵] shāo bíng jiā yāng pān chāng 一种风味小吃。将刚出炉的烧饼用刀剖开，塞入剁成块的熟羊盘肠。

火烧 [xuə³⁵ʂau⁰] huó shao 用吊炉烤成的椭圆形烧饼。用猪油和面，擀成宽条，涂抹油和五香粉，撒上葱花，卷成棒槌形，擀成巴掌大的面片，撒黑芝麻，贴在炉壁上烤熟。炉上有三条铁链，吊在上面的环上，可移动，因而叫吊炉火烧。新中国成立前，孙兆清的火烧为丰县名吃。

包子 [pau²¹⁴tsɿ⁰] bāo zi 指煎包。特色是两面煎，色泽淡黄，边缘带有面刺，内软外酥：这家的~黄亮的，皮薄、肉抱丸，又香又酥，还有秌秌莛子叫人串上带走 | 集头上那

家包子铺用鲜肉调馅，用芝麻秸烧火，打的~好吃，一口大平锅一劲地煎也不够卖的。‖旧俗用高粱莛子穿成串，随身捎带。有的称作"煎包""水煎包"。

鸡蛋焊包子 [tɕi²¹⁴tæ̃⁵²³xæ̃⁵²³pau²¹⁴tsɿ⁰] jī dàn hàn bǎo zi 把煎熟的煎包用鸡蛋混煎在一起。

蹦棒子花 [pəŋ⁵²³paŋ⁵²³tsɿ⁰xuar²¹⁴] bèng bàng zi huǎr 爆玉米花。

菜馍 [tsʻɛ⁵²³muə⁵⁵] cài mō 用胡萝卜丝、萝卜丝、粉丝、干菜等作馅料的包子：过年的时候先蒸团子，再蒸~，~馅子都是胡萝卜丝、干菜叶子，小孩都不大想吃。

菜包子 [tsʻɛ⁵²³pau²¹⁴tsɿ⁰] cài bāo zi ①蔬菜作馅的包子。②比喻能力差的人：他是个~，啥都不会。

豆包子 [tou⁵²³pau²¹⁴tsɿ⁰] dòu bǎo zi 豆沙包。用红豆沙、红薯泥作馅的包子。有的馅里加红枣。

豆馅子 [tou⁵²³ɕiæ̃⁵²³tsɿ⁰] dòu xiàn zi 用红豆沙制作的馅料：烀了一锅~准备包豆包子。

黏面陀螺 [ȵiæ̃⁵⁵miæ̃⁵²³tuə⁵⁵luə⁰] niān miàn duō luo 黍米面粉或黏谷子面粉做成的面团。黄色，有黏性。春节时，用来做年糕。

角子 [tɕyə²¹⁴tsɿ⁰] juě zi 长蒸包：她剁好馅子，擀好皮子，包了半天，蒸了一锅~。

糖角子 [tʻaŋ⁵⁵tɕyə²¹⁴tsɿ⁰] táng juě zi 用糖作馅做成的三角形蒸包。旧时用于农历六月初一祭神。

枣山 [tsau³⁵sæ̃²¹⁴] záo sǎn 春节期间蒸制的嵌有层层红枣的大馒头。用来供奉神灵和祖先，或用来招待尊贵的客人。

扁豆糕 [piæ̃³⁵tou⁰kau²¹⁴] bián dou gāo 以饭用扁豆做成的糕点。面粉里掺加泡软的饭用扁豆、盐、葱花，和成面团，摊在箅子上蒸熟，取出用刀切块。

窝窝头 [uə²¹⁴uə⁰tʻour⁵⁵] wō wo tōur 一种略呈圆锥形的面食，底下有窝，故名。旧时多用红薯面、玉米面、高粱面做成，有的掺加杂粮或菜做成马蜂菜窝窝、糁子窝窝、红芋叶子窝窝等，加入油盐做成油窝窝：上罢两节课，我饿得前心贴着后背，拿出一个~啃起来。‖也称"窝窝"。有的地区把红薯面粉做的窝窝叫作"电光窝窝"。

榆钱子窝窝 [y⁵⁵tɕʻiæ̃⁰tsɿ⁰uə²¹⁴uə⁰] yū qian zi wō wo 用榆钱掺面粉做成的窝窝头，吃时蘸带有青辣椒的蒜泥。

图5-102 窝窝头（2022年7月摄）

第五章 词汇 ｜ 255

黏面窝窝 [ȵiæ̃⁵⁵miæ̃⁵²³uə²¹⁴uə⁰] niān miàn wǒ wo 黍米面加入枣做成的窝窝：拉大锯，扯大筛，~掌枣摞，摞不黏，再摞摞（童谣）。

捻悠转子 [ȵiæ̃³⁵iou⁰tʂuæ̃⁵²³tsʅ⁰] nián you zhuàn zi ①旧时为救饥而用即将成熟的小麦在石磨上磨成的条状物，多用以做咸稀饭，加野菜充饥。‖ 清代潘荣陛《帝京岁时纪胜·时品》："麦青作撵转，麦仁煮肉粥。"②一种类似于陀螺的玩具，用制钱或橡皮瓶塞，加柄做成。用手捻动其柄，在光滑处转动。‖ 有的称作"捻悠转"。

糖糕 [tʻɑŋ⁵⁵kau²¹⁴] tāng gāo 一种用糖作馅的油炸甜点。用黍面（现多用小麦粉加沸水烫面）包糖，揉压成扁圆形，放入油中炸熟。香、甜，外酥内软。

馃子 [kuə³⁵tsʅ⁰] guó zi 糕点（主要有三刀子、炒糖、开酥、羊角蜜等）：把~取开，分给小孩吃。

馃盒子 [kuə³⁵xə⁵⁵tsʅ⁰] guó hē zi 盛糕点的长方形纸盒：

图 5-103 糖糕（2023 年 4 月摄）

年前，家家到商店里买半筻子馃子，又买来~、包装纸、纸经子，回到家，自己动手把馃子装到~里，用包装纸封好，上面附上红纸来装饰，再用纸经子捆扎成四方形，拿来送亲戚。

羊角蜜 [iaŋ⁵⁵tɕyə²¹⁴mi²¹⁴] yāng juě mǐ ①一种内裹糖稀、外裹白糖粉的月牙状糕点。有的称作"小蜜鸡" [xiau³⁵mi²¹⁴tɕir²¹⁴] xiáo mǐ jǐr。②一种甜度较高的青绿色甜瓜。

蜂糕 [fəŋ²¹⁴kau²¹⁴] fěng gāo 一种用蜂蜜、面筋、绵白糖、核桃仁、南桂、橘饼等原料做成的糕点。其特点是绵甜、醇香、口感松软，既可直接食用，也可冲茶。‖ 丰县食品厂生产的蜜制蜂糕，1983 年获得江苏省名特产品称号，1990 年在"中国妇女儿童用品 90 年博览会"上获得铜牌。

金丝酥 [tɕiẽ²¹⁴sʅ²¹⁴su²¹⁴] jīn sǐ sǔ 用豆粉、花生粉、糖、油等原料制成的糕点，由 4000 余根细如发丝的糖丝组成糕块，色泽浅黄。

银丝酥 [iẽ⁵⁵sʅ²¹⁴su²¹⁴] yīn sǐ sǔ 用芝麻、精面粉、榴花砂糖、清油等多种原料制成的糕点。色泽银白。

开酥 [kʻɛ²¹⁴su²¹⁴] kǎi sǔ 用面粉、糖、油等原料制成的圆饼状糕点，表面有多道裂纹，口感甜、酥。

炒糖 [tsʻau³⁵tʻɑŋ⁵⁵] cáo tāng 一种以糖和面油炸而成的小棍状甜点，口感脆甜。有的在制作时加入芝麻、糖稀等。为旧式常见糕点，以硬纸盒包装，用于送礼。

三刀子 [sæ̃²¹⁴tau²¹⁴tsʅ⁰] sǎn dǎo zi 一种外涂糖浆、正面有 3 道砍棱的方形甜点。每块三刀子上有 2 道刀沟、3 道砍棱，深红色的表皮上沾着芝麻，甜而糯，为传统糕点。

摊糕 [tʻæ̃²¹⁴kau²¹⁴] tǎn gāo 小米面菱形糕点。将小米面（或玉米面）稠糊摊在锅内箅子上，嵌上红枣，蒸熟晾凉切块。

梨糕 [li⁵⁵kau²¹⁴] lí gāo 红薯糖、梨汁制成的三角形或四棱形甜食：卖～的住楼——熬上去的（歇后语）。

引酵头 [iẽ³⁵tɕiau⁰tʻou⁵⁵] yín jiao tōu 含有酵母的面团：她把好面倒到黄盆里，掺上～和面，过了小半天，用手一扒，里边丝丝窝窝的。‖ 也称"引酵""面头"[miã⁵²³tʻou⁵⁵] miàn tōu。

糗 [tɕʻiou³⁵] qiú 用面瓜或西瓜掺加面粉做成的圆形酵子（曲团）。将熟透面瓜或西瓜掺加面粉握成团，用高粱叶或玉米叶包裹，以线绳扎紧，悬挂在门框上侧等处，使其自然发酵。又称"糗蛋子" [tɕʻiou³⁵tæ̃⁵²³tsʅ⁰] qiú dàn zi、"曲蛋子" [tɕʻy²¹⁴tæ̃⁵²³tsʅ⁰] qǔ dàn zi、"曲头"‖ 本字应为"麴"，本指酿酒用的曲，此处指酵母。《释名·释饮食》："麴，朽也。郁之使衣生朽败也。"《广韵》驱匊切，入声、屋韵、溪声："麴糵。"

图 5-104　糗
（2020 年 11 月季朗友摄）

碱面子 [tɕiæ̃³⁵miã⁵²³tsʅ⁰] jián miàn zi 苏打粉（碳酸钠）。和面时加入发面中，去除酸味。

软乎饭 [zuã³⁵xu⁰fæ̃r⁵²³] ruán hu fànr 指粥、面条之类的稀软饭食：我的牙口不好，只能吃点～。

粥 [tʂou²¹⁴] zhǒu 特指用黄豆和小米磨浆熬煮的稀饭。滑润爽口，不沾碗。吃包子、喝粥为传统早饭吃法。

拐粥 [kuɛ³⁵tʂou²¹⁴] guái zhǒu 用水磨将黄豆、小米等磨成浆，并在锅中熬煮成粥：半夜里起来～，天一亮就去卖。

白汤 [pei⁵⁵tʻaŋ²¹⁴] bēi tāng 用粮食或面粉煮成的淡汤。

面子水 [miã⁵²³tsʅ⁰ʂuei³⁵] miàn zi shuí 清水中搅拌面粉烧成的稀糊：烧点～喝，去火的。

疙瘩汤 [kə²¹⁴taʻtʻaŋ²¹⁴] gē da tāng 把面粉加水搅拌成细小的面碎，搅入沸水中煮成的面汤。有煮白疙瘩、咸疙瘩之别，有搅疙瘩、拽疙瘩、拨疙瘩（又称面鱼）等类：合黑，全家喝的～，吃的烙馍卷咸青皮子（咸鸭蛋）。‖ 有时简称"疙瘩"：坑里蛤蟆打哇哇，四十五天喝疙瘩（从听到青蛙开始欢叫算起，四十五天以后可以吃到新麦面做的疙瘩）。

搅疙瘩 [tɕiau³⁵kə²¹⁴ta⁰] jiáo gě da 用搅拌的面碎烧成的稀饭。在盛有面粉的面瓢或大碗中，加少量的水，用筷子搅拌成细小的碎块，下在锅中，煮成饭。

拽疙瘩 [tʂuɛ⁵²³kə²¹⁴ta²¹⁴] zhuài gě dǎ 用拽成碎片的面烧的汤。

剁疙瘩 [tuə⁵²³kə²¹⁴ta⁰] duò gě da 用切成碎丁的面烧的稀饭。

面筋汤 [miæ̃⁵²³tɕiæ̃⁰t'aŋ²¹⁴] miàn jīn tāng 用面筋烧成的汤。面筋搅成丝状，家庭自做的汤中加苋菜（俗称银银菜）、葱、姜末等，街上出售的汤中有海带丝、熟花生米、苋菜、葱、姜末等。盛碗后加入醋、酱油、麻油。其特点是滑润爽口，色鲜味醇。

糊涂 [xu⁵⁵tou⁰] hū dou 稀饭、粥类。常搅入面粉，掺进粮粒、薯块、蔬菜等：绿豆~｜麦仁~｜咸~｜黑喽（晚上）下红芋~喝｜~别烧多稠｜大米~｜小米~。

四只眼的糊涂 [sɿ⁵²³tʂʅ²¹⁴iæ̃³⁵ti⁰xu⁵⁵tou⁰] sì zhǐ yán di hū tou 诙谐的说法，用很少的粮、面烧煮的稀粥或稀饭，端起碗可照见自己的双眼，故名。饥荒时期的食物：她用野菜做了一顿~。‖ 有的说 "四个眼的汤" [sɿ⁵²³kə⁰iæ̃³⁵ti⁰t'aŋ²¹⁴] sì ge yán di tāng。

稀汤寡拉水 [ɕi²¹⁴t'aŋ²¹⁴kua³⁵la⁰ʂueir³⁵] xī tāng guá la shuǐr 形容汤、稀饭非常稀，缺少食材、油盐：这汤烧得~，还没刷锅水好喝哝｜锅里的糊涂~，盛到碗里照人影影，没啥喝头。‖ 有的说 "清汤寡拉水" [tɕin²¹⁴t'aŋ²¹⁴kua⁵⁵la⁰ʂuei³⁵] qīng tāng guā la shuǐr。

稠冈的 [tʂ'ou⁵⁵kaŋr⁵⁵ti⁰] chōu gāngr di 黏稠的样子：大米糊涂熬得~，喝了好克化。‖ 也说 "糯乎的" [liæ⁵²³xur⁵⁵ti⁰] liàn hūr di、"稠乎的" [tʂ'ou⁵⁵xur⁵⁵ti⁰] chōu hūr di。

黏哆儿的 [ȵiæ̃⁵⁵tuər⁵⁵ti⁰] niān duōr di 略微黏稠：娘老了，硬物件克化不动，你淘点儿大米，搁锅里紧熬紧熬，熬得~，给她喝喝就好了｜他烧的肘子~，不腻人。

馏汤水 [liou⁵²³t'aŋ²¹⁴ʂuei³⁵] liù tāng shuǐ 锅中蒸、馏食物剩下的水。

圪巴 [kə²¹⁴pa⁰] gě ba ①锅巴：把饭~抢下来｜盛了一碗锅~。②黏稠物干结后形成的硬块。③动词，黏着，附着：糯子~到衣裳上抠不下来｜他几个成天~到一堆儿。

焖干饭 [mẽ⁵²³kæ̃²¹⁴fæ̃⁰] mèn gǎn fan 煮米饭。

糯米饭 [liæ̃⁵²³mi³⁵fæ̃⁵²³] liàn mí fàn 黏稠的米饭。

啊 [a²¹⁴] ǎ 用米、麦仁、绿豆等熬煮稀饭：糊涂里~上小米｜锅里~点绿豆｜红芋糊涂里~大米。‖ 本字应为 "熬"。

啊锅 [a²¹⁴kuə²¹⁴] ǎ guǒ 在锅里熬煮（稀饭）：淘点绿豆~｜用麦仁~｜剥点豇豆~，烧豇豆糊涂。

啊头 [a²¹⁴t'ou⁰] ǎ tou 熬煮稀饭加入的粮食：淘点绿豆当~。

麦仁 [mei²¹⁴ʐə̃⁰] měi ren 去掉表皮的麦粒，用于烧稀饭或汤。传统做法是用杵臼将麦粒捣砸除皮：搁碓窝子里推~。

豆沫 [tou⁵²³muər⁰] dòu mòr 用黄豆磨浆，加入黄豆芽、粉丝、干菜末等煮成的汤：这家的~真好喝，海带、豆芽头多，吆唤也好听。‖ 也称 "豆沫子" "二沫子" "马糊"。

豆扁子 [tou⁵²³piã³⁵tsʅ⁰] dòu biǎn zi 砸扁的黄豆，用来煮粥、烧汤或炒菜。传统做法是用杵臼捣扁：刚烧好的~糊涂。

豆皮 [tou⁵²³pʻir⁵⁵] dòu pīr 豆腐皮：~卷孜然羊肉。

千张豆腐 [tɕʻiæ²¹⁴tʂaŋ²¹⁴tou⁵²³fu⁰] qiǎn zhǎng dòu fu 很薄的层层叠压的豆腐皮。‖又叫"千张"。

臭豆子 [tʂʻou⁵²³tou⁵²³tsʅ⁰] chòu dòu zi 发酵黄豆做成的菜。为冬季常用菜。将煮熟的黄豆发酵（俗称捂豆子），掺入冬瓜片或萝卜片、白菜，加适量的盐、佐料，封藏十余天即可食用。有的晒干存放，吃时用香油调拌。‖有的说"咸豆子"。

豆瓣子酱 [tou⁵²³pæ⁵²³tsʅ⁰tɕiaŋ⁵²³] dòu bàn zi jiàng 研成瓣的黄豆发酵制成的酱菜。为初春常用菜。将黄豆炒熟，研成豆瓣，加面、水掺匀揉成团，封闭发酵（俗称捂酱），待面团内出现黏丝时，掰碎放入盆内加盐水，置于阳光下曝晒约一个月即可。‖又称"豆瓣酱"。徐州酿造二厂（原丰县酱菜加工厂）生产的"将军庙"牌豆瓣酱1988年获得商业部优质产品、江苏省优质产品称号，并获得中国首届食品博览会铜牌奖，在1990年中国妇女儿童用品90年博览会上获银牌奖。

青方 [tɕʻiŋ²¹⁴faŋ²¹⁴] qǐng fǎng 臭豆腐的别称。颜色青灰，带有发酵臭味。

红方 [xuŋ⁵⁵faŋ²¹⁴] hōng fǎng 红色豆腐乳的别称。‖有的叫"香豆腐"。

大杂烩 [ta⁵²³tsa⁵⁵xuei⁵²³] dà zā huì 用多种菜与肉合在一起烩成的菜。

浇头 [tɕiau²¹⁴tʻou⁰] jiǎo tou 浇在盛好的米饭、面条上的菜汤、肉汤：干饭上浇上一勺子~。

辣椒油 [la²¹⁴tɕiau²¹⁴iou⁵⁵] lǎ jiǎo yōu 油中掺入干辣椒粉熬制的佐料，用时加入汤中。

羊肉汤 [iaŋ⁵⁵ʐou⁵²³tʻaŋ²¹⁴] yāng ròu tāng 用羊肉加粉丝、芫荽等配料烧成的汤。食用时加辣椒油、醋。丰县羊肉汤的特点是肉清香而不膻，汤滑润爽口：听梆子戏、喝~、喝泥池酒，这是他的几样爱好。

唦汤 [ʂa⁵⁵tʻaŋ] shā tāng 用羊肉或鸡肉等肉类加麦仁煮成的汤。将肉熬煮成细丝状，加入麦仁，麦仁煮烂后，勾入淀粉，加进胡椒面、五香粉、麻油、酱油、醋等：烙馍就~，吃起来真是味。‖有的说成 [sa⁵⁵tʻaŋ] sā tāng。简称"唦"[ʂa⁵⁵] shā 或 [sa⁵⁵] sā。"唦"，有的写作"糁""潵"。有人认为其本字为"蛇"，原指用蛇肉煮成的汤，后改用鳝鱼（长鱼）丝代替蛇肉烧成，至今传统煮法仍在汤中加进鳝鱼丝。有鸡肉唦、羊肉唦等类。

羊肉唦 [iaŋ⁵⁵ʐou⁵²³ʂa⁵⁵] yāng ròu shā 用羊肉、麦仁等煮成的汤。‖有的说成 [iaŋ⁵⁵ʐou⁵²³sa⁵⁵] yāng ròu sā。

鸡肉唦 [tɕi²¹⁴ʐou⁵²³ʂa⁵⁵] jī ròu shā 用鸡肉、麦仁等煮成的汤：他烧的~用三年以上的老母鸡，搁到锅里煮开，焖火一夜，第二天清起来用轴子一搅，整个鸡变成肉丝，加上麦仁，盛碗时加一撮旱地芫荽。

图 5-105　细粉——粉丝（2023 年 1 月摄于凤城街道）

油茶 [iou⁵⁵tsʻa⁵⁵] yōu cā 用面筋、花生仁、海带加胡椒粉、麻油等烧制的汤。多在早饭、晚饭时食用。

就头 [tɕiou⁵²³tʻou⁰] jiù tou 下饭菜或下酒菜：弄一盘咸菜当～，不能干咽馍｜喝酒得有点儿～。

细粉 [ɕi⁵²³fẽ³⁵] xì fén 粉丝：孟大爷漏的纯手工红芋～煮起来不浑汤、不煳锅，味道纯正，不牙碜｜羊肉汤里下点～。

红芋轱轮子 [xuŋ⁵⁵y⁵²³ku²¹⁴lẽ⁰tsʅ⁰] hōng yù gǔ len zi 砍成段状的红薯块，多用于烧粥：砍点～烧糊涂。

焦叶子 [tɕiau²¹⁴iə²¹⁴tsʅ⁰] jiāo yě zi 春节时用油炸制的一种菱形焦脆点心。片状，形如树叶。面粉中加芝麻、盐（或糖）、水等，和面擀成薄片，切成菱形（有的绕成帽翅状），在油中炸熟。‖有的说"麻叶"mā yě。新中国成立前，蔡家麻叶为丰县名吃。

面糖 [miẽ⁵²³tʻaŋ⁵⁵] miàn tāng 用麦芽糖加炒熟的面粉做成的块状甜点。一般用于春节期间招待客人。

叠糖 [tiə⁵⁵tʻaŋ⁵⁵] diē tāng 用麦芽糖掺炒熟的芝麻或花生米、面粉等做成的点心。一般在春节前制作。

花啦团 [xua²¹⁴la⁰tʻuɚ⁵⁵] huǎ la tuānr 爆米花醮糖稀做成的圆形零食：小时候吃过啥？就是～，一分钱一个｜货郎挑子里有～、洋糖。

江米棍 [tɕiaŋ²¹⁴mi³⁵kuɚ⁵²³] jiǎng mí gùnr 用大米、糯米（江米）、玉米作原料做成的膨化零食，空心圆筒状。‖有的说"焦米棍"。

图 5-106　签子（2021 年 10 月摄）

羊肉白菜 [iaŋ⁵⁵zou⁵²³pei⁵⁵tsʻɛ⁰] yāng ròu bēi cai 羊肉配大白菜、粉丝烧成的菜：小时候，我觉得～是最好吃的菜。

羊芹细 [iaŋ⁵⁵tɕʻiẽ⁵⁵ɕi⁵²³] yāng qīn xì 羊肉配芹菜、粉丝烧成的菜：炖一盆～。

肴肉 [ɕiau⁵⁵zou⁵²³] xiāo ròu 用猪小肘肉加硝腌制、烧煮而成的一种凉菜。肉红皮白，光滑晶莹。

剔骨肉 [tʻi²¹⁴ku²¹⁴zou⁵²³] tǐ gǔ ròu 剔除骨头的肉。

连肝肺 [liæ̃⁵⁵kæ²¹⁴fɿ⁵²³] liān gǎn fì 从动物体内取出的连在一起的肝、肺、心脏：买一挂~回家过年。

蹄髈 [tʻi⁵⁵pʻaŋr⁵⁵] tī pāngr 作为食品的猪腿的最上部。

蹄甲子 [tʻi⁵⁵tɕia²¹⁴tsɿ⁰] tī jiǎ zi 牛、猪、羊等动物趾端的角质物。

跑子肉 [pʻau³⁵tsɿ⁰ʐou⁵²³] páo zi ròu 兔子肉的别称。跑子，指兔子，因善跑得名。

扑扑囊 [pʻu²¹⁴pʻu⁰naŋ²¹⁴] pǔ pu nǎng 囊膪。胸腹部肥软的肉：好肉都卖完了，就剩这些~没人要｜肚子上没多些瘦肉，都是~。

油吱拉子 [iou⁵⁵tsɿ²¹⁴la⁰tsɿ⁰] yōu zǐ la zi 肥肉、板油熬炼出油后剩下的渣滓。

滚子肉 [kuẽ³⁵tsɿ⁰ʐou⁵²³] gún zi ròu 驴肉的别称。滚子，指驴，由驴习惯打滚而得名。‖ 有的说"鬼子肉"。

寒羊 [xæ̃⁵⁵iaŋ⁵⁵] hān yāng 刚出生的羔羊： ~肉｜~皮（青山羊出生三天之内宰剥的羊皮，也称"青猾皮"）。

签子 [tɕʻiæ̃²¹⁴tsɿ⁰] qiǎn zi 传统菜肴。鸡蛋薄饼或豆腐皮包卷肉馅蒸制的菜。食用时，切薄片装盘，或与其他菜搭配烧炖。‖ 又名"卷煎"。签，指煎制食品。宋代孟元老《东京梦华录·饮食果子》："入炉细项莲花鸭签……羊头签、鹅鸭签、鸡签。"

猫头丸子 [mau⁵⁵tʻou⁵⁵uæ̃⁵⁵tsɿ⁰] māo tōu wān zi 狮子头丸子，用肉末加面粉做成的大肉丸。

肋扇 [lei²¹⁴ʂæ̃⁰] lěi shɑn 排骨。猪、羊、牛等动物的肋骨肉。

断血 [tuæ̃⁵²³ɕiə²¹⁴] duàn xiě 将肉烧煮至不见血色：肉还没~，再煮一会儿才能吃。

番瓜鸡 [fæ̃²¹⁴kua²¹⁴tɕi²¹⁴] fǎn guǎ jǐ 用鸡肉配南瓜炖成的家常菜。

辣子鸡 [la²¹⁴tsɿ⁰tɕi²¹⁴] lǎ zi jǐ 用小公鸡加新鲜青辣椒炒成的家常菜：八月十五，炒一盘~，一家人拉拉馋。

白丸子 [pei⁵⁵uæ̃⁵⁵tsɿ⁰] bēi wān zi 用鸡脯肉、蛋清、淀粉等作馅，在微开的水中汆熟的丸子。用刀背将鸡脯肉砸成肉泥，使鸡肉带有细丝感。有的用鱼肉做成，有的在鸡肉中加鱼肉。其特点为色泽洁白，入口嫩滑。多用于喜庆宴席。流行于南部地区。

紧丸子 [tɕiẽ³⁵uæ̃⁵⁵tsɿ⁰] jín wān zi 将丸子在汤中文火煮熟。

鸡膊子 [tɕi²¹⁴pu⁰tsɿ⁰] jǐ bū zi 鸡胗，鸡的胃。

鸡蛋蒜 [tɕi²¹⁴tæ̃⁵²³suæ⁵²³] jǐ dàn suàn 用煮熟的鸡蛋掺加新鲜蒜瓣捣碎做成的菜：新蒜下来，一家人吃着烙馍卷~｜老二，别干咽馍啊，挖一勺子~就就。

吊鸡蛋皮 [tiau⁵²³tɕi²¹⁴tæ̃⁵²³pʻir⁵⁵] diào jǐ dàn pīr 在油锅中煎鸡蛋薄饼。此饼多用来烧汤：吊好鸡蛋皮，搁到紫菜汤里。

鸡蛋面水 [tɕi²¹⁴tæ̃⁵²³miæ⁵²³ʂueir³⁵] jǐ dàn miàn shuír 在稀面糊中搅入鸡蛋碎烧成的淡汤。

变蛋 [piæ̃⁵²³tæ̃⁵²³] biàn dàn 一种传统风味的鸡蛋制品。用生石灰、草木灰、碱等加水搅拌成料浆，使鸡蛋蘸满料浆，滚蘸谷糠（或稻糠、锯末），装坛密封约7～10天：他溜乡包~，赚点儿工夫钱。

活珠子 [xuə⁵⁵tʂu²¹⁴tsɿ⁰] huō zhǔ zi 经孵化后初具雏鸡形态、尚未完全成形的鸡蛋。一般煮熟食用。‖ 该词于近期传入。本地原称"毛鸡蛋"，传说可治晕病。

旺蛋 [uɑŋ⁵²³tæ̃⁰] wàng dan 孵化中没有受精的蛋，或者因温度、病菌的影响，没有孵化成功的蛋。

鸡蛋碎 [tɕi²¹⁴tæ̃⁵²³sueir⁵²³] jǐ dàn suìr 把鸡蛋搅成糊状，倒入沸汤中漂起的蛋花：疙瘩汤里打点儿~。

溏稀黄 [tʻɑŋ⁵⁵ɕi²¹⁴xuɑŋr⁵⁵] tāng xǐ huāngr 煮鸡蛋没有完全凝固的鸡蛋黄。‖ 也称"溏黄"。

散黄 [sæ̃³⁵xuɑŋr⁵⁵] sán huāngr 禽类卵中的蛋白与蛋黄混在一起呈稀散状：这个鸡蛋陈了，~了。

青皮子 [tɕʻiŋ²¹⁴pʻi⁵⁵tsɿ⁰] qīng pī zi 鸭蛋的讳称。‖ 也叫"青皮儿"。

炕孑啦猴 [kʻɑŋ⁵²³tɕiə³⁵laʻ⁰xour⁵⁵] kàng jié la hōur 在锅里或鏊子上用油煎熟蝉的幼虫。

糟鱼 [tsau²¹⁴y⁵⁵] zǎo yū ①用小杂鱼久炖而成的风味菜。用小鱼（常用小鲫鱼）挂面糊过油，加入醋、料酒等，文火慢炖。鱼刺酥软，小鱼保持完整形状。②腐烂变质的鱼。

蒲菜熬固鱼 [pʻu⁵⁵tsʻɛ⁵²³au²¹⁴ku⁵²³y⁵⁵] pū cài ǎo gù yū 用麻尼姑鱼（棒花鱼）和鲜嫩香蒲根做成的传统名菜。将棒花鱼挂面糊在油中炸成金黄色，加佐料、水，慢慢熬煮，最后加香蒲根、辣椒油，略烩即成。

图5-107 番瓜饦（2022年7月摄）

蒸菜 [tʂəŋ²¹⁴tsʻɛ⁵²³] zhěng cài 用蔬菜、野菜拌面粉蒸制的菜。常用原料有芹菜叶、马齿苋、扫帚菜、茄子、洋槐花、紫藤花、榆钱、大麦苗等。吃时佐以蒜泥、辣椒酱、香油。

番瓜饦 [fã²¹⁴kua²¹⁴tʻuər²¹⁴] fǎn guǎ tuǒr 用鲜嫩南瓜切丝拌面糊煎成的块状菜。

面煎椒 [miæ̃⁵²³tɕiæ̃²¹⁴tɕiau²¹⁴] miàn jiǎn jiǎo 青辣椒拌面糊煎成的菜。

酥菜 [su²¹⁴tsʻɛ⁵²³] sǔ cài ①动词，油炸藕条、萝卜条、山药块等。过年及红白大事时,把藕条、萝卜条、山药块等裹面糊在油锅中炸成金黄色,沥出,凉透贮存,用来烧汤或炖菜:过年了,不管咋说也得炸丸子、~、包扁食。②名词,指油炸的藕条、萝卜条、山药块等:~端上桌,一人一筷子吃得干干净净丨酒席上后来上了一碗丸子汤、一碗~汤丨这家~汤馆卖丸子汤、豆腐汤各样酥菜汤。

藕夹子 [ou³⁵tɕia²¹⁴tsʅ⁰] óu jiǎ zi 裹面糊油炸的藕条。用于烧汤或炖菜。‖ 有的指切好的藕条。

藕夹汤 [ou³⁵tɕiar²¹⁴tʰaŋ²¹⁴] óu jiǎr tāng 用油炸藕条烧成的汤。

胡萝卜臊子 [xu⁵⁵luə⁵⁵puˀsao⁵²³tsʅ⁰] hū luō bu sào zi 用胡萝卜加粉丝等烧成的菜。

文香 [uẽ⁵⁵ɕiaŋ²¹⁴] wēn xiǎng 炒熟的五香花生米,焦酥香脆。‖ 有的说"文香豆儿""五香豆儿"。

蝎子爪 [ɕiə²¹⁴tsʅ⁰tʂuar³⁵] xiě zi zhuár 农历二月二日炒制的咸味黄豆。传说吃后可避蝎蜇、蛇咬。吃蝎子爪的习俗延续至今。

梨膏 [li⁵⁵kau³⁵] lī gáo 用酥梨熬成的糖浆。将梨刨擦成细末,再将细末包在纱布中挤出汁液,将汁液放入锅中熬成黏稠状。吃时,用温开水冲调,止咳、生津、润肺。

大件 [ta⁵²³tɕiæ̃⁵²³] dà jiànr 酒席上的大菜。多指炖制的整鸡、整鱼、肘子、大块肉:大席上有八个凉盘、八个热盘、四个~(大碗菜)丨最后上个~,是一碗猪肉炖白菜。

合碗席 [xə⁵⁵uæ̃³⁵ɕi⁵⁵] hē wán xī 旧指带有用碗扣盖大菜的酒席。合碗:将肉片铺在碗壁,碗内放入白菜等蔬菜盖住肉片,上面扣盖一只碗,放入笼内蒸熟,上桌时将两只碗上下颠倒,使肉片在外。

馃碟 [kuə³⁵tiər⁵⁵] guó diēr 酒席上盛有糕点(馃子)的碟子:新客落坐,先上四个~,又上八凉、八热、四个大件。

大盐 [ta⁵²³iæ̃⁵⁵] dà yān 旧指官方销售的海盐。

小盐 [ɕiau³⁵iæ̃⁵⁵] xiáo yān 旧指用碱土私自熬制的盐:俺家的墙起的碱多,扫硝土的黑天半夜把碱刮走熬成~丨老百姓没钱买官盐,只能吃碱土熬的~。‖ 也称"土盐"。

盐味 [iæ̃⁵⁵ueir⁵²³] yān wèir 指食物中盐的咸味:菜里一点~也没有,吃不下去。

糖牛 [tʰaŋ⁵⁵ɲiour⁵⁵] tāng niūr 糖葫芦:买一串~吃丨他天天扛着草把子卖~丨~山药豆,谁吃谁挨揍(儿歌)丨腰扎得跟~样(形容胖人扎腰带使腰上的肉勒挤出来)。‖ 欢口、顺河等镇称作"糖球"。

糖盘 [tʰaŋ⁵⁵pʰæ̃⁵⁵] tāng pān 盘成扁圆形的麦芽糖。一般用红薯、小米熬制,重一斤、二斤不等。本地风俗,在农历年尾将糖盘掺入炒熟的花生仁或芝麻、炒面等,做成糕点,用来招待客人:大年五更里吃糖盘——迭不得叠了(歇后语。"迭不得叠"谐"迭不得迭",意为来不及)。‖ 宋楼等镇称为"糖陀螺"[tʰaŋ⁵⁵tuə⁵⁵luə⁰] tāng duō luo。

糖疙瘩 [tʻaŋ⁵⁵kə²¹⁴ta⁰] tāng gě da 糖块；糖果：俺孙子有几块~也送给我吃｜你给我送花，还不如给一斤~得计咪｜小孩吃~——嚼了（歇后语。嚼，谐"绝"）。‖旧称"洋糖"。

材料 [tsʻɛ⁵⁵liau⁰] cāi liao 佐料：这个摊子是卖~的，大茴、小茴、丁香、桂皮、八角、花椒，各样~要啥有啥｜肉汤里加点~。

花椒面 [xua²¹⁴tɕiau²¹⁴miẽr⁵²³] huǎ jiǎo miànr 花椒、大茴、小茴掺在一起磨成的粉末。‖有的称作"三大香"。

大料面 [ta⁵²³liau⁵²³miẽr⁵²³] dà liào miànr 五香粉。

西瓜酱 [ɕi²¹⁴kua⁰tɕiaŋ⁵²³] xǐ gua jiàng 用西瓜、发酵黄豆作主料做成的酱菜。

图 5-108 焖菜（2022 年 1 月摄）

焖菜 [mẽ⁵²³tsʻɛ⁰] mèn cai 煮熟的黄豆与苤蓝丝或辣菜丝焖在一起做成的菜。黄豆加佐料煮熟，将苤蓝丝或辣菜丝入锅与熟黄豆拌和，出锅盛入容器焖一个小时即成。有的将苤蓝丝或辣菜丝焯过，拌入煮熟的黄豆，加佐料即成。家庭常用菜。

糖醋蒜 [tʻaŋ⁵⁵tsʻu⁵²³suã⁵²³] tāng cù suàn 用鲜嫩大蒜加糖、醋等腌制的菜。‖又称"醋蒜"。

芝麻盐 [tsɿ²¹⁴ma⁰iẽ⁵⁵] zǐ ma yān 把芝麻炒熟、磨碎并加少许细盐做成的一种食品：烙馍卷~｜窝窝头就~。

麻糁 [ma⁵⁵sẽ⁰] mā sen 麻渣，芝麻榨油剩下的渣滓。

小酒 [ɕiau³⁵tɕiour³⁵] xiáo jiúr 指零售散酒。

泥池酒 [ni̠⁵⁵tʂʅ⁵⁵tɕiou³⁵] nī chī jiú 本地特色的白酒。用黏土建造发酵池（即泥池），以红薯干、高粱、玉米、小麦、大麦、豌豆等为原料发酵而成。1990 年，在"中国酒文化博览会"上"凤鸣塔"牌泥池酒获长城金杯奖。

乌涂子水 [u²¹⁴tuʻ⁰tsɿ⁰ʂuei³⁵] wǔ du zi shuí 温热不爽的水：太阳晒的~，喝了难受。

茶 [tsʻa⁵⁵] cā ①白开水：喝碗~再走｜把~刮出来。‖农村所说喝茶，指喝白开水。旧时，普通人用杞柳叶、棠梨叶、桑叶泡茶，富人在茶馆购买西湖龙井、六安瓜片、信阳毛尖等茶叶。②用少量粮粒或其他食品烧成的汤汁：米~｜红芋~｜鸡蛋~。③茶水。‖茶叶泡出茶水，旧称"茶叶茶"：我只喝白水，喝不惯茶叶茶｜坐办公室的喝茶叶茶惯了，一天得几杯。

烟 [iæ̃²¹⁴] yǎn 卷烟等烟草制品：丰县的~，沛县的酒，光棍出在庙道口（旧民谚）｜取开一包~，分给几个人吸｜拿出烟袋，吸了一锅~。‖旧时又称"小烟"，以别于大烟（鸦片、罂粟）。

揄奶 [tʻou⁵⁵nɛ³⁵] tōu nái 引出奶汁：喝老母鸡汤是~的｜烧糖茶、煮鸡蛋，给她~。

老海 [lau³⁵xɛ³⁵] láo hái 海洛因的旧称：他吸~，吸白面儿，把家业败坏干了。

碗根子 [uæ̃³⁵kẽ²¹⁴tsɿ⁰] wán gěn zi 剩在碗里的少量饭菜。‖又叫"碗底子"。

馍馍圪蒂子 [muə⁵⁵muə⁵⁵kə⁵⁵tei⁰tsɿ⁰] mō mo gē dei zi 掰开过的剩馍：他有怪毛病，每回吃饭都剩~、饭渣子。‖又叫"馍头子"。

引火 [iẽ⁵²³xuə³⁵] yìn huó 用麦秸、纸等易燃物把燃料点着：拿来树叶子~火。

引炉子 [iẽ⁵²³lu⁵⁵tsɿ⁰] yìn lū zi 引燃炉子里的燃料。

择菜 [tsei⁵⁵tsʻɛ⁵²³] zēi cài 剔除蔬菜中不能吃的部分。

发 [fa⁵⁵] fā 把粉丝等物在开水中略焯至膨胀松软：~细粉。

泖 [mau³⁵] máo 把肉类、贝类等放在开水里略煮片刻随即捞出，除去腥膻气及秽物：~羊肉｜把肉搁到锅里~一滚。

拔 [pa⁵⁵] bā 用冷水浸泡食物，使之冷却：把面条搁到凉水里~一~｜井水~凉黄瓜。

炕 [kʻaŋ⁵²³] kàng 在锅里或鏊子上烙（烙烤时不放油，或放少许油）：~壮馍要小火，慢慢烧，火候到了，外酥内软才好吃｜~油馍｜~咸鱼。

炉 [lu⁵⁵] lū 在锅里或鏊子上用文火焙干（佐料等），以供研末：~小茴｜~花椒｜~大料面儿｜~辣椒面儿。

熥 [tʻəŋ²¹⁴] tēng ①把凉的熟食烤热：馍凉了，搁到鏊子上~~再吃。②烤、烫物品或肢体。

炸 [tsa⁵⁵] zā 把蔬菜放入开水中略煮即捞出：~芹菜｜~豆角子。

孛拉 [pu⁵⁵la⁰] bū la 炒（菜）：锅里~点青菜。

炝 [tɕʻiaŋ²¹⁴] qiǎng 一种烹饪方法，加醋用旺火炒菜：~笴瓜｜~绿豆芽｜~藕｜~白菜。

凉调 [liaŋ⁵⁵tʻiau⁵⁵] liāng tiāo 凉拌，把凉的食品加调料拌和：~菠菜豆腐皮｜~肉片｜拍黄瓜、焯豆角、削莴苣，制了几个~菜。

酥 [su²¹⁴] sǔ 油炸：~了一篓子丸子｜~点儿小鱼｜~藕夹子｜~焦叶子。

烀 [xu²¹⁴] hǔ 将食物煮到烂熟：~红芋｜~豆馅子｜~猪食。

煏 [tʻa²¹⁴] tǎ 在锅内或鏊子上加热熥烤（面饼类食品）：~菜馍馍｜~烙馍。

熇 [kʻau⁵²³] kào 一种烹饪方法。用微火煮，使食物的汤汁减少变浓。

干熇 [kæ̃²¹⁴kʻau⁵²³] gǎn kào ①一种烹饪方法，用微火使汤汁变浓或耗干。②比喻给人食用粗劣的饭食：工地上一顿两个干馍，一碗咸汤，~。

抄 [ts'au²¹⁴] cǎo 翻：用锅铲子~~菜｜用筷子~几下子面条子。

塌架 [t'a²¹⁴ɕiar⁵²³] tǎ jiàr ①物体支撑不住而倒塌：他把床压~了。②植物茎叶萎缩变软：荠菜搁锅里一~就能吃｜老是不下雨，庄稼旱~了。③比喻非常疲倦：他拉了几趟车，累~了。

圆汽 [yæ̃⁵⁵tɕ'i⁵²³] yuán qì 蒸制食物时锅周围冒出蒸气：俺达达（父亲）坐到锅门口，"呱嗒呱嗒"地拉着风箱烧锅，~一会儿就出锅了。

吃香的，喝辣的 [tʂʅ²¹⁴ɕiaŋ²¹⁴ti⁰xə²¹⁴la²¹⁴ti⁰] chǐ xiǎng di，hě lǎ di 比喻享受美味佳肴，生活优越：闺女给钱，儿也给钱，她~，样样不愁｜他赡受了这份家业，~，跟神仙样。

衣饭 [i²¹⁴fæ̃⁰] yǐ fanr 特指饭食：该吃哪道~是已就的（旧民谚）。

一水为净 [i²¹⁴ʂuei³⁵uei⁵⁵tɕiŋ⁵²³] yǐ shuí wēi jìng 在水里一洗就算干净：菜里有脏物件，搁水里洗洗就吃，~。

舀碗 [iau³⁵uæ̃³⁵] yáo wǎn 指盛饭。

一个锅里摸勺子 [i²¹⁴kə⁰kuə²¹⁴li⁰muə²¹⁴ʂuə⁵⁵tsʅ⁰] yǐ ge guǒ li mǒ shuō zi 比喻都是自家人。

打平伙 [ta³⁵p'iŋ⁵⁵xuə³⁵] dá pīng huó 多人凑钱在一起用餐：隔三岔五，大家凑到一堆~，买来烧鸡、羊肚，边吃边拉（拉呱）。

顺吃流喝 [ʂuẽ⁵²³tʂʅ²¹⁴liou⁵⁵xə²¹⁴] shùn chǐ liū hě 蹭吃骗喝：他待外边儿~，不管家里的事儿。

憨吃笨喝 [xæ̃²¹⁴tʂʅ²¹⁴pẽ⁵²³xə²¹⁴] hǎn chǐ bèn hē 无节制地吃喝：他是个没脑子的人，光知道~｜他除了~，没啥本事。

喃 [næ̃³⁵] nán 往口中塞；大口吃：小孩看见大米花，抓着直~｜刮大风~炒面——张不开嘴（歇后语）｜她回到家一看，家里的馍馍、菜撒了一地，鸡吃狗~。

把抓口喃 [pa³⁵tʂua²¹⁴k'ou³⁵næ̃³⁵] bá zhuǎ kóu nán 用手抓着大口吃：上来两盘菜，他~都吃完。

尅 [k'ei⁵⁵] kēi ①吃，用在比较随意的场合：他~了两个馍还没吃饱。②喝：~一碗羊肉汤。

擓 [iɛ⁵⁵] yāi 勉强下咽：这个馍我硬~下去｜他撑得不得了啦，还慢慢地~。‖有的说 [iə⁵⁵] yē。

干噎 [kæ̃²¹⁴iə⁵⁵] gǎn yē 只吃馍、米类食物，没有下饭的菜：连点菜汤也没有，~｜~馍。

嘬 [ts'uə²¹⁴] cuǒ 吃（用在非正式场合，含诙谐意味）：我的油桃卖了个好价，请恁上饭店~一顿。

呼 [xu²¹⁴] hǔ 汤或酒类盛得太满时，在碗沿、酒盅上吮吸，不用手端：碗里盛的忒满了，趴到碗沿子上~一口｜酒倒多了，你~~。‖有的说"呼喽"[xu²¹⁴lou⁰] hǔ lou。

潄 [ʂu⁵²³] shù 含吸；吮吸：嘴里~着块糖果儿｜小孩好~手指头｜吃罢饭，喝口水~~嘴｜有的说~猪尾巴能治结巴。

锥 [tʂuei²¹⁴] zhuǐ ①本指饲养动物时增加饲料以使其添膘：多加一遍料，把猪~得肥肥的。②詈词，吃；使某人吃：天晚了，快~吧｜我给他弄点儿好吃的，~~他。

捣 [tau³⁵] dáo 詈词，吃：快~吧，~饱了好干活｜~了一肚子饭，就跑出去玩啦。

攮 [naŋ³⁵] náng 刺，扎；塞：打了十天针，胳膊上~的净针眼子｜从南来个穿青的，一头~到水坑里（谜语，谜底是青蛙）｜往锅底下~一把柴火。

日攮 [ʐʅ²¹⁴naŋ⁰] rǐ nang 詈词，吃：他逮着羊肉~一肚皮｜这个小羔子多能~呗！‖有的说"日捣"[ʐʅ²¹⁴tau⁰] rǐ dao。

吃零嘴 [tʂʅ²¹⁴liŋ⁵⁵tsuei³⁵] chǐ līng zuí 吃零食：他不吸烟、不喝酒、不~，省了钱都寄给家｜别养成~的毛病，小女孩~人家笑话。

管饭 [kuã³⁵fæ̃⁵²³] guán fàn 供给饭食：回到老家，几个人争着~。

待饭 [tɛ⁵²³fæ̃⁵²³] dài fàn 款待吃饭：天不早了，该~了，来的几十口子客都等着哝｜凡是远路的客，都待酒饭。

单待 [tæ̃²¹⁴tɛ⁵²³] dǎn dài 单独款待：他是贵客，得~，给他找个宽绰的包间。

克化 [kʻei²¹⁴xua⁰] kēi hua 消化（较早的说法）：饺子，我~不动，给我擀一碗面条就行。

饿过劲 [ə⁵²³kuə²¹⁴tɕiɛ̃⁵²³] è guò jìn 因长时间没吃饭，饿的感觉已经很弱：忙了一天，到黑喽才想起来两顿没吃饭，~了。

佯活着 [iaŋ⁵⁵xuə⁵⁵tʂou⁵⁵] yāng huō zhou 谑指不吃食物：几天不吃任啥，你想~？

刮茶 [kua²¹⁴tsʻa⁵⁵] guǎ cā 把开水舀出来：锅台上搁着~的水壶｜把茶刮到茶瓶里。

做中 [tsou⁵²³tʂuŋ²¹⁴] zòu zhōng 做好（饭）：饭~了，快来吃吧。

扚 [tau²¹⁴] dǎo （用细长的东西）夹：菜上来了，趁热~着吃｜把骨头~出来｜拿火剪子~炭球儿。

打嗝嘞 [ta³⁵kə²¹⁴lei⁰] dá gě lei 打嗝：吃红芋好~｜酒足饭饱，几个人打着嗝嘞、剔着牙各忙各的事去了。

吃栽 [tʂʅ²¹⁴tsɛ²¹⁴] chǐ zǎi 过量食用而对某种食物产生厌食感：小间我吃红芋~了，眼前一见红芋就胃酸｜上一回~了，再也不想吃了。‖有的说"压着食儿"。

对味 [tuei⁵²³ueir⁵²³] duì wèir ①对口儿，合口味：大家吃~了，一桌菜都吃光｜他吃东西挑剔得很，只要不~就瞪眼。②投契，意气或见解相合：这个人不错，我跟他~。

压饿 [ia²¹⁴ə⁵²³] yǎ è 解饿；使人长时间不感到饿：死面锅饼~，吃两三个能管半天｜面包不~。

水饱 [ʂuei³⁵pau³⁵] shuí báo 喝汤水较多而饱：几碗汤喝下去，喝个~，没肚子吃馍了｜光喝稠糊涂，弄个~。

拉馋 [la²¹⁴tsʻæ̃⁵⁵] lǎ cān 解馋。享用美餐（如肉类），在食欲上得到满足：上饭店拉拉馋｜吃两天大席，拉了几顿馋。

喉咙眼子里伸手 [xu⁵⁵luẽ⁰iæ̃³⁵tsʅ⁰li⁰tʂʻẽ²¹⁴ʂou³⁵] hū lun yán zi li chěn shōu 喻指非常想吃某物：他看见一桌酒席摆得现成的，就觉得~。

争嘴 [tsẽ²¹⁴tsuei³⁵] zēng zuí 争吃食物。多指兄弟姊妹：他妈妈给他生一个~的｜他姊妹几个都是让着吃，从来没争过嘴。

赇吃坐喝 [tɕʻiŋ⁵⁵tʂʅ²¹⁴tsuə⁵²³xə²¹⁴] qīng chǐ zuò hě 自己不出力而吃现成饭：他在家啥也不干，~，吃饱等饿。

改味 [kɛ³⁵ueir⁵²³] gái wèir 改变味道：白煮羊肉一加醋就~了｜白水里搁点儿茶叶改改味儿。

提味 [tʻi⁵⁵ueir⁵²³] tī wèir 添加佐料、配料等使食品鲜美可口：羊肉汤里撒点儿胡椒面~｜肉里加点儿花椒能~。

狼烟动地 [laŋ⁵⁵iæ̃²¹⁴tuŋ⁵²³ti⁵²³] lāng yǎn dòng dì 形容烟雾浓烈，四处弥漫：柴火潮湿不肯着火，熏得~的｜锅灶没有风箱，也没有烟筒，烧起火来~。‖也说"狼烟地动"。

坐锅 [tsuə⁵²³kuə²¹⁴] zuò guǒ 饭菜粘在锅底而烧煳。

淤 [y²¹⁴] yǔ 液体沸腾溢出：锅里~了，快停火｜一会儿没看住，豆浆~掉半锅。

沥 [li⁵²³] ‖稀饭或粥里的水与面糊产生分层。多因久放变质或过分搅拌：面筋汤~了｜疙瘩汤不能一劲地搅，再搅就~了。

澥 [ɕiɛ⁵²³] xiài 同"沥"：糊涂搅~了｜咸糊涂搁一黑喽都~了，不能喝了。

着水 [tʂaŋ⁵⁵ʂuei³⁵] zhāng shuí 加水，添水：锅里再着点水。

折面 [ʂə⁵⁵miæ̃⁵²³] shē miàn 揉面。向面团里加进面粉，揉压使硬：折好面，醒一醒，揪成剂子，团成馒头，再醒醒，把折好的馍拾到锅里｜把面折硬点儿，蒸的馍筋硬｜把面搁到案板上折折。‖也说"盘面" [pʻæ̃⁵⁵miæ̃⁵²³] pān miàn。

皮艮 [pʻi⁵⁵kə⁰] pī gen 食物回潮变软，韧性大，难嚼烂：油条第二天就~了｜煎好的包子拿到家~了。

长醭 [tʂaŋ³⁵pur⁵⁵] zháng būr 物品生出霉斑：发馍搁了几天~了。

捂了 [u³⁵la⁰] wú la 发霉：屋里忒潮，大米都~｜过了半个月，一缸面都~。

丝挠 [sʅ²¹⁴nau⁰] sī nao 馊，食品变质发黏：剩菜都~了，快㩜了吧｜这馍有股~子气,不能吃了。‖ 有的认为是"馊"的分音词。

别味 [piə⁵²³ueir⁵²³] biè wèir 怪异不适的味道:芫荽、穴蒿、慈娄子(小茴香植株)都有股子~,有人喜欢有人烦 | 这瓶药酒~大,我降(xiāng,适应)不了。

转味 [tʂuæ̃⁵²³ueir⁵²³] zhuàn wèir 某些蔬菜中带有的不适口的味道:菘辣菜有点苦辣的~,你要是吃不惯,就用开水焯一下 | 我喜欢吃带~的菜,菘辣菜、薄荷,样样都吃。

转气 [tʂuæ̃⁵²³tɕ'i⁵²³] zhuàn qì 某些蔬菜中带有的不适口的辛辣气味:辣菜疙瘩有股子~ | 这种辣萝卜有点~。‖ 有的说"钻气"[tsuæ̃⁵²³ tɕ'i⁵²³] zuàn qì、"转腥子气"[tʂuæ̃⁵²³ɕiŋ⁰tsɿ⁰tɕ'i⁵²³] zhuàn xing zi qì、"钻腥子气"[tsuæ̃⁵²³ɕiŋ⁰tsɿ⁰tɕ'i⁵²³] zuàn xing zi qì。

土腥子气 [t'u³⁵ɕiŋ⁰tsɿ⁰tɕ'i⁵²³] tú xing zi qì 土中异味:一下雨,地上冲上来一股~ | 野兔子肉有股~。

鱼腥子味儿 [y⁵⁵ɕiŋ⁰tsɿ⁰ueir⁵²³] yū xing zi wèir 鱼身上的腥味:离鱼市还有老远,就闻着了~。

狗腥子气 [kou³⁵ɕiŋ⁰tsɿ⁰tɕ'i⁵²³] góu xing zi qì 狗身上发出的腥味:狗身上有股子~。

豆腥子气 [tou⁵²³ɕiŋ⁰tsɿ⁰tɕ'i⁵²³] dòu xing zi qì 豆类的气味:豆子有股~ | 豌豆老了,有点~。

醭子气 [pu⁵⁵tsɿ⁰tɕ'i⁵²³] bū zi qì 发霉的气味:下了几天大雨,到处冒水,哪儿都潮,屋里有股~,馍馍都长白毛了。

呼脓子气 [xu²¹⁴nuŋ⁰tsɿ⁰tɕ'i⁵²³] hū nong zi qì 狐臭气味:他身上的~熏死人。‖ 也指吃葱、蒜后口中散发的气味。

油咕囊子味 [iou⁵⁵ku⁰naŋ²¹⁴tsɿ⁰ueir⁵²³] yōu gu nǎng zi wèir 难闻的油腥气。

窜味 [ts'uæ̃⁵²³ueir⁵²³] cuàn wèir 不同种类的食物混放在一起,引起味道混杂:肉跟茶叶搁一堆容易~ | 好烟不对锅,怕~喽。

十一、穿戴

扎顾 [tsa²¹⁴ku⁰] ză gu ①打扮,照顾穿着:~闺女出门 | 老年人会~小孩 | 我套个衣裳,~~小孩。②照管(小孩):奶奶把他~大了。‖ 古代白话文学中写作"扎括""扎裹""扎挂"等。

土布 [t'u³⁵pu⁵²³] tú bù 指在传统织布机上手工织成的棉布。与"洋布"相对而言:几十年前,老百姓都穿~衣

图 5-109 土布(2023 年 1 月摄于万楼)

裳，细布得用布票买。‖ 也叫"粗布"，强调说法是"老土布""老粗布"。

印花布 [iẽ⁵²³xuã²¹⁴pu⁵²³] yìn huǎ bù 用煮蓝染成的手工织成的棉布。旧时农村，几乎全用印花布做被面、枕套。

洋裙子 [iɑŋ⁵⁵tɕ'yẽ⁵⁵tsʅ⁰] yāng qūn zi 旧指新式裙子。

夹袄 [tɕia²¹⁴au³⁵] jiǎ ǎo 双层的上衣。多在春秋季节穿。

笼袄褂子 [luŋ⁵⁵au³⁵kua⁵²³tsʅ⁰] lōng ǎo guà zi 罩在袄外的褂子。

喝茶的褂子 [xə²¹⁴tsʻa⁵⁵ti⁰kua⁵²³tsʅ⁰] hē cá di guà zi 喻指在大场合显得体面的褂子：把我的~拿过来，我吃大席去。

对襟褂子 [tuei⁵²³tɕiẽ²¹⁴kua⁵²³tsʅ⁰] duì jīn guà zi 一种传统式样的上衣。两襟相对，胸前正中有两列布质纽扣。多为男子所穿。

大襟褂子 [ta⁵²³tɕiẽ²¹⁴kua⁵²³tsʅ⁰] dà jīn guà zi 纽扣偏在一侧的旧式上衣。通常从左侧到右侧，盖住底襟。20世纪60~90年代多为妇女所穿，90年代渐被淘汰。

图 5-110　大襟褂子（2019 年 1 月摄）

小翻领 [ɕiau³⁵fæ̃²¹⁴liŋ³⁵] xiáo fǎn líng 领口略微宽松、衣领向外翻折的外套或上衣。20世纪80年代在丰县兴起。

大翻领 [ta⁵²³fæ̃²¹⁴liŋ³⁵] dà fǎn líng 领口较宽、衣领向外翻折较多的上衣。

褂茬子 [kua⁵²³tsa⁵⁵tsʅ⁰] guà zā zi 短袖上衣。又称"褂茬儿"。

汗溻子 [xæ̃⁵²³t'a²¹⁴tsʅ⁰] hàn tǎ zi 旧指背心。

卫生衣 [uei⁵²³səŋ²¹⁴i²¹⁴] wèi sēng yī 汗衫。

袄头 [au³⁵t'our⁵⁵] ǎo tōur 短小的棉袄：三九天他穿着个小~，盖不住腚，能不冷吗？

袄壳喽子 [au³⁵k'ə²¹⁴lou⁰tsʅ⁰] ǎo kě lou zi 指穿在身上没有搭配衬衣的棉袄：20世纪70年代的冬天，庄里多数人没有衬褂、衬裤、袜子，上身穿个~，下身穿着大裆带裤腰子的棉裤，脚上穿着鞋壳喽子。

夹裤子 [tɕia²¹⁴k'u⁵²³tsʅ⁰] jiǎ kù zi 双层的裤子。多在春秋季节穿。

坎夹子 [k'æ̃³⁵tɕia²¹⁴tsʅ⁰] kǎn jiǎ zi 坎肩：穿~拜年——露两手（歇后语）。

枵布 [ɕiau²¹⁴pu⁵²³] xiǎo bù 纤维稀疏而轻薄的布：这床蚊帐是~做的。

枵 [ɕiau²¹⁴] xiǎo 布类的丝缕稀疏而薄：这种布有点~，不能做衣裳。

海棠蓝 [xɛ⁵⁵t'aŋ⁰læ̃⁵⁵] hái tang lān 用海昌蓝染出的深蓝色的布：民国时期，年轻人穿~。‖有的说成"海灿蓝" [xɛ⁵⁵ts'æ̃⁰læ̃⁵⁵] hái can lān。

合嚓子 [xə⁵⁵ts'a⁰tsʅ⁰] hē ca zi 旧指再生棉（人造棉）衣料，流行于20世纪60~70年代：他扯了一件~褂子，只洗了一水，就不能穿了。

佮 [kə²¹⁴] gě 合：~绳子｜用拧车子把两股线~成一股。

佮线 [kə²¹⁴ɕiæ̃⁵²³] gě xiàn ①用线砣捻线：用陀螺子~。②合线，把几根线拧在一起：三~｜两~。

铰衣裳 [tɕiau³⁵:i²¹⁴ʂaŋ⁰] jiáo yǐ shang 裁剪衣服。

砸衣裳 [tsa⁵⁵i²¹⁴ʂaŋ⁰] zā yǐ shang 用缝纫机缝制衣服。

缅 [miæ̃³⁵] mián 折起来缝：把袖筒往里~一指｜~裆裤｜~上裤腿角。

缅缲 [miæ̃³⁵tɕ'iau⁵²³] mián qiào 一种缝纫方法。将布帛的边向里卷，缝边后外面不露针脚：把裤腿往里~一缲。

贴缲 [t'iə²¹⁴tɕ'iau⁵²³] tiē qiào 贴边儿。将窄布条缝在衣服里子的边上（与"缅缲"相区别）：褂子有点儿短，得~。

缘 [iæ̃⁵⁵] yān （顺边）缝：~鞋口子｜~衣裳边儿。

繉 [iẽ³⁵] yín 纴，一种缝纫方法。用针线将面子和里子及夹层物（棉絮等）粗缝起来，使其固定：盖体上~了几趟子｜把袄~好。

敹 [liau⁵⁵] liāo 用针缝：爸爸买来一把芭蕉扇，妈妈拿针在扇子边上~一圈布条｜把褂子~上｜他媳妇给他洗洗~~的，他比结婚以前打扮得好看了。

奓线 [tsa⁵²³ɕiæ̃⁵²³] zà xiàn 衣物接缝处因断线而开裂：褂子~了。‖奓，《集韵》马韵仕下切："繒纰貌。"

缀 [tsuə³⁵] zuó 粗针缝合：你的衣裳奓线了，我给你~上几针。‖也说"**缀巴**" [tsuə³⁵pa⁰] zuó ba：小孩的衣裳不要多好，孬好~上就能穿。

摆 [pɛ³⁵] bái 用清水漂洗（衣物）：把搓好的衣裳搁到大盆里~~。

洅 [tsɛ⁵²³] zài 把洗过的衣物、蔬菜等放在清水里淘洗：衣裳洗罢两遍，还得~一遍｜~菠菜。

裤杂子 [k'u⁵²³tsa⁵⁵tsʅ⁰] kù zā zi 裤衩，短裤。

连脚蹬 [liæ̃⁵⁵tɕyə²¹⁴təŋ²¹⁴] lián juě děng 连脚裤。婴儿穿的一种裤子，裤脚用棉袜

底封口。

露裆裤 [lou⁵²³taŋ²¹⁴kʻu⁵²³] lòu dǎng kù 幼儿穿的裆里有开口的裤子。‖ 又称"开裆裤"。

缘裆裤 [iæ̃⁵⁵taŋ²¹⁴kʻu⁵²³] yān dǎng kù 中式不开裆的裤子。与"露裆裤"相对：他忒小，不能穿~。

灯笼裤 [təŋ²¹⁴lou⁰kʻu⁵²³] děng lou kù。一种旧式裤子，裤腿和裤腰均肥大，裤腰用布带束扎。

扣弥子 [kʻou⁵²³mi⁵⁵tsʅ⁰] kòu mī zi 用小布条缝成的疙瘩状纽扣。

裤腿脚 [kʻu⁵²³tʻuei³⁵tɕyə²¹⁴] kù tuí juě 裤腿的最下端：~有点肥。‖ 有的说"裤底脚" kù dí juě。

搐腰带 [tʂʻu²¹⁴iau²¹⁴tɛ⁵²³] chǔ yǎo dài 束腰的带子，裤带。‖ 也叫"腰带""裤腰带"。

武装带 [u³⁵tʂuaŋ²¹⁴tɛ⁵²³] wú zhuāng dài 军人装束的腰带。"文化大革命"期间流行于青年中，由绿色帆布制成：穿着一身绿军装，腰里扎着~。

席夹子 [ɕi⁵⁵tɕia²¹⁴tsʅ⁰] xī jiǎ zi 用高粱篾编成的斗笠。

独噜帽 [tu⁵⁵lu⁰mau³⁵] dū lu mào 旧时男子戴的圆锥形帽子。严寒时可以把边缘放下盖住耳朵。原为软布做成，后来以棉线或毛线织成。‖ 有的称作"独噜帽子""独噜子""撸撸头帽""一抹撸" [i²¹⁴ma⁰lu²¹⁴] yī ma lǔ、"一把撸"。

图 5-111 虎头帽（2023 年 5 月摄）

虎头帽 [xu³⁵tʻou⁵⁵maur⁵²³] hú tōu màor 男童戴的有虎头图案的布帽。多以黑布作底，前绣带"王"字的虎头，两侧垂挂线穗，帽后配两条飘带。旧俗认为虎可辟邪，故戴虎头帽以求吉祥。‖ 有的说"老虎帽"。

莲花帽 [liæ̃⁵⁵xua²¹⁴maur⁵²³] liān huǎ màor 女童戴的有莲藕花形饰物的布帽。前绣莲花，上缀双头鹅。

西瓜帽 [ɕi²¹⁴kua⁰maur⁵²³] xǐ gua màor 一种旧式便帽，形状如半个西瓜皮。多以六块三角形布料缝合而成。‖ 也称"六块瓦""帽垫子"。

火车头帽 [xuə³⁵tʂʻə²¹⁴tʻou⁵⁵mau⁵²³] huó chē tōu mào 一种棉帽。正前部有一块剪绒，帽耳长而大，最下端缀有带子或按扣。帽耳放下时，整个帽子像蒸汽机车车头的正面。多为绿色、蓝色。20 世纪 60~80 年代广为流行。

帽耳巴 [mau⁵²³lʅ³⁵par²¹⁴] mào lrí bǎr 帽耳。帽子两旁护耳朵的部分：皮帽子上缀着两个~。‖也称"耳巴子"。

耳㧰子 [l˧˥uŋ²¹⁴tsɿ⁰] ěrwǒng zi 护耳朵的套子。用来使耳朵保暖。

围脖 [uei⁵⁵puə⁵⁵] wēi bō 围巾。

兜兜 [tou²¹⁴tou⁰] dōu dou 肚兜。戴于幼儿胸前用以护肚的菱形红布。

布袋 [pu⁵⁵tɛr⁰] bū dair 衣袋：~鼓鼓囊囊的，不知装的啥好吃的｜~里装着刚领的票子。‖也称"布袋子"。

围嘴 [uei⁵⁵tsuei⁰] wēi zui 幼儿吃饭时戴在脖子前遮护上衣的布块。

图 5-112　兜兜
（2023 年 1 月摄于丰县文博园）

蘸带 [tʂæ̃⁵²³tɛ⁰] zhàn dai 旧式男子束腰布带。束于棉袍或上衣外。多用于老年男子：爷爷冬天穿着黑棉袍子，腰里搕着~，头上戴着毡帽。‖又称"蘸蘸" [tʂæ̃⁵²³tʂæ̃⁰] zhàn zhan、"丈带" [tʂaŋ⁵²³tɛ⁰] zhàng dai。

铲鞋 [tsʰæ̃³⁵ɕiɛ³⁵] cán xiāi 传统男式布鞋。前部似铲头，鞋帮用厚布做成，有的用生柿子漆过。20 世纪 50 年代前流行，50 年代后消失：财主穿着老~，厚厚的底儿｜一年的工价三千六，四双~两匹布。

襻子鞋 [pʰæ̃⁵²³tsɿ⁰ɕiɛ⁵⁵] pàn zi xiāi 中青年妇女穿的带襻的布鞋。

茅窝子 [mau⁵⁵uə²¹⁴tsɿ⁰] māo wǒ zi 一种用芦花、草绳、布条等编成的冬季鞋子。青少年和中年人穿木底茅窝子，老年人和幼儿穿平底茅窝子：白日里，刨好红芋砍棉柴，到黑喽，上灯熬眼搓绳、打~。‖也称"茅窝儿"。

虎头鞋 [xu³⁵tʰou⁵⁵ɕiɛ⁵⁵] hú tōu xiāi 儿童穿的绣有虎头图案的鞋。虎头用彩色丝线绣成。给婴儿送粥米时，常配送虎头鞋。

气眼 [tɕʰi⁵²³iæ̃r³⁵] qì yánr 鞋面上的金属孔，用以穿鞋带：这双鞋砸上~就能穿了｜他真阔，穿着砸~的鞋。

图 5-113　茅窝子
（2023 年 1 月摄于丰县文博园）

跟脚 [kẽ²¹⁴tɕyə²¹⁴] gěn juě （鞋）合脚：她比着鞋样子做了一双鞋，穿起来~。‖也说"可脚"。

糊袼褙 [xu⁵⁵kə²¹⁴pei⁰] hū gě bei 制作袼褙。在木板上铺衬纸，用糨糊将碎布或细

第五章　词汇　｜　273

苘丝等粘贴在纸上，做成一张厚片，晒干后用作鞋料。碎布制作的称作布袼褙，用作鞋帮料，苘丝制作的称作苘袼褙，用作鞋底料。‖ 有的说"打袼褙""抹袼褙"。

鞋样子 [ɕiɛ⁵⁵iaŋ⁵²³tsŋ⁰] xiāi yàng zi 用纸做成的鞋模。在纸上用笔描出脚的轮廓，然后剪裁成模板：用剪子铰个～｜络一张～。

鞋靠子 [ɕiɛ⁵⁵kʻau⁵²³tsŋ⁰] xiāi kào zi 袼褙做成的鞋模。

替鞋样子 [tʻi⁵²³ɕiɛ⁵⁵iaŋ⁵²³tsŋ⁰] tì xiāi yàng zi 比照鞋子或鞋样，用纸或袼褙剪出样本：照他的旧鞋～｜替他的鞋样子做双新鞋。‖ 也说"络鞋样子" [luə²¹⁴ɕiɛ⁵⁵iaŋ⁵²³tsŋ⁰] luǒ xiē yàng zi。

鞋呱啦子 [ɕiɛ⁵⁵kua²¹⁴la⁰tsŋ⁰] xiāi guǎ la zi 拖鞋：趿拉着～。‖ 有的说"鞋呱嗒子""呱啦底子""鞋呱啦底子"。

呱嗒板 [kua²¹⁴taʻ⁰pær³⁵] guǎ da bánr 木底拖鞋，旧时夏天中青年男子常穿。‖ 有的说"木呱嗒底"。

鞋叶根 [ɕiɛ⁵⁵iə²¹⁴kə⁰] xiāi yě gen 儿童鞋后跟上缀着的方形小布片，用于提鞋：小孩踩掉～——没法儿提啦（歇后语）。‖ 又称"鞋叶子" [ɕiɛ⁵⁵iə²¹⁴tsŋ⁰] xiē yě zi。

鞋襻子 [ɕiɛ⁵⁵pʻæ̃⁵²³tsŋ⁰] xiāi pàn zi 鞋帮上用以系扣的长条：凉鞋上带个～。

鞋壳喽 [ɕiɛ⁵⁵kʻə⁰lour²¹⁴] xiāi ke lǒur 鞋壳：～里进沙子了｜～里长草——荒了脚了（歇后语。荒，谐"慌"）。

鞔鞋帮 [mæ̃⁵⁵ɕiɛ⁵⁵paŋr²¹⁴] mān xiāi bǎngr 把鞋面布料蒙在鞋帮上。

褯子 [tɕiə⁵²³tsŋ⁰] jiè zi 尿布：我打一挑子水洗～｜以前都用～，这会儿都用尿不湿了。

截布 [tɕiə⁵⁵pu⁵²³] jiē bù 买布：那时候，全家人的衣裳是～做的，鞋是手工纳的千层底｜到交流会上～做件子衣裳。‖ 又说"扯布""搜布"。

扯衣裳 [tɕiə⁵⁵i²¹⁴ʂaŋ⁰] ché yǐ shang 买布做衣服：挣来钱称米称面，扯了一件衣裳。

插花 [tsʻa²¹⁴xua²¹⁴] cǎ huā 绣花：她的女红做得好，～描云数第一｜一学织布把棉纺，二学裁剪做衣裳，三学描云把花插，四学巧女绣鸳鸯（民间说唱《劝红妆》）。

色道 [sei²¹⁴tau⁰] sěi dao 颜色：这衣裳～怪好看。

煮青 [tʂu³⁵tɕʻiŋ²¹⁴] zhú qǐng 旧时常用的黑色染料。多用以染布：丰县人的黑袄头、黑棉裤全国有名，都是～染的｜屋檐油，老烟筒，膏药糊子，好～（民谚"四黑"）。

煮黑 [tʂu³⁵xei²¹⁴] zhú hěi 同"煮青"。

煮蓝 [tʂu³⁵læ̃³⁵] zhú lān 旧指一种蓝色染料。多用于染蓝布。

洋红 [iaŋ⁵⁵xuŋ⁵⁵] yāng hōng 旧指一种红色染料。可染出大红、二红、紫红、赭红等颜色。用以染布、鸡蛋、雏鸡等。

洋黄 [iaŋ⁵⁵xuaŋ⁵⁵] yāng huāng 旧指一种黄色染料。用以染布、作画等，常用来在床面、影壁上绘图：用～染了一块包袱皮子。

洋绿 [iaŋ⁵⁵ly²¹⁴] yāng lǚ 旧指一种绿色染料。用以染布、雏鸡等，也用来在床、影壁等器物上作画。

戒镏子 [tɕiɛ⁵²³ liou²¹⁴ tsʅ⁰] jià liǔ zi 戒指。

十二、起居

起来 [tɕ'i³⁵lɛ⁰] qí lai ①让开；闪开：~，别站路当中。②站立；起床。

裂怀 [liə³⁵xuɛ⁵⁵] lié huāi ①上衣张开，露出胸膛或内衣：你看你，裂着怀站在路口像啥样｜他穿着黑棉袄、大裆裤子，敞胸~，露着肚子眼。②比喻花朵绽开：棉花~了｜牡丹花骨朵~了。‖也说"敞怀""撇裂怀"[pʰiə³⁵liə⁰xuɛ⁵⁵] pié lie huāi。

刮头 [kua²¹⁴tʰou⁵⁵] guǎ tōu 用篦子梳理头发：拿来篦子刮刮头。

绾纂 [uã³⁵tsuã³⁵] wán zuán 妇女将长发盘绕编成发髻。

抹澡 [ma²¹⁴tsau³⁵] mǎ záo 擦洗身体。

灰卜揪 [xuei²¹⁴pu²¹⁴tɕiour⁰] huī bǔ jiur （皮肤上搓出的）小的灰条：身上搓下来一大把~｜街上的汽车多得很，跟搓~的样。

洗澡堂子 [ɕi³⁵tsau³⁵tʰaŋ⁵⁵tsʅ⁰] xí záo tāng zi 浴池：~里放水——不洗（旧歇后语。不洗，谐"不喜"。民国时期，某家澡堂每天放两次水，洗澡的人赶到放水的时候，不能洗，便编了这句歇后语）。‖也称"洗澡堂""澡堂子"。

洗荤澡 [ɕi³⁵xuẽ²¹⁴tsau³⁵] xí hǔn záo 指男与女（尤指妓女）不正当同浴。‖也说"洗花澡"。

晕堂子 [yẽ²¹⁴tʰaŋ⁵⁵tsʅ⁰] yǔn tāng zi 在公共澡堂洗澡时，由于空气流通不畅而头晕目眩、恶心，甚至休克。

晵晾 [tɕ'i²¹⁴liaŋ⁰] qǐ liang 去掉湿气：搁到风口儿里~~｜路上净泥，等~干了再走｜刚出锅的热馍，~~再拿。

晵 [tɕ'i²¹⁴] qǐ ①物体受潮：墙头叫雨~湿了｜箱子搁到地上~毁了。②人受水浸渍（感到不适）：裤子渳湿了，~得受不了｜小孩腚沟里淹了，汗~的，得抹点粉面子｜小迷瞪，尿床精，半夜里起来查星星。老天爷咋还不明哎，~得我的腚瓣子疼（童谣）。③用沙土等吸收水分：裤子上撒上沙土~~。

上地 [ʂaŋ⁵²³ti⁵²³] shàng dì 下地耕作：一家人拿着镰~割麦去了。

翻工 [fæ̃²¹⁴kuŋ²¹⁴] fǎn gǒng 返工：屋顶上的瓦没对严实，得~。

试活 [sʅ⁵²³xuər⁵⁵] sì huōr 试用新产品；试验技能：电饭煲买来了，烧两碗米饭试试活｜贤妻给我做条裤，也算试试你的活（民间说唱《拙老婆》）。

出笨力 [tʂʰu²¹⁴pẽ⁵²³li²¹⁴] chū bèn lǐ 做繁重、费力的事情；干粗活儿：他一没文化，二没技术，跟着建筑队搬砖，靠~吃饭。‖有的说"出憨力"。

打零工 [ta³⁵liŋ⁵⁵kuŋ²¹⁴] dǎ līng gǒng 受雇做短期临时性工作：他靠~养活全家，省吃俭用，日子过得紧紧巴巴｜俺庄上五六十岁的人都去~了，有的到工地上干杂活，有的给人家装修房子，有的给人家摘草莓。

长力 [tʂʻɑŋ⁵⁵liɚ²¹⁴] chāng lǐr 持久的力气：他只能干一绊子活儿，没~。

躁活 [tsau⁵²³xuər⁵⁵] zào huōr 不顾实情，急于把事情做完：他这个人~，老想一下子干完。

恨活 [xẽ⁵²³xuər⁵⁵] hèn huōr 能干：他~，有活一下子干完，不过夜。

磨滑 [muə⁵⁵xuar⁵⁵] mō huār 借故躲懒：正干着活儿，他出来｜松闲拉款~。

逃滑 [tʻau⁵⁵xuar⁵⁵] tāo huār 同"磨滑"：上班的时候，他得跑就跑，回回~。

藏奸 [tsʻɑŋ⁵⁵tɕiæ̃²¹⁴] cāng jiān 不肯尽力做事：只要她不~，保险能把毛衣织好。

得推不揽 [tei²¹⁴tʻuei²¹⁴pu²¹⁴læ̃³⁵] děi tuǐ bǔ lán 只要能推托，就不承揽：几家单位都想着多一事不如少一事，~。

一马全管 [i²¹⁴ma³⁵tɕyæ̃⁵⁵kuæ̃³⁵] yǐ má quān guán 全部包揽：你别愁了，吃的、住的我~，不要你一个钱。

磨正 [muə⁵²³tʂəŋ⁵²³] mò zhèng 扶正；由副职提升为正职：组织上看他能干，就把他~，提拔成局长｜二奶~当上了夫人。

混穷 [xuẽ⁵²³tɕʻyŋ⁵⁵] hùn qiōng 因贫穷而做粗杂活糊口度日：他起小~，靠推小车过日子。

查门鼻 [tsʻa⁵⁵mẽ⁵⁵piɚ⁵⁵] cā mēn bīr 本义指挨家挨户地查看，比喻挨门挨户地乞讨（含戏谑意味）：他怀里抱着个黑碗，手里拿着打狗的枣条，穿的连小小虫（麻雀）都不敢落，挨家挨户~去了。

给狗查牙 [kei⁵⁵kou³⁵tsʻa⁵⁵ia⁵⁵] gēi góu cā yā 同"查门鼻"。

填不满的穷坑 [tʻiæ̃⁵⁵puᵒmæ̃³⁵tiᵒtɕʻyŋ⁵⁵kʻəŋ²¹⁴] tiān bu mán di qióng kěng 喻指需要无止境资助的人。

锄 [tʂʻu⁵⁵] chū ①动词，用锹或铲撮取、平削：~几锨土垫上坑｜拿个铲~~碗碴子、碎玻璃｜把沙子~到车上。②用锄松土除草。

敛 [liæ̃³⁵] lián ①铲削：用铁锨~~地｜拿锨把雪~成堆儿。②聚集（资金）：~钱修路。

缩掳 [tʂʻu²¹⁴lyᵒ] chǔ lǔ（顺着地面）来回推铲，反复回抽、外推：用铁锨把地~平。

掠 [luə²¹⁴] luǒ（用扫帚、笤帚等）扫，音同"落"：屋里屋外~了一遍｜他掂起大扫帚，把路上的树叶子~干净。

晒暖 [sɛ⁵²³nuər³⁵] sài nuánr 晒太阳，冬天在有阳光的地方取暖：几个老嬷嬷坐到大门口晒着暖拉家常。

打哈哈 [ta³⁵xa²¹⁴xɑ⁰] dá hǎ ha 打哈欠：他打着哈哈，趿拉着鞋，跟没睡醒的样。

哈哈流水 [xa²¹⁴xɑ⁰liou⁵⁵ʂuei³⁵] hǎ ha liū shuí 打着呵欠，困倦欲睡的样子（含讥讽意味）：他上着班儿~，肯定又熬夜了。

百岁 [pei²¹⁴suei⁵²³] běi suì 大人在儿童打喷嚏时说的吉利话。

困 [kʻuɛ⁵²³] kùn ①睡：他看着电视~着啦｜我一觉~到晌午，到底~了一个囫囵觉｜我睡得快，搁头就~着。②困倦：熬了一黑喽，~得不得了｜我的~劲儿叫他搅没有了。

磕头打盹 [kʻə²¹⁴tʻour⁵⁵ta³⁵tuɐr³⁵] kě tōur dá dúnr 瞌睡时头不断点动的样子：开会开到半夜，大家都困得~。

眯登 [mi⁵⁵təŋ⁰] mī deng 小睡；眼睛微合入睡：我歪到沙发上~~眼｜他趴到桌子上~了一会儿。

麻登 [ma⁵⁵təŋ⁰] mā deng 同"眯登"：他刚一~眼，就觉得起风了｜他坐到椅子上，两眼~了一会。

蒙头裹屡 [məŋ⁵⁵tʻou⁵⁵kuə³⁵tu²¹⁴] mēng tōu guó dǔ（用被子）蒙住头，裹住屁股和脚：他带着一肚子怨气回到家，~地睡了。

暖脚 [nuæ̃³⁵tɕyər²¹⁴] nuán juěr （两个人）睡在一起，增添脚温：我跟老爷爷一个床睡，好给他~｜俺媳妇回娘家了，我没人~，老觉得脚头冰凉。

睡抹杠 [ʂuei⁵²³ma²¹⁴kaŋ⁵²³] shuì mǎ gàng 睡过预定时间。‖ 有的说"睡过卯"[ʂuei⁵²³kuə²¹⁴mau³⁵] shuì guǒ máo。

回笼觉 [xuei⁵⁵luŋ⁵⁵tɕiau⁵²³] huī lōng jiào 醒后重新入睡（多指早上）：清起来睡个~，觉得有精神。

招压虎子 [tʂau²¹⁴ia²¹⁴xu³⁵tsʅ⁰] zhǎo yǎ hú zi 梦魇，梦中感到自己被压住。

发呓生 [fa²¹⁴i⁵²³səŋ⁰] fǎ yì seng 睡梦中说话、哭笑、身体活动等：他半夜里~，又唱又笑又咋呼，把我聒醒了｜说话没头没脑，跟~的样。‖ 元代李文蔚《燕青博鱼》第三折写作"呓挣"："我这里呵欠罢，翻身打个呓挣。"

打梦槌 [ta³⁵məŋ⁵²³tʂʻuei⁵⁵] dá mèng chuī 梦中挥手打人：他睡着觉~，打得我生疼。

打黄莺子 [ta³⁵xuaŋ⁵⁵iŋ⁰tsʅ⁰] dá huāng ying zi 比喻做梦。

打通腿 [ta³⁵tʻuŋ²¹⁴tʻuei³⁵] dá tǒng tuí 通脚睡，两人同卧而伸脚的方向相反。

恋热盖体窝 [liæ̃⁵²³ʐə²¹⁴kɛ⁵²³tʻi⁰uər²¹⁴] liàn rě gài ti wǒr 早上已经睡醒而不愿起床，尤指在冬季。‖ 有的说"恋窝子"。

家走 [tɕia²¹⁴tsou³⁵] jiǎ zóu 回家（老派说法）：你快~吧，恁娘找你唻｜人家都~了，就剩我自家了。

家来 [tɕia²¹⁴lɛ⁰] jiǎ lai 到家来（老派说法）：~吧，该吃饭了。

步撵 [pu⁵²³ȵiæ̃r³⁵] bù niánr 徒步行走：他上下班都是~，从来不坐公家的小轿车｜饱汉子不知饿汉子饥，骑马的不知~的（民谚）｜那时候走亲串友、赶集上店都是~｜~跟不上推车，推车跟不上挑担（民谚）。

十一号车 [ʂʅ⁵⁵i²¹⁴xaur⁵²³tʂ'ə²¹⁴] shī yī hàor chē 步行的诙谐说法。通行于20世纪70年代以前：我是坐~来的。

方子步 [faŋ²¹⁴tsʅ⁰pur⁵²³] fǎng zi bùr 斯文的大而慢的步子：下大雨了，别走~啦！｜他迈着~，稳稳当当地走过去。

掐着点 [tɕ'ia²¹⁴tʂuə⁰tiæ̃r³⁵] qiǎ zhuo diánr 准确按照预定时间：恁是~来的吗？一分不多，一分不少，正点来到。

出远门 [tʂ'u²¹⁴yæ̃³⁵mẽr⁵⁵] chū yuán mēnr 离家远行：他~了，得几天回来。

蹚路 [t'aŋ²¹⁴lur⁵²³] tǎng lùr 本义为探路，引申为试探，摸索：谁也不知道该咋办，咱先蹚蹚路。

落锁 [luə²¹⁴suə³⁵] luǒ suó 上锁：城里四门~，出不去人了｜为保证安全，要做到人走断电，离屋~｜楼上关门合户，落上了锁。

穷家富路 [tɕ'yŋ⁵⁵tɕia²¹⁴fu⁵²³lu⁵²³] qióng jiā fù lù 指在家应节俭，而出外应携带充裕的钱资。

放鹰 [faŋ⁵²³iŋr²¹⁴] fàng yǐngr 比喻唆使女子以婚姻为幌子骗取钱财。有的让女子与他人假结婚，获取钱财后即带女子逃走：人贩子带着女的，专到乡下~｜他叫~的坑着了，人财两空。

把家 [pa³⁵tɕia³⁵] bá jiǎ 理家；顾家：娶妻不问丑俊，~做活值千金（民谚）｜她一心想着工作，不知道~过日子。

领家 [liŋ³⁵tɕia²¹⁴] líng jiā 带领全家过日子：到了二狗的达达~时，日子就不中了｜一家人和和气气，人人夸他会~。

领到茄棵里 [liŋ³⁵tau⁵²³tɕ'iə⁵⁵k'uə²¹⁴li⁰] líng dào qiē kuǒ li 比喻领到邪路上：你当家，要当好家，别把厂子~。

出息头 [tʂ'u²¹⁴ɕi⁰t'ou⁵⁵] chū xi tōu 出息：这个小孩儿心眼小，没大~｜连主席台都不敢上，真没~！

抛荒 [p'au²¹⁴xuɑŋr²¹⁴] pāo huǎngr 浪费，虚耗：我算得正好，这里边儿没多些~。

人小鬼大 [zẽ⁵⁵ɕiau³⁵kuei³⁵ta⁵²³] rén xiáo guí dà 年龄虽小，却很有心计。

是个角 [sʅ⁵²³kə⁰tɕyər²¹⁴] sì ge juěr 是一个特殊角色（含贬义）：他~，啥样的事儿都行上来喽，圈子里的人没有不知道的。

叨阄 [tau²¹⁴tɕ'iour²¹⁴] dāo qiūr 抓阄：这十几块地有好有孬，分不公平，干脆~吧｜他写好几片纸，团悠成纸团，叫那弟兄仨都来~。

叨签 [tau²¹⁴tɕ'iæ̃r²¹⁴] dǎo qiǎnr 抽签。

单过 [tæ̃²¹⁴kuə⁵²³] dǎn guò 单立门户，尤指儿女独立生活，与父母分开生活：他结了婚，搬出去~了。

单门独户 [tæ̃²¹⁴mẽ⁵⁵tu⁵⁵xur⁵²³] dǎn mēn dū hùr 指没有亲戚的家庭：他家是从外地迁来的，~，住一个大当院子｜~无亲眷，无兄无弟孤零零（民间说唱）。‖有的说"独门独户"。

打光棍 [ta³⁵kuaŋ²¹⁴kuẽ⁰] dá guǎng gun 指成年男子未结婚或婚后又失去妻子。

惚大堆 [xu²¹⁴ta⁵²³tsueir²¹⁴] hǔ dà zuǐr 堆放在大堆里；引申为过集体生活：这一群工人住一个大宿舍，~过。

拔 [pa⁵⁵] bā 新建，迁移：他家从庄里~出去了｜第三代祖先从老庄子~了新庄子，在老庄南头盖了一拉溜六个大院儿｜都往庄外~，占着大田，没法种地了。

光说不带犟的 [kuaŋ²¹⁴ʂuə²¹⁴pu²¹⁴tɛ⁵²³tɕiaŋ⁵²³ti⁰] guāng shuō bū dài jiàng di 对话中独立语，表示不可辩驳或不容置疑：~，谁敢跟我打赌，说这个区块不开发了？

原是的 [yæ̃⁵⁵sɿ⁵²³ti⁰] yuān sì di 就是的。用于对话中，表示同意对方的观点。‖也说"原是"。

不假 [pu²¹⁴tɕia³⁵] bū jiá 对，是真的，同意对方的观点：~，你要不说，我还不知道唻｜他想了一想，~，人家说的是实话。‖也说"实话唻" [ʂɿ⁵⁵xua⁰lɛ⁰] shī hua lai。

这不着 [tʂə⁵²³pu⁰tsau⁵⁵] zhè bu zhāo 这不是吗，这就是的，用于答话。‖有的说 [tʂə⁵²³pu⁰ʐau⁵⁵] zhè bu ráo。

那不绍 [na⁵²³pu⁰ʂau⁵⁵] nà bu shāo 那不是吗，那就是的，用于答话：~，他家就在代销点西边个。

文唻 [uẽ⁵⁵lɛ⁰] wēn lai 用于引用别人的话，某某说：他的~"赤脚的不怕穿鞋的"｜学他~"嘴大吃四方"。

心里话 [ɕiẽ²¹⁴li⁰xua⁰] xīn li hua 心里想（插入语）：~，等会儿你就知道厉害啦｜我~，你说得再好也瞒不住我。

该咋着说 [kɛ²¹⁴tsa³⁵tʂuə⁰ʂuə²¹⁴] gǎi zá zhuo shuō 应该说，说实在的；按理说：~，他还是个好人，不能因为他做错事儿就不用他了｜~，这会儿恼是恼的，将来还得和好。

我说 [uə³⁵ʂua²¹⁴] wó shuō 表示忽然悟出原因：~他咋没来，原来是出远门了｜~他咋不理我了，原来是有人挑拨。

值当的 [tʂɿ⁵⁵taŋ⁵²³ti⁰] zhī dàng di 值得；犯得上：这点儿小事儿，不~生气｜我一个人，不~动大锅炒菜。

值过 [tʂɿ⁵⁵kuə⁰] zhī guo 值得。老派说法。现在多说"值当的"。

犯如 [fæ̃⁵⁵ʐu⁵⁵] fān rū 犯得上，值得：一次交清算了，不~再跑一趟｜你卖掉摩托车，再买一辆差不多的，那~？

占巧 [tṣã⁵²³tɕ'iaur³⁵] zhàn qiáor 占便宜：这回打架他没~｜我真心实意待他好，他还说我占他的巧｜吃亏~在明处（民谚）。

占高岗 [tṣã⁵²³kau²¹⁴kaŋr³⁵] zhàn gāo gángr 喻指占上风，抢占有利地位：分东西得比人家多，穿衣裳得比人家阔气，买手机得比人家高级，治啥都想~｜这种人下油锅也得~｜他总想~，打人家头尖上走，高人一头，非比人家高一截不行。‖有的说成"站高岗"[tṣã⁵²³kau²¹⁴kaŋr³⁵] zàn gāo gángr。

占相应 [tṣã⁵²³ɕiaŋ²¹⁴iŋr²¹⁴] zhàn xiāng yǐngr 占便宜：有香应占，他就来劲，不~就没精神。‖**相应** [ɕiaŋ⁵²³iŋr²¹⁴] xiǎng yǐngr 便宜：我把招牌挂当中，赵德芳十字大街卖相应（拉魂腔传统戏《回龙传》唱词。剧中赵德芳将自己卖与人作父，称为卖"相应"）。《西游记》第一十六回："你那里晓得就里？借水救之，却烧不起来，倒相应了他。"

想巧就有拙 [ɕiaŋ³⁵tɕ'iaur³⁵tɕiou⁵²³iou³⁵tṣuər²¹⁴] xiáng qiáor jiù yóu zhuǒr 想占便宜反而会吃亏：~，吃亏受罪是自找的｜拆迁前，他在院子里胡搭乱建，想多算面积，末了新搭的不算面积，真是~。

大老嗨 [ta⁵²³lau³⁵xɛ²¹⁴] dà láo hǎi 特别大的：~碗｜~鱼｜买了一口~锅。‖又说"大老崴" [ta⁵²³lau³⁵uɛ⁵⁵] dà láo wāi。

小马尕 [ɕiau³⁵ma³⁵kar²¹⁴] xiáo má gǎr 很小的物品或动物：大鱼卖完了，光剩~了。

二不棱 [l̩⁵²³pu²¹⁴ləŋ²¹⁴] l̩rì bu lěng 中等的：筐里没有多大的鱼，都是~的。

哈拉脾气 [xa³⁵la⁰p'i⁵⁵tɕ'i⁵²³] há la pī qì 不拘小节、粗枝大叶的性情：她是~，不管大伯子、小叔子，见了就闹着玩。

火燎毛脾气 [xuə³⁵liau³⁵mau⁵⁵p'i⁵⁵tɕ'i⁰] huó liáo māo pī qì 易于冲动急躁的脾气。

没病背着药葫芦 [mei⁵²³piŋ⁵²³pei⁵²³tṣou⁰yə²¹⁴xu⁵⁵lou⁰] mèi bìng bèi zhou yuě hū lou 比喻多此一举，过于小心。

门里出身 [mẽ⁵⁵li³⁵tṣ'u²¹⁴ʂẽ²¹⁴] mēn lí chū shěn 出身于具有某种专长的家庭：他祖辈传流当医生，~｜~，不学也通三分（民谚）。

正价木头 [tṣəŋ⁵²³tɕiar⁰mu²¹⁴t'our⁰] zhèng jiar mǔ tour 比喻正规出身：黄檀木刻色子——别看个头小，是~（旧歇后语）。

囊气 [naŋ⁵⁵tɕ'i⁰] nāng qi 志气：两个孩子都有~，没叫大人问事就考上了大学｜自家没~，旁人难为力（民谚）。

赌囊气 [tu³⁵naŋ⁵⁵tɕ'i⁰] dú nāng qi 争气，立志：他~考上一本｜人家回回考100，你回回不及格，你不能赌赌囊气吗？‖有的说"争囊气"。

争囊赌气 [tsəŋ²¹⁴naŋ⁵⁵tu³⁵tɕ'i⁵²³] zěng nāng dú qì 争气；下决心力求上进。

没囊没气 [mei⁵²³naŋ⁵⁵mei⁵²³tɕ'i⁵²³] mèi nāng mèi qì 没有志气；不求上进：他~，

回回挨嚷，就是不改。

摔不烂的破毡帽 [ʂuei²¹⁴puº læ̃⁵²³tiº pʻuə⁵²³tʂæ̃²¹⁴mau⁵²³] shuǐ bu làn di pò zhǎn mào 喻指不思进取的人：他跟～样，晕晕乎乎。

破罐子破摔 [pʻuə⁵²³kuæ̃⁵²³tsɿº pʻuə⁵²³ʂuei²¹⁴] pò guàn zi pò shuǐ 比喻有了缺点、错误不改正，反而有意往更坏的方向发展：他早就～，又喝酒又赌博，挣的钱都毁坏光。

论堆 [luẽ⁵²³tsueir²¹⁴] lùn zuǐr 安于较差的境况，不求上进：随你咋劝，他都装听不见，他啥都不想干，～了｜卖鱼的不用秤——～（歇后语）。

随去 [tsʻuei⁵⁵tɕʻy⁵²³] cuī qù 随便怎么样，任凭怎么样：～吧，我反正管不了，将来他混打锅就后悔啦｜瞎子放驴——～了（歇后语）。

揞到头，拾耙脚 [uŋ²¹⁴tau⁵²³tʻour⁵⁵ʂɿ⁵⁵pa⁵²³tɕyəº] wǒng dào tōur, shī bà jue 本义指耙地到地头时，卸下缠在耙齿上的耙脚（枝茎、根须），比喻到最后才作处理：创先进的工作要早准备，免得到年底～。‖揞，裹挟着（物体或人）平移：他用网～鱼。

水过地皮湿 [ʂuei³⁵kuə⁵²³ti⁵²³pʻi⁵⁵ʂɿ²¹⁴] shuí guò dì pī shǐ 本指用少量的水浇地，仅浸湿地皮。比喻做事浮飘，敷衍了事。

浮来浮去 [fu⁵⁵lɛ⁵⁵fu⁵⁵tɕʻy⁵²³] fū lāi fū qù 做事浮飘。

照哄 [tʂau⁵²³xuŋº] zhào hong 应付，敷衍：检查组来到县里，走走过场，～一下子就走了。

窝窑 [uə²¹⁴iaurº] wǒ yɑor 小坑。‖有的说"窝由"。

磕底 [kʻə²¹⁴teirº] kě deir 高起的长条状的小埂子：门外边有个～，别绊倒喽。

磕口 [kʻə²¹⁴kʻour³⁵] kěr kóur 物品上的小缺口、小坑：碗沿上有个～｜牙里有个～｜桌子上有个～。

壳喽 [kʻə²¹⁴lourº] kě lour 外壳：棉花～｜鸡蛋～。

掐骨喽 [tɕʻia²¹⁴ku²¹⁴lourº] qiǎ gǔ lour 分段：把树身子～锯成三下里｜挖沟要～分任务，一人挖 10 米。

截扣 [tɕia⁵⁵kʻourº] jiē kour 截止的标记：这个事儿掐个～，以后的事儿单说着。‖有的说"截口"。"掐个截扣"，也说"绾个疙瘩"。

禨 [kʻueir⁵²³] kuìr 用绳子、带子等绾成的结：打个活～儿｜绾个死～儿。

志子 [tsɿ⁵²³tsɿº] zì zi ①标识，记号：在树上做了一个～。②例子：你要不改，出事的那个人就是～。

则儿 [tseir²¹⁴] zěir ①分寸，标准；界限：老和尚洗脸——没有～（歇后语）｜碗大，勺子有～（民谚）。②记号：他在地上画个～。③终期，终点：你哭起来还有～呗？

没则儿 [mei⁵²³tseir²¹⁴] mèi zěir 无休止；没有终点：依着好，～｜他老是看，看起来～啦。

绝窝 [tɕyə⁵⁵uə⁰] juē wo 全部灭绝：大水淹了老鼠窟窿，里边儿的老鼠死~了｜初七不摸锅，摸锅死~（旧俗认为新媳妇正月初七应在娘家过，否则死全家）｜见面礼，要得多，不撑仨月死~（民间顺口溜）。‖ 有的说 [tsuə⁵⁵uə⁰] zuō wo。

翻过 [fã²¹⁴kuər⁵²³] fǎn guòr 翻个儿，翻过来；颠倒：把鏊子上的馍翻个过儿｜他把老大老二认~了。

压摞 [ia²¹⁴luər⁵²³] yǎ luòr 叠压：盒子都~了｜别叫这些扁食~，容易沾烂。

糊 [xu²¹⁴] hǔ 严密遮掩，围裹：豆子叫草~得不露影儿｜苹果园里~得不透风｜五月里还~着棉衣裳，不知热冷。

糊脚 [xu²¹⁴tɕyə²¹⁴] hǔ juě （鞋袜等）不透气使人不适：夏天穿球鞋~，还是换双凉鞋吧。

糊风 [xu²¹⁴fəŋ²¹⁴] hǔ fēng 遮风：前边的大楼~，楼后边又闷又热。

迸 [pəŋ²¹⁴] běng 向四外飞溅：他说话唾沫星子直飞，~到人家脸上｜石匠砸起石头，小石子往外乱~｜炒芝麻的锅里啪啪响，芝麻~到锅台上。

泚 [tsɿ²¹⁴] cǐ ①液体喷射：他去关水管子，~了一身水｜几个小孩拿着水枪~着玩。②用开水冲：~糖茶｜~了一包豆奶粉。

咣荡 [kuaŋ⁵⁵taŋ⁰] guāng dang （液体）来回晃动：满瓶子不响，半瓶子~（民谚）｜他挑了两桶水，~来~去，洒了一路子。

澎 [pʻəŋ²¹⁴] pěng （水、泥浆等）溅：他看见她正在河边洗衣裳，就拾起一个石子子扔过去，~了她一身水｜泥点子~到衣裳上。

十三、红白大事、习俗信仰

（一）红白大事

1. 婚姻

喜忧事 [ɕi³⁵iou⁰sɿr⁵²³] xǐ you sìr 红白大事：谁家有个~，他都去问问。

说媳妇 [ʂuə²¹⁴ɕi²¹⁴fur⁰] shuō xǐ fur 为男子介绍配偶：建筑队，好挣钱，说个媳妇不犯难（旧歌谣）｜跟他一般大的都说上媳妇了，他还没说妥｜二十大多了，该~了。

说婆家 [ʂuə²¹⁴pʻuə⁵⁵tɕia⁰] shuǒ pō jia 为女子介绍配偶：给她说好婆家了，国庆节就结婚｜说的个婆家是本乡本土的。‖ 又说"说老婆婆" [ʂuə²¹⁴lau³⁵pʻuə⁵⁵] shuǒ láo pō po。

保山 [pau³⁵sã²¹⁴] báo sǎn 旧时称保人或媒人。

红媒 [xuŋ⁵⁵mei⁵⁵] hōng méi 对媒人的尊称。

吃鲤鱼 [tʂʅ²¹⁴li³⁵y³⁵] chǐ lí yū 当媒人的诙谐说法。本地风俗，婚事确定后，男女双方以鲤鱼酬谢媒人：磨破嘴，跑断腿，吃个鲤鱼香香嘴（顺口溜）｜你要是给我说个媳妇，有你吃的活鲜鲤鱼｜这一回我得吃怹俩的大鲤鱼了。

保媒拉纤 [pau³⁵mei⁵⁵la²¹⁴tɕ'iæ̃⁵²³] báo mēi lǎ qiàn 指专门说合婚姻（含贬义）：她一辈子给人家~。

自谈 [tsɿ⁵²³t'æ̃⁵⁵] zì tān 自由恋爱，男女双方不经过媒人介绍而成为情侣：他俩是~的夫妻，恩恩爱爱｜眼前的年轻人多数都是~，用不着爹娘操心请人说媒了。

相好的 [ɕiaŋ²¹⁴xaur³⁵ti⁰] xiǎng háor di 情人。

合年命 [xə⁵⁵ȵiæ̃⁵⁵miŋ⁵²³] hē niān mìng 旧俗，推算男女双方的命相是否相合。一般由算命先生根据二人的属相、五行属命来测算。

对相 [tuei⁵²³ɕiaŋ²¹⁴] duì xiāng 相亲，男女双方为亲事相见交流。旧俗，男女双方结婚前不能见面谈话，多为女方家人暗中了解男方（暗相）。1950年后，兴起明相，再后，男女多由媒人、长辈陪同相见交谈：准备好见面礼去~。

相男不相女 [ɕiaŋ²¹⁴næ̃⁵⁵pu²¹⁴ɕiaŋ²¹⁴ŋʅ³⁵] xiǎng nān bǔ xiǎng nǔ 旧时，在订婚前女方家人可以打听、察看男方，男方不可同样打听、察看女方。

扒媒 [pa²¹⁴mei⁵⁵] bǎ mēi 在有结婚意向的男女之间说不利的话，有意将其拆散：本来说好的要结婚，不知谁扒的媒，女家不愿意了。

高门不成，低门不就 [kau²¹⁴mə̃⁵⁵pu²¹⁴tʂ'əŋ⁵⁵ti²¹⁴mə̃⁵⁵pu²¹⁴tɕiou⁵²³] gāo mēn bǔ chēng, dǐ mēn bǔ jiù 与地位高的亲事没有成功，也不愿意与地位低的结亲：他的心高，这几年有人介绍对象，他~，拖到三十好几还打光棍｜他~，找不到对眼的，刚介绍的对象又蹬了。‖ 也说"高不成，低不就"。

吊膀子 [tiau⁵²³paŋ³⁵tsɿ⁰] diào báng zi 用眼神或轻微的肢体动作传情。‖ 有的说"吊棒子" [tiau⁵²³paŋ⁵²³tsɿ⁰] diào bàng zi。

蹅垡子 [tʂ'a³⁵fa⁵⁵tsɿ⁰] cá fā zi ①在耕翻的地里走。②喻指男子出轨。

女大三，抱金砖 [ŋʅ³⁵ta⁵²³sæ̃²¹⁴pau⁵²³tɕiẽ²¹⁴tʂuæ̃²¹⁴] nǔ dà sǎn, bào jīn zhuǎn 妻子比丈夫大三岁，二人生活会富裕。

传启 [tʂ'uã⁵⁵tɕ'i³⁵] chuān qí 旧时男女双方家长交换柬帖，订立婚约。男方家长在红色柬帖（求启）内写"谨依冰语，敬求金诺"，派媒人送交女家，同时送去彩礼，女家在回复的柬帖（复启）内写"恪遵台命，仰答玉音"。

过礼 [kuə⁵²³li³⁵] guò lí 订婚时，男方给女家送彩礼。在媒人的主持下，男方的父母带着现金和礼物到女方家：过罢小礼过大礼｜以前~拿三万三，现在兴六万六了，乡下兴二十万。

十个十 [ʂʅ⁵⁵kə⁰ʂʅ⁵⁵] shī ge shī 过礼时男方送给女方的礼物，现在包括肉、鸡、鱼、糖、粉丝各十份。

三转一响 [sæ̃²¹⁴tʂuæ̃⁵²³i²¹⁴ɕiaŋr³⁵] sǎn zhuǎn yǐ xiáng 20世纪70至80年代，定亲

时男方送给女方的自行车、缝纫机、手表、收音机。

看日子 [kʻæ̃⁵²³ʐʅ²¹⁴tsʅ⁰] kàn rǐ zi 定吉期，确定结婚日期。旧时根据双方的属相、生日确定吉月，从黄道日中选择吉日。20世纪60年代后，农村多选择在春冬农闲之时，城镇多选择在国庆节、"五一"等节日。

送日子 [suŋ⁵²³ʐʅ²¹⁴tsʅ⁰] sòng rǐ zi 结婚日期选定后，男家向女家报送结婚日期。旧时用红纸写成喜帖，放入拜匣内，以黄包袱包裹，由媒人或中间人、亲友送到女家。女方家长为显庄重，往往借故推辞，说："闺女还小，还没学会做活，等等再说吧。"即将包袱原样退回。男方过一段时间再次送去，女方才接受。

扎仰饰 [tsa²¹⁴iaŋ³⁵tʂʅ⁰] zǎ yáng chi ①旧时，在婚房里用带有喜庆图案的席子搭建顶棚，有的在顶棚上贴红色的剪纸或涂彩绘：喜日子快到了，麻利在新房里扎上仰饰，到跟前就不迭得了。②旧时，富裕人家在卧室搭建顶棚，既美观且可防尘：新盖起的瓦屋扎上仰饰，干干净净的。20世纪80年代后，先后被塑料布吊顶、石膏板吊顶、塑料扣板吊顶、泡沫板吊顶取代。‖仰饰，也叫"覆棚子"。

云子钩 [yẽ⁵⁵tsʅ⁰kour²¹⁴] yūn zi gǒur 剪纸、木雕、金属饰物上的吉祥图案，常带有祥云。多装饰在婚房顶棚、大床、箱柜、门窗上。‖又叫"云子"。

海牙 [xɛ³⁵ia⁵⁵] hái yā 同"云子钩"。‖又叫"牙子"。

忙嫁 [maŋ⁵⁵tɕia⁵²³] māng jià 结婚之前，女方家庭忙于置办嫁妆、筹办婚礼。

巧十三 [tɕʻiau⁵⁵ʂʅ⁵⁵sæ̃²¹⁴] qiáo shī sān 旧时富裕家庭作为嫁妆的13件家具：娘家陪送~，派马车拉去。

巧八件 [tɕʻiau³⁵pa²¹⁴tɕiẽr⁵²³] qiáo bā jiànr 旧时作为嫁妆的8件家具，有八仙桌、条几、梳妆台、太师椅、大立柜、双门橱等。

小四件 [ɕiau³⁵sʅ⁵²³tɕiẽr⁵²³] xiáo sì jiànr 旧时穷人家的4件嫁妆，有箱子、柜子、桌子、椅子之类。

叫客 [tɕiau⁵²³kʻei²¹⁴] jiào kěi 迎娶前几天，男方派人到亲戚家逐一告知婚期，邀请他们参加婚礼。民谚："客不叫，礼不到。"

添箱 [tʻiæ̃²¹⁴ɕiaŋ²¹⁴] tiān xiāng 临近婚期，亲友给出嫁女送礼。旧时送衣料、被面、床单等礼物，现在大多送礼金。

饿嫁 [ə⁵²³tɕia⁵²³] è jià 旧时女子出嫁前七天逐渐减少食量，直到结婚之日只吃两个鸡蛋。

绞脸 [tɕiau³⁵liẽ³⁵] jiáo lián 旧时女子出嫁前请人用双股线去掉脸上的汗毛：张家小大姐赶明出门子，请邻居二嫂来给她~。

拜林 [pɛ⁵²³liẽ⁵⁵] bài līn 娶亲前一天或当日早饭前，新郎由族中长辈带领，在乐器伴奏下到祖坟前祭拜，表示不忘先祖。

响器 [ɕiaŋ³⁵tɕ'i⁵²³] xiáng qì ①乐器：他跟着喇叭班吹～。②代指唢呐班：这会～忙不过来，得提前一个月头里去订｜觅一班～，吹吹打打地把新媳妇娶到家。

喇叭号筒 [la³⁵pa⁰xau⁵²³t'uŋ³⁵] lá ba hào tóng 指唢呐班的乐器：花轿前～开道，派头十足｜她坐着骡马大车，随着～来到婆家。‖有的说"喇叭号角"。

当当锤 [taŋ²¹⁴taŋ²¹⁴tʂ'uei⁵⁵] dǎng dǎng chuī 指喇叭班里的打击乐器云锣。旧时贫穷人家结婚无钱赁轿、订喇叭班，新娘只能坐独轮车或骑毛驴嫁到夫家，当时民谣："一辆土车离娘门，一个包袱背在身。没有坐上花花轿，也没听见当当锤。"

盒棋子 [xɤ⁵⁵tɕ'i⁵⁵tsɿ⁰] hē qī zi 一种抬送礼物的用具，用于装漱洗用具、化妆品等生活小器具，长方体，分多层，用时两人抬运。多在女子出嫁时用，现已淘汰：找几个抬～的去礼送｜人家不收礼，别赖抬～的（民谚）。

过嫁妆 [kuɤ⁵²³tɕia⁵²³tʂuaŋ⁰] guò jià zhuang 婚礼前，女方把嫁妆交与男家。20世纪70年代前，女家派人用盒棋子、车子将嫁妆送到男家；90年代，改为男家派车到女家接运嫁妆。

滚床 [kuẽ³⁵tʂ'uaŋ⁵⁵] gún chuāng 旧时习俗，婚礼前天，让男童在新床上睡，期望多生育：吉日的前一天，找来两个小老表待新床上睡了一夜，算是～了。

新客 [ɕiẽ²¹⁴k'ei²¹⁴] xǐn kěi 指刚结婚的女婿：～上门了，招呼好他｜赶明～来拜年，得找几个陪客的。

搬 [pæ̃²¹⁴] bǎn 戏曲用语，指迎娶：想当先，俺在娘门为闺女，你捎信把俺～进恁的庄(民间说唱《钢枪段》)。‖也说"搬亲"：不知他爹娘在不在，不知他在家～没～（民间说唱《王天保下苏州》）。

寻 [ɕiẽ⁵⁵] xīn ①娶：他二十多岁的时候～个媳妇｜天保～了海棠女，强似皇榜中状元（民间说唱《王天保下苏州》）。②嫁：多些小伙她都没相中，～了一个运动员。

寻主 [ɕiẽ⁵⁵tʂur³⁵] xīn zhúr 嫁人（含讽刺意味）：她男的死了，不知还～不。

娶请客 [tɕ'y³⁵tɕ'iŋ⁰k'ei²¹⁴] qú qing kěi 男家派出的娶亲人员。传统上，新郎不到女家迎娶，而是派男女数人到女家接亲。20世纪70年代，男方派4男4女骑自行车到女家接亲。2000年后，新郎在伴郎的陪同下到女家迎娶，改变新郎不到女家接亲的习俗。‖又叫"接亲的""接客的"。

送请客 [suŋ⁵²³tɕ'iŋ⁰k'ei²¹⁴] sòng qing kěi 送新娘出嫁的人员。传统上，送亲人员有男女数人，由年长者带领。2000年后，新娘在伴娘的陪同下随新郎前往夫家。‖又叫"送亲的""送客的"。

压轿 [ia²¹⁴tɕiau⁵²³] yǎ jiào 旧俗，迎娶时男方选一男童随同坐轿，前往女家。

出门子 [tʂ'u²¹⁴mẽ⁵⁵tsɿ⁰] chǔ mēn zi 出嫁。

发嫁 [fa²¹⁴tɕia⁵²³] fǎ jià 送新娘去男家成亲。

哭嫁 [kʻu²¹⁴tɕia⁵²³] kǔ jià 新娘即将离开家门时哭泣，以示舍不得离开父母。20 世纪 80 年代后此俗渐渐消失。

酒坛盒礼 [tɕiou³⁵tʻæ̃⁵⁵xə⁵⁵li³⁵] jiú tān hē lǐ 迎娶新娘时男家带给女家的礼物。旧时，通常有一坛酒、一只红公鸡、两条鲤鱼、一块礼肉，其中一些礼物用盒棋子盛放。现在通常为十箱酒、十只猪腿、十斤粉丝等，有的地区送"十个十"。

拉巴闺女一坛酒 [la²¹⁴paʻkuẽ²¹⁴ŋy⁰iʻ²¹⁴tʻæ̃⁵⁵tɕiou³⁵] lǎ ba gǔn nú yǐ tān jiú 抚养女儿只得到一坛酒（旧俗语）。旧俗，娶亲时男家送给女家一坛酒，外加猪肉、粉丝等礼物。

改口钱 [kɛ³⁵kʻou³⁵tɕiæ̃⁵⁵] gǎi kóu qiān 婚礼中新娘将新郎的父母改称为爸爸、妈妈时得到的礼金。21 世纪后，新娘乘婚车到达夫家，下车时把对新郎的父母的称呼由伯伯（或叔叔）、姨改为爸爸、妈妈，婆母送给她礼金。‖农村青年恋爱期间称对方的父母为大爷（或叔叔）、大娘（或婶子），新娘改口时也改称为爸爸、妈妈。

闹新媳妇 [nau⁵²³ɕiɛ²¹⁴ɕi²¹⁴fur⁰] nào xǐn xǐ fur 闹新房。新娘进入洞房后，新郎的平辈搅闹新娘，说俏皮话，拽扯推拉。‖有的说成"乱新媳妇"。雅称"闹喜"。

送灯 [suŋ⁵²³təŋ²¹⁴] sòng děng 旧俗，新娘在洞房中坐帐，天黑时，婆家派妇女（多为大姑姐）进房送灯。送灯人进门念道："进屋来，黑荧荧，我给新人来送灯。金灯对银灯，瓦屋对楼厅。八仙桌子对椅凳，十八的大姐配学生。"

听新房 [tʻiŋ²¹⁴ɕiɛ²¹⁴faŋ⁵⁵] tǐng xǐn fāng 旧俗，窃听新婚之夜的新郎、新娘说话，以获取笑料。有的伏在窗外，有的人藏洞房床下。20 世纪 80 年代后，无墙无院、门窗不严的人家渐少，多数人家墙高门紧，不便近窗，此俗渐废。‖也说"听房"。

看三 [kʻæ̃⁵²³sæ̃²¹⁴] kàn sǎn 旧时，女子出嫁第三天，娘家派人（多为新娘的兄弟）把新娘接回娘家。‖又称"看闺女"。1978 年后，"看三"改为"叫二还三"。

叫二还三 [tɕiau³⁵lʻ⁵²³xuæ̃⁵⁵sæ̃²¹⁴] jiào lrì huān sǎn 婚后第二天，新娘的兄弟接新娘回娘家，第三天送还夫家。‖有的称"接二还三"。此俗由旧时的"看三"（第三天接走再送回）演变而来。进入 21 世纪，变为婚礼当天象征性地接回。

满家鞋 [mæ̃³⁵tɕia²¹⁴ɕiɛ⁵⁵] mán jiǎ xiāi 新娘从娘家回到夫家给婆家每人一双鞋。

大老执 [ta⁵²³lau³⁵tʂʻ²¹⁴] dà láo zhǐ 在重大事情（如红白大事）中，帮助事主总管事务的人：~指派人摆桌子、抹板凳、上酒水、端盘子、迎宾接客｜~喊了声"前后起"，几个人抬着棺木出了当院｜听~的安排，你别乱当家｜~邀来几个副~，~班子里共有 7 个人。‖有的写作"大老知"。也称"问事的""总理"。

大头礼 [ta⁵²³tʻou⁵⁵li³⁵] dà tōu lǐ （重要亲朋赠送的）特别丰厚的礼物：俺外甥结婚，我得拿~。

上轿红 [ʂaŋ⁵²³tɕiau⁵²³xuŋ⁵⁵] shàng jiào hōng 新娘在婚礼上穿的红色褂子、外衣：她穿好~，抹着眼泪，进了花轿｜眼前的新媳妇先穿~到男家，再换西式的婚纱到酒店举行婚礼，吃大席的时候再换敬酒服。

蒙头红子 [məŋ⁵⁵tʻou⁵⁵xuŋ⁵⁵tsɿ⁰] mēng tōu hōng zi 红盖头，婚礼上新娘蒙面的红布。‖有的说"蒙脸红子"。

吃大席 [tʂʅ²¹⁴ta⁵²³ɕi⁵⁵] chī dà xī 参加宴会：等你结婚的时候，我去吃你的大席｜人家开会，他跟着~。

三眼子枪 [sæ̃²¹⁴iæ̃³⁵tsɿ⁰tɕʻiaŋ²¹⁴] sān yán zi qiāng 用于喜事、节庆中的火药枪。有三支枪管，点火引放，响声较大。20世纪90年代末因危险而被禁用，21世纪初为礼炮取代：~打兔子——没有准头气（歇后语）。

倒拉门 [tau⁵²³la²¹⁴mẽr⁵⁵] dào lǎ mēnr 倒插门，男方入赘女家：她招了个~的女婿。‖有的地区说"倒踏门" [tau⁵²³tsa²¹⁴mẽr⁵⁵] dào zǎ mēnr。

转亲 [tʂuæ̃⁵²³tɕʻie²¹⁴] zhuàn qīn 旧时一种婚姻现象。三家以上有特殊困难（诸如有残疾、成分高等）的家庭，结成推磨式婚姻关系，比如，甲的儿子娶乙的女儿，乙的儿子娶丙的女儿，丙的儿子娶甲的女儿。

图 5-114 上轿红
（2023 年 1 月摄于丰县文博园）

送花 [suŋ⁵²³xua²¹⁴] sòng huā 旧俗，女儿出嫁后，娘家人春节时到男家送花给女儿戴，连送三年。提倡移风易俗时，用象征性的纸花代之，另加礼肉、爆竹、点心：腊月二十四，老嬷嬷支派两个儿子上闺女家~，挎着大方篮，大方篮里盛着一块条子肉、四斤馃子、两盘炮仗、几朵花，还带着落生、大红枣、柿饼、元枣子、糖盘、细粉。

离婚不离家 [li⁵⁵xuə̃²¹⁴pu²¹⁴li⁵⁵tɕia²¹⁴] lí hūn bù lí jiā 指妇女离婚后仍在夫家居住：她跟男人离了婚，~，照样服侍公公、婆婆。

2. 生育

四眼人 [sɿ⁵²³iæ̃³⁵ʐə̃⁵⁵] sì yán rēn 喻指怀孕妇女。

解怀 [tɕiɛ³⁵xuɛ⁵⁵] jié huāi 喻指妇女第一次生育：媳妇一辈子没~，儿花、女花没一个。

害好病 [xɛ⁵²³xau³⁵piŋr⁵²³] hài háo bìngr 妇女怀孕后有妊娠反应。常有呕吐、厌食或想吃酸、甜物等反应，如同生病：她在家~哝，不能上班。

催生 [tsʻuei²¹⁴səŋ²¹⁴] cuī sēng 旧俗，孕妇临产前十天左右，母亲带红糖、鸡蛋前去看望。

化胎 [xua⁵²³t'ɛ²¹⁴] huà tāi 化除胚胎：有人说狗肉是~的。

拾 [ʂʅ⁵⁵] shī ①生孩子的委婉说法：她~了个白胖小子。②接生的委婉说法：庄上有个会~小孩（接生）的老嬷嬷。‖ 父母在解答小孩的来历时，往往谎说"从沙土窝里刨的""从地沟里扒来的"。

要 [iau⁵²³] yào ①收养（小孩）：两口子没生小孩儿，想托人~一个｜~的孩子活当地，末了落得长出气（民谚）｜"家鸡打得团团转，野鸡不打自然飞。要打还是亲生子，~的孩子打不得"（梆子戏《铡美案》）②生育的委婉说法：他俩~了一个小子｜结婚几年也没~孩子。

石头缝里蹦出来 [ʂʅ⁵⁵t'ou⁰fəŋr⁵²³li⁰pən⁵²³tʂ'u⁰lɛ⁰] shī tou fèngr li bèng chu lai 詈语，喻指无父无母：你不要爹，不要娘，是~的吗？｜你有爹有娘，不是~的。‖ 有的说"老母柯杈子上结的"。

过月子 [kuə⁵²³yə²¹⁴tsʅ⁰] guò yuě zi 坐月子。

送粥米 [suŋ⁵²³tʂuŋ²¹⁴mi³⁵] sòng zhōng mí 头胎婴儿出生后，亲友前往送礼贺喜。县内风俗，一般为男婴出生后第12天，女婴第9天，产妇娘家送去鸡蛋、红糖、小米（或小麦）、婴儿衣帽等：小孩~，贺喜的亲戚朋友不断头儿｜~的事儿都是她操办的。‖ 粥，变读为 [tʂuŋ²¹⁴] zhǒng。20世纪90年代后，送粥米的礼品由糖、米、鸡蛋改为送钱，称为"干折"。外祖母家另外置办童装、毛毯、被子、玩具、童床、脚蹬三轮车等。

办笾子 [pæ̃⁵²³yæ̃³⁵tsʅ⁰] bàn yuán zi 送粥米时置办装在笾子里的礼物：送粥米的时候，姥娘家办了四五个笾子，近门的一家办一个笾子。‖ 20世纪70～80年代，"送粥米"的笾子多装红糖、鸡蛋、小米（或小麦）、焦饼（带芝麻的干烙馍）等，用红布蒙盖。

红鸡蛋 [xuŋ⁵⁵tɕi²¹⁴tæ̃⁵²³] hōng jǐ dàn 指生育头胎孩子时向亲戚朋友发送的外皮染红的熟鸡蛋：啥时候吃你的~？｜光知道~好，知不道过月子难受。

头生子 [t'ou⁵⁵səŋ²¹⁴tsʅ⁰] tōu sěng zi 第一胎生育的孩子：~稀罕老生子娇，苦就苦在半大腰（民谚）。

老生子 [lau³⁵səŋ²¹⁴tsʅ⁰] láo sěng zi 最后一胎生育的孩子。

双生儿 [ʂuaŋ⁵²³səŋ⁰] shuàng sengr 双胞胎：生了一对~｜他俩是一对~。

红袄绿大襟 [xuŋ⁵⁵au³⁵ly²¹⁴ta⁵²³tɕiɛ̃²¹⁴] hōng áo lǜ dà jǐn 婴儿穿的带绿大襟的棉袄，由婴儿的姑母赠送：~，留住娘家一条根（民谣）。

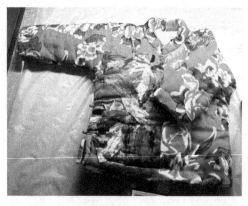

图5-115　红袄绿大襟
（2023年1月摄于丰县文博园）

住满月 [tʂu⁵²³mã³⁵yə⁰] zhù mán yue 婴儿满月前几天，外祖父母将其接到家中小住。接送途中，为避邪气，有的在婴儿身旁放置桃树枝条，有的给婴儿手腕上佩戴桃木刻制的微型刀、剑、铜或者黑狗牙。20世纪90年代后，一些地方改为婴儿满月后住满月。‖也称"过满月"。

裹奶 [kuə³⁵nɛ³⁵] guó nái 吸奶：这小孩儿多会~。‖裹，吸吮：小孩~我的手指头，八成是饿了。

漾奶 [iaŋ⁵²³nɛ³⁵] yàng nái 婴儿吃奶后吐出：小孩~了，可能是吃多了。‖《徐州方言词典》写作"嚷奶"。

3. 丧葬

出老殡 [tʂ'u²¹⁴lau³⁵piẽ⁵²³] chū láo bìn 安葬老人。‖有的说 [tʂ'u²¹⁴lau⁵⁵piẽ⁵²³] chǔ lāo bìn。

倒气 [tau⁵²³tɕ'i⁵²³] dào qì 指人临死前出气多，进气少，呼吸急促。

倒头 [tau³⁵t'ou⁵⁵] dáo tōu 人死的婉辞：奶奶刚~的一两天里，父亲叫人扯孝布、搭灵棚、买纸罩。

殇 [ʂaŋ²¹⁴] shǎng 未成年人死亡的婉辞：她大儿十岁的时候~了。

上那间 [ʂaŋ⁵²³na⁵²³tɕiã²¹⁴] shàng nà jiǎn 讳称死亡（含嘲讽意味）：他~去了。‖那间，指阴间。

见阎王爷 [tɕiã⁵²³iã⁵⁵uaŋ⁰iə⁵⁵] jiàn yān wang yē 贬指死亡：那家伙早就~去了。‖也说"上西天""窖起来"。

挺腿 [t'iŋ³⁵t'ueir³⁵] tíng tuǐr ①畜禽死亡：鸭子扑腾一阵，~了。②贬指人死亡：1940年5月，大汉奸王歪鼻子得病~｜他喝酒不要命，这一回~了。

哈蹄 [xa³⁵t'i⁰] há ti 死（含戏谑意味）。

跷蹄 [tɕ'iau²¹⁴t'i⁵⁵] qiǎo tī ①谑指死亡。②完了（戏谑语）：要是叫领导发现，就~了。

爬烟筒 [p'a⁵⁵iã²¹⁴t'uŋ³⁵] pā yǎn tóng 谑指被送进火葬场火化：我七老八十，快~了，还怕啥！

噙口钱 [tɕ'iẽ⁵⁵k'ou³⁵tɕ'iã⁵⁵] qīn kóu qiān 老人咽气后放在其嘴角的系有红绳的制钱。俗语"死了连噙口钱都没"，谓其极穷。

绊脚索 [pã⁵²³tɕyə²¹⁴suə³⁵] bàn juě suó 死者被架到灵床上后，家人用苘坯子将死者双脚拦上（有人说意在使双脚朝上而不向外分开，保持雅观；有人说防止诈尸），这种苘坯子称作绊脚索。

蒙脸纸 [məŋ⁵⁵liã³⁵tsʅ³⁵] mēng lián zí 盖在死者脸上的草纸：几个人把他抬到当门床上，盖上~。

纸椟篓子 [tsʅ³⁵tu⁵⁵lou⁰tsʅ⁰] zí dū lou zi 丧事中高粱秸秆或竹竿扎成的挂有金箔、草

图 5-116 金钱架子
（2022 年 12 月摄）

纸条的三角架。半米多高，置于大门一侧，以示家有丧事。亡者为男性，则置于左侧；为女性，则置于右侧。在"送盘缠"时烧化。‖有的说"纸楼笼子""纸胡同"[tsɿ³⁵ku⁵⁵tuŋ⁰] zí gū dong、"纸糊筒""纸糊笼子""纸糊篓子"。

金钱架子 [tɕiẽ²¹⁴tɕ'iẽ⁵⁵tɕia⁵²³tsɿ⁰] jǐn qiān jià zi 同"纸楼篓子"。用于正规场合。‖有的说"金钱架""金楼架子"。

钱褡子 [tɕ'iẽ⁵⁵ta²¹⁴tsɿ⁰] qiān dǎ zi 为死者糊制的装有纸箔（冥钱）的"钱袋"。在老人咽气时烧化。‖又称"褡子""纸褡子"。

长明灯 [tʂ'aŋ⁵⁵miŋ⁵⁵təŋ²¹⁴] cháng míng dēng 亡者灵床前点的一盏油灯（20世纪90年代后逐渐以蜡烛代替），长明不熄，直到出棺。

封门 [fəŋ²¹⁴mẽ⁵⁵] fěng mēn 指用黄表纸贴在外门上，以示家有丧事，重孝子不再出门。若两位老人一位健在，一位亡故，则在门上斜向贴一张宽约5厘米、长约30厘米的黄表纸条；若两位老人俱亡，则贴成"×"形。

倒头面 [tau³⁵t'ou⁵⁵miẽ⁵²³] dáo tōu miàn 灵床前放置的面条、面饼。碗内竖插一双筷子。

打狗饼子 [ta³⁵kou³⁵piŋ³⁵tsɿ⁰] dá góu bǐng zi 入殓时，放在死者袖口内的小面饼。数量与死者岁数相等，一般用布或纸包裹，用以防备"西行路上"遇狗咬。

重孝子 [tʂuŋ⁵²³ɕiau⁵²³tsɿ⁰] zhòng xiào zí 父母死后居丧的儿女、儿媳。

热孝在身 [ʐə²¹⁴ɕiau⁵²³tsɛ⁵²³ʂẽ²¹⁴] rě xiào zài shēn 指父母刚刚亡故，在家守丧：他~，身穿孝袍，手拿安床子，不便出门送客。

烧倒头纸 [ʂau²¹⁴tau³⁵t'ou⁵⁵tsɿ³⁵] shǎo dáo tōu zí ①死者咽气后，儿女等后辈将其尸体略作安置，烧化纸钱，放声痛哭：他连喊三声"爹，明晃晃大路向西南"，就~，跪在地上大哭。②死者入殓前，吊丧者为之烧纸。

送倒头信 [suŋ⁵²³tau³⁵t'ou⁵⁵ɕiẽ⁵²³] sòng dáo tōu xìn 派人向死者近亲送讣闻。

朳 [xuə²²] huō 棺材：这个~是独帮、独底、独照面｜大户人家是柏木~、楠木套｜三个儿子抬着他装到~里。‖雅称"寿材"。

喜朳 [ɕi³⁵xuə⁵⁵] xí huō 生前所备的棺材。

扶朳 [fu⁵⁵xuə⁵⁵] fū huō 制作棺材：给老年人~｜请了两个木匠来~。

骨殖 [ku²¹⁴tʂʅ⁵⁵] gǔ zhī 旧称尸骨。

盛殓 [tṣʻəŋ⁵⁵liæ̃⁵²³] chēng liàn 入殓，把尸体装入棺材。死者近亲，尤其是娘家或岳父家人到齐后，举行入殓仪式。将棺材抬至丧屋当门，死者由长子抱头，侄、孙等分抬两侧，放入棺内。

送老衣 [suŋ⁵²³lau³⁵i²¹⁴] sòng lǎo yī 在死者生前置办的寿衣。上衣不带衣领，不钉钮扣，不挖扣眼，而用线绳或缝制的布条替代，以避"领子""扣子"之忌。‖ 也叫"防老衣" [faŋ⁵⁵lau³⁵i²¹⁴] fāng lǎo yī。

查 [tsʻa⁵⁵] cā 旧指购置死者所穿的衣服：到寿衣店里给他～一身衣裳。

纸罩子 [tsɿ³⁵tsau⁵²³tsɿ⁰] zí zào zi 用彩纸、芦苇或竹子等扎制的冥器。旧时主要是纸扎的轿、车、马、人、牌楼之类，"送盘缠"时焚化，供死者到阴间使用。近年来，增加纸扎电视机、小轿车、四合院等：爹娘过世的时候，他请了一班喇叭，扎了～，热热闹闹出了殡。

安床子 [æ̃²¹⁴tṣʻuaŋ⁰tsɿ⁰] ǎn chuang zi 哀杖，出殡时孝子手持的柳木短棍。长40～50厘米，粗3～4厘米，用草纸条缠绕。孝子双手握棍跪拜、谢客。传统上，封坟时哀杖插在坟前向口上，20世纪90年代后，改为埋进墓穴中，或弃入沟中。葬入公墓的，在墓前烧毁。90年代后，柳树稀少，有的以杨木棍代替。‖ 有的称作"安丧棍子" [æ̃²¹⁴saŋ⁰kuẽ⁵²³tsɿ⁰] ǎn sang gùn zi、"安床棍子" [æ̃²¹⁴tṣʻuaŋ⁰kuẽ⁵²³tsɿ⁰] ǎn chuang gùn zi、"安桩子" [æ̃²¹⁴tṣuaŋ⁰tsɿ⁰] ǎn zhuang zi、"安丧子" [æ̃²¹⁴saŋ⁰tsɿ⁰] ǎn sang zi。

丧架子 [saŋ²¹⁴tɕia⁵²³tsɿ⁰] sǎng jià zi 运送棺材的木质架子。‖ 也称"安丧架子" [æ̃²¹⁴saŋ⁰tɕia⁵²³tsɿ⁰] ǎn sang jià zi。

灵棚 [liŋ⁵⁵pʻəŋ⁵⁵] líng pēng 办丧事时搭在丧屋门前的棚子。20世纪90年代前，用秫秸箔搭制。20世纪90年代后，多用印有二十四孝图的布幔及钢管搭建。灵棚里设灵桌，桌上置遗像、祭品，地上铺有草苫或草席、苇席，供亡者亲属跪拜用。

跪棚 [kuei⁵²³pʻəŋ⁵⁵] guì pēng 死者旁系晚辈亲属守在灵棚内两侧跪拜陪祭，跪谢来客。

吊簿 [tiau⁵²³pu⁵²³] diào bù 登记亲朋吊礼的簿本：先上～再行礼。‖ 又称"孝簿"。

林 [liẽ⁵⁵] līn 指家族墓地。旧时往往种植柏树等，积久成林：清明一到，家家都上～上烧纸｜选块风水宝地安～｜咱儿要有好歹，谁披麻戴孝把咱送到～上？

老林 [lau³⁵liẽ⁵⁵] láo līn 祖上坟地（有别于后来的"新林"）：俺爷爷百年以后，一家人把他送到～里｜俺孙子当官了，～疙瘩放光了｜他家～里冒烟了｜～边上长着一棵棠梨子树。

上林 [ʂaŋ⁵²³liẽ⁵⁵] shàng līn 到家族墓地祭拜：吹喇叭的～———一派捏（歇后语。喻指把事情一气做完。一派，一气）。

拔林 [pa⁵⁵liẽ⁵⁵] bā līn 建立新的家族墓地。

看林 [kʻæ̃⁵²³liẽ⁵⁵] kàn līn ①看守墓地：他家是大户，找了个老头来~。②请风水先生选择墓地。

点穴 [tiæ̃³⁵ɕyə⁵⁵] diǎn xuē 选择安葬穴位。一般请地理先生（有的说"地林先生"）测定墓穴位置，穴位朝向、深浅：家里人按"脚蹬河，头枕山，辈辈人烟都平安"的说法，点了穴，打了坑，把他下葬了。

地穴 [ti⁵²³ɕyə⁵⁵] dì xuē 指墓室。

打坑 [ta³⁵kʻəŋ²¹⁴] dǎ kěng 特指挖掘墓室。祭丧的早晨，长子抱一只红公鸡到墓地，捏着鸡嘴在穴位上划一"十"字或写"破土大吉"四个字，先挖一锨土，接着由外祖父家的人挖一锨土，此仪式叫"破土"，然后，参加挖墓的人们一齐动手，挖出方形墓室。

南北坑 [næ̃⁵⁵peikʻəŋr²¹⁴] nān bei kěngr 墓穴的委婉说法。墓室大致呈南北走向：他买了口好棺材，披麻戴孝把老的送到~里。

开丧 [kʻɛ²¹⁴sɑŋ²¹⁴] kāi sāng 出殡之前的仪式。亲友吊丧之前，孝子及至亲在灵棚里行跪拜礼。长子在前主祭，其余的孝子跪在后边陪祭。

二十四拜 [l⁵²³ʂʅ⁵⁵sɿ⁵²³pɛ⁵²³] lrì shī sì bài 旧时丧事的跪拜礼。出殡前，在乐器伴奏下，死者子女或其他至亲在灵棚中走"剪子股"，在不同的位置作揖叩头，叩头二十四次。现在简化为十八拜或者八拜、懒四叩。

破孝 [pʻuə⁵²³ɕiau⁵²³] pò xiào 给吊孝的亲友分发孝服、孝帽等。破，意为分开。

孝布 [ɕiau⁵²³pu⁵²³] xiào bù 用来制作孝帽、孝服等的白布。

孝帽子 [ɕiau⁵²³mau⁵²³tsʅ⁰] xiào mào zi 死者男性亲属所戴的白布帽子：张紧得跟抢~的样。

孝抹子 [ɕiau⁵²³ma²¹⁴tsʅ⁰] xiào mǎ zi 死者亲属套在孝帽上的一条长布带，从脑后分成两股垂下。‖ 也称"孝浅子"。

系腰子 [tɕi⁵²³iau⁰tsʅ⁰] jì yɑo zi 死者女婿系在腰间的白布带。

图 5-117　孝服（2019 年 3 月摄于云鹤公墓）

孝箍 [ɕiau⁵²³kuʔ²¹⁴] xiào gǔ 追悼会上戴的黑纱袖套。

三鲜供 [sæ̃²¹⁴ɕiæ̃²¹⁴kuŋ⁵²³] sān xiān gòng 在丧事上用猪头、整鸡、整鱼摆成的供品。一般由孝子的外祖父家、亡者的女儿备办。

糖人供 [tʻaŋ⁵⁵zẽ⁵⁵kuŋ⁵²³] tāng rēn gòng 祭奠用的糖塑供品。用白糖为主料，制成寿桃、塔、牌坊、人物等类造型。有三大件、六大件、二十四大件等成套品种。‖ 也称"糖供"。糖人供被国家、江苏省批准为非物质文化遗产，写作"糖人贡"。

祭盏 [tɕi⁵²³tsæ̃³⁵] jì zán 祭祀用的纸箔、香、蜡烛、糕点等物品：先父开吊之期……计共收到祭帐十六幅、挽联四副、祭供十五桌、祭盏一百一十六桌、纸箔六百七十余块（1938年10月17日《黄体润日记》）。

四事祭盏 [sɿ⁵²³sɿ⁵²³tɕi⁵²³tsæ̃³⁵] sì sì jì zán 指祭奠用的香、蜡烛、糕点（有的用饼干、水果代替）、纸箔四种物品。‖ 有的说"四事祭浅""鞭炮馃浅""香烛四事" [ɕiaŋ²¹⁴tʂu²¹⁴sɿ⁵²³sɿ⁵²³] xiāng zhǔ sì sì。

三事祭盏 [sæ̃²¹⁴sɿ⁵²³tɕi⁵²³tsæ̃³⁵] sān sì jì zán 指一般亲友祭奠用的三种祭品，多为草纸、糕点（或水果、饼干）、蜡烛（或者鞭炮）。

馃浅 [kuə³⁵tɕʻiæ̃r³⁵] guó qiánr 指摆供用的盛放糕点的小碟子：封几个~去烧纸。

箔 [puə²¹⁴] bǒ 涂有一层薄金属的纸。用来叠成元宝形，祭祀时当作纸钱焚化：到冥器店买两块~，这是成捆的锡纸，有五个火柴盒大｜兄以冗事缠身，未克亲临一吊，殊觉愧对也，谨具锡箔两块，请代焚灵前为祷（1942年11月18日《黄体润日记》）。‖ 也称"纸箔"。

啃供 [kʻẽ³⁵kʻuŋ⁵²³] kén gòng 出殡时的一种仪式，死者的儿子叩首迎接亲戚的祭品。外祖父家先行祭奠，将供品摆放在远离灵棚处，死者的儿子到供桌前叩首行礼：大老执喊了一声"舅家的供来了，孝子~"。

喝炸菜汤 [xə²¹⁴tsa⁵⁵tsʻɛ⁵²³tʻaŋ²¹⁴] hě zā cài tāng 特指出殡时吊丧者用餐。旧时，出殡时用餐主菜为"炸菜汤"，即用油炸藕夹、丸子等过油菜烧成的汤：老先生归天的时候，附近村庄上的人都去坐席~｜啥时候喝你的炸菜汤（戏谑语，意思是你什么时候死）。‖ 有的写作"杂菜汤"，指荤素各类菜烧成的汤。1980年后，丧事招待客人的饭菜标准逐渐提高，主菜不再是过油菜。

喜丧 [ɕi³⁵saŋ²¹⁴] xí sǎng 为高寿人举办的丧事：她活了一百单三岁，丧事上人山人海，算是~。

送盘缠 [suŋ⁵²³pʻæ̃⁵⁵tʂʻæ̃⁰] sòng pān chan 送葬前的一种仪式。孝子、亲戚和帮忙人员抬着纸罩以及死者穿过的衣物等到大路口烧化，边走边撒点燃的纸油灯和很小的饺子，至十字路口，焚烧纸轿、纸人、纸牛（马）、棉衣、金钱架及其他冥器。传统上，送盘缠仪式在出殡前一天或前三天晚上举行，20世纪60年代改为出殡日。‖

又称"送行"。

闹棚 [nau⁵²³p'əŋ⁵⁵] nào pēng 在丧事上请演艺人员表演，或请专业哭丧者帮哭。有的请唢呐班在灵棚下演唱，亲朋出资点戏、点歌。

发引 [fa²¹⁴iẽ³⁵] fǎ yín 即送葬。帮忙人将棺材抬出屋（称为"出丧"），放在丧架上，长子在丧架前将"老盆"向砖上摔破，至亲好友行路奠礼，棺架抬向坟地。20世纪90年代后，人力抬棺送葬逐渐改为用拖拉机、牵引式二轮丧架、汽车送葬。

拔棚 [pa⁵⁵p'əŋ⁵⁵] bā pēng 棺材即将抬出家门时拆除灵棚。

老盆 [lau⁵²³p'ê⁰] lāo pen 出殡时死者的长子（或其他有财产继承权的人）摔的一种瓦盆，底部钻有七个孔。传说人死后要喝光生前用过的污水，用带孔的烂盆喝就会少喝许多，有人说此盆象征死者到"阴间"用的锅，摔成碎片以便携带。‖ 老，音同"涝"。梁寨、范楼等镇说 [lau⁵⁵p'ê⁰] lāo pen。

摔老盆 [ʂuei²¹⁴ lau⁵²³p'ê⁰] shuǐ lāo pen 出殡时的一种仪式，由死者的长子（或其他有财产继承权的人）在棺材前将"老盆"摔碎：大儿摔罢老盆，赡受了三间屋、一片宅子｜过继儿不如亲生子，干儿不能~（民谣）。‖ 有的地区说 [ʂuei²¹⁴lau⁵⁵p'ê⁰] shuǐ lāo pen。

闯穴 [tʂ'uaŋ³⁵ɕyə⁵⁵] chuáng xuē 送葬时，抬棺者临近坟地，加快行速，在墓坑前停放棺架。‖ 有的说"抢穴道""闯棺""抢棺"。

衣饭罐子 [i²¹⁴fæ̃⁰kuæ̃⁵²³tsʅ⁰] yǐ fan guàn zi 下葬时置于棺材大头处的盛有五谷的陶罐。

搭棺席 [ta²¹⁴kuæ̃²¹⁴ɕi⁵⁵] dǎ guān xī 下葬时盖在棺材上的苇席。

封坟 [fəŋ²¹⁴fẽ⁵⁵] fēng fēn 掩埋棺材的仪式。棺材放进墓坑，死者长子照过向口（指棺材朝向），人们调好棺材位置，放一衣饭罐于棺前，将一张弓、三支箭摆在棺盖前头，将写有"敕令斩鬼煞"字样的布瓦放在弓弦上，再抓一把土压住，盖上苇席（俗称"搭棺席"），撒上五谷粮食，然后，长子先埋一锨土，众人再一起铲土把棺材埋上。

圆坟 [yæ̃⁵⁵fẽ⁵⁵] yuān fēn 即把坟添土堆成馒头形。传统上在入葬后第三天进行，2000年之后改在当天。政府所建公墓以砖砌穴，内置骨灰盒，上盖水泥预制板，树立石碑，没有坟头。

请灵 [tɕ'iŋ³⁵liŋ⁵⁵] qíng līng 出殡时将先去世的亡者配偶的亡灵请回家受祭。

落纸 [luə²¹⁴tsʅ³⁵] luǒ zí ①出殡日烧纸祭拜的仪式：他啥时候~？②在节令时为亡故者烧纸。‖ 也说"烧钱落纸"。

谢丧 [ɕia⁵²³sɑŋ²¹⁴] xiè sǎng 指孝子向参加丧礼的邻里、亲友致谢。送葬后第二天早晨，报路人领着重孝子到邻居、亲友大门外，报路人高喊："谢金子啦！"重孝子即叩首跪谢。

烧五七纸 [ʂau²¹⁴u³⁵tɕ'i²¹⁴tsʅ³⁵] shǎo wú qǐ zí 亲人离世35天后，家人为其上坟烧

纸祭奠。

烧百日纸 [ʂau²¹⁴pei²¹⁴ʐɻ²¹⁴tsɻ³⁵] shǎo běi rǐ zí 亲人离世100天后，家人为其上坟烧纸祭奠。

烧周年纸 [ʐau²¹⁴tʂou²¹⁴ŋiæ̃⁵⁵tsɻ³⁵] shǎo zhǒu niān zí 亲人离世1周年时，家人为其上坟烧纸祭奠。

启攒 [tɕ'i³⁵ts'uæ̃⁵²³] qǐ cuàn 把埋在地下的灵柩挖出，以备重新安葬。其原因有多种，有的因为迁移坟地，有的要将灵柩移进家族墓地。

朽 [tɕ'iou³⁵] qiú 寄葬。因特殊原因暂不举行出殡仪式，仅作简单安葬。

回访 [xuei⁵⁵faŋ³⁵] huī fáng 葬后7天到外祖父家道谢。

死人个子 [sɻ³⁵ʐə̃⁵⁵kə⁵²³tsɻ⁰] sí rēn gè zi 死尸：河边刚打罢仗，~东一个，西一个，横三竖四地乱摆着。

入土为安 [ʐu²¹⁴t'u³⁵uei⁵⁵æ̃²¹⁴] rǔ tú wēi ǎn 葬入地下才算安定。人们认为，死去的亲人应该尽早安葬，不应长时间暴露在外。

死者为大 [sɻ³⁵tʂə³⁵uei⁵⁵ta⁵²³] sí zhé wēi dà ①对死去的人要尊敬：死的是恁兄弟，你也得给他磕个头，~嘛。②安葬死者是头等大事，其他事情都应搁置，邻里也应暂停其他事情以帮助事主安葬。‖ 有的说"死者为尊"。

（二）习俗信仰

说处 [ʂuə²¹⁴tʂ'u⁰] shuǒ chu 特殊说法：下午不兴看病人，这里边儿有~｜本命年送红腰带是有~的。‖ 也称"说头" [ʂuə²¹⁴t'ou⁰] shuǒ tou。

年味 [ŋiæ̃⁵⁵ueir⁵²³] niān wèir 过年的气氛：一过小年，就有~了，家家蒸馍、炸丸子。

年景 [ŋiæ̃⁵⁵tɕiŋr³⁵] niān jǐngr 过年的景象：大街上有~了，各处里都有放炮声。

过肥年 [kuə⁵²³fi⁵⁵ŋiæ̃⁵⁵] guò fī niān 过丰裕的春节：一个猪头驮回家，过个肥年｜今年单位发的年货多，咱过个肥年。

带岁钱 [tɛ⁵²³suei⁰tɕ'iæ̃⁵⁵] dài sui qiān 压岁钱，过阴历年时长辈给小孩儿的钱：爷爷给小孩一人一百块~｜俺儿过年挣了两千块~。

赪头 [tɕ'iŋ⁵⁵t'ou⁵⁵] qīng tōu 接受叩头：大年初一，有年人儿都在家等着~｜我~了他三个头。

门对子 [mẽ⁵⁵tuei⁵²³tsɻ⁰] mēn duì zi 门联，门框上贴的对联。

喜对 [ɕi³⁵tueir⁵²³] xí duìr 婚礼用的对联：大门贴上~。

门心 [mẽ⁵⁵ɕiẽ²¹⁴] mēn xǐn 门扇上的对联。又称"斗方"。

门横 [mẽ⁵⁵xuŋ⁵²³] mēn hòng 贴在门框上方的门联横幅。

春福字 [tʂ'uẽ²¹⁴fu²¹⁴tsɻ⁵²³] chūn fú zìr 春节时制作的写有"春""福"字样的方形红纸。

春鸡 [tʂʻuẽ²¹⁴tɕir²¹⁴] chūn jǐr 为庆贺立春，妇女为儿童缝制的小布公鸡。立春前，妇女们用彩色布头为儿童缝制好"春鸡"，缀在儿童袄袖上。‖ 有的说成"打春鸡"。

送火神 [suŋ⁴²³xuə³⁵ʂẽ⁰] sòng huó shen 农历正月初七傍晚举行的一种活动。少年儿童举着高粱秸、柴草扎成的火把（俗称"火神把子"），成群结队跑向村外嬉闹，将未燃尽的火把扔到十字路口，象征着把火神送出家门，终年不招火灾：城里～的，点着火把，都往火神庙送。

老鼠娶媳妇 [lau³⁵ʂu⁰tɕʻy³⁵ɕi²¹⁴fur⁰] láo shu qú xǐ fur 传说，正月初七晚上老鼠娶媳妇，民俗此日傍晚不点灯。

围囤 [uei⁵⁵tuẽ⁵²³] wēi dùn 旧俗，农历二月二日举行的一项祈求丰收的活动。在日出之前，农民用草木灰在屋外空地上撒成象征仓囤的圆圈，在中间埋上粮粒并祈祷：二月二的囤——各在人围（歇后语。围，谐"为"）。

插柳 [tsʻa²¹⁴liou³⁵] cǎ liú 清明节在门框上插柳树枝条：清明节到了，家家户户门上～，有的小孩头上戴着柳枝编成的柳圈，连小狗头上也有柳圈。

插艾 [tsʻa²¹⁴ɛ⁵²³] cǎ ài 端午节（农历五月初五日）时，人们在屋檐下或大门上插艾枝，以求免除百病。

圆月 [yæ̃⁵⁵yə²¹⁴] yuān yuě 中秋节时，全家团聚在一起，饮酒赏月吃月饼：到黑喽咱全家吃月饼～｜一家人家摆好桌子，喝～酒。

燎锅底 [liau³⁵kuə²¹⁴ti³⁵] liáo guǒ dí 指带着酒菜或礼品，给乔迁新居的人家庆贺。现在多为送礼品庆贺。

扫坑 [sau³⁵kʻəŋr²¹⁴] sáo kěngr 旧时村民祈求下雨的一种方式。妇女们手持扫帚围着大坑扫，寡妇坐在大坑边哭念求雨的歌谣："不哭爹，不哭娘，单哭老天下一场。不哭儿，不哭女，单哭老天下场雨。不哭丈夫不哭兄，单哭老天下满坑。"

跑辇 [pʻau³⁵ŋiã̃³⁵] páo nián 旧时村民祈求下雨的一种方式。人们在案板上绑扎木棍做成辇，将关公塑像放在辇上，抬到有象征意义的地方游走。返回途中，旋转跳舞。‖ 有的地区叫"抬辇求雨"。

赶雨 [kæ̃³⁵y³⁵] gán yú 旧时村民祈求晴天的一种方式。阴雨连绵时，人们（多为老年妇女）做成穿黑衣服的"阴雨娘娘"偶像，挂在门框外，手中挥动饭勺，口中念诵"赶雨谣"：勺子头，瓦老天，今下雨，明晴天，云彩都归东南山。‖ 有的说"扫天""扫云"。阴雨娘娘，有的说"扫天娘娘""扫云娘娘"。

一辈一辈的人烟 [i²¹⁴pir⁵²³i²¹⁴pir⁵²³ti⁰zẽ⁵⁵iær⁰] yǐ bìr yǐ bìr di rēn yanr 一代接一代地往下传续：爷爷的钱，孙子花，～｜活来活去，都是为了儿女，为了把香火传下去，～，有几个为上辈人活着？｜儿女有出息也好，没出息也好，终究接管家业，～｜眼时的小孩有几个孝顺的？别指望他养老，～罢了。

老天爷 [lau³⁵t'iæ̃²¹⁴iə⁵⁵] lǎo tiān yē ①迷信者所谓主宰一切的神。②表示惊叹：~，你咋能干这事！｜我的个~！你咋敢喊司令的小名？‖也称"天爷""老天爷爷"。

龙天老爷 [luŋ⁵⁵t'iæ̃²¹⁴lau³⁵iə⁰] lōng tiān lǎo ye 即老天爷。多用在假设句中：别说他来管我，就是~来了，我也不怕｜~也拿他没办法。

老灶爷 [lau³⁵tsau⁵²³iə⁵⁵] lǎo zào yē 灶神，旧俗供于灶上的神。除夕贴春联时，人们在靠近锅门脸的屋墙上粘贴带有皇历的灶神像。为了不让灶神看见锅，往往斜贴灶神像。民谣说："老灶爷爷歪歪倒，打的粮食吃不了。"有的贴在锅门脸上。传说正月十五日灶神上天向玉帝陈报人间善恶。当天，人们焚香、供灶糖、烧化灶神像，"送老灶爷爷上天"，只留画像上面的皇历表（皇历头）。一边烧，一边祷告："上天言好事，下界保平安。"有的往灶神嘴上抹甜米饭，用纸条封上灶神的嘴。‖又称"老灶爷爷""灶王爷"。

老灶奶奶 [lau³⁵tsau⁵²³næ̃³⁵næ̃⁰] lǎo zào nán nan 传说中的灶神夫人。‖灶神像多带有灶神夫人。

土地爷 [t'u³⁵ti⁰iə⁵⁵] tú di yē 土地神，传说中掌管、守护某个地方的神：庄头有座土地庙，里边供着~。‖又称"土地老爷"。

土地奶奶 [t'u³⁵ti⁰næ̃³⁵næ̃⁰] tú di nán nan 土地神夫人。与土地神供奉在同一座庙内。

城隍爷 [tʂ'əŋ⁵⁵xuaŋ⁰iə⁵⁵] chēng huang yē 传说中守护城邑的神。传说丰县的城隍是刘邦的部将纪信，纪信在荥阳因救刘邦而被烧死。元代至民国，丰县均有城隍庙。

城隍奶奶 [tʂ'əŋ⁵⁵xuaŋ⁰næ̃³⁵næ̃⁰] chēng huang nán nan 传说中的城隍夫人。‖有的称作"卧公奶奶"。

阎王爷 [iæ̃⁵⁵uaŋ⁰iə⁵⁵] yān wang yē 阎罗，传说中管理地狱的神：嚑得跟~样。‖也称"阎王""阎王老爷"。

玉皇庙 [y⁵²³xuaŋ⁵⁵miau⁵²³] yù huāng miào 供祀玉皇大帝的庙宇。旧时县城东门外、赵庄集等处建有玉皇庙。

白衣奶奶庙 [pei⁵⁵i²¹⁴næ̃³⁵næ̃⁰miau⁵²³] bēi yǐ nán nan miào 观音庙的俗称。观世音菩萨常着白衣坐白莲中，故名。‖又称"白衣庙""白衣圣母庙"。旧时，王沟镇李胡集村有白衣奶奶庙，县城西关外路南有白衣庙、白衣街，华山镇和宋楼镇戚庄村也有白衣庙。

高皇庙 [kau²¹⁴xuaŋ⁵⁵miau⁵²³] gāo huāng miào 汉高皇帝庙的简称，供奉汉高祖刘邦的庙祠。旧址在县城凤城宾馆之北。1923年改建为县立初级师范学校，1999年改建为凤鸣小区。‖也称"汉高祖庙"。

庙台子 [miau⁵²³tʻɛ⁵⁵tsʅ⁰] miào tāi zi 寺庙的废墟台基：~上盖了几间学屋。

五门对十庙 [u³⁵mẽ⁵⁵tuei⁵²³ʂʅ⁵⁵miau⁵²³] wú mēn duì shī miào 指民国时期之前丰县城门与十座庙祠相对的景象。东门（望华门）向东对着城外的三官庙，向西对着天齐庙（今刘邦广场东侧）；西门（障澜门）向西对着城外的王母庙，向东对着关岳庙；北门（大泽门）向北对着城外的玄帝庙，向南对着火神庙；南门（中阳门）向南对着城外的碧霞祠（泰山奶奶庙），向北对着三大士庙；五门（伏道）向东对着城外的曲泉宫（后改建为土地庙），向西对着财神庙。

关老爷 [kuɑ̃²¹⁴lau³⁵iə⁰] guǎn láo ye 对三国时期关羽的尊称。明、清时期，县治东侧建有关王庙，也称"武庙"，后与岳飞祠合称"关岳庙"。

柳将军 [liou³⁵tɕiaŋ²¹⁴tɕyɛ̃²¹⁴] liú jiǎng jǔn 即唐代传奇小说《柳毅传》中的书生柳毅（见《太平广记》卷四百一十九）。小说中，柳毅传书与洞庭龙君，救出龙女，并与龙女结为夫妇。明、清时期，丰县河患频繁，民间认为柳毅与龙王是亲戚，可以防御洪水，称之为"柳将军"，为之建庙祭拜。县城西有柳毅坡，城西北隅护城河边有柳毅井、柳毅庙（又称"柳将军庙""柳公祠"）。1966年柳毅庙被拆除。

观音老母 [kuɑ̃²¹⁴iɛ̃²¹⁴lau³⁵mu³⁵] guǎn yǐn láo mú 观世音菩萨。‖ 又称"观音娘娘"。

泰山奶奶 [tʻɛ⁵²³sɑ̃²¹⁴nɑ̃³⁵nɑ̃⁰] tài sǎn nán nan 神话中碧霞元君的俗称。传说碧霞元君是东岳大帝的女儿，宋真宗时被封为"天仙玉女碧霞元君"。旧时，县城南门堤外、北门泡河北，县城东南隅、赵庄集、欢口集、华山等处建有碧霞祠，俗称"泰山奶奶庙""奶奶庙"。

泰山老母 [tʻɛ⁵²³sɑ̃²¹⁴lau³⁵mu³⁵] tài sǎn láo mú 同"泰山奶奶"。

泰山石敢当 [tʻɛ⁵²³sɑ̃²¹⁴ʂʅ⁵⁵kɑ̃³⁵taŋ²¹⁴] tài sǎn shī gán dǎng 对着路口的房屋或宅院外墙下立的小石碑，上面刻有"泰山石敢当"五个字，民间用来镇压邪祟。有的将刻字小石板上嵌入墙体或贴在墙面上。

麦黄老爷 [mei²¹⁴xuaŋ⁵⁵lau³⁵iə⁰] měi huāng lao ye 传说中掌管麦子收成的神仙。农历四月初八日，小满刚过，村民置办果品，给他上供烧香，祈求麦子丰收。20世纪50年代中期合作化以后，这种祭祀活动消失。

图 5-118　泰山石敢当
（2023 年 2 月摄于华山）

麦艺奶奶 [mei²¹⁴i⁵²³nã³⁵nã⁰] měi yì nán nan 传说中掌管麦子收成的女神仙。农历四月初一是她的生日，老年村妇往往到十字路口给她烧香，祈求丰收。

华祖老爷 [xua⁵⁵tsu³⁵lau³⁵iə⁰] huā zú láo ye 旧时对汉末医学家华佗的敬称。

华祖庙 [xua⁵⁵tsu³⁵miau⁵²³] huā zú miào 供奉华佗的寺庙。旧时，丰县西关外及部分乡村建有华佗庙，至今有些村名仍叫华祖庙，如常店镇华祖庙村、梁寨镇杨新庄村所辖的华祖庙，孙楼街道的化祖庙村也由华祖庙演化而来。

七姑娘 [tɕ'i²¹⁴ku⁰ŋiaŋ²¹⁴] qǐ gu niǎng ①一种用来乞巧的布偶。农历正月初三日（或初七日），少女用高粱秆穰插成人形，套以简陋的衣服，称之为"七姑娘"。有的向七姑娘卜问前程命运。②比喻衣衫不整或衣着臃肿、不修边幅的人：穿得跟～样，不能入人场。‖ 有的说"七姑娘娘"。

雹神 [puə⁵⁵ʂẽ⁰] bō shen 传说中掌管冰雹的神。旧俗，农历四月初一（雹神升天之日）祭祀雹神老爷，在村头十字路口摆放香案供品，点燃香箔纸烛，燃放爆竹，跪求麦子不受雹灾。

蚂蚱神 [ma²¹⁴tsa⁰ʂẽ⁵⁵] mǎ za shēn 传说中蝗虫修成的神仙。老妇形象，瘦长脸，大黄牙，头顶黑布包头，骑着黑驴，喜食长生果（花生），爱饮五谷酒。民国时期，县城五门口（今五门桥南）有简陋低矮的蚂蚱神庙，高一米多，供奉泥塑蚂蚱神像，如儿童般大小。每逢麦熟之前，人们奉祀花生、酒，跪求免受蝗灾。

猛将军 [məŋ³⁵tɕiaŋ²¹⁴tɕyẽ²¹⁴] méng jiǎng jǔn 刘猛将军的简称。指南宋时期的将军刘锜，传说为灭蝗之神。清代在县城东北隅建有刘猛将军庙。

勾死鬼 [kou²¹⁴sɿ³⁵kueir³⁵] gōu sí guǐr 迷信所说勾摄灵魂的鬼：牛头、马面、～，大力鬼守着月静台（民间说唱）。

吊死鬼 [tiau⁵²³sɿ³⁵kueir³⁵] diào sí guǐr 缢死者的鬼魂：～搽粉——死要面子（歇后语）。

屈死鬼 [tɕ'y²¹⁴sɿ³⁵kuei³⁵] qǔ sí guí 受冤屈死亡者的鬼魂：哪个庙里没有～（民谚）。

急脚子 [tɕi²¹⁴tɕyə⁰tsɿ⁰] jí jue zi ①传说中的阴司鬼差。在"城隍老爷出巡"等表演活动中，急脚子的扮相是一身白衣，头戴辣椒帽，长长的红舌头，颈挂上吊绳：怕鬼就有～（民谚）｜怕鬼，跑进～庙；怕坏人，碰上歹人。②比喻做事慌忙的人。

小判 [ɕiau³⁵p'ãr⁵²³] xiáo pànr 传说中的阴司判官："鬼魂进了阎王殿，只看见阎王老爷坐上边。牛头鬼、大力鬼、小鬼、～两边站。"（民间说唱《活捉张三》）

消化神 [ɕiau²¹⁴xua⁰ʂẽ⁵⁵] xiǎo hua shēn 传说中败坏产业的神：他是～托生的，小时候摔碟子打碗，大了上墙扒屋，把家业倒腾空了。

姑子 [ku²¹⁴tsɿ⁰] gū zi 旧指尼姑。

在主 [tsɛ⁵²³tʂu³⁵] zài zhú 指信奉基督教。‖ 有的说成"在教"。

图 5-119 观香的房间（2022 年 4 月摄于凤城街道）

观香 [kuã²¹⁴ɕiaŋ²¹⁴] guǎn xiāng 巫婆（神嬷子）、神汉（阴阳眼）在神像前点燃香，通过观察香的燃烧状况给迷信的人治病，判断鬼神搅扰的原因，测算福祸吉凶。

下神 [ɕia⁵²³ʂə̃⁵⁵] xià shēn 跳神。女巫或巫师装出鬼神附体的样子，乱说乱舞，迷信的人认为能驱鬼治病：他给人家～的时候，又是敲打又是跳｜跟着好人学好人，跟着神嬷子学～（民谚）｜他跟～的样，半天不动一动。

破灾 [pʻuə⁵²³tsɛ²¹⁴] pò zǎi 破解灾难：阴阳先生说，这个当院子不好，门口有个水井，楼角对着屋门，光生妮不生小，要～，三天以里扒屋。

开坛 [kʻɛ²¹⁴tʻæ̃⁵⁵] kǎi tān 开始给人观香：神嬷子～了。

坛口 [tʻæ̃⁵⁵kʻou³⁵] tān kóu 指巫婆家中设有神像的地方。

端公 [tuæ̃²¹⁴kuŋ⁰] duǎn gong 旧指神汉。

阴阳眼 [iẽ²¹⁴iaŋ⁵⁵iæ̃³⁵] yǐn yāng yán 从事驱鬼之类职业的人，自称能看清阴间和阳间的事物。此类人多数在家摆神位，等人求拜，收取费用。迷信的人求拜时，阴阳眼往往从风水说起，先说宅基，后说坟地，设槛求破，指点免灾之法。

阴阳先生 [iẽ²¹⁴iaŋ⁵⁵ɕiæ̃²¹⁴səŋ⁰] yǐn yāng xiān seng 走乡串户给人看阴宅（坟地）、阳宅（住地）的人：他迷信得很，盖新屋、安新林，都请～看看｜请个～来看宅子。又称"阴阳家""风水先生""地理先生"。

地理先生 [ti⁵²³li³⁵ɕiæ̃²¹⁴səŋ⁰] dì lí xiān seng 旧称以看风水为职业的人。‖ 又叫"地林先生""风水先生"。

看相的 [kʻæ̃⁵²³ɕiaŋ⁵²³ti⁰] kàn xiàng di 从事算命职业的人。‖ 又称"相面先生"。

过木眼 [kuo⁵²³mu⁰iæ̃³⁵] guò mu yán 传说中能隔着木头看见物体者：我不是～，不知道这个箱子里藏的是啥。

师嬷子 [sɿ²¹⁴ma³⁵tsɿ⁰] sī má zi 女巫，以装神弄鬼替人祈祷为职业的妇女：～说是仙姑附体啦｜~洗手净面，点上香，又是打哈哈，又是搓脸膛，说："又打哈哈又淌泪，看看哪家姑娘来附位。"（民间故事《我就是这样干的》）

神嬷子 [ʂẽ⁵⁵ma³⁵tsɿ⁰] shēn má zi 同"师嬷子"。‖又叫"神嬷嬷子"。

老斋公 [lau³⁵tsɛ²¹⁴kuŋ⁰] láo zǎi gong 旧时和尚、道士化缘时对布施者的尊称。

头魂 [tʻou⁵⁵xueir⁵⁵] tōu huīr 魂魄；魂灵：打那天见了那个女的，他就跟没~似的，啥事儿也不想干｜他忙得跟少~的样，连给家里人说话的工夫也没有｜看见休书，张小姐吓得~都掉了。

喊魂 [xã³⁵xueir⁵⁵] hán huīr 旧时对上吊者施救的方式。将上吊者放在床上，捂住其口鼻眼耳等，另使人爬上房顶，敲打簸箕，高声喊叫着上吊者的名字要他回来：邻居摸摸他的身体，还不凉，就爬上屋脊，拿笤帚疙瘩敲着簸箕，喊起魂来｜我又没掉魂，你嚎直了腔，喊啥的魂？｜走漫洼，睡野坟，夜猫子笑，大~（民谚"四瘆人"）。

叫魂 [tɕiau⁵²³xueir⁵⁵] jiào huīr。同"喊魂"。

叫 [tɕiau⁵²³] jiào 迷信者给受惊吓的儿童叫魂。成年人（多为妇女）把儿童带到受惊吓的地方，蹲下身，以手摸地，慢慢从地上摸到儿童身上，口中念叨着"乖乖，别怕"等语：他吓着了，给他~~。

紧 [tɕiẽ³⁵] jín 指某地危险，令人恐惧：那地方~，都不敢走夜路。

殃 [iaŋ²¹⁴] yǎng 迷信指阴魂邪气之类，对生者有害：疫情一来，大街上跟~打的样，见不着人影儿｜~，~，~，灾一场，轻了病倒，重了把命赔上（民谣）。

出殃 [tʂʻu²¹⁴iaŋ²¹⁴] chū yǎng 迷信说法，指人或动物死后魂魄离体。旧时，死者为自杀、凶杀等不正常死亡，家属请阴阳先生算出出殃时辰，打开大门，让家人躲闪：这家才死了人，阴阳先生算的是今每~，所以锁了大门，全家都躲出去了。‖旧俗在路口宰杀鹅，使鹅"殃"离开，也叫"出殃"。

妨 [faŋ²¹⁴] fǎng 迷信的说法，即犯克：她的命毒，~男人。

祖坟冒烟 [tsu³⁵fẽ⁵⁵mau⁵²³iæ̃r²¹⁴] zú fēn mào yǎnr 祖宗显灵（诙谐的说法）：他家~了，出了个当官的。‖也说"老林放光"。

犯天狗星 [fã⁵²³tʻiæ̃²¹⁴kou³⁵ɕiŋ²¹⁴] fàn tiǎn góu xǐng 旧俗认为做恶事的人冲撞天狗星，死后被狗吃尸。

当时的灾 [taŋ⁵²³sɿ⁵⁵ti⁰tsɛ²¹⁴] dàng shī di zǎi 突如其来的灾祸：天有不测风云，人有当时的祸福，他家也是狗咬蝎蜇~。

鬼打墙 [kuei³⁵ta³⁵tɕʻiaŋr⁵⁵] guí dá qiāngr 指因心理紧张总在原地转圈走不出去：他走到坟头堆里碰上~了，转了一夜，没迷糊过来。

打摸悠转 [ta³⁵muə²¹⁴iou⁰tʂuær⁵²³] dá mǒ you zhuànr 因迷向在原地转圈：他找不着回来的路，光是~｜一下生就~——胎里迷（歇后语）。

苏木水 [su²¹⁴mu⁰ʂueir³⁵] sǔ mu shuír 一种红色染料，巫术常用来充作血，以迷惑人。

请 [tɕ'iŋ³⁵] qíng ①敬辞，购买（神圣物品）：~一张基督像｜上书店去~一套家谱｜~一把香。②移动（神圣物品）：~出老佛爷的金身｜把关老爷的像~到当院里。

皮蝠大仙 [p'i⁵⁵fu²¹⁴ta⁵²³ɕiæ²¹⁴] pī fǔ dà xiǎn 迷信的人对狐狸的称呼。‖也称"皮仙""狐仙"。

黄大仙 [xuɑŋ⁵⁵ta⁵²³ɕiæ²¹⁴] huāng dà xiǎn 迷信的人对黄鼠狼的称呼。

灰八爷 [xuei²¹⁴pa²¹⁴iə⁵⁵] huǐ bǎ yē 迷信的人对老鼠的称呼。

马猴 [ma²¹⁴xou⁵⁵] mǎ hōu 传说中凶狠可怕的怪兽，成人常用来吓唬儿童：憨瓜憨瓜你别哭，给你买个货郎鼓，白天拿着玩，黑喽拿着吓~（童谣）｜外边儿有~，你再哭，它就把你衔走。‖又叫"马猴子" [ma²¹⁴xou⁵⁵ tsʅ⁰] mǎ hōu zi、"老马猴"。

红眼绿鼻子 [xuŋ⁵⁵iæ³⁵ly²¹⁴pi⁵⁵tsʅ⁰] hōng yán lǜ bī zi 传说中的可怕怪物：~，四个毛蹄子，走路啪啪响，要吃活孩子（童谣）｜资本家也不是~，没啥可怕的。

红子 [xuŋ⁵⁵tsʅ⁰] hōng zi 敬神禳灾用的红布条或红布：结婚那天，大门上边挂着一块四方的~｜摘樱桃前，先在老樱桃树上挂~｜百年梨树上挂满~。

柳将军庙会 [liou³⁵tɕiaŋ²¹⁴tɕyẽ²¹⁴miau⁵²³xuei⁵²³] liǔ jiǎng jūn miào huì 旧时，农历九月初二至初九日（有的说九月初一至初七日）在柳将军庙举办的庙会。进香祭拜柳将军（柳毅）和物资贸易的集会。会址在县城西关外顺河街，南自街口，北至柳将军庙。因会址在城河拐弯处，又称"弯里会"。

华祖庙会 [xua⁵⁵tsu³⁵miau⁵²³xuei⁵²³] huā zú miào huì 旧时，每年农历三月十八日在城西南化祖庙村（今属孙楼街道）举办的庙会。20 世纪 50 年代停办。

三官庙会 [sæ̃²¹⁴kuæ̃²¹⁴miau⁵²³xuei⁵²³] sān guān miào huì 旧时，每年正月十五至十七日在城南七里三官庙村（今属孙楼街道）举办的庙会。

娥墓堌庙会 [ə⁵⁵mu⁵²³ku⁵²³miau⁵²³xuei⁵²³] ē mù gù miào huì 旧时，每年农历三月二十八日在城西北娥墓堌村（今属首羡镇）举办的庙会。该村曾有人祖庙、天齐庙、火神庙、华祖庙等。

十四、工商、交通

（一）工商

拉条子 [la⁵⁵t'iau⁵⁵tsʅ⁰] lā tiáo zi 把木材加工成室内装修用的木线条。丰县特色产业之一：几家~的、跑运输的盖起小楼了。

旋板皮 [ɕyæ̃⁵²³pæ̃³⁵p'i⁵⁵] xuàn bán pī 把木材加工成薄片，用以合成木板：他在板皮加工厂给人家~，也帮忙晒板子、拾板子。

扎簸箕 [tsa²¹⁴puə⁵²³tɕ'i⁰] zǎ bò qi 修理簸箕（也包括笤篮、筵子等器具）。扎簸箕的工匠挑着担子，带着槽锥、钢锥、手拉钻、篾刀、锯子、钳子、稳子等工具，摇动云牌，走乡串户：张罗、~，不受邻居的气。

张罗 [tṣaŋ²¹⁴luə⁵⁵] zhǎng luō 扎制、修理罗。罗，一种细筛，由罗圈、罗底构成，用来筛除面粉或浆汁中的渣滓。张罗的工匠挑着担子，带着手拉钻、罗刀、细齿锯、锥针、皮条线等，摇动云牌，走乡串户。

扶 [fu⁵⁵] fū 做某种木器：~水筲（木制水桶）｜~大车（太平车）｜~脉（棺材）。

木匠铺 [mu²¹⁴tɕiaŋ⁰pʻur⁵²³] mǔ jiang pùr 制造和修理木器的店铺。

铁匠铺 [tʻiə²¹⁴tɕiaŋ⁰pʻur⁵²³] tiě jiang pùr 制造和修理铁器的店铺：~里有两三个人，一个掌钳的老铁匠，还有抡大锤的徒弟。

较棉 [tɕiau⁵²³miæ̃⁵⁵] jiào miān 用搅车轧棉，分离棉絮和棉籽：这些棉花较罢了，只等着弹棉花的来弹了。‖ 较，"搅"的变音。

较车子 [tɕiau⁵²³tṣʻə⁰tsɿ⁰] jiào che zi 搅车，传统轧棉机械。用脚踩动踏板，带动铁轮（大飞轮）旋转，进而带动两根并排的铁轴相对转动，两根铁轴在转动中把棉花中的棉籽挤下来。

泥兜子 [ŋi⁵⁵tou²¹⁴tsɿ⁰] nī dǒu zi 建筑用具，四角带有系绳的方布，用以兜起泥浆。

砖头 [tṣuæ̃²¹⁴tʻou⁰] zhuǎn tou 砖。

二红砖 [l⁵²³xuŋ⁵⁵tṣuæ̃²¹⁴] lrì hōng zhuǎn 没烧透的砖。

半头砖 [pæ̃⁵²³tʻou⁰tṣuæ̃²¹⁴] bàn tou zhuǎn 断残的砖：捞一块~塞上墙缝｜月黑头，加阴天，小鬼枕着~（民谣。描写恐怖情境）。

砖头核子 [tṣuæ̃²¹⁴tʻou⁵⁵xu⁵⁵tsɿ⁰] zhuǎn tōu hū zi 碎砖块：屋框子里都是~、烂瓦、泥疙瘩。

七分头 [tɕʻi²¹⁴fẽ²¹⁴tʻour⁵⁵] qǐ fěn tōur 长度约为整块砖七分之一的残砖，用于砌墙角。

巴砖 [pa²¹⁴tṣuæ̃²¹⁴] bǎ zhuǎn 传统方砖。长约18厘米，宽约15厘米，厚约2.5厘米，略呈方形，较砌墙砖薄而宽，多为灰蓝色，有的没有图案，有的带有福、寿、禧等字。主要用来铺设室内天花或者墁地：他家正办喜事，芦席罩顶，~铺地。‖ 有的称作"方砖"。

毛石 [mau⁵⁵ʂɿ⁵⁵] māo shī 从采石场采来的粗石，未经加工的石头：打石头是个力气活，要搬动上百斤的~，还要凿成条石，垒成墙基，用洋灰勾出鱼脊梁骨。

大瓦 [ta⁵²³ua³⁵] dà wá 现代常用的屋顶用瓦。长方形，长约36.5厘米，宽约24厘米，正面有两道较深的凹槽和一些细浅的沟槽，有橙红色、青灰色两类。用黏土在瓦机中压成型，入窑烧制而成。约于1958年传入丰县。刚传入时被称作"洋瓦"。20世纪70年代，农村建瓦间边的草房时，多用大瓦，偶尔用小瓦，80年代，农村建浑砖到顶大瓦房，几乎全用大瓦，小瓦被淘汰。

平瓦 [pʻiŋ⁵⁵uaʳ³⁵] pīng wǎ 同"大瓦"：机子压成的新式大~。

小瓦 [ɕiau³⁵uaʳ³⁵] xiáo wǎ 传统瓦，以黏土做成，青灰色，弧形，带有布纹。70 年代后逐渐被大瓦代替，现在主要用于古式建筑。

布瓦 [pu⁵⁵uaʳ³⁵] bū wǎ 同"小瓦"。因带有布纹而得名。

洋灰瓦 [iaŋ⁵⁵xuei²¹⁴uaʳ³⁵] yāng huǐ wǎ 用水泥掺细砂在瓦机中压成的瓦。

脊瓦 [tɕi²¹⁴uaʳ³⁵] jǐ wǎ 用于覆盖屋脊的瓦。

磕砖坯子 [kʻə²¹⁴tʂuæ̃²¹⁴pʻi²¹⁴tsʅ⁰] kě zhuān pǐ zi 用模子把泥制成砖坯。‖ 又说"抹砖坯子" [ma²¹⁴tʂuæ̃pʻi²¹⁴tsʅ⁰] mǎ zhuān pǐ zi。

砖斗子 [tʂuæ̃²¹⁴tou³⁵tsʅ⁰] zhuān dóu zi 制造砖坯子的木质模具。长方形，有两个槽，一次可制两块。

抹坯 [ma²¹⁴pʻi²¹⁴] mǎ pǐ 用模子把掺有阳筋的湿泥制成土坯：~挑墙，活见阎王（民谚。意思是制作土坯和筑土墙极为劳累，如同去死）。

脱坯 [tʻuə²¹⁴pʻi²¹⁴] tuǒ pǐ 同"抹坯"。

坯模子 [pʻi²¹⁴mu⁵⁵tsʅ⁰] pǐ mū zi 制作土坯的模具，木制，长方形。

窑场 [iau⁵⁵tʂʻaŋ³⁵] yāo cháng 烧制砖、瓦、陶器等物品的敞开式场地：河堤北边建了一个~，几个棒劳力当窑匠，负责制坯、装窑、出窑。

推头 [tʻuei²¹⁴tʻou⁵⁵] tuǐ tōu （用推子）理发：几十年前叫"剃头"，后来叫~，再后来叫"剪头""理发"，这会儿说"美发"了。

光头 [kuaŋ²¹⁴tʻou⁵⁵] guǎng tōu 把头发剃光：这个老头就喜欢到剃头铺里~。

剃头刀 [tʻi⁵²³tʻou⁵⁵tau²¹⁴] tì tōu dǎo 剃头或刮脸用的刀子：张集铁匠铺打的~有名气，老剃头匠都说，这个~越用越顺手，那些洋刀子好看不中用。

匕刀布 [pi⁵²³tau²¹⁴pu⁵²³] bǐ dǎo bù 擦拭刀具的粗硬布条，多用于理发店：她拿着剃头刀子在~上蹭几下子，就在老头的头上上上下下、左左右右剃起来。

剃头挑子 [tʻi⁵²³tʻou⁵⁵tʻiau²¹⁴tsʅ⁰] tì tōu tiāo zi 流动理发匠的担子。担子的前头挂着一只长凳，长凳下面安装 3 个抽屉，抽屉里盛放钱匣、剃刀、围布、梳子、镜子等。担子的后头挂着一个圆笼形的器具，里面有炭火盆、大脸盆，脸盆里的水始终是温热的：~———头热（歇后语）。

头发茬子 [tʻou⁵⁵fa⁰tsa⁵⁵tsʅ⁰] tōu fa zā zi 理发剪下来的碎头发。

黑条 [xei²¹⁴tʻiau³⁵] hěi tiāo 编织术语，指白蜡条、柽柳条（阴柳条）、紫穗槐条等，因原料不去皮而得名。用于编织筐、篮子、槎子等工具。

白条 [pei⁵⁵tʻiau⁵⁵] bēi tiāo 编织术语，指去皮的杞柳条（簸箕柳条）。用于编织笼子、簸箕、字篮、条箱、馍筐等。

咣香油 [kuaŋ⁵²³ɕiaŋ²¹⁴iou⁵⁵] guàng xiāng yōu 传统工艺制作香油的一道工序。把

磨好的芝麻浆置于大锅内，用热水浸泡，一边搅拌，一边晃动，利用水的浮力把香油分离出来；卖香油的在路边支起一口锅，锅里盛着加水的芝麻浆，现场咣出来香油。‖咣，即晃。棉籽油的制作也用同样的方法：咣棉油。

小磨香油 [ɕiau³⁵muə⁵²³ɕiaŋ²¹⁴iou⁵⁵] xiáo mò xiǎng yōu 用石磨磨浆、加水分离出来的芝麻油。

勤行 [tɕ'iɛ⁵⁵xaŋr⁵⁵] qīn hāngr 指饮食行业。包括经营饭店、在地摊做小吃等。人们认为，从事这个行业，要勤快、干净卫生，故名。

肴馆 [ɕiau⁵⁵kuæ̃³⁵] xiāo guán 旧指饭店。

牛肉伙 [ŋiou⁵⁵ʐou⁵²³xuə³⁵] niū ròu huó 旧时卖牛肉的店铺：大家去~拉拉馋。

烧肉铺 [ʂau²¹⁴ʐou⁵²³p'u⁵²³] shāo ròu pù 旧指售卖卤肉的店铺。

酱园子 [tɕiaŋ⁵²³yæ̃⁵⁵tsʅ⁰] jiàng yuān zi 生产酱油、醋、酱菜、豆腐乳等食品的作坊：温胡同有个老~。

磨坊 [muə⁵²³faŋ²¹⁴] mò fǎng 磨制面粉的作坊：庄前头有个~，安装多破成、一破成的钢磨，给社员打面。

粉坊 [fẽ³⁵faŋ²¹⁴] fén fǎng 用水磨制作粉浆的作坊。有的兼卖粉丝、淀粉。多用红薯、绿豆作原料：街口有一家绿豆~。

炕坊 [k'aŋ⁵²³faŋ²¹⁴] kàng fǎng 孵化家禽的作坊。

云牌 [yẽ⁵⁵p'ɛ⁵⁵] yūn pāi 一种招揽顾客的器具。为张罗（扎制罗）、旋锭子、扎簸箕、扎笼子的工匠所用，由七片薄铁片连接制成，摇动时发出"哗哗啦啦"的响声。‖有的称作"七叶板""七叶子"。

陀螺钻 [tuə⁵⁵luə⁰tsuæ̃⁵²³] duō luo zuàn 一种招揽顾客的器具。为卖梳子、篦子的商贩所用，系有铁环、铜片，转动时发出碰撞声。

货郎鼓 [xə²¹⁴laŋ⁰ku³⁵] hě lang gú ①货郎用以招徕顾客的手摇小鼓。摇动的鼓点分为进庄点、出庄点、寻伴点、寻宿点等。②拨浪鼓。一种带把儿的小鼓。儿童玩具。‖欢口、师寨等镇也用"货郎鼓子"代指货郎。

狗幌子 [kou³⁵xuaŋ³⁵tsʅ⁰] góu huáng zi 卖狗肉的商贩用狗头骨所做的幌子：牙切得跟~样。

虎撑 [xu³⁵ts'əŋ²¹⁴] hú cěng 乡间游医用以招徕顾客的铃铛。外形如同面包圈，内有两粒金属球，套在手指上摇动，发出清脆的声音：他背着药箱，手摇~，串乡行医卖药｜卖野药的摇着~来了。

十月古会 [ʂʅ⁵⁵yə⁰ku³⁵xuei⁵²³] shī yue gú huì 民国以前农历十月十七日至二十日丰县城举办的集市贸易大会。会址在东关大街（今解放大道）两侧空地。新中国成立后，改成每年一度的物资交流大会，简称交流会。1978年以后，物资交流大会每年举办两次，即春季物资交流会和秋季物资交流会，每次一周左右。

年集 [ɳiæ̃⁵⁵tɕi⁵⁵] nián jī 从农历腊月初八日持续到除夕的集市：临近年关，老百姓挎着篓子，提着篮子，到~上办年货。

夜猫子集 [iə⁵²³mau⁰tsʅ⁰tɕi⁵⁵] yè mao zi jī 指早晨天亮之前进行交易的集市。人像猫头鹰一样在夜间行动，故名。旧时，为避免兵匪骚扰，人们（多为年龄较大、距集市较近的人）赶在天亮之前结束交易：鬼子占领县城的时候，老百姓只能黑灯瞎火赶~，顶着星星到集上，天一亮就走｜兵荒马乱，尷城的~也没断过｜虎王集本来只有~，1929年搭台唱戏有了正式的大集。

喊集 [xæ̃³⁵tɕi⁵⁵] hán jī 旧时成立新集或恢复原集的一种宣传方式。办事人员为使人们知情，敲锣打鼓在人员密集处呼喊"×地成集了""×月×日头集""集上有×××的戏，×××杂耍"。

贺集 [xə⁵²³tɕi⁵⁵] hè jī 新的集市成立时，戏班、杂耍艺人在集市上表演，以示庆贺。

炸集 [tsa⁵²³tɕi⁵⁵] zà jī 集市遭到哄抢、驱散：一伙大马子到集上乱抢，老百姓四撒五散都跑开，~了｜市管会派了一班人到集上打击投机倒把，又是收秤，又是踢摊子，~了。

散集 [sæ̃⁵²³tɕi⁵⁵] sàn jī 集市交易结束。‖又说"罢集"[pa⁵²³tɕi⁵⁵] bà jī。

发市 [fa²¹⁴sʅ⁵²³] fǎ sìr ①一天里生意第一次成交：将（刚）一出摊子就~了｜等到这会儿，还没~，连个问价儿的也没有。②生意顺利：今每儿真~，做成两桩大买卖。

坐窝子 [tsuə⁵²³uə²¹⁴tsʅ⁰] zuò wǒ zi 在固定的摊位上出售。‖也说"守死摊子"。

坐铺 [tsuə⁵²³p'ur²¹⁴] zuò pǔr ①守摊位；守家：壮劳力都上河工了，只留妇女、老年人、小孩在家~。②引申为守岗位：旁人都乱窜窜，只有他能~。

守铺 [ʂou³⁵p'ur²¹⁴] shóu pǔr 同"坐铺"：他在办公室里守不住铺儿。

坐窝子打铺 [tsuə⁵²³uə²¹⁴tsʅ⁰ta³⁵p'u⁵²³] zuò wǒ zi dá pù ①守着固定摊位（出售货物）。②喻指长时间守在固定地点上：10万民工~开挖大沙河｜那些上访的到单位~跟他缠。

守摊 [ʂou³⁵t'æ̃r²¹⁴] shóu tǎnr 守着摊位出售货物：要守住摊儿，别乱跑。

坐地户 [tsuə⁵²³ti⁵²³xur⁵²³] zuò dì hùr 在固定摊位做生意的人：大集中间卖布的、卖杂货的、卖肉的、杀鸡的都是老~。

溜乡 [liou²¹⁴ɕiaŋ²¹⁴] liǔ xiǎng（小商贩）走乡串户做零售买卖。此类小商贩出售食品、禽苗、杂货、小农具，收购畜禽、油料、粮食、棉花，有的做修理、加工服务。有的推着小车，有的挑着担子，有的挎着篮子。

代销点 [tɛ⁵²³ɕiau²¹⁴tiæ̃³⁵] dài xiǎo diǎn 代理销售的商店。

门面房 [mẽ⁵⁵miæ̃⁵²³faŋ⁵⁵] mēn miàn fāng 门面。商店房屋沿街的部分：租了两间~｜~还是当年的平房，又矮又小。

爬价 [pʻa⁵⁵tɕiar⁵²³] pā jiàr 顺势涨价：正卖着5块钱1斤，他一看买的人多，就~，涨到8块钱1斤了。

三不值一 [sæ̃²¹⁴pu²¹⁴tʂʅ⁵⁵i²¹⁴] sān bù zhī yī 卖价低于实价的三分之一。引申为特别低廉：要账的逼得他蹲不住，他就把厂子~卖了。

买杵了 [mɛ³⁵tʂʻu³⁵la⁰] mái chú la 买的东西不合算：这辆车子~，多花500块钱。

各账各清 [kə²¹⁴tʂaŋ⁵²³kə²¹⁴tɕʻiŋ²¹⁴] gě zhàng gě qǐng 分别算账，不相掺杂：汽车的过路费我拿，汽油钱得你掏，咱~。

剐皮 [kua³⁵pʻi⁵⁵] guá pī 比喻做生意略有亏损：生意刚~。

对半的利 [tuei⁵²³pæ̃r⁵²³ti⁰li⁵²³] duì bànr di lì 百分之五十的利润。

对半分成 [tuei⁵²³pæ̃r⁵²³fẽ²¹⁴tʂʻəŋr⁵⁵] duì bànr fēn chēngr 各分一半的利润。

半对半 [pæ̃r⁵²³tuei⁵²³pæ̃r⁵²³] bànr duì bànr 各占一半：里头的果子好坏~｜这几斤菜咱俩~分。

买主 [mɛ³⁵tʂu⁰] mái zhu 顾客。

要谎 [iau⁵²³xuaŋ³⁵] yào huáng （卖方）要虚高的价钱：整条街上都是这个价儿，我没给你~。

虚头 [ɕy²¹⁴tʻou⁰] xǔ tou 虚假不实的成分：这些报表里~忒多｜我只看你实打实的成绩，别跟我弄~、掺水分。

砍价 [kʻæ̃³⁵tɕiar⁵²³] kán jiàr 还价。买方嫌货价高而说出愿付的价格：买东西要学会~。

拦腰砍 [læ̃⁵⁵iau²¹⁴kʻæ̃³⁵] lān yǎo kán 以要价的一半来买货：济宁的买卖——~（旧歇后语）｜这个商场的货~，兴许能买成的，要是抹脚脖子砍，人家不搭茬儿。

箍堆 [ku²¹⁴tsueir²¹⁴] gū zuǐr 包圆儿。把货物或剩余的货物全部买下：这些烧饼我~了｜一筐山药不算多，你~吧｜剩下的菜都叫他~了。

箍 [ku²¹⁴] gū 同"箍堆"：情人节到了，他把店里的玫瑰花都~来了。

开 [kʻɛ²¹⁴] kǎi 整卖，批发：这车菜~给小贩儿了。

零卖 [liŋ⁵⁵mɛ̃⁵²³] līng mài 零星出售：那些细粉（粉丝）叫我~完了，就是过起秤来麻烦得不得了。

抹钱 [ma²¹⁴tɕʻiæ̃⁵⁵] mǎ qiān 减价，降价：白菜大~了，跟白拾差不多｜光剩筐底子了，还不~卖？‖也称"抹价""掉价"。

掉价 [tiau⁵²³tɕiar⁵²³] diào jiàr ①价格下降。②引申为名声受损或身份降低：你四十多了，跟小孩吵架，不觉得~吗？

戳钱 [tʂʻuə⁵⁵tɕʻiæ̃⁵⁵] chuō qiān 减除一些钱：苹果里有瞎的，得~。

戳 [tʂʻuə⁵⁵] chuō 扣除（钱、分数）：箱子里有瞎杏，~掉5块｜缺一天就~一天的工分，总共~10分。

让钱 [zaŋ⁵²³tɕ'iæ̃⁵⁵] ràng qiān 出于礼让而少收对方的钱：小本生意利薄，不能~｜他卖东西活泛（灵活），三块五块的钱，哈哈一笑就让了，落个情分。

兑 [tuei³⁵] duí 抵偿；抵消：我用机器~你的钱，咱俩两清了｜给你两台电视，以前的账~了。‖兑，《徐州十三韵》写作"对"，惑韵都美切："以账对账。"

兑账 [tuei³⁵tʂaŋ⁵²³] duí zhàng 用实物或其他资金结算账务。

花冒 [xua²¹⁴mau⁵²³] huǎ mào 支出超出预算：这几项开支事前没想到，工程款花~不少。

一腚两肋的账 [i²¹⁴tiŋ⁵²³liaŋ³⁵lei⁵²³ti⁰tʂaŋ⁵²³] yǐ dìng liáng lěi di zhàng 比喻很多债务：他为了盖屋，家底子都磕干，还该了~。

该 [kɛ²¹⁴] gǎi 欠：~人家的钱｜杀人偿命，~账还钱（民谚）。

该账 [kɛ²¹⁴tʂaŋ⁵²³] gǎi zhàng 欠账。

大差 [ta⁵²³tsʻa⁰] dà ca 差，缺少：我带的钱不够，还~五块钱｜高考分数出来了，他~两分够上一本｜眼前的鸡肉跟以前~多了。

差乎 [tsʻa²¹⁴xu⁰] cǎ hu ①差，缺欠：一星半点的就算了吧，咱不~那一点儿｜你一年上百万，哪~这几百块小钱？②何况：这种恐怖片大人都害怕，还~小孩？‖有的说 [tɕʻia²¹⁴xu⁰] qiǎ hu。

借借磨磨 [tɕiɤ⁵²³tɕiɤ⁰muɤ⁵²³muɤ⁰] jiè jie mò mo 多方筹借：给儿买婚房，~也得买，没钱办的有钱的事，不能把儿媳妇接到露水地里｜只要政策有吸引力，这些老板~也来上马。‖也说"借喽磨喽" [tɕiɤ⁵²³lou⁰muɤ⁵²³lou⁰] jiè lou mò lou。

要小鸡账 [iau⁵²³ɕiau³⁵tɕir²¹⁴tʂaŋ⁵²³] yào xiáo jǐr zhàng ①追讨雏鸡赊款。旧时出售雏鸡多为赊账，鸡长大后再付款。②比喻追讨数额较小却难讨的欠账：跟~的样，断着腚地要。‖也说"要小鸡子账"。

眼子钱 [iæ̃³⁵tsɿ⁰tɕ'iæ̃⁵⁵] yán zi qiān 为了体面而花费的冤枉钱：我给他的东西比人家贵，他光说人家好，不提我，我花了一道~｜俺不吸烟，不知道买烟送人，没花过这道~钱。

广货 [kuaŋ³⁵xuɤ⁵²³] guáng huò 本指广东出产的物品，引申为正品货。

飞子 [fi²¹⁴tsɿ⁰] fī zi 提货或取钱的票据、凭证：给你开个~领化肥。

行人 [xaŋ⁵⁵ʐẽ⁰] hāng ren 集市贸易中，专门为买卖双方撮合以抽取佣金的中间商。这类人熟知行情，主要在粮食、油料和大牲畜交易时作为中介：集上的肉禽行、木料行、粮食行、杂货行，都有~｜他在牛马骡市行当~十几年，掰开牲口的嘴看看牙，就知道牲口多大岁数。

牛经纪 [ɲiou⁵⁵tɕiŋ²¹⁴tɕi⁵²³] niū jǐng jì 旧称集市上牲畜交易的中介人。

打码子 [ta³⁵ma³⁵tsʅ⁰] dá má zi 指中间商暗中打手势或与人摸手指来商议价格。为了不使交易双方互通，行人（中间商）分别与买卖双方倒背手或在衣襟下打手势，或者在袖筒里互相摸手指。‖ 又说"打黑码""摸黑码"。

割耳朵 [kə²¹⁴l̩³⁵t'ou³⁵] gě lrí tou 喻指在大牲畜交易中，中间商获取买卖差价：1951～1952年，全县取消把头、行会、牙记，清洗摸黑码、说黑话、~的牲畜牙记67人。

递暗码 [ti⁵⁵æ̃⁵²³mar³⁵] dī àn már 暗通消息：他俩在赌博场上~，想坑张三。

接二把 [tɕiə²¹⁴l̩⁵²³par³⁵] jiě lrì bár 买进商品，转手倒卖，从中牟利。‖ 把，指周转的次数：这批货到他手上都过了两把了。

倒二把 [tau³⁵l̩⁵²³par³⁵] dáo lrì bár 同"接二把"。

接活 [tɕiə²¹⁴xuər⁵⁵] jiě huōr 揽活，承揽活计：今年我接了6个大活儿｜有真本事才敢接这样的活儿。

毛 [mau³⁵] máo 一元的十分之一，角。

毛各 [mau⁵⁵kər²¹⁴] māo gěr ①硬币：我一分钱的~没赚着，还搭了七八百块｜吃罢清起来饭，我骑个洋车子到商场里溜了半天，一个~也没舍得花。②民国时期指银币的辅币银角子（小洋和毫洋）。‖ 各，即角，旧指银元的十分之一或五分之一。

文儿 [uẽr⁵⁵] wēnr 本为旧时铜钱的单位名称，老派方言指人民币的元：一年能挣万把~。

字钱子 [tsʅ⁵²³tɕ'iæ̃⁵⁵tsʅ⁰] zì qiān zi 制钱，古时通用的铜钱。‖ 也称"字钱儿"。

钱毛 [tɕ'iæ̃⁵⁵maur⁵⁵] qiān māor 谑称钱：手里一点~也没有，拿啥买房子？

抠儿 [k'our²¹⁴] kǒur 同"钱毛"：有钱走哪都吃香，腰里一个~都没有，没人理｜他家一个屋里四个旮晃，布袋（衣袋）里一个~也没有。

起 [tɕ'i³⁵] qí 募集：庄上~了两千多块钱，找人打了一眼深井｜割完麦，打完场，问事的就挨家挨户~麦子，请小窝班唱戏。

起钱 [tɕ'i³⁵tɕ'iæ̃⁵⁵] qí qiān 募集资金，集资：挨家挨户地~修路｜一人起50块钱。‖ 又说"敛钱"。

对 [tuei⁵²³] duì ①凑集：几个人~钱买一个大件｜有~钱的，有~人的，把事办成了。②拼合：他把四张桌子~到一坨，拼成一个床。③添加：杯里的茶喝完再~满。

拆打 [ts'ei²¹⁴ta⁰] cěi da ①操办；凑集：~了两千块钱，给小孩寄去｜你~个酒场，把老战友拘一堆热闹热闹。②挑动（事端）：队里只安稳三天，就有人~事。③惩治：不给他点颜色，他不知道厉害，得找几个人~他。

操兑 [ts'au²¹⁴tuei⁰] cāo dui 操办：年~得咋样了？｜这点钱你先花着，不够咱再~｜他~着给儿娶媳妇｜几张桌子，摆到会场上｜把礼~齐，赶明走亲亲去。

打兑 [ta³⁵tuei⁰] dá dui 凑集：~了几千块钱｜七~，八~，拿出来一万块钱｜几个碰到一坨儿，没话~喽话说。

讹 [ə⁵⁵] ē 借别人的财物故意不归还：我~他一辆赛车不还了｜他借我的钱，几年都不还，特意~我。

志 [tsʅ⁵²³] zì 用秤称重量：拿秤~~有多重。‖ 又说"过""横" [xuŋ⁵²³] hòng、"约"。

约 [yə²¹⁴] yuě ①用杆子秤称重量：叫行人~~，看值多些钱。②利用杠杆原理撅起：两个小孩坐在杠子上~着玩。

复秤 [fu²¹⁴tʂʻəŋ⁵²³] fú chèng 用另外的秤来复核货物分量：买了几斤番茄，掂了又掂，觉得不够秤，找个秤复复吧，整差二斤。

搁不住砣 [kə²¹⁴puºtʂʅ⁵²³tʻuə⁵⁵] gě bu zhù tuō 指称量东西时，物重高出所说重量，秤砣在所定秤星上压不下秤杆：秤杆子翘得~｜你看这秤，十斤还~咪。

够秤 [kou⁵²³tʂʻəŋ⁵²³] gòu chèng 称量时给足分量。‖ 也说"够头"。

越杆子秤 [yə²¹⁴kæ̃³⁵tsʅºtʂʻəŋ⁵²³] yuě gán zi chèng 称量货物时暗中施计使秤杆顶端翘起从而缺斤短两的方式。有的用小拇指按压一下秤杆：他给的是~，不够头。‖ 又叫"九两秤"。

修秤 [ɕiou²¹⁴tʂʻəŋ⁵²³] xiū chèng 制造秤：他在家修好大大小小的秤赶集去卖，大的有抬称，中秤能打几十斤，小秤打十斤以下｜老借人家的秤不是个局儿，你赶明上集修一杆秤吧｜修一杆秤，得好几个过节，先用刨子刮秤杆，再用铁皮包秤头（秤杆的两端），接下来安秤钩、校砝码、钻眼儿安秤星、配秤砣。

钩子秤 [kou²¹⁴tsʅºtʂʻəŋ⁵²³] gǒu zi chèng 带有秤钩的杆秤：~不时兴了，这会都用弹簧秤、台秤、磅秤、电子秤。

图 5-120 钩子秤（2022年3月摄于中阳里街道）

抬秤 [tʻɛ⁵⁵tʂʻəŋ⁵²³] tāi chèng 使用时两人抬着称量的大型杆秤。‖ 也叫"抬杆子"。

盘子秤 [pʻæ̃⁵⁵tsʅºtʂʻəŋ⁵²³] pān zi chèng 系有秤盘的杆秤。用于称少量散物。

戥秤 [təŋ³⁵tʂʻəŋ⁵²³] déng chèng 一种小秤，用来称量金银、药材等物品。

秤花 [tʂʻəŋ⁵²³xuar²¹⁴] chèng huǎr 秤星。

定盘星 [tiŋ⁵²³pʻæ̃⁵⁵ɕiŋr²¹⁴] dì pān xǐngr 杆秤上标志起算点的星花。一般是4个小圆点，称量秤盘时秤杆平衡。

大花 [ta⁵²³xuar²¹⁴] dà huǎr 秤上的大星：我看错了一个~。

秤毫系 [tʂʻəŋ⁵²³xau⁵⁵ɕi⁰] chèng hāo xi 秤毫，杆秤上手提的部分，多用绳子或皮条制成。‖有的称作"秤鼻儿""秤毫尾"[tʂʻəŋ⁵²³xau⁵⁵i⁰] chèng hāo yi。

自卖头 [tsɿ⁵²³mɛ⁵²³tʻour⁵⁵] zì mài tōur 出卖自己生产的农副产品的人（与"贩子"相区别）。

筐底子 [kʻuɑŋ²¹⁴ti³⁵tsɿ⁰] kuāng dí zi 本义指筐内剩余的次等物品，喻指被挑剩的货物：人家拣罢的~，便宜卖吧。

抓钱 [tʂua²¹⁴tɕʻiæ̃⁵⁵] zhuǎ qiān 指在机关、企业或事业单位工作获取工资：他家几口人都上城里~去了，不在家种地了。

烤火费 [kʻau³⁵xuə³⁵fi⁵²³] káo huó fi 单位发给职工取暖用的钱：1965 年，每个人发 10 块钱的~｜冬天发~。

外拿 [uɛ⁵²³nar⁵⁵] wài nār 外快，指正常收入以外的收入：干这一行一点儿~也没有。

报税 [pau⁵²³ʂuei⁵²³] bào shuì 交税：这批货该~了｜吹牛又不~，你只管往大处说。

淹死 [iæ̃²¹⁴sɿ³⁵] yǎn sí 比喻作废：上回交的保险金~了。

磨磨弯 [muə⁵²³muə⁰uæ̃r²¹⁴] mò mo wǎnr 比喻借短期的钱。

过桥 [kuə⁵²³tɕʻiau⁵⁵] guò qiāor 企业临时筹借资金用来应急性地归还贷款：跟老伙计借钱好~｜小厂子都需要~资金｜桥没过好，掉河里了。‖也说"搭桥"。

（二）交通

官路 [kuæ̃²¹⁴lu⁵²³] guǎn lù 原指官府修的大路，后泛指公路：华山南边有一条~，向东通到徐州。

夹斜路 [tɕia²¹⁴ɕiə⁰lu⁵²³] jiā xie lù 斜通的道路：几十年前，这块地里有一条~，老百姓进地干活、走亲访友、赶集上店都走这条路，路上晴天是釀土，雨天是泥水。

蚰蜒路 [iou⁵⁵iæ̃⁰lu⁵²³] yōu yan lù 喻指弯弯曲曲的路：地里的~改成水泥机耕路。

断头路 [tuæ̃⁵²³tʻou⁵⁵lu⁵²³] duàn tōu lù 只差最后一小段未与其他公路连接的公路：两县交界的~闪了一轱喽没修。

车压沟 [tʂʻə²¹⁴ia²¹⁴kou²¹⁴] chě yǎ gǒu 车轮在道路上碾压出的车辙沟。

搉沟辙 [tɕʻyə²¹⁴kou²¹⁴tʂə⁵⁵] quē gǒu zhē 道路上的小坑、小沟。‖又叫"搉轱辙"[tɕʻyə²¹⁴ku²¹⁴tʂə⁵⁵] quē gu zhē、"搉窝辙"。

大车 [ta⁵²³tʂʻə²¹⁴] dà chē 太平车。木制四轮牛车：以前，地主家有~、马车拉庄稼，走亲戚。

宏车子 [xuŋ⁵⁵tʂʻə⁰tsɿ⁰] hōng che zi 大型独轮车。木制，轮缘凸出于车盘面，用罩框（脊楼）罩住，罩框两边装物、载人，通常一人扶把推行。旧时为普通交通工具，

20 世纪 50 年代中后期，大都改造为胶皮车轮，70 年代逐渐淘汰：他家有辆~，赶集上店、走亲串友、送货、运粮食，都是推着它。‖ 有的写作"红车子"。宏，本字不明。

图 5-121　宏车子——大独轮车（2007 年 9 月摄）

膏瓶 [kau^{523}p'iŋ^{0}] gào píng 旧时盛装车油的瓶子。有的是扁砂壶、竹筒、牛角等。挂在太平车、独轮车上。车油用来润滑车轴：宏车子把上挂着~｜车到~到（民谚）。‖ 有的称作"膏油壶""膏油瓶"。

水椟篓子 [ʂuei^{35}tu^{55}lou^{0}tsɿ^{0}] shuí dū lou zi 一种大肚小口的盛水陶罐。外出时携带用于饮水：推小车的把~挂在车把上。

土车子 [tu^{55}tʂ'ə^{0}tsɿ^{0}] tǔ chē zi 小型独轮车。木制，轮缘位于车盘之下，盘面平展，无脊楼。旧时用于短途运输，20 世纪 70 年代逐渐废弃。‖ 也称"小车"：小车不倒只管推。

图 5-122　土车子——小型独轮车（2015 年 10 月摄于大沙河镇）

八抬大轿 [pa²¹⁴tʻɛ⁵⁵ta⁵²³tɕiau⁵²³] bǎ tāi dà jiào 旧指身份显贵的人乘坐的八个人抬的大轿子：人家有身份，得~去请才能来。

小宝车 [ɕiau³⁵pau³⁵tʂʻər²¹⁴] xiáo báo chěr 旧指小汽车（小轿车）。

拉笩 [la²¹⁴pir⁵⁵] lǎ bīr （汽车、火车）鸣笛：汽车拉着笩从大桥上跑过去了｜高考期间，考场外边不准~。

上马石 [ʂaŋ⁵²³ma³⁵ʂʅ⁵⁵] shàng má shī 旧时富贵人家踏以上马的石器。多雕刻吉祥图案，置于大门外。

平车 [pʻiŋ⁵⁵tʂʻə²¹⁴] pīng chě 一种有车帮的两轮车。胶轮，木制车架，车框铺有木板或竹片，多以人力牵引，运载加重物品时用驴、骡牵引。20 世纪 70～80 年代，是农村主要交通运输工具：~也有三六九等，青岛出的车杠硬，轴承是大钢珠的，装上二千斤货纹丝不动｜生产队派十几号棒劳力，拉着~去徐州煤矿，把煤拉到家来。‖在正规场合下写作"平板车"。王沟、首羡、顺河等镇称作"地排子车"[ti⁵²³pʻɛ⁵⁵tsʅ⁰tʂʻə²¹⁴] dì pāi zi chě。

图 5-123 平车（2020 年 4 月摄于孙楼街道）

车笆 [tʂʻə²¹⁴pa²¹⁴] chě bǎ 平车的前后堵头，多用白蜡条等编织而成。

电驴 [tiæ̃⁵²³ly⁵⁵] diàn lǖ 旧指摩托车：我上关东做生意，见了日本的~。‖有的称作"电驴子"。

洋车子 [iaŋ⁵⁵tʂʻə²¹⁴tsʅ⁰] yāng chě zi 自行车：他穿着小开领西服，脚蹬圆头黑皮鞋，~羊角把上挂着二斤馃子。‖旧时戏称为"洋驴"：留洋头，穿新袄，骑个洋驴满街跑（计划经济时代对一些基层干部的讽刺语）。

大架洋车子 [ta⁵²³tɕiar⁵²³iaŋ⁵⁵tʂʻə²¹⁴tsʅ⁰] dà jiàr yāng chě zi 旧式大杠自行车：他牵过来凤凰~，先掏腿，再搭杠，驮着一百多斤的口袋去赶集｜一个半大孩子骑着~，一拧把，把我带倒了。

脚搭子 [tɕyə²¹⁴ta²¹⁴tsɿ⁰] juě dǎ zi 自行车踏板。‖有的地区称作"脚踏子"[tɕyə²¹⁴tsa²¹⁴tsɿ⁰] juě zǎ zi、"脚蹬子"[tɕyə²¹⁴təŋ²¹⁴tsɿ⁰] juě děng zi。

车带 [tʂʻə²¹⁴tɛ⁵²³] chē dài 轮胎。自行车、汽车等的轮子外围安装的环形橡胶制品：～慢撒气，可能是小钉头扎的｜～打个炮，到修车铺补补。

气管子 [tɕʻi⁵²³kuæ̃³⁵tsɿ⁰] qì guán zi 气筒。‖有的说"打气管子"。

篷篷车 [pʻəŋr⁵⁵pʻəŋr⁰tʂʻə²¹⁴] pēngr pengr chē 蒙有布篷的机动三轮车。旧时以柴油机作动力源，用来载客，现以蓄电池作动力源，多用于接送幼儿园、小学的儿童，有的用以载客。

轱轮子 [ku³⁵luẽ⁰tsɿ⁰] gú lun zi 轮子：汽车～｜平车～。

轱轮 [ku³⁵luẽ⁰] gú lun 滚动：皮球～到草棵子里了｜你给我～得远远的，我再也不想见你了！

车蒲棱子 [tʂʻə²¹⁴pʻu⁵⁵ləŋ⁰tsɿ⁰] chē pū leng zi ①旧时马车、太平车上配备的席子做成的车篷盖，载人时用。在车上安装三个弓子，弓子上搭盖带有花纹的圈席。②指在手扶拖拉机、农用三轮车、电动三轮车等车厢上安装的车篷。人民公社时期常在婚礼上用装有车篷的太平车、手扶拖拉机来接送新娘。

车扑棱子 [tʂʻə²¹⁴pʻu²¹⁴ləŋ⁰tsɿ⁰] chē pū leng zi 同"车蒲棱子"。‖有的称作"车卜棱子"[tʂʻə²¹⁴pu²¹⁴ləŋ⁰tsɿ⁰] chē bǔ leng zi。

捼弓子 [uə²¹⁴kuŋ²¹⁴tsɿ⁰] wǒ gǒng zi 车厢上安装的弯弓形框架。用来蒙盖篷布，做成车篷。多用竹片或树枝扎制，安装在马车、太平车、农用三轮车等类车上：大车安上～，蒙上单子（被单），去接新媳妇。

排圈 [pʻɛ³⁵tɕʻyæ̃²¹⁴] pái quǎn 车圈扭曲变形：洋车子～了。

掉链子 [tiau⁵²³liæ⁵²³tsɿ⁰] diào liàn zi 自行车链条滑落。引申为出问题：骑到半路，车子～啦｜正该文明城市验收，大家都不能～。

滑轮 [xua⁵⁵luɚ⁵⁵] huā lūnr ①齿轮失灵，不能拉动链条：洋车子～了，链子不拉轮了。②比喻不正常运转：断了一天案子，脑子～了。

慢撒气 [mæ̃⁵²³sa²¹⁴tɕʻi⁵²³] màn sǎ qì（车胎等）慢慢漏气：后轱轮～，车带可能破了。

打炮 [ta³⁵pʻau⁵²³] dá pào 车内胎鼓起圆泡或爆裂：正骑着，听得爆地一声，车子～啦。

风炮火补 [fəŋ²¹⁴pʻau⁵²³xuə³⁵pu³⁵] fěng pào huó bú 修补轮胎的一种技术。多指修补马车、汽车等大型车辆上的轮胎。

旷档 [kʻuaŋ⁵²³taŋ³⁵] kuàng dáng 车轮轴承出现较大空隙。

破车 [pʻuə⁵²³tʂʻə²¹⁴] pò chē 错车。两车在窄路上行驶时各自向路边让开，以便顺利通行：省道上容易～，小路破不开车。‖破，分开。

澥 [ɕiɛ⁵²³] xiài ①陷入（稀软的泥、沙等物体中）：淤泥~到胳拉拜子｜马车~到泥沟里，三匹马闯了闯，没拉动，就不拉了。②陷落：天塌地~。

跟崩 [kẽ²¹⁴pəŋr²¹⁴] gēn běngr 顺便搭乘别人的交通工具：你坐我的车，不要买票，光~就行啦｜我开车上鱼台，你~不？

得崩 [tei²¹⁴pəŋr²¹⁴] děi běngr（乘坐车马等工具时）微颠而感到舒适惬意：坐到车上，晃荡晃荡的怪~。

拾 [ʂɭ⁵⁵] shī 公共汽车在半路搭载乘客：汽车发车的时候没坐满，半路上~人坐满了｜半路上~了八九个人。

船到码头货到站 [tʂʰuæ⁵⁵tau⁵²³ma³⁵tʰou⁰xuə⁵²³tau⁵²³tsæ̃⁵⁵] chān dào má tou huò dào zàn 比喻到达终点：我是~，今年就二线了。‖ 常略作"到站了"。老派也说"船到济宁舟到州"。

打信 [ta³⁵ɕiẽ⁵²³] dá xìn 旧称寄信。

信瓤 [ɕiẽ⁵²³ʐɑŋr⁵⁵] xìn rāngr 装在信封里写好字的信纸。

信皮 [ɕiẽ⁵²³pʰir⁵⁵] xìn pīr 信封。

拍电报 [pʰei²¹⁴tiæ̃⁵²³pau⁵²³] pěi diàn bào 发电报。

话匣子 [xua⁵²³ɕia⁵⁵tsɿ⁰] huà xiā zi 旧指收音机。

大喇叭 [ta⁵²³la³⁵pa⁰] dà lá ba 有线广播的大传声筒。带有铝质喇叭状外壳，一般安装在大树、电线杆等高处：庄头的电线杆子上安了三个~｜他的嗓门高，喊起来跟~样。‖ 也称"喇叭头子""广播喇叭"。

小喇叭 [ɕiau³⁵la³⁵par⁰] xiáo lá bar 手持式喇叭状话筒：收破烂儿的蹬着三轮车，拿着~，在小区里吆唤。‖ 也称"喇叭筒子" [la³⁵pa⁰tʰuŋ³⁵tsɿ⁰] lá ba tōng zi。

小广播 [ɕiau³⁵kuaŋ³⁵puər²¹⁴] xiáo guáng bǒr 由磁铁、线圈、纸盆等构成的有线广播扬声器。多安装在门框上或室内墙上，由一根主线串通家家户户。流行于20世纪70年代和80年代初，80年代中期消失：~里天天唱样板戏。‖ 有的称作"话匣子"。

十五、教育、文体、娱乐

（一）教育

学屋 [ɕyə⁵⁵u²¹⁴] xuē wǔ 旧指学校：他上不起学，一天~也没进。

戴帽中学 [tɛ⁵²³maur⁵²³tʂuŋ²¹⁴ɕyə⁵⁵] dài màor zhǒng xuē 指在小学增设初中班级的学校。1969年筹备成立，1970年正式出现，1980年后逐渐消失：1976年，史大楼小学设两个初中班，叫~｜那几年，完小大办初中，~遍地开花。

黑学 [xei²¹⁴ɕyə⁵⁵] hěi xuē 指旧私塾、村塾。有的是官宦富豪所办，有的是民众集资联办，有的是教师家庭自办：~里先教背书，再教认字，末了才开讲。‖ 又称"黑学堂"。

高四 [kau²¹⁴sʅ⁵²³] gāo sì 即高考复读班级。20世纪90年代之前称为高考补习班、复习班。

下学 [ɕia⁵²³ɕyə⁵⁵] xià xuē 旧指放学；结束学业；退学：他初中毕业，就~回家种地去了｜他八岁上私塾，二十岁成了劳动力，就自动~了。

带课 [tɛ⁵²³k'uə⁵²³] dài kuò 讲授功课：他在中心小学里~｜一个班有五个~老师｜他带了俺三年的课。‖有时说成"带"：他带俺的语文｜王老师带体育。

掰蛤蟆嘴 [pei²¹⁴xə⁵⁵ma⁰tsueir³⁵] běi hē ma zuír 喻指教低年级学生：他教了一辈子书，掰了一辈子蛤蟆嘴。‖有的说"掰蛤蟆蝌蚪子" [pei²¹⁴xə⁵⁵ma⁰k'ə²¹⁴tɛ³⁵tsʅ⁰] běi hē ma kě dái zi。

麦假 [mei²¹⁴tɕia³⁵] měi jiá 麦收期间的假期，多为半个月。在此期间，师生员工到农村帮助收种。起于20世纪50年代，现已取消。

秋忙假 [tɕ'iou²¹⁴maŋ⁵⁵tɕia³⁵] qiū māng jiá 秋收季节的假期。一般为10天。在此期间，师生员工回农村帮助收种。现已取消。

年假 [ȵiæ̃⁵⁵tɕia³⁵] niān jiá 寒假。

学混子 [ɕyə⁵⁵xuē⁵²³tsʅ⁰] xuē hùn zi 混天度日的学生：他是个~，光是闹哄着玩，门门功课都不及格。

识文解字 [ʂʅ²¹⁴uə̃⁵⁵ɕiɛ⁵²³tsʅ⁵²³] shǐ wēn xiài zì 识文断字。旧指识字；有文化。

黑学底子 [xei²¹⁴ɕyə⁵⁵ti³⁵tsʅ⁰] hěi xuē dí zi 指在旧私塾学到的文言文功底：这种文言文，有~的老先生才能写出来。

黑墨水 [xei²¹⁴mei⁰ʂueir³⁵] hěi mei shuír 本指墨汁，代指学问：他这个人管，一肚子~。

瞪眼瞎 [təŋ⁵²³iæ̃³⁵ɕiar²¹⁴] dèng yán xiǎr ①盲人：老汉今年六十八，双目失明~。②喻指不识字的人：他是个~，瞎字不识。

代课 [tɛ⁵²³k'uə⁵²³] dài kuò 代替别人讲课；临时讲课：这个小学里有15个在编老师，2个~老师｜王老师请假了，李老师来~。

灯课 [təŋ²¹⁴k'uə⁵²³] dēng kuò 晚自习课：吃罢黑喽饭，就去上~｜~安静得很，只能听见汽灯"刺刺"的响声。‖又称"灯自习"。

爬黑板 [p'a⁵⁵xei²¹⁴pæ̃³⁵] pā hěi bán 学生到黑板前做题（含戏谑意味）。

蹲级 [tuẽ²¹⁴tɕi²¹⁴] dǔn jǐ （学生）留级：他考得不好，老师叫他~｜他是个~生｜他蹲过两级了。‖也说"耪窝"（含嘲讽意味）。

念书歌子 [ȵiæ̃⁵²³ʂu²¹⁴kə²¹⁴tsʅ⁰] niàn shǔ gě zi 旧时用抑扬顿挫的腔调诵读文章：学馆里的学生一天到晚~。

背课文 [pi⁵²³k'uə⁵²³uẽr⁵⁵] bì kuò wēnr 背诵课文。

简笔字 [tɕiæ̃³⁵peir²¹⁴tsʅ⁵²³] jián běir zì 简体字的旧称。

真笔字 [tʂẽ²¹⁴peir²¹⁴tsɿ⁵²³] zhěn běir zì 繁体字的旧称。

真笔真回 [tʂẽ²¹⁴peir²¹⁴tʂẽ²¹⁴xueir⁵⁵] zhěn běir zhěn huīr 同"真笔字"。

大仿 [ta⁵²³faŋ³⁵] dà fáng 旧时学生仿照范本写大楷的毛笔字作业：老师拿过来他写的~，不停地点头。

排仿 [pʻɛ⁵⁵faŋ³⁵] pāi fáng 旧指教师评改学生的毛笔字作业：学生写完大楷、小楷，老师就~，写得好的字用红笔画圈，特别好的画双圈、三圈，写得不好的字要求改正笔画，有时在旁边写一个范字，很差的打"×"。

排作业 [pʻɛ⁵⁵tsuə²¹⁴iə²¹⁴] pāi zuò yè 批改作业。

排作文 [pʻɛ⁵⁵tsuə²¹⁴uẽr⁵⁵] pāi zuò wēnr 批改作文。

掰字眼子 [pei²¹⁴tsɿ⁵²³iã³⁵tsɿ⁰] běi zì yán zi 喻指阅读时仔细推敲字句：他在我的文章里~，挑出不少毛病。

戳分 [tʂʻuə⁵⁵fẽr²¹⁴] chuō fěnr 扣分：错一题，戳两分｜这一条不达标，考核的时候~。

一个麻花俩烧饼 [i²¹⁴kə⁰ma⁵⁵xuar⁰liɑ³⁵ʂau²¹⁴piŋ⁰] yǐ ge mā huar liá shǎo bing 喻指考试获得一百分。

鸭蛋 [ia²¹⁴tæ̃⁵²³] yǎ dàn 喻指作业、考试的零分（含戏谑意味）：他啥也学不会，回回考试都是大~｜得了个~，回家煮喽吃去吧。

零蛋 [liŋ⁵⁵tæ̃⁵²³] līng dàn 同"鸭蛋"。

剃光头 [tʻi⁵²³kuaŋ²¹⁴tʻou⁵⁵] tì guǎng tōu 比喻在考试、评比、竞赛等活动中没有任何名次或一分未得：这个学校高考~了｜本科~了，一个也没考上。

黑墨 [xei²¹⁴mei⁰] hěi mei 墨锭。写字绘画的用品，是用煤烟或松烟等制成的黑色块状物：他买来十锭子~。

黑板擦子 [xei²¹⁴pæ̃³⁵tsʻa²¹⁴tsɿ⁰] hěi bán cǎ zi 用于擦除黑板上粉笔字迹的工具。由毛毡卡入铝皮盒内或铁皮盒内做成。

光联纸 [kuaŋ²¹⁴liæ̃⁵⁵tsɿ³⁵] guǎng liān zí 旧时书写、印刷常用的白纸。学生用来装订写字本。

过联纸 [kuə⁵²³liæ̃⁵⁵tsɿ³⁵] guò liān zí 复写纸。通常为蓝紫色。

画书 [xuar⁵²³ʂur²¹⁴] huàr shǔr 连环画册。

格子尺 [kei²¹⁴tsɿ⁰tʂʅ²¹⁴] gěi zi chǐ 塑料尺。‖ 也称"格尺""米腊尺""米尺"。

颜色 [iæ̃⁵⁵sei⁰] yān sei ①颜料；染料：画画前，他买了几样子~，1斤太阳红、9袋朱红、3袋草绿、3袋翠绿。②色彩。

倒拉笔回 [tau⁵²³la²¹⁴pei²¹⁴xueir⁵⁵] dào lǎ běi huīr 写字时笔顺颠倒。

弓长张 [kuŋ²¹⁴tsʻaŋ⁵⁵tʂaŋ²¹⁴] gōng chāng zhǎng 指"张"字。

立早章 [li²¹⁴tsau³⁵tʂaŋ²¹⁴] lǐ záo zhāng 指"章"字：你姓~，还是弓长张？

耷耳旁 [ta²¹⁴l̩³⁵p'aŋr⁵⁵] dǎ lrí pāngr 汉字偏旁"阝卩"。
单耷耳 [tæ̃²¹⁴ta²¹⁴l̩³⁵] dǎn dǎ lrí 汉字偏旁"卩"。
双耷耳 [ʂuaŋ²¹⁴ta²¹⁴l̩³⁵] shuǎng dǎ lrí 汉字偏旁"阝"。
侧玉旁 [tsei²¹⁴y⁵²³p'aŋr⁵⁵] zěi yù pāngr 旧称汉字偏旁"王"。新派称"王字旁"。
两点冰 [liaŋ³⁵tiæ̃³⁵piŋr²¹⁴] liáng diǎn bǐngr 偏旁名称,两点水。
捆刀旁 [ʂua²¹⁴taur²¹⁴p'aŋr⁵⁵] shuǒ dǎor pāngr 偏旁名称,立刀旁:他姓~的刘。
病字壳 [piŋ⁵²³tsɿ⁰k'ər²¹⁴] bìng zi kěr 汉字偏旁"疒"。
洋字码子 [iaŋ⁵⁵tsɿ⁵²³ma³⁵tsɿ⁰] yāng zì má zi 指阿拉伯数字或拉丁字母:我接过那张纸一看,满页都是~,花啦糊,糊啦花,它不认得我,我也不认得它。
屎壳郎爬的 [sɿ³⁵kə⁰laŋ⁵⁵p'a⁵⁵ti⁰] sī ge lāng pā di 比喻写的字杂乱潦草:字写得潦潦草草,跟~样。

（二）文体、娱乐

头游 [t'ou⁵⁵iou⁰] tōu you 比赛的胜者或第一名:我是~。‖ 有的说"头赢"。
末游 [miə²¹⁴iou⁰] miě you 比赛的输者或最后一名。
末脚 [miə²¹⁴tɕyə⁰] miě juo 最后的。
风早子 [fəŋ²¹⁴tsau³⁵tsɿ⁰] fěng záo zi 风筝。‖ 有的地区叫"风槽子" [fəŋ²¹⁴ts'au³⁵tsɿ⁰] fěng cáo zi、"风筝子"。

拐子 [kuɛ³⁵tsɿ⁰] guái zi 木制桄线器,用于制绳、放风筝等。
藏马虎底 [ts'aŋ⁵⁵ma²¹⁴xu⁰tir³⁵] cāng mǎ hu dír 一种捉迷藏游戏。一方先躲藏起来,另一方将其找出。有的规则是,将甲方的眼睛蒙上,乙方隐藏后大喊"开啦",甲方就去寻找。‖ 华山等镇说"藏马底" [ts'aŋ⁵⁵ma²¹⁴tir³⁵] cāng mǎ dír、"藏马虎" [ts'aŋ⁵⁵ma²¹⁴xu⁰] cāng mǎ hu。
藏花母 [ts'aŋ⁵⁵hua²¹⁴mu⁰] cāng huǎ mu 同"藏马虎底"。通行于范楼等镇。
藏发母 [ts'aŋ⁵⁵fa²¹⁴mu⁰] cāng fǎ mu 同"藏马虎底"。通行于大沙

图 5-124 风早子——风筝
（2022 年 3 月摄于凤城街道）

河等镇。

摸瞎乎 [muə²¹⁴ɕia²¹⁴xur²¹⁴] mō xiā hǔr ①捉迷藏。一人用布蒙上眼，摸索着去捉其他人，其他人则在一个圈子里躲闪。又叫"摸乎""摸瞎"。②在黑暗中摸索行动：灯里没油了，~喝汤吧｜外边瞎黑，一个人~走小路，深一脚，浅一脚，有点瘆乎的。

老鼠钻洞 [lau³⁵ʂu³⁵tsuæ̃²¹⁴tuŋ⁵²³] láo shu zuǎn dòng iài 儿童群体游戏，猫捉老鼠。

挑老界 [tʻiau²¹⁴lau³⁵tɕiɛ⁵²³] tiǎo láo jiài 儿童群体游戏。甲乙两队画出两道界线，轮流挑选对方的队员，如果甲队选定乙队的张三，张三则在乙队成员的保护下冲向甲队的界线，若在闯过甲队界线之前被甲队"打顶"（用手触摸头顶），即归降甲队，若成功越过界线，则重新挑人。

点点斗斗 [tiæ̃³⁵tiæ̃³⁵tou⁵²³tou⁵²³] diǎn diǎn dòu dòu 旧时女孩做的一种游戏。一女孩坐地作主持人，参与者坐于其周围，各伸出一只手拽住她的衣襟，主持人一边念诵歌谣，一边用手点着参与者的手，念一字，点一人的手："点点斗斗，王小、柯六。几匹快马，拿刀就剐。剐贼贼跑，忽通撂倒。撂倒谁？撂倒王奎。王奎没在家，撂倒木疙瘩。"最后被主持人点到的人是点斗的对象，接受处罚。

踢盘盘 [tʻi²¹⁴pʻæ̃⁵⁵pʻæ̃⁰] tǐ pān pan 儿童群体游戏。参与者坐成一排，伸出两脚，主持人在队前念诵歌谣，念一字，就用小树枝点一人的脚："踢，踢，踢盘盘，盘盘底下有蚰蜒。青丝，毛蓝，打扮小脚蜷一蜷。蜷一只，掉一只，牙牙葫芦木头底。青圪当，红圪当，打扮小脚蜷一张。"念到末字被点到者，站出来表演节目（本歌谣为1987年4月马楼乡收集）。

挤轧油 [tɕi³⁵ia⁵²³iour⁵⁵] jí yà yōur 一种多人游戏。参与者在墙边排队往中间挤，被挤出者为败。人们常在冬季做这种游戏以取暖：一群学生在墙头边嘻嘻哈哈~｜集上的人多得跟~的样。

挤亚腰 [tɕi³⁵ia⁵²³iaur²¹⁴] jí yà yǎor 同"挤轧油"。

挤香油 [tɕi³⁵ɕiaŋ²¹⁴iour⁵⁵] jí xiāng yōur 同"挤轧油"。

砸坷垃仗 [tsa⁵⁵kʻə³⁵la⁰tʂaŋ⁵²³] zā ké la zhàng 用土块互相掷向对方的游戏：一群半大孩子在漫敞地里~。

扭哎哟 [ŋiou³⁵ɛ²¹⁴iau⁰] niú ǎi yao 一种刺激性儿童游戏。参与者4~6人不等，爬到粗大的树上或其他高危处，一人蒙住眼睛去抓其他人，扭掐被抓者的皮肉，直至对方痛叫"哎哟"为止。‖有的说"摸哎哟" [muə²¹⁴ɛ²¹⁴iau⁰] mō ǎi yao。

打腊子 [ta³⁵la²¹⁴tsŋ⁰] dá lǎ zi 一种儿童游戏。一人用"腊子棍"击打腊子，使其飞向远处，另一人将腊子拾起扔向方框。"腊子"是一根长约十几厘米的短小木棍，两头尖，用树枝削成。"腊子棍"（或称"腊巴棍子"）是一根约3厘米粗、60厘米长，前头略翘的棍。游戏前将参加者分为两组，在空地上画一方框（"城"），把"腊子"

放在方框内，扔进框内则交换角色。因多在腊月农闲时进行，故名。将腊子击出的动作有打跨、吸掷、连巴棍等。20世纪70年代后逐渐消失。

凑翘 [tsʻou⁵²³tɕʻau⁵²³] còu qiào 打腊子的一种技巧，利用有利地势将腊子打起；比喻利用有利时机。

杀羊羔 [sa²¹⁴iaŋ⁵⁵kaur²¹⁴] sǎ yāng gǎor 儿童集体游戏。一人扮演杀羊者，另一人扮演老羊，其余人扮演羊羔，排在"老羊"身后。"杀羊者"冲破"老羊"的阻拦，抓住"羊羔"——"杀掉"：七八个小孩正来~｜大天白日里搂搂抱抱，跟~的样。‖这种游戏有长段对话。

打儿 [tar³⁵] dár 踢毽子的一种动作，把毽子倒踢弹起。

骗儿 [pʻiæ̃r⁵²³] piànr 踢毽子的一种动作，将毽子弹起，翻腿再接住。‖骗腿，侧身抬起一条腿。

压越板 [ia²¹⁴yə²¹⁴pæ̃³⁵] yǎ yuě bán 简易的跷跷板。在支架上放一木板或木棍，两人各坐一端，一起一落。

猜猜 [tsʻɛ²¹⁴tsʻɛ²¹⁴] cǎi cǎi 石头剪子布。一种确定先后次序或输赢的游戏。参与者一同伸手作"剪子""包袱（相当于外地的"布"）""锤（相当于外地的"石头"）"的手势，规则是锤砸剪子、剪子剪包袱、包袱包锤，循环相克。一般为三局两胜。‖有的称作"剪子包锤""菜包裁""猜猜猜"。

猜酒宝 [tsʻɛ²¹⁴tɕiou³⁵pau³⁵] cǎi jiú báo 酒席间的一种助兴娱乐活动。庄家以酒瓶盖或火柴杆作道具，让对方猜是否握在手中，胜者罚对方喝酒：书记跟人~，很少有人赢过他。‖又说"开有无"。

杠子砸虎 [kaŋ⁵²³tsɿ⁰tsa⁵⁵xu³⁵] gàng zi zā hú 一种裁决输赢的游戏。从"杠子""老虎""鸡""虫"4个词中每次选一个，双方同时喊出。规则是杠子打虎、虎吃鸡、鸡吃虫、虫蛀杠子，循环相克。

拾子子 [ʂɿ⁵⁵tsɿ³⁵tsɿ⁰] shī zí zi 一种儿童游戏。参与者（多为女孩）席地而坐，将五枚打磨光滑的石子撒开，抛起其中一部分石子，迅即拾起地上的石子，并接住抛落的石子。有的一边抛接，一边念诵"拾子歌"。

摔凹屋 [ʂuei²¹⁴ua⁵²³ur²¹⁴] shuǐ wà wǔr 儿童游戏。将胶泥捏成浅杯状（凹屋），口朝下猛摔在地上，发出爆响，使其底部炸出破洞，由对方用泥补上破洞。有的念诵歌谣："东庄上，西庄上，都来听我的凹屋响。我的凹屋要不响，叫恁打我的光脊梁。"‖有的说成"摔凹窝"。

撑交 [tsʻəŋ²¹⁴tɕiau²¹⁴] cěng jiāo 手指翻绳游戏。将线绳结环套挂在手上，利用穿插、颠倒、缠绕等方法，使线绳变出"面条子""花盖体""降落伞""乱劈柴"等形状。

踢瓦 [tʻi²¹⁴uar³⁵] tǐ wár 儿童游戏。在地面上画出一个长方形的"城"，内有8至

10 个格子，最后一个格子里画一个圆圈作"井"，悬起一只脚，单脚着地，踢瓦片（或碗片等）依次经过各格。‖ 有的说成"蹴瓦"[tɕʻy²¹⁴uar³⁵] qǔ wár。

斗拐 [tou⁵²³kuɛ³⁵] dòu guái 青少年游戏。参赛双方将一腿屈膝盘起，单腿跑跳，以膝撞击对方。流行于 20 世纪 70 年代之前。‖ 又称"斗鸡"。

丢手巾擦子 [tiou²¹⁴ʂou³⁵tɕiæ̃⁰tsʻa²¹⁴tsɿ⁰] diū shóu jian cǎ zi 丢手绢的游戏。

叨叨子 [tau²¹⁴tau²¹⁴tsɿr³⁵] dǎo dǎo zír 一种儿童游戏，弹玻璃球。在地上挖出浅坑，将玻璃球从界线外弹入穴中。‖ 叨，用弯曲的手指弹；叨子，玻璃球。

磕杏核儿 [kʻə⁵²³ɕiŋ⁵²³xur⁵⁵] kè xìng hūr 一种儿童游戏。双方将同等数量的杏核放入一浅穴中，各自选用一粒大而重的杏核作"老宝"，轮流砸击穴内杏核，砸出多者为胜。‖ 有的说成"丢杏核""砸杏核"。

砸纸泡 [tsa⁵⁵tsɿ³⁵pʻaur⁵²³] zā zí pàor 儿童游戏。把纸折叠成方形薄片（翻宝），一人将翻宝放在地上，另一人用力往下摔自己的翻宝，带起风力吹翻对方的翻宝，即归己有。‖ 有的叫"砸翻宝"[tsa⁵⁵fæ̃²¹⁴pau³⁵] zā fǎn báo、"磕元宝"[kʻə⁵²³yæ̃⁵⁵pau³⁵] kè yuān báo、"磕啪子"[kʻə⁵²³pʻia⁵⁵tsɿ⁰] kè piā zi、"磕纸磕"[kʻə⁵²³tsɿ³⁵kʻər⁵²³] kè zí kèr、"砸老磕"[tsa⁵⁵lau³⁵kʻər⁵²³] zā láo kè、"砸面包"[tsa⁵⁵miæ̃⁵²³paur²¹⁴] zā miàn bǎor、"砸纸包"[tsa⁵⁵tsɿ³⁵paur²¹⁴] zā zí bǎor。

5-125 砸纸泡（2019 年 11 月摄于赵庄镇）

拉牛 [la²¹⁴ȵiou²¹⁴] lǎ niǔ 陀螺。多用木头雕刻成，玩时用鞭子抽打，使其快速旋转：书包里装个~，课间活动的时候就拿出来搖。‖ 师寨等镇说"转拉牛"[tʂuæ̃⁵²³la²¹⁴ȵiou²¹⁴] zhuān lǎ niǔ、"转拉牛子"：我用杏木刻了一个转拉牛，在冻冻上打着玩。宋楼等镇说"呜拉牛"[u²¹⁴la²¹⁴ȵiou²¹⁴] wū lǎ niǔ。

推铁环 [tʻuei²¹⁴tʻiə²¹⁴xuæ̃⁵⁵] tuǐ tiě huān 儿童游戏。手握顶端带有 U 形铁丝的细棍，

推动铁环向前跑。

圈啷子 [tɕ'yæ²¹⁴laŋ⁰tsɿ⁰] quǎn lang zi 环形的东西：狗脖子上套个铁~｜头上戴着柳枝子编的~。

打哇哇 [ta³⁵ua²¹⁴ua⁰] dá wǎ wa 幼儿游戏。用手捂住嘴，有节奏地放开、捂住，发出"哇哇"声。

抵脉 [ti³⁵meir²¹⁴] dí měir 逗引幼儿的一种游戏。用脑门轻碰幼儿的脑门，并左右摩擦。

抓猫爪 [tʂua²¹⁴mau⁵⁵tʂuar³⁵] zhuǎ māo zhuár 幼儿练习手指灵活性的动作，手指屈伸如猫爪抓物状。

拔萝卜 [pa⁵⁵luə⁵⁵pu⁰] bā luō bu 一种游戏。双手捧住儿童的头往上拔起。‖ 又叫"拔胡萝卜根"。

变嘛 [piæ̃⁵²³mar⁵⁵] biàn mār 一种逗引幼儿的动作。蒙住自己的眼睛，突然放开手，口中说"嘛"。

变马猴 [piæ̃⁵²³ma²¹⁴xour⁵⁵] biàn mǎ hōur ①做鬼脸，变出可笑的怪相：他藏到门后头，猛一伸头，给我~。②引申为周旋、敷衍。

逗逗飞 [tou⁵²³tou⁰fi²¹⁴] dòu dou fī 一种逗引幼儿的动作。两手的食指逐渐相碰，然后分开，口中连续念着"逗逗逗逗飞"。

骑尿脖 [tɕ'i⁵⁵ȵiau⁵²³puər⁵⁵] qī niào bōr（儿童）骑在成人的脖颈上：爸爸叫他~看了一会子戏。

花拉棒槌 [xua²¹⁴la⁰paŋ⁵²³tʂ'uei⁰] huā la bàng chui 一种绘有彩图的长筒形木制玩具。有把柄，可摇响：货郎挑子里有~、皮老鼠、汽茄子，还有糖果、米花儿。

琉琉绷绷 [liou⁵⁵liou⁰pəŋr³⁵pəŋr⁰] liū liu béngr bengr ①一种用极薄的玻璃烧制的瓶状玩具。易碎，人对着瓶口一呼一吸，瓶子发出清脆的"嘣嘣"声。②比喻容易受损的东西：这个架子跟~样，我摸了一下子就塌了｜他跟~样，受点凉就发热。

响笔 [ɕiaŋ³⁵pir⁵⁵] xiǎng bīr 胶泥捏成的儿童小玩具。主体形状卵圆形，顶部有孔，可吹响，响声单调。

吹笔 [tʂ'uei²¹⁴pir⁵⁵] chuǐ bīr 吹口哨。

吹小笔 [tʂ'uei²¹⁴ɕiau³⁵pir⁵⁵] chuǐ xiǎo bīr ①吹口哨：台上表演着节目，他在下头~｜他一听取消加班了，恣得~。②吹柳哨、苇哨、竹哨、泥哨之类的哨子。

汽茄子 [tɕ'i⁵²³tɕ'iə⁵⁵tsɿ⁰] qì qiē zi 旧称带有竹哨、可以发出响声的小汽球。

破谜 [p'uə⁵²³mi⁵²³] pò mì ①出谜语给别人猜：我破个谜你猜猜。②猜谜：正月十五那天，他~中了七回奖｜~，~，四墙八壁，骨头烂了，还能喘气（谜语。谜底是风箱）。

字虎 [tsɿ⁵²³xur³⁵] zì húr 字谜：我打个~你猜猜。

坎子 [kʻæ̃³⁵tsɿ⁰] kǎn zi 歇后语：他肚里的~多，张嘴就带~｜漫着墙头拌（bán 扔）篓子，你别给我玩~（俗语）。

熬老鹰 [au⁵⁵lau³⁵iŋ²¹⁴] āo lǎo yǐng 一种驯鹰的方法。驯鹰者与刚捕获的鹰对视，昼夜不眠，使其逐渐消除戒备心理，熬数日，直到猎鹰困倦不堪，在人面前合眼入睡。

把鹌鹑 [pa³⁵æ̃²¹⁴tʂʻuẽ⁰] bá ǎn chun 驯养鹌鹑的方法。斗鹌鹑的人把捕获的野鹌鹑握在手中，经常到人群中去，使其适应喧嚷的气氛，直至放在手背上也不飞逃。

捏面人 [ŋiə²¹⁴miæ̃⁵²³zẽr⁵⁵] niē miàn rēnr 面塑。用面粉、糯米粉、色素等，塑成人物、花鸟等，一般用作儿童玩具、菜肴装饰。

图 5-126 面人寿星
（2021 年 11 月摄于凤城街道）

吹糖人 [tʂʻuei²¹⁴tʻaŋ⁵⁵zẽr⁵⁵] chuī tāng rēnr 用糖稀吹制人或动物形状的一种工艺。匠人加热糖稀，用吹管吹出黄鼠狼拉鸡、公鸡叨蚰子、孙悟空、八仙、老鼠偷油喝等造型。一般用作儿童玩具，挑担现吹现卖。

土棋 [tʻu³⁵tɕʻi⁵⁵] tú qī 旧时在地上画出棋盘，用树叶、土块、石子、草棒作棋子做成的弈具。在村头、地边、空地、树下，用木棒画出棋盘，双人对弈，包括四棋、五棋、六棋、赶牛角、憋死猫、摆龙、鸡叨蒜皮等类别。

棋子子 [tɕʻi⁵⁵tsɿ³⁵tsɿ⁰] qī zí zi 棋子。

赶牛角 [kæ̃³⁵ŋiou⁵⁵tɕyə²¹⁴] gán niū juě ①画有牛角状棋盘的简易棋。草棒、树叶、石子等小物体充当棋子，将对方的棋子赶至牛角顶端为胜。②比喻使某人无法应对：大家你一言我一语，把他往死牛角里赶，赶得他摊牌了。

憋死猫 [piə²¹⁴sɿ³⁵maur⁵⁵] biě sí māor 画有"区"字形棋盘的简易棋。以草棒、树叶、石子等小物件充当棋子，双方各持两子，将对方的棋子逼上绝路为胜。

四棋 [sɿ⁵²³tɕʻi⁵⁵] sì qī 画有"井"字形棋盘的简易棋。有"摆四"和"下四"两种规则。

拉风婆婆 [la²¹⁴fəŋ²¹⁴pʻuə⁵⁵pʻuə⁰] lǎ fēng pō po 用细绳和制钱制作的儿童玩具。将细绳穿入制钱孔中，拉动绳子，使制钱飞速转动，时而正转，时而反转，呼呼有声：他口袋里装着~，上学的路上拿出来玩。

来牌 [lɛ⁵⁵pʻɛ⁵⁵] lāi pāi 打扑克：他 4 个人坐到火车上~，来了一路子｜来了两充牌。‖ 也说"当牌""打牌"。

抹牌 [ma²¹⁴pʻɛ⁵⁵] mǎ pāi ①本指玩老式纸牌，后来也指打扑克：光~，指啥吃？

②按顺序摸取牌：这张牌该他抹，不该你抹。

充 [tʂʻuŋ²¹⁴] chǒng 牌的数量：抹两~牌就去干活 | 腰里别着一~牌，谁愿给来给谁来。

头牌 [tʻou⁵⁵pʻɛ⁵⁵] tōu pāi 第一张牌：他抹罢~，其余3个人跟着抹。

对家 [tuei⁵²³tɕiar²¹⁴] duì jiǎr 四人打扑克时坐在自己对面的一方：不兴看~牌的。‖ 也称"对门"。

打对家 [ta³⁵tuei⁵²³tɕiar²¹⁴] dá duì jiǎr 打扑克时，各与对面的人结为合作的一方：咱俩~，跟他俩比比。‖ 有的说成"打对门"。

红桃 [xuŋ⁵⁵tʻau⁵⁵] hōng tāo 扑克中的红心（Hearts）。

方片 [faŋ²¹⁴pʻiæ⁵²³] fǎng piàn 扑克中的方块（Diamonds）。

花子 [xua²¹⁴tsʅ⁰] huǎ zi 扑克中的梅花（Clubs）。

大鬼 [ta⁵²³kuei³⁵] dà guǐ 扑克中的大王（红色 Joker）。

小鬼 [ɕiau³⁵kuei³⁵] xiáo guǐ 扑克中的小王（黑色 Joker）。

尖一 [tɕiæ²¹⁴ir²¹⁴] jiǎn yǐr 扑克中的A（Ace）。‖ 有的称作"尖子""尖儿""冒尖儿""老冒儿""老尖儿"。

老凯 [lau³⁵kʻɛ³⁵] láo kái 扑克中的K（King）。

皮旦 [pʻi⁵⁵tæ⁵²³] pī dàn 扑克中的Q（Queen）。‖ 有的称作"皮圈""皮球""老千"。

丁钩 [tiŋ²¹⁴kour²¹⁴] dǐng gǒur 扑克中的J（Jack）。‖ 有的称作"钩子""钩儿"。

二鼻儿 [l⁵²³pir⁵⁵] lrì bīr 扑克中的2。

系子 [ɕi⁵²³tsʅ⁰] xì zi 扑克中5张点数相连的牌。‖ 也叫"顺子"。

对子 [tuei⁵²³tsʅ⁰] duì zi 扑克中2张点数相同的牌，姊妹对（Two Pairs）。

官张 [kuæ²¹⁴tʂaŋ²¹⁴] guǎn zhǎng 扑克中最大的牌。

毙 [pi⁵²³] bì 打升级时用主牌压住副牌。

争上游 [tsəŋ²¹⁴ʂaŋ²¹⁴iou⁵⁵] zēng shàng yōu 一种扑克游戏：我不会打百张、打喝子，只会~。‖ 又叫"大压小"。

掼蛋 [kuæ⁵²³tæ⁵²³] guàn dàn 近期传入的扑克游戏，4人结对竞赛。

接风 [tɕiə²¹⁴fəŋ²¹⁴] jiē fěng 打扑克的一种出牌方式。某人打出最后一张牌后，其合作的一方不出牌，邻近的一人接着出牌：要是没人压他的牌，我就~。

带牌 [tɛ⁵²³pʻɛ⁵⁵] dài pāi 打扑克的一种出牌方式。3张或4张同样的牌带上其他牌。

进贡 [tɕiẽ⁵²³kuŋ⁵²³] jìn gòng 在争上游、升级、红五星、掼蛋等扑克游戏中，把最大的牌送给上一局的赢家。

贴分 [tʻiə²¹⁴fɚr²¹⁴] tiě fěnr 打扑克时出算分的牌，如5、10、K。

投牌 [tʻou⁵⁵pʻɛ⁵⁵] tōu pāi 洗牌。

报牌 [pau⁵²³pʻɛ⁵⁵] bào pāi 打扑克时公布自己的剩余牌数：手里的牌不够6张，就得~。

吃头钱 [tʂʅ²¹⁴tʻou⁵⁵tɕʻiæ̃⁵⁵] chǐ tōu qiān 赌场主人从赢家所得中抽取利钱。

坐中 [tsuə⁵²³tʂuŋ²¹⁴] zuò zhōng 打牌、打麻将等游戏中，领头者坐在首位。

刺绷子 [tɕʻi²¹⁴pəŋ³⁵tsʅ⁰] qǐ béng zi 扎猛子。游泳时头朝下钻入水下游动：几个小孩跳到河里~，比谁在水底下憋的时间长｜他一个绷子刺到河当中。‖ 有的地区叫作"刺猛子" [tɕʻi²¹⁴məŋ³⁵tsʅ⁰] qǐ méng zi、"亲猛子" [tɕʻiẽ²¹⁴məŋ³⁵tsʅ⁰] qǐn méng zi、"伸绷子" [tʂʻẽ²¹⁴pəŋ³⁵tsʅ⁰] chēn béng zi、"伸猛子" [tʂʻẽ²¹⁴məŋ³⁵tsʅ⁰] chēn méng zi。

打澎澎 [ta³⁵pʻəŋ²¹⁴pʻəŋ⁰] dá pěng peng 一种游泳方式，俯卧水面，双脚交替击水，发出"嘭嘭"响声。

打呀洑 [ta³⁵ia⁵⁵fur⁵²³] dá yā fùr 一种类似于仰泳的游泳方式。仰脸向上，双手拨水，双脚向后蹬。‖ 有的说"打水漂""打呀铺" [ta³⁵ia⁵⁵pʻur⁵²³] dá yā pùr、"打瞎铺" [ta³⁵ɕia²¹⁴pʻur⁵²³] dá xiǎ pùr、"打鸭铺" [ta³⁵ia²¹⁴pʻur⁵²³] dá yǎ pùr、"漂老摇" [pʻiau²¹⁴lau⁰iaur⁵⁵] piāo láo yāor。

踩水 [tsɛ³⁵ʂueir³⁵] cái shuír 一种游泳方式。身体在水中近于垂直，双脚蹬水游动。有的用手辅助划水。

打滑溜 [ta³⁵xua⁵⁵liou⁰] dá huā liu 从斜坡滑入水中的儿童游戏。在水边斜坡上涂抹稀泥，坐在斜坡上往水中滑。‖ 有的说"打滑溜冈" [ta³⁵xua⁵⁵liou⁰kaŋ²¹⁴] dá huā liu gǎng。

打水漂 [ta³⁵ʂuei³⁵pʻiau²¹⁴] dá shuí piǎo ①一种向水面抛掷瓦片、碗碴等扁形物体的游戏。物体擦着水面飞行，遇水面后弹起再飞，直至惯力用尽后沉入水中。②喻指花费钱财而没有收获：冷库没建成，投资的钱~了。

老牛大憋气 [lau³⁵ɲiou⁵⁵ta⁵²³piə²¹⁴tɕʻi⁵²³] láo niū dà biē qì 喻指长时间抑制呼吸：他点着烟，来了个~，一口气吸了半截｜咱来~的，看谁在水底下憋的时间长。

镖法 [piau²¹⁴fa²¹⁴] biǎo fǎ 使用长枪（旧式兵器）、飞镖、石子、土块等物投掷的技术：你的~真准。

窝跟头 [uə²¹⁴kẽ²¹⁴tʻou⁰] wǒ gēn tou 翻跟头。

窝腰 [uə²¹⁴iaur²¹⁴] wǒ yǎor 一种体育动作，脸朝上向后弯腰。

打牙巴轱轮 [ta³⁵ia⁵⁵pa⁰ku⁰ku³⁵lueir²¹⁴] dá yā ba gú lǔnr 侧空翻（车轮翻）。武术或戏剧中的一种动作。侧身连续翻跟头。‖ 又叫"打洋车轱轮" [ta³⁵iaŋ⁵⁵tʂʻə⁰ku³⁵lueir⁰] dá yāng chē gú lunr、"打圆车轱轮" [ta³⁵yæ̃⁵⁵tʂʻə²¹⁴ku³⁵lueir⁰] dá yuān chē gú lunr。

溜地十八滚 [liou⁵²³ti⁵²³ʂʅ⁵⁵pa²¹⁴kuẽ³⁵] liù dì shī bǎ gún 地躺拳（本地说成"地螳拳"）的一种。多用滚、跌动作，有扫堂腿、鲤鱼大挺脊、黑虎钻裆等招式。

打前提 [ta³⁵tɕ'iɑ̃⁵⁵t'i⁵⁵] dá qiān tī 前滚翻。

打倒提 [ta³⁵tau⁵²³t'i⁵⁵] dá dào tī 后空翻。戏曲上称为"小翻"。

甩后提 [sɛ³⁵xou⁵²³t'i⁵⁵] sái hòu tī 同"打倒提"。

后折 [xou⁵²³tʂə²¹⁴] hòu zhě 仰面朝上向后弯腰。

蝎子倒爬墙 [ɕia²¹⁴tsɿ⁰tau⁵²³p'a⁵⁵tɕ'iaŋr⁵⁵] xiē zi dào pā qiāngr 一种武术动作,头朝下爬墙、爬树:刚解放的时候,有个高手用~的法子爬到华山县政府楼里,偷走一杆枪。

搠直轮儿 [ʂua²¹⁴tʂɿ⁵⁵luẽr⁰] shuǒ zhī lunr 一种武术动作,倒立。头朝下,双脚贴在墙上:屋檐底下~——能得上墙(歇后语。能,调皮)。

跳马 [t'iau⁵²³ma³⁵] tiào má 跳山羊的游戏。一人扮作马,向下弯腰曲身,其余的人助跑以后,按一下"马"屁股,从"马"头上跳过。‖有的说"蹦老高"[pəŋ⁵²³lau³⁵kau²¹⁴] bèng láo gǎo。

大戏 [ta⁵²³ɕi⁵²³] dà xì ①情节复杂、角色齐全的大型戏曲,在丰县主要指梆子戏:成集的时候,请来戏班唱三天~。②连台戏。

梆子戏 [paŋ²¹⁴tsɿ⁰ɕi⁵²³] bǎng zi xì 本地一种板腔体戏剧,以枣木梆子击节。传统剧目中袍带戏较多,音乐古朴豪放。原为高调梆子类型,现代受豫剧影响较大。

图 5-127　梆子戏《桃花庵》剧照(20世纪50年代摄,许正华供稿)

柳子戏 [liou³⁵tsɿ⁰ɕi⁵²³] liú zi xì 一种曲牌连缀体戏剧。曲调高雅,剧本具有较强的文学性。旧时许多文人、富家子弟学唱柳子戏。本地现已绝迹。‖旧称"柳子腔"。

拉魂腔 [la²¹⁴xuẽ⁵⁵tɕ'iaŋ²¹⁴] lā hūn qiāng 柳琴戏的旧称。主要伴奏乐器为柳叶琴。旦角唱腔在下句腔后经常出现七度大跳的假嗓尾音。1953年4月改名为"柳琴戏"。‖

有人说成"拉花腔"。

四平调 [sɿ⁵²³p'iŋ⁵⁵tiau⁵²³] sì pīng diào 一种唱腔四句一翻的板腔体戏剧。20世纪40年代,由花鼓戏演变而成。

花鼓戏 [xua²¹⁴ku³⁵ɕi⁵²³] huǎ gú xì 以鼓为主要伴奏乐器的小剧种。多为二至五人打地摊演唱。旦角头戴大绣球,脚绑垫子;男角挎鼓,称为"花鼓腿子",多扮丑角。调式有平调、寒调(也称寒韵)、苦调、货郎调等。现近于绝迹。

口艺 [k'ou³⁵i⁵²³] kóu yì 指曲艺之类的行业:生意不如手艺,手艺不如~,~不如守地(民谚)。

坠子 [tʂuei⁵²³tsɿ⁰] zhuì zi 以坠琴为主要伴奏乐器的曲艺。一人拿简板说唱,另一人拉坠琴(也称大坠子)伴奏。由渔鼓演变而来。‖也称"渔鼓坠""渔鼓坠子"。

渔鼓 [y⁵⁵ku³⁵] yū gú 一种单人演唱,以渔鼓击节伴奏的曲艺。演唱者抱着渔鼓,右手击鼓,左手打简板。

扬琴 [iaŋ⁵⁵tɕ'iẽ⁵⁵] yāng qīn 琴书。以扬琴为主要伴奏乐器的曲艺。多为两人双档,一人敲击扬琴,打板说唱,另一人拉坠琴伴奏。‖也写作"洋琴"。

大鼓 [ta⁵²³ku³⁵] dà gú 一种单人击鼓说唱的曲艺。艺人左手打简板或月牙形钢板,右手击鼓,自打自唱,嗓音沙哑:学会绵羊叫,才像~调(民谚)。

呱哒嘴 [kua²¹⁴ta⁰tsuei³⁵] guǎ da zuí 数来宝:卖老鼠药的打着竹板,说着~。

书帽 [ʂu²¹⁴maur⁵²³] shǔ màor 曲艺中正式演唱前的小段说唱。

二簧会 [l̩⁵²³xuaŋ⁵⁵xuei⁵²³] lrì huāng huì 旧指京剧班社。‖二簧,京剧的旧称。清代光绪初年,丰县成立"二簧会",表演折子戏十多出。

窝班 [uə²¹⁴pãr²¹⁴] wǒ bǎnr 民间戏曲科班。旧时培训戏曲人才的主要机构。组建科班称为"打窝班":清代光绪年间,李楼(今王沟镇许庙村)的财主蒋念言打了个梆子~。

管主 [kuã³⁵tʂu³⁵] guán zhú 捐资兴办戏曲科班的人。多是财主或有势力的官员,主要负责教师和学徒的生活费用。

打戏 [ta³⁵ɕi⁵²³] dá xì 旧时指教戏。教师授课时,发现学得不好的学徒,便用白蜡杆子责打,逼学徒用心学练。

图 5-128 鼓书艺人使用的大鼓
(2023年1月摄)

第五章 词汇

玩局班 [uẽ⁵⁵tɕy⁵⁵pẽ²¹⁴] wān jū bǎn 旧时票友（业余艺人）组成的戏曲班社。

玩友 [uẽ⁵⁵iour³⁵] wān yóur ①票友，业余艺人：戏台子底下蹲不住~（民谚。玩友总忍不住登台表演）。②某种娱乐活动的爱好者：斗羊的~。

喇叭班 [la³⁵pa⁰pẽr²¹⁴] lá ba bǎnr 以吹奏唢呐为主的演奏班。现在大多配有戏曲、歌舞演员。

戏窝 [ɕi⁵²³uə²¹⁴] xì wǒ 指戏曲组织较为集中的地方：那个庄是个柳子~。

脸子 [liẽ³⁵tsɿ⁰] liǎn zi 戏曲角色行当的净。梆子戏有"五脸子"：黑脸（黑头）、白脸、花脸、二花脸、三花脸（丑）。

黑头 [xei²¹⁴tʻou⁵⁵] hēi tōu 黑脸，勾黑色脸谱的花脸行当。如包拯、尉迟恭等角色。

三花脸 [sæ²¹⁴xua²¹⁴liẽ³⁵] sān huā liǎn 戏曲中的丑行。常在鼻子上涂白。

一个唱红脸，一个唱白脸 [i²¹⁴kə⁰tʂʻaŋ⁵²³xuŋ⁵⁵liẽ³⁵i²¹⁴kə⁰tʂʻaŋ⁵²³pei⁵⁵liẽ³⁵] yǐ ge chàng hōng liǎn, yǐ ge chàng bēi liǎn 比喻一个扮演和善的角色，另一个扮演严厉的角色：爸爸妈妈一个管，一个护，~。‖有的说成"一个唱黑脸，一个唱白脸"。

唱家 [tʂʻaŋ⁵²³tɕiar⁰] chàng jiar 专业唱戏或唱歌的人：小窝班里有几个~。

把攥子 [pa³⁵tsuẽ⁵²³tsɿ⁰] bá zuàn zi 唢呐类的吹奏乐器，主要用于表演卡戏。常用来模拟人物说唱，如模拟《大锯缸》调。

把子 [pa³⁵tsɿ⁰] bá zi ①演戏用的兵器：准备好刀枪~。②武打动作：他的武~练得好。

弦子 [ɕiẽ⁵⁵tsɿ⁰] xiān zi 指二胡、板胡之类的胡琴：笙仨月，笛半年，摸着~直着缠（谚语。意思是二胡演奏很难学）。

跑调 [pʻau³⁵tiaur⁵²³] páo diàor 唱歌或唱戏走调，不合调子。‖戏曲行话称为"晾弦""掉板""凉腔""不贴弦儿"。

咣咣镲 [kuaŋ²¹⁴kuaŋ⁰tsʻa³⁵] guāng guang cá 打击乐器，钹，铙。

尖笛 [tɕiẽ²¹⁴ti⁵⁵] jiǎn dī 高音唢呐。

熬腔 [au²¹⁴tɕʻiaŋ²¹⁴] ǎo qiāng 喊嗓子，吊嗓子。

开脸 [kʻɛ²¹⁴liẽ³⁵] kǎi liǎn ①演员脸部化装：他正~哝，等一会就上场｜他开着花脸，演的是他的老本行。②旧时用丝线给新娘绞去面部的汗毛。

打闹台 [ta³⁵nau⁵²³tʻɛ⁵⁵] dá nào tāi 演奏开台锣鼓。开演之前，打三通锣鼓，一为招徕观众，二为催促演职人员做准备。戏曲行话称作"打通"。

顶帘子 [tiŋ³⁵liẽ⁵⁵tsɿ⁰] díng liān zi 演员登场前在戏台的上场门内（幕后）起唱：三遍锣鼓打罢，他只喊了一声~，就引来满堂彩。

白口 [pei⁵⁵kʻour³⁵] bēi kóur 道白：千斤~四两唱（戏曲谚语。意思是道白比唱功更难、更重要）。

赶场 [kã³⁵tʂ'aŋr³⁵] gán chángr ①演员演完一场后去参加另一场演出。②参加过一场宴席，又去参加另一场宴席：恁先吃，我再赶个场｜他一黑喽赶了两个场。

批戏 [p'i²¹⁴ɕi⁵²³] pǐ xì 旧指预约演戏：班主找～的商量商量｜以往都是老会首来～，这回咋是华老头儿？‖也说"批"：俺跟人家批好了约，你出的戏价再高也不能去。

盘道 [p'æ̃⁵⁵tau⁵²³] pān dào 指旧时艺人、工匠遇到来历不明的人做本行当生意，上前以行话盘诘、考证对方门户。如果对方属无师自通、不懂行规，就会被赶走。

各师傅各传授 [kə²¹⁴sɿ²¹⁴fu⁰kə²¹⁴tʂ'uæ̃⁵⁵ʂou⁰] gě sǐ fu gě chuān shou 每个师傅传授的技艺都不相同：请来几个先生教他画画儿，各人说的都不一样，～，我该依谁的？｜掐着脚脖子号脉——～（歇后语）。

搭班 [ta²¹⁴pæ̃r²¹⁴] dā bǎnr 旧时指艺人加入某个戏班：～是一季，娶媳妇是一辈（梆子戏谚语）｜20世纪40年代，河南几个出名的旦角来丰县～｜孙友芝到丰县大风剧社～献艺。

老郎爷 [lau³⁵laŋ⁵⁵iə⁵⁵] láo lāng yē 指戏曲班社敬奉的唐玄宗李隆基。传说唐玄宗在皇宫中建梨园，演过"老郎"的角色。旧时，戏班设老郎爷神位，节日时隆重祭祀，违犯班规者在神位前叩头认罪。‖也称"老郎神"。

五六五 [u³⁵liou⁵²³u³⁵] wú liù wú 指旧式工尺曲谱：学会～，吃满徐州府（曲艺谚语，指艺人学会识唱谱，就会得到重用）。

紧七慢八，六个人抓瞎 [tɕiẽ³⁵tɕ'i²¹⁴mæ̃⁵²³pa²¹⁴liou⁵²³kə⁰ze̞⁵⁵tʂua²¹⁴ɕia²¹⁴] jín qī màn bā, liù ge rēn zhuǎ xiǎ ①旧时普通戏班的人员数量如果是7个，演出活动就显得紧张，如果是8个则会稍显松闲，6人则忙乱不堪。②旧时农村建造草房，一般聘用7~8人，6个人则过于忙乱，应付不过来。‖有的说成"紧七慢八，六个人瞎抓"。

十三块板 [ʂɿ⁵⁵sæ̃²¹⁴k'uɛ⁵²³pæ̃r³⁵] shī sān kuài bǎnr 喻指戏台。梆子戏演员常对同行说"十三块板上见"。

跑片子 [p'au³⁵p'iæ²¹⁴tsɿ⁰] páo piǎn zi 指传送电影拷贝。旧时，多处同时放映同样的电影，有人在其间传送拷贝。

玩把戏 [uæ̃⁵⁵pa³⁵ɕi⁰] wān bá xi 表演杂技、杂耍、武艺等：～的扎了一阵花枪，又竖轱轮，耍单刀，开场引人。‖有的说成"耍把戏"。

玩猴 [uæ̃⁵⁵xou⁵⁵] wān hōu 驯猴杂耍。使猴子表演爬杆、翻跟头等杂技。

钻罗圈 [tsuæ̃²¹⁴luə⁵⁵tɕ'yæ̃²¹⁴] zuǎn luō quǎn 杂耍艺人让猴、狗等在几个叠放的罗圈（罗的圆形框子）中钻进钻出：玩把戏的叫狗～。

玩二古眼 [uæ̃⁵⁵l̩⁵²³ku⁰iæ³⁵] wān lɿ gu yán ①变戏法。②喻指哄骗：别跟我～，我知道你那一套。‖有的说"玩二乎眼"。

㑇哒呕 [tʂou³⁵ta⁰our²¹⁴] zhóu da ǒur 旧指木偶戏：街上来了几个玩～的。‖㑇，

用手托。呕，"偶"的变音。

炮 [pʻau⁵²³] pào 特指鞭炮：过年了，一个小孩一盘~｜新年到，新年到，闺女要花儿要~（民谣）。‖也称"炮仗"[pʻau⁵²³ʂaŋ⁰] pào shang、[pʻau⁵²³tʂʻaŋ⁰] pào chang。

大雷子 [ta⁵²³lei⁵⁵tsʅ⁰] dà lēi zi 一种形体大而爆炸声响亮的爆竹：放了一盘50头的~｜快过年了，准备几盘~叫小孩放放。

放大雷子 [faŋ⁵²³ta⁵²³lei⁵⁵tsʅ⁰] fàng dà lēi zi 比喻做出惊人的事情：他喝干一葫芦酒，大家都说他放了个大雷子｜他平时不露相，最后放个大雷子，冲到前头去了。

二脚蹬 [l⁵²³tɕyə²¹⁴təŋ²¹⁴] lrì juě děng 二踢脚，一种连续两次爆响的爆竹。‖又叫"二蹬脚""天地炮"。

小炮仗捻 [ɕiau³⁵pʻau⁵²³ʂaŋ⁰ȵiæ̃r⁵²³] xiáo pào shang niànr 一种细短的小爆竹。‖又叫"小炮仗尖儿""麦茬炮""豆茬炮""提喽捻儿"。

摔炮 [ʂuei²¹⁴pʻaur⁵²³] shuǐ pàor 爆竹的一种，摔在地上即爆炸。

单丢 [tæ̃²¹⁴tiou²¹⁴] dǎn diū 一种单个燃放的爆竹。形体稍大，火药量较多，响声大，不成辫，每次放一个。卖鞭炮者用来招徕顾客。

提喽筋儿 [tʻi⁵⁵lou⁰tɕiεr²¹⁴] dī lou jǐnr 以软纸包裹木炭屑卷成的细条状烟火。点燃后手持转动，火星迸溅，划出各种火线。一般在元宵节晚上燃放。‖有的称作"提提筋儿"。

截捻 [tɕiə⁵⁵ȵianr⁵²³] jiē niànr 鞭炮等引火线燃烧未尽而熄灭。

刺花儿 [tsʻʅ²¹⁴xuar²¹⁴] cǐ huǎr ①点燃爆竹的火药喷出火花：这个炮仗不响了，剥开~吧。②比喻饮酒过量而呕吐。

气鼓子 [tɕʻi²¹⁴ku⁰tsʅ⁰] qì gu zi 起火（钻天猴、小火箭）。一种烟火，主体部分为一彩纸包裹的火药筒，装有细长木柄作稳定杆，可插在地上燃放，也可手拿长柄燃放，点燃后带着尖厉的哨音冲上空中爆炸。多在年夜、正月初七、元宵节时燃放。‖有的称作"气呼子"[tɕʻi²¹⁴hu⁰tsʅ⁰] qì hu zi、"气花子"[tɕʻi⁵²³hua⁰tsʅ⁰] qì hua zi。古书写作"起火""旗花"。《红楼梦》第五十三回："一夜人声杂沓，语笑喧阗，爆竹起火，络绎不绝。"

洋火枪 [iaŋ⁵⁵xuə³⁵tɕʻiaŋ²¹⁴] yāng huó qiāng 用粗铁丝做成的发射火柴杆的火药枪。

纸炮 [tsʅ³⁵pʻaur⁵²³] zí pàor 嵌在纸板上的圆形火药，用于洋火枪。

十六、动作、行为、心理

（一）动作、行为

能能站 [nəŋ⁵⁵nəŋ⁵⁵tsæ̃⁵²³] nēng nēng zàn 婴儿学习站立：他才几个月，就会~了｜一条腿的~，两条腿的叫五更，三条腿的砖上立，四条腿的挖窟窿（民间谜语。谜底是蘑菇、公鸡、鳘子、老鼠）。

摔轱辘 [ʂuei²¹⁴ku²¹⁴lour⁰] shuǐ gǔ lour 栽跟头：路上滑得很，不小心就~｜这小孩儿才学走路，一会儿摔一个轱辘｜不~长不大。‖ 也说"摔轱辘子"。

张 [tʂaŋ²¹⁴] zhǎng 向后翻：桌面子安得不牢靠，用手一摁就~过去了｜他笑得前~后合。

喏 [ʐə⁵⁵] rē 仰面向后折倒：他站到墙头上，一脚趿滑，~过去了｜在梯子上别向后~，能掉下来。‖ 本字不明。

四仰八叉 [sɿ⁵²³iaŋ³⁵pa²¹⁴tsʻa²¹⁴] sì yáng bā cǎ 四肢伸开，仰面朝上：他踩着一块西瓜皮，~摔到地下。

摇头字拉尾 [iau⁵⁵tʻou⁵⁵pu⁵⁵la⁰ir³⁵] yāo tōu bū la yír 摇头摆尾；形容举止随便、不稳重（含嘲讽意味）：他在人场上~，没个大人样。

峨头 [ə⁵⁵tʻou⁵⁵] ē tōu 昂头：桑叶吃完了，那些蚕峨着头东找西找｜他的眼只看钱，底眼皮一个劲地肿，见了小老百姓就峨着头。

峨脸 [ə⁵⁵liɛ̃³⁵] ē lián 仰脸：朝天椒子独头蒜，~女人低头汉（民谚"四厉害"）｜~看看天，天上起黑云彩了｜他新上任，气盛，走起路来脸峨得高高的。

呆颏 [tɛ²¹⁴xɛr⁰] dǎi hair ①仰（脸）：他~着脸，没看见跟前有同学｜脸一~，把酒喝干了｜你~~脸，看看是谁来了。②引申为傲慢（含嘲讽意味）：他觉得自家高人一等，脸~着，谁也不理｜联欢会上，她打扮得多时髦不，头~着，可风光啦！‖ 元代关汉卿《谢天香》第一折写作"抬颏"："你觑他交椅上抬颏样儿，待的你不同前次。"

低啉头 [ti²¹⁴liɛ⁰tʻou⁵⁵] tǐ lin tōu 低头：她见了生人就~看地下｜门框忒矮，~才能过去｜他老是~看手机，得了颈椎病。‖ 有的说成"低棱头"。

扭脸 [ȵiou³⁵liɛ̃³⁵] niú lián 转脸：我满处找不着他，~一看他就站到我跟前｜他说的话没人听，招了一个大没趣，滴水没尝，~就走｜以前，亲来朋往，家里天天跟逢会的样，现如今好朋友见面把脸一扭不搭腔。‖ 也说"扭头"。

歪头扯耳 [uɛ²¹⁴tʻou⁵⁵tʂʻə³⁵l̩³⁵] wǎi tōu ché lrí 指头部姿势不端正（含嘲讽意味）：同学们，公众场合要严肃、端庄，不许~，嘻嘻哈哈｜大殿里小鬼小判切牙扭嘴，~，吹胡子瞪眼。

难说话 [nɛ̃⁵⁵ʂuə²¹⁴xua⁵²³] nān shuǒ huà 难于通融或商量：这个人~，咱找旁人吧。

卖呆 [mɛ⁵²³tɛ²¹⁴] mài dǎi 发呆：别给我装憨~，没用。‖ 也说"卖愣" [mɛ⁵²³ləŋ⁵²³] mài lèng。

本脸 [pẽ³⁵liɛ̃³⁵] bén lián 板脸。绷紧脸，表示严肃、不高兴：他这个人好~，不喜欢说说笑笑的｜队长本着脸把他熊跑了｜成天价本着脸，跟谁该他二分钱的样。

挂拉脸 [kua⁵⁵la⁰liɛ̃³⁵] guā la lián 拉长脸以示严肃或嗔怒：他挂拉着脸，倒背着手，走过来走过去｜他把脸一挂拉，吓得小孩不敢吭声。

嘟呆脸 [tu²¹⁴tɛ⁰liæ̃³⁵] dǔ dai lián 因不高兴而板起脸：他嘟呆着脸，没一点笑丝儿｜今每儿双喜临门，你为啥嘟呆着脸膛子？｜他的脸嘟呆着，碜得要命。

寒脸 [xæ̃⁵⁵liæ̃³⁵] hān lián 板起面孔，表示严肃、冷淡：他见了上级笑眯的，见了下级就寒着脸｜听说只给五百块见面礼，她小嘴一噘脸一寒。‖《水浒传》写作"含脸"，如第二十一回："那厮含脸，只指望老娘陪气下情。我不信你！"

□脸 [tsɛ³⁵liæ̃³⁵] zén lián 同"寒脸"：他把脸一□，句句话都冲人｜人家刚提一句意见，他就□着个脸膛子。

横鼻子拉眼 [xuŋ⁵²³pi⁵⁵tsɿ⁰la²¹⁴iæ̃³⁵] hòng bī zi lǎ yán 横眉立目，形容凶横的样子：他见了来办证的，~，脸跟寒霜样。‖有的说"横鼻子竖眼"。

苦挂着脸 [k'u³⁵kua⁰tʂou⁰ liæ̃³⁵] kú gua zhou lián 表情显得很为难：他看着洗衣机，~，不知道咋用｜起（从）出了事儿，她吃饭也吃饭，干活也干活，就是~，没有笑丝儿。

苛刻着脸 [k'ə⁵⁵k'ei⁰tʂou⁰ liæ̃³⁵] kē kei zhou lián 显出为难或郁闷不乐的样子。

拾 [ʂʅ⁵⁵] shī（用头）撞、碰：他跑得忒快，没刹住脚，~到树上｜她见孩子断气了，就坐到地上大哭，往地上~｜一头~到唱歌上（意为全身心投入唱歌上）｜一头~到娘怀里。

拾头 [ʂʅ⁵⁵t'ou⁵⁵] shī tōu 撞头；用头碰撞；跌跌撞撞的样子：人家都忙得~，只有他闲得看蚂蚁上树｜派他去看现场，他慌得~。

摔头 [ʂuei²¹⁴t'ou⁵⁵] shuǐ tōu 同"拾头"：恼得~｜气得~｜急得~。

拾头打滚 [ʂʅ⁵⁵t'ou⁵⁵ta³⁵kuẽr³⁵] shī tōu dá gúnr 由于懊悔、气愤或疼痛，以头撞物，躺倒翻滚：他哭倒在丧屋里，~｜他吃了那碗剩肉，肚里疼起来，难受得~。

剔瞪 [t'i²¹⁴təŋ⁵²³] tǐ dèng 睁大眼睛注视：他~着两眼听教师讲课｜一点一横，两眼~（字谜。谜底为"六"）。

白愣 [pei⁵⁵ləŋ⁰] bēi leng 翻白眼看人：听见有人不同意，他就~着眼跟人家吵架｜他坐到堂屋当门，两眼~~地大声咋呼。‖有的说"白瞪" [pei⁵⁵təŋ⁰] bēi deng。

挖 [ua²¹⁴] wǎ 怒视：俺孙子咋得着恁了？恁不是瞅，就是~｜奶奶看见丑妮儿老是乱插嘴，就拿眼~她。‖有的说"剜" [uæ̃²¹⁴] wǎn。

瞅 [tsʻou³⁵] cóu 用不满的眼光瞪（一般为斜视）：领导看他老是抢话说，就~他一眼｜"姥娘疼俺，妗子~俺。妗子妗子你别~，楝子开花我就走。"（童谣）

圪瞪眼 [kə⁵⁵təŋ⁰iæ̃³⁵] gē deng yán 合眼，闭眼：我圪瞪上眼刚要睡，就听见电话响｜走到头了，你还圪瞪着眼黑往前走！｜将来我两眼一圪瞪，就啥事都不问了｜他刚才还在跟前，一~的工夫就不见了。‖梁寨镇说 [kə⁵⁵tɕiŋ⁰iæ̃³⁵] gē jing yán，范

楼镇说 [kə²¹⁴ ŋiŋ⁰ iæ³⁵] gě ning yán。

挤巴眼 [tɕi³⁵pa⁰iæ³⁵] jí ba yán 挤眼：星星～，离雨没多远（民谚）。

挤鼻子弄眼 [tɕi³⁵pi⁵⁵tsʅ⁰nəŋ⁵²³iæ³⁵] jí bī zi nèng yán 眨眼睛，抽动鼻子，用怪相示意不正常：看热闹的人都～，嘻嘻哈哈｜她见两个年轻人慌慌张张地跑了，就～笑了笑。‖有的说"挤鼻子齉眼" [tɕi³⁵pi⁵⁵tsʅ⁰naŋ⁵²³iæ³⁵] jí bī zi nàng yánr。

搭眼 [ta²¹⁴iæ³⁵] dā yán 放眼：～一看，就知道是他画的｜一～就看见架子上摆的是真货。

眚 [sa⁵⁵] sā ①粗略地扫视：他到了车站，四处乱～｜他用眼一～，看见汽车里有个小孩｜我～～俺那口子来喽不｜东～西望，不见人影。②留神观察：你给我～着人点儿。‖《广韵》素何切："偷视也。"《集韵》歌韵桑何切："视之略也。"丰县今读阳平。

眚望 [sa⁵⁵uaŋ⁰] sā wang 粗略地看：你上庄头上～～，看他来了没｜我在这合（这里）～个人儿。‖有的说"眚光" [sa⁵⁵kuaŋ⁰] sā guang。

眿察 [ma²¹⁴tsʻa⁰] mǎ ca 看；留意看：我朝公园里～一眼，看见他正在遛狗｜这篇文章我再～～。

眇 [miau³⁵] miáo ①很快地看：他～了一眼屋里的人，就出去了｜他往前排一～，看见学霸的卷子做好了。②略微提及或含蓄地提及：他讲话的时候把那件事～了两句，没往下细说。

瞅 [tɕʻiou³⁵] qiú ①费力地看；专注地看：字忒小，我～不准｜在黑屋里看书，把眼～近视了｜我～了一会子，没见你的影儿。②守候：光是在家～着不动，不是个长法儿。

瞅磨 [tɕʻiou³⁵muə⁰] qiú mo 守候；因久等而不耐烦：他～了几个小时才走｜在家闲坐，啥事儿也没有，～得慌。

瞅眯 [tɕʻiou²¹⁴mi⁰] qiú mi 眯着眼睛看：他的眼近视了，看书～～的。

瞎摸 [ɕye⁵⁵muə⁰] xuē mo 用眼搜寻：他在俺菜园里老是～，想吃俺的菜｜上街～了一整天，瞅着一件好衣裳。

打眼罩子 [ta³⁵iæ³⁵tsau⁵²³tsʅ⁰] dá yán zào zi 一只手平放在额前遮挡阳光以远望。

嗑啪嗑啪地 [kʻə²¹⁴pʻar⁰kʻə²¹⁴pʻar⁰tiº] kě par kě par di 眼睛眨动，显得机灵的样子：小孩儿精得眼皮～｜他眼皮～，就是学习不好。

孛得孛得地 [pu⁵⁵teir⁰pu⁵⁵teir⁰ti⁰] bū deir bū deir di 眼睛眨动，不知所措的样子：老师嚷他几句，他两眼～说不出话来。

憋古憋古地 [piə²¹⁴kuº piə²¹⁴kuº tiº] biě gu biě gu di 不服气地翻眼望的样子：他两个眼～，不跟人家说话。‖有的说成"憋乎憋乎地"。

直眼 [tʂʅ⁵⁵iæ̃³⁵] zhī yán 因惊奇而呆呆地看：他一见明星出场，就~地看 | 一溜婚车过来，他看~了。

直勾直勾的 [tʂʅ⁵⁵kour⁰tʂʅ⁵⁵kour⁰ti⁰] zhī gour zhī gour di 形容呆呆地看的样子：你两眼~看半天了，老看个啥味的？

斜棱眼 [ɕiə⁵⁵ləŋ⁰iæ̃³⁵] xiē leng yán 斜视：歪戴帽，~，长大没有好心眼（童谣）。

滤 [ly] lǜ ①粗略地读：先把书~一遍，有空儿再细读 | 那篇稿子我~了一遍，写得不孬。②用勺子等工具舀起滚热的液体，从高处倒下，或用两只盛器将滚热的液体互倒，使之变凉：汤忒热，用汤勺子~~再喝。

经眼 [tɕiŋ²¹⁴iæ̃r³⁵] jīng yánr （有经验或有特长的人）鉴别、查验、诊断：找个懂行的经经眼，你的技术就会有长进 | 这个瓷瓶经名家儿的眼看过，是唐朝的 | 这个病该叫医院的大夫经经眼，你自家别乱吃药。

掌眼 [tʂaŋ³⁵iæ̃³⁵] zháng yán 帮助鉴别、判断：她邀了两个亲近的姊妹~相对象 | 我想买辆宝马车，你给我掌掌眼儿。

眼色 [iæ̃³⁵sei⁰] yán sei 照看：我有事儿出去一趟，我的摊子你给我~着点儿 | 你坐到瓜庵子里~着点儿，别叫小孩扒走瓜喽。

安眼 [æ̃²¹⁴iæ̃r³⁵] ǎn yánr 让别人看见（用于否定式）：屋里脏得不能~ | 他行的事没法~。

看黧眼 [k'æ̃⁵⁵li⁵⁵iæ̃³⁵] kàn lí yánr ①没看清楚；看错：眼前有个人影闪了一下子，他觉得是~了，就瞪大眼又看看 | 他觉得自己~了，这个时候不可能有人来。②痴呆而专注地看：集上有个女的怪俊，三个光棍~了，没提防一辆三轮车冲过来。

走眼 [tsou³⁵iæ̃³⁵] zóu yán 看错：数学卷子的最后一大题，我看~了，把 E 看成 F，失了 15 分。

竖过眼来 [ʂu⁵²³ku⁰iæ̃³⁵lɛ⁰] shù gu yán lai 来得及看清（多用于否定式）：还没~，杂技就演完了 | 世博园里好看的东西多得很，竖不过眼来。

眼大抛荒多 [iæ̃³⁵ta⁵²³p'au²¹⁴xuaŋ²¹⁴tuə²¹⁴] yán dà pǎo huāng duǒ 虽然睁大眼睛，却看不透事：你~，这点事都看不透？

苛掯着眉头 [k'ə⁵⁵k'ə⁰tʂou⁰mei⁵⁵t'ou⁵⁵] kē ken zhou mēi tōu 皱着眉：相亲回来，他眉头苛掯着，跟苦瓜样。‖ 有的说"苛刻着眉头" [k'ə⁵⁵k'ei⁰tʂou⁰mei⁵⁵t'ou⁵⁵] kē kei zhou mēi tōu、"圪根喽眉头" [kə⁵⁵kə⁰lou⁰mei⁵⁵t'ou⁵⁵] gē gen lou mēi tōu。

愣眼 [ləŋ⁵²³iæ̃³⁵] lèng yán 傻眼。因事出意外而目瞪口呆：选举结果出来，他看着票数不够，立马~了。

长脸 [tʂ'aŋ⁵⁵liæ̃³⁵] chāng lián 突然受到挫折而显得尴尬：专家查出他买的是假货，他~了 | 老汉一听人家不同意，当时长了脸。

呲哄 [tsʻʅ²¹⁴xuŋ⁰] cǐ hong 鼻子抽动，发出声响：小狗~着鼻子闻人的脚｜感冒了，鼻子~~的。

抽哄 [tşʻou²¹⁴xuŋ⁰] chǒu hong 同"呲哄"：鼻子一~，闻着一股腥味儿｜花魁抓住秦仲的手，~下子鼻子，一股子酒气熏得慌（民间说唱《卖油郎独占花魁》）。

打啊嚏 [ta³⁵aʻ²¹⁴tʻi⁰] dá ǎ ti 打喷嚏。

妈啦大哭 [ma²¹⁴la²¹⁴ta⁵²³kʻu²¹⁴] mǎ lǎ dà kǔ 放声大哭（含戏谑意味）：正憋屈的时候，他看见妈妈来了，扑上去~。

嗲拉 [tiɛ³⁵la⁰] dié la （幼儿）撒娇时撇嘴（装哭）：他~着嘴哭得烦人。

打哭再哄笑 [ta³⁵kʻu²¹⁴tsɛ⁵²³xuŋ³⁵ɕiau⁵²³] dá kǔ zài hóng xiào 喻指使用先硬后软的办法对待人。

拌 [pẽ³⁵] bán ①扔，抛弃：破罐子烂盆，叫我砸巴砸巴~了｜他看我一脸是汗，就~过来一条毛手巾｜吃了不疼~了疼（民谚。食物吃掉不让人心疼，如果扔掉就让人心疼）｜人家~罢的货，他看了跟好啥样｜日子好了，勤俭节约的好传统不能~。②丢失：他的身份证~了，只好上行政审批大厅办个新的。

揉 [ʐou²¹⁴] rǒu ①扔，甩，抛弃：把石子子~到水里｜~手榴弹｜旧衣裳别~，还有用处。②转；溜：我开着新车~了一圈。③理睬：下回喝酒不喊我，我可不~你了｜人家不~他的茬儿，把他凉了一顿。④抽打：~~盖体｜~衣裳。

不见 [pu⁵⁵tɕiæ̃⁰] bū jian 丢失：车子~了，这咋治法儿呢？‖南部有的地区也说"没见" [mu⁵⁵tɕiæ̃⁰] mū jian。

绷嘴 [pəŋ³⁵tsuei³⁵] béng zuí 合嘴：大家闻到化工厂的怪味，都绷住嘴不敢大口喘气｜他绷上嘴，一句话也不说，看来真生气了｜他绷着嘴，笑了个不露牙的。

木黏 [mu²¹⁴ȵiæ̃⁰] mǔ nian （嘴唇）上下摩动开合：嘴~~的，说不出话来｜小孩看见糖，馋得~嘴。

不达嘴 [pu²¹⁴ta⁰tsuei³⁵] bǔ da zuí 哑巴嘴。

把鼓 [pa³⁵ku⁰] bá gu （嘴）鼓动的样子（含贬义）：他的嘴~~的，气得说不出话来。

瓢碴 [pʻiau⁵⁵tsʻar²¹⁴] piāo cǎr 比喻嘴张得很大（含诙谐意味）：他听要给他说媳妇，嘴咧得跟~样，立马买一盒烟掖给媒人。

吸溜 [ɕi²¹⁴liou⁰] xī liu 口中发出吸气的声音：他看见好吃的，嘴里~~的，跟狗舔磨盘样｜领导见了不满意，光是~嘴没说话｜他的嘴烫得~~的。

要嘴 [iau⁵²³tsuei³⁵] yào zuí 要别人的东西吃：这孩子肯~。

肯吃嘴 [kʻẽ³⁵tʂʻʅ²¹⁴zuei³⁵] kén chī zuí 贪吃：一个大人~，叫人家笑话｜这个大姐~，懒做活。

眼馋肚子饱 [iæ̃³⁵tsʻæ⁵⁵tu⁵²³tsʅ⁰pau³⁵] yán cān dù zi báo 本义指还想再吃，但肚子已

经装不下。比喻心里很想做某事，可是已经失去能力。

吃人家嚼过的馍 [tʂʅ²¹⁴ zẽ⁵⁵ tɕiɑ⁰tɕyə⁵⁵ kuə⁵²³ ti⁰muə⁵⁵] chī rēn jia juē guò di mō 比喻生搬照用别人的话或办法：要创新，~不香。‖旧俗，常嚼馍吐给尚无咀嚼能力的幼儿吃。

切牙 [tɕ'iə²¹⁴ iɑ⁵⁵] qiē yā 呲牙，咬牙：他切着牙地笑｜蛤蟆~，平地洇麻（民谚）｜我说了他一句，他就~咧嘴，瞪眼看我｜县太爷上了轿，压得四个轿夫切着牙｜牙切得弄（这么）长。

遭 [tsau²¹⁴] zǎo 触摸，碰：你的手脏乎拉的，别~我｜我~了~小猫，它就"咪咪"地叫｜人家的东西不能~，~毁了还得赔｜他治啥啥不中，还能得不叫~。

搊 [tʂou³⁵] zhóu 托举，向上抬：把他~到墙头上去｜你把奖状~高点儿，好叫我看见｜他~着脸，谁也不答理｜庄上没人了咋的？把个憨子~出来当村长。

发 [fa²¹⁴] fǎ 从下往上托（重物）：棒子秸忒沉，我~给你｜你给他~~口袋，搁到他肩膀头上｜把这捆柴火给他~起来。

揍 [ts'ou²¹⁴] cǒu ①从下部或一侧托起：把他~到墙头上去｜他爬不上树，~~他。②向上收缩：衣裳忒小，~上去了｜裢子~得慌。

搭把 [ta²¹⁴ par³⁵] dǎ bár 出手，动手：眼看他要掉到沟里，我~拽住他的胳膊｜人家一~就像练家子｜早五更他就~收拾家什。‖有的说"插把儿"。

下把 [ɕia⁵²³ par³⁵] xià bár 同"搭把"：一接到任务，大家就~干起来｜他从来没干过这个活，知不道起哪~。

下狠把 [ɕia⁵²³ xẽ³⁵ par³⁵] xià hén bár 使出厉害的手段：大家伙都不跟他乱闹，他打起架来~｜拐卖人口的事，该~治治。

拉下把 [la²¹⁴ ɕia⁵²³ par³⁵] lǎ xià bár 打下手，当助手：他是厂子的头儿，我给他~。‖有的说"拉二把" [la²¹⁴ l̩⁵²³ par³⁵] lǎ lrì bár。

张忙 [tʂaŋ²¹⁴ maŋr⁵⁵] zhāng māngr 帮忙。

搭把手 [ta²¹⁴ par⁰ ʂour³⁵] dǎ bar shóur 帮忙，协助：你给我~抬抬桌子｜别光站着，~搬箱子。‖有的说"帮把手""插把手" [ts'a²¹⁴ par⁰ ʂour³⁵] cǎ bar shóur。

帮锤 [paŋ²¹⁴ tʂ'ueir⁵⁵] bāng chuīr 帮忙打架：你自家打不过他，我喊几个伙计来~。

手把儿 [ʂou³⁵ par³⁵] shóu bár 动作：他捆起麦来~利索得很｜你的~真爽当。

力膀头 [li²¹⁴ paŋ³⁵ t'our³⁵] lǐ báng tōur 力气：谁的~大，就选谁当头头｜他膀大腰圆，有~。‖有的称作"力把头"。

累手 [lei⁵²³ ʂou³⁵] lèi shóu 费工夫（客套语）：——我去倒茶。——你别~了，我不渴｜你累累手给我写一幅字。

招呼 [tʂau²¹⁴ xu⁰] zhāo hu ①关照；照管：你只管走吧，两个老的我来~｜媳妇撒下个生把的小孩，没人~。②注意，留心：~着脚底下，别绊倒喽｜前后平起，~窝脚坑｜~好你的票夹子，别叫人家偷走喽。

拍耳刮子 [pʻei²¹⁴l³⁵kua²¹⁴tsɿ⁰] pěi lrí guǎ zi 拍手，鼓掌：拍拍耳刮子就算同意了｜会场上耳刮子拍得哗哗的。

倒背手 [tau⁵²³pi⁵²³sour³⁵] dào bì shóur 双手放在背后交叉握着。‖ 也说"背着手"。

抹画 [muə³⁵xuə⁰] mó hua 胡乱涂抹：他不会画画儿，横一道竖一道瞎~｜脸上~得跟画眉郎样。

弧拉 [xu⁵⁵la⁰] hū la ①（用手）划，聚拢：把地上的枣~成堆｜把瓜子皮~到铁簸箕里｜那时候挣钱容易，跟~杨叶的样。②擦，抹，扫：醮着水~了一把脸｜我用手~~眵麻糊｜拿起扫帚~下子当院子。

孛拉 [pu⁵⁵la⁰] bū la ①拨：把树枝子~到一边｜我睡得着着的，俺妈妈把我~醒｜我拿着小棍~着草棵子，找着那张相片。②拍打：我站起来，~~身上的土垃｜这种草圪针粘到身上~不掉｜他戳了个大窟窿，一~腚走了。③炒：搁锅里~一盘花菜。

摸拉 [mu⁵⁵la⁰] mū la ①抚摸，摩挲：~一下小孩的头｜城墙再厚，老是~也透风（民谚）。②抹：吃罢饭，~~嘴就要走｜醮着水~~脸｜把账~平。

合拉 [xə⁵⁵la⁰] hē la 搅动，搅拌：把水~浑｜锅里的水滚开，她左手拿着面瓢，一点一点地下面，右手拿勺子一边~，一边上下滤，等到稠稀均匀的时候，一锅糊涂就烧成了｜~~枣树，看看还有没有枣｜我打几遍电话，把他~起来。

圪唠 [kə⁵⁵lau⁰] gē lao 搅拌：水里兑上农药，用棍~匀，再灌到喷雾器里。‖ 通行于师寨、欢口、华山等镇。

打响鼻 [ta³⁵ɕiaŋ³⁵pir⁵⁵] dá xiáng bīr 拇指和中指紧贴在一起，用力搓动，发出清脆的响声：他站到门口，看着我打了个响鼻。‖ 有的说成"打响啪" [ta³⁵ɕiaŋ³⁵pʻeir²¹⁴] dá xiáng pěir、"打响指" [ta³⁵ɕiaŋ³⁵tsɿ²¹⁴] dá xiáng zǐ。

攥皮捶 [tsuæ̃⁵²³pʻi⁵⁵tʂʻuei⁵⁵] zuàn pī chuī 攥起拳头。做出格斗的姿势。

撸胳膊褊腿 [lu²¹⁴kə²¹⁴pu⁰piæ̃³⁵tʻuei³⁵] lǔ gē bu biǎn tuǐ 卷袖子、挽裤角，摆出准备向前的姿势：他~要下河｜他~，拉好架子就去搬木头｜他撸撸胳膊褊褊腿，伸拳就要打架。‖ 褊，挽。

支叉手 [tsɿ²¹⁴tsʻa⁰ʂou³⁵] zǐ ca shóu 伸开手：这小孩两手支叉着，想叫人抱｜他叫媳妇闹得干~，一点儿法子也没有。

搦 [nuə²¹⁴] nuǒ 握：他~住我的手不撒开，~得我生疼｜张飞~老鼠——大眼瞪小眼（歇后语）｜面筋~好，搁水里洗出来｜~净裤子上的水｜她坐到溜地上，~着脚脖子，扒地成坑，爹一声、娘一声地哭。‖ 搦，《广韵》女角切："持也。"《广韵》女角切另有"䪞"："䪞，握也。"与"搦"音同义近。

合嚓 [xə⁵⁵tsʻa⁰] hē ca ①用手抖动物体，使附着的东西散落：捋着瓜秧~｜用杈子把麦个子~开｜掭着褂子~~，把灰~掉｜把他的短处~出来了。②颤抖；哆嗦：他看见打群架的，吓得两腿~。‖ 有的说"合撒" [xə⁵⁵sa⁰] hē sa、"合遢" [xə⁵⁵tʻa⁰] hē ta。

掇罗 [tuə⁵⁵luə⁰] duō luo ①把缠绕在一起的线绳类扯开：拽住线头~，别把线蛋子~乱喽｜我花了一晌时间才把这一疙瘩线绳子~开。②牵扯，牵连：会计出了事，局长的事也~出来了。

提喽 [ti⁵⁵lou⁰] dī lou 提：他赶集回来，手里~着一条大鲤鱼｜他~着大包小包的吃头来看我｜罐子系绳要断，不能~。

蹾 [tuɛ̃²¹⁴] dǔn 动词，重重地往下放：他把板凳往下一~，气哼地坐下｜卖票的从腚后头抽出来一个马扎子，往过道上一~，说是给我一个专座儿｜水桶续到井里，涮几下子，往下猛一~，灌满了水。

摔 [ʂuaŋ³⁵] shuáng ①往下拽扯：~秫秫叶喂牲口｜~棒子叶当饲料。②往下重重地放，使成沓或成捆的东西整齐：作业本~齐，搁到老师的办公桌上｜~好竹竿扎成捆。

抹 [ma²¹⁴] mǎ ①取下，摘，脱：~下眼镜｜~掉围脖｜~光脊梁。②取消：到学校报上名，又叫人家~下来了。③减少，降低：二大娘骂他是死心眼儿，特产税一点儿不给~｜名牌衣裳~钱了。

展 [tʂã³⁵] zhán 揩拭：拿块笼布~~碗｜把身上的水~干净。‖ 元代刘唐卿《白兔记》："（旦）我与嫂嫂借脚盆不肯，将身上衣服展干净了。"

搩 [ɕiə²¹⁴] xiě 敲砸，捶打：在墙上~个钉｜把板凳腿~结实｜他走到小路上，叫坏人~闷了。

搩巴 [ɕiə²¹⁴paʻ⁰] xiě ba ①敲砸，捶打（略带随意的意味）：桌子腿松了，拿锤~~几下子就好了。②教训：他又欺负你了？我回家~~他｜大个子把他~一顿。

攉 [xuə²¹⁴] huǒ ①倒，泼：剩饭别~，留给狗吃｜把洗脸水~了｜一车洋蒜~到沟里了｜省一碟子~一碗（俗语）。②（牛羊类）用角抵：羯虎头（公羊）把小孩~倒了｜这个羊好~人。

抠 [kʻuɛ³⁵] kuái 用指甲抓；搔：~痒痒｜他有脚气，老想~~。

捂 [u²¹⁴] wǔ 拍击；用物体击打：~了他一杠子｜一巴棍子~到他身上｜举着扫帚~光光蜓。

挖 [ua²¹⁴] wǎ 抓：他跟人家打架，把人家的脸~淌血了｜~了他一把。‖《徐州十三韵》鸭韵："手挖物也。"

毁 [xuei³⁵] huí 打（多指大人打小孩，有时也指打大人）：你不听说，想挨~了｜

他说话不喜见人，高低挨~了｜你再缠人，要不挨~才邪咪。

㧻 [xu²¹⁴] hǔ（用巴掌）打：他敢骂我，我一个耳刮子~他南地里去｜谁说瞎话，就~谁的嘴｜你偷人家的鸡，只该劈脸~！

搊 [tʂ'u²¹⁴] chū 抽打：他照马身上~了一鞭，马飞快跑起来｜你要再敢毁坏庄稼，我就拿柳条子~你｜拿着手巾，~身上，落下来一层灰。

搓由 [tsuə²¹⁴iou⁰] cuǒ you 搓，揉：把裤子上的泥~掉｜这张纸，他~来~去，到底~烂了｜你看看你，衣裳~成啥样了！

揉搓 [zou⁵⁵ts'uə⁰] róu cuo ①用手来回地擦、搓。②刁难：是好是歹给个话，别~人。③比喻磨洋工：就这一点活，~来，~去，几天都干不完。

团由 [t'uæ⁵⁵iou⁰] tuān you 团弄，揉搓：她接过来信，~成纸蛋子扔了｜把面剂子~圆，拾到锅里。

㨄 [tɕ'yə²¹⁴] quě ①捣砸：抱着碓头~豆扁子｜打了一摞描花碗，~了大锅和小锅（民间说唱《二乖分家》）｜厂长见他的咸菜不卫生，找个碓头，砸了盆，~了缸。②无根据地讲故事：天天~瞎空。③轧：汽车把路~个坑。④（用炮）轰炸：大炮把庄子~平了。‖《广韵》觉韵苦角切："击也。"

扚 [ti⁵⁵] dī 往上用力一拽；掐：~麦穗｜蒜薹正嫩，家家都拿着扦子~蒜薹。‖《广韵》都历切："引也。"《字汇·手部》："丁历切，音的，引也；又，手扚。"

㪃 [tɕ'yə³⁵] qué 折：清明节上，~一把柳树枝子插到门框上｜一棵甜秆子（甘蔗）~成三截，分开吃｜他给的秤不够头，把他的秤~喽｜这个位子忒小，坐下去~得慌。‖《广韵》薛韵七绝切："㪃，断㪃，绝。"有的写作"劈"。

㪃手 [tɕ'yə³⁵ʂou³⁵] qué shóu 因缺少某人或某物而难以维持：这会一人忙死俩，他又偏偏请假不来，一下子~了｜少了这件家什儿，现~。

咳 [k'ə⁵²³] kè 砸，敲击：把石头~烂｜拿着小锤~开杏核子。‖《集韵》箇韵口箇切："《博雅》'击也'。"

剾 [t'ou⁵⁵] tōu 捅，戳：用钥匙把锁~开｜拿棍往老鼠窟窿里~几下子｜把竹子~透气，制成水管子｜别~马蜂窝，蜇着够你受的。‖《广韵》度侯切："剾剾足节。"

撕巴 [sɿ²¹⁴pa⁰] sǐ ba ①撕：他把信~~扔了｜别夺了，报纸都~烂了。②纠缠：他非要给我回礼，我就~着不收｜两个人~到一坨儿拉不开。

挼 [uə²¹⁴] wǒ 使弯曲；卷折：用竹披子~个弓｜这一页~个角儿，赶明接着看｜用铁条~个钩子。

挼巴 [uə²¹⁴pa⁰] wǒ ba 卷折：书~毁了，卷得净是疙瘩。

捽 [tsuə³⁵] zuó 揪；抓：他~住我的手不撒开｜锛仨月，斧半年，~着刨子没个完（民谚）｜你~住梯子，我上去｜他不行正事儿，早晚得叫公安局的~住。‖《说

第五章 词汇 | 339

文》："捽，持头发也。"《广韵》昨没切："捽，手捽也。"《徐州十三韵》火韵："用力持之曰捽。"

揲拉 [tiə³⁵la⁰] dié la 随便端着：~着碗串门去了。

搡 [saŋ³⁵] sáng 塞；填：把桃~到他手里｜往墙缝里~一把泥｜吃牛肉好~牙｜收的钱都~到自家布袋里了｜人背运时点子低，喝凉水也~牙（民谚）｜往锅底下~一把柴火。‖《集韵》写朗切，上声、荡韵、心母："填也。"

擩 [ʐu³⁵] rú 递；塞；送：我~给他一根棍当拐杖｜他拿着一棵烟，往我脸前一~，说了一句"吸棵孬的"｜这辆摩托车旧了，得赶紧~出去。

续 [ɕy⁵²³] xù ①投，往里塞：把鸡蛋~到锅里煮熟｜他写好情书，~到女生的桌子洞里｜他一手拉风箱，一手往锅底下~柴火。②系缚着使之下坠：大人在他腰里拴上绳，把他~红芋窖里｜把他~到楼底下｜"丈二的井绳拿在手，挂住筲板响连环。乌龙摆尾往下~，燕子点水往上悬"（民间说唱《梁山伯与祝英台》）。‖ 本字不明。

扽¹ [tẽ⁵²³] dèn 用力一拉（线、绳子等）：把皮尺~紧，要不，量不准｜把树枝子~下来｜他一~狗绳，狗就跟他走了。

扽² [təŋ⁵²³] dèng 用力一拉（布、衣服等）：两个人搜紧浆好的布，一拉一松，把布~松软｜他~了一下我的褂子。

择 [tsei⁵⁵] zēi ①拔（毛）：~鸡｜把鹅毛~掉｜~下来几根腿毛。②阉（多用于雄性畜禽）：~猪｜~羊。

劙 [li⁵²³] lì 割；划：手上~个口子，呼呼叫地淌血｜小心玻璃碴子~手｜把甜瓜子~成两半儿｜他镲好红芋片子，把红芋片子~开口儿，挂到绳子上，晒成红芋干子。‖ 去声，来自《广韵》郎计切。

锯劙 [tɕy⁵⁵ly⁰] jū lü 用不锋利的物体锯割：他才学拉弦子，跟~鸡脖子的样，听得我直起鸡皮疙瘩｜拾娃娃的大娘用秫秸篛子把脐带~断。

摞 [li²¹⁴] lǐ ①勒：提着一袋子橘子，~得手生疼。②用手握住条状物向一端滑动：把榆钱子~下来｜~了一篮子洋槐花。

薅 [xau²¹⁴] hǎo ①用手拔（草等）：~草｜树苗有点稠，我~掉几棵。②揪：~着他的耳朵往家走。

擸 [lɛ³⁵] lái 薅拽（细长物）：~下来一把草｜~红芋秧子喂猪｜他~住人家的头发不撒开。

搠 [ʂuə²¹⁴] shuǒ 使长形物体直立：把竹竿~起来｜家里~着要饭棍，姑舅姨娘都不亲；家里拴着高头马，不是亲戚也认亲（民谚）｜靠墙~着一架梯子。

立棱 [li²¹⁴ləŋ⁰] lì leng ①竖：把箱子~着搁｜还没说他一句来，他就~着眼。②向旁边歪斜：盘角羊一~脖子，对准黑眼羊牴过去｜他~着身子进了小门。

坎 [kæ̃³⁵] kán ①盖；罩；套：碗底下~着一块烧饼｜头上~个瓜皮帽子｜不能把屎盆子~到自家头上｜文件上~着大印ａ他牵过来牛，~上索头，犁起地来。②翻：罐子~了，油洒了一地｜狗把碗扒~了｜他没摁住车把，板车~了。

叉 [tsʻa⁵⁵] cā ①填塞，堵塞：墙窟窿里~上几块砖头｜锅底下~上几块劈柴｜听了他的话，心里跟~着一根横劈柴的样｜人心没~横劈柴（民谚。比喻人不会忘记别人的恩惠）。②拦挡；卡住：门口有两根大木头~着。

叉路 [tsʻa⁵⁵lu⁵²³] cā lù 挡路，堵路：一堆树枝子横叉着路｜这群人站到路中间拉呱，把路叉死了｜好狗不~，~没好狗（民谚）。

挏 [liaŋ²¹⁴] liǎng 引领；牵（手）：幼儿园的一群小孩手~着手过马路｜谁的小孩谁~走，别跑迷喽｜大老执~着新人来敬酒｜她带孩子不容易，~着一个，背着一个。

扯挏挏 [tsʻə³⁵liaŋ²¹⁴liaŋ⁰] ché liǎng liang（俩人或俩人以上）手拉手：幼儿园的老师领着小孩~，围成一圈｜两个学生~，挡得人家都没法过。

将 [tɕiaŋ²¹⁴] jiǎng 旧指挽，挽手；领：把小孩~过来｜他俩~着手走了｜他上路口上~人去了。‖该词21世纪初已不见用。‖《木兰辞》："爷娘闻女来，出郭相扶将。"

揳 [uəŋ³⁵] wóng 推：我敲了一会儿，没人开门，就把门~开｜三班衙役推推~~把他带到县大堂｜我在前边儿拉车，他在后边儿~。‖ 范楼等镇也说 [yŋ³⁵] yóng。

圪捻 [kə²¹⁴ŋiæ̃³⁵] gě nián ①按揉：他头上的疙瘩老是不消，用手~~就不疼了。②使人为难：这伙子查车的查人家的车~人家。

掠 [luə³⁵] luó 用刀、镰等工具削割：拿镰~掉树梢子｜~块肉吃｜把鸡腿~下来。‖宋代成彦雄《杨柳枝》词："绿杨移傍小亭栽，便拥浓烟拨不开。谁把金刀为删掠，放教明月入窗来。"《水浒传》第一一三回："〔武松〕赶上一刀，掠断了马脚。"

扫 [sau⁵²³] sào 砍削：把小树的顶子~掉｜把芹菜尖~去。

揣 [tʂʻuæ̃²¹⁴] chuǎn（用尖刀、细长物等）刺、捅：敌人把他绑到树上，用刺刀乱~，活活~死。

锥 [tʂuei²¹⁴] zhuǐ 堵塞（小孔）：找块砖头核子~上老鼠窟窿｜拿瓶锥子~上茶瓶｜他站到河涯上，~上耳朵眼子，跳到水里。

圪碾 [kə²¹⁴ŋiæ̃³⁵] gě nián 两手握刀背，将食物切碎。‖ 也说"嗑嚓" [kʻə²¹⁴tsʻa⁰] kě ca。

撒把 [sa²¹⁴par³⁵] sǎ bár 撒手，放开手：小孩学走路，大人不敢~。

扒登 [pa²¹⁴təŋ⁰] bā deng ①翻动；刨挖：桌子、柜子都~一遍，也没找着那个戒溜子（戒指）②转移：他整天把厂里的东西往家~，厂里有啥，他家就有啥。

剔登 [tʻi²¹⁴təŋ⁰] tī deng 翻拣：这都是人家~剩的，便宜点吧｜你~来~去，到底买不买？

倒登 [tau³⁵təŋ⁰] dáo deng 转移；倒卖：把白菜~到篮子里｜把山羊卖了，~成香猪。‖ 有的说 [tau⁵⁵təŋ⁰] dāo deng。

登倒 [təŋ⁵⁵tau⁰] dēng dáo 腾倒，腾出：把板凳撤掉，~个空儿好走路。

拉巴 [la²¹⁴pa⁰] lǎ ba ①拉，随意翻动：他想找件裤子，把柜子里的衣裳都~出来。②抚养：她苦撑苦熬，~两个小孩儿长大成人｜~这样的儿中啥用，不忠不孝算啥人？‖ 又说"拉扯"。

刳 [ua³⁵] wá 用瓢、碗、勺子等舀取：~一瓢面擀面条｜拿着汤勺子~米饭吃｜~半碗绿豆熬糊涂。‖《广韵》黠韵乌八切："刳取物也。"

㓡嚓 [ku²¹⁴tsʻa⁰] kǔ ca 刮：拿着铁锹~草｜越~越粗（谜语。谜底是地窖）｜~锅底子｜把木头上的树皮~光。‖ 有的说"㓡哒"[ku²¹⁴ta⁰] kǔ da。

瓦 [ua⁵²³] wà ①用勺子从底部舀取：从锅里~了一勺稠的。②学说或生硬地讲（某种话）：出了县，他就~北京话。

搜 [sou³⁵] sóu 掖裹（被子、衣物）：~好盖体，别叫它透风｜~紧雨衣，别淋湿衣裳喽。

偃 [iæ̃⁵²³] yàn 折压衣襟等：把大襟~上｜把裤腰~好，勒上裤腰带｜老式的裤子是~腰的。

跳脚 [tʻiau⁵²³tɕyə²¹⁴] tiào juě 因急躁、生气而跺脚：小侄子扔了遥控器，砸毁电视机，气得我~。

蹴 [tɕʻy²¹⁴] qǔ ①踢：把路上的小石子~到沟里｜把鞋给我~过来。②脚掌贴着地面踢：~土盖上豆种｜两只脚在地上~来~去。‖《集韵》遵须切，《类篇》："足不相过。"

泥 [ŋi⁵²³] nì 用脚蹍搓：他扔掉烟头，又上去~了一脚。

开腿 [kʻɛ²¹⁴tʻuei³⁵] kǎi tuǐ 走，离开（含诙谐意味）：时候不早了，该~了。‖ 也说"开路"。

遛腿 [liou⁵²³tʻueir³⁵] liù tuǐr 走动：吃罢饭上外边遛遛腿｜跑弄么（这么）远一趟子，能遛开腿喽。

磕叉 [kʻə⁵²³tsʻa⁰] kè ca （两腿）叉开：他~腿骑到电瓶车上｜他歪到床上，两条腿~开。

撇拉 [pʻiə³⁵la⁰] piě la 走路时两腿向外弯曲：他腿上长了个疮，走路~着腿。

剌八 [la⁵⁵pa⁰] lā ba 两腿向外叉开成八字形：走起路来~着腿。‖ 有的说 [la⁵²³pa⁰] là ba。《说文》作"剌ᠪ"："ᠪ，足剌ᠪ也。读若拨。"徐锴《说文系传》云："两足相背不顺，故剌ᠪ也。"《金瓶梅词话》第十九回："那蒋竹山，打的那两只腿剌八着，走到家哭哭啼啼。"

踢腾 [tʰi²¹⁴tʰəŋ⁰] tǐ teng ①踢，引申为施展：他是个新手，叫他去收拾烂摊子，就怕他~不开。②败坏：祖宗留下的家业都叫他~完了。‖有的说"踢登" [tʰi²¹⁴təŋ⁰] tǐ deng。

蹬崴 [təŋ⁵⁵uɛ⁰] dēng wai 乱蹬：睡觉老实地，别乱~｜我把孙子抱到三轮车上，他~着不愿意上｜那只鸡~了一会，挺腿了。

圪蹬 [kə⁵⁵təŋ⁰] gē deng 单足跳走：他的一只脚伤了，~着走。‖《醒世姻缘传》第三十六回写作"割蹬"："奶子跷着一只脚，割蹬着赶。"

圪扭 [kə⁵⁵ɲiou⁰] gē niu 小脚老妇小步走路的样子：她个子不高，老式的小放脚，走起路来~~的｜姥姥一有空就~着小脚，走七八里地来俺家。

崴 [uɛ³⁵] wái ①脚部扭动：沛县跟丰县屋搭山，地连边，~~脚后跟就到啦。②陷落：车~到沟里了。

跩 [tʰuɛ³⁵] tún 在泥浆、田地里踏行：穿着新鞋别上泥里~｜把麦地~毁了｜地里~了两行脚印子｜鸭子~堡子地——憨跩（歇后语）｜~得跟泥崴崴样。‖《集韵》佗恨切："踏也。"《徐州十三韵》稳韵："吞上声，跩泥。"

踢踏 [tʰi²¹⁴tʰɑ⁰] tǐ tɑ 趿拉。把鞋后帮踩在脚后跟下：他~着鞋，懒洋洋地走出来。

沿 [iæ̃⁵⁵] yān 在某物上走：~墙头｜~冻琉｜~着梯子爬到屋顶｜抬着盒棋子过桥——~之有礼（歇后语。沿，谐"言"；盒棋子，指礼盒；礼，谐"理"）。

沿沿 [iæ̃⁵⁵iæ̃⁰] yān yan 扶着某物慢慢走，多用于儿童：小孩扶着床~~，不知啥时候会走了。

漫 [mæ̃⁵⁵] mān ①跨越；漫流：他~过墙头跑了｜几个小孩~着玩｜黄河决口的时候，大水从树梢子上~过去。②抬（腿）：一~腿上了洋车子。

超 [tsʰau⁵²³] cào 跨越，跨跳：他退后几步，往前猛一冲，从沟涯上~过去了｜~过几道土埂子。

抌腰 [tɕʰia⁵²³iaur²¹⁴] qià yǎor 叉腰，大拇指和其余四指分开，紧按在腰旁：抌着腰，屯着肚（鼓起肚子。屯 tún），一看就是大干部（民谣）｜他眯哄着眼，一手~，拉着长秧开腔了｜猪头大耳吃得肥，~站到光场里，说话嗓门响响的，吓唬长工住房的（旧童谣）。

虾腰 [ɕia²¹⁴iaur²¹⁴] xiǎ yǎor 向前弯腰：~提起篮子｜~去吹火，烟得两眼淌泪。

搂后腰 [lou³⁵xou⁵²³iau⁰] lóu hòu yao 从背部搂住某人的腰：我让你~，你也撂不倒我。

撂轱辘子 [liau⁵²³ku²¹⁴lou⁰tsɿ⁰] liào gǔ lou zi 摔跤。两人相抱搏斗，尽力摔倒对手：两个人越吵越恼，就撂起轱辘子来了。

打别脚 [ta³⁵piɛ⁵⁵tɕyə⁰] dá biē jue 用脚绊人。‖ 有的说"下别腿"。

四马倒攒蹄 [sɿ⁵²³ma³⁵tau⁵²³tsʻuɛ̃⁵⁵tʻi⁵⁵] sì má dào cuān tī 把马的四蹄捆绑在一起，比喻把人的双手双脚捆住：两个衙役把他捆了个～。

踹 [tuɛ̃⁵²³] duàn ①追赶：几个人想去～他，他早跑八里路开外了｜他喂了一只细狗，专门～兔子。②撵，驱逐：叫他～狗他撵鸡，叫他朝东他朝西。③跟随：他～着表哥上湿地旅游去啦｜我走一步，他～一步，一会儿也不离开。‖《徐州十三韵》十三彦韵："踹，赶逐。"元代无名氏杂剧《盆儿鬼》第三折写作"断"："俺大年日将你帖起，供养了馓子茶食，指望你驱邪断祟，指望你看家守计。"《金瓶梅词话》第七十八回的"断"也是"驱逐"的意思："他把娘喝过来断过去，不看一眼儿。"

踹崩子 [tuɛ̃⁵²³pəŋ²¹⁴tsɿ⁰] duàn běng zi 追逐嬉戏：小孩子有火力，多冷的天还在外边～。

放崩子 [faŋ⁵²³pəŋ²¹⁴tsɿ⁰] fàng běng zi 放开脚步跑。多用于青少年：暑假里，他几个～跑到大沙河边去玩。

跑崩子 [pʻau³⁵pəŋ²¹⁴tsɿ⁰] páo běng zi 跑路，奔走：咱去找他吧，省得他来回～｜小时候脚受过伤，没跑过崩子｜为了这点事儿，你一会儿一趟，一会儿一趟，还不够～的咪。

跑跑 [pʻau³⁵pʻau⁰] páo pao 跑动；奔走：小孩这屋里～，那屋里～，一会儿也不闲着｜他在大城市里～着做点生意。

跑跑颠颠 [pʻau³⁵pʻau⁰tiɛ̃²¹⁴tiɛ̃⁰] páo pao diǎn dian 跑动：他年轻，跟着老板～，干点杂活。

蹿蹿 [tsʻuɛ̃²¹⁴tsʻuɛ̃⁰] cuǎn cuan 胡乱走动：你在家老实地蹲着呗，瞎～啥？

打定儿 [ta³⁵təŋr⁵²³] dá dèngr 停一下，略作停顿：他忙得不～｜～再走｜到家没～又回到厂里｜别～，抓紧上路｜他不～地打扫房子｜我打个定儿就跟你去。

打艮 [ta³⁵kĕr⁵²³] dá gènr ①说话有中断：他有点怯场，稿子念得嗑嗑啪啪，老是～｜他讲起话来不～。②打迟疑，犹豫：他来求我帮忙，我没～就跟他去了。

跟上趟 [kẽ²¹⁴ʂaŋ⁰tʻaŋr⁵²³] gēn shang tàngr 跟上前行者：走快点儿，～，别落到后边儿喽｜领头的走得忒快了，我跟不上趟。‖ 也说"踹上趟" [tuɛ̃⁵²³ʂaŋ⁰tʻaŋr⁵²³] duàn shang tàngr。

来回倒去 [lɛ⁵⁵xuei⁵⁵tau⁵²³tɕʻy⁵²³] lāi huī dào qù 往返：他从这家到那家，～不停地跑｜我为了办证，～跑了五六趟啦。

嘴跟着腿 [tsuei³⁵kĕ²¹⁴tʂou⁰tʻuei³⁵] zuí gěn zhou tuí 幼儿在学会走路的同时也学会说话。

孛拉子跳 [pu⁵⁵la⁰tsɿ⁰tʻiau⁵²³] bū la zi tiào 因疼痛而跳起来：打得他～｜开水烫了一

下子，疼得~。

踢蹦 [tʻi²¹⁴pəŋ⁵²³] tǐ bèng 又蹦又跳：听了笑话，几个人喜得~｜他气得~。

踢蹦撒欢 [tʻi²¹⁴pəŋ⁵²³ sa³⁵xuær²¹⁴] tǐ bèng sá huǎnr 活蹦乱跳：到了公园里，两个小孩儿~。

掺花 [tsʻæ̃²¹⁴xua⁰] cǎn hua 掺杂；搭配：去年的跟今年的在一堆~着，我挑了一大会子才分开｜肉是肉，菜是菜，别~到一坨｜公事私事不能乱~。

掺乎 [tsʻæ̃²¹⁴xu⁰] cǎn hu 参与：本来没他的事儿，他也跟着瞎~｜他~到里边，搅得不安生。‖有的说成"掺和"。

搅和 [tɕiau³⁵xu⁰] jiáo hu 混合；掺杂：公事、私事不能乱~｜这两件事不能~到一堆。‖有的说"搅花"。

拾掇 [ʂʅ⁵⁵tau⁰] shī dao 整理，收拾；打扮：家里~得又干净又利索｜半大孩、小闺女都~得支棱的，有的还抹了香香。

起 [tɕʻi⁵²³] qǐ 清理使洁净：上地里~草｜~狗（"文革"期间的灭狗活动）｜~~屋里，把破烂儿扔了｜给狗~虼蚤。‖有人写作"弃"。

打腾 [ta³⁵tʻəŋ⁰] dá teng 清理：把当院子~干净。‖有的说"打登" [ta³⁵təŋ⁰] dá deng。

眯 [mi⁵²³] mì 隐藏；将别人的东西占为己有：人家送来的海鲜都叫他~起来了。

掖着藏着 [iə²¹⁴tsou⁰tsʻaŋ⁵⁵tsou⁰] yě zhou cāng zhou 掩藏：偷拿点儿好东西，~，怕人家看见｜这件事儿，你~不是个长法儿，咱拿到明面上说。‖有的说"掖喽瞒喽" [iə²¹⁴lou⁰mæ̃⁵⁵lou⁰] yě lou mān lou。

撮 [tʂʻua³⁵] chuá 抢夺：这些小混混骑着摩托车，专门~人家的手机、项链｜碰见两个~街的。

断 [tuæ̃³⁵] duán 拦劫；抢劫。音同"短"：有几个上乡人（鲁西南地区的人）赶着骡子路过，叫一群大马子~下了｜我上哪弄钱去？总不能上大路上~人去｜我拿着三张戏票，半路上叫人家~走两张｜卖画的招——人多不管用（歇后语）。‖《集韵》《韵会》覩缓切。《说文》："截也。"

短路 [tuæ̃³⁵lu⁵²³] duán lù 拦路抢劫：他骑着毛驴进城，走到一片树林子里，碰上一伙人来~｜过去河滩上大马子多，大天白日也有~的。‖《西游记》第七十四回："端的是甚妖精，他敢这般短路！"

疯抢 [fəŋ²¹⁴tɕʻiaŋ³⁵] fēng qiáng 争抢（物件）：一筐鲜樱桃送来，大家~了。

焗灭 [tɕy⁵⁵miə²¹⁴] jū miě 把燃烧物放入土中、灰中使熄灭，或踩灭、摁灭：把火棍搁土里~｜把烟头子~。‖有人认为本字为焌，《广韵》仓聿切："亦火灭也。"

扎跪 [tsa²¹⁴kuei⁵²³] zǎ guì 下跪，戏曲用词：潘必正闻听心害怕，双膝~忙磕头（民

间说唱《潘必正戏姑》）| 老鸹反哺奉养母，羊羔儿吃奶～地埃尘（民间说唱《王天保下苏州》）。

上头扑面 [ʂaŋ⁵²³t'ou⁵⁵p'u²¹⁴miɛ̃⁵²³] shàng tōu pǔ miàn 往身上扑，非常亲热地迎接：小狗一见主人回家，就摇着尾巴迎过来，～跟着回屋 | 小孩听出来我的腔，从屋里跑出来，～，拽着衣裳不撒开。

屯 [t'uɛ³⁵] tún 鼓起（肚子）：他～着肚子，叉着腰，像个大干部似的 | 挖路，挖路，气得鬼子～肚（抗日战争时期歌谣）。

蹭 [ts'aŋ⁵²³] càng ① 摩擦：腿上～破了 | ～掉一层皮 | 牛倚着树～痒痒。② 因擦过去而沾上：～了一身灰。

蹭痒痒 [ts'aŋ⁵²³iaŋ³⁵iaŋ⁰] càng yáng yang 紧靠物体反复摩擦止痒：牛靠着柱子～。‖ 也说"拉痒痒" [la⁵⁵iaŋ³⁵iaŋ⁰] lā yáng yang。

崴 [uɛ⁵⁵] wāi ①（坐着或躺着）挪动、蠕动：坐到沙土地上～了一个窝 | 在床上～着不想起 | 他在地上打～～。② 缓慢或艰难地行动：他一步一步地往家～ | 快点走，别在路上打～～。

擖 [pɛ³⁵] pái 猛坐（多含戏谑意味）：一腚～到地下。‖ 有的说成 [p'ɛ²¹⁴] pǎi：～到沙发上一黑喽啦，一动也没动。《徐州十三韵》邰韵："派平声，一腚擖下也。"

越 [yə²¹⁴] yuě 利用杠杆原理，压着长形物体的末端，使该物体围绕支点撅起、沉下：两个小孩坐到杠子两头～着玩 | 平车后沉，～起来了 | 他把平车轮子打到前边，坐在车把上～着走。

打滴喽 [ta³⁵ti²¹⁴lou⁰] dá dǐ lou 抓住某物，使身体悬空挂起而晃动：小孩一见他，就搂着他的脖子～ | 抓住单杠～ | 扯着胡子～——上脸（歇后语）。

滴喽 [ti²¹⁴lou⁰] dǐ lou 悬挂：架子上～着几个葫芦 | 把羊腿～起来 | 桑树上～个柳木巴棍（惯用语。比喻没有亲近关系）。

突喽 [t'u²¹⁴lou⁰] tǔ lou ① 下滑：小孩从床上～到地上 | 他连喝五大杯酒，～到桌子底下去了 | 他抱着树身子～下来 | 他的名次从第一～到倒数第二。② 摩擦；研磨：他胳膊上～掉一层皮 | 办罢丧事，身上～一层皮 | 把麦搁磨上～三遍。‖ 有的说"突噜" [t'u²¹⁴lu⁰] tǔ lu。

打突喽 [ta³⁵t'u²¹⁴lou⁰] dá tǔ lou 向下滑：他从沟涯上～，滑到水里了 | 他拽着媳妇往外走，媳妇打着突喽往后退。‖ 有的说"打突噜" [ta³⁵t'u²¹⁴lu⁰] dá tǔ lu、"打嘟噜" [ta³⁵tu²¹⁴lu⁰] dá dǔ lu。

打摽 [ta³⁵piau⁵²³] dá biào 痉挛；缠结在一起：他冻得两腿～，直不起身来 | 他激动得嘴～，结结巴巴说不成个。

打摽古 [ta³⁵piau⁵²³ku⁰] dá biào gu 同"打摽"。

打搐搐 [ta³⁵tʂ'u²¹⁴tʂ'u⁰] dá chǔ chu ①肌肉抽搐：他的低血糖犯了，睡到地上～，缩缩得两手都掰不开。②退缩不前：冲锋号一响，人家都拼命向前冲，你向后～，不枪毙你算你能。

打合嚓 [ta³⁵xə⁵⁵tsʰa⁰] dá hē ca 颤抖；哆嗦：婆婆一瞪眼，媳妇吓得～｜他穿着单裤单褂，冻得抱着膀～｜弟兄仨吵吵闹闹老半天，气得老汉～。‖有的说成"打合煞" [ta³⁵xə⁵⁵sa⁰] dá hē sa、"打合遢" [ta³⁵xə⁵⁵tʰa⁰] dá hē ta。

打得得 [ta³⁵tei²¹⁴tei⁰] dá děi dei（因寒冷等）上下牙齿颤抖碰撞，发出声音：北风真溜，冻得我打～。

打牙巴骨 [ta³⁵ia⁵⁵pa⁰ku²¹⁴] dá yā ba gǔ 同"打得得"。

打战战 [ta³⁵tʂã⁵²³tʂã⁰] dá zhàn zhan 打战，发抖：那家伙说话欺天，气得我～｜土匪进院子了，他趴到床底下～。‖也说"打哆嗦"。

翻打滚 [fæ²¹⁴ta³⁵kuɚ³⁵] fǎn dá gúnr 躺着滚来滚去：肚里疼得受不了，睡到床上～。

出 [tʂ'u²¹⁴] chǔ 铺展：～开宣纸写一幅字｜～上箔晒棉花｜床上～块花单子。‖本字为"舒"。

搿 [uəŋ²¹⁴] wǒng ①裹挟着（物体或人）平移：紧～鱼，慢～虾，不紧不慢～王八（民谚）｜开着推土机把土疙瘩～平｜用杈子把麦秸～成堆儿。②踊：她在十里八乡出了名，说媒的～破门｜上访的～到大门口了。③大量供给：用钱～着小孩儿上学、结婚。

平排子搿 [p'iŋ⁵⁵p'ɛ⁵⁵tsɿ⁰uəŋ²¹⁴] pīng pāi zi wǒng 平行往前推移：割麦的时候不用太多的人，几辆收割机在大田地里～。

磨悠 [muə⁵²³iou⁰] mò you 转身：他凑个空子，一～，钻进客厅。

和扭 [xuə⁵²³ɲiou⁰] huò niu ①搅动：医生拿着针在我胳膊上～～｜他赤着脚丫子在泥糊涂里～。②（身体）摇晃：他坐着左晃右晃，把板凳～毁了。③搅扰：她闹着分遗产，～得一家人不得安生。

跩 [tʂue³⁵] zhuái ①身体不协调地摇晃：他跟人家跳广场舞，又胖又大，～得跟鸭子样。②得意、傲慢地炫耀：他要才性没才性，要长相没长相，能说上媳妇就不孬啦，还～得不轻，嫌人家女的长得不好｜该着他～，他一调到那个单位，那个单位就升格了｜当上科长，就～得不认人了。

鼓跩 [ku⁵⁵tʂuɛ⁰] gū zhuai 身体扭动（含讥讽意味）：这小孩坐到沙发子上一个劲地～｜他扛着箱子到了6楼，～不动了。‖也说"崴跩" [uɛ⁵⁵tʂuɛ⁰] wāi zhuai。

扑腾 [p'u²¹⁴t'əŋ⁰] pǔ teng 踩踏；糟蹋：谁家的羊跑到俺豆地里，把俺的豆子～倒了｜办罢大席，家里～得毛包儿。‖宋楼、华山、范楼等镇说 [p'u⁵⁵t'əŋ⁰] pū teng。

适登 [ʂɿ²¹⁴təŋ⁰] shǐ deng 折腾：～得神鬼不得安生｜他把全班同学都～起来了｜

第五章 词汇 | 347

好好的家叫他~穷了。‖有的说"适腾"。

适适登登 [ʂʅ²¹⁴ ʂʅ⁰təŋ²¹⁴təŋ²¹⁴] shǐ shi děng děng 形容忙碌的样子：我又烧锅，又和面，~｜他~一大会子才把屋里打扫干净。

撤 [tʂ'ə⁵²³] chè 略微后退：他~着身子往后走。

趔 [liə⁵²³] liè 退避：花车来了，大伙往外~~｜他一见势头不好，就~到一边。

对 [tuei³⁵] duí ①撞，碰：他骑上大架的洋车子，~到树上，车把~歪了，手上~得魃青｜两辆车对头开，~到一坨儿了｜他的车没刹住，~到人家的车腚上了。②对立；顶撞：两个人~得啪啪的，一见面就吵｜他嫌我来得晚，叫我~了一顿。

对架 [tuei³⁵tɕia⁵²³] duí jià（车辆等）相撞：他的洋车子给电动车~了，他摔了个倒栽葱｜两辆摩托车到桥上~了。‖也说"碰架"。

对命 [tuei³⁵miŋ⁵²³] duí mìng 抵命；拼命：他杀人，就得~｜他欺人太甚，我跟他~。‖元代无名氏《冯玉兰》第四折："这番推勘见分明，则你那夜来凶恶可也还侥幸。眼见的恶贯盈，今朝对了俺亲爷命。"

摆怀 [pɛ³⁵xuɛ⁰] bái huai 摆划，摆弄：他是个车子迷，一有空就~车子｜他~手机看抖音，越看越上瘾｜iPad 叫他~毁了。‖有的说"摆治" [pɛ³⁵tʂʅ⁵²³] bái zhì。

缉治 [tɕ'i²¹⁴tʂʅ⁰] qī zhi 摆弄，做无意义的事（含讥讽义）：闲着没事，在家瞎~。

鼓捣 [ku⁵⁵tau⁰] gū dao ①拨弄：他~成个的小时，把洗衣机修好了｜芯片这东西咱~不了。②折腾：他~几年，也没~出成果。

斯为 [sɿ²¹⁴uei⁰] sī wei ①整治；修理：他~着干点零碎活｜他自家~着吃｜这小孩自家~着玩｜~了半天，也没把洋车子修好。②磨蹭，拖沓：人家都跑头里去了，他还在后边~。‖有的说成"司回"。

迷 [mi⁵⁵] mī 比照，仿照；比：~着样子去干｜~喽（着）葫芦画瓢｜~~谁的个子高｜~~哪根绳长。

迷画 [mi⁵⁵xua⁰] mī hua ①比画：老师给你~下子，你学着做｜他不认真做操，站到后边瞎~。②较量：要不服，咱俩~~。

迷量 [mi⁵⁵liaŋ⁰] mī liang 比量：~字帖写大楷｜他~下子西瓜有多大｜~着鞋样子做双新鞋。

迷喽葫芦画瓢 [mi⁵⁵lou⁰xu⁵⁵lou⁰xua⁵²³p'iau⁵⁵] mī lou hū lou huà piāo 比葫芦画瓢，比喻照样子模仿：她想做一件褂子，因为心里没数，就拿过来旧衣裳当样子，~，拿起剪子铰布。

察听 [ts'a³⁵t'iŋ⁰] cá ting 察访，打听：我~几天才~准——方圆十几里没有比她心眼脾气再好的｜你去~~哪家学校教得好，给小孩报个名。‖《二刻拍案惊奇》卷四："次日到街上往来察听，三三两两几处说来，一般无二。"

扒落 [pa²¹⁴luə⁰] bǎ luo 打听，探问：听说那家单位正招人，我~~有这回事不。

庌 [ia⁵⁵] yā 闭合时留出空隙：把门~上点儿，别大敞着｜他带上门，~了一点儿缝儿。

挂 [kua⁵⁵] guā ①扯；划：褂子布袋叫圪针条~叉了｜手上~个红道子｜跟大鱼上树~掉腮（民谚）。②牵扯：一个人犯法，~得家里人也受罪｜他挨熊，还~着同科室的人。

凳 [təŋ⁵²³] dèng 用东西垫，使加高：靠屋山~着张破床，床上边铺领半截席｜~上板子当床睡｜床腿底下垫上砖，把床~高点儿。

弹 [tæ⁵²³] dàn ①筛东西时磕除杂物：拿过来罗，在罗柜里~面｜面长疙瘩了，用罗~~。②支起，架设：两棵树中间~一根竹竿，来晾盖体、褥子。

篷 [p'əŋ⁵⁵] pēng 把物体放在支撑物上，使之与地面隔开：找4个板凳~上秋秸箔｜这架子忒稬，~不住板子。

撙 [tɕyẽ³⁵] jún ①缩小，裁减：袖子有点长，往里~~。②节省：~出一点钱给孩子。

打照面 [ta³⁵tʂau⁵²³miɚ⁵²³] dá zhào miànr 相遇：转过弯儿，正好跟他打个照面｜俺两个刚打了照面，就听见里屋喊我接电话。

冒影 [mau⁵²³iŋɻ³⁵] mào yíngr 露面：他走了以后再没~｜他冒个影又不见了。

摽 [piau⁵²³] biào ①紧靠：他俩~着膀走路，拉得些热乎｜侦察员~住他走过几条街，想凑机会抓住他。②较量：两家~上劲了，非要论个输赢不行｜胳膊~不过大腿（民谚，比喻弱者总是拗不过强者）。③钩住：他大腿~到二腿上，自在得很。④捆绑物体使相连接：他把几根木头~到一垛，煞紧绳子，放到水里当木筏。

尅 [k'ei⁵⁵] kēi 意义较为广泛。①捕捉：他天天下河~鱼｜我这鹰~住十拉个兔子了｜小区里~着一个小偷。②打，斗：谁要打你，你就跟谁~｜有种，咱上南地~去，我包恁爷俩！③干，做；获取；走：~了万把块钱｜他~到北京了。④吃，喝（用于非正规场合，偶尔使用，含有戏谑意味）：~了三个馍。

尅架 [k'ei⁵⁵tɕia⁵²³] kēi jià 打架：我看见他俩要~，就上来拉开｜好学生不能~。

治 [tʂʅ⁵²³] zhì 意义较为广泛。表示弄、干、做、办、整治、获取等：~点儿肉拉拉馋｜发了奖金，~件好衣裳穿穿｜他光忙乎结婚咪，啥都没~｜过年的时候，文化局~了5天大戏｜你来~啥咪？｜当领导应该给老百姓办实事，~点儿正价事儿，不能瞎~｜我~了一辈子农业｜他~人家的难看，把人家~得下不了台｜他~得没有人缘儿了｜这个问题我~不懂。

治巴 [tʂʅ⁵²³pa⁰] zhì ba 弄、干、做（含随意或不满意味）：家里到处是脏衣裳、旧鞋、垃圾，~得毛包｜他不干工作，光是瞎~｜汽车~好了，开起来正常了｜这几年在外边拼打，~得不孬。

掠 [liə³⁵] lié 意义较为广泛。表示弄、干、做、打、吃、喝、获取等（带有随意色彩，用在非正式场合）。约在20世纪70年代传入：农场送来10个瓜，当场叫我~走俩｜他抓过来酒瓶，咕得咕得~了半瓶｜他骂得透难听，我把他~倒啦｜俺在工地上~了两年，~成一栋大楼。

经敛 [tɕiŋ²¹⁴liæ³⁵] jǐng lián 经历：你还年轻，这样的事儿没~过｜我干了一辈子，~得多了。

腻磨 [ŋi⁵²³muə⁰] nì mo 软求，软缠：他~了一晌午，非叫科长写证明不行｜这个人瞎~，沾一点赖理，争来争去。

黏磨 [ŋiæ̃⁵⁵muə⁰] niān mo 纠缠不休：他坐到俺家死~，叫我给他安排工作｜这小孩好~人。

奈何 [nɛ⁵²³xɛ⁰] nài hai 让人又苦又累地服侍：八十多了，浑身是病，也不想~儿女｜我睡到床上不能动，~小孩子，过意不去｜人家伺候着吃、伺候着喝，光是~人家多不好意思。通行于中阳里、宋楼、华山等地区。‖有的说 [nɛ⁵²³xə⁰] nài he。

不吃一个井的水 [pu²¹⁴tʂʅ²¹⁴i²¹⁴kə⁰tɕiŋ³⁵ti⁰ʂuei³⁵] bù chǐ yǐ ge jǐng di shuí 比喻与普通人不一样（含讽刺意味）：人家这样，他偏那样，跟人家~。

主贱 [tʂu³⁵tɕiæ̃⁵²³] zhú jiàn 犯贱。不自重，显得轻贱：你咋弄么（这么）~？人家越烦，你越往跟前偎。

捣包 [tau³⁵pau²¹⁴] dáo bāo 捣乱，捣蛋：他摘人家的杏，掰人家的棒子，专门~。

发怪 [fa²¹⁴kuɛ⁵²³] fǎ guài 做不合常理的事：他发起怪来，没人敢拦｜他一反胃（比喻腻烦）就~。

横耩 [xuŋ⁵²³tɕiaŋ⁰] hòng jiang 乱动；闹腾，搅乱：老实地睡，别~｜这个生产队咋都治不好，就是有几个坏熊瞎~｜好好的一家人，叫他~得不能安生。‖又说"耩耩"。

搅哄 [tɕiau³⁵xuŋ⁰] jiáo hong 搅扰，闹腾。‖又说"搅划" [tɕiau³⁵xuɑ⁰] jiáo huɑ。

闹哄 [mau⁵²³xuŋ⁰] nào hong 吵闹；搅扰：他啥事都不干，光跟着~｜他~得人家不能拆迁。

出洋症 [tʂʻu²¹⁴iaŋ⁵⁵tʂəŋɽ⁵²³] chǔ yāng zhèngr 做奇怪的事：他不干是不干，一干就~｜你出啥的洋症？还是好好地干你的老本行吧。

胡闹台 [xu⁵⁵nau⁵²³tʻɛ⁵⁵] hū nào tāi 胡闹：人家都专心干活，他在旁边~｜两口子过了半辈子，还想离婚，这是~。

乱打为 [luæ̃⁵²³ta³⁵ueiɽ⁵⁵] luàn dá wēir 不按规程行事：怨不得到这会儿都没弄好，原来是一群人~。

找事 [tsau³⁵sɿ⁵²³] záo sìr 闹事，寻衅：好好的你惹他干啥？没事~｜大清起来他就在门口骂骂唧唧，看样子是来~的。

戳叽 [tʂ'uə⁵⁵tɕi⁰] chuō ji 招惹：没事~狗干啥？它好咬人｜别~她，她要恼起来你招呼不了｜他俩本来好好的，你为啥~他俩吵架？｜他好~事儿。

糙 [ts'au⁵²³] cào ①乱闹；开玩笑：他上班的时候不干正事儿，瞎胡~｜他跟人家~着玩儿｜你跟人家老实人~啥？②捉弄，玩弄：这个人忒精，人家有十个心眼子，他有十三个，谁给他来往都可能叫他~着喽｜你光好坑人家，我也得想个鲜点子~~你｜叫庄稼人作诗，那是~人的｜周瑜叫诸葛亮~死了｜光叫人家干活不发工资，这不是~人吗？‖这个词很容易被外地人误认为脏话。

操蛋 [ts'au⁵²³tæ⁵²³] cào dàn 捣蛋，无理取闹；破坏：这几个家伙只要到一堆儿，就好~，昨儿黑喽（晚上）把路灯泡子砸烂了｜他一不~，二不干坏事儿，是个好孩子。

超 [tʂ'au²¹⁴] chāo 嬉闹：他好给人家~着玩儿，不是捂人家的眼，就是薅人家的头发｜年轻人好~好闹，走到天边都一样。

嘲戏 [tʂ'au⁵⁵ɕi⁰] chāo xi 调笑，戏弄：他不禁炫（开玩笑），别~他。

拜嘲 [pɛ⁵²³tʂ'au⁰] bài chao 爱开玩笑：他是~脾气，跟谁都瞎胡闹｜这个人~，好说个俏点子话，闹个笑话。‖通行于师寨等镇。

乱 [luæ⁵²³] luàn 乱开玩笑：年轻人好~着玩儿｜不知道人家的脾气别跟人家~｜你跟人家老实人瞎~啥？

撞青皮 [tʂ'uaŋ⁵²³tɕ'iŋ²¹⁴p'ir⁵⁵] chuàng qǐng pīr 游手好闲，不务正业：他啥事都不干，朝天~。

蹓合 [liou⁵²³xə⁰] liù he 游荡闲玩，不干正经事：他跟着一班二流子瞎~，二事儿没有。

上墙扒碑 [ʂaŋ⁵²³tɕ'iaŋr⁵⁵pa²¹⁴peir²¹⁴] shàng qiāngr bǎ běir 形容少年儿童调皮好动、毁坏东西：小孩放学回到家，撵鸡打狗、翻箱子倒柜、~。

上阵 [ʂaŋ⁵²³tʂẽ⁵²³] shàng zhèn 指儿童、青少年招惹事端，令长辈、师长心烦：你叫他治点啥事吧，他给你~｜俺的个二羔子别提多~了。

皮毛瞪眼 [p'i⁵⁵maur⁵⁵təŋ⁵²³iær³⁵] pī māor dèng yánr 对命令、要求等不予理睬（含不满意味）：我叫他回家，他~，照玩他的。

牵着不走，打着倒退 [tɕ'iæ²¹⁴tʂou⁰pu²¹⁴tsou³⁵ta³⁵tʂou⁰tau⁵²³tuei⁰] qiǎn zhou bù zóu, dá zhou dào tui 指用软的、硬的办法都不奏效（含不满意味）：他死懒不干，~｜属懒驴的，~。

作俑 [tsuə²¹⁴yŋr⁰] zuǒ yǒngr 做坏事：这家伙~惯了，隔三岔五砸人家的玻璃，烧人家的麦穰垛。

作死 [tsuə²¹⁴sɿ³⁵] zuǒ sí 找死，自找死路：你喝多了还开车，这不是~吗？

切害 [tɕ'iə²¹⁴xɛ⁰] qiē hai 毁坏（东西）：几个小怪孩摘人家的生瓜纽子，把瓜园~了｜谁家的羊没拴好，跑地里~庄稼？

作害 [tsuə²¹⁴xɛ⁰] zuǒ hai 为害：他专门~老百姓，生怕老百姓过上好日子｜这小孩往面缸里撒土，真会~人。‖ 也说"作践" [tsuə²¹⁴tɕiæ⁰] zuǒ jian。

作登 [tsuə²¹⁴təŋ⁰] zuǒ deng 胡作非为：有了钱就瞎~。

作 [tsuə²¹⁴] zuǒ "作践""作害"或"作孽"的省略语，指毁坏，糟蹋；为害：他~得不像样｜~到脉儿自死（民谚）。

抛撒 [p'au²¹⁴sa⁰] pǎo sa 丢弃散落；浪费：他拿着馃子~着玩儿，吃的不跟~的多｜大米洒了一路子，~了一半子。

抛抛撒撒 [p'au²¹⁴ p'au⁰sa²¹⁴sa²¹⁴] pǎo pao sǎ sǎ，形容散落很多：他晒麦~，场里场外都是麦粒子｜叫她去锄地，她在地头唱大戏；叫她去罗面，~一大片（童谣）。

排号 [p'ɛ⁵⁵xaur⁵²³] pāi hàor 按号排列顺序；排队：到了医院就~找牙医，牙医开了方子，我交钱、抓药、打麻药，把牙拔了｜这事我等不得，~我得在你前头｜学开车的人忒多，我排不上号。

摊 [t'æ²¹⁴] tǎn 轮到；遇到：~着一个好领导｜汽车丢了，~谁，谁也心疼。

摸着 [muə²¹⁴tʂuə⁰] mǒ zhuo 得到：这几天厂子扩建，他没~睡觉｜工地上看得紧，他摸不着下手。

够杠 [kou⁵²³kaŋr⁵²³] gòu gàngr 符合条件、标准：单位要研究生学历的,他正好~｜他~了，反贪局把他传走了。

过杠 [kuə²¹⁴kaŋr⁵²³] guò gàngr 超出界限：人家要三十岁以下的，我快四十了，早就~了。‖ 杠，比喻一定的标准：厂里要招计算机专业的，他正摊到~上。

双挎圆 [ʂuaŋ²¹⁴k'ua⁵²³yær⁵⁵] shuǎng kuà yuānr ①配带两个同类装备：他是~，一边挎一把盒子枪｜他玩个~的，一手拿一个手机。②比喻兼任两种职务：他弄个~，又当书记，又当主任。

有个猴牵着 [iou³⁵kə⁰xou⁵⁵tɕ'iæ²¹⁴tʂou⁰] yóu ge hōu qiǎn zhou 比喻生活有一个依靠：出外也好，在家也好，得~，要不，大人小孩咋养活？

赗 [tɕiŋ⁵⁵] qīng ①继承：老大摔了老盆，~了三间屋、一亩宅子。②只管，只顾：戏台子搭好了，~听戏啦｜大人留给你这么多钱，你~花啦。

赗等着 [tɕiŋ⁵⁵təŋ³⁵tʂou⁰] qīng déng zhou 安心地等着：油瓶倒了也不扶，~吃现成饭｜买年货的事儿你别操心，~过年吧。

赗受 [tɕiŋ⁵⁵ʂou⁵²³] qīng shòu 继承：他没有家业给孩子~，只撇下一个宅子疙瘩。

赗好 [tɕiŋ⁵⁵xau³⁵] qīng háor 等着好消息，只管放心：~吧，只管把心装肚里，这件事儿准能办成｜你~哎，有我一口吃的,就少不了你吃的。‖ 也说"赗管" [tɕiŋ⁵⁵kuæ³⁵] qīng guán。

耳乎 [l³⁵xu⁰] lrí hu 理会，理睬：这人没有正经话，喊我几声，我没~｜别~他，尽他嚎去吧。‖ 又说"搭耳""耳"[l³⁵] lrí。

不可人耳乎 [pu²¹⁴k'ə³⁵ẓɿ⁵⁵l³⁵xu⁰] bǔ ké rēn lrí hu（某人）不值得理会：他说话不算话，~。

待答不理 [tɛ⁵²³ta²¹⁴pu²¹⁴li³⁵] dài dǎ bǔ lí 指以冷淡的态度对人。

掐死候 [tɕ'ia²¹⁴sɿ³⁵xour⁵⁵] qiǎ sí hōur 比喻严格执行规定或按照规矩来办，不留余地：出发补助得~，不能乱改。

关死门 [kuæ̃³⁵sɿ³⁵mẽr³⁵] guǎn sí mēnr 比喻没有余地：人家那边~了，高低都不愿意再借给咱了，再想旁的法子吧 | 说话别~，万一不是这样的，咱还有个退路。

退腾 [t'uei⁵²³t'əŋr²¹⁴] tuì těngr 退路：冲上去以前，先想好~ | 一上来就把领导推到前头，连个~也没有。

有好果子吃 [iou³⁵xau³⁵kuə³⁵tsɿ⁰tʂʅ²¹⁴] yóu háo guǒ zi chǐ 比喻有好结果（多用于否定式）：跟着那一帮流氓瞎混，能~吗？| 欺负老百姓，保准没~。

熬到分上 [au²¹⁴tau⁰fẽr⁵²³ʂaŋ⁰] ǎo dao fènr shang 熬到一定程度，已经具备某种资格：~，该坐上首了。

结茧 [tɕiə²¹⁴tɕiæ̃r³⁵] jiě jiánr 本指蚕结茧，比喻人做出成果（含嘲讽意味）：忙了一天，就结了这一点茧 | 他不光不给老家~，还挖老家的墙角 | 他懒得皮疼，能结个啥茧！

五茧不结结六茧 [u³⁵tɕiæ̃r³⁵pu²¹⁴tɕiə²¹⁴tɕiə²¹⁴liou⁵²³tɕiæ̃r³⁵] wú jiánr bǔ jiě jiě liù jiánr 比喻不干正经事：这些人整天瞎跑哒，~。

不办茧子 [pu²¹⁴pæ̃⁵²³tɕiæ̃³⁵tsɿ⁰] bǔ bàn jián zi 比喻办不成事：别派他去，他~。‖ 也说"办不了茧子"。

不办三 [pu²¹⁴pæ̃⁵²³sæ̃²¹⁴] bǔ bàn sǎn "不办事"的戏谑说法，意思是办不成事：这个人能说会道，能吃能喝，就是~。‖ "不办事"的谐音是"不办四"，推延为"不办三"。

不办喜事 [pu²¹⁴pæ̃⁵²³ɕi³⁵sɿ⁵²³] bǔ bàn xí sìr 比喻不能做令人满意的事情：他是个粗心人，~。

消把戏 [ɕiau²¹⁴pa³⁵ɕi⁵²³] xiāo bá xì 无计可施（含贬义）：他卖假货咪，叫工商局的罚款了，这下子~了。

消熊 [ɕiau²¹⁴ɕyŋ⁵⁵] xǎo xiōng 詈词。完了，没办法了：金壳子手表（指手铐）一戴，他~了。

散 [sæ̃⁵²³] sàn ①作罢，算完：俺的事儿不处理就~了？| 俺多少辈子都干这一行，不能到我这一辈就~喽 | ~了吧，这点儿小事儿不值当的生气。②结束已有关系；关系破裂：既然你不喜欢我，咱俩就~。‖ 也说"散伙" [sæ̃⁵²³xuə³⁵] sàn huó。

散摊子 [sæ̃⁵²³t'æ²¹⁴tsɿ⁰] sàn tǎn zi 比喻解散（含戏谑意味）：企业改制以后，他的厂子~了，他下岗去蹬三轮车。

四撒五散 [sɿ⁵²³sa³⁵u³⁵sæ̃⁵²³] sì sá wú sàn 形容乱纷纷地各自跑散：城管的一来，卖菜的~，各处里乱钻。

散熊 [sæ̃⁵²³ɕyŋ⁵⁵] sàn xiōng 粗俗的说法，作罢；完了：不给吃~，下回不找你啦｜要是上大水，这块地就~啦。

滑手 [xua⁵⁵ʂour³⁵] huá shóur 失手。因手没有把握住而造成不好的后果：他一下子拿~了，盘子摔到地下。

麻爪 [ma⁵⁵tʂuar³⁵] mā zhuár 鸟兽的脚变得麻木无力；比喻因恐惧或担心而手足无措：老鼠见猫就~了｜鸡见黄鼠狼就吓~｜出了事，他~了。

不当家 [pu²¹⁴taŋ²¹⁴tɕiar²¹⁴] bù dǎng jiǎr 身体器官不听使唤：手冻得~了｜脑子疼得~｜他喝麻嘴了，舌头~，谁也听不清他说的啥意思。

吓唬 [xei⁵⁵xu⁰] hēi hu 欺负；恐吓：他老是~人家。

吓诈唬拢澎 [xei²¹⁴tsa⁵²³xu³⁵luŋ³⁵pəŋ²¹⁴] hěi zà hú lóng pěng 吓唬、讹诈、拢络、妄猜几种方法都用上：这个人~，一溜鬼吹灯，他的话不能信。

势欺 [ʂɿ⁵²³tɕ'i⁰] shì qi 欺负：他仗着有后台，~旁人。

把家门子势 [pa³⁵tɕia²¹⁴mẽ⁵⁵tsɿ⁰ʂɿ⁵²³] bá jiǎ mēn zi shì 在自家门口对外人骄横：街上的人仗着离家近，整天~，欺负外来的｜他好~，截着过路的吓唬，离开家门口比谁都孬种。‖有的说"搬门框砸人"。

楔乎 [ɕiə²¹⁴xu⁰] xiě hu 虚张声势，故意夸大事实：他好把小事~成大事，俺叫他~怕了｜一点小事，她~天，~地，胡搅蛮缠。‖有的说"嘘乎" [ɕy²¹⁴xu⁰] xǔ hu。

降摩 [ɕiaŋ⁵⁵muə⁰] xiāng mo ①降服：我能~他。②被降服的人：我成你的~了，你会会嘟囔我。

刮皮 [kua³⁵p'i⁰] guá pi 搜刮财物。

扣磨 [k'uɛ³⁵muə⁰] kuái mo 索取（亲友的财物）：他过得好，咱几个~~他去。

嚓乎 [ts'a²¹⁴xu⁰] cǎ hu 讨论，商量：收到报信，几个人就~咋着回话｜咱来~~谁来当头头儿。‖马楼等地说"嚓划" [ts'a²¹⁴xua⁰] cǎ huɑ。

虑练 [ly⁵²³liæ̃⁰] lǜ lian 同"嚓乎"。

打长谱 [ta³⁵tʂ'aŋ⁵⁵p'ur³⁵] dá chāng púr 作长期计划：我打的是二三十年的长谱，把孙子、重孙的事都想好了。

打……的谱 [ta³⁵ti⁰p'ur³⁵] dá……di púr 比喻考虑到某人（一般用于否定形式）：几个人都安排了，就没打他的谱。

打……的牌 [ta³⁵ti⁰p'ɛ⁵⁵] dá……di pāi 同"打……的谱"。

没有……的藕 [mei⁵²³iou³⁵ti⁰our³⁵] mèi yóu……di óur 没有某人的份：这回调工资没有他的藕。

框算 [kʻuaŋ⁵²³suæ̃⁵²³] kuàng suàn 粗略计算（往往比实际多出一部分）：本该一百的，你~是一百五。

框 [kʻuaŋ⁵²³] kuàng 同"框算"：一~一估，算出来一年合六百多。

扣 [kʻou⁵²³] kòu （口里，心里）计算：十五斤肉该多些钱，用嘴一~就出来了｜他心里~~，觉得差不多。

可算 [kʻə³⁵suæ̃⁵²³] ké suàn 估算，计算：你~着能来多少客？｜咱~下子，得要多少天能干完｜咱把情况往一坨斗斗，~下子用多少钱。‖有的说"可唠"[kʻə⁵⁵lau⁰] kē lao、"可落"[kə³⁵luə⁰] ké luo、"可摸"[kʻə⁵⁵muə⁰] kē mo。

匀扯 [yẽ⁵⁵tʂʻə³⁵] yūn ché 平均计算：~着说，这些钱一人合一百块｜我当清洁工，~着一月抓个两千块。

第第 [teir⁵²³teir⁰] dèir dèir 试试：你下去~水深不深｜你再来找事儿~，我非揍黏你｜~新鞋可脚不。

搁得 [kə⁵⁵ti⁰] gē di 禁得住：草坪~这样踩吗？｜富家不~三折腾（民谚）｜他不~我一拳｜一天赚百把，日子不~长算，过十拉年就发了。

搁不住 [kə⁵⁵puʻtʂu⁵²³] gē bu zhù 经受不住：富家~三折腾｜好话~三遍重（民谚）｜赌博的，没有种，~人家拱三拱（民谚）。‖也说"不搁得"[pu²¹⁴kə⁵⁵ti⁰] bǔ gē di。

赘腿 [tʂuei⁵²³tʻuei³⁵] zhuì tuí 比喻赘累，拖累：小孩跟着出门~｜他一个钱的事不会办，赘大家的腿。‖也说"赘脚"[tʂuei⁵²³tɕyə²¹⁴] zhuì juě。

赘连 [tʂuei⁵²³liæ̃⁰] zhuì lian 连累：他爹成分高，~得他说不上媳妇。

拉色 [la²¹⁴sei²¹⁴] lǎ sěi 扯后腿，抹黑，赘累：他跑得慢，安到田径队里不能增色，只能~｜这个人啥也不会，除了（只是）给我~。

碍事不拉脚 [ɛ⁵²³sɿ⁵²³pu²¹⁴la⁰tɕyə²¹⁴] ài sì bǔ la juě 碍事绊脚，妨碍别人做事：他忙着卖鱼，小孩跟着~。

搦总 [nuə²¹⁴tsuŋr³⁵] nuǒ zóngr 归总，合计：先记下来，最后~结算｜办完事再~｜这件事交给宣传部~扎口。‖也说"捏总"[ŋiə²¹⁴tsuŋr³⁵] niě zóngr。

归堆 [kuei²¹⁴tsueir²¹⁴] guǐ zuǐr 归拢。

拨 [puə⁵⁵] bō 把买来的东西剖分出一部分按原价卖给别人：这袋大米~给他一半儿｜你买的裤子~给我一件。‖有的说 [pu⁵⁵] bū、[pʻuə⁵²³] pò。

破 [pʻuə⁵²³] pò ①分擘，剖分：把木头~成板子。②拼，豁出去：谁~能大（这么大）的本儿跳河里捞木头去！｜~着钱财花光，也得给他治病。

耢 [lau⁵²³] lào 再一次进行：检查组走罢又折回来~个二茬｜我的感冒前几天刚好，谁知又~一场｜轧罢的麦再~一遍。

凑空 [tsʻou⁵²³kʻuŋr⁵²³] còu kòngr 抽时间；找机会：你~给小孩补补课｜丫鬟坐椅

子——~（歇后语）。

打紧板 [ta³⁵tɕiɛ̃³⁵pæ̃³⁵] dá jǐn bán 比喻加快速度：时间紧得很，得~赶上人家。

上紧 [ʂaŋ⁵²³tɕiɛ̃³⁵] shàng jǐn 赶快；加紧：天晚了，~走吧 | 平时玩起来没头，该考试了才知道~。

丢松 [tiou²¹⁴suŋ²¹⁴] diū sōng 松懈：办苹果节的事儿不能~ | 手头上的活忒多，没法~。

卧 [uə⁵²³] wò 分派：把任务~下去 | 这个活~给他了。

折 [tʂə³⁵] zhé 分让；均分：他的阳寿~给爹娘了 | 老大的心眼子多，老二差心眼子，他俩~一下子就好了。

作数 [tsuə²¹⁴ʂur⁵²³] zuǒ shùr 算数：您金口玉言，说话~ | 我这就找他去，看他说话~不！总不能只当大风刮跑了 | 上回的统计不~，再重新统计。

带 [tɛ⁵²³] dài ①允许，兴许：这回考试~翻书的 | 两个人比武，约好你打我三拳，我打你三拳，打三拳不~还手的。②夹带，附加：他认死理，脾气犟，谁的话都不~听的 | 他身强力壮，跑十里路都不~歇的。

只该 [tsʅ⁵⁵kɛ⁵²³] zī gǎi 应该；就该：你净说不讲理的话，我~不问你的事 | 这个盒子没用处，~拌（扔）喽。

打跩 [ta³⁵tʂuɛ³⁵] dá zhuái 打晃，左右摇摆不稳：他才一生子（一周岁），走起路来~ | 车子装得忒满，走起来~。

打飘 [ta³⁵pʻiau²¹⁴] dá piǎo 不停地飘动：风篓子线在漫空里~ | 小轿车的时速开到200，就觉得~。

晃 [xuaŋ³⁵] huáng ①（身体）因惯性而猛然晃动：司机来个急刹车，~得一车人东倒西歪。②因亲近的人离开而产生失落感：儿子一走，~得她没劲干活，几天过不来 | 他说月底来，月底又没见影儿，把家里人~了一场。

支棱 [tsʅ²¹⁴ləŋ⁰] zī leng ①直立，竖起：一看见来人，兔子的耳朵~起来 | 听见怪叫声，他的头发梢都~起来了 | 他~着耳朵听，光怕听不清（含戏谑意味）。②张开：树枝子~着。

支叉 [tsʅ²¹⁴tsʻa⁰] zī ca （毛发、手指、树枝等）张开；伸开：满地的西瓜像水桶，看瓜的老头儿喜得胡子~着 | 斗鸡脖子上的毛~起来 | 要账的堵住门，他急得干~手，躲也躲不开 | 四月二十八，麦芒一~（民谚）。

缩巴 [tʂʻu²¹⁴pa⁰] chū ba ①收缩：这布洗罢一水，~得还剩一点点儿 | 她八十多了，身子~了半截 | 他~着身子挤在车厢里。②瓜果等干缩：这袋子枣买来半月了，~得不能吃了。

缵巴 [tsuə³⁵pa⁰] zuó ba 皱缩；起皱纹：你在草地上乱打滚，把新衣裳都弄~了。

（二）心理

不解话 [pu²¹⁴ɕiɛ⁵²³xuar⁵²³] bǔ xài huàr 不能准确理解别人的话：这个人~，我劝了他两句，他就恼了。

抹门黑 [ma²¹⁴mẽr⁵⁵xeir²¹⁴] mǎ mēnr hěir ①完全不了解情况：北京的人我一个也不认得，走到北京~。②完全不懂：他对经济管理~。

抹门不通 [ma²¹⁴mẽr⁵⁵pu²¹⁴tʻuŋ²¹⁴] mǎ mēnr bǔ tōng 一窍不通：他除了会种地，旁的~。

哈乎不懂 [xa⁵⁵xur²¹⁴pu²¹⁴tuŋ³⁵] hā hǔr bǔ dóng 任何事情都不懂：他刚参加工作，单位上的事~。‖ 有的说"瞎乎不懂" [ɕia²¹⁴xur²¹⁴pu²¹⁴tuŋ³⁵] xiā hǔr bǔ dóng。

瞎屁不知 [ɕia²¹⁴pʻi⁵²³pu²¹⁴tʂʅ²¹⁴] xiā pì bǔ zhī 比喻不懂事理，缺少常识（贬义）。‖ 也说"不懂瞎屁" bǔ dóng xiā pì。

不知屙尿 [pu²¹⁴tʂʅ²¹⁴ə²¹⁴ȵiaur⁵²³] bǔ zhī ě niàor 比喻不明常理，缺少基本素养（贬义）：这人没调教好，~。

识数 [ʂʅ⁵⁵ʂuər⁵²³] shī shuòr 懂得数学计算的初步知识：他笨得很，只识仨钱的数。

识号 [ʂʅ²¹⁴xaur⁵²³] shǐ hàor 认识到或接受自己的名字：你喊他的外号，他答应了，还怪~哩｜他的狗~了，喊一声就跑过来。

认杠 [zẽ⁵²³kaŋr⁵²³] rèn gàngr 接受：任务分好了，都来认认杠｜给他布置任务，他不~。

记事儿 [tɕi⁵²³sʅr²¹⁴] jì sǐr 指儿童记事：那一年他五岁，刚~｜他叫人贩子拐到这个庄，还不~，家里的情况一概不知。

划回 [xua⁵²³xueir⁵⁵] huà huīr ①隐隐约约的印象：你说的这事，我记不清了，有点~。②轻微感觉：这件事一直瞒着他，他慢慢地猜着了，心里~｜那个物件他想要，就是没人往他心里做事，他有点~。‖ 有的说成"划黄" huà huāngr。

花拉糊刺 [xua³⁵la⁰xu⁵⁵tsʻʅ²¹⁴] huá la hū cǐ 隐隐约约，模模糊糊：小时候的事儿~记得一点儿｜~地有这一回事儿｜三生四岁，~记事（民谚）。

裁析 [tsʻɛ⁵⁵ɕi⁰] cāi xi 猜测，琢磨：我~着，只有他能治来汽车，离了他不中｜茶吃三杯落空盏，老员外低下头来暗~（民间说唱《仨闺女婿拜寿》）。

则默 [tsei²¹⁴meir⁰] zěi meir 估测，揣摩：快响午了，我~他该到家了｜我~几回了，这个病过几天就自动好了。‖ 有的说"斟默" [tʂẽ²¹⁴meir⁰] zhēn meir、"默默" [meir²¹⁴meir²¹⁴] měir meir、"默乎" [mẽ²¹⁴xu⁰] měn hu、"谋量" [mu⁵⁵liaŋ⁰] mū liang、"则谋" [tsei²¹⁴mu⁵⁵] zěi mū。

大估铺 [ta⁵²³ku³⁵pʻur²¹⁴] dà gú pǔr 粗略估计：~算起来，一亩地能收七八百斤麦｜先弄个~的数，过后再细算。‖ 也说"估大铺" [ku³⁵ta⁵²³pʻur²¹⁴] gú dà pǔr。

觉乎 [tɕyə²¹⁴xu⁰] juě hu 觉得，认为：我~着他老实可靠。

掂兑 [tiæ̃²¹⁴tuei⁰] diān dui 掂量物体轻重，引申为忖度，估量：我说的事你~着能办不？

量 [liaŋ⁵²³] liàng 断定：想拆我的鸭子棚，~你也不敢！

估弄 [ku⁵⁵nuŋ⁵²³] gū nong 因为猜不透而困惑、纳闷：他到底为啥不搭理我了，我~了月把｜我屋里有个瓜，抱出来吃了吧，要不然，有人~得睡不着。‖有的说 [ku⁵⁵nəŋ⁰] gū neng。

闷混 [mẽ⁵²³xuẽ⁰] mèn hun ①纳闷，疑惑不解：几十年啦，我都知不道电是啥样的，会会~得慌。②糊涂：这个人不开窍，~得很。‖有的说"闷惑" [mẽ⁵²³xuei⁰] mèn hui。

影 [iŋ³⁵] yíng ①猜疑：心里老是~得慌。②遮蔽：树叶子~着眼，看不清那边儿有谁｜前边儿的大楼~得俺家见不着太阳。

膈应 [kə²¹⁴iŋ³⁵] gē yíng 心中对某事忧虑不安或者反感：他家的楼盖这么高，挡得俺家见不着太阳，我心里~得慌。

出古 [tʂ‘u²¹⁴ku³⁵] chū gú 出奇，奇怪，表示纳闷、费解：~了，褂子咋没有了？｜~了，我明明把它搁到提包里啦，咋找不着啦？

犯想 [fæ̃⁵²³ɕiaŋr³⁵] fàn xiángr 思量，细心思考：他做事儿冒冒失失不~，啥事都不往心里搁｜说话不~，过后就后悔｜原先光是蛮干，这会儿犯过想来了｜过了几天，他犯起想来，觉得自家吃了亏。

思想 [sɿ²¹⁴ɕiaŋ³⁵] sī xiáng 想方设法：这小孩~着怪｜她光~着拐弯骂人。

瓦心里 [ua⁵²³ɕiẽ²¹⁴li⁰] wà xǐn li （某事）憋在心里，不能释怀：凡事都看开点，别~，该吃的吃，该喝的喝。

念乎 [ŋiæ̃⁵²³xu⁰] niàn hu 叨念；挂念：家里人成天~你，不论咋说你都该回家看看｜爷爷想孙子想烂眼，天天~着。‖也说"念思" [ŋiæ̃⁵²³sɿ⁰] niàn si、"念叨"。

把攥喽心 [pa³⁵tsuæ̃⁵²³lou⁰ɕiẽ⁰] bá zuàn lou xīn 形容某人非常关怀：大人替你~。

心挂两肠 [ɕiẽ²¹⁴kua⁵²³liaŋ³⁵tʂ‘aŋr⁵⁵] xīn guà liáng chāngr 挂念两头的人或事：打离开家，我就~，又想老的（父母），又想工作。

亮仗着 [liaŋ⁵²³tʂaŋ⁵²³tʂou⁰] liàng zhàng zhou 倚仗，坚信：他~武艺强，黑天半夜过了柏树林子｜他~身体好，小小不然的病就抗着不上医院｜他~是熟人，说话大大咧咧的｜~破鞋不扎脚（俗语。比喻无所顾忌，惹是生非）。

抠点子 [k‘ou²¹⁴tiæ̃³⁵tsɿ⁰] kǒu diǎn zi 想主意：谁要是得罪他，他就抠个歪点子毁坏谁｜那几个人见他差心眼子，就~出他的洋相。‖又说"玩点子"。

打疑迟 [ta³⁵i⁵⁵tʂʅ⁰] dá yī chi 犹豫不决。‖又说成"打意思"。

不定油 [pu²¹⁴tiŋ⁵²³iour⁵⁵] bǔ dìng yōur 心神不定，情绪不稳：小孩儿离家以后，她~，干着这事儿，想着那事儿。

二乎两耽干 [l̩⁵²³xu⁰liaŋ³⁵tæ̃⁵²³kæ̃⁰] lrì hu liáng dàn gan 犹疑不定，两方面都耽误：他一会儿想考公务员，一会儿想进企业，~，啥都没弄成｜要么出去打工，要么在家做生意，二月二都过了，你还不定油，九九归一治成~，一家人喝西北风？‖有的说"二古两耽干"[l̩⁵²³ku⁰liaŋ³⁵tæ̃⁵²³kæ̃⁰] lrì gu liáng dàn gan、"二五两耽干"[l̩⁵²³u³⁵liaŋ³⁵tæ̃⁵²³kæ̃⁰] lrì wú liáng dàn gan。

徐乎 [ɕy⁵⁵xu⁰] xū hu 留意，注意（用于答复句）：——俺的小孩从恁门前过了不？——没~。‖徐，本字不明。

没一想 [mei⁵²³i²¹⁴ɕiaŋr³⁵] mèi yǐ xiángr 没留意，没注意：我光顾跟熟人拉呱，~误了接小孩啦｜——你看见俺的京八了呗？——~。

没耳性 [mei⁵²³l̩³⁵ɕiŋ⁵²³] mèi lrí xing 没记性：这小孩~，我的话听罢就忘，左耳朵眼里进，右耳朵眼里冒。

眼摸眼望 [iæ̃³⁵muə⁰iæ̃³⁵uaŋ⁵²³] yán mo yán wàng 眼馋的样子：那个小孩见人家吃肉，~地站到跟前不走｜别~地看了，回家吃自己的去。‖有的说成"眼眉眼望""眼观眼望"。

憬 [tɕiŋ³⁵] jǐng ①兴奋：说是赶明去旅游，两个孩子~得跳圈儿｜他考上了清华，一家子人家~得别提。②喜欢；使人兴奋：小孩~年｜这个项目不~人，没有多大利。

洋兴 [iaŋ⁵⁵ɕiŋ⁰] yāng xing 好奇：她就是~，只要听见有响声就出来看。

心兴 [ɕiẽ²¹⁴ɕiŋ²¹⁴] xǐn xǐng 好奇：他没见过梨花授粉，~，老想动手试试。

甜化人 [tʰiæ̃⁵⁵xua⁰zẽ⁵⁵] tiān hua rēn 惹人喜爱：小孙子就是~人，见人就笑｜这小狗多~人呗，见我进家就上头扑面，亲得不得了｜他不~，老是挑人家的毛病。‖有的说成"甜和人"[tʰiæ̃⁵⁵xu⁰zẽ⁵⁵] tiān hu rēn、"甜还人"[tʰiæ̃⁵⁵xuæ̃⁰zẽ⁵⁵] tiān huan rēn。

喜见人 [ɕi³⁵tɕiæ̃⁰zẽ⁵⁵] xí jian rēn 同"甜化人"：这小孩嘴甜，真~｜他身上没长~的肉｜他说话不~，啥话难听就说啥话。

待见 [tɛ⁵²³tɕiæ̃⁵²³] dài jiàn 喜爱（用于对人，多用于否定式）：老嬷嬷喜欢小的，不~那个大黄子（大儿子）｜他从小不招人~｜七岁、八岁半，鸡狗不~（民谚）｜话重三遍，鸡狗不~（民谚）。

烦 [fæ̃⁵⁵] fān 讨厌：那个人不通情理，谁见了谁~｜我最~谁背后瞎唧唧。

烦心 [fæ̃⁵⁵ɕiẽ²¹⁴] fān xǐn 心烦：小孩儿成绩不好，我想起来就~｜家家都有~的事儿。

恶烦 [ə²¹⁴fæ̃⁰] ě fan 厌恶：她喜欢勤力人，~懒人｜想起他，我就~，心里跟压着大石头的样。

恶影 [ə²¹⁴iŋ³⁵] ě yíng 厌烦，恶心：菜里有个蝇子，真~。

烦得淹心 [fæ̃⁵⁵ti⁰iæ²¹⁴ɕiɛ²¹⁴] fán di yǎn xǐn 形容极为厌烦：我见着他~，不吃就饱了。

鼻子眼里滴醋 [pi⁵⁵tsʅ⁰iæ̃³⁵li⁰ti²¹⁴tsʰu⁵²³] bī zi yánr li dǐ cù 形容对某人非常厌烦。

记害 [tɕi⁵²³xɛ⁰] jì hai 记恨：他脾气孬，说罢拉倒，不~人。

发哑巴恨 [fa²¹⁴ia³⁵xẽ⁵²³] fǎ yá ba hèn 背后说愤恨的话：他当面不吭气，背地里~。

背地里耍钩担 [pi⁵²³ti⁵²³li⁰ʂua³⁵kou²¹⁴tæ̃⁰] bì dì li shuǎ gǒu dan 比喻当面不敢抗争，背后发狠泄愤：~有啥用？当面跟他说去！

嫌好道歹 [ɕiæ̃⁵⁵xau³⁵tau⁵²³tɛ³⁵] xiān hǎo dào dǎi 形容挑剔：有个轿车开着就不孬啦，别~啦｜我跑前跑后帮他的忙，他还~。

撇清拉怪 [pʰiə²¹⁴tɕʰiŋ²¹⁴la²¹⁴kuɛ⁵²³] piě qīng lǎ guài 形容脾气古怪：她不叫旁人坐她的凳子，不叫旁人用她的电脑，~，不好伺候｜他清高，看不起人，~的。

热 [zə²¹⁴] rě 热衷，非常喜欢：丰县人~听戏｜他~画画儿，不~遛鸟｜他听说有人能修这个物件，~得跟裤套样，南里北里去找。

认 [zẽ⁵²³] rèn ①执着；特别喜欢：他钓起鱼来~得很，刮风下雨都不误｜~学｜~干｜~喝｜~玩儿。②宁愿，愿意承受：我~折本儿也得顾面子｜他~吃药丸子，不~打针｜为夫要把妻亏待，为妻的~丢脸面另嫁郎（民间说唱《王天保下苏州》）｜~着过穷日子，也不想走邪路。

发心 [fa²¹⁴ɕiɛ²¹⁴] fǎ xǐn 真心，真诚，发自内心：他~去学真本事，就千里遥远拜师学艺。

心心量量 [ɕiɛ²¹⁴ɕiɛ⁰liaŋr⁵⁵liaŋr⁵⁵] xǐn xin liāngr liāngr 一心期望：他在这家公司过了一年，~想跳槽。

百思生法 [pei²¹⁴sʅ⁰səŋ²¹⁴far²¹⁴] běi si sěng fǎr 千方百计：赌博场上，头家嘴里厚，心里奸，~想你的钱。‖有的说"百脑生法"。

不翻个 [pu²¹⁴fæ̃²¹⁴kər⁵²³] bǔ fǎn gèr 脑筋转不过弯，想不透。

迷一窍 [mi⁵⁵i²¹⁴tɕʰiaur²¹⁴] mī yǐ qiàor 对某方面着迷或嗜爱：他~，天天去摸奖｜老嬷嬷~了，认准要买那个牌子的电动车。

谈迷 [tʰæ̃⁵⁵mi⁵⁵] tān mī 糊涂，过于沉迷于某事：我越说不行，他越要干，~得没法治｜我说了两遍，他还不清楚，真~。

迷头 [mi⁵⁵tʰour⁵⁵] mī tōur 迷失；记不清：他的私房钱搁~了｜那本书传~了。

凉人 [liaŋ⁵⁵zẽ⁵⁵] liāng rēn 让人灰心或失望：本来觉得能得奖，结果没沾边，真~。

怕婆子 [pʰa⁵²³pʰuə⁵⁵tsʅ⁰] pà pō zi 怕老婆：谁~谁好过，有吃有喝有钱花｜~，门口拴骡子（旧民谚）。

打怯 [ta³⁵tɕʰiə⁵²³] dá qiè 恐惧，害怕：到台上大大方方地，别~｜他看见对手都弄么（那么）壮，就~退出来。

难为 [næ̃⁵⁵uei⁰] nān wei 让人作难：我出个怪题~~他｜抱着孩子还得下地干活，她~得掉眼泪｜连这件小事儿都不会办，咋~当领导来。

犯难为 [fæ̃⁵²³næ̃⁵⁵uei⁰] fàn nān wei 犯难：书记安排门口栽棵梅花，局长说栽棵松树，我犯了难为，左也不是，右也不是。

足兴 [tɕy²¹⁴ɕiŋ⁵²³] jǔ xìng 尽兴：他困到床上玩手机，到半夜都没玩~｜连看五六场大戏，看~了。

能吃载 [nəŋ⁵⁵tʂʅ²¹⁴tsɛ⁵²³] néng chī zài 能够经得起责备、戏弄、嘲讽。

火着 [xuə³⁵tʂuə⁵⁵] huó zhuō 比喻非常着急：家里的太阳能漏水啦，我急得~｜你手机不接，微信不回，我等得~。

急慌 [tɕi²¹⁴xuaŋ⁰] jǐ huang 慌张忙乱，慌急慌忙：做事别~，稳当点。

慌慌 [xuaŋ²¹⁴xuaŋ⁰] huǎng huang 慌忙：我光~着看广场晚会咪，忘了买菜啦｜瞎~不如冷等（民谚。冷等，鹭类鸟）｜她这些天啥事都没干，只~着给小孩报名上幼儿园。

素净 [su⁵²³tɕiŋ⁰] sù jing 心中安宁；清净，没有事务打扰：离开那些难缠的人，心里真~｜三个儿来争家产，搅划得老两口不~｜小孩走罢，家里~了。

素净的 [su⁵²³tɕiŋ⁵⁵ti⁰] sù jīng di 很安宁、清净：这几年一没病，二没灾，日子过得~。

惜怜 [ɕi²¹⁴liæ̃⁰] xī lian 怜惜，同情爱护：他是个大善人，成天~人｜他才上小学，就知道~爹娘了。

顾怜 [ku⁵²³liæ̃⁰] gù lian 帮助，关心照顾：他的两个钱都~亲戚了，自家过得不是任啥。

嚣袅 [ɕiau²¹⁴ȵiau⁰] xiāo niao 羞怯：他~得跟大闺女样，见了人连句话也不说｜屋里又没旁人，你有啥~的？

嚣嚣捏捏 [ɕiau²¹⁴ɕiau⁰ȵiə²¹⁴ȵiə²¹⁴] xiāo xiao niē niē 形容害羞、动作不自然的样子：伯伯喊她，她~地不吱声｜你只管大大方方的，别~地。

不要鼻子 [pu²¹⁴iau⁵²³pi⁵⁵tsʅ⁰] bù yào bī zi 不知害羞（含戏谑意味）：他有时候拿走我的好酒，有时候翻走我的茶叶，没皮没肉，~。

不要意思 [pu²¹⁴iau⁵²³i⁵²³sʅ⁰] bù yào yì si 不顾脸面（含戏谑意味）：没干啥活儿，还到台上领奖，真~｜咱别~，你咋光说我小时候打架、扒瓜的事，败坏我的名声？

无的怨 [u⁵⁵ti⁰yæ̃⁵²³] wū di yuàn 没什么可以埋怨的：他觉得我跟他不亲，这也~，我在家的时候忒少了｜能能能能站，摔倒~（逗引婴儿学习站立时的民谣）。

屈赖 [tɕʻy²¹⁴lɛ⁵²³] qū lài 冤枉某人：人家~他砸毁玻璃，她屈得跟窝窝样｜你真~他了，无怨他抱屈。

憋屈 [piə²¹⁴tɕ'y²¹⁴] biě qū 因受到委屈而烦闷、难受：他家的豆角子少了，他疑乎是我摘的，你不知道我心里有多～。

窝囊 [uə²¹⁴naŋ⁰] wǒ nang 同"憋屈"。

憋气不吭 [piə²¹⁴tɕ'i⁵²³pu²¹⁴k'əŋr²¹⁴] biě qì bù kěngr 因委屈或烦恼而生气不说话：小李一句话，说得老三～。

好心当成驴肝肺 [xau³⁵ɕiẽ²¹⁴taŋ²¹⁴tʂ'əŋ⁵⁵ly⁵⁵kæ̃²¹⁴fi⁵²³] háo xǐn dǎng chēng lǘ gǎn fi 比喻把别人的善意当作恶意。

喝大胆汤 [xə²¹⁴ta⁵²³tæ̃³⁵t'ɑŋ²¹⁴] hě dà dán tāng 比喻粗心大意：这几天不大太平，咱得提防着，不能～。

睡大胆觉 [ʂuei⁵²³ta⁵²³tæ̃³⁵tɕiau⁵²³] shuì dà dán jiào 放心睡觉：贼窝端了，老百姓能～了。

摽心眼子 [piau⁵²³ɕiẽ²¹⁴iæ̃³⁵tsɿ⁰] biào xǐn yán zi 比心计：要论～，他包人家一大群。

糊弄 [xu⁵²³nuŋ⁰] hù nong ①欺骗；蒙混：要一条一条地照办，不能～过关｜想～百姓，最终得吃亏。②将就：条件不好，～着过吧｜他没啥打算，天天瞎～｜做防水不能瞎～。

糊弄局 [xu⁵²³nuŋ⁰tɕyr⁵⁵] hù nong jūr 敷衍应付局面：上头看他难缠，就哄他说马上解决，弄个～，把他打发走完事｜他光是造声势，其实没真心去干，手下都知道这是～。

凑乎局 [ts'ou⁵²³xu⁰tɕyr⁵⁵] còu hu jūr 凑合，将就：这两年过得算是～。

转轴子 [tʂuæ̃⁵²³tʂu⁵⁵tsɿ⁰] zhuàn zhū zi ①反悔；改变主意：我用西地换你屋后的宅基地，说得妥妥的了，你咋～了。②反复无常，不讲信用：嘴上没胡子，说话～（民谚）｜他的局不好共，是个～货，头天骂誓赌咒说好的事，天明就变卦，这种人不能沾板。‖有的说成"转轴"：先前本打算一百块钱就卖的，现在他转轴了（赵本夫《卖驴》）。

翻老笆 [fæ²¹⁴lau³⁵pa²¹⁴] fǎn láo bā 否认自己说过的话：他这个人～最在行了，输了钱不认账｜咱没有一点抓手，万一他～咋办？

翻拉笆 [fæ²¹⁴la²¹⁴pa²¹⁴] fǎn lǎ bǎ 同"翻老笆"。通行于宋楼镇、赵庄镇、孙楼街道等地。

耐心烦儿 [nɛ⁵²³ɕiẽ²¹⁴fær⁵⁵] nài xǐn fānr 耐心：叫我去练字，我可没那个～。

十七、语言

拉 [la⁵⁵] lā 谈；闲谈：俺三个～形势，～到兴头儿上，忘了时间点儿｜我有点儿事儿先过去，咱回头细～｜枣核子破板——没拉头（歇后语）｜会说会～，一毛不拔。

拉呱 [la⁵⁵kuar³⁵] lā guǎr ①闲谈：他几个没事儿就凑到一堆～｜坐溜地下，咱俩好好拉拉呱｜咱俩借微信平台拉上了呱，真不孬｜公务忒忙，没空陪你拉闲呱。②讲故事：十几个人蹲到地头上听他～｜他肚子里到底有多少呱，谁也说不清，反正天天拉也拉不完｜喝罢汤，庄上的人围着他，听他拉大呱。

侃 [kʻæ̃³⁵] kán 随便说；漫无边际地说话：三杯小酒下肚，他就开始瞎～，没有一句有用的｜先生胡吹乱～一席话，句句打中她。

闲嗑牙 [ɕiæ̃⁵⁵kʻə⁵²³iar⁵⁵] xiān kè yár 闲谈，说闲话：几个人吃饱没事儿，偎到一堆～｜我忙得拾头，哪有工夫跟你～？

喷 [pʻə̃²¹⁴] pěn 乱说，说大话：他瞎说胡道，～得跟雾拉子雨样，唾沫星子直飞｜不是我～大话，往前能看一百年，往后能看二百一｜这大话一～，大家都愣住了。‖元代无名氏《谢金吾》三折："他两三番把咱支对，你怎么信口胡喷，抢白的我脸上无皮？"

瞎喷胡拉 [ɕia²¹⁴pʻə̃²¹⁴xu⁵⁵la⁵⁵] xiǎ pěn hū lā 胡乱说话；夸张地说话：那一把子人～，分不清谁是真把式，谁是假把式。‖有的说"五喷六拉" [u³⁵pʻə̃²¹⁴liou⁵²³la⁵⁵] wú pěn liù lā。

东扯葫芦西扯瓢 [tuŋ²¹⁴tʂʻə³⁵xu⁵⁵lou⁰ɕi²¹⁴tʂʻə³⁵pʻiau⁵⁵] dōng ché hū lou xī ché piāo 比喻随意说话，缺少主题：她～，我听不出来她想说啥。

撅空 [tɕʻyə²¹⁴kʻuŋr²¹⁴] quě kǒngr 闲聊；无根据地讲故事：一入腊月，这些人胡喷～拉大呱，喝酒打牌赶闲集｜庄头上几个人闲喽没事，东拉西扯，扯得没边没沿，比谁会～。

云里雾里撅 [yẽ⁵⁵li⁰u³⁵li⁰tɕʻyə²¹⁴] yūn li wú li quě 形容说话不着边际，空泛而无实据：他给人家云里雾里瞎撅，上不着天，下不着地｜老雕叼着个蒜臼子——～（歇后语）。‖ 撅，无根据地讲。

瞎胡杵 [ɕia²¹⁴xu⁵⁵tʂʻu³⁵] xiǎ hū chú 随口乱说，信口开河：人家正商量正经事，他给人家～。

瞎膀 [ɕia²¹⁴pʻaŋ³⁵] xiǎ páng 同"瞎胡杵"。

胡吹海膀 [xu⁵⁵tʂʻuei²¹⁴xɛ³⁵pʻaŋ³⁵] hū chuǐ hái páng 信口说话，无依据地乱说：他行（[xaŋ⁵⁵] hāng）说个这，行说个那，～。

澎 [pʻəŋ²¹⁴] pěng 乱猜；诈言：这道选择题叫我～准了｜他给人家算福祸吉凶，都是瞎～的。‖《醒世姻缘传》第四十七回："一个女人家有甚么胆气，小的到他门上澎几句闲话，他怕族人知道，他自然给小的百十两银子，买告小的。"

拉长秧 [la²¹⁴tʂʻaŋ⁵⁵iaŋr²¹⁴] lǎ chāng yǎngr 拉长腔，拖长声音（说话、喊叫）：他站在主席台上，拉着长秧讲了个把小时｜到了挨麻黑（傍晚），大人开始～喊小孩吃饭｜丧屋里，女人拉着长秧哭，哭着说着。

持大声 [tʂʻʅ⁵⁵ta⁵²³ʂəŋ²¹⁴] chī dà shēng 高声（说，唱，叫喊等）：他跑远了，我～咋呼，也没喊应他｜我有点耳沉，你～说｜他～哭，也没人答理。

咋呼 [tsa²¹⁴xu⁰] zǎ hu 喊叫：他老远看见我，就大声～，叫我回去｜老师刚走，教室里就～起来｜你没理，还瞎～啥？

咋咋呼呼 [tsa²¹⁴tsa⁰xu²¹⁴xu²¹⁴] zǎ za hǔ hǔ （在公共场合）大声喊叫、说话：他坐到高铁上～，引得周圈的人都瞪眼看｜一群小青年～一窝蜂似的进体育场去了｜他对学生从不～，嗷天火地。

咋呼唠天 [tsa²¹⁴xu⁰lau⁵⁵tiæ²¹⁴] zǎ hu lāo tiǎn 喧嚷、叫喊的声音非常大（含贬义）。

大声嚎气 [ta⁵²³ʂəŋ²¹⁴xau⁵⁵tɕʻi⁵²³] dà shēng hāo qì 声音很大地说话、叫喊等（含贬义）：他好～地熊（训斥）小孩｜她扯着嗓子～地吵吵，引来一圈子看热闹的。

吆唤 [iau²¹⁴xuæ̃⁰] yǎo huan 吆喝，大声喊叫：收破烂的边走边～｜咱的麦叫谁家的羊啃了，我上庄里～～去。

嘟噜 [tu²¹⁴lu⁰] dū lu ①不停唠叨，嘟囔。多表示不满：她回到家，～起来没头，不是嫌男的弄脏地板，就是怨小孩不听话｜这有多大点事？就你多事，～一遍又一遍，叫人家听见多不好。②鹅、鸭类吃食：鸭子～屋拉牛（河螺）｜鹅把豆腐渣～了。

嘟喽 [tu²¹⁴lou⁰] dū lou 同"嘟噜"。

嘟嘟噜噜 [tu²¹⁴tu⁰lu²¹⁴lu⁰] dū du lǔ lǔ "嘟噜"的强调说法：人家都忙着搬东西，他在腚后头～不住腔。

呱哒 [kua²¹⁴ta⁰] guǎ da 随意乱说（含嘲讽意味）：几个人在庄头上天南海北瞎～｜不会说话瞎～，听着不是正经话。

贫嘴呱哒舌 [piẽ⁵⁵tsuei³⁵kua²¹⁴ta⁰ʂə⁵⁵] pín zuí guǎ da shē 耍贫嘴：他整天～，一句正经话也没有。

打唠 [ta³⁵lau⁵²³] dá lāo 跟别人说无用的话：人家有正经事要干，别跟他瞎～｜两个孩子在我跟前～，闹得我睡不成觉。

叨叨 [tau²¹⁴tau⁰] dāo dao 絮叨；唠叨：我越不想听，她越对着我的耳朵门子～｜他从去年就～这个事儿了｜她一天到晚叨叨叨叨，没完没了。‖宋代周密《癸辛杂识别集·卷下·银花》："若遇明正官司，必鉴其事情，察余衷素，且悯余叨叨于垂尽之时。"

囔囔 [naŋ²¹⁴naŋ⁰] nāng nang 翻来覆去地说（略含贬义）：她～来，～去，不住嘴。

唧唧 [tɕi²¹⁴tɕi⁰] jī ji 唠叨：光是瞎～，就是不动手干活｜你的嘴要痒痒就上南墙上蹭，别没事瞎～。

叽咕 [tɕi²¹⁴ku⁰] jī gu 低声说话：他趴到小王的耳朵上～了一阵子｜他嘴里子丑寅卯、阴阳八卦地乱～｜两口子～了一会儿，答应了爹娘。‖也说"咕哝" [ku²¹⁴nuŋ⁰] gū nong、"咕叽" [ku²¹⁴tɕi⁰] gū ji。

叽叽咕咕 [tɕi²¹⁴tɕi⁰ku²¹⁴ku²¹⁴] jī ji gǔ gǔ "叽咕"的强调说法：他俩说起私房话，～，

交头接耳，甜得跟蜜样｜他挠着头，嘴里~｜领导在台上讲话，他俩坐到台下~一个劲地说话。‖ 也说"咕咕叽叽"[ku²¹⁴ku⁰tɕi²¹⁴tɕi²¹⁴] gǔ gu jǐ jǐ。

喳喳 [tsʻa²¹⁴tsʻa⁰] cǎ ca 争着说话（略含贬义）：这个媒人好喝酒，能~｜他没主见，光是跟着瞎~｜没事你去拾柴火，别在我跟前瞎~。

咉咉 [iaŋ²¹⁴iaŋ⁰] yǎng yang 形容在一起议论：领导宣布全体干部到村里排查隐患，会场上都~起来｜他几个~着要开个水果店。

叨登 [tau²¹⁴təŋ⁰] dǎo deng 轻度争吵：两个人为了一件小事~起来了｜他分不出理表，别跟他~。

咯咯唧唧 [kə²¹⁴kə⁰tɕi²¹⁴tɕi²¹⁴] gě ge jǐ jǐ 轻微争吵的样子：二叔从年轻时候就跟二婶~的，到老了还是合不来｜两家人为了房子争来争去，~。

莽莽话 [maŋ³⁵maŋ⁰xuar⁵²³] máng mang huàr 幼儿牙牙学语：俺的小孙子十个月多一点，会~了。

瞎莽莽 [ɕia²¹⁴maŋ³⁵maŋ⁰] xiǎ máng mang 不准确地练习说话：他还不会说话，光会~。

不吱拉声 [pu²¹⁴tʂʅ⁵⁵la²¹⁴ʂəŋr²¹⁴] bǔ zhī lǎ shēngr 一句话也不说：你咋能~摘人家的豆角子？｜还没散会，他~走了。‖ 有的说 [pu²¹⁴tɕi⁵⁵la²¹⁴ʂəŋr²¹⁴] bǔ jī lǎ shēngr、[pu²¹⁴tsɿ⁵⁵la²¹⁴ʂəŋr²¹⁴] bǔ zī lǎ shēngr。也说"不声不响"。

闷缸 [mẽ²¹⁴kaŋ²¹⁴] měn gǎng 无言以对，说不出话来：他叫看门的顶了两句，~了。

打响声 [ta³⁵ɕiaŋ³⁵ʂəŋr²¹⁴] dá xiáng shěngr 打招呼告知：他没跟朋友~，单个单地坐车跑了｜只要你打个响声，我立马过来帮忙。

喊明场 [xæ̃³⁵miŋ⁵⁵tʂʻaŋr³⁵] hán mīng chángr 公开声明：我~跟你说，你要再这样，别说不客气。

喝闪 [xə²¹⁴ʂæ̃⁰] hě shan ①声张，张扬：这件事儿~得满城都知道了｜他是瞎~的，根本没有这回事儿。‖ 有的说成"喝颤" [xə²¹⁴tʂʻæ̃⁰] hě chan。②（物体）颤动，摇晃：他挑着挑子，扁担~~的｜坐着八抬大轿，~~地打街上过｜草垛~~地要歪。

适张 [ʂʅ²¹⁴tsaŋ⁰] shǐ zhang 张扬：他真能~，得了个三等奖，把全班人都喊来了。

喝号子 [xə²¹⁴xau⁵²³tsɿ⁰] hě hào zi 喊号子，喊口号：二队的人打着红旗，喝着号子，上河工去了。

打哑巴禅 [ta³⁵ia³⁵pa⁰tʂʻæ̃⁵⁵] dá yá ba chān 用手势等身体语言传递信息，比喻用局外人不了解的方式交流。

嘴里半截，肚里半截 [tsuei³⁵li⁰pæ̃⁵²³tɕiə⁵⁵, tu⁵²³li⁰pæ̃⁵²³tɕiə⁵⁵] zuí li bàn jiē, dù li bàn jiē 比喻吞吞吐吐：他~，说不清楚。

唔哝吧唧 [u²¹⁴nuŋ⁰pa²¹⁴tɕi²¹⁴] wǔ nong bǎ jī 吞吞吐吐、口齿不清的样子：我问他咋

回事儿，他~的，不好意思说。

唔唔哝哝 [u²¹⁴u⁰nuŋ²¹⁴nuŋ²¹⁴] wǔ wu nǒng nǒng 同"唔哝吧唧"。

唔唔嘎嘎 [u²¹⁴u⁰kar²¹⁴kar²¹⁴] wǔ wu gǎr gǎr 支支吾吾，说话含混躲闪：账还没算清，他~就想了事儿。

吭声 [kʻəŋ²¹⁴ʂəŋr²¹⁴] kěng shēngr 出声；说话（多用于否定式）：不管我咋说，他都不~｜她噘着嘴，千问万问不~｜他赌着三分气，一路子都没吭一声。

吭气 [kʻəŋ²¹⁴tɕʻir⁵²³] kěng qìr 同"吭声"：受了委屈，他也不~。

吭吭呲呲 [kʻəŋ²¹⁴kʻəŋ⁰tsʻŋ²¹⁴tsʻŋ²¹⁴] kěng keng cǐ cǐ 说话费力、不顺畅的样子：他~，半天说不出所以然。

懒语 [laɛ³⁵yr³⁵] lán yúr 不爱说话：对长辈要尊重，该喊啥就喊啥，别~｜他有点儿~，见了熟人也不招呼。‖ 有的说"嘴懒"。

呜哝嘴 [u²¹⁴nuŋ⁰tsueir³⁵] wǔ nong zuír 被责问或追问时嘴里"呜呜"地说不出话：别看他叽叽的，我只问他一句，他就~了。

滑嘴 [xua⁵⁵tsueir³⁵] huā zuír 走嘴，不留神说话出错：他不小心说~，把吵架的事端出来了｜他说~了，把菩萨说成了葡萄。‖ 也说成"说慌嘴"。

错嘴 [tsʻuə⁵²³tsuei³⁵] cuò zuí 指说污辱人的话：两个人吵架，可不兴~的。

下道 [ɕia⁵²³taur⁵²³] xià dàor 指离题胡扯，多指说不正经的话：刚一开腔还怪在板，三句话一说就~。

骂誓 [ma⁵²³ʂŋ⁵²³] mà shì 起誓：你说这事不是你干的，敢~不？｜骂血誓｜骂大誓。

念唊 [ŋiɛ̃⁵²³iaŋr²¹⁴] niàn yǎngr 故意自言自语使别人听到，曲折表达意思：他想要点纪念品，就上领导眼前~。

说柴话 [ʂuə²¹⁴tsʻɛ⁵⁵xua⁵²³] shuō cāi huà 说不吉利的话：喜事上可别~叫人家烦。

丢松腔 [tiou²¹⁴suŋ²¹⁴tɕʻiaŋr²¹⁴] diū sōng qiǎngr 说轻松俏皮的话：我都快气晕了，你还~！

黑不提，白不提 [xei²¹⁴puʻ²¹⁴tʻi⁵⁵, pei⁵⁵puʻ²¹⁴tʻi⁵⁵] hěi bǔ tī, bēi bǔ tī 总是不提及（含不满意味）：我给他垫了两万块钱，他~｜原说年前还清账，正月十五都过了还是~。‖ 也说"不说长，不说短"。

惺 [ɕiŋ²¹⁴] xǐng 哄骗：你叫人家~怕了咋咋？咱是自家人，我还能~你吗？｜他咋都不愿意回家，我~着哄着才把他接走｜车里明明没座儿了，你偏说有座儿，怪会~人咪！

玩人 [uã⁵⁵zɛ̃⁵⁵] wān rēn 捉弄人：职称指标说好的给我，你又给了旁人，这不是~吗？

和哄 [xuə⁵⁵xuŋr³⁵] huō hóngr 哄骗：这届村委会说集资修路，那是~，大家把钱交上去也没见修路。‖元代无名氏《来生债》第一折："你省的古墓里摇铃，则是和哄我那死尸哩。"

打马虎眼 [ta³⁵ma²¹⁴xu⁰iæ̃³⁵] dá mǎ hu yǎn 趁人不注意时蒙混骗人：他明知自己没理，就说几句不沾边的话~，想糊弄过去｜个别人想打门卫的马虎眼，出门的时候偷带公家的东西｜他的秤砣上粘着吸铁石，过秤的时候~，一回坑人家几斤麦。

袖子里没胳膊 [ɕiou⁵²³tsɿ⁰li⁰mei⁵²³kə²¹⁴pu⁰] xiù zi li mèi gě bu 比喻说假话：他的眼子毛都会说话，头发丝都是空的，是个~的人｜他的话不能听，一半瞎话一半空，袖子里摸不着胳膊｜他要说袖子里有胳膊，你也得摸摸，看是真的不。

抬拧杠 [tɛ⁵⁵ŋiŋ⁵²³kaŋ⁵²³] tāi nìng gàng 用偏理来争辩。

囔堵 [naŋ⁵⁵tu⁰] nāng du 说生硬难听的话，令人烦闷憋气：他这人性子瞎，当场把领导~一盘，治领导个没脸。‖也说"堵囔"[tu³⁵naŋ⁰] dú nang。

对磨 [tuei⁵²³muə⁰] duì mo 争吵斗气：他俩见面就~，哪天不~都过不下去。

噎 [iə²¹⁴] yě 比喻说话使人受窘：一句话~得他张不开嘴。

搡弄 [saŋ⁵⁵nəŋ⁰] sāng neng 顶撞；责备：科长支派他去值班，他把科长~一顿，科长说不能说，道不能道｜别老是~他。

张嘴填个蚂蚱 [tʂaŋ²¹⁴tsuei³⁵t'iæ̃⁵⁵kə⁰ma²¹⁴tsa⁰] zhǎng zuí tiān ge mǎ za 比喻堵嘴：我的话还没说完，你~，你是队长又咋的？反不能不叫人说话！

霉 [mei⁵⁵] mēi 羞侮：他吹大牛咪，我把他~了一顿｜他正赌得高兴，他媳妇冲上来劈脸带腮把他打了个满脸无光，~了个满场没趣｜~不倒的光棍（聪明人遭受羞侮也不倒下）。

糟歹 [tsau²¹⁴tɛ⁰] zāo dai 糟蹋别人的名声：他各处里~人家，说人家作风不正。‖有的说"糟汰"[tsau²¹⁴t'ɛ⁰] zāo tai。

柴坏 [ts'ɛ⁵⁵xuɛ⁵⁵] cāi huai ①讥讽：有事说事，别~人｜他把人家~得没一成｜回到家，你要是不说丰县话，亲戚邻居能把你~死。②名词，缺陷，毛病：新碗上有个~｜睡懒觉是个~。③形容词，不完美，有缺陷：这事办~了。

呋咧 [tiə³⁵lə⁰] dié lie 当众嘲讽；败坏名誉：我明明有病，他特意地跟外人~我娇贵｜我唱了一回歌，叫他~得不成流糨。

刺笑 [ts'ɿ²¹⁴ɕiau⁰] cǐ xiao 讥笑，耻笑：她穿了一件短裙子，一圈子人都~她。

羞磨 [ɕiau²¹⁴muə⁰] xiāo mo 羞辱：他守着满庄的人~我。

刺挠 [ts'ɿ⁵²³nau⁰] cì nao 用生硬难听的语言来驱逐、摒拒：我想劝劝他，他光~我｜他横鼻子拉眼，把人家~走了。

吧吧的 [par²¹⁴par²¹⁴ti⁰] bār bār di 形容某人能说会道（含贬义）：他的嘴~，些会说｜我才说他一句，他就~~犟嘴。

恶啷 [ə²¹⁴laŋ⁰] ě lang 说脏话：当着一大圈子人，嘴里不干不净，瞎~胡呲，不知道丢人！｜你~啥？胡~八呲。‖有的说成"恶囔"[ə²¹⁴naŋ⁰] ě nang。

骂大讳 [ma⁵²³ta⁵²³xuei⁵²³] mà dà huì 玩笑式地调侃、对骂：他几个见了面就~，差一点骂恼｜派个办事员跟客商谈价钱，这简直是~。

栽排 [tsɛ²¹⁴pʻɛ⁰] zǎi pai 嘱咐；安排：临走前我~他不要喝酒，谁知他不喝不喝又喝了｜我~喽又~，叫他别忘喽接孩子。

嘱咐驴 [tʂu²¹⁴fu⁰ly⁵⁵] zhǔ fu lǘ 比喻叮嘱、吩咐（含贬义）：我一天三遍~，他也改不了。

揪着耳朵嘱咐驴 [tɕiou²¹⁴tʂou⁰ɭ³⁵tʻou⁰tʂu²¹⁴fu⁰ly⁵⁵] jiū zhou lrí tou zhǔ fu lǘ 比喻重重嘱咐（含贬义）：非得~，他才能记住。

叽歪 [tɕi²¹⁴uɛ⁰] jǐ wai 叫喊；大声说话（含不满意味）：人家都睡着了，恁俩~啥？｜旁人都稳当的，就他瞎~，提一堆瞎巴子意见。‖有的说成"吱歪"[tsɿ²¹⁴uɛ⁰] zī wai。

叽叽歪歪 [tɕi²¹⁴tɕi⁰uɛ²¹⁴uɛ²¹⁴] jǐ ji wǎi wǎi "叽歪"的加重说法。

穷嚎 [tɕʻyŋ⁵⁵xaur⁵⁵] qióng hāor 没完没了地叫喊：都听你的，行了不？别再~了。

嗷唠一声 [au²¹⁴laur²¹⁴i²¹⁴ʂəŋr²¹⁴] ǎo lǎor yǐ shěngr 突然发出一声叫喊：大爷说出分家的办法，老二~，一蹦多高｜几个壮劳力~把车子抬出泥窝｜那个猪不等人来逮住，~，蹿远了｜他走到我跟前~，吓了我一跳。‖有的说"嗷嚎一声" [au²¹⁴xaur⁰i²¹⁴ʂəŋr²¹⁴] ǎo haor yǐ shěngr。

跩文 [tʂuɛ³⁵uɚ⁵⁵] zhuái wēnr 说话时用书面语言（以显示有学问）：他说起话来好~，露酸味儿，听起来半懂不懂的｜他瞎字不识，成句的话也编不上来，更别提~了。‖有的说"摆文" [pɛ³⁵uɚ⁵⁵] bái wēnr。

圆吣 [yæ̃⁵⁵iʻ⁰] yuān yi ①祷告；言语告知：过年的时候，爷爷用盘子盛了几个新蒸的白馍，搁到当门桌子上，嘴里~着"老的，你先吃吧"｜小孩吓着了，奶奶用手胡拉着溜地，慢慢往小孩身上摸，嘴里~着"乖乖，别怕"｜她想~老天爷下点雨。②敬重地告知；照应：散席的时候，大老执咋呼一句"老少爷们，亲朋好友，有~不到的，都怨我，不怨事主"。

话赶话 [xuar⁵²³kæ̃³⁵xuar⁵²³] huàr gán huàr 双方争吵的话语一句比一句强硬：两个人都在气头上，~，越吵越吓人｜我的话难听，都是~赶的，想争一口气，你别往心里去。

揭老底 [tɕiə²¹⁴lau³⁵tir³⁵] jiě láo dír 揭露旧时不光彩的事：他当官以后，就怕人家揭他的老底，老底一揭，就装不下去了。

骂空 [ma⁵²³kʻuŋr²¹⁴] mà kǒngr 无目标地骂：她也不知道是谁偷的，只管~，一连骂上七十二句不重样。

骂骂叽叽 [ma⁵²³ma⁰tɕi²¹⁴tɕi²¹⁴] mà ma jǐ ji 骂骂咧咧：他老了，手脚不灵便，背也驼了，

儿媳妇看他不能干活，会会儿~。

骂咋的 [ma⁵²³tʂua⁵⁵ti⁰] mà zhuār di 同"骂骂唧唧"：他斜棱着眼看人家，嘴里~。

吃枪药 [tʂʅ²¹⁴tɕ'aŋ²¹⁴yə²¹⁴] chī qiǎng yuě 比喻说话刺耳难听：店主人说话跟~的样，句句冲人。

卷 [tɕyæ̃³⁵] juán 大声骂。

胡卷 [xu⁵⁵tɕyæ̃³⁵] hū juán 大声乱骂：谁要得着他，他就~乱骂。

指天骂地 [tsɿ³⁵tiæ̃²¹⁴ma⁵²³ti⁵²³] zí tiǎn mà dì 气势汹汹地大骂：他糟践人家的庄稼，还对着人家的家门~。

祖奶奶喧天 [tsu⁵⁵nɛ̃³⁵nɛ̃⁰ɕyæ̃²¹⁴t'iæ̃²¹⁴] zū nán nan xuǎn tiǎn 用侮辱性的语言大声骂人的样子：她又拍手，又跺脚，一蹦多高，~地骂那些拆迁队的。

嚷 [ʐaŋ³⁵] ráng 责备，批评；训斥：你是领导，该~的~，该夸的夸，不能好坏不分家。

熊 [ɕyŋ⁵⁵] xiōng 训斥：他做得不对，你就~一顿，~得开开的，~不服，就揍一顿，这能管好孩子吗？｜他不会干，还硬逞能，叫人家~得愣愣的｜那个官儿，只知道~人，不会体谅人｜那个不孝顺的人，叫老少爷们~得头不能抬，眼不能睁。

噌人 [ts'ə̃³⁵ʐə̃⁵⁵] cén rēn 用讽刺的口吻教训人。

数落驴 [ʂuə³⁵luə⁰ly⁵⁵] shuó luo lǘ 列举过失而指责（含贬义）：跟~的样，交代他一遍又一遍。

牵攮 [tɕ'iæ̃²¹⁴naŋ⁰] qiǎn nang ①胡乱摆弄：你非瞎~，种啥中药材，这下子卖不出去了不？②数落，指责。

牵攮鼻子数落眼 [tɕ'iæ̃²¹⁴naŋ⁰pi⁵⁵tsɿ⁰ʂuə³⁵luə⁰iæ̃³⁵] qiǎn nang bī zi shuó luo yán 手指着对方的鼻子、脸训斥：他想分家单过，叫他爹~，骂得脸不是脸，鼻子不是鼻子｜你办事不跟人家商量，叫人家~，丢人不？‖有的说成"数落鼻子牵攮脸""牵攮鼻子牵攮眼""牵着鼻子数落头""牵着鼻子数落脸"。

慢声拉语 [mæ̃⁵²³ʂəŋ²¹⁴la²¹⁴yr³⁵] màn shěng lǎ yúr 形容说话慢而轻柔：他不急不躁，~｜~地跟他说，别吓着他喽。

嗫嗫的 [niər²¹⁴niər²¹⁴ti⁰] niěr niěr di 说话轻声慢语的样子：她说话~，声音不大。

编排 [piæ̃²¹⁴p'ɛ⁰] biǎn pai 捏造或夸大别人的缺点、过失来讥讽别人：他可会~人啦，守着一堆人出你的洋相。

说的比唱的还好听 [ʂuə²¹⁴ti⁰pi³⁵tʂ'aŋ⁵²³ti⁰xɛ⁵⁵xau³⁵t'iŋ²¹⁴] shuō di bí chàng di hāi háo tīng 比喻某人说的话好听却不可信（含嘲讽意味）：他哄着大家听他的话，给个枝子扛着，~，最后空欢喜一场。

学话 [ɕyə⁵⁵xuar⁵²³] xuē huàr 把某人的话告诉另一方：我说的话，他学给人家听，弄得人家不搭理我｜话越学越多，本来甜的，能学成苦的。

学哒 [ɕyə⁵⁵taº] xuē da 把听到的不利的话告诉另一方：别多嘴撩舌，在当中瞎~｜小心他到外边儿乱~｜他回到家里一~，可把大人气毁了。‖ 也说"学"。

坏 [xuɛ⁵²³] huài 告某人的状。"告发（某人做的）坏事"的省略：你偷吸烟，我~老师去。

吹空 [tʂ'uei²¹⁴k'uŋr²¹⁴] chuī kǒngr 吹牛：他养成~的习惯，一点点的小事，到他嘴里就吹得屋上帽子（屋的顶部）跑到天上去。

说空 [ʂuə²¹⁴k'uŋr²¹⁴] shuǒ kǒngr 说谎，说假话：他把~当饭吃，嘴里掏不出真话｜~早晚得漏底（民谚）｜大天白日里哪有鬼，除了~！‖ 也说"说瞎空"：大睁两眼~。

侃空 [k'æ³⁵k'uŋr²¹⁴] kán kǒngr 同"说空"：不能给他说实话，我给他云里雾里侃个空。

日空 [ʐʅ²¹⁴k'uŋr²¹⁴] rǐ kǒngr 詈词，说谎：天天~，嘴里没一句实话｜别再~啦，没人信你的。

日空捣唠 [ʐʅ²¹⁴k'uŋr²¹⁴tau³⁵lau⁵⁵] rǐ kǒngr dáo lāo 詈词，说瞎话，胡言乱语：他~，日神弄鬼，说是上东关，你得上西关去堵他。

瞎话流糖 [ɕia²¹⁴xuaºliou⁵⁵t'aŋr⁵⁵] xiǎ hua liū tāngr 说假话像真的一样：他的话不能信，~，都是哄人的。‖ 有的说"瞎话篓子顺腔淌"。

诈空 [tsa⁵²³k'uŋr²¹⁴] zà kǒngr 假装知道实情而诱引他人主动承认：他到大街上~，瞎喊"我早知道是你干的啦，你再不承认我就报告公安局去"。

连 [liæ²¹⁴] liǎn 编造顺口押韵的话：他会~顺口溜，张嘴一说都是成套成套的｜俺嫂真是个巧嘴，怪会~哎｜他说的"见面礼，一千三，结婚以后过得暄"，都是瞎胡~。

连连 [liæ²¹⁴liæº] liǎn lian 意思同"连"：他~的唱词交到戏班里了｜他作的诗不像诗，刚能~成句‖ 也说"连编" [liæ²¹⁴piæº] liǎn bian。

胡扯八连 [xu⁵⁵tʂ'ə³⁵pa²¹⁴liæ²¹⁴] hū ché bǎ liǎn 随口乱说，胡乱编造：他~，说得不是个碟子，不是个碗｜他嘴里没有正经话儿，光是~。

胡八扯 [xu⁵⁵pa²¹⁴tʂ'ə³⁵] hū bǎ ché 胡说：有人说信教能治好这个病，那是~｜俺俩叨登一阵子，他说我是~，我说他是乱撅窝窝。

胡掰掰 [xu⁵⁵pei²¹⁴peirº] hū běir beir 胡说（含随意色彩，用在非正式场合）：修路明明是好事，你还~，特意找茬。‖ 也说"瞎掰掰"。

胡派派 [xu⁵⁵p'ɛr³⁵p'ɛrº] hū páir pair。同"胡掰掰"：他说话不在理，纯粹是~，说不到点子上去｜主任正分任务，他在一边~。

胡吣 [xu⁵⁵tɕ'iẽ⁵²³] hū qìn 胡说。詈词。

穿裆子 [tʂ'uæ²¹⁴taŋ²¹⁴tsɿº] chuǎn dǎng zi 穿帮。对共同参与的事情，各方的说法

互相矛盾：他俩事先没商量好，说~了｜他净说~话。

翻桄子 [fæ̃²¹⁴kuaŋ⁵²³tsɿ⁰] fǎn guàng zi 相反：他俩说的~了，不知道谁说的是真的｜他给人家弄~了。

绰 [tʂʻuə²¹⁴] chuǒ 顺着别人的口气揣测：相面的~着他的话音瞎猜。

顺杆子爬 [ʂuẽ⁵²³kæ̃²¹⁴tsɿ⁰pʻa⁵⁵] shùn gǎn zi pā 顺着别人的意思说下去（含贬义）：老鳖吃秫秫——顺杆子爬（歇后语）。

抹二垅子 [ma²¹⁴l̩⁵²³luŋ³⁵tsɿ⁰] mǎ lrì lóng zi 本义指在别人锄过的地里再锄一遍，比喻无独立见解，重复他人的话：跟着人家~，说个二话，叫人家下眼看，那样的人不值钱。

接话把儿 [tɕiə²¹⁴xua⁵²³par⁵²³] jiē huà bàr 接话茬，接着别人的话头说话：我才说了一句，她就接上话把儿｜她说起来不打定儿，弄得我接不上话把儿。

衬 [tsẽ⁵²³] cèn 趁机插话：我找领导谈工作，他也跟着~两句｜大人说话，小孩家别瞎~。

看着葫芦数落瓢 [kæ̃⁵²³tʂou⁰xu⁵⁵lou⁰ʂuə³⁵luə⁰pʻiau⁵⁵] kàn zhou hū lou shuó luo piāo 比喻表面上对这个人说话，实际上是责备另一个人：他~，话里有话，句句话都捎带人，这里边肯定有弯弯。

比鸡骂狗 [pi³⁵tɕi²¹⁴ma⁵²³kou³⁵] bí jǐ mà góu 指桑骂槐。

打骡子惊马 [ta³⁵luə⁵⁵tsɿ⁰tɕiŋ²¹⁴ma³⁵] dá luō zi jǐng má 比喻惩治一方，震慑另一方：大怪想闹事，二怪也跟着起哄，咱先处理二怪，~，看大怪能自觉不！

半截语 [pæ̃⁵²³tɕiə⁵⁵yr³⁵] bàn jiē yúr ①不完整的话：你净说~，我猜不准你的意思。②说话不完整的人：他口齿不清，外号叫~。

十八、交际

拉往 [la²¹⁴uaŋ³⁵] lǎ wáng 结交：他喜欢~人，~的净是做生意的｜他~大，各处都有朋友。

拉来往 [la²¹⁴lɛ⁵⁵uaŋ⁰] lǎ lāi wang 与人交往：我早先住的楼，一个单元十几户都有来往，人情礼节都得随礼，这会儿搬到新小区，邻居再不~了｜那个人又不讲究，咱要给他~，只会吃亏。

啰啰 [luər³⁵luər⁰] luór luor ①随意攀谈：他跟一个生人~个没完｜说正经事儿，别瞎~。②结交；涉足：他~了一个新朋友｜我不想~推介会的事。

打啰啰 [ta³⁵luər³⁵luər⁰] dá luór luor 结交：这个家伙不实在，你别给他~。

没有来回点 [mei⁵²³iou³⁵lɛ⁵⁵xuei⁵⁵tiæ̃r³⁵] mèi yóu lāi huī diánr 往来应答：他跟人家~，人家不来喝他的喜酒｜问路的问他几声，他都~。

共局 [kuŋ⁵²³tɕy⁵⁵] gòng jū 合作；共事：俺俩~多些年，知根知底儿｜跟他~长了，知道他不是藏奸弄巧的人。

共财局 [kuŋ⁵²³tsʻɛ³⁵tɕy⁵⁵] gòng cāi jū 在钱财上合作：平常的朋友好交，~的朋友难找｜谁借给他钱，一辈子都别想要回来，所以都不想跟他~。‖ 也说"共钱局"。

佮磨 [kə²¹⁴muə⁰] gě mo ①合作，联合：两个人~得跟一个头的样｜这个人随和，好~｜他俩~到一坨包了50亩地｜多~几个人去要工钱。佮，音搁，即合。②合议，筹划：这件事得好好~｜请木匠来~叉手。

佮 [kə²¹⁴] gě 相处；交往：千金治业，万金~邻（民谚。与邻居相处比置备家业更重要）｜两家~邻居十拉年了｜他两口子~不上来，大吵三六九，小吵天天有，先是摔盘子打碗，后来就动手动脚。

佮伙 [kə²¹⁴xuə³⁵] gě huó 合伙：弟兄几个~做生意。

佮作 [kə²¹⁴ tsuə²¹⁴] gě zuò 配合；合作（常用于否定式）：他俩不~，见了面都装不认得｜这个人眼里只有自家，跟谁都不~。

佮亲为邻 [kə²¹⁴tɕʻiẽ²¹⁴uei⁵⁵liẽ⁵⁵] gě qīn wēi līn 与亲戚、邻居交往：~，得凭良心（民谚）。

佮伙计 [kə²¹⁴xuə³⁵tɕi⁰] gě huó ji 作为合作人或伙伴相处：生意好做，伙计难佮（民谚。做生意容易，结交伙伴却很困难）｜他俩~五六年，顺顺当当的，没红过一回脸，没吵过一回架｜我喜欢跟爽快人~。

不佮人 [pu²¹⁴kə²¹⁴ʐɚ⁵⁵] bù gě rénr 对别人不友好，不与他人合作：他这个人~，到哪合（哪里）都臭一圈｜他任人不要，一个人也不佮。

四邻不佮 [sɿ⁵²³liẽ⁵⁵pu²¹⁴kə²¹⁴] sì līn bù gě 与所有邻居都处不好关系。

对乎 [tuei⁵²³xu⁰] duì hu 关系融洽，合得来：他俩不~，两年没搭腔了｜他跟邻居挺~，不管有啥事，邻居都来帮忙。

对脸 [tuei⁵²³liẽr³⁵] duì liǎnr 比喻关系融洽（多用于否定式）：他为得没有~的｜反贴门神——不~（歇后语）。

两好佮一好 [liaŋ³⁵xau³⁵kə²¹⁴i²¹⁴xau³⁵] liáng háo gě yī háo 双方友爱，形成良好的关系：你对婆婆好，婆婆就对你好，~｜~，才能长远好。

知根摸底 [tʂʅ²¹⁴kẽ²¹⁴muə²¹⁴ti³⁵] zhǐ gēn mǒ dí 知根知底：选个~的人合伙。

眼熟面花 [iæ̃³⁵ʂu⁵⁵miæ̃⁵²³xua²¹⁴] yán shū miàn huǎ 看着面熟：俺俩住一个小区，~的，就是不知道姓啥叫啥｜收摊位费的人见他~的，就没出口要钱｜咱是前后庄的邻居，~的，多担待着点。

一回生，二回熟 [i²¹⁴xuei⁵⁵sən²¹⁴, l⁵²³xuei⁵⁵ʂu⁵⁵] yī huī sēng, lrì huī shū 第一次相见生疏，第二次见面就熟悉了。

上不来 [ʂaŋ⁵²³puºlɛ⁵⁵] shàng bu lāi 合不来：她姊妹俩~，会会吵架，三天一大吵，两天一小吵。

合气 [kə⁵⁵tɕ'i⁵²³] gē qì 斗气，吵架（多用于青少年）：这几天两口子~哄，谁也不理谁｜小孩子~，持不三天就好了。‖也说"合" [kə⁵⁵] gē：小孩也~，大人也~｜到外边别给人家~｜两个国家~起来了。‖《金瓶梅》第二十九回："你纵容着他不管，教他欺大灭小，和这个合气，和那个合气。"

不忿儿 [pu²¹⁴fɚ⁵²³] bǔ fènr 不服气；看不惯：我说他，他还~，硬得跟橛样｜听了这话，李老师有点~，跟他吵了几句。

吹着堎土找裂缝 [tʂ'uei²¹⁴tʂouºpu⁵⁵t'u³⁵tsau³⁵liə²¹⁴fəŋr⁵²³] chuǐ zhou bū tú záo liě fèngr 吹毛求疵，鸡蛋里面挑骨头。‖有的说"吹着堎土找裂罅"。

横挑鼻子竖挑眼 [xuŋ⁵²³t'iau²¹⁴pi⁵⁵tsŋ⁵²³ʂu⁵²³t'iau²¹⁴iæ̃³⁵] hòng tiǎo bī zi shù tiǎo yán 形容过于挑剔：人家介绍几个对象，他都相不中，~，拣黑的，拣白的，末了拣个没皮儿的。

显摆 [ɕiæ̃³⁵pɛ³⁵] xián bái 炫耀。

弄景 [nəŋ⁵²³tɕiŋr⁵⁵] nèng jǐngr 装样子给人看：他又是办培训班，又是建教育基地，都是~的。

摆阔 [pɛ³⁵k'uə⁵²³] bái kuò 显示阔气；讲排场。

摆谱 [pɛ³⁵p'ur³⁵] bái púr 摆门面，炫耀富有。

露味 [lou⁵²³ueir⁵²³] lòu wèir ①摆架子，待人轻慢：老同学请你你都不来，真会~。②讲排场，摆阔：开着宝马就忘了以前的苦日子，露啥的味！

烧包 [ʂau²¹⁴pau²¹⁴] shǎo bǎo 因变富或得势而忘乎所以：上地里干活还穿西装，别~啦｜把他的官撸完，看他还~不！

烧 [ʂau²¹⁴] shǎo "烧包"的省略语：谁叫你买的这洋机子？钱多~得不知道咋好啦！｜恁望望他~的，不干活还想吃好的、穿好的。

关老爷跟前耍大刀 [kuæ̃²¹⁴lau³⁵iəºkẽ²¹⁴tɕ'iæ̃ºʂua³⁵ta⁵²³tau²¹⁴] guǎn láo ye gěn qian shuá dà dǎo 义同"班门弄斧"：你这是老圣人门前卖文章，~。

谝 [p'iæ̃³⁵] pián 炫耀；故意显示（略含贬义）：他考了个好本科，他娘喜毁了，见人就~｜他在广场上~他的武艺好，引来一群人围着看｜大师送给我一幅画，我得回去~~。

谝能 [p'iæ̃³⁵nəŋr⁵⁵] pián nēngr 炫耀本领：他才学了一招，就上人场上去~。

露能 [lou⁵²³nəŋr⁵⁵] lòu nēngr 显露能力：别~，~招人算计。

充能 [tʂ'uŋ²¹⁴nəŋr⁵⁵] chōng nēngr 假冒能力强（含贬义）：不会作诗就别~｜来的几位都是学者，你充啥的能?

打肿脸充胖子 [ta³⁵tʂuŋ³⁵liæ̃³⁵tʂ'uŋ²¹⁴p'aŋ⁵²³tsɿ⁰] dá zhóng lián chǒng pàng zi 比喻为撑面子做力不能及的事情。

越说他胖他越喘 [yə²¹⁴ʂuə²¹⁴t'a²¹⁴p'aŋ⁵²³t'a²¹⁴yə²¹⁴tʂ'uæ̃³⁵] yuè shuǒ tā pàng tā yuè chuán 比喻越被赞扬越故意卖弄（含嘲讽意味）。

掂憨 [tiæ̃²¹⁴xæ̃²¹⁴] diān hǎn 装傻而慢待他人：老家的人来找你，你咋能~？｜庄稼老头别~，过了清明寒十天（民谚）。

装憨卖傻 [tʂuaŋ²¹⁴xæ̃²¹⁴mɛ⁵²³ʂa³⁵] zhuǎng hǎn mài shá 有意装傻：他觉得没人知道他的老底，就~，东拉西扯，净说不沾边的话。‖ 有的说"装憨弄傻"。

玩憨什 [uæ̃⁵⁵xæ̃²¹⁴ʂeir³⁵] wān hǎn shéir 装出傻气、滑稽的模样，制造噱头：领导一熊他，他就伸舌头、挤巴眼~｜守着一群人，他玩起了憨什，特意引人家笑。‖ 又叫"玩憨形儿""耍憨什儿"。

钓猫尾 [tiau⁵²³mau⁵⁵ir³⁵] diào māo yír 本指一种游戏，在猫尾上拴小鱼等活物，逗引猫转圈。比喻有意躲避，不予配合。

小鬼不见面 [ɕiau³⁵kueir³⁵pu²¹⁴tɕiæ̃⁵²³miæ̃r⁵²³] xiáo guír bǔ jiàn miànr 比喻躲避：你藏严实，给他个~。

耍恶死赖 [ʂua³⁵ə²¹⁴sɿ³⁵lɛ⁵²³] shuá ě sí lài 耍赖：这么大岁数还去碰瓷讹人~，也不怕报应｜他一看没法收场了，就~。

耍赖襶 [ʂua³⁵lɛ²¹⁴tɛ⁰] shuá lǎi dai 耍赖皮：他赊了钱不光不还，还~，说人家倒欠他的。

刁公吓婆 [tiau²¹⁴kuŋ²¹⁴ɕia⁵²³p'uər⁵⁵] diāo gǒng xià pōr 假装寻死来要挟别人（用于妇女）：她不是要喝药，就是要跳井，~，想叫家里的人顺着她。

现 [ɕiæ̃⁵²³] xiàn "现世""现眼"的省略词，现丑，出丑：她的广场舞跳得透难看，真是活~｜棉穗子掉井里——线透了（歇后语。线谐"现"）。

现不够 [ɕiæ̃⁵²³pu⁰kou⁵²³] xiàn bu gòu 喜欢在公共场合出风头、不怕出丑的人。

招没趣 [tʂau²¹⁴mu⁵⁵tɕ'y⁵²³] zhǎo mū qù 自找难看：他不知好歹，你别去劝他，免得~｜他没借来汽车，招了个大没趣。‖ 有的说"招没脸"。

哈哈笑 [xa²¹⁴xa⁰ɕiaur⁵²³] hǎ ha xiàor ①旧指一种会发出笑声的玩具。上部是一个儿童脑袋，下部是一个半球形底座，人用手触摸，玩具就摇晃发笑。②喻指笑料、笑话儿：他拱搆旁人吵架，自己在跟前看~｜老亲少眷都来了，咱可不能叫人家看~。

钻过头去不顾腚 [tsuæ̃²¹⁴ku⁰t'ou⁵⁵tɕy⁰pu²¹⁴ku⁵²³tiŋ⁵²³] zuǎn gu tōu qu bǔ gù dìng 比喻只顾眼前，不考虑后果（含嘲讽意味）：他用着人可前，用不着可后，过了难关，就~，把帮忙的晾到一边不管不问｜见利不要命，~（俗语）。

不扎尾巴 [pu²¹⁴tsa²¹⁴i³⁵pa⁰] bǔ zǎ yí ba 比喻不顾后果：他净干~的事儿，坑了亲戚朋友几万块钱跑了。

献浅子 [ɕiæ̃⁵²³tɕ'iæ̃³⁵tsɿ⁰] xiàn qiǎn zi ①比喻献殷勤：他见了领导，拿出~的本事，甜嘴不拉舌，净拣好的说。②喻指献殷勤的人。‖浅子，小碟子，用来盛放调味品、糕点、羹匙。也称作"浅儿"：馃浅儿｜醋浅儿。

小巴结 [ɕiau³⁵pa²¹⁴tɕi⁰] xiáo bā ji 采用简单的方式来奉承讨好：咱队里有些人就是会~，见了当官的，端着小架，上头扑面，腰躬得跟蚂虾样，这号人我最看不起。

上面子 [ʂaŋ⁵²³miæ̃⁵²³tsɿ⁰] shàng miàn zi 送礼物：谁~他给谁办事儿，不送礼的排不上号。

勉勉人意 [miæ̃³⁵miæ̃⁰ʐẽ⁵⁵i⁵²³] mián mian rēn yì 用微薄的礼物或少许好处，以示安慰。

意思意思 [i⁵²³sɿ⁰i⁵²³sɿ⁰] yì si yì si 象征性地表示：我的酒量小，喝一口~吧｜李家拿出五十两银子，马营长说啥也不要，推来让去，只收了五吊铜钱，说是~就中。

干蹭 [kæ̃²¹⁴ts'aŋ⁵²³] gǎn càng 比喻不拿财物，让别人为自己办事：我找他帮忙，总不能~吧。

干折 [kæ̃²¹⁴tʂə²¹⁴] gǎn zhě 将送与对方的实物折换成钱：送个茶杯你用不着，不如送你一百块钱，~吧｜他订婚的时候来了个~，给对象一个大数。

干地里拾鱼 [kæ̃²¹⁴ti⁵²³li⁰ʂʅ⁵⁵y⁵⁵] gǎn dì li shī yū 比喻没有付出而得到某种好处，不劳而获。

白手拿老张 [bei⁵⁵ʂou³⁵na⁵⁵lau³⁵tʂaŋ²¹⁴] bēi shóu nā láo zhǎng 比喻不作努力，却强占便宜：这个厂子从头到尾都是我操办起来的，你偎都不偎，这会儿来要股份，你咋~？

得人 [tei²¹⁴ʐeir⁵⁵] děi rēir 在某范围内有可以依托办事的人：优惠券没有了，都叫~的走后门拿走了｜谁~谁能升官，不~的干瞪眼。

人托人，脸托脸 [ʐẽ⁵⁵t'uə²¹⁴ʐẽ⁵⁵，liæ̃³⁵t'uə²¹⁴liæ̃³⁵] rēn tuō rēn, lián tuō lián 本家的哥~，给他找了个工作｜那些人打听出孙二狗这条路子，就~地找到孙二狗，说了一天一地的好话，捧出大把银子，叫孙二狗帮忙往上递手本(民间故事《人大愣，狗大呆》)。

掖面子 [iə²¹⁴miæ̃⁵²³tsɿ⁰] yě miàn zi 照顾情面：你不该~给他免税，叫人家指指戳戳，背地里捣脊梁骨。

抹不开面子 [muə⁵²³pu⁰k'ɛ²¹⁴miæ̃⁵²³tsɿ⁰] mò bu kǎi miàn zi 碍于情面。

吐口 [t'u³⁵k'our³⁵] tú kóur 应允：别担心了，人家~了｜那会儿我~许给他，这会儿后悔了。

脸大 [liæ̃³⁵ta⁵²³] lián dà 比喻有情面，有面子：他比人家~，人家讲不下来这个情，他能讲下来｜他充~的去说情，碰了一鼻子灰。

要天许半个 [iau⁵²³t'iæ̃²¹⁴ɕy³⁵pæ̃⁵²³kə⁵²³] yào tiǎn xú bàn gè 比喻答应对方的特别无

理的要求：皇帝喜欢西宫娘娘，西宫娘娘要天，他也能许半个。

局 [tɕy⁵⁵] jū ①拒绝，使（人）难堪；轻慢对待：他要再来找我，我就~他一顿。②受挤压而弯曲：洋车子的大杠~了。

局面子 [tɕy⁵⁵miæ̃⁵²³tsɿ⁰] jū miàn zi 驳面子，不给情面：战友来找你，你不能局人家的面子｜你要不喝他敬的酒，他就说你局他的面子。

薄人 [puə⁵⁵zẽ⁵⁵] bō rēn 对人刻薄：当面把钱点清，这不算~。

虚让 [ɕy²¹⁴zɑŋ⁵²³] xǔ ràng 假意客套：我是实打实地请你吃饭，不是~。

沾板 [tʂæ̃²¹⁴pæ̃³⁵] zhǎn bán 比喻相处：这种人不能~，谁跟他~他毁坏谁。

沾扯 [tʂæ̃²¹⁴tʂʻə³⁵] zhǎn ché 关联；牵扯：这事又不我干的，跟我有啥~？｜那件事儿~着他了。

八不沾连 [pa²¹⁴pu²¹⁴tʂæ̃²¹⁴liæ̃²¹⁴] bǎ bǔ zhǎn liǎn 形容没有关联：这两个物件~，咋能归到一堆儿？｜诌二大娘专门胡诌八扯，能把~的东西扯到一坨，编成一串（民间故事《诌二大娘》）。

近乎 [tɕiẽ⁵²³xu⁰] jìn hu 关系亲密：他俩来来往往，越走越~。

为 [uei⁵⁵] wēi 处关系；结交：他大法（大方）、仗义，~住一帮子朋友，家里有事，都来帮忙｜他~得连个搭腔的都没有。

为人 [uei⁵⁵zẽr⁵⁵] wēi rēnr 交际，与他人处关系：他会~，人缘好，跟谁都能合得来｜不能拿公家的东西去~。

挂拉 [kua⁵⁵la⁰] guā la 以攀谈的方式结交，含戏谑义：他搁外边儿~上一个女孩儿。

偎群 [uei²¹⁴tɕʻyẽr⁵⁵] wěi qūnr 参加群体生活：小孩好~，一个小孩难哄｜他不~，跟谁都没来往。‖也说"入群"。

佮群 [kə²¹⁴tɕʻyr⁵⁵] gě qūnr 合群，经常融入群体中：她好独来独往，不~。‖也说"合群"。

偎边 [uei²¹⁴piær²¹⁴] wěi biānr 贴近：我在家应（[iŋ²¹⁴] yǐng 为，做）小围女的时候，外边有事我都不~｜家穷了，亲戚朋友连个~的也没有｜广场上人满满的，挤得我偎不上边。

偎摊 [uei²¹⁴tʻær²¹⁴] wěi tānr 比喻靠近；参与其中：他围着人群转圈子，根本偎不上摊｜全家都打扫卫生，他不~，就像跟他无关似的。

不入列儿 [pu²¹⁴zu²¹⁴lɛr²¹⁴] bù rǔ lǎir 不与别人交往：他~，跟人家没来往。

不入伦 [pu²¹⁴zu²¹⁴luer³⁵] bǔ rǔ lúnr 同"不入列儿"。

一伦儿 [i²¹⁴luẽr²¹⁴] yǐ lǔnr 一伙，一个群体：俺几个是~的｜他俩不是~的。

不离个 [pu²¹⁴li⁵⁵kər⁵²³] bǔ lī gèr 不分开，不离开：他俩好得~｜他跟老大整天~｜他会会不离奶奶的个儿。

掰不开的鲜姜 [pei²¹⁴pu⁰k'ɛ²¹⁴ti⁰ɕiæ̃²¹⁴tɕiaŋ²¹⁴] běi bu kǎi di xiān jiāng 比喻非常亲密，不可分开：他俩一来二去，成了~｜这几个人是~，好得一个头似的。

人味儿 [zẽ⁵⁵ueir⁵²³] rēn wèir 指人所特有的感情，尤指待人热情、知恩图报等：有~｜没~。

好气儿 [xau³⁵tɕ'ir⁵²³] háo qìr 好态度：他小时候不好好上学，他爹见了就打他，从来不给他~。

朋情 [p'əŋr⁵⁵tɕ'iŋr⁵⁵] pēngr qīngr 朋友之间的交往：他的~多｜这趟来，为的是一个~，朋友有难处，我来帮帮他。

人情礼节 [zẽ⁵⁵tɕ'iŋ⁵⁵li³⁵tɕiə²¹⁴] rēn qīng lǐ jiě 人情来往：他讲究~｜他在~上花了不少钱。

人场 [zẽ⁵⁵tʂ'aŋr³⁵] rēn chángr 人们聚集的场所：他的家是个~，天天人来人往｜没本事就别上~上混。

便宜怪 [p'iæ̃⁵⁵i⁰kuɛ⁵²³] piān yi guài 占到便宜反而责怪他人：你这家伙是个公道屈、~，下油锅也得占高岗，得了好处还唱鸳鸯腔，谁能给你共局！

得了便宜还卖乖 [tei²¹⁴lou⁰p'iæ̃⁵⁵i⁰xɛ⁵⁵mɛ⁵²³kuɛ²¹⁴] děi lou piān yi hāi mài guǎi 占到便宜后还抱怨：我帮他一场，没想到他~。‖有的说"得了好处还卖乖"。

领情 [liŋ³⁵tɕ'iŋ⁵⁵] líng qīng 对他人的帮助、好意心怀感激：你的情我领了，你的东西我不能收｜我给你找个好工作，你还不~。

执情 [tʂʅ²¹⁴tɕ'iŋ⁰] zhǐ qing 用礼物来答谢别人的帮助：他把客商的病看好，客商对他~得了不得，说啥非送给他金银不行｜他拿了三千块钱来~帮他的人｜走路小心，别掉了票夹子，谁拾了也不执你的情。

搞情 [kau³⁵tɕ'iŋ⁵⁵] gáo qīng 讲述自己帮助他人的好事，提醒别人记住：你做的事儿，人家记住了，别再~了｜有情别搞，一搞就了（民谚。不要讲述自己做的好事，一旦讲述，情分就没有了）。‖有的说"表情" [piau³⁵tɕ'iŋ⁵⁵] biáo qīng：有情别表，一表就了。

一模拉干焦 [i²¹⁴mu⁵⁵la⁰gæ²¹⁴tɕiau²¹⁴] yǐ mū la gǎn jiāo 比喻把一切完全取消：欠我的情，啥说法都没有，~。

家客 [tɕia²¹⁴k'ei²¹⁴] jiǎ kěi 宾客中的女眷：~坐堂屋，男客坐到当院里，这就开席，晚来的不等｜男客坐左边，~坐右边。‖也说"女客" [ny³⁵k'ei²¹⁴] nǘ kěi。

前客让后客 [tɕ'iæ̃⁵⁵k'ei²¹⁴zaŋ⁵²³xou⁵²³k'ei²¹⁴] qiān kěi ràng hòu kěi 在红白大事、集会、商贸等活动中，维持秩序的人常喊此语，催促先到者离开，让新来者近前：人多地分（地方）窄，~。

聚 [tɕy²¹⁴] jǔ 聚拢，邀集：把家里人都~到一坨儿，商量大事儿｜把朋友~到一堆儿｜我~个场儿，咱班同学好好叙叙。

治场 [tʂɿ⁵²³tʂ'ɑŋr³⁵] zhì chángr 设宴请客。场，指酒场、酒席：今每黑喽我在大酒店～，谁要不去就是不给面子｜大伙喝一回齐了呗，还治啥场！

坐东 [tsuə⁵²³tuŋ²¹⁴] zuò dǒng （酒席上）作主人：这个场我来～。

预席 [y⁵²³ɕi⁵⁵] yù xī 举办大事之前，事主宴请帮忙操办事情的人。评判酒菜是否合适，并分派任务：赶明黑喽～，叫大老执班子的人都到场｜我赶了一个～｜我去吃～。

大席 [ta⁵²³ɕi⁵⁵] dà xī 重大事情中招待用的酒席：一顿～饱三天（民谚）｜他儿结婚，家里摆了几十桌～。

海菜席 [xɛ³⁵tsʻɛ⁵²³ɕi⁵⁵] hái cài xī 旧指上等酒席：他摆了一桌～，请当地几个有头有脸的人｜离了这把青菜，也能做成～（民谚）。

面糊子席 [miã⁵²³xu⁵²³tsɿ⁰ɕi⁵⁵] miàn hù zi xī 以酥菜、丸子等面食为主的酒席。常见于生活困难时期。

七个碟子八个碗 [tɕʻi²¹⁴kə⁰tiə⁵⁵tsɿ⁰pa²¹⁴kə⁰uã³⁵] qǐ ge diē zi bǎ ge wán 旧指非常丰盛的饭菜。

流水席 [liou⁵⁵ʂuei³⁵ɕi⁵⁵] liū shuí xī 指多个场次紧紧相接的酒席：人多地分儿（地方）窄，这个～摆了四排子。

排子 [pʻɛ⁵⁵tsɿ⁰] pāi zi 量词，指红白大事中酒席的场次：头～席（最先开始的酒席）留给远路的客，近路的吃末～席。

正位 [tʂəŋ⁵²³ueir⁵²³] zhèng wèir 指最尊贵的人或长辈的席位。筵席上指正对房间门的席位，会场主席台上指正面正中的位置，宗教场所指对着大门的正中间位置：长辈坐～，作陪的坐边儿上｜动员会上，省里的巡视组组长坐～，县里一把手坐他左边｜大成殿里，孔圣人坐～，左有颜回、孔伋，右有曾参、孟轲。‖ 也说"主位""上位"。

上手 [ʂaŋ⁵²³ʂour³⁵] shàng shóur 位置比较尊贵的一侧，通常指左手一边：长辈坐～，坐里边。

下手 [ɕia⁵²³ʂour³⁵] xià shóur 位置较低的一侧：年轻人坐～，坐外边。

席口 [ɕi⁵⁵kʻou³⁵] xī kóu 酒席间上菜的地方。一般为晚辈人或职务低的人所坐：他的辈分低，就坐到～里｜留出～来，好上菜。

倒酒 [tau⁵²³tɕiou³⁵] dào jiú 往酒杯里倒酒。旧时雅称"斟酒"[tʂẽ²¹⁴tɕiou³⁵] zhěn jiú。

筛酒 [sɛ²¹⁴tɕiou³⁵] sǎi jiú 温酒。旧时用陶酒壶、锡壶放在木炭的暗火上把酒加热饮用，有些酒铺把盛有酒的端子放在热水中温热。现在已消失。

喝透 [xə²¹⁴tʻou⁵²³] hě tòu （把杯中酒）喝干：大家都～。

清瓯 [tɕʻiŋ²¹⁴our²¹⁴] qǐng ǒur 同"喝透"。

留量 [liou⁵⁵liaŋ⁵²³] liū liàng 不把饮酒能力尽情发挥以防醉酒：见了老伙计不

兴~的，谁不喝晕都不行。

到量 [tau⁵²³liaŋ⁵²³] dào liàng 饮酒能力尽情发挥：我喝~了，再喝就缩到桌子底下去了。

上头 [ʂaŋ⁵²³tʻou⁵⁵] shàng tōu 因喝酒而头疼：这个酒是真粮食的，喝了不~｜我喝一两就~。

上脸 [ʂaŋ⁵²³liæ̃³⁵] shàng lián ①因喝酒而脸发红：他喝酒好~，沾一沾酒，脸上就红余的（红润）。②因受宠爱或纵容而张狂：给他点好气儿他就~｜我两天没管教他，他就~。

财气酒 [tsʻɛ⁵⁵tɕʻi⁵²³tɕiou³⁵] cāi qì jiú 酒瓶中最后一杯酒：这点儿~都给你了，你喝了好发财。

二八瓯儿 [l̩⁵²³pa²¹⁴our²¹⁴] lrì bǎ ǒur 喝酒到了八成量，酒兴正浓的时候：酒到~上，他作了一首诗｜他喝到~上，话就稠了。‖又叫"二八盅"。

喝高 [xə²¹⁴kau²¹⁴] hē gāo 喝酒过多：他~了，趴到桌子上不能动｜他喝得有点高，又是笑，又是唱。‖也说"喝晕了"。

出酒 [tʂʻu²¹⁴tɕiou³⁵] chū jiú 饮酒过量而呕吐：喝了七两，他~了｜他~弄脏了衣裳。‖也说"刺花儿"。

串桌 [tʂʻuæ̃⁵²³tʂʻuə²¹⁴] chuàn zhuǒ 到别的酒桌上应酬。

蹭饭 [tsʻəŋ⁵²³fæ̃⁵²³] cèng fàn 没有正当理由地吃别人的饭：他一点活儿没干，跟着吃~｜我到他家蹭了一顿饭。

抹边儿 [ma²¹⁴piæ̃r²¹⁴] mǎ biānr 跟随别人吃喝（含嘲讽意味）：鬼子队长烤好羊肉，把门的兵等着~｜你请客，我跟着~。

吃闯席 [tʂɻ²¹⁴tʂʻuaŋ³⁵ɕi⁵⁵] chǐ chuáng xī 没有受到邀请而到酒席上混吃。‖元代王子一《刘晨阮肇误入桃源》第三折写作"撞席"："你把柴门紧紧的闭上，倘有撞席的人，休放他进来。"

吃蹭席 [tʂɻ²¹⁴tsʻəŋ⁵²³ɕi⁵⁵] chǐ cèng xī 同"吃闯席"。

酘酒 [tʻou⁵⁵tɕiou³⁵] tōu jiú 以酒解宿醉：昨类儿喝的酒还没醒，今每儿再喝点儿酘酘。

领酒 [liŋ³⁵tɕiou³⁵] líng jiú 在酒席上，自己率先喝酒，然后逐一向在座的人敬酒：我的年纪最大，我先~｜主不饮，客不喝，我领着喝一圈吧。

打通关 [ta³⁵tʻuŋ²¹⁴kuæ̃²¹⁴] dá tōng guān 酒宴中，逐一与在座的人碰杯、敬酒。

端酒 [tuæ̃²¹⁴tɕiou³⁵] duǎn jiú 丰县敬酒的一种礼节，双手端起酒杯请客人、尊长等饮用，以示恭敬：好好地给大叔~。‖也简称为"端"：我给恁老人家端两杯。

平喝 [pʻiŋ⁵⁵xə²¹⁴] pīng hě 对饮。用于平辈、同事、朋友之间。相对于敬酒而言：咱俩谁也别给谁端，~吧。

先喝为敬 [ɕiæ̃²¹⁴xə²¹⁴uei⁵⁵tɕiŋ⁵²³] xiān hě wēi jìng 在向别人敬酒之前，自己先喝酒以表敬意，然后端起酒杯向别人敬酒。

乱酒 [luæ̃⁵²³tɕiou³⁵] luàn jiú 乘酒兴生事胡闹，发酒疯：他一喝晕就~。

喝花酒 [xə²¹⁴xua²¹⁴tɕiou³⁵] hě huā jiú 狎妓饮酒，或与女子不正当交往时饮酒。

吃独食 [tʂʅ²¹⁴tu⁵⁵ʂʅ⁵⁵] chī dū shī 独自享用。

看人 [kæ̃⁵²³zɚ⁵⁵] kàn rēnr 看望他人：俺买东西去~｜我到医院看个人。

对份子 [tuei⁵²³fẽ⁵²³tsʅ⁰] duì fèn zi 多人把钱凑集在一起送礼品等。‖也说"凑份子"。

随份子 [suei⁵⁵fẽ⁵²³tsʅ⁰] suī fèn zi 跟着别人一起拿礼物。

随礼 [suei⁵⁵li³⁵] suī lí 跟着别人一同送礼物。用于喜事。

让烟 [zaŋ⁵²³iæ̃²¹⁴] ràng yǎn 请别人吸烟：我看他有点眼熟，就上去~。

散烟 [sæ̃⁵²³iæ̃²¹⁴] sàn yǎn 散发香烟：他拿着一盒烟，见了人就~。

争究 [tsəŋ²¹⁴tɕiou⁰] zěng jiu 争执：一点儿零头，不值当地（值得）~。

杀人不过头点地 [sa²¹⁴zẽ⁵⁵pu²¹⁴kuə⁵²³t'ou⁵⁵tiæ̃³⁵ti⁵²³] sǎ rēn bǔ guò tōu dián dì 到了适当的程度，不必过于追究：他把你打伤，蹲了牢监，赔了钱，你还想咋的？~。

拱 [kuŋ³⁵] góng 鼓动：他~着小学生掰人家的棒子，叫农民看见了｜他不搁得~，一~就上劲，到末了跟人家打起来了｜三~两不~，两班人吵起来了。‖也说"度"[tu⁵²³] dù、"纲"[kaŋ²¹⁴] gǎng。

拱耩 [kuŋ³⁵tɕiaŋ⁰] góng jiang 唆使，煽动：都是你的事，要不是你~，我也不会跟人家骂架｜他背地里~着分家｜他喜欢~事儿｜他~我减肥，我减得眼泛黑花｜几个人天天~着打牌。‖有的说"拱道"[kuŋ³⁵tau⁰] góng dao、"拱唧"[kuŋ³⁵tɕi⁰] góng ji、"拐鼓"[kuɛ³⁵ku⁰] guái gu、"豁豁"[xuər²¹⁴xuər⁰] huǒr huor。

烧底火 [ʂau²¹⁴ti³⁵xuər³⁵] shǎo dí huór 比喻暗中挑拨，煽动：有人烧了一把底火，那两家吵起来了。

里拱外豁 [li³⁵kuŋ³⁵uɛ⁵²³xuə²¹⁴] lí góng wài huǒ 比喻内外挑唆：嘴歪眼斜心不正，~害人精｜小猪拴到门堼子上——~（歇后语）。‖拱、豁，本指动物以嘴拱物，比喻挑拨离间。

垫落 [tiæ̃⁵²³luə⁰] diàn luo 附和别人责备某人：领导数落我的时候，他在旁边添油加醋~几句。

加载子 [tɕia²¹⁴tsɛ⁵²³tsʅ⁰] jiǎ zài zi ①本义指安装木楔使器具牢固。②比喻挑唆，怂恿。‖有的说"加標子"[tɕia²¹⁴piau⁵²³tsʅ⁰] jiǎ biāo zi。③加塞，排队时后来者插在先到人的前面。

加缸 [tɕia²¹⁴kaŋ²¹⁴] jiǎ gǎng 比喻在矛盾双方中间挑唆，添油加醋：人家两个人吵架，他在中间~｜老师批评学习委员，班长老是~。

扒豁子 [pa²¹⁴xuə²¹⁴tsɿ⁰] bǎ huǒ zi 拆台：大家都想顺顺当当地把事办好，他在背地里~。

捣鼓 [tau³⁵ku⁰] dáo gu 背后说某人的坏话：他才从领导屋里出来，不知道~谁咪。

打坝 [ta³⁵par⁵²³] dá bàr 比喻设法为难某人：我跟他十几年的交情，没想到他也打起坝来了｜你要不给他好处，他就~，叫你办不成事。

攮棒子 [naŋ³⁵paŋ⁵²³tsɿ⁰] náng bàng zi ①比喻拨弄是非：当面说好话，背后~。②比喻暗中阻挠：这件事眼看要办成，不知是谁在后头攮一棒子，这不，又黄了。

插拐子 [tsʻa²¹⁴kuɛ³⁵tsɿ⁰] cǎ guái zi 从中插手阻挠：这个事局长支持我，就怕副局长乱~。

横插一杠子 [xuŋ⁵²³tsʻa²¹⁴i²¹⁴kaŋ⁵²³tsɿ⁰] hòng cǎ yǐ gàng zi 同"插拐子"：俺办得差不多了，他~搅散了。

喊喊 [tɕʻi²¹⁴tɕʻi⁰] qǐ qi 谋划（做不好的事儿）：他喜欢~事，惹了不少麻烦｜他瞎~空儿，办不了好事。

叨叨事 [tau²¹⁴tau⁰sɿr⁵²³] dǎo dao sìr 多管闲事：本来平平和和的，他非得~，弄得不团结。‖也说"啰啰事"。

咸吃萝卜淡操心 [ɕiã⁵⁵tʂʅ²¹⁴luə⁵⁵puʻtã⁵²³tsʻau²¹⁴ɕiẽ²¹⁴] xiān chǐ luō bu dàn cāo xǐn 比喻多管闲事（双关语，含贬义）：我的事不稀罕你管，~！

翻瞎话 [fã²¹⁴ɕia²¹⁴xuar⁰] fǎn xiǎ huar 编造别人说的话：他待中间~，弄得两个人不搭腔了。

扯老婆舌头 [tʂʻə³⁵lau³⁵pʻuə⁰ʂə⁵⁵tʻou⁰] ché láo po shē tou 妇女间乱发议论。‖有的说"拉老婆舌头""嚼老婆舌头""翻老婆舌头"。

有鼻子有眼 [iou³⁵pi⁵⁵tsɿ⁰iou³⁵iãr³⁵] yóu bī zi yóu yánr 比喻（说的话）像是真实的（含贬义）：别信他瞎喷，说得~的，其实都是没影儿的事儿。

多嘴撩舌 [tuə²¹⁴tsuei³⁵liau⁵⁵ʂə⁵⁵] duō zuí liáo shē 多嘴多舌，搬弄是非：他不分场合~，乱说一气，弄得大家不搭腔了｜谁稀罕你~！不说话还能当哑巴卖了你？

舔嘴不拉舌 [tʻiæ̃³⁵tsuei³⁵puʻ²¹⁴laʻ⁰ʂə⁵⁵] tián zuí bǔ la shē 比喻多说话，散布引起纠纷的话（含贬义）：他肯说话，~，不该说的话瞎说。‖有的说"甜嘴不拉舌"[tʻiæ̃⁵⁵tsuei³⁵puʻ²¹⁴laʻ⁰ʂə⁵⁵] tiān zuí bǔ la shē、"甜嘴木拉舌"。

话把 [xua⁵²³par⁵²³] huà bàr 话茬、话头：他一时没开窍，给人家留一个~｜他喜欢接人家的~。‖也说"话把子"。

搭茬 [ta²¹⁴tsʻar⁵⁵] dā cār 搭话，接过别人的话说话：这件事我提了几回，他都装不知道，没~｜他不住嘴地说，我搭不上茬儿。

搭腔 [ta²¹⁴tɕʻiaŋr²¹⁴] dā qiāngr 答话；交谈：他两家吵过架，不~｜我烦他，不跟他~。

哪说哪了 [na³⁵ʂuə²¹⁴na³⁵liau³⁵] ná shuǒ ná liáo 字面意思是在哪儿说话就在哪儿结束，实际意思是提示对方不要把话传出去或者记在心里：咱~，传不到外人的耳朵眼里。

关起门来说 [kuæ²¹⁴tɕ'i³⁵mẽr⁵⁵lɛ⁰ʂuə²¹⁴] guǎn qí mēnr lai shuǒ 关上门说话。说知心话时用语：咱~，你的日子不好过，我知道你的难处。

戴高帽 [tɛ⁵²³kau²¹⁴maur⁵²³] dài gāo màor 比喻过分赞美，假意赞美：他喜欢~，谁要夸他几句，他就不知道姓啥了。

咬死口 [iau³⁵sɿ³⁵k'our³⁵] yáo sí kóur 坚持自己的说法：几个小孩都说他先动的手，他~不承认。

死口不讲理 [sɿ³⁵k'ou⁵⁵pu²¹⁴tɕiaŋ³⁵li³⁵] sí kōu bǔ jiáng lí 气势汹汹地强辩，不讲道理：他打伤了人，还不愿意包工养伤，~。

拿着不是当理说 [na⁵⁵tʂou⁰pu²¹⁴sɿ⁰taŋ²¹⁴li³⁵ʂuə²¹⁴] nā zhou bǔ si dǎng lí shuǒ 把过失、错误说成符合事理：他觉着自家的功劳大，~，守着明白装糊涂。

理表 [li³⁵piaur³⁵] lí biáor 道理：家务事说不出~｜谁的对、谁的错，我也说不出~。

沾边赖四两 [tʂæ²¹⁴piɛr²¹⁴lɛ⁵²³sɿ⁵²³liaŋ³⁵] zhǎn biǎnr lài sì liáng 稍微有所关联，也要强取好处。

牙茬子高 [ia⁵⁵ts'a⁵⁵tsɿ⁰kau²¹⁴] yā cā zi gǎo 比喻经常主动斗嘴、争吵。‖ 有的说"牙巴壳子长"：牙巴壳子弄（这么）长。

无上牙 [u⁵⁵ʂaŋ⁵²³ia⁵⁵] wū shàng yā 比喻人惯于骂人：她骂人~，三天三夜不带重样的。

嘴大 [tsuei³⁵ta⁵²³] zuí dà 比喻说话有效（含讥讽意）：你当官，你的~，以你的嘴为定就是唠。

嘴里没有把门的 [tsuei³⁵li⁰mei⁵²³iou³⁵pa³⁵mẽr⁵⁵ti⁰] zuí li mèi yóu bá mēnr di 喻指说话过于随意：他~，一拐弯扯着老同学了，难听的话一套一套的。

三斤鸭子二斤嘴 [sæ²¹⁴tɕiɛ²¹⁴ia²¹⁴tsɿ⁰l⁵²³tɕiɛ²¹⁴tsuei³⁵] sān jǐn yǎ zi lrì jǐn zuí 比喻能说会道却不实干：这帮子人都是~，呱嗒空，哄死人不偿命。

咒磨 [tʂou⁵²³muə⁰] zhòu mo 诅咒：一咒十年旺，你越~人家，人家过得越红火｜背着他的面，大家伙都咬着牙~他。‖ 也说"咒"。

编派 [piæ²¹⁴p'ɛ⁰] biǎn pai 编造情节来取笑别人。

嚼血沫子 [tɕyə⁵⁵ɕiə²¹⁴muə²¹⁴tsɿ⁰] juē xiě mǒ zi 比喻诬蔑别人。

嚼舌根子 [tɕyə⁵⁵ʂə⁵⁵kæ²¹⁴tsɿ⁰] juē shē gěn zi 同"嚼血沫子"。

戳祸 [tʂ'uə⁵⁵xuə⁵²³] chuō huò 闯祸：这孩子朝天在外头~，看我不坏恁家大人去。

拉偏架 [la²¹⁴p'iæ²¹⁴tɕia⁵²³] lǎ piān jià 劝架时故意挡住一方手脚让另一方打。

圆盘子 [yæ̃⁵⁵pʻæ̃⁵⁵tsʅ⁰] yuān pān zi 圆场。双方发生争执时，旁观者从中解说或提出折中办法，以打开僵局：经理跟书记大声吵起来，营业员都上来~｜你把话说绝了，叫我咋给你~？

应孬 [iŋ²¹⁴nau²¹⁴] yǐng nǎo 认输；怯阵；耍赖：到了赛场，一人摽住一个，不兴~的｜你跟他来真的，他就~了。

闹家包子 [nau⁵²³tɕia²¹⁴pau²¹⁴tsʅ⁰] nào jiǎ bǎo zi 窝里斗。家族或团体内部彼此争斗、排挤。

挤磨 [tɕi³⁵muə⁰] jí mo 排挤：他几个~新来的｜富的不巴结，穷的也不~。‖ 也说"挤攘""踩挤" [tsʻɛ³⁵tɕi⁰] cái ji。

拿法 [na⁵⁵fa⁰] nā fa 故意为难他人：他当上局长，老是找理由~原来的对头。

拿搪 [na⁵⁵tʻaŋr⁵⁵] nā tāngr 拿乔，故意表示为难，以抬高自己的身价：本来动动手指头就能办成的事，他推来推去，老是~不办｜仨钱拌到盘子上——你倒拿开糖啦（歇后语。糖，谐搪）。

敲逮 [tɕʻiau²¹⁴tɛ³⁵] qiǎo dái 敲打。指用言语刺激或批评别人：爸爸妈妈总喜欢拿尖子生来~我"你看看人家，再看看你"。

欺性 [tɕʻi²¹⁴ɕiŋr⁵²³] qī xìngr 欺软怕硬：这个人~，越让越毁｜他欺人家的性儿。

瘪治 [piə³⁵tʂʅ⁰] bié zhì 整治，故意使人为难：这是特意地~人｜他把人家~得干不下去了。

治咳嗽 [tʂʅ⁵²³kə²¹⁴tsʻau⁰] zhì kě cao 比喻整治某人：才过门就治老公公的咳嗽，今后更不把我这个大娘往眼里夹啦（民间故事《聪明的媳妇》）。

捏麻骨 [ŋiə²¹⁴ma⁵⁵kur⁰] niě mā gur 比喻抓住要害、弱点：出个点子，捏他的麻骨，叫他不再给我摆架子。

受苛排 [ʂou⁵²³kʻə²¹⁴pʻɛr⁰] shòu kě pair （在生活上）受到苛刻对待：她在婆家出不开身，~｜他小时候~，长得干干巴巴，个头瞎矮。

夹箍气 [tɕia⁵⁵ku⁰tɕʻi⁵²³] jiā gu qì （新媳妇）受公婆和丈夫弟妹的气。

一亩三分地 [i²¹⁴mu³⁵sæ̃²¹⁴fɛ̃²¹⁴ti⁵²³] yǐ mú sān fēn dì 比喻某人的地盘：在他~里，咱别乱动｜来到你~了，你只管安排吧。‖ 有的说成"一亩八分地"。

攀 [pʻæ̃²¹⁴] pān 做事依赖别人，不想独立完成：扫个地也得~着我，你自家不会扫吗？｜一点小事儿，他也~着人家先干｜你~我，我~你，就是没人先出头。

咬班 [iau³⁵pæ̃²¹⁴] yáo bǎn 互相争斗；不和：两匹马拴到一起就~｜两个人三天两头~。

咬挤 [iau³⁵tɕi⁰] yáo ji 提意见时与别人对比：他没评上一等奖，就~人家得奖的｜你有意见就明说，别瞎~。

咬挤腔 [iau³⁵tɕi⁰tɕ'iaŋ²¹⁴] yáo ji qiāng 含沙射影的话：他不指名道姓，光说~。

破劲 [p'uə⁵²³tɕiẽ⁵²³] pò jìn 泄劲：当紧的时候，只能鼓劲，不能~｜这条路他走不通，我得去破破他的劲。

外气 [uɛ⁵²³tɕ'i⁰] wài qi 因见外而客气：你要是不收这点儿礼，就~了｜住到老同学家，可别~。

不外 [pu²¹⁴uɛ⁵²³] bǔ wài 不见外；不是外人：到朋友家我觉得~，有啥吃啥，随意得很｜咱是同学，又是老乡，~，这事儿就交给我啦。

薄气 [puə⁵⁵tɕ'i⁰] bō qi 情义薄，缺少情分：你要不帮这个忙儿，就~了｜要是叫人家结账，显得多~。

得着 [tei²¹⁴tʂuə⁰] děi zhuo 得罪：他性子直，~不少人｜他~老百姓了，政府门口天天有人告他的状｜~做饭的，捞不着熟馍吃；~领导，小心穿小鞋。

犯顶 [fã⁵²³tiŋ³⁵] fàn dǐng 相冲突；相克：他的意思跟领导说的~｜这两种药~。

顶茬子 [tiŋ³⁵ts'a⁵⁵tsŋ⁰] dǐng cā zi 本指顶着物体的茬子，比喻对立，相顶：他俩~，没法共事｜你在单位要尊重领导，别给领导~｜两个人~了，一个说东，一个说西。‖也说"戗茬"[tɕ'iaŋ²¹⁴ts'ar⁵⁵] qiǎng cār。

治顶 [tʂʅ⁵²³tiŋ³⁵] zhì dǐng 关系闹僵：我觉得跟他~不好，就扯了几句闲话，给他搠（竖起）个梯子好下台。

撑劲 [ts'əŋ²¹⁴tɕiẽ⁵²³] cěng jìn 抗争；反击：他跟领导~哝，叫领导调走了｜他心下想的是吓唬吓唬这个家伙就算了，见好就收，别~撑过了头，就凑台子下驴，骂了一声走了。

拉硬弓 [la²¹⁴iŋ⁵²³kuŋ²¹⁴] lǎ yìng gǒng 比喻抗拒，向对方提出过高的条件：钉子户老是~，漫天要价，九九归一没得着好处。

撑眼皮 [ts'əŋ²¹⁴iã³⁵p'i⁵⁵] cěng yán pī 愤怒地看着对方，比喻尖锐对立：两个人不能见面，一见面就~｜他才五六岁，就跟大人~了｜他俩谈起工作来就叮叮当当~。

抗膀子 [k'aŋ⁵²³paŋ³⁵tsŋ⁰] kàng báng zi 较量；对抗：小戏班演员敢跟艺术家~。

买乎 [mɛ³⁵xu⁰] mái hu 服气，买账；在乎：不管是谁，他都不~。

顺茬 [ʂuɛ⁵²³ts'ar⁵⁵] shùn cār 本指顺着物体的茬子，比喻顺应情势：这片麦叫风刮倒了，要~割才行｜用刨子刮木头要~｜他听不得孬话，只能~才能管住，顶着茬子就得翻脸。

叉壶 [ts'a³⁵xu⁵⁵] cá hū 关系闹僵，翻脸：他俩原先好得跟一个头的样，这会儿~了。

叉了 [ts'a³⁵la⁰] cá la 同"叉壶"：两个人争地边子弄~。

拔亲 [pa⁵⁵tɕ'iẽ²¹⁴] bā qǐn 断绝亲戚关系。

断路 [tuẽ⁵²³lur⁵²³] duàn lùr 比喻中断亲情友好往来：他多些年不来看我，我跟他~了。

卖姓 [mɛ⁵²³ɕiŋr⁵²³] mài xìngr 指改姓别人的姓。含贬义。

得济 [tei²¹⁴tɕi⁵²³] děi jì 得到（别人的）报答、供养：早生儿早~｜庄稼人上跳舞唱歌有啥用？还不跟干活挣点钱现~｜别看他是要的小孩，到老了照样得他的济｜没想到董大爷能得我的济。

赔是 [pʻei⁵⁵sʅ⁰] pēi si 赔礼；赔不是：吵罢架我就后悔了，得去~~他。

识劝 [ʂʅ²¹⁴tɕʻyæ⁵²³] shǐ quàn 听从劝说：他怪~，经人一说，就把老毛病改了。

听说 [tʻiŋ²¹⁴ʂuə²¹⁴] tǐng shuǒ 听话。听从长辈或领导的话：到学校要~，别跟老师犟嘴｜这个小孩多~，晃悠晃悠就睡着了。

听喝 [tʻiŋ²¹⁴xə²¹⁴] tǐng hě 听从差遣：他在这儿当差~，随叫随到｜你是当官的，俺是~的。

说几壶是几壶 [ʂuə²¹⁴tɕi³⁵xu⁵⁵sʅ⁵²³tɕi³⁵xu⁵⁵] shuō jí hū sì jí hū 来自旧时买散酒时的惯用语。比喻某人无论提出什么要求，都会被照办：他当官，他的嘴大，他~｜我听你的，你~。

清楚不了糊涂了 [tɕʻiŋ²¹⁴tʂʻu⁰pu²¹⁴liau³⁵xu⁵⁵tu⁰liau³⁵] qīng chu bǔ liáo hū du liáo 若清楚审断，事情则不能了结；若糊涂处理，则可以完结：依了这家，那家闹腾，依了那家，这家不服，~，别论谁的是谁的非了，只要不生气就好。

胳膊曲子朝外拐 [kə²¹⁴puʻtɕʻy²¹⁴tsʅ⁰tʂʻau⁵⁵uɛ⁵²³kuɛ³⁵] gē bu qǔ zi chāo wài guái 比喻偏向外人：他把钱都救济外人了，自家人捞不着一星一点，~。

往里迷不往外迷 [uaŋ⁵⁵li³⁵mi⁵⁵pu²¹⁴uaŋ⁵⁵uɛ⁵²³mi⁵⁵] wāng lí mī bǔ wāng wài mī 指为自己谋算达到入迷的程度，却不为别人着想：他是~，单为地（经常）拿错人家的东西，自家的东西没往外拿过。

胳拉肢里过日子 [kə²¹⁴la⁰tsʅ²¹⁴li⁰kuə⁵²³ʐʅ²¹⁴tsʅ⁰] gē la zǐ li guò řr zi 比喻在别人庇护或领导下生活，不担当主要责任：我当个副局长，~，不能再好了。

各打各的算盘，各算各的账 [kə²¹⁴ta³⁵kə²¹⁴ti⁰suæ̃⁵²³pʻæ⁰, kə²¹⁴suæf⁵²³kə²¹⁴ ti⁰tʂaŋ⁵²³] gě dá gě di suàn pan, gě suàn gě di zhàng 比喻各人心思不同，思想不一致。

各在人 [kə²¹⁴tsɛ⁵²³ʐər⁵⁵] gě zài rēnr 各人的情况不同：一个老师教的，有的管（有本事），有的笨，~｜学体育的不都是外向性格，~。

狗窝里挪到猫窝里 [kou³⁵uə²¹⁴li⁰nuə⁵⁵tau⁰mau⁵⁵uə²¹⁴li⁰] góu wǒ li nuō dao māo wǒ li 比喻拆东补西，因为艰窘而将财物等从此处调配到彼处（含嘲讽意味）。

垫底 [tiæ̃⁵²³tir³⁵] diàn dír 垫背，赔罪：临死拉个~的｜有他~，我心里好受多了。

收底 [ʂou²¹⁴tir³⁵] shǒu dír 把剩余部分全部包揽：盖屋的钱尽你拿，不够的我~｜这瓶酒恁（你们）能喝多少就喝多少，剩下的我~。

第五章 词汇 | 385

通吃一弧拉 [tʻuŋ²¹⁴tʂʅ²¹⁴i²¹⁴xu⁵⁵la⁰] tǒng chī yǐ hū la ①推牌九时坐庄者得到所有下注人的钱。②比喻全部收取：他~，把人家赢光了｜他到了大舅家，见啥拿啥，不论大小，~。‖弧拉，以手聚拢散物。

有枣没枣打一竿 [iou³⁵tsau³⁵mei⁵²³tsau³⁵ta³⁵i²¹⁴kã²¹⁴] yóu záo mèi záo dá yǐ gǎn 比喻不管有无成效，先试一下再说。

碰点子吃糖 [pʻəŋ⁵²³tiã³⁵tsʅ⁰tʂʅ²¹⁴tʻɑŋ⁵⁵] pèng diǎn zi chī tāng 比喻凭运气受益。

受挂 [ʂou⁵²³kua⁵⁵] shòu guā 受到连累：上头犯事，下边儿也~｜一家人都受他的挂。

受症 [ʂou⁵²³tʂəŋr²¹⁴] shòu zhèngr 比喻受到牵连、查处：他~了，纪检上正调查他。

画杠杠 [xua⁵²³kaŋr⁵²³kaŋr⁰] huà gàngr gangr 制定原则：乡里收农业税，上级画了杠杠，谁都不准多收。

画圈 [xua⁵²³tɕʻyɚr²¹⁴] huà quǎnr 不直接说出意图，而是暗示别人去做：他先说这个事儿多重要，又说财政上不拨钱，他就是想叫俺赞助，画个圈儿叫俺往里跳。

抓面子 [tʂua²¹⁴miã⁵²³tsʅ⁰] zhuǎ miàn zi 增光：这泡礼拿出去多~｜他给咱~啦。

奘脸 [tʂuaŋ³⁵liã²¹⁴] zhuáng liǎn 长脸，增加体面：爹娘靠儿~，儿靠爹娘抬头｜家里出个清华学生，给全庄~了。

奘光 [tʂuaŋ³⁵kuaŋ²¹⁴] zhuáng guāng 长光，赢得荣耀：她给丰县人~了。

装门面 [tʂuaŋ²¹⁴mẽ⁵⁵miã⁰] zhuǎng mēn mian 比喻为了好看而修饰外表：他屋里搁一下子书是~的，其实他根本不看。

一推六二五 [i²¹⁴tʻuei²¹⁴liou⁵²³lʅ⁵²³u³⁵] yǐ tuǐ liù lrì wú 原是珠算斤两法口诀。比喻推卸干净。

薅着胡子打滴喽 [xau²¹⁴tʂou⁰xu⁵⁵tsʅ⁰ta³⁵ti²¹⁴lour⁰] hǎo zhou hū zi dá dǐ lou 比喻对长辈或上级不尊重、不礼貌。

跐着鼻子上脸 [tsʻʅ³⁵tʂou⁰pi⁵⁵tsʅ⁰ʂaŋ⁵²³liã³⁵] cí zhou bī zi shàng lián 蹬鼻子上脸。比喻行为出格，不顾礼节。

越架越往胳膊上扃 [yə²¹⁴tɕia⁵²³yə²¹⁴uaŋ⁵⁵kə²¹⁴puʻʂaŋ⁰ə²¹⁴] yuè jià yuě wāng gě bu shang ě 比喻越是受到娇纵，越是骄横。

活鲜的鲤鱼不吃，非要摔死吃 [xuə⁵⁵ɕiã²¹⁴ti⁰li³⁵y⁵⁵pu²¹⁴tʂʅ²¹⁴, fi²¹⁴iau⁵²³ʂuei²¹⁴sʅ³⁵tʂʅ²¹⁴] huō xiǎn di lí yū bǔ chǐ, fī yào shuǐ sí chī 比喻不识时务，不及时做人情，最终令人厌烦。

护驹子 [xu⁵²³tɕy⁵⁵tsʅ⁰] hù jū zi ①指动物保护幼崽：这个驴~，不叫人偎他的驴驹子。②比喻偏袒子女或下属：他好~，惯得小孩不知道屙尿。

假斯 [tɕia³⁵sʅ²¹⁴] jiá sǐ 故作客套，假装斯文：到我这儿，想要啥，尽管拿，别~｜大席上的菜多吃点，你要~吃不饱，回到家得后悔。

作假 [tsuə²¹⁴tɕia³⁵] zuǒ jiá 不好意思接受好处而推托：这瓜是自家地里结的，拿去吃吧，别~｜怪不~咪，见俺煮的肉，捞了就吃。

撑摊 [tsəŋ²¹⁴tʻãr²¹⁴] cěng tānr 支撑局面：他敢~，不怕麻烦｜他本事不大，不能~。

压案 [ia²¹⁴ãr⁵²³] yǎ ànr 比喻压住阵脚，控制局面：他没经过大场儿，不~｜他能压住案，这群人都听他的。

压不住定盘星 [ia²¹⁴puʻtʂu⁵²³tiŋ⁵²³pʻæ̃⁵⁵ɕiŋr²¹⁴] yǎ bu zhù dìng pān xīngr 重量太小。比喻某人作用不大。

一会儿狗脸，一会儿猫脸 [i²¹⁴xueir⁵²³kou³⁵liæ̃³⁵, i²¹⁴xueir⁵²³mau⁵⁵liæ̃³⁵] yǐ huìr góu lián, yǐ huìr māo lián 比喻情绪多变：这个家伙，~，谁也摸不清他想治啥。‖ 有的说成"猫脸一阵，狗脸一阵"。

拿大头 [na⁵⁵ta⁵²³tʻou⁵⁵] nā dà tōu 使人额外多拿出财物：想租个车上乡里去，又怕"的哥"~｜你放心坐我的车，我跑孬路也不拿你的大头。

拿眼子 [na⁵⁵iæ̃³⁵tsɿ⁰] nā yán zi 使人额外拿出钱财，且不承情：有好事儿不来找我，要钱的时候想起我了，拿我的眼子。

桥归桥，路归路 [tɕʻiau⁵⁵kuei²¹⁴tɕʻiau⁵⁵, lu⁵²³kuei²¹⁴lu⁵²³] qiāo guǐ qiāo, lù guǐ lù 喻指清楚分开，互不相混：两家的交情，上级的政策，~，不能混谈。

哪码归哪码 [na³⁵ma³⁵kuei²¹⁴na³⁵ma³⁵] ná má guǐ ná má 反问语，意思是怎么可以将不相关的事混为一谈。

一个老鸹占一个枝 [i²¹⁴kəʻlau³⁵kua⁰tʂæ̃⁵²³i²¹⁴kəʻtsɿr²¹⁴] yǐ ge láo gua zhàn yǐ ge zīr 比喻一人占一个位置，没有多余的空位。‖ 又说"一个萝卜抵一个窝"。

人家偷牛他拔橛 [zə⁵⁵tɕiaʻtʻou²¹⁴ȵiou⁵⁵tʻa²¹⁴paʻ⁵⁵tɕyər⁵⁵] rēn jia tǒu niū tǎ bā juěr 本义是别人偷走牛，他只是随后拔了拴牛的橛子。比喻替人受过。‖ 有的说"偷牛逮个拔橛的"。

人家装药他放炮 [zə⁵⁵tɕiaʻtʂuan²¹⁴yə²¹⁴tʻa²¹⁴faŋ⁵²³pʻau⁵²³] rēn jia zhuǎng yuě tǎ fàng pào 比喻受别人唆使而说得罪人的话：他是个炮筒子，禁不住人拱，~。

失火挨板子 [ʂɿ²¹⁴xuə³⁵iɛ⁵⁵pæ̃³⁵tsɿ⁰] shī huó yāi bán zi 比喻祸不单行：他正在家生病，车子叫人家偷走了，~，双倒运。

皮二爬 [pʻi⁵⁵lʻpʻar⁵⁵] pī lr pār ①双方没有分出输赢；不分高下：县官问了两回，也没问出个道道，两家的官司打了个~｜两派都有绝招，争来争去，弄成了~。②不值得一提：这个单位都说管得多严多严，我看也是~，就那么回事。‖ 有的说成"皮啦爬"。

屁叽 [pʻi⁵²³tɕi⁰] pì ji 比喻失败，没有达到预定的目的（含不满意味）：集资安暖气的事~了。

五顶五 [u³⁵tiŋ³⁵u³⁵] wú dǐng wú 同"屁叽"。

没拉没摸 [mu⁵⁵la⁰mu⁵⁵muə²¹⁴] mū la mū mǒ ①百无聊赖的样子：他从老家来到城里，啥事儿都没有，坐到屋里~。②若有所失，不能专心做事的样子：孩子上大学去了，老嬷嬷在家~，不知道干啥是好。

无局 [u⁵⁵tɕy⁵⁵] wū jū ①无聊：闲得~ | 闲茶闷酒~的烟（民谚）。②没有办法：他跟厂长吵罢架，就辞职投靠一家小厂子，这也是~ | 他觉得在家~，只能出去长长见识。‖ 也说"没局" [mu⁵⁵tɕy⁵⁵] mū jū。

没神下 [mei⁵²³ʂẽ⁵⁵ɕia⁵²³] mèi shēn xià 比喻想不出办法（含讥讽意味）。‖ 有的说"没锤耍" [mei⁵²³tʂ'uei⁵⁵ʂua³⁵] mèi chuī shuá。

这头叉了，那头抹了 [tʂə⁵²³t'our⁵⁵ts'a²¹⁴la⁰，na⁵²³t'our⁵⁵ma²¹⁴la⁰] zhè tōur cǎ la，nà tōur mǎ la 比喻两头落空。叉，开裂。抹，脱落。

抓瞎 [tʂua²¹⁴ɕiar²¹⁴] zhuǎ xiǎr 落空：会打算，两头不落（là）；不会打算，两头~ | 约好的车没来，他一下子~啦 | 家里分文没有，到了年下两手~。

自家的皮槌捣自家的眼窝 [tsʅ⁵²³tɕia⁰ti⁰p'i⁵⁵tʂ'uei⁵⁵tau³⁵tsʅ⁵²³tɕia⁰ti⁰iæ̃³⁵uər²¹⁴] zì jia di pī chuī dáo zì jia di yán wǒr 原指自己的拳头打到自己的眼窝上，比喻自己害自己。皮槌，即拳头。

成天打雁，叫雁鸼了眼 [tʂ'əŋ⁵⁵t'iæ̃²¹⁴ta³⁵iæ̃⁵²³，tɕiau⁵²³iæ̃⁵²³tɕ'iæ̃²¹⁴lou⁰iæ̃³⁵] chēng tiān dá yàn，jiào yàn qiǎn lou yán 比喻经常做某件危险事情，终于招来灾祸：庞三当大马子头走州过县，打过几个县城，从没失手过，没成想在上海死在一个混混手里，~，大江大海都过了，阴沟里边翻了船。‖ 鸼，禽鸟类啄食。

搭了力气不落人 [ta²¹⁴lou⁰li²¹⁴tɕ'i⁰pu²¹⁴luə²¹⁴zẽ⁵⁵] dǎ lou lǐ qi bǔ luǒ rēn 出力做事却不受欢迎。

不起眼 [pu²¹⁴tɕ'i³⁵iær³⁵] bǔ qí yánr 不显眼：他看起来~，其实是个大能人。

惹眼 [zə³⁵iær³⁵] ré yánr 惹人注意：拿着这些礼从人场上过，多~ | 开个羊肉汤馆，本小利多不~。

带相 [tɛ⁵²³ɕiaŋ⁵²³] dài xiàng 带有明显痕迹：一干活就~，沾了一身土 | 他喝了酒比人家~。

盖眼 [kɛ⁵²³iær³⁵] gài yánr 遮人眼目：他做的事儿不~，大人小孩都知道 | 这是为了盖盖外人的眼，省得人家说闲话 | 他找个小三儿（第三者），也不盖人眼。

遮眼 [tʂə²¹⁴iær³⁵] zhě yánr 同"盖眼"。

挡眼 [taŋ³⁵iær³⁵] dáng yánr 同"盖眼"。

砍倒棵子狼出来 [k'æ̃³⁵tau³⁵k'uə²¹⁴tsʅ⁰laŋ⁵⁵tʂ'u²¹⁴lɛ⁰] kán dáo kuǒ zi lāng chǔ lai 比喻清除遮盖物，真相大白。

腰里有 [iau²¹⁴li⁰iou³⁵] yǎo li yōu 旧时较为客气的回应打招呼用语：——还要钱呗？——腰里有。"腰里"，指衣袋。

登倒班 [tən⁵⁵tau⁰pãr²¹⁴] dēng dao bǎnr 轮班：弟兄俩~地侍候爹娘。‖登倒：腾倒，轮换。

排头 [p'ɛ⁵⁵t'ou⁵⁵] pāi tōu 排在队伍最前面的人：他俩争当~，吵了起来｜他个子高，当~。

牵着狗，架着鹰 [tɕ'iæ̃²¹⁴tʂou⁰kou³⁵, tɕia⁵²³tʂou⁰iŋ²¹⁴] qiǎn zhou góu, jià zhou yǐng ①本义指带着狗、鹰捕捉野兔等：他~溜河涯了。②诙谐说法，比喻费力寻找某人：我~，各处里找不着你。

架势 [tɕia⁵²³ʂʅ⁵²³] jià shì 捧场，为别人提供帮助：有这样的朋友~，啥困难都不怕｜展销会那天都来~。

帮人场 [paŋ²¹⁴zẽ⁵⁵tʂ'aŋr³⁵] bǎng rēn chángr 到场帮助提升人气：有钱的帮钱场，没钱的~｜他刚开了一个超市，我去给他~。

几凑劲 [tɕi³⁵ts'ou⁵²³tɕiẽ⁵²³] jí còu jìn 几种因素同时起作用：他又饿又累，心里又烦，~，就病倒了｜老书记年过半百，又有高血压，走着坑坑洼洼的路，~，觉得十二分地乏。

十九、性质、状态

圪拔的 [kə⁵⁵par⁵⁵ti⁰] gē bār di 比较好，超出一般：脸盘长得~｜字写得~。

些好 [ɕiə²¹⁴xau³⁵] xiě háo 很好：新来的办事员~，懂礼貌，干活利索｜恁老人家~呗？一顿吃多些饭？

样道的 [iaŋ⁵²³tau⁵⁵ti⁰] yàng dāo di 很像样，达到一定标准的：大席办得~｜人家招待得~｜事儿操办得~｜展厅布置得~｜家里收拾得~。‖也说"样噔的" [iaŋ⁵²³tən⁵⁵ti⁰] yàng dēng di、"样齐的"。

四称 [sɿ⁵²³tʂ'ẽ⁵²³] sì chèn ①合适，得当：这件大衣穿到身上真~｜这幅画挂到墙上~｜要饭拿着油漆棍——底上不~（歇后语）。②（相貌、身材）端正，匀称：一头黑发长又顺，眉眼鼻子多~（民间说唱）｜俩眼虎灵灵的，鼻梁高挺真~。

有样 [iou³⁵iaŋr⁵²³] yóu yàngr （样式）好看：这顶帽子多~｜柜子打得些。

圆宽 [yæ̃⁵⁵k'uæ̃⁰] yuān kuan 做事周全、圆满：他精明能干，说话办事都~｜帮事主节约，也叫亲朋满意，这样才叫~。

匀溜的 [yẽ⁵⁵lour⁵⁵ti⁰] yūn lōur di 中等偏上，一般以上：他的成绩~｜今年的庄稼~的。

匀乎 [yẽ⁵⁵xu⁰] yūn hu 均匀；适当：把东西分~，别叫人家提意见｜他编的瞎话些~，把在场的都哄住了。

中 [tʂuŋ²¹⁴] zhǒng ①行,可以:只要能用就~｜你看这样~呗?｜别嫌好道歹的啦,有饭吃就~。②好:他干活不大~,吵架倒在行儿｜饭做~了。

管 [kuæ̃³⁵] guán 行,可以;好:你看这个法子~呗?｜他的数学~得很｜只要有活儿干就~｜这些都给你,~了不?

在 [tsɛ⁵²³] zài 在理,有道理。用于对话:——我要把好吃的留给弟弟。——~,~。‖也说"在啦" [tsɛ⁵²³la⁰] zài la。

拜嗨 [pɛ⁵²³xɤ⁰] bài hai 是的,对。用于回答问话:——你是晌午来的呗?——~｜——这回该满意了不?——~。‖通行于史小桥等地。

在板 [tsɛ⁵²³pæ̃r³⁵] zài bánr(说话)有道理:原来觉得她头发长见识短,没想到这回说得挺~。

不孬 [pu²¹⁴nau²¹⁴] bǔ nāo 不错,很好:这个领导~,对人善和｜他的手艺~｜豆子长得~。

不赖 [pu²¹⁴lɛ⁵²³] bǔ lài 同"不孬":庄稼长得~。

不瓤 [pu²¹⁴ʐaŋ⁵⁵] bǔ rāng 不简单,有能力:这小孩真~,干起活来顶一个大人｜挤到前三名里已经~了,别不知足了。｜你真不~,会写会画,还通周易｜这孩子不~,上学上得嘴巧了。

不咋儿 [pu²¹⁴tsar³⁵] bǔ zár 无大妨碍,还可以:这伤~,只破了一点儿皮｜他家过得~,能吃得上。

好生地 [xau³⁵səŋr⁵⁵ti⁰] háo sēngr di ①好好的,正常:到学校~念书,别怪。②好端端地:~,为啥不愿意干了?

好不怏地 [xau³⁵puʻiaŋr²¹⁴ti⁰] háo bu yǎngr di 好端端地:前几天他还溜着玩咪,~病了。

不撑啥 [pu²¹⁴tsʻəŋ²¹⁴ʂa⁰] bǔ cěng sha 没有什么差别,差不多:他写的字跟印的~｜他的水平跟专家~。‖撑,"差"的变音。

大差不差 [ta⁵²³tsʻa²¹⁴pu²¹⁴tsʻa²¹⁴] dà cǎ bǔ cǎ 与标准相差不多:别计较弄么(这么)多啦,~的就行。

叠二五 [tiə⁵⁵l̩⁵²³u³⁵] diē lr̩ wú 比喻相差不大:我一亩地收了980斤,他收985斤,~｜老大、老二~｜两个物件~,价钱一样。

四六势 [sŋ⁵²³liou⁵²³ʂr⁵²³] sì liù shìr 一般品行、条件或结果:他孬好有点儿~,也不能混砸锅｜这个人连个~都没有,扶不起来｜他的工作只能算~,能说得过去,还得改进。

马马茬 [mar³⁵mar⁰tsʻar⁵⁵] má ma cār(结果、条件等)还可以,一般:上回没做好,

这回还~｜今年的收成~，赚不多。

弯刀对着瓢切菜，瞎驴驮个烂口袋 [uæ̃²¹⁴tau²¹⁴tuei⁵²³tʂou⁰pʻiau⁵⁵tɕʻiə²¹⁴tsʻɛ⁵²³, ɕia²¹⁴ly⁵⁵tʻuə⁵⁵kə⁰læ̃⁵²³kʻou³⁵tɛ⁰] wǎn dǎo duì zhou piāo qiě cài, xiǎ lǘ tuō ge làn kóu dai 比喻双方同样不好，彼此相配：他俩是~，谁也不亏谁｜~，我不嫌你长得丑，你也别嫌我长得赖。

一个席上，一个苇子上 [i²¹⁴kə⁰ɕi⁵⁵ʂaŋ⁰, i²¹⁴kə⁰uei³⁵tsɿ⁰ʂaŋ⁰] yǐ ge xī shang, yǐ ge wéi zi shang 比喻彼此相似（含讽刺意味）：他俩~，都是一路货。

行好行歹 [xaŋ⁵⁵xau³⁵xaŋ⁵⁵tɛ³⁵] hāng háo hāng dái 时好时坏：他这个人不准调子，~。

中看不中吃 [tʂuŋ²¹⁴kʻæ⁵²³pu²¹⁴tʂuŋ²¹⁴tʂɿ²¹⁴] zhǒng kàn bǔ zhǒng chī 外表好看，内里较差。比喻徒有其表：这道菜~。

三好两歹 [sæ̃²¹⁴xau³⁵liaŋ³⁵tɛ³⁵] sǎn háo liáng dái 不好：他的心不在学习上，学得~的｜她有心脏病，怕生气，要是有个~，咱担不起。

不咋样 [pu²¹⁴tsa³⁵iaŋ⁵²³] bǔ zá yàng 不太好：这辆车子~，又贵又孬｜那个人~，好占小便宜。

不咋的 [pu²¹⁴tsa³⁵ti⁰] bǔ zá di ①没关系，不要紧：这病~，过个七八天就好了｜这个厂子~，能还上贷款。②不甚好：我看不上他，他又邋遢，又小气，为人~。

不沾弦 [pu²¹⁴tʂæ̃²¹⁴ɕiæ̃⁵⁵] bǔ zhǎn xiān 本为戏曲行话，借指不行，不中用：他当队长~｜这把铁锨~，没用两下子就毁了｜十七十八力不全，二十七八正当年，三十七八还好过，四十七八~（民谣）。

不沾 [pu²¹⁴tʂæ̃²¹⁴] bǔ zhǎn 不行。系"不沾弦"的省略语：要论写字你还凑乎，干力气活你~｜读书写字你在行，炒菜做饭可不~。

驴头不对马嘴 [ly⁵⁵tʻou⁵⁵pu²¹⁴tuei⁵²³ma³⁵tsuei³⁵] lǘ tōu bǔ duì má zuí 比喻答非所问或事物两不相合：糊涂官糊涂问，再加上县官娘子瞎掺和，案子断得~。

管乎 [kuæ̃³⁵xur²¹⁴] guán hǔr 管用，起作用：这个医生开的药真~｜车闸不~了，赶快去修修｜好声好气地劝说管啥乎？只有来真的才能治好他｜他怕你，你的话也兴管点儿乎的。

管劲 [kuæ̃³⁵tɕiẽ⁵²³] guán jìn 起作用。

不蹚牙 [pu²¹⁴tʻaŋ²¹⁴iar⁵⁵] bǔ tāng yār ①形容数量少，不够吃的：盘子里只有几口菜，~就吃干净了。②比喻容易，不在话下：他的武艺好，打那几个痞子~。

不持劲 [pu²¹⁴tʂɿ⁵⁵tɕiẽ⁵²³] bǔ chī jìn 无用，不起作用：你光是空想~，得下力气干才行哎｜做生意图的是真金白银，光是同情~｜派他来持不上劲，他根本问不了这个事儿。‖ 持劲，即使劲。

持横劲 [tʂʅ⁵⁵xuŋ⁵²³tɕiẽ⁵²³] chī hòng jìn 乱使劲；增加麻烦：小孩到里边光是~，还是别去了｜犁地踹个牛犊子——持横劲（歇后语。踹，方言读 duàn，跟随）。

有抹 [iou³⁵muər³⁵] yóu mór 有本领：人家~，咱没抹，不能比｜他~，一般的事难不住。

白拌 [pei⁵⁵pã³⁵] bēi bán ①白白浪费：这季子番茄没卖着钱，给~的样｜买的月饼老是不舍得吃，搁得长醭了，~了。②无用，无能：他真~，耩地不会，做饭不中，衣来伸手，饭来张口。

百巧百能 [pei²¹⁴tɕʻiau³⁵pei²¹⁴nəŋ⁵⁵] běi qiáo běi nēng 形容心灵手巧，有多种才能：木匠、铁匠、泥水匠、厨师的活，他都能干，人家说他~｜她聪明伶俐，~，这活儿不称（chèn）她干的｜~百受穷（民谚）。

马猴待袖子里 [ma²¹⁴xour⁵⁵tɛ³⁵ɕiou⁵²³tsʅ⁰li⁰] mǎ hōur dái xiù zi li 比喻暗藏着特别有效的工具、方法：别看他不吱拉声，他是~，不到时候不拿出来。

白拌加一料 [pei⁵⁵pã³⁵tɕia²¹⁴i²¹⁴liau⁵²³] bēi bán jiǎ yǐ liào 没有什么本领，非常无能：他是~，交给他的事，没一样办成的。

白搭 [pei⁵⁵ta²¹⁴] bēi dǎ ①白费力气：他想改掉这个习惯，试了多少回都~｜他一心要往外跑，你把他拴上也~。②白白浪费：他是不成才的料，再教也是~工夫。

无益 [u⁵⁵i²¹⁴] wū yǐ 没用处，无能：你真~，有理也说不过人家，碰上一点事就提着个泪罐子哭｜微信、支付宝、高铁、地铁，他啥都不懂，成了~的人。

不中用 [pu²¹⁴tʂuŋ²¹⁴yŋ⁵²³] bǔ zhǒng yòng 不合用；无用：这个破铁锨~，拿个中用的过来｜我老了，~啦。

无才拉用 [u⁵⁵tsʻɛ⁵⁵la²¹⁴yŋ⁵²³] wū cāi lǎ yòng 没有才能、用处：他~，任啥都不会。‖有的说"没才拉用" [mu⁵⁵tsʻɛ⁵⁵la²¹⁴yŋ⁵²³] mū cāi lǎ yòng。

哝叽 [nuŋ⁵⁵tɕi⁰] nōng ji 无能，怯懦：他一脸~相，一点茧不能结｜他哝哝叽叽的，不撑把，在外受领导的气，回家受媳妇的气。

温哝 [uẽ²¹⁴nuŋ⁰] wěn nong 懦弱：他从小就~，人家打他也不敢还手｜她多~呗，碰着一点事就难为得要哭。‖有的说成"偎哝"[uei²¹⁴nuŋ⁰] wěi nong。

傍谱 [paŋ²¹⁴pʻur³⁵] bǎng púr 靠谱，沾边：这件事儿他做得不~｜他平常说话颠三倒四，这一回还真~。

靠牌 [kʻau⁵²³pʻɛr⁵⁵] kào pāir 守时；靠得住：他真~，天天都到集上卖包子，一天不落｜他说话不~，说了不作数｜他不~，三天打鱼，两天晾网。

定头 [tiŋ⁵²³tʻour⁵⁵] dìng tōu 确定：今年的收成~了｜他的坏习惯改不了是~了。

准头 [tʂɛ³⁵tʻour⁵⁵] zhún tōur ①准确：身份证上的日子再~没有啦，咱就以身份证为准｜天气预报不~，说有雨不一定下｜他的话不~，你要听了，可能误事。②一定，确定：这个事不~能办｜他来不来的不~。

准头气 [tṣuẽ³⁵tʻour⁵⁵tɕʻir⁵²³] zhún tóur qïr 准定的迹象：这件事没有~｜他的话不靠谱，没影的事说得跟真的样，没有一点~。‖又称"准头影""准头景"。

做就的局 [tsou⁵²³tɕiou⁵²³tiºtɕyr⁵⁵] zòu jiù di jūr 预先设计好的圈套（含不满意味）：这是~，再走个过场罢了。‖也说"做好的饭"。

左襟 [tsuə⁵²³tɕiẽ²¹⁴] zuò jǐn ①将大襟裁剪成向左掩的样式。传统上衣的大襟向右掩，裁剪成左襟是不可修正的失误：布绞~了，可惜一块好料子。②比喻无法改正的错误：话说出去，再改也是~，越涂越黑｜他俩打架，本来找人调解下子就完了，他舅偏拱着告状，这不，结下世仇，事办~了。

瘶筋 [tɕiou⁵²³tɕiẽ²¹⁴] jiù jǐn 比喻已经定型，无法改变（含讽刺意味）：他的性子~了，改不过来｜瘸子的腿——~了（歇后语）。‖瘶，《集韵》去声宥韵即就切："缩也。"

把里攥 [pa³⁵liºtsuæ̃⁵²³] bá li zuàn 比喻非常有把握，不存在任何问题：今年行情好，~能挣七八万。

谱系 [pʻu³⁵ɕi⁵²³] pú xì ①预兆，苗头。②思路，打算：他心里没啥~｜种大棚菜的事有啥~呗？

回数 [xuei⁵⁵ṣuº] huī shu 思路，计划：看看人家咋办的，我心里就有~了｜第一回碰上这样的事儿，他心里没一点儿~。

不着调 [pu²¹⁴tṣuə⁵⁵tiaur⁵²³] bǔ zhuō diàor 不安稳：他~，跟拨不定的橛儿样。

不准调子 [pu²¹⁴tṣuẽ³⁵tiau⁵²³tsɿº] bǔ zhún diào zi 态度、观点变化不定：他这人~，行（hāng）好行歹。

不靠谱 [pu²¹⁴kʻau⁵²³pʻur³⁵] bǔ kào púr 本为音乐术语，喻指不切实际，不合规则。

浪乎 [laŋ⁵²³xuº] làng hu 过于夸张，靠不住：你说的事有点~，我得再问问｜他的话忒~，不能信。‖也说"玄乎"。

二二乎乎 [l⁵²³lºxur²¹⁴xur²¹⁴] lrì lr hǔr hǔr 犹疑不定；没有把握：心里~的，拿不准是走还是不走。

意意思思 [i⁵²³iºsɿ²¹⁴sɿ²¹⁴] yì yi sǐ sǐ 形容犹豫不决的样子：厂子里叫他当技术员，他~，几天没回话｜我送给她一块手表，她~地想接又不接。

喝水喝水的 [xə²¹⁴ṣueir³⁵xə²¹⁴ṣueir³⁵tiº] hě shuír hě shuír di ①本指水淹到嘴边，情况危急。②喻指有风险，不可靠：这样的人来领头儿，有点~｜指着卖山药的钱来盖屋，~｜俺开的厂子白搭，这几年没赚钱，也没折多些，~。

毁 [xuei³⁵] huí ①变坏：电风扇~了，找人修修｜他累~了｜老百姓气~了｜他一看，吓~了。②把成件的旧物改为别的东西：我把单子（被单）~了，改成小孩的袄里子。

瞎 [ɕia²¹⁴] xiǎ ①坏：苹果~了｜肉都搁~了，也不舍得吃｜不讲信用，~了行市。②品行差：这人~得没眼。③报废：优惠券~了。④不好；恶：他这人性子~｜他的嘴~，说的话不能听。

瞎巴 [ɕia²¹⁴pa⁰] xiǎ ba 坏：他跟着那些~孩子、琉琉头学~了。

不好价 [pu²¹⁴xau³⁵tɕia⁰] bǔ háo jia 面子上不好看：这话要是传到他耳朵眼儿里，显得~｜刚吵罢架，又在一桌吃大席，多~｜卖糖的，你走吧，俺娘出来~（童谣）。

不能行 [pu²¹⁴nəŋ⁵⁵ɕiŋ⁵⁵] bǔ nēng xīng 不得了：他的病好利亮了，喜得我~｜她见了孙子，慌得~，一把搂到怀里。‖ 有的说"不行"。

万恶 [uæ̃⁵²³ər²¹⁴] wàn ěr 品行很差：这几个小孩多~，不是在墙上乱抹乱画，就是砸人家的门锁。

万恶朝天一撮毛 [uæ̃⁵²³ə²¹⁴tʂʻau⁵⁵tʻiæ̃²¹⁴i²¹⁴tsuə³⁵maur⁵⁵] wàn ě chāo tiǎn yǐ zuó māor 形容少年儿童惯常闹事、制造麻烦，也形容成年人品行很差。

血万恶 [ɕiə²¹⁴uæ̃⁵²³ər²¹⁴] xiě wàn ěr 品行极恶劣的人：他是个~，没人敢惹他。

可恶 [kʻau⁵⁵uº] kāo wu 惹是生非，做坏事，令人厌恶：他专欺负比他小的，真~。

妖孽 [iau²¹⁴iə⁰] yǎo ye 惯常捣乱、做坏事。‖ 有的说"妖倚" [iau²¹⁴iº] yǎo yi。

一肚子坏水 [i²¹⁴tu⁵²³tsʅ⁰xuɛ⁵²³ʂueir³⁵] yǐ dù zi huài shuír 比喻有很多坏主意。

瞎包 [ɕia²¹⁴paur²¹⁴] xiǎ bǎor 不务正业，品行不端。

不是熊 [pu²¹⁴sʅ⁵²³ɕyŋ⁵⁵] bǔ sì xiōng 詈语。不是东西，不是玩意儿：这个人~，专门坑人，不可耳乎。

不吃人粮食 [pu²¹⁴tʂʻʅ²¹⁴zẽ⁵⁵liaŋ⁵⁵ʂʅ⁰] bǔ chǐ rēn liāng shi 詈语，骂某人如同畜生：他打爹骂娘，~｜把俺的麦踩毁了，怎吃人粮食唄？

不是琉糗 [pu²¹⁴sʅ⁵²³liou⁵⁵tɕʻiou³⁵] bǔ sì liū qiú 不像样，很差：他画得~，还硬充行家｜数学不及格，作文也跑题了，治得~｜在外头混了五年，没一点长进，~，啥不是啥。‖ 也说"不成琉糗"。

拿不成个 [na⁵⁵puºtʂʻəŋ⁵⁵kər⁵²³] nā bu chēng gèr ①散乱，不能合在一起来拿：糁子窝窝搁的面少，~｜跟麻渣糕样，~。②比喻品行不端，上不了台面：他这人戳了祸又不敢出头，~。

疵毛 [tsʻʅ²¹⁴mau⁵⁵] cǐ māo 质量差，水准低。

毛光 [mau⁵⁵kuaŋ⁰] māo guang 粗糙：桌子打得~得很，毛茬子还没刨净｜他干活~，不是留个窟窿，就是少上个螺丝｜他干的是毛光子活，别指望他干多好。

毧 [zuŋ³⁵] róng 纤细柔软：他不到二十岁，嘴唇子上才长~毛｜今年大旱，麦秆子又细又~｜剪掉树上的~枝子｜橘子瓣上有一层~皮。

燂 [tʻɛ²¹⁴] tǎi ①软而易坏：这种纸箱子有点~，装上苹果容易破。②软弱：别看他人高马大，其实~得很，叫一个妇女骂跑了。

母处 [mu³⁵tʂ'u⁰] mú chu 形体粗笨：柜子打得不精巧，忒~｜他长得粗大肥壮，有点~。

细法 [ɕi⁵²³fa⁰] xì fa 细致；细心：她是个~人，单位的账交给她管，领导放心｜他这人不稳当，只能跑跑颠颠，~活不能干。‖《金瓶梅》第七十三回："拿过针线匣，拣一条白绫儿，将磁盒内颤声娇药末儿装在里面，周围用倒口针儿撩缝的甚是细法。"

追追的 [tʂueir²¹⁴tʂueir⁵⁵ti⁰] zhuǐr zhuīr di 当真：上级~查他，他就害怕了｜我没~问他，怕他难为情。

顶真 [tiŋ³⁵tʂẽ²¹⁴] díng zhěn 认真：他办事~，亲戚说情也不中。

当真不当假 [taŋ⁵²³tʂẽ²¹⁴pu²¹⁴taŋ⁵²³tɕia³⁵] dàng zhěn bǔ dàng jiá 半真半假：~地说他一顿。

糊糊弄弄 [xu⁵²³xu⁰nuŋ²¹⁴nuŋ²¹⁴] hù hu nǒng nǒng 凑合，勉强；敷衍了事：他不好好学，~弄个及格｜县官偷工减料，~修了大堤。

糊弄巴唧 [xu⁵²³nuŋ⁰pa²¹⁴tɕi²¹⁴] hù nong bǎ jī 勉强，将就：他没啥本事，~治够吃的｜领导叫他作检讨，他~写了一份检查｜他干活不求好，~不挨嚷就行。

糊弄马约 [xu⁵²³nuŋ⁰ma³⁵yə²¹⁴] hù nong má yuě 马马虎虎、凑合的样子：恁两口子吵啥？~地过呗。‖有的说成"糊儿马约" [xu⁵⁵l⁰ma³⁵yə²¹⁴] hū lr má yuě、"糊喽马约"。有的认为该词有"不清晰的意思"：那件事我~地，记不大清了。

糊儿马哈 [xu⁵⁵l⁰ma³⁵xar²¹⁴] hū lr má hǎr 形容糊弄、不认真：他过日子~，工作、买房都不当一回事｜这个任务不能~地，得当成大事。‖有的说"糊儿麻哈" [xu⁵⁵l⁰ma⁵⁵xar⁵⁵] hū lr mā hār。

行壮 [ɕiŋ⁵⁵tʂuaŋ⁰] xīng zhuang （老年人）身体结实，健康：你老人家还~呗？｜八十多了，能干活，能做饭，~得很。

赖巴 [lɛ⁵²³pa⁰] lài ba 虚弱；病弱：小狗有点儿~，不大吃食儿。

赖赖巴巴 [lɛ⁵²³lɛ⁰par²¹⁴par²¹⁴] lài lai bǎr bǎr 病弱的样子：路边那棵柳树~不发旺，枝子少，叶子稀｜这小孩~的，不欢了，别再是有啥毛病吧。

没大来往 [mei⁵²³ta⁵²³lɛ⁵⁵uaŋ⁵⁵] mèi dà lāi wang 生命力弱，禁不住反复折腾（多指动物）：这样的小鸡~，三搦两搦就死了。

差矣 [ts'a²¹⁴i⁰] cǎ yi 错，不对：你跟人家好说好讲，别弄得太~喽｜这事儿办~了，上级生气，下级也恼，两头不落好儿｜上老百姓家扒屋牵羊，这事~很了。

到尽 [tau⁵²³tɕiẽ⁵²³] dào jìn ①达到极点，将要支撑不住：我累~了，不能再干了｜他上怨天，下怨地，中间怨空气，做人做事也算憨~啦。②形容让人感到无奈：这个人真~，没法共局。

差 [tsʻa⁵²³] cà 错：这道算术题~了。

差三落四 [tsʻa²¹⁴sæ̃²¹⁴luə²¹⁴sɿ⁵²³] cǎ sǎn luò sì 形容做事不完整，有缺失：他的话，我有的听不懂，有的听得~｜他办事儿~的，十样事儿忘了四五样。

三差两耳 [sæ̃²¹⁴tsʻa²¹⁴liaŋ³⁵l̩³⁵] sǎn cǎ liáng lrí ①差错太多，不周全：他把账算得~。②破烂得厉害：衣裳撕得~。

七差八差 [tɕʻi²¹⁴tsʻa²¹⁴pa²¹⁴tsʻa²¹⁴] qǐ cǎ bǎ cǎ 形容做事缺失太多：交给他的事，回回办得~。

俊巴的 [tɕyæ̃⁵²³paɻ⁵⁵ti⁰] jùn bāɻ di 很漂亮：小女孩鸭蛋脸，白白净净，~。

标 [piau²¹⁴] biǎo 标致，俊美：这小伙长得真~。

甜净 [tʻiæ̃⁵⁵tɕiŋ⁵²³] tiān jìng 相貌秀美。

恣本 [tsɿ⁵²³pə̃⁰] zì ben 相貌端正，俊美：这个年轻人长得些~，脸上有红似白的。‖有的说"恣美" [tsɿ⁵²³mẽ⁰] zì men、"恣白" [tsɿ⁵²³pei⁰] zì bei。

光冕 [kuaŋ²¹⁴miæ̃³⁵] guāng mián（穿着、气质、处理事情等）体面，出众：他打扮得干净利索的，多~｜他又稳当，又受看，是个~人｜他各方面都能照顾周全，做事多~。

大眼卢睛 [ta⁵²³iæ³⁵lu⁵⁵tɕiŋɻ²¹⁴] dà yán lū jǐng 眼睛大而秀美：这闺女~的，多俊。‖有的说"大眼如睛"。

高条的 [kau²¹⁴tʻiauɻ⁵⁵ti⁰] gāo tiāoɻ di（身材）略高：她白净的脸盘儿，~个头儿。

人高马大 [ʐə̃⁵⁵kau²¹⁴ma³⁵ta⁵²³] rēn gāo má dà 身材高大：看他~，指定有把子力气。‖有的说"身高马大"。

墩实 [tuẽ²¹⁴ʂʅ⁰] dǔn shi（人）矮壮结实。

方长 [faŋ²¹⁴tʂaŋ⁰] fāng zhǎng 形容身体高大健壮：这小伙子长得多~。

薄狭 [puə⁵⁵ɕia⁰] bō xia ①瘦弱，单薄：他长得~，没有福相，不好说媳妇。②刻薄，缺少情义：为人要厚泛，不能~｜他待人~，跟旁人没有一分钱的来往。

排场 [pʻɛ⁵⁵tʂʻaŋ⁰] pāi chang 体面：一个多~的人｜开业典礼办得真~。

刮净 [kua³⁵tɕiŋ⁰] guá jing 干净，不带污斑或疤痕：他脸上~，没有一个疤癞勃揪｜房子拾掇得多~｜他穿得真~。

娃气 [ua⁵⁵tɕʻi⁰] wā qi 长相显得比实际年龄年轻：她三十多岁，脸上白白净净，没有皱纹，长得才~，看上去跟二十多的样。

娘娘们们 [ŋiaŋ⁵⁵ŋiaŋ⁰meiɻ²¹⁴meiɻ²¹⁴] niāng niang měiɻ měiɻ 形容男人言语行为带有女人气：别~的，该冲就冲｜他说话做事~的，叫人看着难受。

男相 [næ̃⁵⁵ɕiaŋ⁵²³] nān xiàng 指女性的相貌具有男子特征：她方面宽肩，有点~。

女相 [ny³⁵ɕiaŋ⁵²³] nǚ xiàng 指男性的相貌具有女子特征。‖ 又说"女人气""娘们气"。

一拉子人 [i²¹⁴la²¹⁴tsɿ⁰zẽr⁵⁵] yī lǎ zi rēnr 长相平常的人：他长得不算出色，~。

歪瓜裂枣 [uɛ²¹⁴kua²¹⁴liə²¹⁴tsaur³⁵] wāi guā liě záor 喻指相貌丑陋的人。

碜头子裂怪 [tsʻê³⁵tʻou⁵⁵tsɿ⁰liə²¹⁴kuɛ⁵²³] cén tōu zi liě guài 形容人相貌丑陋，五官不周正：他长得~，歪鼻子斜眼，不带善和的样。‖ 有的说成"碜头裂怪"。

驴脸呱嗒 [ly⁵⁵liẽ³⁵kua²¹⁴ta²¹⁴] lǘ lián guā dā 比喻人的脸部过长。

胡子拉碴 [xu⁵⁵tsɿ⁰la²¹⁴tsʻa²¹⁴] hū zi lǎ cǎ 形容满脸胡子未加修饰。

毛衣哆嗦 [mau⁵⁵iº tuə²¹⁴suə²¹⁴] māo yi duǒ suǒ 形容带有很多杂乱的毛：棒子穗（玉米穗）~的。‖ 有的说"毛衣拉塌"。

毛哒烘的 [mau⁵⁵taº xuŋ⁵⁵tiº] māo da hōng di 毛烘烘的，毛很密很多的样子：他身上寒毛多，~｜草棵里一个野兽~，像是山猫。

鼻子拉碴 [pi⁵⁵tsɿ⁰la²¹⁴tsʻa²¹⁴] bī zi lǎ cǎ 嘴上沾满鼻涕的样子。

土垃螂蛋 [tʻu³⁵laº laŋ⁵⁵tẽr⁵²³] tú la lāng dànr（小孩）身上沾满尘土、脏兮兮的样子：身上弄得跟~样。

灰头土脑 [xuei²¹⁴tʻou⁵⁵tʻu³⁵nau³⁵] huī tōu tú náo ①头上脸上沾满尘土的样子：从建筑工地回来，~，鞋上沾满泥。②形容神情懊丧或消沉：足球队员~地低头出了飞机场。‖ 有的说"灰头土脸"。

花头虎脸儿 [xua²¹⁴tʻou⁵⁵xu³⁵liæ̃r³⁵] huǎ tōu hú liánr 比喻脸上涂抹错杂的花纹：二羔子脸上糊嚓得黑一道，白一道，~，跟花脸郎样｜那个小闺女描眉涂唇点胭脂，抹画得~的｜戏一开场，出来一个~的武将。

疙疤啷叽 [kə²¹⁴paº laŋ⁵⁵tɕi²¹⁴] gě ba lāng jī 形容沾满干糊浆类脏物的样子：锅台上~｜这小孩儿没个小孩样儿，鼻子（指鼻涕）拉碴，褂子糊巴得~，袄袖子上的鼻子比砖头核子还硬。‖ 也说"疙疤子啷叽"。

偷胖 [tʻou²¹⁴pʻaŋ⁵²³] tǒu pàng 暗胖，身胖而外表不易看出来。

肉嘟的 [zou⁵²³tour⁵⁵tiº] ròu dōur di 胖乎乎的，形容肉多而柔软：他长着一张~的团脸｜这小孩身上~。

肥嘟的 [fi⁵⁵tour⁵⁵tiº] fī dōur di 略微肥：这块肉~｜褂子做得~。

胖乎儿的 [pʻaŋ⁵²³xur⁵⁵tiº] pàng hūr di 胖乎乎的：小孩七八岁，~，才喜人。

胖鼓墩的 [pʻaŋ⁵²³kuº tuẽ²¹⁴tiº] pàng gu dǔn di 胖墩墩的，矮小而略胖：他长得~。

富态 [fu⁵²³tɛº] fù dai 婉辞，胖：这小孩长得多~｜过了四十岁，他变~了，圆面大耳，走路不紧不慢，带着富贵相｜小狗长得真~。

胖胖大大 [pʻaŋ⁵²³pʻaŋ⁵⁵ta²¹⁴ta²¹⁴] pàng pang dǎ dǎ 胖大的样子：他长得~，脊梁骨给案板面子样，是个出力的料｜她长得~，能把洋车子压歪。

四大白胖 [sɿ⁵²³tɑ⁰pei⁵⁵pɑŋ⁵²³] sì dà bēi pàng 又白又胖：他吃得～的。

四撒子白胖 [sɿ⁵²³sa³⁵tsɿ⁰pei⁵⁵p'ɑŋ⁵²³] sì sá zi bēi pàng 形容人高大白胖。

四盔子有人 [sɿ⁵²³k'uei²¹⁴tsɿ⁰iou³⁵zẽr⁵⁵] sì kuǐ zi yóu rēnr 形容人四肢和腰部匀称，身体健壮。

底上一般粗 [ti³⁵ʂɑŋ⁵²³i²¹⁴pæ̃²¹⁴ts'u²¹⁴] dí shàng yǐ bǎn cū 形容人矮胖：这个人长得水缸似的，～。‖也说"上下一般粗"。

膪 [tʂ'uɛ⁵²³] chuài ①胖而不协调：他又～又笨，走起路来浑身的肉都直晃荡，上个楼梯喘半天。②物体较大而难用：这个大筐真～，一个人招呼不了，得两个人抬。

瘦气的 [sou⁵²³tɕ'i⁵⁵ti⁰] sòu qī di 略显瘦：他长得～。

瘦巴 [sou⁵²³pɑ⁰] sòu ba 瘦削。

瘦巴的 [sou⁵²³par⁵⁵ti⁰] sòu bār di 比较瘦：他长得～。

瘶 [tsʻɛ⁵⁵] cāi 干瘦；不滋润：他长得有点～，身上没肉｜头发又稀又～。‖《广韵》佳韵士佳切："瘦也。"

筋骨 [tɕin²¹⁴ku⁰] jīn gu 瘦小而有精神：别看他又瘦又小，倒～，几个人打不过他。

炼巴 [liæ̃⁵²³pɑ⁰] liàn ba 瘦弱的样子（多指青少年）：他打小就～，身上没大肉，大个子膀大身宽，干活哨拔，能帮着他点｜小二妮生下来没奶吃，长得～，十八九岁还像个小孩。

尖头潲尾 [tɕiæ̃²¹⁴t'ou⁵⁵sau⁵²³i³⁵] jiǎn tōu sào yí 形容人瘦削、头小、腿细：他～，一身薄狭相。

尖潲 [tɕiæ̃²¹⁴sau⁰] jiǎn sao 形容人或物体瘦削：天主堂的钟楼外形～，又细又高。

干姜瘦猴 [kæ̃²¹⁴tɕiɑŋ²¹⁴sou⁵²³xou⁵⁵] gǎn jiǎng sòu hōu 比喻人非常瘦：他干干巴巴，跟～样。

当紧 [tɑŋ²¹⁴tɕiẽ⁰] dǎng jín ①千万，一定：这几天我不在家，你～别忘了浇花｜老嬷嬷儿犯了疑影：这人～别是个骗子。②表示坚决否定的语气：你又肯吃又不顾家，我～找你这样的！③要紧，紧急：眼前最～的是割麦，你那一点儿事儿不～，放放再说。

小小不然 [ɕiau³⁵ɕiau⁰pu²¹⁴zẽ⁵⁵] xiáo xiao bǔ rān 轻微的；细小的：他有点～的毛病，就硬撑着不吃药｜～的事儿别去打扰他老人家啦。

轻来浮去 [tɕ'iŋ²¹⁴lɛ⁵⁵fu⁵⁵tɕ'y⁵²³] qǐng lāi fū qù 轻微：对他那样的人，～地说几句根本不管用｜～的毛病用不着住院。

香迎 [ɕiɑŋ²¹⁴iŋ⁰] xiǎng ying 受欢迎，有吸引力：他为得～得很，天天都有来看他的。

搭腰 [ta²¹⁴iaur²¹⁴] dǎ yǎor ①受重视，被器重：领导信任他，谁都不如他～，他说的话管用｜他在领导跟前些～，人家办不成的事他能办成。②拦腰：他正跟人家吵架，我～把他挟走了。

迎时 [iŋ⁵⁵sɿ⁵⁵] yīng sī 应时；走红：这种电动车正~｜他当着村长正~，说起话来硬得很。‖ 有的说"得时"。

落时 [luə²¹⁴sɿ⁵⁵] luǒ sī 背时，过时：得时的狸猫欢似虎，~的凤凰不如鸡（民谚）。

治大 [tʂʅ⁵²³ta⁵²³] zhì dà 提升到很高档次：人家这会~了，小作坊变成亿元大厂了。

点子兴 [tiæ̃³⁵tsɿ⁰ɕiŋ⁵²³] dián zi xìng 本为打麻将用语，引申为运气好。

反势 [fæ̃³⁵ʂʅ⁵²³] fán shì 翻身；恢复元气：不等他~，就把他搋到地上｜打那年失了火，这个厂子就没反过势来。

点子背 [tiæ̃³⁵tsɿ⁰pi⁵²³] dián zi bì 运气不好：他的~，连输5把。

卖了秫秸买秆草 [mɛ⁵²³lou⁰ʂu⁵⁵tɕiɛ²¹⁴mɛ³⁵kæ̃³⁵ts'au³⁵] mài lou shū jiǎi mái gán cáo 比喻生活越过越艰难。

倒嘟 [tau⁵²³tu⁰] dào du 倒退，退步，走下坡路：前几年还能赚点钱，这两年越过越~了。

打锅 [ta³⁵kuə²¹⁴] dá guō ①原为推牌九中的术语，意思是这一"锅"输了。②比喻落得一无所有，穷困潦倒；失败：他混~了，家里歇锅断顿，只好卷起铺盖上外乡｜倾家的牌九，~的麻将（民谚）｜这场数学考~了。‖ 有的说"打瓦"。

贩猪，羊快；贩羊，猪快 [fæ̃⁵²³tsu²¹⁴iaŋ³⁵k'uɛ⁵²³fæ̃⁵²³iaŋ⁵⁵tsu²¹⁴k'uɛ⁵²³] fàn zhū, yāng kuài; fàn yāng, zhū kuài 比喻无论从事什么职业，总是不顺利：他一烧香，老佛爷就掉腚，~。‖ 快，畅销。

越渴越给盐吃 [yə²¹⁴k'ə²¹⁴yə²¹⁴kei⁵⁵iæ̃⁵⁵tʂʅ²¹⁴] yuè kě yuè gēi yān chǐ 比喻在别人困难时候，不但不给减轻压力，反而增加麻烦：儿子病了，正操办钱看病，债主又来逼债，~。

是味 [sɿ⁵²³ueir⁵²³] sì wèir ①（食物）合口味：榆钱子窝窝就蒜泥，吃着多~。②感到舒适：这歌儿听起来~｜大儿要去外地，老嬷嬷心里不~。

滋润 [tsɿ²¹⁴yẽ⁰] zǐ yun 比喻舒服，生活安适：有酒有菜，吃得多~｜后勤部长一到，大家的日子~了｜表扬他两句儿，看他~的。

如适 [zu⁵⁵ʂʅ²¹⁴] rū shǐ 舒服，舒适：穿上新袄，身上发暖真~。

恣儿 [tseir⁵²³] zèir 舒适；痛快：他冲了一个热水澡，~得哼起戏来｜过年的时候，又得吃又得玩，可~啦｜骑电动车在彩虹大道上兜风，就是~。

得 [tei²¹⁴] děi 舒服；得意，惬意：吃饱喝足，他觉得些~｜他吃芦笋吃~了｜这个床睡起来些~｜先让他~一会儿，有空儿再找他算账！

得劲 [tei²¹⁴tɕiẽ⁵²³] děi jìn ①舒服：新冠转阴以后，身上还是不大~｜这把椅子歪歪扭扭，坐到上边不~。②适合，灵活顺手：这把扫帚用起来些~。

活受 [xuə⁵⁵ʂou⁵²³] huō shòu 活受罪：他跟着建筑队混，没有技术，又不能出力，~｜

狸猫爬屋脊——活兽（歇后语。兽，指传统房屋顶部的兽头，谐"受"）。

得架子 [tei²¹⁴tɕia⁵²³tsʅ⁰] děi jià zi 利于，便于：住在河边~洗澡｜矮板凳不~坐。

便宜 [piæ̃⁵²³i⁰] biàn yi 方便：走这条路进城很~。

称手 [tʂʻê⁵²³ʂou³⁵] chèn shóu 器具使用起来灵活顺手：干活得有~的家什｜这把镢头些~。

得过 [tei²¹⁴kuə⁵²³] děi guò（生活）生活上舒适、富裕：这样的日子多~，要啥有啥，啥也不愁。

抖 [tou³⁵] dóu 阔气，富贵（含讽刺意味）：这几年他混~了，不是以前的他了｜腊月里赤光腚——~起来了（歇后语）。

拎着胡子喝香油 [ly³⁵tʂou⁰xu⁵⁵tsʅ⁰xə²¹⁴ɕiaŋ²¹⁴iou⁵⁵] lú zhou hū zi hě xiǎng yōu 形容生活舒适、富裕。

平和 [pʻiŋ⁵⁵xuə⁰] píng huo ①（酒、茶、香烟、药物等）柔和，刺激性较小：好酒喝起来~，不冲人｜这种烟吸起来不~，呛得我受不了。②（性格）温和：他的性子~，从来没大咋呼乱嚎过。③安宁：前几年，日子过得怪~，没出任啥事儿。

圪躁 [kə⁵⁵tsau⁰] gē zao 急躁：他的性子~，有一点不如意就跳起来。

百爪子挠心 [pei²¹⁴tʂua³⁵tsʅ⁰nau⁵⁵ɕiẽ²¹⁴] běi zhuá zi nāo xǐn 形容心中非常烦乱：一想起干不完的活儿，他就~似的。

生脑头疼 [səŋ²¹⁴nau³⁵tʻou⁵⁵tʻəŋ⁵⁵] sěng náo tōu tēng 形容非常烦乱，不情愿：他得玩就玩，做起作业来~，心里跟猫抓的样。

心焦八滚 [ɕiẽ²¹⁴tɕiau²¹⁴pa²¹⁴kuẽ⁵²³] xīn jiǎo bǎ gún 形容非常疼痛或焦虑：心脏病犯了，难受得~，一夜没睡｜眼看庄稼要淹毁，庄上的人~｜他困到床上~，老想着小孩接班的事。

难心可意 [næ̃²¹⁴ɕiẽ²¹⁴kʻə³⁵i⁵²³] nān xǐn ké yì 心里不情愿：叫他刷刷碗，他~的。

割心 [kə²¹⁴ɕiẽ²¹⁴] gě xǐn 比喻非常痛苦：掉了几毛钱，他疼得~。

黑够白够 [xei²¹⁴kour⁵²³pei⁵⁵kour⁵²³] hěi gòur bēi gòur 形容非常厌烦，难以忍受：我开会开得~的｜她叫小孩缠得~的。

够够的 [kour⁵²³kour⁵⁵ti⁰] gòur gōur di 非常难以承受下去：方便面他吃得~｜我跟他过得~｜搞营销的活儿我干得~。

滴溜的 [ti²¹⁴liour⁵⁵ti⁰] dǐ liūr di 形容担心、心情紧张：报名以后，他心里~，老怕考不上。

够抓的 [kou⁵²³kʻuɛ³⁵ti⁰] gòu kuái di 够受的：连封一个月的门，这些店铺~｜他偷人家的羊叫公安抓走了，这下子够他抓的了。

吃不住劲 [tʂʅ²¹⁴pu⁰tʂu⁵²³ɕiẽ⁵²³] chǐ bu zhù jìn 承受不起；忍受不了：他熬了一个

对时，困得~｜屋里没暖气，冻得老头儿~｜工地上又苦又累，十天下来，我~了｜领导提起走后门的事儿，他~了。

逼到尽 [pi²¹⁴tau⁵²³tɕiɛ⁵²³] bī dào jìn 被逼得没有退路：~，我跟他撕开脸皮闹一场。‖ 也说"逼到份上"：不逼到份上，谁愿意跟他翻脸？

赶着鸭子上架 [kæ̃³⁵tʂou⁰ia²¹⁴tsʅ⁰ʂaŋ⁵²³tɕiar⁵²³] gán zhou yǎ zi shàng jiàr 比喻迫使某人做不能胜任的事：他不懂医，叫他管医院是~｜她不会做饭，婆婆~非叫她做饭。

不轻 [pu²¹⁴tɕ'iŋ²¹⁴] bù qīng 作补语，表示程度重：他叫人家打了，伤得~｜他头晕、心慌，病得~｜能得~。

主贵 [tʂu³⁵kuei⁰] zhú gui 尊贵；出色：人都是平等的，别觉得自己多~｜俺乡里旁的没啥好的，就是酒~｜"汉王接过小孩看，见小孩下生没三天。只长得天庭饱满多~，地阁方圆不一般"（民间说唱《董卓算卦》）。

金贵 [tɕiɛ²¹⁴kuei⁰] jīn gui 珍贵，珍稀：以前肉~得很，老百姓吃不起。

文泛 [uẽ⁵⁵fæ̃⁰] wēn fan 斯文，文雅：他~，脾气好，从来不咋咋呼呼。‖ 泛，附加成分。

武嚓 [u³⁵ts'a⁰] wú ca 动作猛烈：这人真~，五六个人都打不过他｜他力气大，~得很，上去就把墙头推倒了。‖ 也说"武达" [u³⁵ta⁰] wú da。

拼拼式式 [p'ẽ²¹⁴p'iẽ⁰ʂʅ²¹⁴ʂʅ²¹⁴] pīn pin shī shī 粗鲁莽撞。

雅道 [ia³⁵tau⁰] yá dao 雅致，美观而不落俗套。

老雅 [lau³⁵ia³⁵] láo yá 沉稳而雅致：穿得青是青，蓝是蓝，多~｜老嬷嬷别着桃木簪子——又~，又避邪（歇后语）。

土得冒烟 [tʻu³⁵ti⁰mau⁵²³iæ̃r²¹⁴] tú di mào yǎnr 形容非常土气：上身穿着老式对襟棉袄，下身穿着大裆裤，~。

土里巴唧 [tʻu³⁵li⁰pa²¹⁴tɕi²¹⁴] tú li bǎ jī 土里土气：屋里装修得~，一点也不雅道。

皮脸 [p'i⁵⁵liæ̃³⁵] pī lián 顽皮，调皮：这个小孩真~，老是来乱翻腾，撵也撵不走。‖ 也说"皮"。

皮 [p'i⁵⁵] pī 调皮；多次受责罚也感觉无所谓：这孩子真~，打一顿根本不在乎。

皮脸带腮 [p'i⁵⁵liæ̃³⁵tɛ⁵²³sɛ²¹⁴] pī lián dài sāi 形容非常调皮：他脸皮厚，~不知道害羞。‖ 也说"皮脸呱嗒" [p'i⁵⁵liæ̃³⁵kua²¹⁴ta²¹⁴] pī lián guǎ dā。

皮塌 [p'i⁵⁵tʻa⁰] pī ta 因多次经历而变得满不在乎：这小孩叫他爹打~了，再吓唬也不管用。

没皮没肉 [mei⁵²³p'i⁵⁵mei⁵²³ʐou⁵²³] mèi pī mèi ròu 比喻不知羞耻：他说瞎话叫人家揭老底了，~，根本不当一回事，照上人家脸前头去。‖ 有的说"没皮没瓢"。

舍皮赖脸 [ʂɤ³⁵p'i⁵⁵lɛ⁵²³liæ̃³⁵] shé pī lài lián 向人求助时不顾面子的样子（含嘲讽意

味)：我找他帮忙，他不搭茬，这会倒~求我办事。

恂脸呱叽 [ɕyê⁵⁵liã³⁵kua²¹⁴tɕi²¹⁴] xūn lián guǎ jī 嬉皮笑脸的样子：该吃大席的时候，他~地偎过来。

嬉鼻子笑脸 [ɕi³⁵pi⁵⁵tsʅ⁰ɕiau⁵²³liã³⁵] xí bī zi xiào lián 同"恂脸呱叽"：他拽着新媳妇的衣裳，~地要喜糖｜~没正形，松闲拉款磨洋工（顺口溜）。

淋心 [liẽ⁵²³ɕiê⁰] lìn xin 随随便便，不庄重：他见了我就瞎~，没个正形儿｜我给你说正经的，你别~着玩儿。‖ 有的说"呖嬉" [li⁵²³ɕi⁰] lì xi。

嬉儿马哈 [ɕi⁵⁵l̩⁰ma³⁵xa⁵⁵] xī lr má hā 嬉笑轻佻貌。‖ 又说成"嬉喽马哈"。

嬉打溜烘 [ɕi⁵⁵ta⁰liou⁵²³xuŋ²¹⁴] xī da liù hǒng 不认真的样子：你也不小了，别整天~的，叫人家笑话。

浪不正经 [laŋ⁵²³pu⁰tʂəŋ⁵²³tɕiŋr²¹⁴] làng bu zhèng jǐngr 指女人不正经。

流流糗糗 [liou⁵⁵liou⁰tɕʻiou²¹⁴tɕʻiou²¹⁴] liū liu qiǔ qiu 流里流气、举止轻浮的样子：那家伙~的，十人见了九人烦。

脸皮城墙拐角子厚 [liã³⁵pʻi⁵⁵tʂʻəŋ⁵⁵tɕʻiaŋ⁵⁵kuε³⁵tɕyə²¹⁴tsʅ⁰xou⁵²³] lián pī chēng qiāng guǎi juě zi hòu 比喻脸皮特别厚，不知羞耻：他吃喝嫖赌偷，样样都占，不行人事，~，老天爷枉给他个人皮披上｜他的脸皮厚得跟城墙拐角子样，不知丢人几个钱斤，叫人家逮住还死不认账。

没脸带腮 [mu⁵⁵liã³⁵tɛ⁵²³sɛ²¹⁴] mū lián dài sǎi 尴尬，不好意思；厚着脸皮：叫老师嚷了一顿，他~地进了教室｜吵罢架，他~地过来了。‖ 有的说成"没意奀煞" [mu⁵⁵i⁵²³ta²¹⁴sa²¹⁴] mū yì dǎ sǎ、"没拉带腮" [mu⁵⁵la⁰tɛ⁵²³sɛ²¹⁴] mū la dài sǎi、"没意带腮" [mu⁵⁵i⁵²³tɛ⁵²³sɛ²¹⁴] mū yì dài sǎi。

不调停 [pu²¹⁴tʻiau⁵⁵tʻiŋ⁰] bǔ tiāo ting 顽皮，不听话：这个小孩~，不听说，不听道｜那个马驹子~。

能 [nəŋ⁵⁵] nēng ① 轻狂，放肆（含贬义）：你二十好几了还不懂礼数，~得不叫遭（摸），枉读这些年的书｜猫大的年纪，~得上天｜跟着街滑子乱跑，~得上墙｜说话比谁都~，干活样样都不中。② 有能力（褒义）：才三岁就认这么多字，真~！

能不叽 [nəŋ⁵⁵pu⁰tɕi⁵⁵ti⁰] nēng bu jī di 形容放肆的样子：他噙着烟，裂着怀，说话~。

瞎能 [ɕia²¹⁴nəŋ⁵⁵] xiǎ nēng 非常放肆：你不要~，咱走着看，有你的好果子吃｜你~，不会说句人话，恁爹恁娘咋教的？

能乎的 [nəŋ⁵⁵xur⁵⁵ti⁰] nēng hūr di 略显轻狂的样子：他挤到主位上，接人家的话把，有点~。

偷能 [tʻou²¹⁴nəŋ⁵⁵] tōu nēng 表面老实，背后调皮、捣乱：这小孩看样子老实巴交的，就是好~。

怪 [kuɛ⁵²³] guài ①调皮，淘气：这小孩多~呗，一会儿伸脚绊倒同学，一会儿抢人家的玩具车｜叫你吃点儿苦头，看你还~不。②副词，很：老姊妹，你~好不？｜桂花~香咪｜她~会打扮。

没事的 [mu⁵⁵sʅ⁵⁵ti⁰] mū sīr di 毫不在乎，没有明显感觉：刚挨喽揍，他~，照玩不误｜他皮得很，打到身上~。‖也说"没事一大溜"[mu⁵⁵sʅ⁵²³i²¹⁴ta⁵²³liou⁵²³] mū sì yī dà liù。

没事人 [mu⁵⁵sʅ⁰zẽr⁵⁵] mū si rēnr 与某事无关的人：他打伤人，还装模作样地看，倒成~了｜上级来查他，他还跟~似的。

精 [tɕiŋ²¹⁴] jǐng 机灵，聪明：人家透~，会会儿想着法子占便宜｜猴子再~，也~不过人｜~人看一眼，憨子看到晚（民谚）。

鬼 [kuei³⁵] guí ①兴奋：一说去旅游，小孩都~得了不得。②刁滑。

鬼机 [kuei³⁵tɕi⁰] guí ji 机灵。

透亮 [tʻou⁵²³liaŋ⁰] tòu liang 聪明懂事，明白事理：他是个精细伶俐人，啥事都~，搭眼一看就明白了｜他不大~，合影的时候领导叫他站中间，他就当真了。

点眼就过 [tiẽ³⁵iɛr³⁵tɕiou⁵²³kuə⁵²³] dián yánr jiù guò 形容非常机灵聪明：巧嫂是~的人，见人家不想给办事儿，就说要请客｜他这人要不着多说，~，一听人家的话音就知道该咋办。

灵泛 [liŋ⁵⁵fæ̃⁰] līng fan ①灵活机敏；不呆板：他~得很，会看人说话。②省力好用：洋车子换了个小轮，骑起来~多了。

活泛 [xuə⁵⁵fæ̃⁰] huō fan 灵活：那些人难缠，到时候你~点儿，见机行事儿｜他的脑子~，再难的事儿都能想出办法来。

透灵 [tʻou⁵²³liŋ⁰] tòu ling 聪明；明白：他~得很，啥事也别想瞒住他｜他不大~，听不出来人家的意思。

灵光 [liŋ⁵⁵kuaŋ⁰] līng guang 好用；灵活：这辆车子后闸不大~，得到修车铺里修修｜这一片，数他办事利索，脑子~。

眼皮子活 [iæ̃³⁵pʻi⁵⁵tsʅ⁰xuə⁵⁵] yán pī zi huō 比喻针对实际情况，灵活办事：那个地方啥样的人都有，眼皮子要活，不然就蹲不下去。

钻机 [tsuæ̃²¹⁴tɕi⁰] zuǎn ji 善于把握时机或利用关系：都不跟他~，打听准当厅长的老乡，立马上门去找。

软硬刁憨精 [zuæ̃³⁵iŋ⁵²³tiau²¹⁴xæ̃²¹⁴tɕiŋ²¹⁴] ruán yìng diāo hǎn jīng 采用各种不正当手段（含贬义）：他不是个凡人，~啥法都会｜她骂人嘴快，打人手狠，~，阎王也怵她三分。

奸狡滑流 [tɕiæ̃²¹⁴tɕiau³⁵xua⁵⁵liou⁵⁵] jiān jiáo huā liū 狡诈圆滑（含贬义）：这个人~，

见人说人话，见鬼说鬼话，不能交丨他~，啥法都有。

日日咕咕 [ʐʅ²¹⁴ʐʅ⁰ku²¹⁴ku²¹⁴] rǐ ri gǔ gu 偷偷摸摸（含贬义）：俺买的新照相机，叫他~弄没有了丨两个人~把学籍改了。

手脚不干净 [ʂou³⁵tɕyə²¹⁴pu²¹⁴kæ̃²¹⁴tɕiŋ⁰] shóu juě bǔ gǎn jing 比喻有偷盗行为：这个人手脚不大干净，你得提防着。

木来的 [mu²¹⁴lɛr⁵⁵ti⁰] mǔ lāir di 一时痴呆不知所措的样子：他叫人家吓唬一顿，脸上~。‖也说"木啦的"。

木不腾的 [mu²¹⁴pu⁰t'əŋ⁵⁵ti⁰] mǔ bu tēng di 麻木，感觉迟钝：坐的会子大了，身上~的丨打了麻药，这一块肉~。‖有的说"木不登的" [mu²¹⁴pu⁰təŋ⁵⁵ti⁰] mǔ bu dēng di。

一愣一愣的 [i²¹⁴ləŋ⁵²³i²¹⁴ləŋ⁵²³ti⁰] yǐ lèng yǐ lèng di 因受到某种刺激而发呆发愣，不知所措：他新来乍到，叫人家哄得~丨他进了高科技展览馆，看得~丨他叫顾客熊得~。

呆 [ɛ⁵⁵] āi ①呆板，不灵活：他办事忒~，亲戚的情面也不顾丨你喝酒弄么（这么）~，人家一劝就喝，能不醉吗？②准，准定：我说得不能再~啦，赶明你就知道真不真了丨这事比谷子碾米都~。

一头拾到南墙上 [i²¹⁴t'ou⁵⁵ʂʅ⁵⁵tau⁰næ̃⁵⁵tɕ'iaŋ⁵⁵ʂaŋ⁰] yǐ tōu shī dao nān qiāng shang 比喻认死理，呆板。‖又说"不碰南墙不回头"。

称盐的钱不能打酱油 [tʂ'əŋ²¹⁴iæ̃⁵⁵ti⁰tɕ'iæ̃⁵⁵pu²¹⁴nəŋ⁵⁵ta³⁵tɕiaŋ⁵²³iou⁵⁵] chěng yān di qiān bǔ nēng dá jiàng yōu 比喻死板，只按条文办事。

死眼珠子肉眼皮 [sʅ³⁵iæ̃³⁵tʂu²¹⁴tsʅ⁰zou⁵²³iæ̃³⁵p'i⁵⁵] sí yán zhǔ zi ròu yán pī 比喻不会见机行事，不灵活：那种人，~，一点眼色也没有，到人场上不知道该干啥丨他就是~，端着金饭碗去要饭。

死皮塌拉眼 [sʅ³⁵p'i⁵⁵t'a²¹⁴la⁰iæ̃³⁵] sí pī tǎ la yán 形容呆滞迟钝：他坐在凳子上，~，没一点精神丨这条狗~，癞毛有一拃长。‖有的说"死皮耷拉眼" [sʅ³⁵p'i⁵⁵ta²¹⁴la⁰iæ̃³⁵] sí pī dǎ la yán。

好听走路的话 [xau⁵²³t'iŋ²¹⁴tsou³⁵lu⁵²³ti⁰xua⁵²³] hào tǐng zóu lù di huà 比喻无主见，听从不相关人的意见。

耳朵根子软 [l̩³⁵t'ou⁰kə²¹⁴tsʅ⁰zæ̃³⁵] lrí tou gěn zi ruán 比喻容易受人鼓动。

激灵 [tɕi²¹⁴liŋ²¹⁴] jǐ lǐng 受惊吓猛然抖动：他听见窗户外边有响声，~下子醒了丨前头有个黑影，他~打了个寒战。‖有时说 [tɕi²¹⁴liŋ⁰] jǐ ling：他"嗷唠"一嗓子，吓得在场的人一~。

激激灵灵 [tɕi²¹⁴tɕi⁰liŋ²¹⁴liŋ²¹⁴] jǐ ji lǐng lǐng 形容警觉不安的样子：他心里有事儿，

一夜睡得~。

溜 [liou⁵²³] liù ①言语流利：他的古文背得~得很｜他的嘴皮子些~，两个人都没说过他。②迅速；通畅：水淌得真~｜车开得真~。

嗑嗑啪啪 [k'ə²¹⁴k'ə⁰p'a²¹⁴p'a²¹⁴] kě ke pǎ pǎ 比喻说话、读书等不流畅：人家的课文背得滚瓜烂熟，他没预习，念得~。

默默刺刺 [mẽ²¹⁴mẽ⁰tsˈɿ²¹⁴tsˈɿ²¹⁴] měn men cǐ cǐ 沉默不语的样子：进了会场，他拣个不碍事的旮旯坐下，~，一言不发。

哑不腾的 [ia³⁵pu⁰t'əŋr²¹⁴ti⁰] yá bu tēngr di 不声不响地：他~结婚了。

不听响 [pu²¹⁴t'iŋ²¹⁴ɕiaŋr⁵⁵] bū tǐng xiángr 没有声息；不知不觉：早先喝闪得天崩地裂的，这会儿~了｜上高级商场，万儿八千的花起来~。‖ 也说"没听响"：为了找对象，他花了几千块，连个响儿也没听见。

溜溜沙沙 [liou²¹⁴liou⁰sa⁵⁵sa⁰] liū liu sā sɑ 躲躲闪闪的样子：老师嚷了他一顿以后，他见了老师就~的。

吚愣巴睁 [i⁵²³ləŋ⁰pa²¹⁴tsəŋ²¹⁴] yì leng bǎ zěng 似醒未醒、睡眼惺忪的样子：旁人都编一领苇席了，他才~地起床｜我睡得~的，听见有人喊。

蒙蒙的 [məŋr²¹⁴məŋr²¹⁴ti⁰] měngr měngr di 昏沉沉的，神志不清的样子：清起来觉得~，可能是没困好｜酒喝多了，头~｜我碰到玻璃门上，碰得头~。

晕晕乎乎 [yẽ²¹⁴yẽ⁰hur²¹⁴hur²¹⁴] yǔn yun hǔr hǔr 头脑不清醒的样子。

晕头呱叽 [yẽ²¹⁴t'ou⁵⁵kua²¹⁴tɕi²¹⁴] yǔn tōu guǎ jǐ 昏头昏脑的样子：他~，丢爪就忘，上了火车才想起提包落到宾馆里了｜他喝得~，找不着回家的路。

颠二倒三 [tiæ̃²¹⁴l⁰tau⁵²³sæ̃²¹⁴] diǎn lr dào sǎn 颠三倒四：我老了，说话~，恁别笑话。‖ 有的说成"颠二子倒三 diǎn lr zi dào sǎn"。

糊里倒屎 [xu⁵⁵li⁰tau⁵²³tu²¹⁴] hū li dào dǔ 糊里糊涂：她忙了一天，脑子浑了，~的，想不起来哪些是当紧的事儿｜他的讲话我听得~，不知道啥是啥｜打糨子抹袼褙——~（歇后语）。‖ 有的地区说"糊儿倒屎" [xu⁵⁵l⁰tau⁵²³tu²¹⁴] hū lr dào dǔ、"糊喽倒屎" [xu⁵⁵lou⁰tau⁵²³tu²¹⁴] hū lou dào dǔ、"糊喽子倒屎"。

浑浑登登 [xuẽ⁵⁵xuẽ⁰təŋ²¹⁴təŋ²¹⁴] hūn hun děng děng 形容天空、水质昏暗不清，人糊涂不明。

钻晕 [tsuæ̃²¹⁴yẽ²¹⁴] zuǎn yǔn 糊涂，头脑昏乱：你看他多~，叫他上五楼，他上十五楼去了｜他真~，弄么（这么）大的事都忘了。‖ 也说"迷糊"。

晕腾的 [yẽ²¹⁴t'əŋr⁵⁵ti⁰] yǔn tēngr di 晕乎乎的：过年这几天，他天天有酒场，场场喝得~。

雾腾的 [u⁵²³t'əŋr⁵⁵ti⁰] wù tēngr di 头脑晕胀的感觉：他喝得~，上不去车子。

毛盈的 [mau²¹⁴iŋ⁵⁵ti⁰] mǎo yīngr di 头脑发涨，昏涨：累了一天，头上~。

绵头 [miẽ⁵⁵tʻour⁵⁵] miān tōur ①萎靡不振，情绪低落：这几天他有点~，跟霜打的茄子样｜他原来霸道，这会~了。②（植物）枯萎病弱：菊花有点~，塌拉叶了｜麦苗儿~了。③消减：肚子上起的恶疮，这两天有点~。

倒架 [tau³⁵tɕiar⁵²³] dáo jiàr 变得虚弱；垮下来（多用于否定式）：他用这个姿势站了两小时没~｜他的精神头儿好的嗦，熬一夜都不~。

阴死阳活 [iẽ²¹⁴sɿ³⁵iaŋ⁵⁵xuə⁵⁵] yǐn sí yāng huó ①无精打采的样子：他~的，耷拉着头，走路都能睡着。②低落，萧条：开了个厂子，不折本，也赚不多，~，关又不舍得，你说咋弄？

半死拉活 [pæ̃⁵²³sɿ³⁵la²¹⁴xuə⁵⁵] bàn sí lǎ huó 半死不活。形容没有精神，没有生气的样子。

活不拉的 [xuə⁵⁵puº la⁵⁵tiº] huó bu lā di 活生生的：~饿死了｜这只猫~，不能拌（扔）。

大量 [ta⁵²³liaŋ⁰] dà liang 大方：他为人~，杀猪给泥瓦匠吃｜真~，把钱都送给人家，自家的孩子不给一分。

大发 [ta⁵²³faº] dà fa ①大方，不吝啬：他花钱~，工资月月干｜他出手~，动不动就是几十万｜他对人~，谁借啥，他都给，不局面子。②厉害；多：人家开了个电动车厂，这几年赚~了。

洒拉 [sa³⁵la⁰] sá la 大手大脚：他花钱~，有俩钱都毁坏了。

不过日子 [pu²¹⁴kuə⁵²³ʐɿ²¹⁴tsɿ⁰] bǔ guò rǐ zi 指生活上放纵、懒惰、奢侈浪费：他天天喝酒、抹牌、洗脚，~｜亲戚邻居都知道她~，新衣裳才穿一水就扔，剩菜都是填到垃圾桶里，银行卡上从来没有余钱。

会过 [xuei⁵²³kuə⁵²³] huì guò 节俭，"会过日子"的缩略语：你弄（这么）~干啥？生不带来，死不带去｜他~得很，一分钱恨不得掰成两半花，破铺衬烂套都不舍得扔。

撙肚子煞腰 [tɕyẽ³⁵tu²¹⁴tsɿ⁰sa²¹⁴iau²¹⁴] jún dù zi sǎ yǎor 比喻特别节俭：给孩子买车买房子，都是~省的钱。

搜抠 [sou²¹⁴kʻour²¹⁴] sōu kǒur 小气，吝啬：他是远近闻名的铁公鸡、撮巴子毛，不能再~了｜他多~不，一分钱的毛各（硬币）也不枉花，谁也别想喝他一碗凉水。‖也说"抠搜" [kʻou²¹⁴sou²¹⁴] kǒu sōu、"搜" [sou²¹⁴] sǒu、"抠" [kʻou²¹⁴] kǒu、"财" [tsʻɛ⁵⁵] cāi。

抠门财迷鬼不沾 [kʻou²¹⁴mẽr⁵⁵tsʻɛ⁵⁵mi⁵⁵kuei³⁵pu²¹⁴tʂæ̃²¹⁴] kǒu mēnr cāi mī guí bǔ zhǎn 非常吝啬：这人一分一厘也不让，~。

撮挤 [tsuə³⁵tɕi⁰] zuó ji 小气，吝啬：大席上，你要不上八热八凉四个大件，就有人

说你~ | 她嫌男家忒~，不舍得多给见面礼。

夹夹箍箍 [tɕia²¹⁴tɕia⁰ku²¹⁴ku²¹⁴] jiā jia gū gū ①形容非常小气，吝啬：我说了一大堆好话劝他捐款，他头摇得跟货郎鼓样，~，拿了10块钱。②身体蜷缩的样子：他抱着膀，弓着腰，~地来前走。③长相猥琐的样子：他长得~，缩头缩脑，没一点大架。

大白天借不出干灯 [ta⁵²³pei⁵⁵tʰiæ⁰tɕiɛ⁵²³pu⁰tʂʰu²¹⁴kæ̃²¹⁴təŋ²¹⁴] dà bēi tian jiè bu chǔ gǎn dēng 即使在白天也不愿借出无油的油灯，形容非常吝啬。

出血 [tʂʰu²¹⁴ɕiə²¹⁴] chū xiě 比喻拿出钱财：不管对谁，他都不~，三刀子划不出来血印子 | 到这个时候，该出点儿血了。

财迷带转向 [tsʰɛ⁵⁵mi⁵⁵tɛ⁵²³tʂuæ̃⁵²³ɕiaŋ⁵²³] cāi mī dài zhuàn xiàng 形容爱财入迷，不该要的钱财也想要：他~，八竿子打不着的亲戚也算计着。

光有前心，没有后心 [kuaŋ²¹⁴iou³⁵tɕʰiæ̃⁵⁵ɕiẽ²¹⁴，mei⁵²³iou³⁵xou⁵²³ɕiẽ²¹⁴] guāng yóu qiān xīn, mèi yóu hòu xīn 比喻只想要钱。‖ "前"谐"钱"，只想要钱。

夹较 [tɕia⁵⁵tɕiau⁰] jiā jiao 斤斤计较，贪占便宜：这个人忒~，一点小事就大吵大闹 | 那个~头不能吃亏，不占便宜不能活。

掰掰切切 [pei²¹⁴pei⁰tɕʰiə²¹⁴tɕʰiə²¹⁴] běi bei qiě qiě 比喻斤斤计较：为了毛儿八角~，多不值得。

较毛 [tɕiau⁵²³maur⁵⁵] jiào māor 好占便宜；奸滑：大伙都知道他~，没人跟他合伙 | 老二忒~，一点亏都不能吃。‖ 又说 "较" [tɕiaur⁵²³] jiàor。

省了盐，瞎了酱 [səŋ³⁵lou⁰iæ̃⁵⁵，ɕia²¹⁴lou⁰tɕiaŋ⁵²³] séng lou yān, xiǎ lou jiàng 本指做酱时吝惜用盐，造成酱类变质，比喻因吝惜钱财而造成不良后果：你买这个便宜货，用不几天就毁，~，不如多花点钱买个禁用的（耐用的。禁，jǐn，耐）| ~，省了馍馍吃不胖。

艰窘 [tɕiæ̃²¹⁴tɕyẽ³⁵] jiǎn jún ①（住处）狭窄：住得很~。②（生活）艰难，困窘：日子过得有点儿~。

打不开点 [ta³⁵pu⁰kʰɛ²¹⁴tiæ̃r³⁵] dá bu kǎi diánr（钱财、物品、人员等）不够用：这个月钱紧，~ | 俺单位的人都派出去了，还是~。

手头紧 [ʂou³⁵tʰour⁵⁵tɕiẽ³⁵] shóu tōur jǐn 指经济拮据：这几天我~，你能借给我两个不？

紧紧巴巴 [tɕiẽ³⁵tɕiẽ⁰pa²¹⁴pa²¹⁴] jǐn jin bǎ bǎ 形容不宽裕；拮据：这块布做裤子~刚够 | 日子过得~。‖ 也说 "紧巴"。

紧咣 [tɕiẽ³⁵kuaŋ⁰] jǐn guang ①不宽裕，拮据：这几年过得~，收入不多，开销倒不小 | 役情期间缺货，你要的水泥有点~。②速度快，节奏快：你~点，别松松垮垮的。

巴巴差差 [pa²¹⁴pa⁰tsʰa²¹⁴tsʰa²¹⁴] bǎ ba cǎ cǎ ①做重要事情时选的日子不好：这是

啥日子？~的｜以前结婚要挑个好日子，初一、十五不能用，"八"也不中，~的。②眼睛患病充血发红、带有很多分泌物的样子。③形容生活不宽裕：家里有病人，又没多少收入，日子过得~。

大卢的架 [ta⁵²³lur⁵⁵ti⁰tɕiar⁵²³] dà lūr di jiàr 大模大样，自然随意的样子：你只管~坐下，别扭扭捏捏的｜新来的领导~坐到上首。

小架 [ɕiau³⁵tɕiar⁵²³] xiáo jiàr 比喻低姿态、媚态：一到领导跟前，他就拿~｜小小虫（麻雀）翻跟头——一路~（歇后语）。

大不咧咧 [ta⁵²³pu⁰liə²¹⁴liə²¹⁴] dà bu liě liě 形容随随便便、满不在乎的样子：人家正吃西瓜，他来到眼前，~地拿起来就吃。

狼泼 [laŋ⁵⁵pʻuə⁰] lāng po 泼辣：这女孩多~，跟男孩样。

泼辣 [pʻuə²¹⁴la⁰] pǒ la ①形容花钱、用东西不计较，不吝啬：家里有钱，花起来就~。②健壮：年轻时候，他的身子~得很，没得过病。③形容女性有干劲，敢冲敢干：她~得狠，是当妇女队长的料。

缩缩的 [tʂʻu²¹⁴tʂʻu²¹⁴ti⁰] chǔ chǔ di 形容蜷缩的样子：西北风刮着，他冻得~。

缩缩瘪瘪 [tʂʻu²¹⁴tʂʻu⁰piə²¹⁴piə²¹⁴] chǔ chu biě biě 比喻举止拘谨，不自然：到恁丈人家要大大方方的，别~，叫人家笑话。

胆胆缩缩 [tã³⁵tã⁰tʂʻu²¹⁴tʂʻu²¹⁴] dǎn dan chǔ chǔ 战战兢兢：他见了领导，~，不敢吭气｜进了柏树林，他~地四下里乱看。

伸伸缩缩 [tʂʻẽ²¹⁴tʂʻẽ⁰tʂʻu²¹⁴tʂʻu²¹⁴] chěn chen chǔ chǔ 缩手缩脚，不能放手行事：上台讲个话~，没啥出息｜叫你下村抓环境整治，你~，能干好吗？‖ 也说"伸缩伸缩" [tʂʻẽ²¹⁴tʂʻu²¹⁴tʂʻẽ²¹⁴tʂʻu²¹⁴] chěn chǔ chěn chǔ。

拿劲 [na⁵⁵tɕiẽ⁵²³] nā jìn ①拘谨：第一回登台唱戏，她有点~，放不开。②勉为其难：局长，我是个粗人，写总结有点~，不如叫张科长写，他是秀才｜他没练过书法，只好拿着劲写了几个字。

拿捻 [na⁵⁵ɲiã⁰] nā nian ①拘束：她没见过世面，到个生地方儿觉得~。②刁难：在老婆婆跟前她受~，出不开身。③控制，把握：我是粗喉咙大嗓，平时说话~着，才不叫人家烦。‖ 有的说"拿捏" [na⁵⁵ɲiə⁰] nā nie。

出不开身 [tʂʻu²¹⁴pu⁰kʻɛ²¹⁴ʂɚ²¹⁴] chǔ bu kǎi shēnr 受拘束：有老的管着，他~。

试试的 [seir⁵²³seir⁵²³ti⁰] sèir sèir di 试探性地要行动的样子：他~想跳过沟去，到跟前又打怯了。

趁趁地 [tʂʻẽ⁵²³tʂʻẽ⁵²³ti⁰] chèn chèn di 试探性地：他~往跟前偎。

没头盖脸 [mu⁵⁵tʻou⁵⁵kɛ⁵²³liã³⁵] mū tōu gài lián 劈头盖脸：他放人家的鸽子，叫人家~熊了一顿｜把小偷~打一顿。

劈脸带腮 [pʼi²¹⁴liæ³⁵tɛ⁵²³sɛ²¹⁴] pǐ lián dài sǎi 凶猛地正对着脸：他正跟一群朋友喝得高兴，他媳妇冲上来～打他个满脸无光｜～地揍他一顿｜你要不听我的话，～耳刮子扇。‖ 有的说成"没脸带腮" mū lián dài sǎi。

劲道的 [tɕiẽ⁵²³taur⁵⁵tiº] jìn dāor di 有劲的样子：她是个欢脾气，朝天～｜他干起活儿来～。‖ 有的说"劲嘟的" [tɕiẽ⁵²³tour⁵⁵tiº] jìn dōur di。

杠杠的 [kaŋr⁵²³kaŋr⁵²³tiº] gàngr gàngr di 走路有力的样子：他身上挎着盒子枪，走起路来～｜他扬着脸，倒背着手，～地上街去了。‖ 也说"劲杠的" [tɕiẽ⁵²³kaŋr⁵⁵tiº] jìn gāngr di。

急撅 [tɕi²¹⁴tɕyəº] jǐ jue 慌张，鲁莽：他办事有点～，还没干够数就跑了。

急急撅撅 [tɕi²¹⁴tɕiºtɕyə²¹⁴tɕyə²¹⁴] jǐ ji juě juě 形容非常慌乱，不稳重：他这人～，会儿会儿（经常）拿错钥匙｜～，成不了大事。

急毛子撅腚 [tɕi²¹⁴mau⁵⁵tsºtɕyə²¹⁴tiŋ⁵²³] jǐ māo zi juě dìng 形容毛手毛脚，做事不稳重：这孩子站没站样，坐没坐样，～的｜他干点事～，净出岔子。‖ 有的说"刺毛撅腚" [tsʼɿ²¹⁴mau⁵⁵tɕyə²¹⁴tiŋ⁵²³] cǐ māo juě dìng。

自本 [tsɿ⁵²³pẽº] zì ben ①本分，稳重，不张狂：他叔多～，从来不大喊大叫的。②自尊。‖ 人们对该词的理解分歧较大。

支棱八叉 [tsɿ²¹⁴ləŋºpa²¹⁴tsʼa²¹⁴] zǐ leng bǎ cǎ ①物体分枝向多处伸展的样子：树枝子～地叉到路上｜车上装满树枝子，～，晃晃悠悠。②比喻人张狂、不稳重：他～的，东戳一把，西挠一下，说这个孬，嫌那个不中。‖ 有的说成"支喽五叉""支喽八叉"。

该上轿才想起扎耳朵眼 [kɛ²¹⁴ʂaŋ⁵²³tɕiau⁵²³tsʼɛ⁵⁵ɕiaŋ³⁵tɕiºtsaʼl³⁵tʼouºiær³⁵] gǎi shàng jiào cāi xiáng qi zǎ lrí tou yánr 比喻事到临头才作准备。

三扒二扒 [sæ̃²¹⁴pa²¹⁴l⁵²³pa²¹⁴] sān bǎ lrì bǎ 形容做事草率、粗糙：剃头的看他穿得平常，～给他剃好了头｜他～画哒好，字甩得谁也认不得。

佯打二睁 [iaŋ⁵⁵taʼ³⁵l⁵²³tsəŋ²¹⁴] yāng dá lrì zěng ①不认真；粗心；不专心：这个事你交给他办，他成天～的，能给你办好呗？｜课堂上别～的，要专心听讲。②傲慢无礼：那家的二孩在城里当了个芝麻官，回到家里～，好像老百姓都该巴结他似的。‖《金瓶梅》第五十八回："我头里就对他说，你趁娘不来，早喂他些饭，关到后边院子里去罢。他佯打耳睁的不理我，还拿眼儿瞅着我。"

失机 [ʂɿ²¹⁴tɕi²¹⁴] shǐ jǐ 因惊吓而不知所措，不能动弹：汽车朝我开过来，我吓～了，头上跟走了真魂的样，想跑也拔不动脚。

毛膛 [mau⁵⁵tʼaŋr⁵⁵] māo tāngr（受惊吓后）不知道怎么办才好：他正开车往前走，一下子看见查酒驾的交警，心里～了。

毛慌 [mau⁵⁵xuaŋº] māo huang 同"毛膛"。

慌紧 [xuaŋ²¹⁴tɕiẽ⁰] huǎng jin 慌忙；急忙：看见要下雨，他~地走了｜家里来客了，她~去买菜。

慌慌的 [xuaŋ²¹⁴xuaŋ²¹⁴ti⁰] huǎng huǎng di 发慌的样子：俺过门时兴饿嫁，三天头里饿肚子，心里饿得~。

张拣 [tʂaŋ²¹⁴tɕiã⁰] zhǎng jian 由"张紧"音变而成，意为赶紧、急忙、紧张：听见敲门声，他~跑出来｜一溜小跑直往前栽，~得给去拾狗头金的样｜~的啥？给没年垂的样｜~得给狗吃日头的样｜他嗖的一家伙从旁边蹿过去，~得给投胎的样，吓我一跳｜~弄（这么）很，抢孝帽子去咋咋？｜这活忒~，我受不了。‖有的说成"张价" [tʂaŋ²¹⁴tɕia⁰] zhǎng jia、"张撑" [tʂaŋ²¹⁴ŋiã⁰] zhǎng nian。

快忙 [kʻuɛ⁵⁵maŋ⁵⁵] kuài māng 急忙，赶快：他一看天晚了，~吃了几口饭走了｜你还有啥事，~说｜~地上车吧，别误了点卯。‖也说"急忙的" [tɕi⁵⁵maŋ⁵⁵ti⁰] jī māng di。

利洒 [li⁵²³sa⁰] lì sa 利索，利落：他是个干净~的人，屋里没有一星子灰。

利洒的 [li⁵²³sar⁰ti⁰] lì sār di 很利索，很利落：干起活来~｜我一说借车，他~掏出来车钥匙。

连利 [liã⁵⁵li⁰] liān li 伶俐，利索：他干活多~。

扫巴 [sau⁵²³pa⁰] sào ba 动作敏捷、麻利。

利亮 [li⁵²³liaŋ⁰] lì liang 妥当；清爽：他办事真~｜去掉那堆碎砖，眼前多~｜病好~了。

耍刮 [ʂua³⁵kua⁰] shuá gua 穿戴轻便：打扮得弄（这么）~，是出去旅游咋咋？

剔溜的 [tʻi²¹⁴lour⁵⁵ti⁰] tǐ lōur di 快速地：两眼~地转｜哄得他~地转。

踢喽塌拉 [tʻi²¹⁴lou⁰tʻa²¹⁴la²¹⁴] tǐ lou tǎ lǎ 鞋子肥大不合脚的样子；穿着不整洁的样子：他敞胸裂怀，衣裳脏得不露布色，一看就是~的窝囊货。

怊 [tʂou⁵²³] zhòu ①（机械）涩滞，运转不灵活：我拉着车，越来越慢，觉得车子明显~了｜三轮车老长时间没膏油，跑起来~得很。②人的行动慢：那人有点~，喊他一声两声都没动静。

怊达乎的 [tʂou⁵²³ta⁰xu⁵⁵ti⁰] zhòu da hū di 行动较慢；不灵活：他~，干啥事都比人家慢一两步。

蔫 [ŋiã²¹⁴] niǎn 行动缓慢，拖沓：他干活~得很，人家割完二亩麦，他才割了一趟子。

蔫不拉叽 [ŋiã²¹⁴pu⁰la²¹⁴tɕi²¹⁴] niǎn bu lǎ jī 行动非常缓慢，拖沓：别看他外表~、老实巴交的，其实可会说笑话了。

肉 [ʐou⁵²³] ròu 性子慢，动作迟缓：说好的八点半开始，他~到九点才到场｜别~啦，再~就迟到啦。

斯斯维维 [sɿ²¹⁴sɿ⁰uei²¹⁴uei²¹⁴] sī si wěi wěi 慢条斯理，慢慢腾腾：他~，半天才出门，很不情愿地跟俺几个来了。

斯黏 [sɿ²¹⁴ɲiæ̃⁰] sī nian 磨蹭；不利落：他~一大会子，还没穿好衣裳｜我都急得冒火，他还在原地~，跟老牛拉破车的样。‖ 也说"黏黏"[ɲiæ̃⁵⁵ɲiæ̃⁰] niān nian。

斯斯黏黏 [sɿ²¹⁴sɿ⁰ɲiæ̃²¹⁴ɲiæ̃²¹⁴] sī si niǎn niǎn "斯黏"的强调形式。

黏黏糊糊 [ɲiæ̃⁵⁵ɲiæ̃⁰xur²¹⁴xur²¹⁴] niān nian hǔr hǔr 形容言语啰唆、办事拖拉：一点小事儿，她~，缠住人家说一遍又一遍。

摸悠 [muə²¹⁴iou⁰] mō you 慢慢的、慢吞吞的样子：这小孩多乖，自家~~地玩｜她性子慢，干活~，把家过日子不中。

抠鳖虎 [k'ou²¹⁴piə²¹⁴xu⁰] kǒu biē hur 比喻动作缓慢：他干起活来慢慢腾腾，跟~的样。‖ 有的说成"抠鳖""抠蛆"。

崴扯 [uɛ⁵⁵tʂ'ə⁰] wāi che 磨蹭，拖延：快点儿走，别~！

颤悠 [tʂ'æ̃²¹⁴iou⁰] chǎn you 耽搁，拖延：定好两点开始，这都两点半了，还没有出场，咋弄么（这么）~？｜他逛大街~了两个小时。‖ 也说"颤"[tʂ'æ̃²¹⁴] chǎn、"颤遥"[tʂ'æ̃²¹⁴iau⁰] chǎn yao。

款 [k'uæ̃³⁵] kuán ①缓：该你的钱再~~空还你。②戏曲唱词中形容女子缓缓走路："（玉秋）梳头洗脸把衣换，款动三寸小金莲。下来东楼往外走，款步来到南书馆。"（民间说唱《王天保下苏州》）

应应 [iŋ²¹⁴iŋ⁰] yǐng ying 勉强应付：单位里一把手调走了，先叫常务副局长~着。

勤力 [tɕ'iɛ⁵⁵li⁰] qīn li 勤快：他从小就~，一放学就浇菜、喂鸡、扫院子｜也喜早，也喜晚，也喜~也喜懒（民谚。有的庄稼需要早种，有的需要晚种，有的需要勤加管理，有的不用多管）。

勤力不着懒不着 [tɕ'iɛ⁵⁵li⁰pu²¹⁴tʂuə⁵⁵læ̃³⁵pu²¹⁴tʂuə⁵⁵] qīn li bù zhuō lán bù zhuō 应该勤快时却懒，不该勤快时却勤快：谁稀罕你帮忙，~！

识闲 [ʂɿ²¹⁴ɕiæ̃r⁵⁵] shí xiānr 得闲，有闲暇（多用于否定式）：白天割麦，黑喽做家务，起早睡晚，忙得不~｜他装货、开船、卸货、讨价还价，一年四季哪~嗖？

脚不沾地 [tɕyə²¹⁴pu²¹⁴tʂæ̃²¹⁴tir⁵²³] juě bù zhān dìr 形容事情忙，走路飞快：她割草喂羊、买菜做饭、送孩子上学，一天三晌忙得~｜他东一头，西一头，跑得~｜他的平车挂上车帆呜呜地跑起来，风吹得他~。

小辫剔直 [ɕiau³⁵piæ⁵²³t'i²¹⁴tʂɿ⁵⁵] xiáo biànr tī zhī 夸张的说法，形容不停地快跑（含诙谐意味）：我簸粮食打面，抱柴火做饭，拉土垫猪圈，收湿晒干，跑得~，你还嫌我不够料。

紧咣的 [tɕiẽ³⁵kuaŋ⁵⁵ti⁰] jín guāng di 形容速度、节奏比较快：时间不多了，做事得~。

吭咔二五 [kʻəŋ²¹⁴kʻa²¹⁴ɭ⁵²³u³⁵] kěng kǎ lrì wú 形容动作快、剧烈或言辞激烈：这块地俺几个~刨完了。‖有的说"吭咔扑出"。

颠颠的 [tiæ̃r²¹⁴tiæ̃r²¹⁴ti⁰] diǎnr diǎnr di 乐意或顺从的样子（略含讥讽意味）：他牵着毛驴~回家了｜领导一喊，他就~跑去了。

一股老洋劲 [i²¹⁴ku³⁵lau³⁵iaŋ⁵⁵tɕiɛ⁵²³] yí gú láo yāng jìn 形容劲头十足（含戏谑意味）：他骑着破洋车子，蹬得~｜你的羊上西跑了，你还~地在东边找。‖有的说成"一道老洋劲"。

叽喽跟兜 [tɕi²¹⁴lou⁰kẽ²¹⁴tou²¹⁴] jǐ lou gěn dǒu 跌跌撞撞要栽跟头的样子：大雨搬天往下倒，他~来家跑｜他喝醉了，走起路来~直栽骨喽子。‖有的说成"叽里跟兜" [tɕi²¹⁴li⁰kẽ²¹⁴tou²¹⁴] jǐ li gěn dǒu。

叽喽轱喽 [tɕi²¹⁴lou⁰ku²¹⁴lou²¹⁴] jǐ lou gǔ lǒu ①滚动的样子：他脚下一滑，~从岗子上滚下去了｜苹果箱子摔裂了，苹果~乱轱轮（滚）。②跌跌撞撞的样子：他的个头小，叫大人拉得~往前栽。

歪跩 [uɛ²¹⁴tʂuɛ⁰] wǎi zhuai 背负重物走路不稳的样子：他挎着篮子，~着一步一挪｜他背着一捆柴禾，~~地往家走。

掂现的 [tiæ̃²¹⁴ɕiæ̃⁵²³ti⁰] diǎn xiàn di 当场做某事。

卜棱 [pu²¹⁴ləŋ²¹⁴] bǔ lěng 快速的样子：他听见妈妈在屋外喊他，~从床上坐起来｜他往秋千上一坐，~下子掉下来。

卜卜棱棱 [pu²¹⁴ pu⁰ləŋ²¹⁴ləŋ²¹⁴] bǔ bu lěng lěng 快速翻跳或蹦跳的样子：他~翻了十几个跟头｜水坑里的鱼~直跳。

悄手蹑脚 [tɕʻiau²¹⁴ʂou³⁵ɲiɛ²¹⁴tɕyər²¹⁴] qiǎo shóu niě juěr 轻手轻脚，不出声：他~地出大门了。

穷忙 [tɕʻyŋ⁵⁵maŋ⁵⁵] qióng māng 婉词，为琐事而忙碌：我一年到头~，也没治成啥事。

消停 [ɕiau²¹⁴tʻiŋ⁰] xiāo ting ①安静；安稳：这三年过得不~｜他两口子在乡下消消停停地种地，没大出过门｜紧手的庄稼，~的买卖（民谚）。②停止；歇：开个饭店，一天到晚忙得不~。

懒得皮疼 [læ̃³⁵tiʻpʻi⁵⁵tʻəŋ⁰] lán di pī teng 形容非常懒：他~，横草不捏，竖草不拿。

死懒 [sɿ³⁵læ̃³⁵] sí lán 非常懒惰：家里人都上地浇菜锄草，他在家~，歪到床上玩手机，一个钱的事也不干。

不动不摇 [pu²¹⁴tuŋ⁵²³pu²¹⁴iaur⁵⁵] bǔ dòng bǔ yāor 指不费力气：他蹲到家里吃老本，~，风吹不着，雨淋不着｜这会买电视，只要在手机上一点，~，电视机就送到家里｜他出了一个点子，~得了八千块。

红 [xuŋ⁵⁵] hōng 积极，踊跃：尖子生学得~，学混子死不学｜庄里都数他干活最~。‖本字不明。

丧 [saŋ⁵²³] sàng 下力，用劲，猛：他干活多~，一人顶几个｜这个小孩跑得~，蹿到头里去了。‖本字不明。

笃 [tu⁵⁵] dū 厉害；猛烈：饿了一天，端起碗来吃得多~｜下罢雨，沟里的水淌得~｜他真~，一挺身把大石头举起来了。‖本字不明。

努 [nuŋ³⁵] nóng ①勉力；用力：~得脸蜡黄｜他少气无力，强~着走回家｜他提的条件忒苛刻，我~死也不能如他的意｜他认干活儿，这会儿~病了。②将就，凑合：这个手机你~着用吧，有钱了再换新的｜先在旧屋里~一个月，腾倒好新房就叫你搬过去。

努劲 [nuŋ³⁵tɕiɛ⁵²³] nóng jìn 费力；用力：他抓着车把，"咳咳"一声，一~，把大车骨骨碌碌推到岗子上来了｜你不知道拉巴这个小孩儿多~。

死努犟节 [sɿ³⁵nuŋ³⁵tɕiaŋ⁵²³tɕiər²¹⁴] sí nóng jiàng jiěr 力量不够而竭力去做：东挪西借，紧紧巴巴，~盖起两层楼。

持劲 [tʂʅ⁵⁵tɕiɛ⁵²³] chī jìn 使劲，用力：他~往上一抬，把口袋扛到肩膀上｜关门的时候别持大劲，省得聒醒小孩｜拉车的绳松了，持不上劲。

搁劲 [kə⁵⁵tɕiɛ⁵²³] gē jìn 同"持劲"：几个人~把他从沟里拽上来｜~揍他｜前边是堡子地，大家伙搁把劲抬起来走｜她不问男家啥条件，只管~要彩礼。

狠劲 [xẽ⁵²³tɕiɛ⁵²³] hèn jìn 同"持劲"：他~往前挤｜他举起大锤，狠着劲头往下砸。‖也说 [xẽ³⁵tɕiɛ⁵²³] hén jìn。

狠命 [xẽ⁵²³miŋ⁵²³] hèn mìng 拼命：为了养家糊口，他~地干活。‖狠，去声。

笑不慈的 [ɕiau⁵²³pu⁰tsʰʅ⁵⁵ti⁰] xiào bu cī di 似笑非笑的样子。

笑眯地 [ɕiau⁵²³mi⁵⁵ti⁰] xiào mī di 笑眯眯的：她~招呼人坐下｜他见孙子放学，就~拉他回家。‖又说"喜眯的" [ɕi³⁵mi⁵⁵ti⁰] xí mī di。

得得的 [tei²¹⁴tei²¹⁴ti⁰] děi děi di ①形容高兴的样子：他又唱又跳，喜得~｜他得了个头等奖，鬼得~。②因颤抖而上下牙齿碰撞作声：西北风刺得我~。

屁溜的 [pʰi⁵²³lour⁵⁵ti⁰] pì lōur di 形容非常高兴的样子（含嘲讽意味）：他选上队长了，喜得~。

倔倔地 [tɕyər⁵²³tɕyər⁵²³ti⁰] juèr juèr di ①走路用力而僵硬的样子：老头儿喂饱那头怪驴，~牵着上集了。②气呼呼地：没人理他，他~走了｜他掂着棍，~来找茬。

倔烘地 [tɕyə⁵²³xuŋr⁰ti⁰] juè hōngr di 不满、生气的样子：他把筷子一摔，~走了。

倔不拉地 [tɕyə⁵²³pu⁰la⁵⁵ti⁰] juè bu lā di ①气呼呼的：他哥说他，他没听热，~走了｜他给人家抬杠抬恼了，~走了。②执拗：队长就这个性子，~，你少偎他。

烈倔 [liə²¹⁴tɕyə⁰] liě jue ①（牲畜）性情暴烈，桀骜不驯：那匹马~得很。②喻指人性格暴躁。

调倔 [tiau⁵²³tɕyə⁰] diào jue 不驯服，不着调：大青驴有把力气，就是干活~｜这个人~，谁的话也不听，你得小心点。

别 [piə⁵²³] biè 不顺从，倔强，执拗：这小孩~得很，谁也说不听他。

不悦悦 [pu²¹⁴yər²¹⁴yər⁰] bù yuěr yuer 不高兴：他没评上劳模，有点~。

气哼地 [tɕ'i⁵²³xəŋr⁵⁵ti⁰] qì hēngr di 气哼哼地。生气时带着哼声：他~站着，嘴噘多高。

圆胡 [yuæ̃⁵⁵xu⁵⁵] yuān hū 形容非常生气：这件事可把他气~啦。

能能的 [nəŋ²¹⁴nəŋ²¹⁴ti⁰] něng něng di 气呼呼的样子：气得~。

气冲两肋 [tɕ'i⁵²³tʂ'uŋ²¹⁴liaŋ³⁵lei²¹⁴] qì chōng liáng lěi 怒气冲冲的样子：他拍桌子打板凳，~地指着媳妇数落｜她一见男的领人来家抹牌，就~，摔碟子打碗｜看他~那样，准是没占着便宜。

吹猪 [tʂ'uei²¹⁴tʂu²¹⁴] chuī zhū ①屠宰猪的一道工序。将猪腿割破，以口向破皮处吹气，边吹边捶打，使猪全身鼓起。②比喻满脸怒气（含戏谑意味）：三个小孩这个叫，那个哭，当爹的气得跟~的样。

愣喽呱叽 [ləŋ⁵²³lou⁰kua²¹⁴tɕi²¹⁴] lèng lou guǎ jǐ 粗野、不理智的样子：他~，说动手就动手。

挣喽呱叽 [tsəŋ⁵²³lou⁰kua²¹⁴tɕi²¹⁴] zèng lou guǎ jǐ 任性、不听劝说的样子。

拧劲 [ŋiŋ⁵⁵tɕiẽ⁰] nīng jin ①反转，颠倒：他~着搓绳｜一股白烟旋着圈往上飘，拧着劲地扯扯拉拉。②固执，执拗：人家说坟头跟前不能盖屋，他偏瞪~，把家安到了大坟头后边｜这孩子可~啦，谁也管不了，只有他舅能镇住他｜墙头上长草是飞来的种，蜗拉牛里发芽是~子根（民间说唱《王天保下苏州》）。

拧劲八垮 [ŋiŋ⁵⁵tɕiẽ⁰pa²¹⁴k'ua³⁵] nīng jin bǎ kuá 扭曲转弯的样子：那棵小树~，长不成好材料｜他穿的褂子~，看着不顺眼。

别棱 [piə⁵⁵ləŋ⁰] biē leng ①拗，不顺：这句话说起来~嘴。②引申为执拗：人家都同意了，你还~啥？

别别棱棱 [piə⁵⁵piə⁰ləŋ²¹⁴ləŋ²¹⁴] biē bie lěng lěng 不融洽；不随和：自打吵架以后，两个人就~的。

别筋 [piə⁵²³tɕiẽ²¹⁴] biè jǐn 比喻性格执拗的人：他是个~，人家都叫小孩上学，他不叫，谁劝都不听。

叽扭别嘟 [tɕi²¹⁴ŋiou³⁵piə⁵²³tu²¹⁴] jǐ niú biè dū ①不顺当，难处理：这件事干起来~的。②意见不合：她因为不愿意生孩子，跟婆婆闹得~｜两家人~地，不是一年了。

拐古 [kuɛ³⁵ku⁰] guǎi gu 性格乖僻、古怪。多用于妇女：她是人好命不强，摊上一个~老婆婆｜那老嬷嬷~得很，不是说这个孬，就是嫌那个坏。‖也说"拐"。

这事那买 [tʂə⁵²³sɿ⁵²³na⁵²³mɛr³⁵] zhè sìr nà máir 有很多无关紧要的事情：叫他打扫卫生，他~，半天不动。

逆歪 [i⁵²³uɛ⁰] yì wai （青少年）不通情理，而且抵触心理较强（含贬义）：那孩子真~，我说他两句，他就立睖着眼瞪我｜拢拢没见过弄么（这么）~的人，谁也惹不起，只能请公安局的治治他。‖有的说"腻歪" [ŋi⁵²³uɛ⁰] nì wai。

背着牛头不认赃 [pei⁵²³tʂou⁰niou⁵⁵t'ou⁵⁵pu²¹⁴zẽ⁵²³tsaŋ²¹⁴] bèi zhou niōu tōu bǔ rèn zǎng 比喻人赃俱在仍不认罪。

口 [k'ou⁵⁵] kōu 本为名词，引申为形容词，暴烈：他~得跟狼样｜~得撕天｜小庄上的狗~，大庄上的人~（民谚）。

嘈 [ts'au⁵⁵] cāo ①言语刺耳：他~得很，一说话就叫人受不了。②态度生硬，凶狠：二大爷长着四方大脸，生就的带个~样，见人待答不理，脸上没一点笑丝｜这个小孩多~不，他的玩意谁都不能摸。

嗔 [ts'ẽ³⁵] cén ①形容语气凶狠：谁得着你了？你~得跟狼样｜老公公说话真~。②责怪，批评：领导~了他几句｜他一张嘴就~人｜叫人家~了一顿。

饿嘿的 [ə⁵²³xeir⁵⁵ti⁰] è hēir di 凶狠注视的样子：狼狗~看着过路的人。

一打二喝 [i²¹⁴ta³⁵l⁵²³xə²¹⁴] yǐ dá lìr hě 又是打，又是呵斥，形容态度粗暴。用于长对幼、上对下：你当个干部，对老百姓不能~。

瘆人毛 [sẽ⁵²³zẽ⁵⁵mau⁵⁵] sèn rēn māo 比喻令人畏惧的特性：村长身上长着~，大人小孩都怕他。

离毛离色 [li⁵²³mau⁵⁵li⁵²³sei²¹⁴] lì māo lì sěi 形容胆怯害怕的样子：他见了我~的，就像我能吃他似的｜我看见蛇就~的。

脸子 [liæ³⁵tsɿ⁰] lián zi 不愉快的脸色：我知不道咋得着他了，他进家就给我~看。

七开六透 [tɕ'i²¹⁴k'ɛ²¹⁴liou⁵²³t'ou⁵²³] qī kǎi liù tòu 形容训斥打骂的程度高、厉害：骂得~｜打得~｜熊得~。‖七，指七窍；六，指六腑。

憨不拉式 [xæ̃²¹⁴pu⁰la²¹⁴ʂɿ²¹⁴] hǎn bu lǎ shǐ 傻头傻脑，不精明：他~的，不管多保密的事儿都往外说。

憨憨式式 [xæ̃²¹⁴xæ̃⁰ʂɿ²¹⁴ʂɿ²¹⁴] hǎn han shǐ shǐ 同"憨不拉式"。

半憨子拉式 [pæ̃⁵²³xæ̃²¹⁴tsɿ⁰la²¹⁴ʂɿ²¹⁴] bàn hǎn zi lǎ shǐ 形容略显痴傻：他~，分不清好孬话，人家讽刺他，他还觉得是夸他咪，人家跟他闹着玩，他就恼了。

半半吊吊 [pæ̃⁵²³pæ̃⁰tiau²¹⁴tiau²¹⁴] bàn ban diǎo diǎo 形容不通事理、鲁莽。

实憨 [ʂɿ⁵⁵xæ̃²¹⁴] shī hǎn 非常痴傻：他这个人~，手里拿着伞，还淋着雨回家｜那些人也不~，知道他有权，时不时找借口来巴结他。

憨实气 [xæ²¹⁴ʂʅ⁵⁵tɕ'ir⁵²³] hǎn shī qìr 同"实憨"：他~了，叫人家卖了，还帮人家点票子咪｜他~了，大热天还穿着袄。

知不道擤鼻 [tʂʅ²¹⁴pu⁰tau⁵²³ɕiŋ³⁵pir⁵⁵] zhǐ bu dào xíng bīr 形容非常愚笨：他不论热天冷天都穿着那一套破衣裳，头发脏乱，憨得~。‖鼻，鼻涕。

假假斯斯 [tɕia³⁵tɕia⁰sʅ²¹⁴sʅ²¹⁴] jiá jia sǐ sǐ 形容假装斯文的样子：我还给他钱，他~地推辞半天才接过去。

切 [tɕ'iə²¹⁴] qiě 迫切，急切：人家没请你你也去，这个大席吃得真~｜他天天来要账，要得多~｜你咋赌弄（这么）~？家里失火了都不去救。

期 [tɕ'i²¹⁴] qǐ 贪心：别能么（这么）~，吃多些就拿多些，拿多了你吃不了｜他真~，我说送给他点落生（花生），他开了一辆大车来拉。

渴 [k'ə²¹⁴] kě 贪心，欲望强烈：他忒~，想一下子变成亿元大户｜张嘴就要人家十万块钱，真~！

得一望二 [tei²¹⁴i²¹⁴uaŋ⁵²³l⁵²³] děi yī wàng lrì 得寸进尺：这家伙~，是个十不足儿。

尖馋 [tɕiæ̃²¹⁴ts'æ̃⁰] jiǎn can 对食物非常挑剔：他吃菜~得很，有一片菜叶也挑出来拌喽（扔掉）。

下菜 [ɕia⁵²³ts'ɛ⁰] xià cai 贪馋，贪财：那人真~，连一把青菜都偷。

下个芝麻吃个豆 [ɕia⁵²³kə⁰tsʅ²¹⁴ma⁰tʂʅ²¹⁴kə⁰tour⁵²³] xià ge zhī ma chī ge dòur 比喻贪吃：他吃不了也拿一大下子，~。

刚板硬正 [kaŋ²¹⁴pæ̃³⁵iŋ⁵²³tʂəŋ⁵²³] gǎng bán yìng zhèng 坚持原则，不徇私情：他办事~，认死理｜他俩不是一路人，一个~，一个油头滑脑。

掌正作 [tʂaŋ³⁵tʂəŋ⁵²³tsuər²¹⁴] zháng zhèng zuǒr ①起表率作用：领头的~，才能带好当兵的｜他掌不正作，他的小孩也跟着走邪路。②品行端正：他勾搭不正经的女人，叫人家坑了，这都怨他自己掌不正作。

吃亏包憨 [tʂʅ²¹⁴k'uei²¹⁴pau²¹⁴xæ²¹⁴] chī kuī bāo hǎn 吃亏、受委屈：当老大就得~。

正道 [tʂəŋ⁵²³tau⁰] zhèng dao ①正派：他是个~人。②正常：这桃吃起来是个~味儿｜这块布是~颜色。

正价 [tʂəŋ⁵²³tɕiar⁰] zhèng jiar 正经，正式的：这是~过日子的人家儿｜那个人是汽车的~主儿｜这是~货，大厂子出的｜俺的番茄是~熟的，没打催熟剂｜这块布是~色。

正价埂上 [tʂəŋ⁵²³tɕiar⁰kəŋr³⁵ʂaŋ⁰] zhèng jiar géngr shang 喻指要点、正经事：他说起话来东一榔头西一棒，不往~捋｜他光会瞎打胡捶，能不到~去｜他到北京开了个木线条门市部，把能说会道的本事用到~。‖有的说"正埂上""正价岗上"。

正不八截地 [tʂəŋ⁵²³puºpa²¹⁴tɕiər⁵⁵ti⁰] zhèng bu bǎ jiēr di 正儿八经的，正式的：你~干，家里就指着你哝｜只要你~学，准能考上一本。‖ 有的地区说"正八截地""正不截地""正目截地""正目八截地"。

安生着己 [æ²¹⁴səŋ²¹⁴tʂuə⁵⁵tɕi³⁵] ǎn sěng zhuō jí 平静安宁，不惹麻烦：~地过日子，别再戳祸了。

依老本等 [i²¹⁴lau³⁵pẽ³⁵təŋ³⁵] yǐ láo běn děng 老实本分，安分守己：他回到乡里~种地。‖ 本等，分内应做或应有的事。元代尚仲贤《柳毅传书》一折："孩儿，进取功名，是你读书的本等，则要你着志者。"

周吴郑王 [tʂou²¹⁴u⁵⁵tʂəŋ⁵²³uaŋ⁵⁵] zhǒu wū zhèng wāng 庄重、一本正经的样子（含诙谐意味）：他~地坐到堂屋当门，单等人家来找他｜台上~地坐着两个当官的。‖ 出自《百家姓》。

人五人六 [zẽ⁵⁵u³⁵zẽ⁵⁵liou⁵²³] rēn wú rēn liù 比喻装模作样，故作端庄（含嘲讽意味）：守着众人，我换上新衣裳，~地拜堂成亲｜十一个人站两行——~（歇后语）。

不正干 [pu²¹⁴tʂəŋ⁵²³kæ̃⁵²³] bǔ zhèng gàn 不正儿巴经地干，不认真干：他调皮捣蛋~，翻墙头跑到校外上网吧｜他~，人群里不去，光往驴群里钻。

不行人事 [pu²¹⁴ɕin⁵⁵zẽ⁵⁵sɿr⁵²³] bǔ xīng rēn sìr 不干好事：说起话来一套一套的，就是~｜他偷鸡摸狗拔蒜苗，占人家的地边子，~。

说人话，不办人事 [ʂuə²¹⁴zẽ⁵⁵xuar⁵²³，pu²¹⁴pæ̃⁵²³zẽ⁵⁵sɿr⁵²³] shuǒ rēn huàr, bǔ bàn rēn sìr 说好话，不做好事，言行不一：他说给拆迁户建漂亮的安置房，实际上建的是豆腐渣，~。

不地道 [pu²¹⁴ti⁵²³tauº] bǔ dì dao 不实在，不厚道。

不出奇 [pu²¹⁴tʂʻu²¹⁴tɕʻi⁵⁵] bǔ chū qī 不遵常理，怪异：这人真~，俺又没惹你，你为啥打俺？｜自家的饭不吃，非要吃人家的，多~｜他就是~，非要惹那个难缠货。

才邪唻 [tsʻɛ⁵⁵ɕia⁵⁵lɛº] cāi xiē lai 附加在句末，表示反常，离奇：你这样栽花，花要能开才邪唻。‖ 有的说"才邪乎唻"。

神神道道 [ʂẽ⁵⁵ʂẽºtau²¹⁴tau²¹⁴] shēn shen dǎo dǎo 神神鬼鬼的样子；很神秘的样子：他~，说坟头里有小鬼，能拽人的胳膊。

神神乎乎 [ʂẽ⁵⁵ʂẽºxur²¹⁴xur²¹⁴] shēn shen hǔr hǔr 故意显得很神秘的样子：他~地趴到耳朵眼前叽咕一会子｜江湖医生~夸他的手法灵。

鬼头日脑 [kuei³⁵tʻour⁵⁵ʐɿ̩²¹⁴naur³⁵] guí tōur rǐ náor 做出滑稽可笑的样子。多用于少年儿童：他伸舌头挤巴眼，~，没有正形。

大 [ta⁵²³] dà 自大，傲慢：他平时~得很，见到平常人连招呼都不打｜骡子~了值钱，人~了不值钱（民谚）。

大不磁的 [ta⁵²³pu⁰tsʻɿ⁰ti⁰] dà bu cī di 形容傲慢：他见了老乡，~扬脸走了。

架子大 [tɕia⁵²³tsɿ⁰ta⁵²³] jià zi dà 比喻傲慢：他的~，八抬大轿请不动。

盛 [ʂəŋ⁵²³] shèng ①盛气凌人，骄横：他忒~，谁要抢到他头里，他就找碴｜他~得很，见了邻居都是昂着脸。②某种心理很强烈：他过日子的心~得很，忙死忙活地挣钱。

甩不拉叽 [sɛ³⁵puʻla²¹⁴tɕi²¹⁴] sái bu lǎ jī ①形容傲慢：他~的，见了人也不打招呼。②满不在乎的样子：我给他说正经话，他~不当一回事。‖有的说"甩拉呱叽" [sɛ³⁵laʻkua²¹⁴tɕi²¹⁴] sái la guǎ jī。

底眼皮肿 [ti³⁵iæ̃³⁵pʻi⁵⁵tʂuŋ⁵⁵] dí yán pī zhóng 眼睛往上看，比喻看不起平常人：他~，光知道巴结当官的，对咱这三号三待理不理。‖有的说成"肿底眼皮"。

肿 [tʂuŋ³⁵] zhóng 引申为傲慢。

洋眼 [iɑŋ⁵⁵iæ̃³⁵] yāng yán 比喻高傲自大，看不起人：那货当了队长就~，一般人都不在他眼里｜他是吃了~的，走路峨着头，把老百姓看得不值尿泥钱。

眼高鼻子凹 [iæ̃³⁵kau²¹⁴pi⁵⁵tsɿ⁰ua⁵²³] yán gǎo bī zi wà 比喻奉承富贵、有权势的人，歧视普通人：村长是个~的家伙，对上头巴结再巴结，对冤老百姓踩挤再踩挤。

八万 [pa²¹⁴uæ̃r⁵²³] bǎ wànr 本指旧时麻将牌页上的"八万"（为撇嘴图形），喻指不高兴或轻蔑的神情：嘴撇得跟~样。

牛屄烘烘 [ȵiou⁵⁵pi²¹⁴xuŋ²¹⁴xuŋ²¹⁴] niū bī hōng hōng 很神气地说大话、炫耀的样子：他~地说自家的手艺是天下一绝｜他有点钱，就~，觉得谁都不如他。

一人头上一个老天爷 [i²¹⁴zə̃⁵⁵tʻou⁵⁵ʂaŋ⁰i²¹⁴kəʻlau³⁵tʻiæ̃²¹⁴iə⁵⁵] yǐ rēn tōu shang yǐ ge láo tiān yē 比喻人人都自主，不服从管理：这个社会，个个都成了造反派，~，县委、公社、大队都散摊子了｜~，谁也不听谁的，这还得了！

缠手 [tʂʻæ̃⁵⁵ʂour³⁵] chān shóur 难以了结，脱不开手：这个事儿有点儿~，两个月了，还没头绪。

咬手 [iau³⁵ʂou³⁵] yáo shóu 棘手，比喻事情难办：他有个~的事儿，这两天顾不得闲说话｜你觉得钱多是好事吗？钱多也~。

难缠 [næ̃⁵⁵tʂʻæ̃⁵⁵] nān chān 指人难以对付：明白人好说，糊涂人~（民谚。明白人容易说通，糊涂人不容易应付）｜这个小孩真~，叫他睡觉他不睡，叫他学习他不学｜我刚到局长任上，就碰上个~的茬儿，非叫我给他解决待遇问题。

七死八活 [tɕʻi²¹⁴sɿ³⁵pa²¹⁴xuə⁵⁵] qī sí bǎ huō 形容非常严重：这件事儿把她难为得~｜他能得~的，成天跟人家顶着干。

费死八难 [fi⁵²³sɿ³⁵pa²¹⁴næ̃⁵⁵] fī sí bǎ nān 费了很大难：~借来钱｜种点庄稼~。

吭呲咴歪 [kʻəŋ²¹⁴tsʻɿ⁰lɛ⁵⁵uɛ²¹⁴] kěng ci lāi wǎi 因吃力而发出的"吭哧吭哧"的声音：他背着面口袋，累得~。‖有的说成"哼呲咴歪" [xəŋ²¹⁴tsʻɿ⁰lɛ⁵⁵uɛ²¹⁴] hěng ci lāi wǎi。

硬着头皮 [iŋ⁵²³tʂuə⁰tʻou⁵⁵pʻi⁵⁵] yìng zhuo tōu pī 比喻不情愿或勉为其难地：以前他跟对门的吵过架，这会儿见面，~打声招呼。

没把儿的葫芦 [mei⁵²³par³⁵ti⁰xu⁵⁵lou⁰] mèi bár di hū lou 比喻难以处理的事务：我初来乍到，工作跟~样，不知道咋抓，请老兄多多赐教｜他像是摸着~，想不出好法儿。

啰里啰唆 [luə²¹⁴li⁰luə²¹⁴suə²¹⁴] luǒ li luǒ suǒ （言语）非常啰唆：我到大厅办手续，办事员~说了一大堆，也没办成。

絮二倒三 [ɕy⁵⁵l̩⁵²³tau⁵²³sæ²¹⁴] xū lr̀ dào sǎn 那一句话，他~说来说去，我都听腻了。

噱啰 [ɕyə⁵⁵luə⁰] xuē luo 絮叨，啰唆：他嫌媳妇忒~，就搬到瓜庵子里住｜他~半天，都是废话｜他是个~嘴子，听他说话能烦死。‖史小桥等地说"唆啰"[suə⁵⁵luə⁰] suō luo。

迂魔黏痰 [y²¹⁴muə⁰ȵiæ̃⁵⁵tʻæ̃⁵⁵] yǔ mo niān tān 说话颠来倒去，絮絮叨叨。

迂三搭四 [y²¹⁴sæ̃²¹⁴ta²¹⁴sɿ⁵²³] yǔ sǎn dǎ sì 形容健忘，糊涂；语言表述不清：他~的，出门忘了锁门｜她~，前言不搭后语，说了半天我也听不清她想干啥。

迂魔 [y²¹⁴muə⁰] yǔ mo 过于执迷，不灵活；糊涂：这个人忠厚老实过了头，三分憨，七分~｜大家越是不想听，他越是说个没完，我可知道他~啦！｜他年纪不大，~得不轻，翻过来倒过去说神啦鬼啦的。

迂迂魔魔 [y²¹⁴y⁰muər²¹⁴muər²¹⁴] yǔ yu mǒr mǒr 非常糊涂，执迷：这人~的，说不出来龙去脉。

魔魔道道 [muə⁵⁵muə⁰tau²¹⁴tau²¹⁴] mō mo dǎo dǎo 疯疯癫癫；不正常：他~的，别跟他一样。

乔急 [tɕʻiau⁵⁵tɕi⁵⁵] qiáo jí 非常着急：他半天都下不了楼，我等得~｜我叫他催得~。‖乔，"翘"的音变，翘首。

焦喽芝麻炸喽豆 [tɕiau²¹⁴lou⁰tʂʅ²¹⁴ma⁰tsa⁵²³lou⁰tour⁵²³] jiāo lou zī ma zà lou dòur 比喻事情急迫：他游手好闲，~，还照玩他的。

吃紧当忙 [tʂʅ²¹⁴tɕiẽ³⁵taŋ²¹⁴maŋr⁵⁵] chǐ jín dǎng mángr 紧要、急需（的时候）：你真心待他，~的时候他能帮你一把。

生随 [səŋ²¹⁴suei⁰] sēng sui 疏远；生疏：亲戚紧紧不走，就~了，该亲的也不亲｜我跟他~，没打过交道。‖由生涩演变而来。

刺挠 [tsʻʅ⁵²³nau⁰] cì nao 很痒：从庄稼地里钻出来，觉得身上~得慌。

泪汪的 [lei⁵²³uaŋr⁵⁵ti⁰] lèi wāngr di 眼泪汪汪的：几年不见面，乍一见，两眼~。

眼泪八叉 [iæ̃³⁵lei⁵²³pa²¹⁴tsʻa²¹⁴] yán lèi bā cǎ 流泪的样子（含诙谐意味）：她看电视剧入迷了，哭得~｜两口子吵罢架，她~叫我去说情。‖有的说"掉泪八叉""泪两八道" [lei⁵²³liaŋ³⁵pa²¹⁴tau⁵²³] lèi liáng bǎ dào。

鼻子一把泪两行 [pi⁵⁵tsʅ⁰i²¹⁴pa³⁵lei⁵²³liaŋ³⁵xaŋ⁵⁵] bī zi yǐ bá lèi liáng hāng 形容哭得非常伤心（含嘲讽意味）：他的书包丢了，脸上~，怪可怜的。

涴 [tʻæ⁵²³] tàn 哭得悲痛（含戏谑意味）：出殡那天，他趴到地上哭得真~，几个人都拉不起来｜儿媳妇跪在棺材前，哭得最~，其实是心疼东西。

马狼 [ma²¹⁴laŋ⁵⁵] mǎ lāng 比喻哭相不雅（含戏谑意味）：他没拿着奖金，哭得跟~样。

气鼓子狼嚎 [tɕʻi⁵²³ku⁰tsʅ⁰laŋ⁵⁵xaur⁵⁵] qì gu zi lāng hāor 指多人混乱地哭叫（含戏谑意味）：他把几个小孩打得~｜一说赶明考试，教室里~。

叽歪子反叫 [tɕi²¹⁴uɛ⁰tsʅ⁰fæ̃³⁵tɕiau⁵²³] jǐ wai zi fán jiào 形容吵闹、喧嚷（含戏谑意味）：听说要拆迁，这几家围上来~，跟一窝蜂样｜大院里来一群喊冤的，~。

嗷儿煞叫 [aur²¹⁴lˀ⁰sa²¹⁴tɕiaur⁵²³] ǎo lr sǎ jiàor 乱喊乱叫（含贬义）：学生在班上~，你这个班主任也不去管管｜他~地要找县长讲理。‖ 有的说成"嗷唠煞叫" [au²¹⁴lau⁰sa²¹⁴tɕiaur⁵²³] ǎo lao sǎ jiào。

吵成鹅窝 [tsʻau³⁵tʂʻəŋ⁵⁵ə⁵⁵uə²¹⁴] cáo chēng ē wǒ 比喻吵吵嚷嚷、乱哄哄：两辆小轿车碰架了，车上的四五个人站到路边~。

一窝啨 [i²¹⁴uə²¹⁴tɕʻiŋ³⁵] yǐ wǒ qíng 比喻人群非常乱：戏还没开演，台下乱得跟~样。

摁倒葫芦瓢起来 [ẽ⁵²³tau³⁵xu⁵⁵lou⁰pʻiau⁵⁵tɕʻi³⁵lɛ⁰] èn dáo hū lou piāo qǐ lai 比喻（麻烦事等）此起彼伏，控制不住：老书记说话也不顶用了，庄上~，都不听老一套了。‖ 有的说成"摁下葫芦漂起来瓢"。

不断头 [pu²¹⁴tuæ̃⁵²³tʻour⁵⁵] bǔ duàn tōur 接连不断：大雨下了一场又一场，接接连连~｜看梨花的人~，梨园里挤得满满的｜上个月，他~地上青岛去。‖ 有的说"不断溜" [pu²¹⁴tuæ̃⁵²³lour²¹⁴] bǔ duàn lǒur。

拖拖不断 [tʻuə²¹⁴tʻuə²¹⁴pu²¹⁴tuæ̃⁵²³] tuǒ tuǒ bǔ duàn 形容接连不断：看广场演出的人~，从乡里直往城里挤｜狗吃糖稀——~（歇后语）。

没头没屚 [mei⁵⁵tʻour²¹⁴mei⁵²³tur²¹⁴] mèi tōur mèi dǔr 比喻没完没了：他玩起来~，没一点管角儿｜六月里下起雨，~的。

裹裹拉拉 [kuə³⁵kuə⁰la²¹⁴la²¹⁴] guó guo lǎ lǎ ①衣着肥大臃肿的样子：你穿的个羽绒袄~的，给个麦穰垛样。②穿的衣服长，行动时扫拂东西的样子：他的风衣~的，地上的土沾到身上了。

扯秧子拉屚 [tʂʻə³⁵iaŋ²¹⁴tsʅ⁰la²¹⁴tu²¹⁴] ché yǎng zi lǎ dǔ ①本义指瓜类茎蔓到处延伸，比喻细长的东西拉扯不断：他㧟的菜~的，沥沥拉拉，掉到桌子上。②比喻做事不干脆利落。‖ 有的说"拉秧子扯屚"。

积喽嘟噜 [tɕi²¹⁴lou⁰tu²¹⁴lu²¹⁴] jǐ lou dū lū 连续不断的样子：门外边儿~进来一大群小孩儿｜我只说了一句，她就~咋呼一顿。

敞开量 [tʂʻaŋ³⁵kʻɛ²¹⁴liaŋ⁵²³] chǎng kǎi liàng 放开量，不加限制：菜多的是，~吃吧，想吃多少吃多少｜都别挤，化肥~供应。

叼叼地 [tiau²¹⁴tiau²¹⁴ti⁰] diǎo diǎo di 一点一点地：屋里的东西叫我~搬完了。

零滴哒 [liŋ⁵⁵ti²¹⁴ta⁰] līng dǐ da 零零星星地做某事：这些活儿我一天干不完，只能~地干｜两斤枣叫他~吃完了。

打崩子 [ta³⁵pəŋ²¹⁴tsɿ⁰] dá běng zi 间隔性地：他~发怪，平时不能再好了。

崩星 [pəŋ²¹⁴ɕiŋr²¹⁴] běng xīngr 稀稀拉拉，零星：地里~地有几棵树苗子｜麦苗~出来一点｜~~地来了几个报名的｜从车窗~~地看见几个庄子。

漓漓拉拉 [li⁵⁵li⁰la²¹⁴la²¹⁴] lī li lǎ lǎ 流滴不断：正月初一不见星，~到清明（民谚）。

丁对 [tiŋ²¹⁴tuei⁰] dīng dui ①（物品）正常：手机要是不~，就拿来修｜胃里有点不~。②（人）和睦：这班人处得还算~｜两人不大~。③适当；（事情）顺利：我缠磨半天，这事儿总算弄~了｜我一句话没说~，得着他了。

可母 [kʻə³⁵mur³⁵] ké múr 合母：螺丝跟螺丝帽~｜盖子跟杯子正~。

般配 [pæ̃²¹⁴pʻei⁵²³] bǎn pèi 双方相称（chèn）。也指人的身份跟衣着、住所等相称：他俩都是学理工的，投脾气，~些｜这件衣裳你穿着~。

可裉 [kʻə³⁵kʻẽr⁵²³] ké kènr 合适，恰到好处：他说得多~，正合我的心意。

不搁讲儿 [pu²¹⁴kə²¹⁴tɕiaŋr³⁵] bū gē jiǎngr 不合文理；讲不通：这句话用错一个词，~｜这句话乍一听~，细品倒有道理。

方巧的 [faŋ²¹⁴tɕʻiaur³⁵ti⁰] fǎng qiáor di 合适的，适当的：他婶子，俺儿还没有对象，你拣~给他说一个。

般巧的 [pæ̃²¹⁴tɕʻiaur³⁵ti⁰] bǎn qiáor di 同"方巧的"。

般般可巧 [pæ̃²¹⁴pæ̃²¹⁴kʻə⁵⁵tɕʻiaur³⁵] bǎn ban kē qiáor 非常凑巧；正合适：啥事不能~，也得有个差不离儿。

可帮可巧 [kʻə⁵⁵paŋ²¹⁴kʻə⁵⁵tɕʻiaur³⁵] kē bāng kē qiáor 正好适用：我随便找了个盖子，盖到这个茶杯上，~。

一马色的 [i²¹⁴ma³⁵sei²¹⁴ti⁰] yǐ má sěi di （颜色）全部一样的：那一大群人都穿~衣裳。

一眉一样 [i²¹⁴mei⁵⁵i²¹⁴iaŋ⁵²³] yǐ mēi yǐ yàng 一模一样。‖有的说"一门一样"[i²¹⁴mẽ⁵⁵i²¹⁴iaŋ⁵²³] yǐ mēn yǐ yàng。

一个地里的鹌鹑 [i²¹⁴kə⁰ti⁵²³li⁰tiɛ̃²¹⁴tʂʻuẽ⁰] yǐ ge dì li di ǎn chun 比喻同类人（含不满或嘲讽意味）：两个人刚见面就拉得来，一看就知道是~｜她跟咱不是~、一个秧上的瓜。

一裹耪子 [i²¹⁴kuə³⁵lau⁵²³tsʅ⁰] yǐ guó lào zi（物品）全部，一股脑儿：他的杏不分大小~卖给小贩。

两岔股里 [liaŋ³⁵tsʻar⁵²³kur³⁵li⁰] liáng càr gúr li ①岔开的两条路：两个人一个走大路，一个抄小路，走到~去了，没碰面。②比喻不相关的两类事物：两个人说的不是一回事儿，扯到~了。

云里雾里 [yẽ⁵⁵li⁰u⁵²³li⁰] yūn li wù li ①比喻说话空泛，不着边际：地理先生~侃一遍，瞪着眼地吹牛皮。②比喻迷茫不解的状态：听他讲话，我就跟~样 | 那是人家编瞎话哄你的，你还在~。

摸不着马别脚 [muə²¹⁴puʻ⁰tʂuə⁵⁵ma³⁵piə⁵⁵tɕyə⁰] mǒ bu zhuō má biē jue 比喻因对情况生疏而无从下手：他将（刚）来到这个生地方儿，~，光是看着人家干活儿 | 他神神乎乎不露底，叫人~。

摸不着湖涯 [muə²¹⁴puʻ⁰tʂuə⁵⁵xu⁵⁵iɛ⁵⁵] mǒ bu zhuō hū yāi 东北部方言。本义是在湖中迷路，找不到湖岸。比喻不熟悉情况：他第一回来丰县，没有认得的人，~。

两眼一抹黑 [liaŋ³⁵ian³⁵i²¹⁴ma²¹⁴xeir²¹⁴] liáng yán yī mǎ hěir 什么都看不见。比喻对情况完全不熟悉：他大学毕业来到玻璃厂，对技术~，只好从头学 | 我到了南京，~，不知道找谁联系。

不知哪进的堂 [pu²¹⁴tʂʅ²¹⁴na³⁵tɕiẽ⁵²³ti⁰tʻaŋ⁵⁵] bǔ zhǐ ná jìn di tāng 比喻不知怎么回事：他进了屋，人家都笑话他，弄得他~ | 洋鬼子吃元宵——不知哪进的糖（歇后语。糖谐"堂"）。‖进，量词，旧式房子一宅之内分前后几排的，一排称为一进。堂，指房屋的正厅。

真亮 [tʂẽ²¹⁴liaŋ⁰] zhěn liang 清楚，清晰：书上的字，月亮地里看不~，上屋里开开灯才能看~ | 钢笔没墨水了，字写得不~ | 以前我只能在电视上看他，这会儿我走到他跟前看得真真亮亮的。

真亮的 [tʂẽ²¹⁴liaŋr⁵⁵ti⁰] zhěn liāngr di 较为清楚、清晰：看得~ | 听得~。

清亮 [tɕʻiŋ²¹⁴liaŋ⁰] qǐng liang 清楚，清晰：天亮了，路上的坑能看~了 | 我的眼花，书上的字看不~ | 出院以后，他的脑子~了。

一明是说 [i²¹⁴miŋ⁵⁵sʅ⁵²³ʂuə²¹⁴] yǐ míng sì shuǒ 名义上说（含不满意味）：他~当顾问，实际上啥事也不问 | 他~来看我，实际上是想托我办事 | ~他俩关系好，私下里各有各的想头。‖有的说"一门是说""一明是主""一模是出""一门是出""一每是说"。

颤颤地 [tʂʻæ̃²¹⁴tʂʻæ̃²¹⁴ti⁰] chǎn chǎn di 颤抖摇晃的样子，颤悠悠地：他挑着两桶水~过来了 | 他扛着竹竿~回家了。

颤轰 [tʂʻæ̃²¹⁴xuŋ⁰] chǎn hong 物体颤动的样子：这根棍拿到手里直~ | 木板子踩

起来~~的。

荷荷薨薨 [xə⁵⁵xə⁰xuŋ²¹⁴xuŋ²¹⁴] hē he hǒng hǒng 即将撑不住的样子：他的腿脚不当家，走起来~｜奶奶九十多岁了，走起路来~，起来欠去的也费劲｜草垛~的要歪。

沉达乎的 [tʂ'ẽ⁵⁵ta⁰xu⁵⁵ti⁰] chēn da hū di 形容比较重：这箱子书搬起来~。

死沉 [sɿ³⁵tʂ'ẽ⁵⁵] sí chēn 东西很重：打的个洋灰缸~，八个人都架不动。

偏沉 [p'iæ²¹⁴tʂ'ẽ⁵⁵] piān chēn 担负或装载东西时，重力不均，一端偏重：货郎挑子里一头是针线，一头是白菜，~｜平车后头装得多，有点儿~，摁不住车把。

滴喽拉刮 [ti²¹⁴lou⁰la²¹⁴kua²¹⁴] dī lou lǎ guǎ 形容下垂的东西参差不齐的样子：牙牙葫芦爬满架子，结了几十个，~的一当院子｜他穿得里三层外三层，一件褂子套一件褂子，扣子扣错行，~的｜耳垂挂着八宝坠，~九连环（民间说唱《王天保下苏州》）。‖有的说成"滴喽八刮" [ti²¹⁴lou⁰pa²¹⁴kua²¹⁴] dī lou bǎ guǎ、"滴喽搭挂" [ti²¹⁴lou⁰ta²¹⁴kua⁵²³] dī lou dā guà、"滴喽拉八" [ti²¹⁴lou⁰la²¹⁴pa²¹⁴] dī lou lǎ bǎ。

疙疙瘩瘩 [kə²¹⁴kə⁰ta²¹⁴ta²¹⁴] gě ge dǎ dǎ 粗糙不光滑：树身子~，往上爬的时候挂得肚皮净是白道子。

疙瘩鲁凸 [kə²¹⁴ta⁰lu³⁵t'u²¹⁴] gě da lú tū 形容布满疙瘩的样子：河涯上的土路~，不能走汽车｜疥蛤蟆身上~，看起来瘆人｜歪脖子老柳树~摸上去挂手。

滑溜儿的 [xua⁵⁵lour⁵⁵ti⁰] huā lōur di 比较光滑：用这种洗头膏一洗，头发摸起来~｜新蒜瓣剥起来~，一不留神，就挤出蒜衣，迸出去老远。

滑出律的 [xua⁵⁵tʂ'u⁰ly²¹⁴ti⁰] huā chu lǔ di 黏滑不爽的感觉：泥鳅~，抓到手里又跑了。‖有的说成"滑不律的" [xua⁵⁵pu⁰ly⁵⁵ti⁰] huā bu lǔ di。

滑滑蹅蹅 [xua⁵⁵xua⁰tsʰa²¹⁴tsʰa²¹⁴] huā hua cǎ cǎ 形容满地烂泥，非常滑：下着雨，路上~的，只能一步一挪地走｜雪还没化完，地上~的。

腌拉脏 [a²¹⁴la⁰tsaŋ²¹⁴] ǎ la zǎng 很脏：他正打扫锅屋，一身~。

腌儿巴臢 [a²¹⁴lʳ⁰pa²¹⁴tsa²¹⁴] ǎ lr bǎ zǎ 形容非常脏。"腌臢"的强调说法：屋里边几个月没扫了，~的｜我在泥坑里鼓捣得~，得洗个澡。‖有的说"腌拉巴臢""腌儿巴糟""熬儿巴糟"。

邋邋遢遢 [la²¹⁴la⁰tsʰa²¹⁴tsʰa²¹⁴] lǎ la cǎ cǎ 非常肮脏，不整洁：他没洗脸，没洗头，~，又脏又臭｜家里摆满破烂物件，~。

脏脏歪歪 [tsaŋ²¹⁴tsaŋ⁰uɛ²¹⁴uɛ²¹⁴] zǎng zang wǎi wǎi 形容非常脏：衣裳十几天没洗，~，不能穿了。

脏歪的 [tsaŋ²¹⁴uɛ⁵⁵ti⁰] zǎng wāi di 很脏：小摊上卖的包子~，吃了跑肚。

熬老十七 [au²¹⁴lau³⁵ʂɿ⁵⁵tɕ'i²¹⁴] ǎo láo shī qǐ 杂七杂八：把这堆~的东西清出去｜架子上摆着~的玩艺儿。‖有的说"熬倒十七"。

破㩜㩜 [pʻuə⁵²³luə³⁵luə⁰] pò luó luo ①脏乱的东西：他两口子可懒到尽了，家里堆得给~样，从来不拾掇｜化肥、铁锨、板车、粮食、衣裳挤巴到一屋，跟~样，连插脚的空都没有。②比喻杂乱无章很难处理的事情：他队长不干，一字拉腚跑了，闪下这些~事咋处理？

二落落 [l̩⁵²³lar⁵⁵lar⁰] lrì lār lar 指别人剩下的东西：这是他拣罢的~，我才不要哝｜要穿就穿新的，别拾人家的~｜他拾人家的~话，再往外卖。‖有的说"二落儿"。

毛包 [maur⁵⁵paur²¹⁴] māor bǎor 形容杂乱，脏乱：小鸟把麦叨得~｜小孩把墙抹画得~｜他嘴里~，人家都烦听他说话。

毛包毛 [maur⁵⁵paur²¹⁴maur⁵⁵] māor bǎor māor 形容非常杂乱或脏乱：当院里猪拱羊啃，狗吃猫呲，扑腾得~｜哪个熊黄子把俺的麦穰垛拽巴得~｜大坑成了垃圾场，塑料袋、碎砖头、烂瓶子堆巴得~｜皮袄裹老鼠——~（歇后语）。‖也说"毛气包秧" [mau⁵⁵tɕʻi⁰pau²¹⁴iaŋ²¹⁴] māo qi bǎo yǎng、"毛包二十七" [maur⁵⁵paur²¹⁴l̩⁵⁵tɕʻi²¹⁴] māor bǎor lrì shī qǐ、"毛包三千" [maur⁵⁵paur²¹⁴sæ²¹⁴tɕʻiæ²¹⁴] māor bǎor sǎn qiǎn、"乱毛绞饨" [luæ̃⁵²³mau⁵⁵tɕiau³⁵tɕʻiaŋ⁵²³] luàn māo jiáo qiàng、"毛搅一锅粥" [mau³⁵tɕiau³⁵i²¹⁴kuə²¹⁴tʂou²¹⁴] máo jiáo yǐ guǒ zhōu。

乱枪剥狗 [luæ̃⁵²³tɕʻiaŋ²¹⁴puə²¹⁴kou³⁵] luàn qiāng bō góu 比喻一群人一起攻击某一个人（含讽刺义）：十几个人都对着工头骂，给~的样。

仔花 [tsɿ³⁵xua⁰] zí hua （说话、办事）坏，不好：本来很好的事，叫你摆坏毁了，可叫你治~了｜你治得真~，叫人哭不得，笑不得。

一片拉敞 [i²¹⁴pʻiæ⁵²³la²¹⁴tʂʻaŋ³⁵] yǐ piàn lǎ cháng 形容场地上乱糟糟的：工地上~，砖头瓦块到处都是。

少皮无毛 [ʂau³⁵pʻi⁵⁵u⁵⁵mau⁵⁵] sháo pī wū māo 形容伤处很多（含戏谑意味）：他点火玩哝，身上烧得~｜路边有棵老槐树，叫车碰得~的。

燠热 [au⁵²³ʐə²¹⁴] ào rě 炎热：暑假里，天天下火，屋外边~跟蒸笼样｜立秋~十八天（民谚。立秋后还会酷热十八天）。

圪燥 [kə⁵⁵tsau⁰] gē zao 天气燥热：天有点~，要下雨。

热乎拉的 [ʐə²¹⁴xu⁰la⁵⁵ti⁰] rě hu lā di 形容非常炎热：~天，上外跑啥？

热咕嘟的 [ʐə²¹⁴ku⁰tu⁵⁵ti⁰] rě gu dū di 形容温热不爽：今天~｜剩水~。

乌涂 [u²¹⁴tu³⁵] wǔ du 温暾，（水、天气）半热不凉，温热不爽：天有点儿~｜~水不好喝。‖古代写作"兀秃""乌涂"。元代武汉臣《生金阁》第三折："我如今可酾些不冷不热、兀兀秃秃的酒与他吃。"《醒世姻缘传》第六十九回："半生半熟的咸面馍馍、不干不净的兀秃素菜。"

乌乌涂涂 [u²¹⁴u⁰tu²¹⁴tu²¹⁴] wǔ wu dǔ dǔ "乌涂"的强调说法。

冰砸凉 [piŋ²¹⁴tsa⁵⁵liaŋ⁵⁵] bǐng zā liāng 冰凉，非常凉：冻琉搁到脖子里~｜深井的水~，不能生喝｜听罢他的话，心里~。

冰实凹凉 [piŋ²¹⁴ʂʅ⁵⁵ua⁵²³liaŋ⁵⁵] bǐng shī wā liāng 形容非常凉：缸里的水上冻了，~｜冬天摸钢板~。

干生的 [kæ̃²¹⁴səŋr⁵⁵ti⁰] gǎn sēngr di 较干燥：河这沿儿湿不拉叽，河那沿儿~｜你只管放心，这肉~，没打一点水。

干干巴巴 [kæ̃²¹⁴kæ̃⁰pa²¹⁴pa²¹⁴] gǎn gan bǎ bǎ ①失去水分而收缩或变硬：馍馍搁了几天，~，咬不动。②（语言文字）枯燥，不生动：他的讲话~，听着光想睡觉，提不起精神。

焦干 [tɕiau²¹⁴kæ̃²¹⁴] jiāo gǎn 非常干燥：番瓜片子晒得~｜棚外边儿淋得挺湿，棚底下~。

水不唧唧 [ʂuei³⁵pu⁰tɕi²¹⁴tɕi²¹⁴] shuí bu jī jī 水淋淋（含不满意味）：从锅里捞出来一块白菜帮子，咬一口，~没法吃｜木头在坑里泡得~｜身上淋得~。‖又说"水不拉唧" [ʂuei³⁵pu⁰la²¹⁴tɕi²¹⁴] shuí bu lǎ jī、"水不及的" [ʂuei³⁵pu⁰tɕi⁵⁵ti⁰] shuí bu jī di。

水汪 [ʂuei³⁵uaŋr⁰] shuí wangr 水灵灵的：白菜长得多~｜今年的稻秧子蔫不拉叽，不~。

水漉 [ʂuei³⁵lu⁰] shuí lu 同"水汪"：桃长得多~。

拉拉的 [la²¹⁴la²¹⁴ti⁰] lǎ lǎ di 汗、血液等液体连续流出的样子：头上的汗~直淌｜孩子砍着了手，血淌得~。

汗津的 [xæ̃⁵²³tɕiẽ⁵⁵ti⁰] hàn jīn di 汗津津的，微微出汗的样子：骑了一趟车子，身上~。

血糊漓拉 [ɕiə²¹⁴xu⁵⁵li⁵⁵la²¹⁴] xiě hū lī lǎ 鲜血淋漓滴淌：两家人争地边子打得~的｜两只斗鸡在圈子里斗得~，有一只鸡毛都斗光了。‖有的地区说"血糊淋拉" [ɕiə²¹⁴xu⁵⁵liẽ⁵⁵la²¹⁴] xiě hū līn lǎ、"血糊淋台" [ɕiə²¹⁴xu⁵⁵liẽ⁵⁵tʻɛ⁵⁵] xiě hū līn tāi。

汪泥溻水 [uaŋ²¹⁴ȵi⁵⁵tʻa²¹⁴ʂuei³⁵] wāng nī tā shuí 形容满是小水坑和烂泥的样子：大雨哗哗地下着，小路上~，没法骑车子。

稀泥咣当 [ɕi²¹⁴ȵi⁵⁵kuaŋ²¹⁴taŋ²¹⁴] xī nī guāng dāng 泥泞难行：那一片是个大漫洼，地是狗头淤，一下雨就存水，会会儿~。

泥泥蹅蹅 [ȵi⁵⁵ȵi⁰tsʻa²¹⁴tsʻa²¹⁴] nī ni cǎ cǎ 同"稀泥咣当"：路上~的，你咋来了？

胶黏 [tɕiau²¹⁴ȵiæ̃⁵⁵] jiāo niān 非常黏：他端过来盛糍子的碗，手上~。

光溜儿的 [kuaŋ²¹⁴lour⁵⁵ti⁰] guāng lōur di 光溜溜的：桌子擦得~｜脸上洗得~｜脱得~。‖有的说"光由儿哩" [kuaŋ²¹⁴iour⁵⁵li⁰] guāng yōur li：头剃得光由儿哩。

剔亮 [tʻi²¹⁴liaŋ⁵²³] tǐ liàng 很亮：刀磨得~｜头发抹得~。

瞠亮 [tʻaŋ²¹⁴liaŋ⁵²³] tăng liàng 非常明亮：天晴了，外边～｜窗户帘子一拉开，屋里头～。

剔明铮亮 [tʻi²¹⁴miŋ⁵⁵tsəŋ⁵²³liaŋ⁵²³] tǐ mīng zèng liàng（物体表面）非常明亮，闪光耀眼：刀磨得～｜头梳得～，跟蜡纸打的样。

绕眼 [ʐau⁵²³iæ̃³⁵] rào yán 照眼，光亮耀眼。形容物体明亮或光度强：太阳一出来就～｜汽车的大灯绕得我两眼睁不开｜她留着波浪发，戴着金耳环、钻石项链，坐在台上真～。

亮堂的 [liaŋ⁵⁵tʻaŋr⁵⁵ti⁰] liàng tāngr di 亮堂堂的：以前黑喽（晚上）走路黑灯瞎火，这会儿装上太阳能路灯～，走起来心里亮堂了。

油汪的 [iou⁵⁵uaŋr⁵⁵ti⁰] yōu wāngr di 油汪汪的，形容油多或光润明亮。

油光的 [iou⁵⁵kuaŋr⁵⁵ti⁰] yōu guāngr di 形容光亮润泽：头上梳得～，能照影影。

油光发亮 [iou⁵⁵kuaŋr²¹⁴fa²¹⁴liaŋ⁵²³] yōu guǎng fă liàng 形容光亮滑润：皮鞋擦得～。

亮儿家娘 [laŋr⁵⁵tɕia⁰ȵiaŋ⁵⁵] làngr jia niāng 喻指打扮时尚的人（含戏谑意味）：俏得给～样｜阔得跟～样。

翩亮 [pʻiæ̃³⁵liaŋ⁰] pián liang 指某处视野开阔，不受遮挡，光线充足：你住的真～，前边是河滩，左右都是庄稼地｜他选块～地方盖了屋。

窝憋 [uə²¹⁴piə⁰] wǒ bie ①空间狭小：这个小屋只能搁下一张床，真～。②郁闷，不舒畅：～了一天，也没写出文章来｜他挨了一顿熊，～个把月。

鸢梢 [diao⁵²³sau⁰] diào sao 偏僻：那地方儿～，没人认得路｜他住得～，去一趟不容易。‖有的说"撂梢" [liao⁵²³sau⁰] liào sao。

野达乎的 [iə³⁵taʻxu⁵⁵ti⁰] yé da hū di 有些偏僻：这地方～，没有住家。

趁打热闹子 [tʂʻẽ⁵²³ta³⁵ʐə²¹⁴nau⁵²³tsʅ⁰] chèn dá rě nào zi 跟着凑热闹：人家都忙着布置结婚典礼，他跟着～。

衬数子 [tsʻẽ⁵²³ʂu⁵²³tsʅ⁰] cèn shù zi 充数：人员不齐，就找个外行来～。

实结 [ʂʅ⁵⁵tɕiə⁰] shī jie 结实，密实：栽上树苗，把土踩～｜凳子打得些～｜他身上的肉～得很｜白菜长得些～。

虚虚烘烘 [ɕy²¹⁴ɕy⁰xuŋ²¹⁴xuŋ²¹⁴] xǔ xu hǒng hǒng 空虚松软的样子：一车草装得～。

铁结实 [tʻiə²¹⁴tɕiə²¹⁴ʂʅ⁰] tiě jiě shi 比喻非常结实、牢固：他拿过来杠子，把门顶了个～｜妈妈要嚷（训斥）小孩，奶奶护得～｜他的皮槌攥得～，掰也掰不开｜字钱子是铜倒的，堆到一堆儿～。‖也说"铁疙瘩的结实" [tʻiə²¹⁴kə⁰tar⁵⁵ti⁰tɕiə²¹⁴ʂʅ⁰] tiě ge dār di jiě shi。

听噔的 [tʻiŋ²¹⁴tʻaŋr²¹⁴ti⁰] tǐng tāngr di ①坚固的样子：我去找他，他家的大门锁得～。②停当，周全：事情安排得～，样样都不差。

老邦 [lau³⁵paŋ⁰] láo bang 完全成熟（与嫩相对）：这个葫芦有点~，吃不了菜，开不了瓢｜棒子（玉米）~了，啃不动。

老苗骨 [lau³⁵miau⁵⁵ku⁰] láo miāo gu 本义指作物一直细弱不长，喻指人一直没有成长：他都弄大（这么大）岁数了，学不成舞蹈了，~了。‖也说"老苗" [lau³⁵miau⁰] láo miao。

硬邦 [iŋ⁵²³paŋ⁰] yìng bang ①结实：拣几根~木头当檩子。②过硬，表示在某方面达到较高的水准：要当一级工，技术得~。③用在数词后面，表示比这个数稍多：看模样，他有二十~岁｜这头羊有六十斤~。

硬邦的 [iŋ⁵²³paŋr⁰ti⁰] yìng bāngr di 比较硬；稍多：找一根~棍来｜这筐菜四十斤~｜这条鱼~五斤。

挺硬 [t'iŋ³⁵iŋ⁵²³] tǐng yìng 非常硬：河里的冻琉（冰）~，砸不开｜这个月饼~，咬不动。

硬不橛的 [iŋ⁵²³pu⁰tɕyər⁵⁵ti⁰] yìng bu juēr di（物品）比较硬：馍馍搁几天了，~咬不动｜木板子床~，硌得我睡不着。

穰 [ʐaŋ⁵⁵] rāng ①软：面和得有点~，再和硬点就好了｜车胎有点儿~，得打气啦。②弱：他的嗓子有点儿~｜他的劲~，搬不动石头｜走了二三十里地，小弟的劲头~了｜他都~八十了，还拉车子干活。③（麦、稻等）碾过的秸秆：麦~。

穰烘的 [ʐaŋ⁵⁵xuŋ⁵⁵ti⁰] rāng hōng di 略差一点够某个数量：这个西瓜~九斤。

软乎 [ʐuɛ̃³⁵xu⁰] ruán hu 形容柔和，柔软：恁家的沙发垫子真~｜他见硬的不行，就说了几句~话。

软不耐耐 [ʐuɛ̃³⁵pu⁰nɛ²¹⁴nɛ²¹⁴] ruán bu nǎi nǎi 软而不适的感觉：破棉花套摸起来~。

面不得的 [miɛ̃⁵²³pu⁰teir⁵⁵ti⁰] miàn bu dēir di 形容软弱无力：我只是轻轻地推他一把，他就~摔倒了｜足球队叫人家~打败了。

面 [miɛ̃⁵²³] miàn 指某些食物纤维少而柔软：红芋煮~了｜这种苹果~得噎人｜~瓜。

干面 [kæ̃²¹⁴miɛ̃⁵²³] gǎn miàn 指某些食物淀粉含量多、水分少，口感绵软：脆巴子红芋稀溜，栗子香红芋~。

艮 [kɛ³⁵] gén ①（果蔬等）不松脆：这青萝卜看起来好看，吃起来忒~，一点也不脆｜老茄子没有茄子肉，都是筋跟茄子种，~得咬不动｜你看你，~萝卜辣葱的，说话不能奈何人点？②（说话）生硬：你是哪省的人？口音咋弄么（这么）~？

焦炉的 [tɕiau²¹⁴lur⁵⁵ti⁰] jiāo lūr di 食物酥脆：地锅上贴的发面锅饼，带着馍馍疙瘩，吃起来~｜烙馍炕得~又香又脆。

喷香 [p'ə̃⁵²³ɕiaŋ²¹⁴] pèn xiāng 香气浓厚，香喷喷：他拿来几箱子苹果，一个屋里~｜

她又是洒香水，又是抹香香，身上~~。

香喷的 [ɕiaŋ²¹⁴pʻẽr⁵⁵ti⁰] xiǎng pēnr di 香喷喷的，形容香气扑鼻：月季花闻着~｜烧饼吃起来~｜抹上润肤霜，喷上香水，一身~。

香不撩的 [ɕiaŋ²¹⁴puºliau⁵⁵ti⁰] xiǎng bu liāo di 形容香气不正：香椿芽、慈喽子（小茴香植株）都有~味。

臭气 [tʂʻou⁵²³tɕʻi⁰] chòu qi 臭：他的个脚丫子透~｜垃圾场里~得不能闻。

臭达烘的 [tʂʻou⁵²³taºxuŋ⁵⁵ti⁰] chòu da hōng di 臭乎乎的：多些天没洗澡，身上~。

臭气拉烘 [tʂʻou⁵²³tɕʻi⁰la²¹⁴xuŋ²¹⁴] chòu qi lǎ hǒng 臭烘烘，形容臭气很重。

气气 [tɕʻi⁵²³tɕʻi⁰] qì qi 发出难闻的异味：他身上脏得扯黏条，~得不能偎｜恶水坑~得熏脑子｜新打的家具还有甲醛味，有点~。

气气拉烘 [tɕʻi⁵²³tɕʻi⁰la²¹⁴xuŋ²¹⁴] qì qi lǎ hǒng 形容气味难闻：羊圈里~，该打扫了｜他身上~，我跟他坐一条板凳，差一点哕了。

腥气拉烘 [ɕiŋ²¹⁴tɕʻi⁰ la²¹⁴xuŋ²¹⁴] xīng qi lǎ hǒng 形容腥气很重：鱼市上~，我捂着鼻子走过去。‖有的说"腥不拉歪" [ɕiŋ²¹⁴puºla²¹⁴uɛ²¹⁴] xīng bu lǎ wǎi。

臊气 [sau²¹⁴tɕʻi⁰] sāo qi ①尿的气味；黄鼠狼、狐狸的气味：没逮着黄鼠狼，落一股~（谑指在冲突中失利，受到责备）。②发出尿的气味：小孩的褯子~了，该换了。

臊气拉烘 [sau²¹⁴tɕʻi⁰ la²¹⁴xuŋ²¹⁴] sāo qi lǎ hǒng 形容臊气很重：尿罐子~。‖有的说成"臊气拉歪"。

叶狗子尿臊 [iəˑ²¹⁴kou³⁵tsʔºniau⁵²³sau²¹⁴] yě góu zi niào sāo 褯子或尿湿的被褥发出一股尿臊气味：小孩的褯子~，阴雨天熏得脑浆子疼。

齁咸 [xou²¹⁴ɕiæ̃⁵⁵] hǒu xiān 非常咸。

咸古浓的 [ɕiæ̃⁵⁵kuºnuŋ⁵⁵ti⁰] xiān gu nōng di 形容咸味太重：这汤喝起来~，你砸死卖盐的了？

咸不拉歪 [ɕiæ̃⁵⁵puºla²¹⁴uɛ²¹⁴] xiān bu lǎ wǎi 咸味不正。‖也说"咸不拉唧"。

酸不拉唧 [suæ̃²¹⁴puºla²¹⁴tɕi²¹⁴] suān bu lǎ jī 酸的味道不正：这个苹果没熟透，~不好吃。

酸溜的 [suæ̃²¹⁴lour⁵⁵ti⁰] suān lōur di 酸溜溜的：汤里加点醋，喝起来~｜提起来以前受的罪，心里~。‖有的说"酸不溜的" [suæ̃²¹⁴puºliou⁵⁵ti⁰] suān bu liū di。

些酸 [ɕiə²¹⁴suæ̃²¹⁴] xiě suān （味道）非常酸：酸拉红子~。

甜丝的 [tʻiæ̃⁵⁵sɿ⁵⁵ti⁰] tiān sīr di 带有甜味：这个瓜~，还不到八成熟。

甜乎的 [tʻiæ̃⁵⁵xur⁵⁵ti⁰] tiān hūr di 稍微有一点甜：刚蒸好的棒子面窝头~，我一气吃了三个。

甜干的 [tʻiæ̃⁵⁵kæ̃⁵⁵ti⁰] tiān gān di 这种曲蒸的馍~。

甜不嗦的 [tʻiã⁵⁵puʰ⁰suə⁵⁵ti⁰] tiān bu suō di ①带有不适的甜味：秫秫秸吃起来~｜这种草闻着~。②形容嬉皮笑脸的样子：他又来了，~脸膛子，看见好东西就想捞走｜红芋秧子烤火——~脸膛子（歇后语）。

甜不叽的 [tʻiã⁵⁵puʰ⁰tɕi⁵⁵ti⁰] tiān bu jī di 形容甜味令人不适：医生开的这个糖浆~不好喝。

苦寅的 [kʻu³⁵iã⁵⁵ti⁰] kú yīn di 略带苦味：苦瓜吃起来有股~味儿。

苦不叽的 [kʻu³⁵puʰ⁰tɕi⁵⁵ti⁰] kú bu jī di 形容苦味令人不适：这是啥果子？吃到嘴里~｜苦苦菜有点~。‖有的说"苦不溜的"[kʻu³⁵puʰ⁰liour⁵⁵ti⁰] kú bu lōur di、"苦不拉唧"[kʻu³⁵puʰ⁰la²¹⁴tɕi²¹⁴] kú bu lǎ jǐ。

辣嗖的 [la²¹⁴sour⁵⁵ti⁰] lǎ sōur di 有点辣：菜炒得~。

脆生儿的 [tsʻuei⁵²³səŋr⁵⁵ti⁰] cuì sēngr di 脆生生的：菜瓜吃起来~。

沙浓的 [sa²¹⁴nuŋ⁵⁵ti⁰] sǎ nōng di 沙甜：西瓜~，吃起来真有味儿｜嗓子~，真好听。

没滋拉味 [mu⁵⁵tsɿ²¹⁴la²¹⁴ueir⁵²³] mū zī lǎ wèir （食物）味道过淡：烧的汤~，咋个喝法？｜菜炒得~。‖也说"无滋拉味"。

没盐拉味 [mu⁵⁵iã⁵⁵la²¹⁴ueir⁵²³] mū yān lǎ wèir （食物）太淡，缺少咸味：她炖的豆腐忘了加盐，吃着~｜他端上来的菜~，啥不是啥。

恶死拉味 [ə²¹⁴sɿ³⁵la²¹⁴ueir⁵²³] ě sí lǎ wèir 形容味道不正：这个瓜~，不能吃。

臆耐 [i⁵²³nɛ⁰] yì nai 腻：他吃肉吃~了｜这红烧肉不~人｜这种活他干~了。

不对味 [pu²¹⁴tuei³⁵ueir⁵²³] bǔ duì wèir 不合口味：他点了一份牛肉汤，喝着~，见谁都说这个牛肉汤不咋的。

赏润 [ʂaŋ³⁵yə̃⁰] sháng yun 喝汤、茶时舒适熨贴的感觉：喝杯茶~~｜喝罢面筋汤真~。

齁 [xou²¹⁴] hǒu ①太甜或太咸的食物使喉咙不舒服：咸菜~人。②非常（多表示不满意）：汤烧得~咸。

糊嘴 [xu²¹⁴tsuei³⁵] hǔ zuí 食物油腻或面软难以下咽：这种月饼油忒大，吃起来~｜黄瓜有种，要吃油饼；油饼嫌咸，要吃鸡蛋；鸡蛋~，要吃牛腿（童谣）。

抠 [ou³⁵] óu ①物品经火烧变焦发黑：馍烧~了｜衣裳燎~了。②不充分燃烧：柴火忒湿，不起火，~了一屋烟｜把客让到屋里，~把豆秸暖和暖和｜那把破椅子叫我劈了烧锅~成灰了。

煳嘴撩垮 [xu⁵⁵tsuei³⁵liau⁵²³kʻua³⁵] hū zuí liào kuá 形容食物烤煳，吃后嘴上留有黑渣：馍烤得~。‖有的说"煳子撩垮""煳茬子燎嘴"[xu⁵⁵tsʻa⁵⁵tsɿ⁰liau³⁵tsuei³⁵] hū cā zi liáo zuí。

半生不拉熟 [pæ̃⁵²³səŋ²¹⁴pu²¹⁴la⁰ʂu⁵⁵] bàn sěng bǔ lɑ shū 没有全熟：馍蒸得~的，

吃着黏牙。

差火 [tsʻa²¹⁴xuər³⁵] cǎ huór（做饭等）烧的时间不够：这锅红芋我尝了尝，还~，再烧一会儿。

过火 [kuə²¹⁴xuər³⁵] guò huór ①（做饭等）烧的时间过长：烧~了，一锅馍都煳了。②（说话、做事）超过适当的分寸或限度：他觉他比谁都精，我看他是精~了｜说话不能~，得留点余地｜小心无~（民谚）。

一麻乎 [i²¹⁴ma⁵⁵xur²¹⁴] yǐ mā hǔr 密密麻麻的样子：桑葚子结得~｜脸上的雀子~｜榆树上的榆虱子~。

积疙瘩 [tɕi²¹⁴kə⁰ta²¹⁴] jǐ ge dǎ 稠密成堆或积聚成团的样子：树上的杏~｜种子撒稠了，麦苗出得~｜蜂箱上的蜜蜂~。

积喽疙瘩 [tɕi²¹⁴lou⁰kə²¹⁴ta²¹⁴] jǐ lou gě dǎ 稠密成团的样子：树上~结满了杏。

咯洋的 [kə²¹⁴iaŋ⁵⁵ti⁵⁵] gě yāng di 形容人或者动物稠密、乱动：逢集的日子，街上的人~。

咯咯映映 [kə²¹⁴kə⁰iaŋ²¹⁴iaŋ²¹⁴] gě ge yǎng yǎng 同"咯洋的"：华山镇的年集真热闹，集上的人~｜李新庄淹子旱得快没水了，里头的鱼~。

挤巴 [tɕi³⁵pa⁰] jǐ ba ①拥挤（形容词）：五六个人住一间屋，忒~。②挤（动词）：一群人~到电梯里，动也不能动。

空道 [kʻuŋ⁵²³tau⁰] kòng dao 空隙较大：当院里~得很，能过两辆汽车。

如下的 [zu⁵⁵ɕia⁵²³ti⁰] rū xià di 余下的，剩余的：这筐小鸡，你挑一遍，他挑一遍，~都是炼巴残子干巴腔，再贱也不能要。

如的 [zu⁵⁵ti⁰] rū di 多余的，无用的：小不拉脚子（小人物）说话是~，不作数。

膀 [pʻaŋ²¹⁴] pǎng 因浸泡而胀大松软：面条子煮~就不好吃了｜烙馍泡~了。

暄 [ɕyæ̃²¹⁴] xuān ①物体松软：才蒸的馍馍~得很｜床上多铺麦秸，~床暖铺睡起来可好受啦｜刚挖的大沟里都是~土，下雨容易冲塌。②作动词：给瓜~~土。③引申为富裕：日子过得~的哝｜叫二还三，越过越~。④有虚假成分：他的话~，不能当真。

暄腾 [ɕyæ̃²¹⁴tʻəŋ⁰] xuān teng 松软：沙发真~。

暄腾的 [ɕyæ̃²¹⁴tʻəŋr⁵⁵ti⁰] xuān tēngr di ①松软而有弹性：冬天晒晒盖体褥子，~，睡喽才舒服｜馍馍蒸得~。②富裕：两口子开了个饭店，小日子过得~。

暄烘的 [ɕyæ̃²¹⁴xuŋr⁵⁵ti⁰] xuǎn hōngr di 同"暄腾的"：他拉着~一车柴禾｜头发烫得~。

铺穰 [pʻu²¹⁴ʐaŋ⁰] pǔ rang 松软，虚泡：把鸡蛋膏子炖~点儿。

铺穰的 [pʻu²¹⁴ʐaŋ⁵⁵ti⁰] pǔ rāng di 同"铺穰"：烙馍炕得~。

稀拉的 [ɕi²¹⁴lar⁵⁵ti⁰] xī lār di ①稀稀拉拉的，稀疏的样子：树栽得~｜电影院里只有~十几个人。②稀薄：汤烧得~。

稀溜 [ɕi²¹⁴liou⁰] xǐ liu 软，含水分多：红瓤的红芋比白瓤的~。

秃不咋的 [tʻu²¹⁴puº tʂua⁵⁵tiº] tǔ bu zhuā di ①光秃秃的：高岗子上~，连草也不长｜刷子用了几年，磨得~。②引申为作品结尾不完整：文章写得~，没有前言后语。‖有的说成"秃古咋的" [tʻu²¹⁴kuºtʂua⁵⁵tiº] tǔ gu zhuā di。

全乎 [tɕʻuæ̃⁵⁵xuº] quán hu 齐全：这个病房里住的不是断手的，就是断腿的，没有一个~人｜咱的人马都到~了。

整状 [tʂəŋ³⁵tʂuaŋº] zhéng zhuang 完整；匀称；整齐：这一帮人多~，个个有本事｜我的牌~，没有孬牌。

成总的 [tʂʻəŋ⁵⁵tsuŋr³⁵tiº] chēng zóngr di 整批的：他只要~钱，不要零星的。

个零个孤 [kə⁵²³ləŋr⁵⁵kə⁵²³kur²¹⁴] gè lēngr gè gǔr 完整，与其他事物明显分开：几根木头~地摆着｜炖的小鱼~的，没烂到一坨（一起）｜这片大苇子~，跟一般苇子不一样｜这个案子清清楚楚，~。

半个拉胯 [pæ̃⁵²³kəºla²¹⁴kʻua³⁵] bàn ge lǎ kuá 残缺不全的样子。

囫囵半片 [xu⁵⁵luə⁰pæ̃⁵²³pʻiæ̃⁵²³] hū lun bàn piàn ①半整半烂：~地咽下去了。②粗略：~地听见一点。‖也说"囫囵半个"。

隔二片三 [kei²¹⁴lºpʻiæ̃⁵²³sæ̃²¹⁴] géi lr piàn sǎn 落下某部分；不连续地（做事）：他~地割了几趟子麦｜他~上先生家说话拉呱。

烂杂的 [læ̃⁵²³tsa⁵⁵tiº] làn zā di 破烂带有断茬的状貌：书本子叫小孩撕得~。

烂不杂的 [læ̃⁵²³puºtsa⁵⁵tiº] làn bu zā di 同"烂杂的"。

般般是齐 [pæ̃²¹⁴pæ̃²¹⁴sɿ⁵²³tɕʻi⁵⁵] bǎn bǎn sì qī 非常整齐：桌子摆得~｜这几个学生手拉着手~地走｜队伍排得~。

齐茬 [tɕʻi⁵⁵tsʻar⁵⁵] qī cār ①齐备，完毕：这事~了｜准备~了。②整齐：棒子长得~。

齐活 [tɕʻi⁵⁵xuər⁵⁵] qī huōr 事情做完；完毕：通水电、打家具、贴地板砖、刷墙漆、吊顶、装电器，一样一样都~｜菜都炒好，摆上碟子就~了。‖也说"齐了"。

车马炮齐 [tɕy²¹⁴ma³⁵pʻau⁵²³tɕʻi⁵⁵] jǔ má pào qī 比喻准备停当，齐备：人员到位，东西买全，~，就等头头儿发话了。

齐不齐，一把泥 [tɕʻi⁵⁵puºtɕʻi⁵⁵, i²¹⁴pa³⁵ni⁵⁵] qí bu qī, yī bá nī 本指泥瓦匠砌墙时不论是否整齐，只要用泥抹平，就看不出缺陷了。比喻把收尾工作做好，就算作顺利：~，操办得好不好，迎新车一到，就都齐了。

严实 [iæ̃⁵⁵ʂʅº] yān shi 严密；紧密：盖~米缸，别叫老鼠进去喽｜他觉得藏得怪~，还是叫人家找着了｜找个~的地方藏起来。

严实的 [iæ̃⁵⁵ʂʅ⁵⁵tiº] yān shī di 同"严实"：大门把得严实的，谁也进不去。

严严实实 [iã⁵⁵iã⁰ʂʅ⁵⁵ʂʅ⁵⁵] yān yan shī shī "严实"的强调说法：大棚塑料布捂得~的，一点风也进不去｜水坑冻得~的。

团由的 [tʻuã⁵⁵iour⁵⁵ti⁰] tuān yōur di 圆乎乎的：这小孩~脸，真叫人喜欢。

剔溜圆团 [tʻi²¹⁴liou⁰yuã⁵⁵tʻuã⁵⁵] tǐ liu yuān tuān 形容非常圆：西瓜长得~。‖也说"圆咕隆咚"[yã⁵⁵kuʻluŋ⁵⁵tuŋ²¹⁴] yuān gu lōng dǒng。

剔溜圆 [tʻi²¹⁴liou⁰yuã⁵⁵] tǐ liu yuān 圆溜溜的：吃打瓜，不要钱，吃得小肚~（旧民谣）｜元宵打得~。

漫圆 [mã⁵²³yã⁵⁵] màn yuān 椭圆；稍微圆：一个~的瓜｜犁铧是~形的。

鼓由的 [ku³⁵iour⁵⁵ti⁰] gú yōur di 稍微鼓起的样子：她的小皮包~，装着化妆品、茶杯、零吃的｜连喝三碗汤，喝得肚子~。

满登的 [mã³⁵təŋr⁵⁵ti⁰] mán dēngr di 比较满：盛了~一碗菜｜篮子装得~。

尖山冒篓 [tɕiã²¹⁴sã²¹⁴mau⁵²³lour³⁵] jiǎn sǎn mào lóur 形容器具里盛满物品，堆积得很高：面缸里的白面~的｜粮囤盛得~的｜碟子培得~。‖有的说"尖头冒篓"。

墩墩的 [tueir²¹⁴tueir⁵⁵ti⁰] duǐr duǐr di 满满的：缸里的水~，不用再加了。

墩岗墩岗的 [tuenr²¹⁴kaŋr⁰tuenr²¹⁴kaŋr⁰ti⁰] dǔnr gangr dǔnr gangr di "墩墩的"的强调说法。‖有的说成"墩拉墩拉的"。

晚限 [uã³⁵ɕiã⁵²³] wán xiàn 晚，迟：你这会改了还不晚，单等公安的来抓就~啦。

黄花菜都凉了 [xuaŋ⁵⁵xua²¹⁴tsʻɛ⁵²³tou²¹⁴liaŋ⁵⁵la⁰] huāng huǎ cà dǒu liāng la 比喻迟到或办事迟缓（含讥讽意味）：等你来送饭，~｜人家要求8点到，你9点才来，~。‖有的说"黄瓜菜都凉了"。

多些 [tuə⁵⁵ɕiə⁰] duō xie ①很多，许多：~年头里俺俩就打过交道｜华山我去过~回啦。②疑问词，问数量：花菜~钱斤？｜家里有~地？｜她大门不出，二门不迈，外边的事能知道~？③表示不定的数量：大门外边来了一群上访的，不知有~人。

老些 [lau³⁵ɕiə²¹⁴] láo xiě 很多：家里还有~菜哝，别再买了｜~人喜欢上网聊天｜他跟人家说了~好话，好商量歹商量，才把事儿摆平。‖有时说[lau³⁵ɕiə³⁵] láo xié。

少天无日头 [ʂau³⁵tʻiã²¹⁴u⁵⁵ʅ²¹⁴tʻou⁰] sháo tiǎn wū rǐ tou 比喻毫无根据，无所顾忌（含贬义）：他上纲上线，扣大帽子，说得~。

没天立道 [mu⁵⁵tʻiã²¹⁴li²¹⁴taur⁵²³] mū tiān lǐ dàor 形容极大或极多：大话说得~，就是办不成事。

没边没沿 [mei⁵²³piãr²¹⁴mei⁵²³iãr⁵²³] mèi biǎnr mèi yànr 无边无际；引申为不着边际：朝海里一看，一片大水，~｜他说话，头上一句，脚上一句，~。

没审儿 [mei⁵²³ʂer³⁵] mèi shéir 没边。用在形容词后，表示程度非常高：那东西贵得~，咱买不起｜他憨得~。

老鼻子 [lau³⁵pi⁵⁵tsɿ⁰] láo bī zi 比喻极多：为了盖屋，他费~劲了｜他发~财了。

阔阔有余 [kʻuə²¹⁴kʻuə²¹⁴iou³⁵y⁵⁵] kuǒ kuǒ yóu yū 绰绰有余。形容很宽裕，用不完：这些钱吃顿饭~｜我来收拾他~。

阔阔的 [kʻuə²¹⁴kʻuə²¹⁴ti⁰] kuǒ kuǒ di 形容很宽裕：这些钱上大学~。

足顶 [tɕy²¹⁴tiŋ³⁵] jǔ dǐng 到顶点，到尽头：那时候一亩地收一百斤麦~啦｜他考个二本~啦，要上一本，门也没有。

足了 [tɕy²¹⁴la⁰] jǔ la "足顶"的省缩语。

足天 [tɕy²¹⁴tʻiæ²¹⁴] jǔ tiǎn 同"足顶"。

撑天 [tsʻəŋ²¹⁴tʻiæ²¹⁴] cěng tiǎn 同"足顶"。

当住 [taŋ⁵²³tʂu⁰] dàng zhu 同"足顶"。

了得 [liau³⁵ti⁵⁵] liáo dī ①表示惊讶、反诘或责备等语气：这小孩~，打碎了玻璃还有理｜你把邻居都得着（得罪）完了，这还~啦！｜这~不，差一点就没命啦！②作罢；不再计较：你打了俺，俺能~你啦！

够头 [kou⁵²³tʻou⁵⁵] gòu tōu：数量足够。他卖的菜不~，说是一斤，只有八两｜这个人心眼子不~｜够你的头了，别再多要了。

差八帽头子 [tsʻa²¹⁴pa²¹⁴mau⁵²³tʻou⁵⁵tsɿ⁰] cǎ bǎ mào tōu zi 比喻差得很多：盖大楼的事儿，连地皮都没讲好，还~咪。

不供 [pu²¹⁴kuŋ²¹⁴] bū gǒng 不及，来不及，用在动词后作补语：鱼多得逮~｜要问喝了多少水，四下里流水喝~（民间故事《老戏迷》）｜电话一个接一个地响，我接~。

没大讲 [mei⁵²³ta⁵²³tɕiaŋr³⁵] mèi dà jiángr 不多，很少；不大：这个西瓜多说有四斤，尽多~｜任务还剩一点没完成，~了｜小孩的脚丫——没大膙（歇后语。膙，谐"讲"）。

精松 [tɕiŋ²¹⁴suŋ²¹⁴] jǐng sǒng 稀松，不多：样样都通，样样~（民谚）｜这车麦秸看起来多，一过秤~｜他只学会几个花架子，真本事~。

精松一包枣 [tɕiŋ²¹⁴suŋ²¹⁴i²¹⁴pau²¹⁴tsau³⁵] jǐng sǒng yǐ bāo záo 比喻很平常，没有大本事：别看他打扮得有模有样的，实际上~。‖ 有的说成"精松一包草"。

了了 [liau³⁵liau³⁵] liáo liáo 很少，不多：通知了不少人，真到场的~｜他吹得怪玄乎，其实~。

松袖子 [suŋ²¹⁴ɕiou⁵²³tsɿ⁰] sōng xiù zi 比喻失望：去时一包包劲，到那一看~了。

了钱 [liau³⁵tɕʻiæ⁵⁵] liáo qiān ①非常少：老觉得这门生意能赚多些钱，一盘点~了。②引申为希望不大：这个小孩学习成绩上不去，~了。

稀松了钱 [ɕi²¹⁴suŋ²¹⁴liau³⁵tɕʻiæ⁵⁵] xǐ sōng liáo qiān 非常少：顾客来得不少，买东西的~｜大话说得吓人，一亮真本事~。

可模定星 [kʻə³⁵mu⁵⁵tiŋ⁵²³ɕiŋr²¹⁴] ké mū dìng xǐngr 定量备办，没有多余：我做的

饭~够三个人吃的，多一点儿也没有｜这项经费~拨给两千块钱，没有一分机动的。

可头可卯 [k'ə³⁵t'ou⁵⁵k'ə³⁵maur³⁵] ké tōu ké máor 同"可模定星"。

大卢的 [ta⁵²³lur⁵⁵ti⁰] dà lūr di 比较大：房子盖得~｜肉切得~｜他长着~两只眼。

大乏的 [ta⁵²³far⁵⁵ti⁰] dà fār di ①宽绰：房子盖得~。②举止大方，不拘束：见了生人~。

身子不跟耳朵大 [sẽ²¹⁴tsɿ⁰pu²¹⁴kě⁰l³⁵t'ou⁰ta⁵²³] shěn zi bǔ gěn lří tou dà 比喻主体不如次要部分大：这本书正文没多些，附录占了一多半，~。‖也说"身子不跟耳朵重"。

宁宁小 [ŋiŋ²¹⁴ŋiŋ⁰ɕiau³⁵] nǐng ning xiáo 非常小：桶里只有一条~的鱼。

小巴 [ɕiau³⁵pa⁰] xiáo ba 小：她个子矮，长得~｜这口屋有点儿~。

宁细 [ŋiŋ²¹⁴ɕi⁵²³] nǐng xì 非常细：她擀的面条子~｜这铁条~，禁不住盖体（被子）。

宁细大长 [ŋiŋ²¹⁴ɕi⁵²³ta⁵²³tʂ'aŋ⁵⁵] nǐng xì dà chāng 又细又长。

秒细 [miau³⁵ɕi⁰] miáo xi 细弱：这棵树长得~，缺肥料｜这个平车框子~，一载重物就散板。

曼长 [mẽ⁵²³tʂ'aŋ⁵⁵] màn chāng 稍微长：他是~脸｜结了一个~的番瓜。

窄狭 [tsei²¹⁴ɕia⁰] zěi xia 狭小：房子有点~，住不开一大家人。‖也说"窄处"。

厚泛 [xou⁵²³fæ̃⁰] hòu fan ①丰盛。②身体丰满、强健：这个小孩长得多~，方面大耳，一看就招人喜。

厚泛的 [xou⁵²³fæ̃⁵⁵ti⁰] hòu fān di 丰盛：大席办得~。

厚墩 [xou⁵²³tuě⁰] hòu dun 厚实：老师傅打的剃头刀子，刀梁~，削铁如泥。

厚墩的 [xou⁵²³tuěr⁵⁵ti⁰] hòu hūnr di 厚墩墩，形容很厚：袄套得~，穿着暖和。

单泛 [tæ̃²¹⁴fæ̃⁰] dǎn fan 单薄（多指礼品）：只送一篮子鸡蛋，显得~。

大老远 [ta⁵²³lau³⁵yæ̃³⁵] dà láo yuán 距离很远：恁~来一趟不容易｜我见他站到路口，~就喊他。

撇 [p'iə³⁵] piě （器具）口部向外敞开：这个盆口有点~，不好看｜篓子忒~。

剔陡搠沿 [t'i²¹⁴tou³⁵suə²¹⁴iær⁵²³] tǐ dóu suǒ yànr 非常陡：你把梯子搁得~的，咋着爬哩？｜那个山~的，都不敢上去。

瞎矮 [ɕia²¹⁴iɛ³⁵] xiǎ yái 非常矮：这墙头~，连羊都挡不住。

周正 [tʂou²¹⁴tʂəŋ⁰] zhǒu zheng 端正：他长得~标致，越看越顺眼｜她的脚不大~｜这个大衣柜打得真~。

板板正正 [pæ̃³⁵pæ̃³⁵tʂəŋ⁵²³tʂəŋ⁵²³] bán bán zhèng zhèng ①平整：衣裳叠得~的。②正正规规：他~地坐着。

板正的 [pæ̃³⁵tʂəŋ⁵⁵ti⁰] bán zhēng di 比较平整：书本子搁得~。

缯缯巴巴 [tsuə³⁵tsuə⁰pa²¹⁴pa²¹⁴] zuó zuo bǎ bǎ 形容皱缩的样子：这块布~的，可

能是旧的｜他看罢报纸，往墙角里一塞，窝得~。

歪扭子七八 [uɛ²¹⁴ŋiou³⁵tsɿ⁰tɕ'i²¹⁴pa²¹⁴] wāi niú zi qǐ bā 歪斜不正：他拾起来一根~的棍｜他急急慌慌地写了几行，字写得~。

夹斜 [tɕia²¹⁴ɕiə⁰] jiǎ xie 斜：这条~路通到南关｜墙头垒得有点~。

斜棱子八垮 [ɕiə⁵⁵ləŋ⁰tsɿ⁰pa²¹⁴k'ua³⁵] xiē leng zi bā kuá 形容非常歪斜：墙头垒得~｜这棵树长得~，不成材。

夹马流斜 [tɕia²¹⁴ma⁰liou⁵⁵ɕiə⁵⁵] jiǎ ma liū xiē 歪斜不正的样子：打田埂要照照，别打得~｜这根棍~，不能当铁锨杠。

斜南调北垮 [ɕiə⁵⁵næ⁵⁵tiau⁵²³pei²¹⁴k'ua³⁵] xiē nān diào běi kuá（道路、沟渠等）歪斜不正貌：他挖的红芋沟子~，得扣工分。

斜么茬子 [ɕiə⁵⁵ma⁰ts'a⁵⁵tsɿ⁰] xiē ma cā zi 斜着；斜茬：他~走过来了｜他~睡到沙发上。‖ 有的说"斜磨茬子"[ɕiə⁵⁵muə⁰ts'a⁵⁵tsɿ⁰] xiē mo cā zi、"斜么梁子"[ɕiə⁵⁵ma⁰liaŋ⁵⁵tsɿ⁰] xiē ma liāng zi。

立睖 [li²¹⁴ləŋ⁰] lǐ leng ①使竖立：把箱子~着搁｜我还没说他一句来，他就~着眼。②歪斜：她的肩膀有点~，一高一低｜他~着身子进了小门。③比喻说话、做事不合常规：他说话忒~，叫人受不了。

立睖八垮 [li²¹⁴ləŋ⁰pa²¹⁴k'ua³⁵] lǐ leng bā kuá 歪斜不正：他~地站着，没有站相｜他垒的墙头~，看着都害怕。‖ 有的说"立睖八骨拐"。

直杠儿的 [tʂʅ⁵⁵kaŋr⁵⁵ti⁰] zhī gāngr di 直直的；挺直的样子：他挺着腰，~站着。

绷直 [pəŋ⁵²³tʂʅ⁵⁵] bèng zhī 非常直：站得~｜两个人拽着铁条在地上放样子，再打红芋沟子，红芋沟子打得~。

直捋 [tʂʅ⁵⁵ly⁰] zhī lü 笔直：找根~的竹竿撑蚊帐｜小树长得多~。

直头直捋 [tʂʅ⁵⁵t'ou⁵⁵tʂʅ⁵⁵lyr³⁵] zhī tōu zhī lǘr 直截了当：他说话~，不会拐弯｜说话别敲缸敲盆，要瞎子吃韭菜——~（歇后语）。

直头 [tʂʅ⁵⁵t'ou⁵⁵] zhī tōu 露着头，不作遮护：下着大雨，他站到当院里~地淋｜人家打他，他就~地尽人家打。

直性 [tʂʅ⁵⁵ɕiŋ⁰] zhī xing 性情直率：婶子~泼辣，眼里掺不进沙子，跟非法集资的大骂一场｜他是~人，谁做得不对，他就当面点明，心里搁不住话。

实性 [ʂʅ⁵⁵ɕiŋ⁰] shī xing 为人实在，厚道：他是个~人，非要把拾的东西还给人家。

直古笼筒 [tʂʅ⁵⁵ku⁰luŋ⁵⁵t'uŋ³⁵] zhī gu lōng tóng（说话）直率：他的话~，没有弯儿弯儿。

弯儿巴叽 [uæ̃²¹⁴lʅ⁰pa²¹⁴tɕi²¹⁴] wān lr bā jī 弯曲的样子：土墩子上长着一棵~的榆树。

曲喽拐弯 [tɕy²¹⁴lou⁰kuɛ³⁵uær²¹⁴] qū lou guái wǎnr 弯弯曲曲：地里有条~的蚰蜒路

第五章　词汇 ｜ 435

通到庄头｜俺~找到他家。‖有的说"唧喽拐弯""剔喽拐弯""七溜拐弯"。

七棱子，八骨拐 [tɕʻi²¹⁴lən⁵²³tsʅ⁰, pa²¹⁴ku²¹⁴kuɛ³⁵] qǐ lèng zi，bǎ gǔ guǎi 形容物品非常歪斜、弯曲。

红余的 [xuŋ⁵⁵y⁵⁵ti⁰] hōng yū di （面色、肉等）红润：他喝了几两酒，脸上~｜凉调肉片~，切得又方又齐。‖有的说"红润的"[xuŋ⁵⁵yẽ⁵⁵ti⁰] hōng yūn di、"红银的"[xuŋ⁵⁵iẽ⁵⁵ti⁰] hōng yīn di。

红乎的 [xuŋ⁵⁵xur⁵⁵ti⁰] hōng hūr di 略微发红：10月中旬，晚熟苹果~，还不大甜｜人家一夸她，她脸上~，害羞地低着头。

有红似白 [iou³⁵xuŋ⁵⁵sʅ⁵²³pei⁵⁵] yóu hōng sì bēi 形容面部白里透红：她的脸跟桃花样，~的。‖有的说"茸红似白"[ʐuŋ³⁵xuŋ⁵⁵sʅ⁵²³pei⁵⁵] róng hōng sì bēi。

二红 [l̩⁵²³xuŋ⁵⁵] lrì hōng 粉红色。与大红相对：买了几张~纸来卷炮仗。‖又说"水红"。

蓝不莹的 [læ̃⁵⁵puº iŋr⁵⁵ti⁰] lān bu yīngr di 稍微发蓝的颜色：我喜欢这种~壁纸｜花菜叶子~。‖也说"蓝莹的"。

绿不莹的 [ly²¹⁴puº iŋr⁵⁵ti⁰] lǜ bu yīngr di 稍微发绿的颜色：玻璃有点~色｜地板砖~，看起来顺眼。‖也说"绿莹的"。

毛蓝 [mau⁵⁵læ̃⁵⁵] māo lān 浅蓝色：上身穿件~褂子。

虚蓝 [ɕy²¹⁴læ̃⁵⁵] xǔ lān 鲜亮的蓝色：天上~｜~的布。

虚绿 [ɕy²¹⁴ly²¹⁴] xǔ lǜ 非常绿：树苗子长得~。

虚青 [ɕy²¹⁴tɕʻiŋ²¹⁴] xǔ qīng 非常青：树叶子~~的｜他一脚趑滑，腿上磕得~｜他穿得单薄，冻得头脸~｜他气得满脸~。

鸭蛋青 [ia²¹⁴tæ̃⁵²³tɕʻiŋr²¹⁴] yǎ dàn qǐngr 像青鸭蛋壳的颜色。

青不撩的 [tɕiŋ²¹⁴puºliau⁵⁵ti⁰] qīng bu liāo di ①形容青菜的味道不正：豌豆苗子没炒好，有股~味。②形容青绿色不正：草棵里有条~长虫（蛇）。

逊白 [ɕyẽ⁵²³pei⁵⁵] xùn bēi 非常白：他的衬衣洗得~，裤子熨得笔挺｜她的脸膛~，头发乌黑。‖有的地区说 [suẽ⁵²³pei⁵⁵] sùn bēi。

白生的 [pei⁵⁵sənr⁵⁵ti⁰] bēi sēngr di 白生生的：脸上~。

白不列切 [pei⁵⁵puºliə²¹⁴tɕʻiə²¹⁴] bēi bu liě qiě 形容白色不顺眼：他身上长一片癣，~的。流行于华山等镇。

白不咧的 [pei⁵⁵puºliə⁵⁵ti⁰] bēi bu liē di 不纯净的白色。

白不叽叽 [pei⁵⁵puºtɕi²¹⁴tɕi²¹⁴] bēi bu jǐ jǐ 不健康的白：脸上~，没有血色。

灰不溜秋 [xuei²¹⁴puºliou⁵⁵tɕʻiou²¹⁴] huī bu liū qiū 形容颜色灰暗，不悦目：这块布~，一点也不鲜亮。

灰不拉的 [xuei²¹⁴pu⁰la⁵⁵ti⁰] huī bu lā di 不净的灰色。

乌目皂眼 [u²¹⁴mu⁰tsau⁵²³iæ̃r³⁵] wū mu zào yánr （物体）颜色发暗，不鲜亮：大门的黑漆掉色了，~的｜这件衣裳~，不像是新的。‖ 有的说"乌目皂叶儿""乌保子皂叶""乌眉皂眼"。

虚清 [ɕy²¹⁴tɕʻiŋ²¹⁴] xǔ qīng 非常清：端上来一盆~的水｜河里的水~，能看见水底的小鱼。

黄亮的 [xuaŋ⁵⁵laŋr⁵⁵ti⁰] huāng lāngr di 黄而发亮：馍馍烤得~｜新下来的油桃，一面鲜红，一面~，一看就淌口拉水。‖ 有的说成"黄阳的"。

黄干的 [xuaŋ⁵⁵kæ̃⁵⁵ti⁰] huāng gān di 同"黄亮的"：外皮~｜馍烤得~。

黄巴的 [xuaŋ⁵⁵par⁵⁵ti⁰] huāng bār di 枯黄而没有光泽：脸上~，不水汪。

黄不出的 [xuaŋ⁵⁵pu⁰tʂʻu²¹⁴ti⁰] huāng bu chū di 令人不悦的黄色：土地蛇身上~。

虚紫 [ɕy²¹⁴tsɿ³⁵] xǔ zí 非常紫：身上摔得~｜嘴唇冻得~。

紫不拉歪 [tsɿ³⁵pu⁰la²¹⁴uɛ²¹⁴] zí bu lǎ wǎi 形容紫色不正常：嘴唇抹得~的是啥油，跟茄子色样｜脸冻得~。‖ 有的说成"紫不来歪" [tsɿ³⁵pu⁰lɛ⁵⁵uɛ²¹⁴] zí bu lāi wǎi。

黢黑 [tɕʻy²¹⁴xei²¹⁴] qǔ hěi 很黑；很暗：几个小孩在地里烤红芋，吃得嘴叉子~｜他搬了一会炭球，身上抹得~｜木头烧得~｜地道里~一片，啥也看不见。

黢巴子黑 [tɕʻy²¹⁴pa⁰tsɿ⁰xei²¹⁴] qǔ ba zi hěi "黢黑"的加重说法（含嘲讽或不满意味）：他长年在外风吹日晒，脸膛~｜乱扔烟头，把地板弄得~。

黑黪的 [xei²¹⁴tsʻæ̃⁵⁵ti⁰] hěi cān di 形容肤色健康发黑：他长得~，多受看。

黑乎的 [xei²¹⁴xur⁵⁵ti⁰] hěi hūr di 略微发黑：天刚有一点~，还能看清路。

黑不溜秋 [xei²¹⁴pu⁰liou⁵⁵tɕʻiou²¹⁴] hěi bu liū qiǔ 颜色黑而难看：锅屋熏得~｜这种布~。

瞎黑 [ɕia²¹⁴xei²¹⁴] xiǎ hěi 漆黑：屋里~，没点灯。

瞎灯灭火 [ɕia²¹⁴təŋ²¹⁴miə²¹⁴xuər³⁵] xiǎ děng miě huór 形容漆黑一片，没有灯火：半夜三更，庄上~。

黑隆的 [xei²¹⁴luŋ⁵⁵ti⁰] hěi lōng di （天色）未明或已黑：他~就起来收拾东西，准备赶集去｜他干了一天活，~才收工回家。

胶泥色 [tɕiau²¹⁴ŋi⁵⁵sei²¹⁴] jiāo nī sěi 棕色，褐色。

花不溜秋 [xua²¹⁴pu⁰liou⁵⁵tɕʻiou²¹⁴] huǎ bu liū qiǔ 花色图案不雅的样子：这件褂子~的，不好看。

花出律的 [xua²¹⁴tʂʻu⁰ly²¹⁴ti⁰] huǎ chu lǔ di 花纹可怖的样子：一条蛇~。

花花搭搭 [xua²¹⁴xua⁰ta²¹⁴ta²¹⁴] huǎ hua dǎ dǎ ①颜色或种类错杂的：这片树凉影~的｜纸上有不少~的点子。②不完整：这本书我~地看过几章｜我~地学了一遍经济学。

花拉糊，糊拉花 [xua²¹⁴la⁰xu⁵⁵，xu⁵⁵ la⁰ xua²¹⁴] huǎ la hū，hū la huǎ 涂抹得混乱而不清楚：作业潦潦草草，画巴得毛包，~，啥也看不清｜衣裳抹画的净是油彩，~，不能要了。

花哨 [xua²¹⁴sau⁰] huǎ sao 花样繁多：屋里摆得些~。

豁豁牙牙 [xuə²¹⁴xuə⁰ia²¹⁴ia²¹⁴] huǒ huo yǎ yǎ：形容边缘缺口很多，残茬参差不齐：切菜刀~，切不动肉了｜书本子撕得~。

叽哩咣当 [tɕi²¹⁴li⁰kuaŋ²¹⁴taŋ²¹⁴] jǐ li guǎng dǎng 物体摇晃碰撞的声音：汽车装着锅碗瓢盆，~上路了｜~跑来一辆平车。

骨骨碌碌 [ku²¹⁴ku⁰lou²¹⁴lou²¹⁴] gǔ gu lǒu lǒu 滚动的声音：纸箱子裂开了，里边儿的苹果~顺着楼梯直往下滚｜她往地下一睡，又哭又叫，玩了个旱地十八滚，~，沾了一身泥。

七喽咔嚓 [tɕ'i²¹⁴lou⁰k'a²¹⁴ts'a²¹⁴] qǐ lou kǎ cǎ 猛烈断裂、倒塌的声音：台风越刮越大，他住的篱笆子屋~倒了。

吧唧 [pia²¹⁴tɕi²¹⁴] biǎ jī 重重地摔落、拍打的声音：他~一声从墙头上摔下来｜他把证书~一下子扔到桌子上｜我~一下子把一块泥摁到墙上。

吧唧吧唧的 [pia²¹⁴tɕi⁰ pia²¹⁴tɕi⁰ti⁰] biǎ ji biǎ ji di 拍打的声音：他跑起路来，脚丫子~~｜两个人手对手打得~~。

啪刺 [p'a²¹⁴ts'ɿ²¹⁴] pǎ cǐ 物体摔落的声音：~扔到地上。

呼腾 [xu²¹⁴t'əŋ²¹⁴] hǔ těng 突然倒地的声音：墙头~下子倒了｜剐贼贼跑，~撂倒（旧童谣）。‖也说"呼嗒" [xu²¹⁴t'a²¹⁴] hǔ tǎ、"夯噇" [xaŋ²¹⁴t'aŋ²¹⁴] hǎng tǎng。

磕腾 [k'ə²¹⁴t'əŋ²¹⁴] kě těng 突然碰到障碍物的声音：~下子摔倒了｜三轮车~停下来。

噗哧 [p'u²¹⁴ts'ɿ²¹⁴] pǔ cǐ 液体或气体迅速排放的声音：他穿着靴子，在泥窝里~~地走｜他受了大委屈，坐到凳子上~~地吸烟｜他一脚踩到水坑里，~一声陷进去了｜他抓着气管子，~~地给洋车子打气。‖有的说"噗出" [p'u²¹⁴tʂ'u⁰] pǔ chu。

噗嗒 [p'u²¹⁴t'a²¹⁴] pǔ tǎ 掉落的声音：天晴了，树上的雪~~往下掉｜树上~下子落下来一个梨｜眼泪~~地往下掉。

壳刺 [k'ə²¹⁴ts'ɿ²¹⁴] kě cǐ ①尖厉刺耳的声音：他拿着锅铲子~~地炝锅。②形容手的动作迅猛：她把树苗~薅下来｜照他脸上~抓了一把。

咔嚓 [k'ə²¹⁴ts'a²¹⁴] kě cǎ 突然响起的震裂声或断裂声：打罢闪，~响了一声雷｜树股子~一声断了。

夯啷 [xaŋ²¹⁴laŋ⁰] hǎng lang 铃铛晃动的声音：小狗脖子上戴个铃铛，~~地响。

輮拉 [zou²¹⁴la²¹⁴] rǒu lǎ 形容特别快：帽子~下子叫大风刮跑了｜人这一辈子，~就过去了。

輮輮 [zour²¹⁴zour²¹⁴] rǒu rǒu 快速转动的声音：大吊扇，落地扇，一开电门~转（顺口溜）｜洋车子轱辘转得~的。

吱扭 [tsɿ²¹⁴ɲiou²¹⁴] zǐ niǔ ①开门声：门~一声开了。②木轮车行进时的声音：土车子推起来~~的｜③老鼠等动物的尖叫声：老鼠~一声跑了。

卜喽 [pu²¹⁴lou⁰] bǔ lou ①水中冒出气泡的声音：水坑里~~地冒泡｜豆子开花水~（民谚。黄豆开花在汛期，地里冒着水泡）。②水中的气泡：鱼在水里吹~｜六月豆，吹~（民谚。农历六月，黄豆需要充足的水分，田里冒着水泡）。

呱唧呱唧的 [kua²¹⁴tɕi⁰kua²¹⁴tɕi⁰ti⁰] guǎ ji guǎ ji di 衣服湿透的样子：他从门外边跑到屋里，身上淋得~。

噼啦噼啦 [pʻi²¹⁴la⁰pʻi²¹⁴la⁰] pǐ la pǐ la 器物破裂后的声音：瓷盆裂了，敲起来~的，不圆音了｜笛膜子烂了，吹起来就~的。

仍仍的 [zəŋr⁵⁵zəŋr⁵⁵ti⁰] rēngr rēngr di 尖锐响亮的声音：烧透的砖，一敲~，圆音；没烧透的，敲起来噼啦噼啦的｜电钻一响，震得耳朵~。

扔崩 [zəŋr²¹⁴pəŋr²¹⁴] rěngr běngr 形容动作突然、迅速：他几个一看要毁事，~下子都走了｜小偷见有人过来，~跑远了。

扔崩二百五 [zəŋr²¹⁴pəŋr²¹⁴l̩⁵²³pei²¹⁴u³⁵] rěngr běngr lrì běi wú 同"扔崩"：我喊他帮忙搬家，他~没影了｜老乡带他到湖涯上，就~跑了，把他晾到那。

登棱 [təŋ²¹⁴ləŋ²¹⁴] děng lěng 快速起身的样子：公安一把没抓住他，他~下子跑啦。

喊喽扑腾 [tɕʻi²¹⁴lou⁰pʻu²¹⁴tʻəŋ²¹⁴] qǐ lou pǔ těng 形容动作连贯、利索：铁匠抡起大锤，~一阵子，一把菜刀打好，搁到冷水里一激，又捞上来｜~把棒子秸（玉米秸）砍完｜抓住他~打了一顿。‖有的说成"喊喽嘭腾"[tɕʻi²¹⁴lou⁰pʻəŋ²¹⁴tʻəŋ²¹⁴] qǐ lou pěng těng、"喊喽扑出"[tɕʻi²¹⁴lou⁰pʻu²¹⁴tʂʻu²¹⁴] qǐ lou pǔ chǔ。

扑扑腾腾 [pʻu²¹⁴pʻu⁰tʻəŋ²¹⁴tʻəŋ²¹⁴] pǔ pu těng těng 形容行动杂乱：几个人~往前跑｜外边有~的脚步声。

呼呼腾腾 [xu²¹⁴xu⁰tʻəŋ²¹⁴tʻəŋ²¹⁴] hǔ hu těng těng 形容剧烈而急速：搬家的一群人，来来去去，~，又是抬，又是扛｜俺几个同学~跑到操场。‖有的说成"呼呼登登"。

哇啦哇啦的 [ua²¹⁴la⁰ua²¹⁴la⁰ti⁰] wǎ la wǎ la di 形容说话多、声音大：他平时说话~，到了正事上，倒成了闷葫芦，嘴像粘住似的，连气也哈不出来｜大喇叭一天到晚~。

咯嘣 [kə²¹⁴pəŋ²¹⁴] gě běng 咬嚼声：他~一声把冰糕咬掉一块｜他满脸通红，牙咬得~~的｜马嚼着料豆子，~~的。

咯喽 [kə²¹⁴lour⁰] gě lour 咀嚼发脆的东西时发出的声音：他把麻花填到嘴里，~~地嚼了｜他嚼着生胡萝卜，~~的。

吧唧 [pia²¹⁴tɕi⁰] biǎ ji 嘴唇开合作声：吃饭不能小点声？~~的多难听。

格格的 [keir²¹⁴keir²¹⁴ti⁰] gēir gēir di 形容出声笑的声音：小孩笑得~｜她抱着新买的布娃娃~直笑。‖ 有的说成"哏哏的"[keir⁵⁵keir⁵⁵ti⁰] gēir gēir di。

哼扭 [xəŋ²¹⁴ȵiou⁰] hěng niu 小声缠闹；小声哭闹：他~着要钱买手提电脑｜他~了一大会子，把大人缠烦了｜他哼哼扭扭地不愿意走，非要大人买个花灯。

唻唻 [lɛr²¹⁴lɛr⁰] lǎir lair 形容儿童哭闹（含不满意味）：这小孩碰着一点就~｜他都八岁了，动不动就~。

脉脉的 [meir²¹⁴meir⁰ti⁰] měir meir di 低沉悲切的哭声：他挨了一顿嚷（批评），哭得~。

威威地 [ueir²¹⁴ueir²¹⁴ti⁰] wěir wěir di 连续的哭声：她受了委屈，正~哭唻。

哼哼歪歪 [xəŋ²¹⁴xəŋ⁰uɛr²¹⁴uɛr²¹⁴] hěng heng wǎir wǎir 哼哼唧唧。因痛苦而不断发出哼哼的声音：他有点病就~地来找医生｜他睡到床上，不想吃，不想喝，~地不能动。

哼嗨地 [xəŋ²¹⁴xɛr²¹⁴ti⁰] hěng hǎir di 唉声叹气的声音：一想起儿子总是不成家，他就愁得~叹气，茶不思，饭不想｜他说不服小孩，耷拉着头~走了。

□ [fɛ⁵⁵] fāi 人在突然疼痛时的叫声：~！我的手烫着了。

娘喂儿 [ȵiaŋ⁵⁵uɛr²¹⁴] niāng wǎir 惊叫的声音：她看见草棵里有条长虫（蛇），~一声就跑｜几个警察走过来，两个贼~一声拔腿就跑，撬门的家什也不要了。‖ 人在受惊吓时往往叫喊"娘哎""我的娘哎"。

嗯嗯 [əŋ²¹⁴əŋ⁰] ěng eng 小声哼叫或低唱、说话：他~了一句，我没听清。

嗯喽吧唧 [ŋ²¹⁴lou⁰pa²¹⁴tɕi²¹⁴] ěng lou bǎ jǐ 口齿不清、声音细弱的样子：问他咋回事儿，他~地说不清｜我跟他请示，他~不表态。‖ 有的说"哼儿吧唧"[xəŋ²¹⁴l⁰pa²¹⁴tɕi²¹⁴] hěng lr bǎ jǐ。

吭呛地 [kʰəŋ²¹⁴tɕʰiɑŋr²¹⁴ti⁰] kěng qiǎngr di ①大声咳嗽的声音：他有多些年的痨伤，~不住声。②以咳嗽声来提示或警告：我跟旁人说句话，他在旁边~。

盔盔地 [kʰueir²¹⁴kʰueir²¹⁴ti⁰] kuǐr kuǐr di 咳嗽声：他~，老是咳嗽，也不上医院看看。

吩刺吩刺地 [fɛ²¹⁴tsʰɿ⁰fɛ²¹⁴tsʰɿ⁰ti⁰] fēn ci fēn ci di ①呼吸急促、大口喘气的声音：她拉着平车，累得~直喘。②抽抽搭搭的哭声：这小孩找不着大人了，~哭唻。

呼哧呼哧 [xu²¹⁴tʂʅ⁰xu²¹⁴tʂʅ⁰] hǔ chi hǔ chi 大口喘气的声音：轿夫都累得~地上喘｜老头~~喘了一阵子气。

吩吩地 [feir²¹⁴feir²¹⁴ti⁰] fěir fěir di 急速喘气的样子：他的气管炎又犯了，~喘｜他围着操场跑四五圈子，累得~喘。

刺刺哈哈 [tsʻɿ²¹⁴tsʻɿ⁰xa²¹⁴xa²¹⁴] cǐ ci hǎ hǎ 受冻时吸气呼气的样子：他只穿个单裤，冻得跺脚搓手，~地。

哈达哈达 [xa²¹⁴ta⁰xa²¹⁴ta⁰] hǎ da hǎ da 大口喘气的样子：热得~｜跑得~。

噗得噗得 [pʻur²¹⁴teir⁰pʻur²¹⁴teir⁰] pǔr deir pǔr deir 心跳的样子：他从屋顶上蹦下来，我吓得心里~地跳。

嗑忒 [kʻər²¹⁴tʻeir²¹⁴] kěr těir 咯噔，震惊时心中猛然一跳：一看老三回来了，员外心里~一下子。

呱唧 [kua²¹⁴tɕi⁰] guǎ ji 鼓掌的声音：全场的人都~~地拍耳刮子。

突哒突哒地 [tʻu²¹⁴ta⁰tʻu²¹⁴ta⁰ti⁰] tǔ da tǔ da di 走路时摩擦地面的声音：大家等了一个钟头，他才~赶到｜他趿拉着鞋，~走到门口。

刺溜 [tsʻɿ²¹⁴liou²¹⁴] cǐ liǔ 脚下迅速滑动的声音，比喻动作迅速：~一下滑倒了｜一眼没看见，小孩儿~跑远了。

缩 [suɑ⁵²³] suò 吆喝牛、马、驴等牲口倒退的声音。‖有的说 [sau⁵²³] sào。

咯咯喽 [kər⁵⁵kər⁰lour⁵⁵] gēr ger lōur 公鸡打鸣的声音。‖有的说"勾勾喽" [kour⁵⁵kour⁰lour⁵⁵] gōur gour lōur。

咩咩 [mɛr²¹⁴mɛr²¹⁴] mǎir mǎir 羊的叫声：河边有一群羊~地叫。‖山羊的叫声为 [miə²¹⁴miə²¹⁴] miě miě。

唛 [meir²¹⁴] měir 牛叫的声音。‖也说"牤" [mɑŋ²¹⁴] mǎng。

二十、指代

俺 [æ̃³⁵] án ①复数第一人称，我们（不包括谈话的对方）。②单数第一人称：~达达（父亲）｜~家｜~县里。

恁 [nẽ³⁵] nén ①复数第二人称，你们：~是南来北往的，俺是土生土长的。②单数第二人称：~爸爸｜~家｜~庄上。

自家 [tɕi⁵²³tɕia⁰] jì jia 自己：别管人家干不干，把~的事干好就行｜大人上班去了，小孩~在家看电视。‖师寨等镇说"自家" [tsɿ⁵²³tɕia⁰] zì jia，范楼等镇说"自个" [tsɿ⁵²³kər⁰] zì ger。

大家伙 [ta⁵²³tɕia⁰xuər³⁵] dà jia huór 大家，大伙。指一定范围内所有的人：咱单位得了年终奖，~都有功，人人有一份。

这合 [tʂə⁵²³xə⁰] zhè he 这里：~真凉快｜把车停~吧。

那合 [na⁵²³xə⁰] nà he 那里：~是单县地，不归咱县。

哪合 [na³⁵xə⁰] ná he 哪里：你走到~了？｜~摔倒~爬，指着人拉是瞎话（民谚）。

咋 [tsa³⁵] zá 怎么：他~还没回家？｜先前我~给你说的？你~忘了？｜这是~回

事儿？｜这件事~办才好？

咋咋 [tsa³⁵tsa⁰] zá za 怎么；怎样：过几天要比赛，我该~准备？｜你老是嫌他不好，他到底~你了？｜该~就~，你看着办吧。

咋个 [tsa³⁵kər⁰] zá ger 怎么：这只羊，~要价儿？

咋样 [tsa³⁵iaŋ⁵²³] zá yàng 怎么样：你看这本书~？｜你的钢琴学得~了？｜这条裤子肥瘦的~？合身儿不？｜他长年生病，日子过得不~。

咋着 [tsa³⁵tsau⁵⁵] zá zhāo 怎么样，如何，怎么办：你让他一回，又能~？｜硬觉着人家咋不着他。‖ 有些情况下说 [tsa³⁵tsau⁰] zá zhao、[tsa³⁵tsuə⁵⁵] zá zhuō、[tsa³⁵tsuə⁰] zá zhuo：你能~我？｜这样还不满意，到底~是好？｜啥都依你的棒量，你想~就~。

咋治 [tsa³⁵tsʅ⁵²³] zá zhì 怎么办，怎么做：他要是不同意，我该~？｜我的老天爷哎！这可~法？｜微信是~的？你教教我。

咋治的 [tsa³⁵tsʅ⁵²³ti⁰] zá zhì di 怎么回事，怎么搞的：~，你咋摔倒哎？｜花瓶烂了，这是~？

治啥 [tsʅ⁵²³ʂa⁵²³] zhì shà 干什么：你~去？｜你想~？｜你想治点啥吃？｜你管~的哎？刚买的手机丢了。‖"治啥"常紧密连读，音如 [tsa⁵⁵] zhā。

咋 [tsua⁵⁵] zhuā "治啥"的合音，做什么：你~哎？｜叫你~，你不~，不叫你~你偏~，你说你想~？‖ 通行于范楼、王沟等镇。

弄 [nəŋ⁵²³] nèng 这么，这样：柿子~甜｜人家~大年纪啦，做个生意不容易｜这个苹果~好吃｜你咋~能？｜你咋~会说哎！‖ 又说"弄木"[nəŋ⁵²³mu⁰] nèng mu、"弄么"[nəŋ⁵²³ma⁰] nèng ma、"弄卜"[nəŋ⁵²³pu⁰] nèng bu、"弄蒙"[nəŋ⁵²³məŋ⁰] nèng meng。

能 [nəŋ⁵⁵] nēng 同"弄"，通行于北部地区。也说"能不"[nəŋ⁵⁵pu⁰] nēng bu：能不多衣裳都好好哩哎，咋还要买？

弄些 [nəŋ⁵²³ɕiə⁰] nèng xie 这么多：来了~人！｜~好吃的！

为啥 [uei⁵⁵ʂa⁵²³] wēi shà 为什么。

拥啥 [yŋ²¹⁴ʂa⁵²³] yǒng shà 同"为啥"。

得为啥 [tei⁵⁵uei⁰ʂa⁵²³] dēi wei shà 同"为啥"。

啥 [ʂa⁵²³] shà 什么：你手里拿的~？｜他割砍锄耙，摇耧撒种，治~~中。

啥个 [ʂa⁵²³kə⁰] shà ge 什么，表示虚指：看他的样子，准是有点~｜他头一回离开家，心里有点~。

多些 [tuə⁵⁵ɕiə⁰] duō xie ①多少，疑问词，问数量：猕猴桃~钱斤？｜物业费一年~钱？｜恁班共拢~人？②表不定数量：货足得很，要~有~。

俺俩 [æ̃³⁵lia³⁵] án liá 我们两个（不包括谈话的对方）。
咱俩 [tsæ̃³⁵lia³⁵] zán liá 咱们两个。
恁俩 [nẽ³⁵lia³⁵] nén liá 你们两个。
他俩 [tʰa²¹⁴lia³⁵] tǎ liá 他们两个。

二十一、副词

将 [tɕiaŋ²¹⁴] jiǎng 刚：我～进家，还没迭得（来得及）吃饭｜～出锅的焦落生（炒花生），快来尝尝吧｜挣的钱～够吃饱肚子的｜这间小屋～能铺一张床。‖ 有的说成"张"。

将将 [tɕiaŋ²¹⁴tɕiaŋ²¹⁴] jiǎng jiǎng 刚刚：我～回到家，就接着单位的通知｜俺的车～年审罢，啥手续都有。

将才 [tɕiaŋ²¹⁴tsʰɛ⁵⁵] jiǎng cāi 刚才：他～赶集去了。‖ 有的说成"张才"。

喷 [pʰẽ⁵²³] pèn 正在：我到地头上，庄上的人～割麦唻｜他～看电视，叫我拽出来了。

验 [iæ̃⁵²³] yàn 正，恰：这件衣裳～合身｜真巧，～赶上饭顿儿｜我点的菜～对他的口味儿｜我正说他，他～走到跟前｜～叫你猜准了｜远看身影像他，到跟前一看～是他。‖ 本字不明。

验好 [iæ̃⁵²³xaur³⁵] yàn háor 刚好：这些钱我点罢了，～一千块。

验巧 [iæ̃⁵²³tɕʰiaur³⁵] yàn qiáor 刚巧：我正想喊他，他～走到跟前。

戳巧 [tʂʰuə⁵⁵tɕʰiaur³⁵] chuō qiáor 碰巧：来得早不如来得巧，你一调来就碰上涨工资，叫你～了｜他拍视频发到网上，～成了网红，粉丝超过400万，成了人气主播，给人家带货销售。

巧不巧 [tɕʰiau³⁵puºtɕʰiau³⁵] qiáo bu qiáo 凑巧；也许：这个媒～能说成｜两个人脚跟脚地上前跑，～踩着鞋｜——我能等着他呗？——～。‖ 有的说成"巧不齐"。

不岔巧 [pu²¹⁴tsʰa⁵²³tɕʰiaur³⁵] bǔ cà qiáor 偶尔；不巧；碰巧：我～碰见他一回｜咋也没想到，我～用得着他｜平时我给他东西他不接，～喽，不给他他还要唻。

闹巧 [nau⁵²³tɕʰiaur³⁵] nào qiáor 也许，不巧：散场的时候乱哄哄的，～是谁拿错提包了。

碍不了 [ɛ⁵²³puºliau³⁵] ài bu liǎo 也许，说不定：别看他又瘦又小，～能拿冠军｜别看眼前穷，～能过好｜差生～成大器。‖ 又说"碍不住""碍不着""避不住" [pi⁵²³puºtʂu⁵²³] bì bu zhù、"当不住" [taŋ⁵²³puºtʂu⁵²³] dàng bu zhù。

保不齐 [pau³⁵puºtɕʰi³⁵] báo bu qí 也许；可能：他家里有事儿，～能来｜他的成绩一般化，～能考上重点中学。‖ 有的说"保不切" [pau³⁵puºtɕʰiə²¹⁴] báo bu qiě。

者不了 [tʂʅ³⁵puºliau³⁵] zhé bu liáo 免不了；免不掉：这星期我忙不过来，过几天~来看你｜你躲了初一，躲不了十五，早晚~找着你。‖ 有的说"妥不了" [tʻuə²¹⁴puºliau³⁵] tuǒ bu liáo。

往巴的 [uɑŋ³⁵paºtiº] wáng ba di 一定会；可能：他去帮忙，~越帮越乱｜你要见他，~又生气。

还兴 [xɛ⁵⁵ɕiŋ²¹⁴] hāi xǐng 也许：再细心找找，~能找着的哎。‖ 也说"也兴" [iɛ⁵⁵ɕiŋ²¹⁴] yē xǐng。

非喽 [fi²¹⁴louº] fī lou 非得，非要：他~学画画儿不行｜她看他的人品好，~要寻他｜二哥不愿意，~要去论论理。‖ 有的说"非得" [fi²¹⁴tiº] fī di、"非里" [fi²¹⁴liº] fī li、"厉非" [li⁵²³fi²¹⁴] lì fī、"厉非喽" [li⁵²³fi²¹⁴louº] lì fī lou。

须喽 [ɕy²¹⁴louº] xǔ lou 须得，定要：他~当兵不行｜~写完字才能玩。

厉须喽 [li⁵²³ɕy²¹⁴louº] lì xǔ lou "须喽"的强调说法：~给他点颜色看看不可。

马时 [ma³⁵sʅ⁵⁵] má sī 立刻，立即。

马展 [ma³⁵tʂæ̃³⁵] má zhán 马上：~到秋天了｜包子~就熟｜汽车~就进站。‖ 有的说"马咱" [ma³⁵tsæ̃³⁵] má zán、"马览" [ma³⁵læ̃³⁵] má lán、"满展" [mæ̃³⁵tʂæ̃³⁵] mán zhán。

马上马 [ma³⁵ʂɑŋºma³⁵] má shang má 马上。表示某种动作行为或情况很快发生：别躁，~就好｜体育中心~要交工了。

立马 [li²¹⁴ma³⁵] lǐ má 立刻：接了活儿，他~喊人上了工地。

立马叠桥 [li²¹⁴ma³⁵tiə⁵⁵tɕʻiaur⁵⁵] lǐ má diē qiāor 形容很快：老牛性子急，一拉就响，~安排人去办。

凑热窝 [tsʻou⁵²³ʐə²¹⁴uər²¹⁴] còu rě wǒr 比喻抓住刚刚得到的时机：他吐口了，咱~去办手续｜谈得差不多了，~上民政局登记去。‖ 也说"趁热窝" [tʂʻɤ⁵²³ʐə²¹⁴uər²¹⁴] chèn rě wǒr。

脚跟脚 [tɕyə²¹⁴kə²¹⁴tɕyə²¹⁴] juě gěn juě 紧跟着：前边的人刚走，后边的人~来到｜两个人~地向前跑。

紧赶紧 [tɕiẽ³⁵kæ̃³⁵tɕiẽ³⁵] jín gán jín 非常紧张：课外作业多，~才做完。

自窝里 [tsʅ⁵²³uə²¹⁴liº] zì wǒ li 马上，立即：开完会，~就走啦。‖ 有的说"就歪" [tsou⁵²³uɛº] zòu wai。

就说就 [tɕiou⁵²³ʂuə²¹⁴tɕiou⁵²³] jiù shuō jiù 随即，马上：水管子漏了，我~修好了。‖ 又说成"就里"。

一展眼 [i²¹⁴tsæ̃³⁵iæ̃³⁵] yǐ zán yán 一眨眼，一瞬间，比喻极短的时间：~他跑没影啦。

可得 [kʻə⁵⁵teiº] kē dei 这么快，这么早：假期刚过一半，作业~完成啦｜哟！恁的小孩~会唤鸡了。‖ 有的说 [kʻə⁵⁵ti⁰] kē di。

眼看眼 [iæ̃³⁵kʻæ̃⁵²³iæ̃³⁵] yán kàn yán 眼看，马上，很快：~过年了，还没准备年货。

错乎 [tsʻuə⁵²³xu⁰] cuò hu 幸亏，幸好：~抢救及时，要不，命就保不住了丨~是他，摊二旁人也说不通丨~是咱姊妹俩，要摊那些不沾弦的，我理也不理。‖ 有的说成"错不" [tsʻuə⁵²³pu⁰] cuò bu、"错古" [tsʻuə⁵²³ku⁰] cuò gu。

亏喽 [kʻuei²¹⁴lou⁰] kuǐ lou 幸亏：~你给提个醒，要不，我就叫那个人哄了丨~我拉住他，才没叫大水冲走丨他不会种地，~大叔带他进建筑队，才混上吃的。‖ 有的说成"亏得" [kʻuei²¹⁴tei⁰] kuǐ dei、"亏类" [kʻuei²¹⁴lei⁰] kuǐ lei。

明打明 [miŋ⁵⁵taə³⁵miŋ⁵⁵] mīng dá mīng 公开：有意见~地提，别背地里捣鼓丨~地把家产分开。

特意 [tei⁵⁵i⁰] dēi yi 故意：她穿着新衣裳溜达一圈，~给人家看丨开旅店的见他急等着住下，就~地拿他的大头丨她~地抔着腰，瞪着眼，咬着牙，鼓着个小腮帮。

出心里 [tʂʻu²¹⁴ɕiɛ²¹⁴li⁰] chū xǐn li 从心里；发自内心地：自打我得了新冠，~不想吃肉丨我~想跟他和好，他老是不理我丨我听说他有事，~想帮他一把。‖ 又说"出心""起心里"。

原根 [yæ̃²¹⁴kɚ²¹⁴] yuǎn gěnr 原来，本来：他家~不在丰县丨这条路~没多宽，后来修宽了。‖ 又说成"原根头""原根先"。

底本的 [ti³⁵peir³⁵ti⁰] dí béir di 本来，根本：老百姓跟名人~没啥分究，混阔了就成了名人，一落时就是百姓丨他~就不想来，别勉强啦。

实真 [ʂɻ⁵⁵tʂə̃²¹⁴] shī zhēn 确实，实在，表示确认：要论技术，我~比不过他丨你要~不想干的话，我就另找人吧。

当圪的 [taŋ⁵²³gɚ⁵⁵ti⁰] dàng gēr di 当真（用于反问句）：~没办法吗？丨~找不着人吗？丨~学不会吗？‖ 也许由"合当"演变而来。

拢拢 [luŋ³⁵luŋ³⁵] lóng lóng ①总共，共计：庄上~有六百多口人。②从来（用于否定句）：他~没出过远门丨两口子恩恩爱爱，~没吵过架丨他立功，得过奖，默声不响，~不提以前的事。③永远：你看不起穷亲戚，打今以后，俺~不再登恁家门！‖ 又说"共总" [kuŋ⁵²³tsuŋ³⁵] gòng zóng、"共拢" [kuŋ⁵²³luŋ³⁵] gòng lóng。

早晚 [tsau³⁵uæ̃³⁵] záo wán 或早或晚：吃今不顾明，~要受穷丨天也转，地也转，~摸到这一遍（俗语）。

早早晚晚 [tsau³⁵tsau³⁵uæ̃³⁵uæ̃³⁵] záo záo wán wán "早晚"的强调说法。

无早无晚 [u⁵⁵tsau³⁵u⁵⁵uæ̃³⁵] wū záo wū wán 无论早晚：今每（今天）你~都得把货送来丨~都得完成作业。

成年论辈子 [tʂəŋ⁵⁵ɲiæ̃⁵⁵luɛ⁵²³pi⁵²³tsɿ⁰] chēng niānr lùn bì zi 成年累月；一向：他搬

走以后，~不回来。‖有的说"十年八辈子"。

论辈子 [luɛ⁵²³piɛ⁵²³tsʅ⁰] lùn bèi zi 从来，长久以来：俺家~没住过高楼。‖也说"老辈子"。

别 [pɛ⁵⁵] bāi 表示禁止、劝告或揣测：不该看的~看，不该听的~听，不该说的~说。

休 [xou⁵⁵] hōu 较老的说法。不要，别。表示禁止或劝阻：~慌｜~怕。‖有的说 [xou²¹⁴] hǒu。21世纪初，只有少数人还记得。

休由 [xou²¹⁴iou⁰] hǒu you 较老的说法。休要，不要（多用在答复句中）：——我去给你买点好吃的。——~。

如在外 [zu⁵⁵tsɛ⁵²³uɛ⁵²³] rū zài wài 除此之外，另外：他给敬老院捐了万把块钱，~送了十几床被子｜女家要一套房子、一辆小轿车，~还要二十万块钱的彩礼。

如外 [zu⁵⁵uɛ⁵²³] rū wài 同"如在外"：她当保姆一个月工资3000块钱，~还有一点零花钱。

一呆 [i⁵⁵ɛ⁵⁵] yī āi 准定，一定：他每月回家看看，这是~的｜他走得远，赶明不~回来｜非得~地种这种菜吗？

一准 [i⁵⁵tʂuẽ³⁵] yī zhún 一定：行好~得好｜他~能考上大学｜你说的也不~。

包许 [pau²¹⁴ɛy³⁵] bǎo xú 不一定：这事~能办成。

是 [sʅ⁵²³] sì 凡是：~亲三分向，不亲另个样（民谚）｜~人都比他强。

孬好 [nau²¹⁴xau³⁵] nāo háo 稍微，少许，或多或少：我~出点儿力，都能挣够吃的｜~让他一点儿，他就过去了｜~给一点儿｜既然来了，~讲几句｜~干点活儿，也比闲着强。

好孬 [xau³⁵nau²¹⁴] háo nǎo 好歹，不管怎样：行政科分给两间宿舍，我~有了个家｜咱~给他个面子，叫他以后能混下去｜不作诗，显得没文化，~作一首吧。

忒 [tʻuei²¹⁴] tuǐ 太，过于：河涯上风~大，别冻着喽｜会堂里人~多，说话听不清｜他对俺有接有送，~讲究了。

剔 [tʻi²¹⁴] tǐ 相当于"非常"。用在某些单音节形容词前面，表示程度很高：这个瓜长得~圆｜武警战士站得~直｜电灯照得~亮｜这条沟~陡，不好过。

剔溜 [tʻi²¹⁴liou⁰] tǐ liu 非常：西瓜长得~圆｜他穿上大棉袄，一身~团。

剔直的 [tʻi²¹⁴tʂʅ⁵⁵ti⁰] tǐ zhī di 简直：天不亮就起来，瞎黑才回家，~没闲时候｜跑个项目，~把我难为死｜办个手续，东一头，西一头，~跑断腿。

透 [tʻou] tòu 用在形容词前，表示程度高，相当于"非常"、"很"：家里~干净｜这个人~精｜打扮得~难看｜她长得~俊｜那个人~坏｜离家~远｜嚎得~难听。

挺 [tʻiŋ³⁵] tíng 很，非常（略含不满意味）：~硬｜~湿｜~细。

溜 [liou²¹⁴] liǔ 很（用在单音节形容词前）：他的个子~矮｜河里的冻琉（冰）~薄~薄的，禁不动人｜这条路~窄，过不开大车｜这个桃~小。

虚 [ɕy²¹⁴] xǔ 前加成分，表示程度高：~绿｜~蓝｜~紫。

些 [ɕiə²¹⁴] xiě 很，非常：树底下~凉快｜他住得~宽绰｜这出戏~有看头｜别看他小，~懂得啥。

些巴 [ɕiə²¹⁴pa⁰] xiě ba 很，非常（含不满意味）：琉琉（冰挂）~凉，我不摸｜地上~脏｜这碗茶~凉，叫我咋喝？｜石头~沉。‖也说"些巴子"。

宁 [ŋiŋ²¹⁴] nǐng 表示小、细、薄等方面的程度，相当于"很"：铅笔尖儿削得~细｜~小。

宁宁 [ŋiŋ²¹⁴ŋiŋ⁰] nǐng ning "宁"的强调说法。

老 [lau³⁵] láo 很，表程度：离城里还有~远来｜大~远地来到丰县，肯定累得不轻｜还有~长一轱喽路咪｜~早就听说有这回事儿｜等了~大崩子（很长时间），他才回话｜弟兄伨吵吵闹闹~半天。

才 [tsʻɛ⁵⁵] cāi 很：红莲花，绿荷叶，支支棱棱的，~好看｜这猕猴桃~甜，你尝一个吧。

才得 [tsʻɛ⁵⁵tei⁰] cāi dei 同"才"：他炒的菜~好吃。

还 [xɛ⁵⁵] hāi 同"才"：这有人~好，都是厚道人｜小闺女长得~俊巴。

还得 [xɛ⁵⁵tei⁰] hāi dei 同"才"：他治啥~稳当｜我的脖子~疼。

怪 [kuɛ⁵²³] guài 实在，非常：你画的~好看咪｜他才一岁半，走得~稳当咪｜这个人~会说。

黑 [xei²¹⁴] hěi 用于动词前，表示猛,用力：~吃｜~拿｜~抢｜~要｜~玩儿｜~往前走｜汉奸在四关乡里安钉子，~杀老百姓。

不管 [pu²¹⁴kuã³⁵] bǔ guán ①不过：他年纪不大，~十七八岁｜他没走多远，~才出庄。②无论：~谁都得守规矩。

也不管 [iɛ⁵⁵pu²¹⁴kuã³⁵] yē bǔ guán 也不过，只不过：这个鸡~有八两重｜~才过两天，他的病又犯了｜~摽摽嘴劲玩，真要动手，他就吓跑了。

怨不得 [yã⁵²³pu⁰ti⁰] yuàn bu di 难怪，怪不得：~人家不跟你搭腔，你忒古怪了｜~他请我来，原来他碰着大难题了。

无怨 [u⁵⁵yã⁵²³] wū yuàn 同"怨不得"：~他没来，原来是出远发（出发：出差）了｜你老是不给他好脸儿，~他烦你。

我说 [uə³⁵ʂə²¹⁴] wó shuǒ 同"怨不得"：~他咋不理我了，原来是生我的气啦。

反 [fã²¹⁴] fǎn 音同"翻"，反正：谁愿去，谁就去，我~不去｜~不能叫老实人吃亏哎｜这话~是你说的，出了事别赖我｜这里边~有道道弯弯，要不，咋老是捂着

盖着？|你~知道，咱这合（这里）下午不兴看病人的。

反是 [fæ̃²¹⁴sɿ⁰] fǎn si 反正，表示情况虽然不同而结果并无区别：他~还不起账，把他的机器拉走算了|跑也跑不掉，~毁了，干脆拼喽吧|在这个单位~蹲不住了，临走玩个点子给他看看。

反喽 [fæ̃²¹⁴lou⁰] fǎn lou 无论如何，表示肯定的语气：不是你说的，就是他说的，~没外人|他又是种又是收，割砍犁耙，~不识闲。

混喽 [xuɛ̃⁵²³lou⁰] hùn lou 倒是，表示催促：你~好好学哎|~说实话哎|你~来玩儿哎。‖有的说"混的" [xuɛ̃⁵²³ti⁰] hùn di、"混是" [xuɛ̃⁵²³sɿ⁰] hùn si、"浑喽" [xuɛ̃⁵⁵lou⁰] hūn lou、"唤喽" [xuɛ̃⁵²³lou⁰] huàn lou、"哄喽" [xuŋ⁵²³lou⁰] hòng lou。

一持劲 [i²¹⁴tʂʅ⁵⁵tɕiɛ⁵²³] yī chī jìn 只，仅仅：在街头上守了大半天，~卖掉十拉斤菜|费死八难完成任务，~得了个口头表扬。

轻把 [tɕ'iŋ²¹⁴paɹ³⁵] qīng bár 轻易；通常（多用于否定式）：他的本事~地不往外露|一家人~聚不到一堆|老实人~地不发火，一发火就厉害。

早晚地 [tsau⁵⁵uɛɹ³⁵li⁰] zāo wáir di 有时，偶尔：他忙不开身，~回家一趟|我~看看小孩的作业|城里的姊妹~来看看她，给点小钱安慰安慰，剩下的日子全靠二婶自家苦挨。‖有的说 [tsau⁵⁵uɛɹ³⁵ti⁰] zāo wéir di。

尽尽 [tɕiɛ³⁵tɕiɛ⁰] jín jin 最：他家住到~南头儿|~前头有个空位儿。

紧着 [tɕiɛ³⁵tʂou⁰] jín zhou 老是；总是：他到城里办事，~不回来，我躁得不得了|别~给人家瞎闹|不能~闲着，该找点儿活儿干干|我病了两个月，~不好。‖也说"紧喽" [tɕiɛ³⁵lou⁰] jín lou、"紧是" [tɕiɛ³⁵sɿ⁰] jín si、"紧" [tɕiɛ³⁵] jín。《红楼梦》一百〇九回："夜深了，二爷睡罢，别紧着坐着，看凉着了。"

一劲 [i²¹⁴tɕiɛ⁰] yī jin 表示连续不停，不断：雨~地下，地里积水了|起打害了病，他~地打针|先生急得没法子，~地摁着药书翻。‖也说"一个劲" [i²¹⁴kə⁰tɕiɛ⁵²³] yī ge jìn。

律续 [ly²¹⁴ɕy⁰] lǚ xu 陆续：集上~来了几个卖菜的。

律律续续 [ly²¹⁴ly⁰ɕy²¹⁴ɕy²¹⁴] lǚ lǚ xǔ xǔ 陆陆续续；先后相续：他的病~地好啦。

及早巴早 [tɕi⁵⁵tsau³⁵pa²¹⁴tsau³⁵] jī záo bǎ záo 早早：人家还没下地，他就~干完了|还没跟北京的人联系好，他就~上北京了|老师布置的作业，他~写好了。‖有的说"及巴早" [tɕi⁵⁵pa²¹⁴tsau³⁵] jī bǎ záo。

老早 [lau³⁵tsau³⁵] láo záo 很早；甚早：他~就过来接老师|老弟，咱~就熟了，一听说你要来，我心里可敞亮了。

起早 [tɕi³⁵tsau³⁵] qí záo 从很早的时候：我~就想出去旅游一趟，一直脱不开身儿|人家~都来了，你到这会才来。

回来 [xuei⁵⁵lɛ⁰] huī lai 等一会儿，稍停片时：我~给你做好吃的｜咱~商量商量｜你等喽看，~我才找恁参唻！‖ 也说"过会"[kuə⁵²³xueir⁰] guò huir、"停会"[tʰiŋ⁵⁵xueir⁰] tīng huir、"待会"[tɛ³⁵xueir⁰] dái huir、"赶会"[kæ̃³⁵xueir⁰] gán huir、"拐回来"[kuɛ³⁵xueir⁰lɛ⁰] guái hui lai、"拐来"[kuɛ³⁵lɛ⁰] guái lai。

过崩 [kuə⁵²³pəŋr²¹⁴] guò běngr 过一段时间：~我去看你。

到会 [tau⁵²³xuei⁰] dào hui 快要，即将：麦~割完了｜~十二点了｜他~走到无锡了｜这事儿~办妥了。‖ 有的说"到为"[tau⁵²³uei⁰] dào wei。

来后 [lɛ⁵⁵xou⁵²³] lāi hòu 往后，以后：~你多来几趟｜你的药不能吃吃停停，~得定时定量。

一时半会 [i²¹⁴sʅ⁵⁵pæ̃⁵²³xueir⁵²³] yǐ sī bàn huìr 短时间内（多用于否定式）：你再等等，我~抽不开身儿｜这件事儿道道多，~办不好｜将来变成啥样，~不好说。

会会 [xueir⁵²³xueir⁰] huìr huir 经常：他~早来｜这几天~下雨。

单为 [tæ̃²¹⁴uei⁰] dǎn wei ①经常：他~地上河边钓鱼｜家里~地蒸菜吃。②专门：他~种花卖给花店里｜他在街上开了个修表店，~修手表。‖ 有的说成"单稳"[tæ̃²¹⁴uẽ⁰] dǎn wen、"单会"[tæ̃²¹⁴xuei⁰] dǎn hui。

靠喽 [kʰau⁵²³lou⁰] kào lou 经常：夏天~下雨｜他~邀同学来玩。

时不时 [sʅ⁵⁵pu⁰sʅ⁵⁵] sī bu sī 时常，经常：学生~到街心里买纸张笔墨。

一弄 [i²¹⁴nəŋ⁵²³] yǐ nèng 时常：他~就上徐州找朋友玩｜他~给爹娘捎点好吃的。‖ 有的地区说"一凳"[i²¹⁴təŋ⁵²³] yǐ dèng。

打总子 [ta³⁵tsuŋ³⁵tsʅ⁰] dá zóng zi 永远：我见他就烦，他~不来，我才喜唻。

一派 [i²¹⁴pʰɛr⁵²³] yǐ pàir 一口气，不间断地：从早清起来~干到天黑｜割麦、打场、晒麦、耩豆子，这是~活儿，一天也闲不住。

一抿气子 [i²¹⁴miẽ³⁵tɕʰi⁵²³tsʅ⁰] yǐ mín qì zi 一气，不间断地（做某件事）：~跑了10里路｜俺~把地犁完｜这个会~开到夜里12点。‖ 有的说"一门气子"[i²¹⁴mẽ⁵⁵tɕʰi⁵²³tsʅ⁰] yǐ mēn qì zi、"一门气儿""一猛气"。

天天 [tʰiæ̃²¹⁴tʰiæ̃⁰] tiān tian 每天：~都有好消息｜吃罢饭就上班，~这一套。

天天天 [tʰiæ̃²¹⁴tʰiæ̃²¹⁴tʰiæ̃²¹⁴] tiān tiān tiān "天天"的强调说法：他~钓鱼、喝酒，家里的事从来不问。

朝天 [tʂau²¹⁴tʰiæ̃²¹⁴] zhǎo tiān 每天；一天到晚：他~骑着摩托车送外卖｜他~上果园摆治果树｜广场上~有唱歌、跳舞的。‖ 又说"整天""朝天价"[tʂau²¹⁴tʰiæ̃²¹⁴tɕia⁰] zhǎo tiān jia。

成天 [tʂʰəŋ⁵⁵tʰiæ̃²¹⁴] chēng tiān 同"朝天"：‖ 也说"成天天""成天价"[tʂʰəŋ⁵⁵tʰiæ̃²¹⁴tɕia⁰] chēng tiān jia。

黑天白日 [xei²¹⁴t'iã⁰pei⁵⁵ʐẽ⁰] hēi tian bēi ren 从早到晚；整日整夜：他为了修这条路，~连轴转，两顿饭合成一顿吃｜忙里忙外，~不识闲。

黑间白间 [xei²¹⁴tɕiã⁰pei⁵⁵tɕiã⁰] hēi jian bēi jian 同"黑天白日"。通行于师寨等地。

雾空地 [u⁵²³kuŋr²¹⁴ti⁰] wù kǒngr di 贸然；意想不到地：最好先打个电话，要是~去找他，不一定找着他｜走到半路上，~碰见个熟人。‖有的说"雾澎地"[u⁵²³p'əŋ²¹⁴ti⁰] wù pěngr di、"蒙澎地"[məŋ²¹⁴p'əŋ²¹⁴ti⁰] měng pěngr di、"冒不腾地"[mau⁵²³pu⁰t'əŋr²¹⁴ti⁰] mào bu těngr di、"孟不腾地" [məŋ⁵²³pu⁰t'əŋr²¹⁴ti⁰] mèng bu těngr di、"暮空地" [mu⁵²³k'uŋr²¹⁴ti⁰] mù kǒngr di。

迭得 [tiə⁵⁵ti⁰] diē di 来得及（多用于否定式）：他没~吃饭，就上学去了｜我手头上有急活，不~陪你｜省厅的同志都忙着写材料、查文件，连句话也不~说，没有跟俺搭腔的。

迭不得 [tiə⁵⁵pu⁰ti⁵⁵] diē bu dī 来不及，顾不上：他~吃饭，就跑出去｜我有急事，~多停。‖也说"不迭得"[pu²¹⁴tiə⁵⁵ti⁰] bǔ diē di、"迭不迭"。

齐咕墩 [tɕ'i⁵⁵ku⁰tuər²¹⁴] qī gu dǔnr ①（断口）平齐：棍~地断了。②（故事、电影等）突然终止：他的呱儿拉了个开头，~地没有了｜聊斋的呱儿——~（歇后语）。

突古咋的 [t'u²¹⁴ku⁰tʂuar⁵⁵ti⁰] tǔ gu zhuār di 同"齐古墩"：故事讲个半个拉，就~完了。

重另 [tʂ'uŋ⁵⁵liŋ⁵²³] chōng lìng 重新：唱得不好，~唱。

再另 [tsɛ⁵²³liŋ⁵²³] zài lìng 同"重另"。

捽窝 [tsuə³⁵uər²¹⁴] zuó wǒr 全部，整个：我逮了一桶鱼，他~拿走了｜岗楼子的鬼子叫游击队~端了。

原古原 [yã⁵⁵ku⁰yãr⁵⁵] yuān gu yuānr 按原来的样子：我把他的话~地学给你听｜人家嫌饭不好吃，~地退回来了。

般 [pã²¹⁴] bǎn 一般，一样（用在单音节形容词前）：两根木头~长｜两头不~大，这头大，那头小｜各年级的队都排得~齐｜论家产我跟他~上~下，他不比我强多些。‖由"一般"缩略而来。也说"般般"：~短。

大约莫 [ta⁵²³yə²¹⁴mu⁰] dà yuě mu 大约，约莫：~能来十个人｜这个数不准，只是~。

大荒谱 [ta⁵²³xuɑŋ²¹⁴p'ur³⁵] dà huāng púr 大致，大概：承包了几年菜地，~说，赚了三五万块。

高低 [kau²¹⁴ti⁰] gāo di 到底，终于：高速公路~修到丰县了｜我费了九牛二虎的劲，~找着他了。‖有的说"高哩"[kau²¹⁴li⁰] gāo li。

足的 [tɕy²¹⁴ti⁰] jǔ di 毕竟，到底：~人家是文人出身，光是吵，就是不下把打｜~他有劲，要不，扛不动这根木头。‖有的说成"足着""足里""足喽"。

好兴 [xau³⁵ɕiŋ²¹⁴] háo xǐng 好不容易：~抓的鱼又跑了｜~花钱买的，别浪费。

好歹 [xau³⁵tɛ⁰] háo dai 但愿，好歹。祈愿语：庄稼都旱得奄拉叶了，~下雨吧｜~顺顺当当地到家吧｜他胡治瞎治，~治不成吧｜光顾自家吃独食，~撑死吧。

爽利 [ʂuaŋ³⁵li⁰] shuáng li ①副词，索性，干脆：我不差这一点钱，~都让给她吧｜我~扔掉行李，跳到河里洗起来。②利落：办事~｜不大一会他就把活干完了，真~。

挨边 [iɛ²¹⁴piɛ̃r²¹⁴] yǎi biānr 一个接着一个地，逐一：把苹果~拾起来｜~拿，不能挑｜俺几个到庄上~给老年人拜年｜他~给大家倒满杯。‖也说"挨个"[iɛ²¹⁴kər⁵²³] yǎi gèr、"挨着""挨剂子"[iɛ²¹⁴tɕi⁵²³tsi⁰] yǎi jì zi、"挨喽剂"[iɛ²¹⁴lou⁰tɕir⁵²³] yǎi lou jìr。

一剂 [i²¹⁴tɕir⁵²³] yǐ jìr 一并，一起：卖杏的不叫挑，不叫拣，只准~拾，不然他就不卖｜把他~带走｜连他~五口人。‖也说"一剂子"。范楼等地说"一第"[i²¹⁴teir⁵²³] yǐ dèir。

一发 [i²¹⁴far⁵⁵] yǐ fār 一同，一起：咱俩~去看看老师｜弟兄俩~动手，把石头搬开了｜你先记上账，月把儿俩月的我~付钱｜他俩~考上的大学。

般发 [pæ̃²¹⁴far⁵⁵] bǎn fār 同时：俺俩~来的｜全班32个同学，~入学，~毕业，到末了大不一样。

一递一 [i²¹⁴ti⁵⁵i²¹⁴] yǐ dī yǐ 表示彼此交替而做同样的动作，轮番交替：两个小孩~口把菜吃完了｜全寝室的同学~天地扫地｜几个人~声地答应着。

二十二、数词、量词

老小 [lau³⁵ɕiau³⁵] láo xiáo 排行最小的。

个半 [kə⁵²³pæ̃⁵²³] gè bàn 一个半。

个把两个 [kə⁵²³par³⁵liaŋ³⁵kər⁵²³] gè bár liáng gèr 一至两个：再用~就行了。

十拉个 [ʂʅ⁵⁵la⁰kər⁵²³] shī la gèr 十多个。

十拉八个 [ʂʅ⁵⁵la⁰pa²¹⁴kər⁵²³] shī la bǎ gèr 八至十个。

百把 [pei²¹⁴par³⁵] běi bár 一百多：这口袋粮食有~斤。

百把来个儿 [pei²¹⁴par³⁵lɛ⁵⁵kər⁵²³] běi bár lāi gèr 一百多个：厂里有~人。

百打百 [pei²¹⁴ta³⁵pei²¹⁴] běi dá běi 百分之百：你放心，这事~能办成。

浪汪 [laŋ⁵²³uaŋr⁰] làng wangr 左右。用在数目字后面表示概数：六十~斤儿｜三十~岁。

郎当 [laŋ⁵⁵taŋ⁰] lāng dang 上下，左右，用在数词后面表示概数（多用于年龄）：他才二十~岁，没啥经验。‖有的说成"浪当"[laŋ⁵²³taŋ⁰] làng dang。

号 [xaur⁵²³] hàor ①个，用于人数：前边儿来了五六十~人｜这几十~人作大用了。‖也说"号子"。②类，含贬义：这~人不好缠｜他那一~的，做事不讲究，不可交。

一呼隆群 [i²¹⁴xu²¹⁴luŋ⁰tɕyɛ̃r⁵⁵] yǐ hū long qūnr 纷乱的一群：来了~小孩。

口 [kʻou³⁵] kóu 屋子的数量：老宅子上有三间堂屋、一~东屋、一~西屋。

棵 [kʻuə²¹⁴] kuǒ 枝：一~烟｜一~枪。

棚 [pʻəŋr⁵⁵] pēngr 层：他家住的是两~楼。

丛 [tsʻuŋ⁵⁵] cōng 层：沙发上落了一~灰｜书柜有四~｜三~单不抵一~棉（民谚。三层单衣也不如一层棉衣暖和）｜上边覆一~土｜鞋帮上覆一~布。

轱喽 [ku²¹⁴lour⁰] gǔ lour 量词，段，截：向东走了一~又回来了｜离家还有一大~唻｜把木头锯成三~｜吃了一~甜秆子（甘蔗）｜他天天在庄头拉一~《三国》，引去一大群人。‖有的写作"骨娄"。

轱喽子 [ku²¹⁴lou⁰tsʅ⁰] gǔ lou zi 同"轱喽"：把他落下老长一~｜他站到人群里，比人家高一~。

个子 [kə⁵²³tsʅ⁰] gè zi 成捆秸秆：那个学校不收学杂费，每个学生带一~秫秸，用来烧茶｜地里还剩十几~麦。

瓯子 [ou²¹⁴tsʅ⁰] ǒu zi 表示以酒盅量的量：每个人喝三~酒再吃饭。

棋子 [tɕʻi⁵⁵tsʅ⁰] qī zi ①量词，用于笼屉、石磨等，相当于"层"：蒸了两~馍（两笼屉馒头）｜上~磨转圈，底~磨不动。②名词，笼屉、石磨的一层：笼~｜磨~。

领 [liŋ³⁵] líng 席的个数：上街上买一~席铺床｜"头上的青丝剪二缕，到街上换来两~席。你二爹娘停尸草堂上，你官不丁忧穿红衣"（梆子戏《秦香莲》）。

擗儿 [pʻir³⁵] pír 股：油条是两~的，撕下来一~吃。‖也说"擗子"。

喷 [pʻẽr⁵²³] pènr ①作物成熟的次数，茬，批：头~黄瓜｜这是二~豆角儿。也说"喷子" [pʻẽ⁵²³tsʅ⁰] pèn zi。②果品、蔬菜等大量上市的时期：油桃正摊到~上｜樱桃正当~。

季儿 [tɕir⁵²³] jìr 茬，量词：今年种一~麦，再种一~菜｜一年收了两~。‖也说"季子"。

生 [səŋr²¹⁴] sěngr 儿童周岁：俺孙子有两~了｜从小看大，三~到老（民谚）。‖也说"生子"。

一袢子 [i²¹⁴pʻæ̃⁵²³tsʅ⁰] yǐ pàn zi 一阵；一气：有~没来了｜~走到天黑｜电话里说了~｜听说他哥来了，他~跑到大门口去接。

一袢儿 [i²¹⁴pʻẽr⁵²³] yǐ pànr 同"一袢子"：~跑了十里路｜从这儿~到那头儿｜先上南京住~，再回丰县住~｜喝罢面条子，听了~戏。

崩 [pəŋr²¹⁴] běngr ①一段时间：我想回老家住一~｜没过多大~，他学会玩电脑了｜吃弄（这么）少，一~就饿瘦｜头一~，我领着俺科的人上市里学习去了｜前~，兴了一袢儿给闺女送甜秆子。②一段路程：开车送他一~｜他拦到车头里，要跟~车。

崩子 [pəŋ²¹⁴tsʅ⁰] běng zi 同"崩"：他来了老大~了｜我等你一~了，你老是没空。

目愣 [mu²¹⁴ləŋ⁰] mǔ leng 量词，睡一觉的时间：天还黑的唻，再睡一~吧｜吃罢晌午饭，我睡了一小~。‖有人认为由"蒙眬"演化而来。

一歇子 [i²¹⁴ɕiə²¹⁴tsʅ⁰] yǐ xiě zi 一阵子：俺几个干了~活儿，说了~话。

一码事儿 [i²¹⁴ma³⁵ sʅr⁵²³] yǐ má sìr 一回事：听到最后，我知道他俩说的是~｜别争了，恁俩说的不是~。

末儿 [muər²¹⁴] mǒr 次；回：咱小老百姓也吃~海鲜｜前几天，他坐了~飞机｜小孩都听大人的话，你咋不听我一~？｜我是头一~卖菜｜和尚娶媳妇——头一摸（歇后语。摸，谐末。有的说"新媳妇坐轿——头一末"）‖也说"末子"[muə²¹⁴tsʅ⁰] mǒ zi。

半拉 [pæ̃⁵²³lar²¹⁴] bàn lǎr 一半，半截；不完全的：路修个~，钱不够了｜七月十五见新花，八月十五拾~（民谚。意思是农历七月十五日开始采收新棉花，至八月十五日已收获一半）。

半个拉 [pæ̃⁵²³kə⁰la²¹⁴] bàn ge lǎ 同"半拉"：屋扒个~，拆迁队的就走了。‖也说"半半拉"[pæ̃⁵²³pæ̃⁰la²¹⁴] bàn ban lǎ。

筏 [far⁵⁵] fār 次：我上南京去了几~了｜他来找你两~了｜你一~一~地气我，我都让你了，再这样可不行。‖也说"筏子"。

伙 [xuər³⁵] huór 表示行为的数量，次：两家人拿刀拿枪，非要拼一~不行｜他来问了两~了｜他一天打他媳妇两~，娘家人不愿意了，要来出气。

家伙 [tɕia²¹⁴xu⁰] jiǎ hu 表示时间短暂：小鸟刺棱~飞了｜正做着梦，听见有人咋呼，我激灵~吓醒了。‖也说"下子"（比"家伙"略显文雅）。

一家伙 [i²¹⁴tɕia²¹⁴xu⁰] yǐ jiǎ hu 一下子，动作的次数：小孩刚点着炮捻，炮~炸了｜他跳到河里，~抓着一条大鱼｜他猛一用劲，~跑前边儿去了。‖也说"一下子"。

一盘儿 [i²¹⁴pʻæ̃r⁵⁵] yǐ pānr 一阵；一次；一顿：他俩吵了~，没吵够，又吵~｜他到家又翻腾~，还是没找着｜这个熊~，那个熊~，弄得他里外不是人。‖也说"一盘子"[i²¹⁴pʻæ̃⁵⁵tsʅ⁰] yǐ pān zi。

泡儿 [pʻaur⁵²³] pàor 份；项；件：他给人家讲好价，成了一~买卖｜我这是头~买卖，没虚头，不要谎｜我去给一~礼｜今年揽了两~大活儿｜都别挤，排好队，一~一~的来。‖也说"泡子"[pʻau⁵²³tsʅ⁰] pào zi。

铺 [pʻur²¹⁴] pǔr 件：过了这~事儿，就能清闲一阵子啦｜麻烦事一~接一~，忙得我头晕｜几~事连到一坨了。

一铺一买 [i²¹⁴pʻur²¹⁴i²¹⁴mɛr³⁵] yǐ pǔ yǐ máir 每一件：回到家，~都学给大人听｜咱把工作~地摆出来，看看谁干得多。

一铺出 [i²¹⁴pʻu²¹⁴tʂʻu²¹⁴] yǐ pǔ chū 杂乱的一堆（物品）；某种麻烦的局面：这~杂物干脆卖了吧｜他觉得反是过不好了，就那~，尽人家咋熊也不改。

一拖落 [i²¹⁴t'uə²¹⁴luə²¹⁴] yǐ tuō luǒ ①散乱的一团（东西）：~线绳子｜~布拉条子。②纠缠不清的事情：你拔腿走了，闪下这~，叫我咋处理?

一窝啷 [i²¹⁴uə²¹⁴laŋ⁰] yǐ wǒ lang 乱腾腾的一窝（多用于苘、麻、头发等）：~苘｜~绳｜~长虫。

一呼塌 [i²¹⁴xu²¹⁴t'ar²¹⁴] yǐ hǔ tǎr 乱腾腾的一片：东西摆得~。

来回趟 [lɛ⁵⁵xuei⁵⁵t'ɑŋr⁵²³] lāi huī tàngr 来回一次的路程：他天天五更头里起床，骑车到单县卖藕，卖完藕回家，一天一个~。

过儿 [kuər⁵²³] guòr 遍：把麦秸翻个~｜把馍翻两~。

扨子 [tau²¹⁴tsʅ⁰] dǎo zi 用筷子夹菜的量：他吃了几~菜就走了｜盘子里只有几~菜｜他扨了一~菜送到她嘴里。

掐 [tɕ'ia²¹⁴] qiǎ 指以拇指尖和中指尖握成圆形而攥成的一份：汤里下了一~细粉｜他掐了两~豆角子，送给邻居｜大姐拾了一大~棉花。

对掐 [tuei⁵²³tɕ'ia²¹⁴] duì qiǎ 双手能掐住的粗细：地里有一棵~粗的枣树｜她的腰只有~粗。

拃把 [tsa³⁵pa³⁵] zá bá 一拃多：那条鱼有~长。

捺 [na²¹⁴] nǎ ①张开的大拇指和中指两端间的距离：胡萝卜有一~长｜把纸裁成~把宽。②张开大拇指和中指来量长度：你~~大门有多宽。‖与"拃"相似，"拃"指张开的大拇指和食指两端间的距离。

虎虎 [xu³⁵xu⁰] hú hu 张开的大拇指和食指两端间的距离。

搦 [nuə²¹⁴] nuǒ 用手抓握的粗细范围：这棵树有一~粗。

捏子 [ȵiə²¹⁴tsʅ⁰] niē zi 用手指捏取的量：一~糖｜几~盐。‖有的地区说"捏乎子"：借了一捏乎子碱面子。

抱 [pau⁵²³] bào 两臂合围的量：抱着一~书。

搂 [lou³⁵] lóu 两臂搂抱的量：那棵大杨树有~把粗。

和 [xuə⁵²³] huò 洗东西的次数：褂子洗了两~｜把米搁水里淘三~｜茶叶泡罢三~，没啥味道了。

勾 [kour²¹⁴] gǒur 三分之一：这桶油，三~漏了两~。

勾子 [kou²¹⁴tsʅ⁰] gōu zi 同"勾"：我逮的鱼叫他孬去一~。

破儿 [p'uər⁵²³] pòr 磨面粉的次数。旧时，用粮食磨面粉要反复多次，每一次叫一破儿：推了几~，光出麸子不出面儿了。

冲 [tʂ'uŋ²¹⁴] chǒng 打扑克的次数：来两~牌再干活｜腰里掖~牌，早晚想来早晚来。‖也说"副"：桌子上搁着一~牌。

一瓜子 [i²¹⁴kua²¹⁴tsʅ⁰] yǐ guǎ zi 较多钱的数量：这一回他赚了~钱。

下子 [ɕia⁵²³tsʅ⁰] xià zi 大量：家里存~麦｜买~菜搁冰箱里｜亲戚给了~樱桃。‖ 也说"一下子"：他看人家可怜，就给喽人家一下子面。

一大些子 [i²¹⁴ta⁵²³ɕia³⁵tsʅ⁰] yǐ dà xié zi 大量：买了~零食。‖ 也说"一大下子"：他治了一大下子钱。

一点一星 [i²¹⁴tiɛ̃r³⁵i²¹⁴ɕiŋr²¹⁴] yǐ diánr yǐ xǐngr 形容点点滴滴，为数极少：~都不浪费｜他把麦粒子~地拾起来，攒了一二十斤｜他这人抠搜得很，~都不放过。

一星 [i²¹⁴ɕiŋr²¹⁴] yǐ xǐngr 一点儿：车里~油都没有｜我有~法也不找你借钱。

一滴滴 [i²¹⁴ti⁵⁵ti⁵⁵] yǐ dī dī 形容很少或很小：钓着一条~的小鱼｜菜快吃完了，还剩下~｜账对得啪啪的，~岔子都找不着。‖ 有的说"一滴滴" [i²¹⁴ti⁵⁵ti²¹⁴] yǐ dī dǐ、"一点儿点儿" [i²¹⁴tɛr³⁵tɛr²¹⁴] yǐ dáir dǎir。

一宁宁 [i²¹⁴ŋiŋ⁵⁵ŋiŋ²¹⁴] yǐ nīng nǐng 同"一滴滴"。

一衡衡 [i²¹⁴xəŋr⁵⁵xəŋr⁵⁵] yǐ hēngr hēngr 同"一滴滴"。

一壳口子 [i²¹⁴kʻə²¹⁴kʻou³⁵tsʅ⁰] yǐ kě kóu zi 比喻很少一点（含不满意味）：炒这~菜，不够塞牙缝的，一人一扢子就完了。‖ 有的说"一壳口眼子" [i²¹⁴kʻə²¹⁴kʻou³⁵iæ̃³⁵tsʅ⁰] yǐ kě kóu yán zi、"一壳喽" [i²¹⁴kʻə²¹⁴lour⁰] yǐ kě lour。

里把儿二里 [li³⁵par³⁵l̩⁵²³li³⁵] lí bár lrì lí 一两里：离张庄还有~路。

年把儿两年 [ŋiæ̃⁵⁵par³⁵liaŋ³⁵ŋiæ̃⁵⁵] niān bár liáng niān 一两年：大包干~了，他家收的粮食还是不够吃。‖ 也说"年把二年"。

十拉八年 [ʂʅ⁵⁵la⁰pa²¹⁴niæ̃⁵⁵] shī la bǎ niān 将近十年：这一溜屋还能撑~。

亩把儿二亩 [mu³⁵par³⁵l̩⁵²³mu³⁵] mú bár lrì mú 一两亩：一人只有~地。

斤把儿二斤 [tɕiẽ²¹⁴par³⁵l̩⁵²³tɕiẽ²¹⁴] jǐn bár lrì jǐn 一两斤。

二十三、介词、连词、叹词、助词

（一）介词

上 [ʂaŋ⁵²³] shàng 相当于普通话的介词"朝""往""向"，表示方向：~东走不远就是学校｜那群人~南跑啦｜狼狗的牙~外龇龇着｜年轻人都~外边儿打工去啦。

来 [lɛ⁵⁵] lāi 介词，往：~下挖两米｜~上爬｜~前走。

给 [kei⁵⁵] gēi 跟，与，和；同，引进比拟、比较的对象，构成"给……（一个）样"句式：我~他一发上的学｜她打扮得~十八的样｜大羔子~二羔子长得差不多｜儿子的脾气~他爹样。

待 [tɛ³⁵] dái 在。常用介词：他~路边间困着啦｜一家人成天~地里干活｜我~南京喋。‖ 近年也有人用"搁" [kə²¹⁴] gē 代替"待"。

待到 [tɛ³⁵tau⁰] dái dao 同"待"：我~东关喋，你能来接不？

摊 [tʻæ²¹⁴] tǎn 在：我~星期一值班儿｜~到 1976 年，一瓶茅台只要七块八。

摸 [muə²¹⁴] mǒ 在：他自家~地里坐着，闷得难受｜~街上溜了一会儿｜别~溜地上坐，脏。

起 [tɕʻi³⁵] qí 介词，从：~这儿走｜~小到大｜~今往后。

起那 [tɕʻi³⁵na⁵²³] qí nà 从那时起，从此：~，刘邦上沛县去了｜1958 年开始栽苹果，~，这块地就成果园了。

打 [ta³⁵] dá 介词，从，自。表示处所、方向或时间：~前边儿上东走｜~南边儿来了个小青年儿｜~今儿往后｜~小儿就听话。

自打 [tsɿ⁵²³ta³⁵] zì dá 自从：~四十岁上得了场大病，身板就不行了。

捋着 [ly³⁵tʂou⁰] lú zhou 顺着：~大路走到镇上。

贴 [tʻiə²¹⁴] tié 从：~里边拿。

回朝 [xuei⁵⁵tʂʻɑu⁰] huī chāo 向着，对着（某个方向）：他~里睡着了｜迷信的人说，锅门口~东的人家人烟旺，烧东不烧西，烧西人烟稀｜他回头朝外看｜他回脸朝上睡着｜人家都是回门朝南，河边儿这个庄随弯就斜，家家回门朝西南｜到政府大院我就迷向，不知道这是回门朝哪。

跟 [kẽ²¹⁴] gěn 如，比得上：他一步~人家两步｜开大饭店不~卖小吃赚得多｜肯吃嘴，懒做活，串门子，~八个（旧民谣）。

赶 [kẽ³⁵] gán 同"跟"：他一个人~两个人能干｜论心眼，十个八个不~他｜魏大兴的好枪鞭，不~黄田猛一蹄（旧俗语）。

不抵 [pu²¹⁴ti⁵²³] bǔ dǐ 不如，比不上：他~他哥会说话｜满堂儿女，~半路的夫妻（意为儿女们不如再婚的配偶重要）｜魏大兴，武艺强，~铁头赵世昌（旧俗语）。

不胜 [pu²¹⁴ʂən⁵²³] bǔ shèng 不如：淮鼠狼将（生育）老鼠——一窝~一窝（歇后语。比喻一代不如一代。淮鼠狼，黄鼠狼）。

（二）连词

即定……也 [tɕi²¹⁴tiŋ⁵²³…iɛ⁵⁵] jǐ dìng…yāi 即使……也：小孩即定有错，你也不能打｜即定过惯乡下的生活，到城里也得遵守交通规则。

应打……也 [iŋ²¹⁴ta³⁵…iɛ⁵⁵] yǐng dá…yāi 就算应该……也：你要是不走正路，这个家业应打给你的也不能给。‖也说"让打……也"。

打 [ta³⁵] dá 暂且算作：两口子算了算，一个~卖两百块，三百个能卖六万块｜一个月抓三千多块，打四千，也不够还房子贷款的。

就打 [tɕiou⁵²³ta³⁵] jiù dá 就算：这个班收了十五六个学生，~二十，也忒少了｜~他说得不对，你也不该动手｜~人家弄不清，你也该一清二楚。

尽 [tɕiɛ³⁵] jín 即使，表示让步：他比我~大大不两岁｜金山下走来人两个，手拉着手的泪不干，这一个不过十八岁，那一个~小小一年（民间说唱《断桥》）。

有的……还不跟 [iou³⁵ti⁰…xɛ⁵⁵pu²¹⁴kɛ²¹⁴] yóu di…hāi bǔ gěn 与其……不如：你有的去打牌，还不跟去骑行好咪。

说成 [ʂuə²¹⁴tʂʻəŋ⁵⁵] shuō chēng 假如，万一：~是真的，就麻烦了｜他~跑了，咱就找不着他了｜~下大雨，那间屋就得漏雨。

但使……也 [tæ̃⁵²³sɿ³⁵…iɛ⁵⁵] dàn sí…yē 只要……也：但使有一星法，我也不求他。

但凡 [tæ̃⁵²³fæ̃⁵⁵] dàn fān 只要：~能挤出时间，他不会不来的。

得是……就 [tei²¹⁴sɿ⁰…tɕiou⁵²³] děi si…jiù 只要能，如果能……就：得是不干就不干｜得是不管就不管。

渠喽 [tɕʻy⁵⁵lou⁰] qū lou ①除非：~有很当紧的事，我才找他。②只是，不过：我帮不上忙，~给你添麻烦｜他~好喝酒。‖本字为"除了"。

特为 [tei⁵⁵uei⁰] dēi wei 因为：~孝敬爹娘，他评上孝星了｜他~拿个第一名，成了名星｜他两家~小孩的事吵起来了｜~这句话，两个人抬杠了。

拥 [yŋ²¹⁴] yǒng 因为：就~小孩打架，两家不搭腔了。‖有的说"拥为"。

或喽 [xuẽ⁵⁵lou⁰] hūn lou 或者：你~来，~不来，提前说一声｜~他去，~你去，两个人得去一个。‖有的说"或是" [xuẽ⁵⁵sɿ⁵⁵] hūn si。

自然 [tsɿ⁵²³zæ̃⁵⁵] zì ran 既然：你~说了，我给你面子，啥也别说，算我倒霉。

不究……都 [pu²¹⁴tɕiou⁰…tou²¹⁴] bǔ jiu…dǒu 无论……都：不究是谁，都得守法｜他不究啥人，都跟人家瞎闹。

再咋咋 [tsɛ⁵²³tsa³⁵tsa⁰] zài zá za 无论怎样：~不能不要家。

随咋着 [tsʻuei⁵⁵tsa³⁵tʂuə⁰] cuī zā zhuo 无论如何：看到老乡的面上，~都好商量｜走到这一步，~也不能拐回去。‖有的说 [tsʻuei⁵⁵tsa³⁵tʂau⁰] cuī zā zhao、[tsʻuei⁵⁵tsa³⁵tʂou⁰] cuī zā zhou。

都 [tou²¹⁴] dǒu 就：只要有个稳定的工作~行｜我的个脾气本来~瞎，一听这话火就上来啦｜他早~想来看你啦，有疫情，没来成。

（三）叹词、助词

哎 [ɛ⁰] ai 表感叹、反问（用在句末）：下着大雨，再急也走不了~！｜你种的菜咋弄（这么）好~！｜光叫俺去，你的亲的厚的咋不去~？‖有的说"呹" [iɛ⁰] yai。

唉 [ɛ⁰] ai 句末语气词，表祈使：起来~！｜快点儿走~！‖有的说成"呹" [iɛ⁰] yai。

呹 [iɛ²¹⁴] yǎi 叹词，表示惊异：~，他咋没去上学！｜~！这不是老李叔家的二家伙吗？‖又说"哟" [iau²¹⁴] yǎo。

噫唏 [i⁵²³ɕi⁰] yì xī 表示不满、厌烦等：~！我才不稀罕那几个钱咪｜~！你看看恁屋里脏的！

唴 [tɕʻi²¹⁴] qǐ 叹词，表示不满、制止等：~，别瞎说！

孥孥 [nuŋ³⁵nuŋ⁰] nóng nong 詈语。‖ 有的说成"祖祖"。

唠 [lau⁰] lao 用在句末，表肯定、强调等语气：俺的家什多着咪，你用就是~｜又没人拦你，你走就是~｜那当然~，就该那样｜他的官大~，我不敢问他。

呗 [pɛ⁰] bai 句末语气助词：吃就吃~，别乱说｜饿不着，冻不着，这就好~，还想啥？

不唻 [pu⁰lɛ⁰] bu lai 句末语气助词，表示应允、商量、规劝等：好~，我这就去｜天到晌午啦，吃饭去~｜人家吵架，有你的啥事，走你的~。

好道子 [xau³⁵tau⁵²³tsɿ⁰] háo dào zi 附加在动词后，表示结果不好（多用否定形式，含不满意味）：这样的人来领头，领不了~｜他当村长，当不了~，你等着看笑话吧。‖ 有的说"好道场" [xau³⁵tau⁵²³ʂaŋ⁰] háo dào shang、"好道子上"。

……的个个子啦 [ti⁰kə⁰kə⁵²³tsɿ⁰la⁰] di ge gè zi la 句末语气助词，表示慨叹、惋惜、不满等：厂子毁~｜我的个车子找不着~｜混打锅~！

……的个罐子啦 [ti⁰kə⁰kuæ̃⁵²³tsɿ⁰] di ge guàn zi la 同"……的个个子啦"：上树够杏咪，褂茬子挂叉~。

二十四、其他

惊官动府 [tɕiŋ²¹⁴kuæ̃²¹⁴tuŋ⁵²³fu³⁵] jīng guān dòng fǔ 经过官府审理：一点小事儿不值当的~｜有啥事儿不能慢慢说？~多丢人。

三面俱同 [sæ̃²¹⁴miæ̃⁵²³tɕy⁵²³tʻuŋ⁵⁵] sān miàn jù tōng 与事情有关的各方都聚集在一起对证。‖ 有的说"三面聚头"。

老窑 [lau³⁵iaur⁵⁵] láo yāor 老窝，借指监狱：他偷东西，进了~。

蹲劳改 [tuɛ²¹⁴lau⁵⁵kɛ³⁵] dǔn lāo gǎi 指犯人在劳动改造处所接受监管。

出西门 [tʂʻu²¹⁴ɕi²¹⁴mẽ⁵⁵] chū xǐ mēn 旧时县城西门外设有刑场，人们把处死刑说成"出西门"：我又不摊死罪，还能出了西门？

补营底子 [pu³⁵iŋ⁵⁵ti³⁵tsɿ⁰] bú yīng dí zi 旧指招兵时招不够兵员，将不合格的人充数。

呱 [kuar³⁵] guár 故事：刘邦的~可多了。

过年的话 [kuə⁵²³ɳiæ̃⁵⁵ti⁰xuar⁵²³] guò niān di huàr 比喻令人愉快的话：会上，大家都拣~说，谁也不想得着人。

面子话 [miæ̃⁵²³tsɿ⁰xuar⁵²³] miàn zi huàr 敷衍的话；客套话：俺俩从没打过交道，坐到一堆只能没话找话，说说~｜跟他说点~，哄着他别瞎闹。

大路边上的话 [ta⁵²³lu⁵²³piær²¹⁴ʂaŋ⁰ti⁰xuar⁵²³] dà lù biānr shang di huàr 喻指普遍适用的话，原则性的话：他光说~，没一句交心的。

翘边子话 [tɕ'iau⁵²³piæ²¹⁴tsɿ⁰xuar⁵²³] qiào biān zi huàr 俏皮话：他来敬酒，说两句~，大家喜得哈哈的｜那些半大孩子都不是省油的灯，一个比一个才性高，说的~喜死人｜他的~多着咪，往后你只管听吧。

俏点子话 [tɕ'iau⁵²³tiæ̃³⁵tsɿ⁰xuar⁵²³] qiào diǎn zi huàr 同"翘边子话"。

蹊跷话 [tɕ'i²¹⁴tɕ'iau⁰xuar⁵²³] qǐ qiao huàr 奇异机巧的话：他一张嘴就说些子~引人笑。

丰普 [fəŋ²¹⁴p'u³⁵] fēng pú 带有丰县口音的普通话：~不土不洋的，容易懂｜他践了几句~，我差点儿笑起来。

巧劲 [tɕ'iau³⁵tɕiẽr⁵²³] qiǎo jìnr 巧妙省力的方法：用~砸杏核子，能砸出整个的杏仁子｜锄地得用~，不能用蛮力。

巧机梁 [tɕ'iau³⁵tɕi²¹⁴liaŋ⁰] qiáo jǐ liang 灵巧的技术：盖楼得用~，不像盖草屋。

笨劲 [pẽ⁵²³tɕiẽr⁵²³] bèn jìnr 粗笨的力量：光用~干不好，还得用点巧劲。

笨玩 [pẽ⁵²³uẽr⁵⁵] bèn wānr 比喻方法陈旧：人家早就用开沟机来挖山药沟了，你还是~，拿着铁锨挖。

景儿 [tɕiŋr³⁵] jǐngr 喻指了不起的事物：人家拿第一的都没吱声，他拿个第五还跟个~样｜他考个二本跟一~样。

影星 [iŋ³⁵ɕiŋr²¹⁴] yíng xǐngr 比喻少量的根据；迹象：他说的话沾点~，不全是瞎话｜既然有这一说，那就有点~｜咋出的这样的事？这都没一点~。‖史小桥等地说"星影"。

毛影 [mau²¹⁴iŋr⁰] mǎo yíngr 同"影星"：你咋知道要涨工资？这事连点~都没有｜我毛毛影影听说，最近干部有大变动。

烟影 [iæ̃²¹⁴iŋr³⁵] yǎn yíngr 踪迹，痕迹：他外出几年，如今没有~。

款 [k'uɛr³⁵] kuánr 样子：这小孩才五岁，就带着大人~，说大人话，学大人做事｜他三四十了，还没个大人~，整天混到小孩群里蹦蹦跳跳的。

糗 [tɕ'iou³⁵] qiú 模样：他怪得出奇，没个孩子~｜自家长得没有人~，还嫌人家丑！｜没个人~，还能得跟青杏样｜材料写得有个大~了。

正形 [tʂəŋ⁵²³ɕiŋr⁵⁵] zhèng xíngr 正经样子：他见了我，嬉皮笑脸没~｜伸舌头、挤巴眼，没有~。

形儿 [ɕiŋr⁵⁵] xíngr 样子：你望你那~，长得跟歪瓜裂枣样，还觉得多俊似的。‖也说"样儿"。

稀罕景 [ɕi²¹⁴xæ⁰tɕiŋr³⁵] xī han jǐngr 稀奇的事物：一圈子人围住，跟看~的样｜几十年前，骑洋车子是一道~。‖也说"西洋景"。

老絮套子 [lau³⁵ɕy⁵⁵t'au⁵²³tsɿ⁰] láo xū tào zi 很旧的方式或内容：割了麦，点豆子，~（民谚）｜一开会就是领导讲话、表态发言、总结强调，都是~。

老熟套子 [lau³⁵ʂu⁵⁵t'au⁵²³tsɿ⁰] láo shū tào zi 非常熟悉的方法、方式：挖河捣坝你都是~了，领着大伙干呗，还怕啥？｜这些都是~，说干就干，不费劲。‖ 有的说"熟趟子" [ʂu⁵⁵t'aŋ⁵²³tsɿ⁰] shū tàng zi。

杂巴捞子 [tsa⁵⁵pa⁰lau²¹⁴tsɿ⁰] zā ba lǎo zi 杂物：小屋里搁的都是~｜这些鱼是人家拣剩的，有好有孬，~，便宜。‖ 又称"杂巴捞" zā ba lǎor、"杂巴拉子" zā ba lǎ zi。

邪撇子 [ɕiə⁵⁵p'iə³⁵tsɿ⁰] xiē pié zi 不正式的（事情）：叫她去上学，她净干些~事。

邪撇拉子 [ɕiə⁵⁵p'iə³⁵la²¹⁴tsɿ⁰] xiē pié lǎ zi 不正规的，非正式的：找着一个~银行来贷款，就把厂子毁了｜那是~亲戚，去不去都中｜我不管这~事。

委头子 [uei³⁵t'ou⁵⁵tsɿ⁰] wěi tōu zi 本领，本事：他从小就有~，能卖菜挣学费｜树忒高，我没~爬上去｜这个部长我没~当，你换旁人吧。

抹子 [muə³⁵tsɿ⁰] mó zi ①瓦工用来抹灰泥的工具，有铁制、木制两种。‖ 有的说成"泥抹子"。②本事，技能：只要你有~，人家自来请你｜这个先生觉得自己的~差不离，就去应聘｜这人的~高，耍起刀来刷刷一片明，朝他撒一把豆子，保准一粒也砸不到他身上｜曹洪知道赵云的~厉害，只是咬着腚跟着，不敢硬打（民间故事《卧石观云》）。

抹儿 [muər³⁵] mór 本事，技能：造电动车的~叫他学走了｜他看病有~，看一个，好一个｜他想在师傅跟前亮亮~｜他的~不跟人家高。

雏抹子 [tʂu³⁵muə³⁵tsɿ⁰] chú mó zi 比喻本领很差：你这抹子雏得很，还得跟师傅再学两年。

嘴抹 [tsuei³⁵muər⁰] zuí mor 口才，说话的本领：几任书记都不如他的~好，讲起话来一套一套的。‖ 抹，指本领。

才性 [ts'ɛ⁵⁵ɕiŋ⁰] cāi xing 才华，才气：他的~高，文章写得好。

一坨 [i²¹⁴t'uər⁵⁵] yǐ tuōr 一处，一起：他结婚以后分家单过，不跟爹娘住~了｜把情况往~斗斗｜咱姊们俩可想到~去啦｜他俩头对头走到~，打声招呼，又各走各的。

明面 [miŋ⁵⁵miæ̃r⁵²³] mīng miànr 当面：秦桧的官大，谁敢~骂他！

背沟里 [pi⁵²³kou²¹⁴li⁰] bì gǒu li 背地里，私下：他瞒着家人，~跑到西北去了。

大面 [ta⁵²³miæ̃r⁵²³] dà miànr ①大局：他做事周到，能顾得住~。②外表；表面：光看~，他治得通好的咪，一看里边就不中了。

桌面 [tʂuə²¹⁴miæ̃r⁵²³] zhuǒ miànr 喻指公开场合：拿到~上来吧，别掖喽藏喽啦｜这些事儿不能往~上搁。

浮皮 [fu⁵²³pʼir⁵⁵] fú pīr 物体的最上层，表层：~用块布盖着｜盘子里就~有一点肉，底下全是菜｜把~的塑料纸揭开，叫青菜见见太阳。

过节 [kuə⁵²³tɕiə⁰] guò jie ①嫌隙：他俩家有~，平常不来往。②待人接物时的礼节或程续：办证得经几个~。

弯弯 [uæ̃r²¹⁴uæ̃r⁰] wǎir wair 隐情：他开口先要钱，怕的是这里边儿有~。

道道 [taur⁵²³taur⁰] dàor daor ①道理，理由：得说出个~才能服人。②程序：丧事儿的~可多了｜他不管麻烦不麻烦，就要那个~。

由头 [iou⁵⁵tʼou⁰] yōu tou 理由：喝酒得有个~。

古古由 [ku⁵⁵kuᵒiour⁵⁵] gū gu yōur 隐蔽的事由（贬义）：他不敢拿到明面上来，这里边有点~。

洋古古 [iɑŋ⁵⁵ku⁵⁵ku⁰] yāng gū gu 令人费解的主意（略含不满意味）；稀奇的花样：现成的汽车你不用，非要用电车，净出~。

花古点子 [xua²¹⁴kuᵒtiæ̃³⁵tsʅ⁰] huā gu diǎn zi 稀奇的主意：偷考试卷子，用手机作弊，他的~多的是｜他出个~，够咱忙乎的啦。

前后眼 [tɕʼiæ̃⁵⁵xou⁵²³iæ̃³⁵] qiān hòu yán 比喻预见力：谁都没有~，看不准事情的结尾。

不长眼 [pu²¹⁴tʂaŋ³⁵iæ̃³⁵] bǔ zháng yán 詈词，比喻看不见；没眼色：你~咋着？踩我的脚了｜人家都拣大的，你拿小的，~？

漓拉 [li⁵⁵la⁰] lī la 液体、零碎物品接连洒落：墨汁~到纸上｜他提着一桶水，~了一路子｜饭菜~到桌子上。

窜 [tsʼuæ̃⁵²³] cuàn ①地下水漫涌：井里~了半井筒子水｜一下大雨，下水道里就往上~水。②蔓延：火头~到屋檐上了｜黑烟从锅屋（厨房）~到堂屋里｜癣从胳膊~到脖子上。③辛辣食物的气味刺激：葱~鼻子受不了。

积嘟 [tɕi²¹⁴tu⁰] jǐ du 糊状物从表面挤出（一般量少）：伤口里的脓~出来了｜软地里用脚一踩，泥糊涂~出来了。

撮 [tsuə³⁵] zuó 聚合，收缩：井口老是往里~，后来~严实了｜水沟~得还剩一条缝｜窑塌了，有的人~到里边儿了。

坐根 [tsuə⁵²³kẽ⁰] zuò gen ①倾陷：墙头向下~了｜他的脚不正，把鞋踩得往里~。②比喻受挫：这个事儿办~啦。

划 [xua⁵⁵] huā ①合，折合：这堆牛蒡~一块三一斤。②分摊：一人只~九分地｜十个人发给六棵树，一人不~一棵。

打片儿 [ta³⁵pʼiær⁵²³] dá piànr 事物集中出现在一处或几处：这个镇的蔬菜大棚~，南边的庄建了，北边的庄一个也没有｜今年种的麦~出苗，有几亩露出芽了，有几亩还没露头。

折耗 [ʂə⁵⁵xau⁰] shē hao 损耗：用鲜红芋晒红芋干子，得有老些~。｜卖果子算账得去掉老些~。

狭处 [ɕia⁵⁵tʂʻu⁰] xiā chu 短处，把柄：我就迟到一回，成了你的~了，早晚想起来早晚说。

好啥 [xau³⁵ʂa⁰] háo sha 好东西：他吃的、穿的、用的都是~｜他一家人都吸大烟、赌博，都不是~｜那一伙打群架的没一个~。

任啥 [zə̃⁵²³ʂar⁵²³] rèn shàr 无论什么；任何东西：大风刮的个皮簸子，~不如两口子（民谚）｜她脸上不抹~也好看｜庄上的人都挪走了，~都没留下｜大棚闲着，没种~。

任么 [zə̃⁵²³mar⁵⁵] rèn mār 同"任啥"：~不懂｜他清闲在家，~都不干。

听风就是雨 [tʻiŋ²¹⁴fəŋ²¹⁴tɕiou⁵²³sɿ⁵²³yr³⁵] tǐng fēng jiù sì yúr 比喻把传言当成实情：人家说他要调走，你别~，跟着瞎传。

算路不打算路来 [suã⁵²³lu⁵²³pu²¹⁴ta³⁵suã⁵²³lɛ⁵⁵] suàn lù bǔ dá suàn lù lāi 事情没有按预计的发展：原想领她喝喜酒，冲冲她的魔道病，谁知道~，她乱闹起来。

鲜姜不改辣 [ɕiã²¹⁴tɕiaŋ²¹⁴pu²¹⁴kɛ³⁵la²¹⁴] xiān jiǎng bǔ gái lǎ 比喻本性不改：他还是老样子，~，见人就瞎胡闹｜我不信鲜姜改得了辣，他走到天边儿也是他。

二十四拜都拜了，哪差最后一哆嗦 [l̩⁵²³ʂɿ⁰sɿ⁵²³pɛ⁵²³tou²¹⁴pɛ⁵²³la⁰, na³⁵tsʻa²¹⁴tsuei⁵²³xou⁵²³i²¹⁴tuə⁵⁵suə⁰] lr̀ shi sì bài dǒu pài la, ná cǎ zuì hòu yǐ duō suo 比喻复杂的、主要的部分已经做完，扫尾工作也要做：~，咋着不能再挺一小会儿？

文庙 [uə̃⁵⁵miau⁵²³] wēn miào 位于丰县城区解放大道西首。明嘉靖三十九年（1560）建，为祭孔和教学之地。亦称"孔庙"。1983年改为丰县博物馆。

粉榆社 [fə̃²¹⁴y⁵⁵ʂə⁵²³] fěn yū shè 明隆庆版《丰县志》载："在县治东北十五里。按《史记正义》，以为汉高祖里社。"丰县凤城街道设有粉榆社区。

大沙河 [ta⁵²³sa²¹⁴xə⁵⁵] dà sǎ hē 清代咸丰元年（1851），黄河在砀山县蟠龙集溃溢，冲决而成该河。因该河两岸及河床均为粉砂土，故名。发源于大沙河镇二坝村的黄河故道（高寨淹子），在微山县程子庙村汇入昭阳湖。

复新河 [fu²¹⁴ɕiɛ²¹⁴xə⁵⁵] fǔ xǐn hē 是丰县境内流域面积最大的河流。清同治四年（1865），知县徐弼廷组织民众挑浚该河，称"新开河"，后简称"新河"。民国十八年（1929），县长王公玙疏浚新河，人们称之为"复新河"。

太行堤河 [tʻɛ⁵²³xaŋ⁵⁵ti²¹⁴xə⁵⁵] tài hāng dǐ hē 位于丰县西北部，因沿太行堤南侧东流而得名。明嘉靖八年（1529），为抵御黄河洪水，丰县、单县、沛县修筑长堤70余公里，后称汰黄堤、太行堤。长堤南侧因取土形成河道，称顺堤河、堤河、太行堤河。

中阳里 [tʂuŋ²¹⁴iaŋ⁵⁵li³⁵] zhǒng yāng lǐ 秦汉时期里名。《史记》载："高祖，沛丰

邑中阳里人。"民国时期在县城设立中阳镇。2014年11月，凤城镇分为中阳里街道和凤城街道。

欢口 [xuæ̃²¹⁴kʻou³⁵] huǎn kóu 丰县东北部的村名、镇名，意为欢沟的沟口。欢沟，在丰县北部与山东省交界处，清代淤没。清康熙六十一年（1722）《徐州志·疆域》载："（丰县）西北五十里为欢沟。"同治《徐州府志》卷十载："（丰县）西北至欢沟五十里。"欢口，明嘉靖《徐州志》、明隆庆《丰县志》均写作"歡口"。明崇祯七年（1634）"义路通行碑"写作"鱹口"，20世纪50年代简化文字时改作"欢口"。

首羨 [ʂou³⁵ɕiæ̃⁵²³] shóu xiàn 丰县西北部的村名、镇名。元宪宗三年（1253）所立"重修十殿和光观记"碑最早出现"守羨"一词，词义不明。明隆庆版《丰县志·集店》载有"守羨集"。明隆庆以后改作"首羨"。

丁兰集 [tiŋ²¹⁴læ̃⁵⁵tɕi⁵⁵] dǐng lān jī 丰县东部的社区名，属凤城街道。北宋初年的石碑记载有东丁兰村、西丁兰村。明隆庆《丰县志》载，因汉孝子丁兰寓居其地而得名。明清时期有丁兰里、丁兰集。

第三节　词语考辨

丰县方言口语中一部分词较为特殊，有的保留古汉语或早期白话的用法，有的词义发生转移，有的不容易辨明来源。

举例如下。

【麦仁】[mei²¹⁴zə̩⁰] měi zen

舂去表皮的麦粒，用以煮粥。

宋代写作"麦人"。宋苏轼《过汤阴市得豌豆大麦粥示三儿子》："秋霖暗豆荚，夏旱臞麦人。"宋陆游《埭西小聚》："瓦盎盛蚕蛹，沙斛（锅）煮麦人。"

【牙牙葫芦】[ia⁵⁵ia⁰xu⁵⁵lou⁰] yā ya hū lou

由"亚腰葫芦"音变而来。亚腰，中间细、两头粗的形状。

《西游记》第二七回："可怜把个行者头勒得似个亚腰儿葫芦，十分疼痛难忍。"

【糖牛】[tʻaŋ⁵⁵n̩iour⁵⁵] táng niūr

糖葫芦。由"棠梂"音变而来（欢口镇、顺河镇称作"棠梂"）。棠梂，山楂的古名。

明李时珍《本草纲目·果二·山楂》："赤爪、棠梂、山楂，一物也。"

【元枣子】[yæ̃⁵⁵tsau³⁵tsɿ⁰] yuān záo zi

君迁子。果实小，长椭圆形，初生色黄，熟后发黑。

古称羊枣、软枣、羊矢枣等。《孟子·尽心下》："曾晳嗜羊枣，而曾子不忍食羊枣。"《尔雅·释木》："遵，羊枣。"郭璞注："实小而圆，紫黑色，今俗呼之为羊矢枣。"《齐民要术》称为"软枣"。

【细狗】[ɕi⁵⁵kou³⁵] xī góu

一种狩猎良犬，头小嘴尖，身形细瘦，腿细长，善于奔跑。

元明时期写作"细狗""细犬"。元杨景贤杂剧《西游记》第十六出"细犬禽猪"："郭压直把皂鹰擎，金头奴将细狗牵。背着弓弩，挟着弹丸。"

明朱载堉《醒世词·山坡羊·说大话》："我家老鼠，大似人家细狗。"

《西游记》第六回："（猴王）跌了一跤，爬将起来就跑，被二郎爷爷的细犬赶上，照腿肚子上一口，又扯了一跌。"

【姅蛋】[fæ̃⁵²³tæ̃⁵²³] fàn dàn

禽鸟产蛋：那只黑鸡肯～。

《说文解字·女部》："姅，生子齐均也。"本义为生子多而素质均匀，后来专指禽类生蛋。

元曹明善《沉醉东风·村居》曲："姅弹鸡，和根菜，小杯盘曾惯留客。"

【鳜花鱼】[tɕi⁵²³xua²¹⁴y⁵⁵] jì huā yū

鳜鱼。背部隆起，有鳍刺，背部黄绿色，全身有黑色斑点。

古书常写作"鳜鱼"。宋吴自牧《梦粱录·分茶酒店》："酒蒸石首、白鱼、时鱼，酒吹鳜鱼。"

【家事】[tɕia²¹⁴sɿ⁰] jiǎ sir

家什，器具：拿个～来盛米。

宋孟元老《东京梦华录·防火》："楼上有人卓望，下有官屋数间，屯驻军兵百馀人，及有救火家事，谓如大小桶、洒子、麻搭、斧、锯、梯子、火杈、大索、铁猫儿之类。"

宋黎靖德《朱子语类》卷七十九："且如而今人，其父打碎了个人一件家事，其子买来填还，此岂是显父之过？"

【孛篮】[pu⁵⁵læ̃⁰] bū lan

一种大而浅、略呈长方形的盛器。

元秦简夫《东堂老》三折："今日呵，便担着孛篮，拽着衣服，不害羞，当街里叫将过去。"

元石子章《八声甘州》套曲："唱道事到如今，收了孛篮罢了斗，那些儿自羞？"

【芦篚子】[lou⁵⁵fu⁰tsɿ⁰] lōu fu zi

指装在织布梭中的缠有棉线的芦苇管。

芦，此处说成 [lou⁵⁵] lōu。篚，卷纬纱用的竹管。

蒲松龄《日用俗字·养蚕》："旋风撑开簆子络，芦筝纺罢缫车闲。"

【仰饰】[iaŋ³⁵tʂʅ⁰] yáng chi

房屋内的顶棚。

古称"仰尘"，旧时张设在座位上方承接尘土的小帐。后指天花板。宋王巩《闻见近录》："文公起，视其仰尘。"《醒世姻缘传》第七回："连夜传裱背匠糊仰尘，糊窗户。"

【气鼓子】[tɕʻi⁵²³kuº tsʅº] qì gu zi

起火（钻天猴、小火箭），一种焰火，装有细长木柄，点燃后带着尖厉的哨音冲入空中。欢口、顺河等镇称为"气呼子"[tɕʻi⁵²³huº tsʅº] qì hu zi，王沟、赵庄等镇称为"气花子"[tɕʻi⁵²³huaº tsʅº] qì hua zi。李申《徐州方言志》记为"旗鼓子"[tɕʻi⁵⁵kuº tsʅº]，释义为"旗火，点燃后能冲上天的爆仗或土火箭"。

古书写作"起火""旗花"。

明沈榜《宛署杂记·民风》："放烟火，用生铁粉杂硝、磺、灰等为玩具，其名不一，有声者曰响炮，高起者曰起火。"

《金瓶梅》第四十二回："最高处一只仙鹤，口里衔着一封丹书，乃是一枝起火。一道寒光，直钻透斗牛边。"

清俞万春《荡寇志》写作"旗花"，用作军事信号。如第九十五回："你二人乘黑夜，带五百人去拆了钟楼，就放起旗花来报信。"

【送粥米】[suŋ⁵²³tʂuŋ²¹⁴mi³⁵] sòng zhǒng mí

婴儿出生后，产妇娘家及亲友邻里前往贺喜，赠送鸡蛋、小米（或小麦）、红糖、婴儿衣帽等礼物。粥，本音[tʂu²¹⁴] zhǔ，变读为[tʂuŋ²¹⁴] zhǒng。

《金瓶梅词话》第六十七回："到明日，咱也少不的送些粥米儿与他。"

《红楼梦》六十一回："昨日上头给亲戚家送粥米去，四五个买办出去，好容易才凑了二千个来。"

【姥娘】[lau³⁵ȵiaŋº] láo niang

指外祖母。旧时写作"老娘"。

元武汉臣《散家财天赐老生儿》楔子："随后不想兄弟媳妇儿可也亡化过了，单留下这孩儿。那老爷、老娘家亲眷每说道……"

《红楼梦》第六十三回："这里贾蓉见他老娘醒了，忙去请安问好。"

【耳刮子】[l³⁵kua²¹⁴tsʅº] lrí guǎ zi

①巴掌；手掌：台下的人激动得直拍~。②耳光：他拿钱去赌博，叫他爹劈脸带腮打了几个~。

《水浒传》第二十一回："这短命，等得我苦也！老娘先打两个耳刮子着。"

《金瓶梅词话》第七十八回："不防春梅走到根前，向他腮颊上尽力打了个耳刮子。"

【让】[zɑŋ³⁵] ráng

批评，责备：老师~他了。现代多写作"嚷"。

《左传·桓公八年》："夏，楚子合诸侯于沈鹿。黄、随不会。使薳章让黄。"

【噆】[tsʻə̃³⁵] cén

责怪，批评；讽刺：领导~了他几句｜他说话好~人。

《广韵》昌真切，平声。今丰县话为上声。

唐杜甫《丽人行》："炙手可热势绝伦，慎莫近前丞相嗔。"

《金瓶梅》第三十五回："爹嗔他放进白赉光来了。"

【坎】[kʻæ̃³⁵] kán

罩；扣；戴：拿个罩子把馍馍~上。

唐段成式《酉阳杂俎前集》卷五："厌鼠法。七日，以鼠九枚置笼中，埋于地。秤九百斤土覆坎，深各二尺五寸，筑之令坚固。"

《醒世姻缘传》第四回："〔晁大舍〕随把网巾摘下，坎了浩然巾，穿了狐白皮袄，出去接待。"

【叉】[tsʻa⁵⁵] cā

拦挡；堵塞：这群人站到路中间拉呱，把路~死了｜洞口~上几块砖头。

元无名氏《博望烧屯》第二折："等他入的城来，着鹿角叉住巷口，当住城门。"

《儿女英雄传》第七回："我们两口儿也抢白了他几句，待要出门，那大师傅就叉着门，不叫我们走。"

【超】[tsʻau⁵²³] cào

跨越，跨跳：从沟涯上~过去。

《墨子·兼爱》："夫挈泰山以超江河，自古之及今，生民而来未尝有也。"

《集韵》笑韵，抽庙切："逾也。"

【摆】[pɛ³⁵] bái

涮洗：把衣裳~~晒上。

宋朱辅《溪蛮丛笑·不乃羹》："牛羊肠脏略摆洗，羹以飨客。"

【抛撒】[pʻau²¹⁴sa³⁵] pǎo sá

丢弃散落；浪费：这些馃子，他吃一半，~一半。

元郑廷玉《看钱奴》第一折："你这厮平昔之间，扭曲作直，抛撒五谷，伤残物命，害众成家。"

【破】[pʻuə⁵²³] pò

拼；豁出：~上三年的工价我不要，也得出出这口气！

《红楼梦》第六十五回:"向来人家看着咱们娘儿们微息,都安着不知什么心!我所以破着没脸,人家才不敢欺负。"

【埲】[paŋ⁵²³] bàng

尘土、面粉等粉末状物体弥漫洒落:~了一身灰。

《广韵》蒲蠓切,上声、董韵、并母:"塕埲尘起。"

【四称】[sɿ⁵²³tʂʻɚ⁵²³] sì chèn

①得当,合适:滑雪衫穿到身上真~。②匀称;端正:脸盘长得~。

古时写作"厮称"。元高明《蔡伯喈琵琶记》第十六出:"破靴破笠破衣裳,打扮须要厮称。"清郑燮《道情》之四:"水田衣,老道人,背葫芦,戴袱巾,棕鞋布袜相厮称。"

【一坨儿】[i²¹⁴tʻuər⁵⁵] yǐ tuōr

一起,一堆儿:好的跟好的搁~,孬的跟孬的搁~,不能掺。

元无名氏《争报恩·楔子》:"来到这权家店,只见一个男子搭着个妇人,一坨儿坐着喝酒。"

明罗懋登《三宝太监西洋记》第六回写作"一驼儿":"师徒们两个人一驼儿坐着,讲的讲,听的听。"

第五章 词汇 | 467

第六章 语法现象

在语法上，丰县方言与普通话大同小异，不过，虚词用法与普通话不同，构词法和句法也有一定特色。

第一节 词类

一、代词

老派方言的代词数量比普通话少，新派方言引进我们、你们、咱们、这里、那里、多少、怎么、别人、别的等词。

（一）人称代词

主要有我、俺、你、恁、咱、他、她、它、自家、旁人、人家、大家伙等。

老派方言表示复数时，主要用俺、恁、咱。

1. 俺 [æ̃³⁵] án

（1）常用来表示第一人称复数，用于口语，相当于书面语的"我们"。例如：

俺几个到乡里排查隐患去了。

俺都走，把你自家留下。

俺十几口子还怕你一个人？

（2）用在亲属、人物、单位名词前，表示领属关系，相当于书面语中的"我"。例如：

俺达达（父亲），俺娘，俺家，俺局里，俺江苏省。

2. 恁 [nẽ³⁵] nén

（1）常用来表示第二人称复数，用于口语，相当于书面语的"你们"。例如：

恁俩别光顾着拉呱，误了上火车。

恁都走喽，我一个人就能干了啦？

恁望望，家里乱成啥样啦！

（2）用在亲属、单位名词前，表示第二人称单数的领属关系，相当于书面语的"你"。例如：

恁爷爷，恁家，恁镇里，恁厂里。

3. 咱 [tsæ̃^{35}] zán

常用作复数第一人称，相当于书面语的"我们"（包括谈话的对方）。例如：

咱几个上外边旅游一趟吧。

他得大奖了，咱给他贺喜去。

4. 大家伙 [ta^{523}tɕia^{0}xuər^{35}] dà jia huór

大家，指一定范围内所有的人。例如：

大家伙都听着，过年不许放炮仗啦。

我给大家伙说说我的想法。

（二）指示代词

主要有这、那、这些、那些、这合、那合、这眼先、这会儿、那时候、那会先、这样、那样、这户的、那户的、弄、弄么、弄些等。

1. 这合 [tʂə^{523}xə^{0}] zhè he

指代处所，用于口语，相当于书面语的"这里"。一般情况下，"合"读为轻声，表强调时读阳平。例如：

你蹲这合治啥咪？

我到这合散心来。

稿子放这合吧。

媒人说得唾沫星子直飞，跟说书的样，这合留个"扣子"，那合插个"关子"。

2. 那合 [na^{523}xə^{0}] nà he

指代处所，用于口语，相当书面语的"那里"。例如：

他那合地多人少，俺这合地少人多。

3. 弄 [nəŋ^{523}] nèng

表示性状、方式等，用于口语，相当于书面语的"这么"。例如：

这个西瓜弄甜！

城里的人咋弄多！

你咋弄厉害！

你咋弄会说哎！

人家都弄大岁数啦，还下地干活。

第六章 语法现象 | 469

（三）疑问代词

主要有谁、啥、哪、哪合、早晚、啥时候、多些、咋、咋样等。

1. 啥 [ʂa⁵²³] shà

问人或事物，用于口语，相当于书面语的"什么"。例如：

家里还有啥人？

你想吃点啥？

恁几个治啥去？

研究这个有啥用？

他的脑子好用，学啥会啥。

万一得个处分啥的，亏不？

好听难听没啥，大家高兴就行。

2. 哪合 [na³⁵xə⁰] ná he

问处所，用于口语，相当于书面语的"哪里"。例如：

他上哪合去了？

凤鸣公园在哪合？

恁的车停到哪合了？

我转了向，不知堂楼在哪合。

3. 早晚 [tsau⁵⁵ueir⁰] zāo weir

问时间。用于口语，相当于书面语的"什么时候"。例如：

他早晚走的？

你早晚结婚？

学校里早晚放假？

4. 多些 [tuə⁵⁵ɕiə⁰] duō xie

问数量，用于口语，相当于书面语的"多少"。例如：

家里有多些地？

共拢来了多些人？

5. 咋 [tsa³⁵] zá

问动作、方式，用于口语，相当于书面语的"怎么"。例如：

一秋天把粮食祸害完，到了冬天咋办？

你咋学会种山药、韭黄的？

6. 咋着 [tsa³⁵tʂə⁰] zá zhe、[tsa³⁵tʂau⁰] zá zhao 或 [tsa³⁵tʂa⁰] zá za。

问动作、方式，相当于书面语的"怎么""怎么样"。例如：

他不走正道，我能咋着他？

给你这么多东西，你还嫌好道歹，你到底想咋着？

他再厉害，又能咋着谁？

二、副词

【些】[ɕiə²¹⁴] xiě

程度副词。很，非常。例如：这个西瓜些甜哝！｜他不怕脏，不怕累，些能吃苦｜你老人家些好呗？

【拢拢】[luŋ³⁵ luŋ³⁵] lóng lóng

范围副词。共计，总共。例如：这块地拢拢收了3万多斤红芋。

【将才】[tɕiaŋ²¹⁴ tsʻɛ⁵⁵] jiǎng cāi

时间副词。刚才。例如：将才有人找你｜我将才买了一个跑步机。

【一呆】[i⁵⁵ɛ⁵⁵] yī āi

否定副词。准定，一定。例如：只要放假，他就回家来，这是一呆的｜他有时来，有时不来，你不一呆能见着他。

【特为】[tei⁵⁵uei⁰] dēi wei

情态副词。故意，特意。例如：她穿着新衣裳上人场去，得为地叫人家看｜小偷得为往人群里挤，趁乱下手。

【单为】[tæ̃²¹⁴uei⁰] dǎn wei

情态副词。专门。例如：他~邀我上河涯钓鱼。

三、介词

【待】[tɛ³⁵] dái

表示处所，用于口语，相当于书面语的"在"。例如：我待河涯上溜着玩哝｜这件衣裳是待淘宝上买的｜她待纱厂工作。

【到】[tau⁵²³] dào

表示处所，用于口语，相当于书面语的"在"。例如：他坐到沙发上看电视｜日子看到八月初六｜把狗关到屋里｜菜摆到桌子上。

【待到】[tɛ³⁵tau⁰] dái dao

表示处所，同"待"。例如：俺待到地里干活哝｜他待到街上逛了两个小时。

【起】[tɕi³⁵] qí

用在时间词、处所词前，表示起始点、来源或经过的地方，与介词"从""打"用法相同，可以互换。在老派方言中较为常用。例如：

老百姓起包产到户就天天吃好面了｜起今儿往后，我光管接送小孩，其他的事都不管｜他起小到大没生过病｜起学校到徐州，有八十多公里｜几个人起南京转到海南岛，绕了一大圈才回来｜老大出差的时候起老家过了一趟｜你起我手里租的房子，该还给我｜飞机起楼顶上飞过去了。

有时，"起"跟介词"打"配合使用，表示"自从"。如：起打见了莺莺，张生就得了相思病。

【来】[lε⁵⁵] lāi

介词，往，朝。用在处所词前，表示方向。例如：他迷向了，知不道该来哪去，来东走，还是来西走？｜屋里忒挤，大家都来外站站｜来锅里加一舀子水，别烧干喽｜一听飞机嗡嗡响，一群人都来天上看。

四、连词

【紧……都】[tɕiẽ³⁵tou²¹⁴] jín…dǒu

表示无条件关系，相当于书面语的"不论…都"。例如：

人家帮你弄大（这么大）的忙儿，紧到啥时候都不能忘了人家的好处｜这件事只能自家人知道，紧谁来问都别说｜我上班去，你在家自家玩，紧谁敲门都别开。

【得是……就】[tei²¹⁴sɿ⁰tɕiou⁵²³] děi si…jiù

表示条件关系，相当于书面语的"只要……就"。例如：

得是能说，我就说说｜家务事得是不管就不管｜房子得是不拆就不拆。

【应打……也】[iŋ²¹⁴ta³⁵iε⁵⁵] yīng dá…yāi

表示转折关系，相当于书面语的"就算……也"。例如：

你再瞎胡闹，我应打帮你的也不帮。

【有的……还不跟】[iou³⁵ti⁰xε⁵⁵pu²¹⁴kẽ²¹⁴] yóu di…hāi bǔ gěn

表示选择关系，相当于书面语的"与其……不如"。例如：

有的找小诊所，还不跟上正规医院看看咪。

五、形容词带宾语

有的形容词后带宾语，与普通话用法不同，例如：

孬：他见人家的铁锹好，就孬人家一把铁锹｜俺地边的一棵树叫他孬去了｜这会不敢跟他打架了，孬给他啦。

肮脏：二弟嘟噜的肮脏人｜他在大门外边堆垃圾，特意地脏脏俺。

白：人家帮咱的忙，咱不能白了人家。

甜：给他点糖疙瘩甜甜他的嘴。

香：送给他一把落生香香嘴。

花：头一轮比赛花下去三个人。

憨：他不看路标，憨着脸开车。

温：锅里温了三碗汤｜壶里温好洗脸水。

短：我买五斤菜，短了半斤秤。

苛刻：苛刻着眉头（皱眉）｜苛刻着脸（脸色严肃）｜老板苛刻他，叫他吃剩饭，干重活。

第二节　构词

一、重叠式

（一）AA 式构词。例如：

达达（口语称父亲）

秫秫（高粱）

黄黄（玩具；东西：小孩手里拿着黄黄）

会会（经常：他会会去打球）

天天（每天：他天天开车上班）

啰啰（随意交谈：他跟一个生人啰啰半天）

道道（细节，程序：喜事上道道多得很）

弯弯（隐情：他脸色不对，这里头有弯弯）

有些重叠式动词带有"持续""经常"等含义。例如：

手里拉拉着一根柳棍｜一年到头在外边儿跑跑着｜这件事叫他擩擩成了｜再吵吵，晌午饭就吃不成了｜都别瞎吵吵，叫队长来定调子。

（二）AAB 式构词。例如：

每每先（过去：每每先一家一个当院，这会都住套房）

哈哈笑（笑料、笑话儿：人家都看他的哈哈笑）

古古由（隐情：他捂着不叫人家知道，这里边包准有古古由）

小小虫（麻雀）

罗罗蛛（蜘蛛）

光光蜓（蜻蜓）

叽叽啯（[tɕi⁵⁵tɕi⁰kueir⁵⁵] jī ji guīr 大山雀）

婆婆丁（蒲公英）

琉琉瓶（玻璃瓶）

喷喷车（[pʻeir²¹⁴pʻeir⁰tʂʻə²¹⁴] pěir peir chě 旧称带车厢的手扶拖拉机）

篷篷车（蒙有布篷的机动三轮车）

碰碰车（儿童游乐场中的一种电动车，耐撞击，速度慢，在场内绕圈，互相碰撞取乐）

（三）ABB 式构词。例如：

外爷爷（外祖父）

老嬷嬷（老年妇女）

洋古古（奇怪的主意；新奇的花样：不当公务员，非要下海当老板，净出~）

打澎澎（一种游泳方式，俯卧水面，双脚交替击水，发出"砰砰"响声）

一圈圈（周围所有的人：一圈圈人都喜欢她）

（四）AABB 式构词。例如：

琉琉绷绷（一种玻璃瓶状玩具）

半半拉拉（不完整：树苗子栽得半半拉拉就走了）

四四方方（形容正方形很端正：画了一个四四方方的方框）

大大方方（[ta⁵²³ta⁰fɑr⁵⁵fɑr⁵⁵] dà da fɑ̄r fɑ̄r 指人的行为举止自然，不俗气。"方"读音特殊）

白白净净（形容皮肤白而洁净：他脸上白白净净，跟搽粉的样）

花花答答（形容错杂不齐：树凉影花花答答）

豁豁牙牙（形容边缘缺口很多，残茬参差不齐：刀口豁豁牙牙，不能切菜了）

激激灵灵（形容睡觉等非常灵敏：睡得激激灵灵，醒了几回）

斯斯维维（慢条斯理的样子：他斯斯维维，一天都没做完作业）

缗缗巴巴（形容皱缩的样子：衣裳~，该熨熨了）

咋咋呼呼（大声喊叫、说话的样子：他坐到高铁上~，惹得人家都翻眼看）

适适登登（形容紧张忙碌的样子：洗衣裳，买菜，接送小孩上学，适适登登一天过去了）

吭吭哧哧（行动吃力，发出"吭吭哧哧"的声音）

骂骂叽叽（骂骂咧咧）

叽叽咕咕（低声说话：他俩站到大厅里叽叽咕咕拉私呱）

嘟嘟噜噜（不停地唠叨、啰唆：他嘟嘟噜噜说个没完）

叽叽歪歪（叫喊；大声说话：车厢里没人说话，就他一个人叽叽歪歪）

（五）ABA 式构词。有强调意味。例如：

实打实（实实在在：这事儿不隐不瞒实打实）

明打明（公开透明：明打明地把开销说给大家听）
百打百（百分之百：我敢打包票，这些蜂蜜百打百是真的）
现打现（当场：你要是说瞎话，我就叫你现打现地丢人）
单个单（单独，一对一：假期里，老师单个单地教他）
紧赶紧（抓紧时机，急忙：任务压头皮，紧赶紧才完成）
马上马（马上，立刻：别急，马上马就轮着你）
眼看眼（马上，很快：眼看眼合同到期）
手递手（亲手递交：我把信手递手交给他）
脚跟脚（紧跟着：前边的人刚走，后边的人脚跟脚来到）
巧不巧（碰巧，也许：你的手机巧不巧能找着）
拢共拢（总共：今年拢共拢收了两千斤粮食）
毛包毛（形容非常杂乱或脏乱：当院里摆得毛包毛）
稳拿稳（稳定，必定：这季子麦稳拿稳收到家）
里外里（从里到外。表示整个、全部：这样安排的话，咱里外里吃亏｜他里外里搬走二十箱子牛蒡｜看病里外里花了三十万）

二、附加式

丰县方言大量使用附加成分（词缀）构成生动形象的词语。根据附加成分的位置，可以分为前缀式、后缀式、中缀式。

有些附加成分与普通话一致，如"呱叽"：晕头呱叽（昏头昏脑），呆喽呱叽，松拉呱叽（松松垮垮），恫脸呱叽，甩拉呱叽。也有许多附加成分用法特殊。

（一）前缀式

1. 形容词前缀"虚"[ɕy²¹⁴] xǔ

用在青、蓝、紫等词前表示程度高。例如：~绿｜~紫｜~蓝｜~紫烂青。

2. 词缀"圪"[kə] ge

加在名词、形容词、动词之前，表示小或程度轻重。一类读阳平调，另一类读为阴平调，二者在用法和意义上没有明显的差别。

（1）附加在名词前，音 [kə⁵⁵] gē。例如：

圪棒 [kə⁵⁵paŋ⁰] gē bang 细小的干树枝或草棒。
圪蒂 [kə⁵⁵teir⁵²³] gē dèir 蒂，瓜果等跟茎、枝相连的部分：瓜~｜番茄~｜桃~。
圪针 [kə⁵⁵tʂẽ²¹⁴] gē zhěn 指植物枝梗上的硬刺。

（2）附加在形容词或动词前，音 [kə⁵⁵] gē 或 [kə²¹⁴] gě。例如：

圪拔的 [kə⁵⁵par⁵⁵ti⁰] gē bā di 略微拔尖，比较好。

圪蹬 [kə⁵⁵təŋ⁰] gē deng 单足跳动。

圪躁 [kə⁵⁵tsau⁰] gē zao 脾气急躁。

圪燥 [kə⁵⁵tsau⁰] gē zao 天气燥热：天有点~，要下雨。

圪蔫 [kə²¹⁴iæ̃⁰] gě yan 花木、水果等因失去水分而萎缩发皱：那一把玫瑰花都~了，她还不舍得扔。

圪影 [kə²¹⁴iŋ³⁵] gě yíng 心中对某事忧虑不安。

（二）后缀式

1. 后缀"子"

丰县方言有丰富的"子"尾词。子，读轻声，附加在词尾，主要功能是构成名词。

普通话大部分"子"尾词与丰县方言"子"尾词对应，少部分"子"尾词在丰县方言中不带"子"尾。比如，在丰县话中，"儿"不说成"儿子"，"桃"不说成"桃子"，"鞋"不说成"鞋子"，"棍"一般不说成"棍子"，"钉"一般不说成"钉子"。

（1）多数"子"尾词不含感情色彩

附加于单音节语素后，构成双音节名词。例如：蒲子、苇子（芦苇）、豆子（黄豆）、对子（对联）、坎子（歇后语）、蛾子、妗子、橛子、裤子、弦子、馃子。

附加于双音节或多音节词根后，构成多音节名词。例如：甜秆子（甘蔗）、棒穗子（玉米穗）、豆角子（菜用豇豆）、手面子（手背）、面糊子、石子子（石子）、枪子子（子弹）、胳膊曲子（胳膊肘）、左撇拉子、红芋干子（红薯干）、落生仁子（花生仁）、盖体窝子（被窝）、车轱轮子（车轮）。

（2）一部分"子"尾词含有轻蔑、厌恶等附加意义。例如：憨子、医闹子、街滑子、大马子（强盗）、神嬷子（巫婆）。

有些词既有"子"尾形式，又有儿化形式，这两种形式的感情色彩差别不大。比如：

侄子——侄儿，面条子——面条儿，

酒瓯子——酒瓯儿，褂茬子——褂茬儿，

一会子——一会儿，麦穗子——麦穗儿

手脖子——手脖儿，车门子——车门儿

有时，"子"尾形式带有中性情感色彩或略有贬义，而儿化形式带有喜爱的感情色彩，二者不可互换。比如：

老头子——老头儿，老嬷子——老嬷嬷儿，

小子——小儿，妮子——妮儿，

羊羔子——羊羔儿，马驹子——马驹儿。

（3）"子"尾词往往具有口语色彩。比如，以下四组词变成"子"尾词后，都成为口语词：冰雹——雹子，头目——头子，村庄——庄子，苍蝇——蝇子。

（4）"子"尾可以转变词义、词类。例如：红——红子（敬神禳灾用的红布条或红布），跑——跑子（兔子的别称），挑——挑子（扁担和它两头所挑的东西），油——油子（老练、油滑的人），小叔——小叔子（丈夫的弟弟），盖——盖子。

"子"尾还可以构成量词。比如：件子（买了两件子衣裳）、喷子（音 [p'ẽ^{523}tsɿ^0] pèn zi，头喷子黄瓜又鲜又嫩，二喷子还行，到三喷子就不新鲜了）、季子（一年收了两季子庄稼）、下子（拽了他两下子）。

2. 名词后缀"家儿"

读轻声，附加在动词后，表示有某种特长的人或经常做某类事情的人，与普通话的后缀"家"不同：

唱家儿：擅长唱戏或唱歌的人。不同于"歌唱家"。

写家儿：擅长写文章的人（综合科里几个人都是写家儿）。

跑家儿：擅跑的人（兔子的爹——老跑家儿）。

练家儿：经常练习武术的人。

热家儿：爱好者（展览会上来了一群热家儿｜那班人都是热家儿，雷打不动，天天准时到场）。

吃家儿：喜欢吃的人或食量较大的人。

喝家儿：喜欢喝酒的人或酒量较大的人。

玩家儿：喜欢消遣的人或喜欢玩赏某物的人。

喷家儿：经常说大话的人（俺那屋里有个喷家儿，一上来就大喷大拉，旁人插不上话）。

捣家儿：经常捣乱的人

糙家儿：经常胡闹、捣乱的人。

抢家儿：经常抢夺财物的人。也称"抢家子"。

证家儿：证明人；证据（好人死到证家儿手里。民谚）。

干家儿：能干的人：他上来就把这个烂摊子收拾好了，真是个干家儿。也称"干家子"。

诓家儿：经常骗取钱财的人。

"家儿"也可换成"家子"，意思基本相同。如：干家子｜吹家子｜喝家子｜诓家子。

3. 名词后缀"们"

表示复数。老派方言中较少使用，仅用于个别称呼语，如：爷们、娘们、姊们、弟们、妯娌们等。新派方言引入普通话"们"的用法，使用范围很广泛。

4. 名词后缀"头"

（1）表示某一类人。读本音 [t'ou^{55}] tōu。多含戏谑、嘲讽、轻蔑、厌恶等意味。

例如：

老实头（老实人）

迂魔头（糊涂、执迷的人）

摔挤头（吝啬鬼）

逆歪头（桀骜不驯的人：那个黄子是个逆歪头，你越这样说不行，他就越这样办）

黏磨头（纠缠不休的人）

拧筋头（执拗的人）

眼子头（出力、花钱却落得抱怨的人）

（2）附加在动词、形容词后构成名词。多读轻声 [tʻour⁰] tour。例如：

说头（特殊说法儿：清明节门上插柳是有说头的）

看头（值得观看、欣赏的地方：这出戏有看头）

吃头（值得吃的地方：螃蟹有啥吃头？不如去吃羊肉）

抓头（本指人手可以抓握的部位，引申为保障性事物：咱手里没有抓头，万一他反悔咋办）

玩头（玩赏、玩耍的趣味：二坝湿地夏天有玩头｜这种电子游戏没玩头）

怕头（令人害怕的人或事物：小孩得有点怕头才行）

管头（规矩；管束别人的人：没有管头，成不了才）

偎头（投靠的处所或人：有父母在家，弟兄们有个偎头）

指头（所指靠的事物：除了种地，没啥指头）

活头（生存的时间或趣味：他病厉害了，没大活头啦）

熬头（维持、支撑的时间：早咪，有熬头的咪）

当头（担任的价值或时间：这个官儿没当头，不如换个职务）

虚头（虚假不实的成分：我要的价没虚头）

5. 名词后缀"头子"

附加在名词后，带有轻蔑、不满、厌恶等感情色彩。例如：

嘴头子（嘴：他的嘴头子又发贱了，老是胡说）

委头子（本领，本事：他是个无益的人，没多些委头子）

坷垃头子（坷垃，土块：地里坷垃头子多得很｜洋葱贱得跟坷垃头子样不值钱）

棍头子（棍：家里穷得连个棍头子也没有）

筐头子（筐：把破铜烂铁都装到筐头子里）

馍头子（残缺的馍：爱惜粮食，不能剩馍头子）

帽头子（帽子：戴着草帽子亲嘴——还差两帽头来）

肩膀头子（肩膀：他又瘦又小，肩膀头子没多大劲）

6. 词缀"个"

（1）与"边"合用，构成词缀"边个"[pɛr²¹⁴kər⁵²³] bǎir gèr 或 [pæ̃²¹⁴kər⁵²³] bǎn gèr，附加在方位词后。例如：

东边个：东边个是沛县，西边个是单县。

南边个：电视塔南边个就是他家。

北边个：县城北边个有个大水坑。

里边个：里边个是卧室。

外边个：庄子外边个是大沙河。

左边个：我左边个坐着一个男同学。

右边个：右边个的门封上了，你从左边个过来。

前边个：前边个没有房子，是一片空地。

后边个：小区后边个紧靠中阳大道。

一边个：把茶壶搁到一边个｜大门口有两个保安，一边个站一个。

两边个：两边个都用劲，一边个翘起来。

旁边个：大楼旁边个有个广场。

（2）附加在"啥""咋"后，构成"啥个""咋个"。例如：

不走大路走小路，这忒啥个啦。

分手几年又见面，总觉得有点啥个。

这个药咋个吃法？

7."个"作衬字。例如：

（1）附加在结构助词"的"后，构成后缀"的个"。"的个"有时表示领属关系、修饰关系，有时表示"这个"。例如：

我的个老天爷！

你的个车子得闲唄？借给我用用。

东边的个山叫华山。

吴神庙的个"吴"本来是"无有"的"无"。

不怕死的个孙伯扬，上一上金殿去见君王（民间说唱）。

你的个该死的（相当于"你这个该死的"）。

要它没有一点用，我把它扔的个个子啦（我把它扔掉了。个子，虚指，含不满意味）。

汽车叫他开毁的个罐子啦（汽车被他开坏了。罐子，同"个子"，虚指）。

这个书记说人话，不办人事，调走的个小舅子啦（小舅子，虚指，含讽刺、不满的意味）。

那个孬种死的个龟孙啦！

（2）附加在动词或动词短语后。例如：

大喜的日子，你哭个啥？

他不看书，不学习，能知道个啥！

又没人咋着你，你跑个啥劲的？

他认老毛子个干爹。

看他那个傲劲，我特意地治他个咳嗽。

8. 词缀"巴"

附加在单音节动词或形容词后，读轻声。

（1）用在单音节形容词后，表示某种状态。例如：干巴｜小巴｜瘦巴。

（2）用在某些表示手的动作的单间音节动词后，略含戏谑、随便、不精心等色彩。

例如：

抹巴：脸上抹巴得黢黑。

抱巴：他抱巴着一摞本子。

拧巴：几个人拧巴着他的胳膊，把他推到车里去了。

揍巴：他的书揍巴毁了。

拆巴：他把音箱拆巴零散了。

附加有"巴"的动词经常重叠使用。例如：

破水桶、小推车砸巴砸巴卖废铁了，旧箱子、旧板凳劈巴劈巴烧锅了。

他拿出作业本子，写巴写巴跑出去玩了。

他把菜切巴切巴搁到锅里了。

再例如：

画巴——画巴画巴，翻巴——翻巴翻巴，

揉巴——揉巴揉巴，擦巴——擦巴擦巴，

剁巴——剁巴剁巴，洗巴——洗巴洗巴。

（3）"巴"有时用在双音节词中间，加重语气。例如：

黢巴黑（也说"黢巴子黑"）：三光棍挖大河回来，晒得脸黢巴黑，也不光棍了。

焦巴黄（也说"焦巴子黄"）：孙大金牙烟瘾大，吸烟吸得两个手指头焦巴黄。

9. 动词后缀"达"

后缀"达" $[ta^0]$ da 在丰县话中使用范围较广。举例如下：

跑达：天天待外边儿跑达着不沾家｜我跑达月把儿才办好手续。

扒达：柜子里扒达乱了。

点达：我点达着他的额拉盖儿，数落他一顿。

说达：他听见谁瞎说达咮，回家就生气。

学达：家里的事别到外边儿乱学达。

糊达：饭疙疤糊达了一身｜他从地里回来，一身糊达得跟泥猴样。

摔达：滑冰鞋摔达毁了。

画达：作业本儿上画达得毛包儿。

皮达：小孩儿叫他打皮达了｜工作有点儿皮达。

武达：这个选手真武达，上来就耍大刀。

有的也说"嚓"[tsʻa⁰] ca：扒嚓、糊嚓、武嚓。

10. 动词后缀"登""腾"

附加在某些单音节动词后，读轻声，表示反复。比如：

【适登】折腾：把亲戚朋友都~过来帮忙。

【扒登】掏挖；翻动：箱子里的衣裳都~乱了。

【倒登】转移；倒卖：把辣萝卜~到筐里去｜他单为地（经常）~点青菜来卖。

【作登】胡作非为。

【踢腾】施展：刚上任，就得~开。

【打腾】清理：把当院子~干净。

【扑腾】踩踏；糟蹋：他把屋里~得不能进人。

【翻腾】翻动，乱翻：把相片都~出来｜说着说着，把人家的丑事都~出来了。

【闹腾】吵闹；扰乱；说笑打闹。

11. 动词后缀"拉"

在口语中使用频率较高。例如：

挬拉 [pu⁵⁵la⁰] bū la 拨：把树枝~到一边｜他一手翻账本，一手~算盘子子｜他欠了一腔账，到死也没~清｜眼看要迟到，他慌手慌脚盛一碗饭，~两口就往外跑。

模拉 [mu⁵⁵la⁰] mū la 用手抚摸，摩挲。

合拉 [xə⁵⁵la⁰] hē la 搅动，搅拌。北部作 [xə⁵⁵lau⁰] he lao。

弧拉 [xu⁵⁵la⁰] hū la 聚拢，划：把树叶子~到一坨｜~了一把脸｜我用手~~脖麻糊。

撇拉 [pʻiə³⁵la⁰] pié la 走路时两腿向外弯曲。《醒世姻缘传》第七十八回写作"劈拉"："追论前事，二罪并举，三十个板子，把腿打的劈拉着待了好几日。"

揲拉 [tiə³⁵la⁰] dié la 随便端着：~着碗串门去了。

喋拉 [tiə³⁵la⁰] dié la（幼儿）撒娇故意哭：他~着嘴哭得烦人。

12. 后缀"得不行""得不能行"

附加在心理动词后，表示程度深。例如：

扶贫工作队来了，他喜得不能行，接到家里。

他一听要拆迁，恼得不行。

这几个月疫情重，生意难做，烦得不能行。

13. 动词性后缀"弄景的"

附着于动词性短语后边，表示等等之类的意思。例如：

他好画画儿弄景的，出过作品集了。

这个小孩儿又是号，又是打滚弄景的。

他会装憨弄景的。

开业的时候，店里挂横幅、拉彩虹门、办大席弄景的，动静不小。

14. 动词后缀"个啥劲儿的"

附着在动词后，以反问形式表示劝阻。例如：

还干个啥劲儿的？该歇歇啦。

快喝汤去吧，老玩个啥劲儿的？

不愿意就不愿意呗，骂个啥劲儿的？

15. 形容词后缀"乎的" [xur⁵⁵ti⁰] hūr di

附加在形容词后，表示略微、少许等。使用范围较广。如：

红乎的：桑椹子刚有一点红乎的，还不能吃。

黑乎的：在外边跑跑了一夏天，脸晒得黑乎的。

热乎的：进了庄里，庄上的人招呼得热乎的。

暖乎的：外边刮着北风，屋里暖乎的。

冷乎的：这身衣裳忒薄，穿上有点冷乎的。

酸乎的：羊肉汤里加点醋，喝起来酸乎的。

辣乎的：这种辣椒辣乎的，不是很辣。

软乎的：这块布是毛料，摸起来软乎的。

脏乎的：从庄稼地里出来，一身脏乎的。

晕乎的：他成天喝得晕乎的。

憨乎的：他憨乎的，没多些心眼子。

瘆乎的：走到树林子里，心里瘆乎的。

能乎的：这个人显得能乎的，老是谝他有钱、有本事。

能达乎的：同"能乎的"。

急乎的：眼看期限要到，工程还差一大截，他有点急乎的。

急达乎的：同"急乎的"。

黏乎的：糯子沾到手上，黏乎的擦不净。

黏达乎的：同"黏乎的"。

野达乎的：这种人缺少管教，野达乎的，大呼小叫，乱捞乱拿｜你到城里，要学得文泛点，别野达乎的，叫人笑话。

16. 词缀"乎"

可构成形容词或动词。读轻声 [xu⁰] hu。

近乎 三人越说越近乎。

全乎 办事的道道都想全乎。

忙乎 大家忙乎了一年。

热乎 他丢官回到乡下，亲戚邻居对他都不热乎。

亲乎 他心里只觉得老爷爷亲乎。

稀乎 你这一走，咱见得就稀乎了｜他跟老家没多些来往，去得稀乎。

值乎 值得：为这点小事儿吵架不值乎。

差乎 差，缺欠：这些礼都拿回去吧，我不差乎这点儿东西。

17. 形容词后缀"不叽的" [pu⁰tɕi⁵⁵ti⁰] bu jī di

含不适、不满、厌恶等意味。例如：

甜不叽的（形容甜味令人不适：汤里加糖，甜不叽的不好喝）

苦不叽的（形容苦味令人不适：苦瓜吃起来苦不叽的）

疼不叽的（形容持续疼痛：我的腿摔着了，老是疼不叽的）

能不叽的（形容出风头的样子：他能不叽的，没有资格来管俺，还非要管）

18. 形容词后缀"不拉叽" [pu⁰la²¹⁴tɕi²¹⁴] bu lǎ jǐ

附加在单音节形容词后，含不满、厌恶意味。例如：

土不拉叽：穿的衣裳土不拉叽。

脏不拉叽：他几天没洗澡，身上脏不拉叽。

苦不拉叽：这种药水苦不拉叽，咽不下去。

咸不拉叽：汤烧得咸不拉叽不好喝。

酸不拉叽：青杏疙瘩酸不拉叽吃得倒牙。

18. 形容词后缀"不拉歪" [pu⁰la²¹⁴uɛ²¹⁴] bu lǎi wǎi

附加在单音节形容词后，表示不适、不满、厌恶等。举例如下：

紫不拉歪：手冻得紫不拉歪｜太阳出来紫不拉歪，一对学生下山来。

腥不拉歪：一闻鱼篓子腥不拉歪，我就干哕。

咸不拉歪：炒的菜咸不拉歪，小孩都不吃。

20. 后缀"棱"

形容词或动词后缀，多含不合标准、不够理想的意味。举例如下：

别棱 [piə⁵⁵lən⁰] biē leng 别扭：这句话念起来别棱嘴｜这人有点别棱。

立棱 [li²¹⁴ləŋ⁰] lǐ leng 歪斜；不平稳：立棱着身子｜板凳别搁立棱喽，人一坐光摔倒。

翘棱 [tɕʻiau⁵⁵ləŋ⁰] qiāo leng 多指板状物弯曲变形：门翘棱了。翘，音同"乔"。

斜棱 [ɕʻiə⁵⁵ləŋ⁰] 斜 xiē leng：匾挂得有点斜棱｜自己长个斜棱眼，还说万物都长偏。

支棱 [tsʅ²¹⁴ləŋ⁰] zǐ leng 张开；直立，竖起：支棱着耳朵｜树枝支棱着｜头发支棱起来。

21.形容词后缀"腾的"

附加在某些形容词后，表示程度高。举例如下：

饱腾的：他吃得饱腾的，上班去了｜三红七白的杂面条喝得饱腾的。

满腾的：汽车装得满腾的，不能再加货了。

鼓腾的：小孩的书包鼓腾的，里边都是课本、作业本子。

22.后缀"气"

（1）附加在单音节形容词后。读轻声。例如：

薄气（情分薄：要是收朋友的钱，就显得薄气了）

臭气（臭：你的脚丫子几天没洗，都臭气了）

腥气（腥：死鱼烂蚂虾腥气得很）

臊气（指尿之类的气味难闻：他的裤衩子比裤子还臊气）

气气（形容异味难闻：屋里气气得熏人）

大气（有气派：人家的字写得多大气）

小气（吝啬：他对同事很小气）

（2）附加在某些子尾名词后，表示某种不适的气味。例如：

土腥子气（土中异味：野生的动物有股土腥子气）

奶腥子气（奶类物品的气味：我服不了牛奶的奶腥子气｜小孩身上有股奶腥子气）

狗腥子气（狗身上发出的腥味：狗身上有股子狗腥子气）

豆腥子气（黄豆的气味：豆扁子有股豆腥子气）

脏腥子气（[tsaŋ⁵²³ɕiŋ⁰tsʅ⁰tɕʻi⁵²³] zàng xing zi qì 动物内脏的气味：大肠有股脏腥子气）

水腥子气（红芋泡得水腥子气）

丝挠子气（食品变质的气味：这馍有股丝挠子气，不能吃了。丝挠 [sʅ²¹⁴nau³⁵] sī náo 食品变质发黏）

醭子气（发霉的气味：屋里有股醭子气）

呼浓子气（狐臭气味：那个人身上有股呼浓子气）

23.形容词后缀"泛"

表示状态、形态等。读轻声。举例如下：

文泛：人家是个文化人，说话做事都文泛，慢声细语，有礼貌。

厚泛：大席办得多厚泛。

单泛：看病人只带一把花，有点单泛，再拿点水果、鸡蛋就好看了。

活泛：他的脑子活泛，变着法儿地做生意。

灵泛：这种洗衣机用起来灵泛，省力气。

24. 形容词后缀"道"

附加在形容词、动词、名词后。例如：

空道（空隙较大：屋里空道得很，再摆点家具就好看了）

厚道（待人诚恳，宽容：他为人厚道）

雅道（文雅：客厅里摆几盆花，显得雅道｜这家人雅道）

（三）中缀式

1. 词缀"拉"[la⁰] la，读轻声

（1）作名词词缀。如：

布拉条子（零碎的布条）

胳拉拜子（[kə²¹⁴la⁰pɛ⁵²³tsɿ⁰] gě la bài zi 膝盖）

胳拉绷（[kə⁵⁵la⁰ pəŋ³⁵] gē la béng 脖颈）

口拉水（[kʻou³⁵la⁰ʂuei³⁵] kóu la shuí 口水，唾液）

屋拉牛（[u²¹⁴la⁰ȵiou⁵⁵] wǔ la niū 螺蛳）

（2）在多音节词中作中缀。如：

无轻拉重，无才拉用，半死拉活（半死不活），半个拉胯，憨不拉式，半憨子拉式。

2. "子"在多音节词里作中缀

例如：半阴子天、雾拉子雨。

有些情况下，带有不满、嘲讽等色彩。例如：差三子落四、拐弯子抹角、叽歪子反叫、疙疤子嘟叽。

3. 词缀"儿"

在某些词中可作中缀，无实义。读轻声 [l⁰] lr。例如：

块儿八角：块儿八角没啥争究头｜块儿八角的，能让就让了。

百儿八十：逛商场百儿八十的不够花的。

千儿八百：小礼堂里来个千儿八百的人也能坐下。

万儿八千：店里一个月能收万儿八千。

4. 词缀"不"

在形容词里作中缀，无实义。读轻声 [pu⁰] bu。例如：

红不乎的（稍微发红的颜色。也说"红乎的"）

绿不莹的（稍微发绿的颜色。也说"绿莹的"）

蓝不莹的（稍微发蓝的颜色。也说"蓝莹的"）

香不撩的（形容香气不正：这种花有股子香不撩的味）

青不撩的（形容青菜的味道不正）

甜不嗦的（带有不适的甜味）

倔不拉的（执拗强硬的样子）

秃不咋的（光秃秃的。咋，音 [tʂua⁵⁵] zhuā）

烂不杂的（破烂带有断茬的样子。也说"烂杂的"）

水不叽的（有很多水的样子：身上淋得水不叽的）

木不登的（麻木的感觉）

活不拉的（活生生的）

面不得的（软弱无力地。得，音 [teir⁵⁵] dēir）

笑不慈的（似笑非笑的样子）

好不怏的（好端端的：她好不怏的哭啥唻？怏，音同"央"yǎng）

哑不腾地（不声不响地：这件事没听见动静，哑不腾地完了。腾，音 [tʼəŋr²¹⁴] těngr）

第三节　句式

一、"唻"字句

唻，读轻声 [lɛ⁰] lɑi，是常见的句末语气助词，表示陈述、肯定、感叹等。既单独使用，也与其他词搭配使用。

（一）用在陈述句中，表示正在进行。例如：

大哥刨树唻（大哥正在刨树）。

她在家看小孩唻（她正在家中看小孩）。

他打电话唻（他正在打电话）。

他不来正好，我正不想他来唻。

他往家走着唻。

（二）用在陈述句中，表示肯定或否定。例如：

这个电视剧我才看到第一集唻（这个电视剧我才看到第一集呢）。

天早着唻，再玩一会儿吧。

汽车才走了一半的路，离家还远着唻。

你要不催他，他得玩早唻。

花还没开唻（花还没开呢）。

我还没起来唻，俺妈妈就吆唤我。

还没等齐人唻（还没等齐人呢）。

你把小孩打得好唻不好唻，咋给他家大人交代？

（三）用在疑问句末，例如：

你做啥活儿唻（你正在做什么呢）？

你等谁唻（你正在等谁呀）？

看书唻吗（正在看书吗）？

你跟谁说话唻？

这几年你在哪唻（这几年你在哪儿呢）

那些人说啥唻？

（四）表示感叹、亲近等语气。例如：

我的个老天爷唻！

我的乖乖唻！你咋长弄（这么）高唻！

亲娘唻！我该咋办吧？

她唱得怪好听唻（她唱得真好听呀）！

你才是真正的高手唻（你才是真正的高手呢）！

连这个账都算不上来，还当会计唻！

实话唻！真怪好看唻！

他来了才好唻，省得我去找他了。

（五）"通+形容词性词语+的唻"句式，表示感叹。例如：

他的本事通大的唻。

这家人通好的唻。

白凤桃通甜的唻。

火头鱼通禁活的唻。

（六）"形容词+的唻"句式，表示程度很深。例如：

他顶真的唻！六亲不认。

好的唻！你把外商气走啦，咱的货没法卖了。

（七）"不唻"句式

"不"和"唻"都发轻声。用在句末，表示应答、祈使等。举例如下。

1. 好 + 不唻，用在对话中的答句，表示应诺，意思是"好啊，行啊"。

甲：你来一趟行唻？

乙：好不唻。

甲：你来扶我一下子。

乙：好不唻！

2. "不唻"加在动词或动词短语后，表示祈使。如：

回去不唻，你老跟人家吵啥！

走你的不唻，别管弄么（这么）多啦！

吃你的饭不唻，别说话了！

二、疑问句

丰县方言常用句末语气助词唄、吗、不、没、曼、呢表示疑问。

疑问句中的反复问句，书面语用"V（动词）不V"句式，口语中常用"V唄"或"V不"句式。举例如下。

你回去不回去？（书面）

你回去唄？（口语）

你回去不？（口语）

————————————

这样写对不对？（书面）

这样写对唄？（口语）

这样写对不？（口语）

（一）唄 [pɛ⁰] bai

1. 表示是非疑问语气，相当于普通话的"吗"。例如：

你会用微信唄？

你做核酸检测了唄？

想去听戏唄？是名角演的。

天黑了，该回家了唄？

2. 表示陈述语气。例如：

你说咋弄就咋弄唄。

要问分地为啥好，分了地就有饭吃唄。

学习就学习唄，还考啥试。

（二）不 [pu⁰] bu

表示疑问语气，例如：

粮食还多不？

家里还有人不？

上会堂里看戏去不？

人家专家说的，还能错了不？

（三）没 [mu⁰] mu

表示选择疑问，相当于"没有"。例如：

吃饭了没？

工作队走了没？

有钱没？借给我几个。

（四）曼 [mæ⁰] man

表示选择疑问，与"没"的用法基本相同。例如：

大人的话你听见了曼？

我托你的事办好了曼？

（五）呢 [ȵi⁰] ni

1. 表示特指疑问语气，比如：

该咋办呢？

咋能这样呢？

你这是干啥呢？

小华呢？她咋还没来到呢？

钥匙呢？弄丢了吗？

我看这样不中，你说呢？

这样说对不对呢？

2. 偶尔表示陈述语气，比如：

老嬷嬷非要把它挂到船头上，起那，就挂到船头上啦呢。

他换上衣裳，拾掇拾掇就走啦呢！

（六）吗 [ma⁰] ma

老派方言多用于反问句末，比如：

我这样做能不对吗？

一人一天地值班还不中吗？

三、"A 不 A 的"句式

"A"多数是动词、形容词，少数情况下是名词，其中以动词最为常见。这种句式隐含否定意义。例如：

恁买不买的不要紧，不该踢俺的摊子。

你认不认的倒还罢，好不该上头拳打，下头脚踢（民间说唱）。

真话我说了，听不听的只在你了。

啥该不该的，碍你啥事？就你充能！

行不行的，你回个话儿。

演得好不好的，你点个赞。

明白不明白的，等你长大就知道了。

管她俊不俊的，会过日子就中，长得俊又不能当饭吃。

啥钱不钱的，能平安回家就谢天谢地了。

四、"三Ａ两Ａ"和"三Ａ两不Ａ"句式

Ａ代表行为动词。这两种句式的含义相同，都表示行为次数少、轻易。举例如下。

菜贩子三说两不说，把那些工人家属说晕了。

中人三说两说就说妥了。

他三推两不推，把那些人推到外边。

四邻八舍三劝两不劝，把他俩劝好了。

三猜两不猜，就知道是他干的。

他的谜我三猜两猜猜准了。

三谈两不谈，这桩买卖谈成了。

亲朋好友三看两不看，把她看羞了。

第七章 方言语料

第一节 谚语

丰县民谚丰富多彩，通俗易懂，具有地方特色。举例如下：
○南关到北关，来回三里三（旧民谚）。
○华山到栖山，来回二十三（丰县华山镇到沛县栖山镇，来回有二十三里路）。
○丰、沛是一家（丰县人和沛县人是一家人）。
○紧淤慢沙（黄河发水时，水流急处带来淤土，水流缓处带来沙土）。

※※※※※※

○二、八月，昼夜相停（农历二月和八月，昼夜长度相等）。‖也说"二、八月，两头齐"。
○三星对门，门口蹲人（春季晚上三星对门时，天气已经暖和，可以在门口蹲坐闲谈）。
○吃了端午粽，才把棉袄送（过了端午节，才可脱下棉衣）。
○春地如筛，勒马等路（春季大地能快速吸收水分，雨后道路迅速晾干，勒马之间即可上路）。
○十月天短，梳头洗脸（农历十月，昼短夜长，梳头洗脸之间白天就过去了）。‖有的说"十月天短，刷锅洗碗"。
○一九二九不出手，三九四九凌上走。五九六九，河边看柳。七九六十三，行人把衣单。八九七十二，黄牛下了地。九九杨花开，十九燕子来。
○小寒大寒，立春过年（小寒、大寒、立春、春节依次来到）。
○狗吃草，驴打挂，江猪子过河就要下（江猪子过河，喻指乌云如同江豚一样越过银河）。
○蚂蚁搬家，大雨没脚丫（蚂蚁搬家，预示着要下大雨）。
○大旱不过五月十三（春旱往往不超过农历五月十三日，此日前后常有降雨。传说此日关羽磨刀，磨刀蘸水洒落成雨）。

○有钱难买五月里旱，六月里连阴吃饱饭（农历五月天旱有利于麦子收割打晒，六月里雨水多有利于夏季庄稼生长）。

○六月六，晒龙衣（农历六月六日，正值酷暑，人们把衣物被褥放在烈日下暴晒，去潮、杀菌、除霉）。

* * * * * *

○庄稼活，不用学，人家咋着咱咋着。

○该热不热，五谷不结；该冷不冷，人有灾情。

○庄稼说熟一忽啦（庄稼在短时间内就会成熟）。

○埋麦露豆（麦子播种要埋进土里，黄豆播种入土要浅）。

○寒露两旁看早麦（有的说"寒露头里看早麦"。旧时寒露前后早麦生出幼苗，现在一般较晚）。

○麦怕胎里旱，人怕老来穷（麦子发芽前后怕干旱，人到老年怕贫穷）。

○小满不满，麦子有闪（到小满节气时，小麦如果没有灌满浆，收成会有闪失）。

○楝子开花吃燎麦（楝树开花时麦子籽粒已经饱满，可以烤青麦穗吃）。

○磨镰不误割麦（义同"磨刀不误砍柴工"）。

○乡村四月闲人少。

○麦忙无秀女（旧谚。意思是收麦季节深闺女子也要忙起来）。

○沙地里看苗，淤地里吃麦（有的说"沙地里看苗，淤地里吃饭"）。

○小麦去了头，秫秫没了牛（割过麦子不久，高粱就迅速长高，可以高过牛）。

○早豆子，晚芝麻，看喽怪好不收啥。

○谷雨前后，种瓜种豆。

○豆子开花，捞鱼摸虾（黄豆开花时，正值汛期，河塘水满，可以捕捉鱼虾）。

○枣芽发，种棉花（枣树发芽的时候该种棉花）。

○稳当秫秫浪当麦（高粱结穗后需要稳定的气候，如果风雨太大就会头重脚轻扑倒在地；麦子衍花时，能禁得住一定的风力）。

○冻琉响，萝卜长（胡萝卜极耐低温，冰雪之下仍可生长）。

○饿不死的鹰，旱不死的葱。

○头伏萝卜二伏芥，三伏里头畦白菜（有的说"头伏萝卜末伏菜"。菜，指大白菜）。

○七月十五枣红鼻。

○桃三杏四梨五年，小枣当年就还钱（或说：桃三杏四梨五年，枣树当年就卖钱）。

○夜里下，白日里晴，收的粮食没处盛；夜里下，白日里歇，收的粮食没处搁。

○立了秋，挂锄钩（立秋后，把锄收起，不用再锄地了）。

○立秋十八天，寸草结籽（立秋十八天后，即使很矮小的草也要结种子了）。

○吃饭看锅，犁地看托（托，犁辕前部扣挂绠绳的犁盘。把托摆平放直，犁出的地则会均匀，不会有漏落、重复）。

* * * * * *

○羊、马比君子（意思是说羊、马等类动物也像人一样疼爱幼崽）。

○牛没上牙狗没肝，兔子没胆跑三天。

○寸草铡三刀，无料也上膘。

○六月六，捶牤牛（农历六月六日，用锤子捶坏公牛的睾丸，使它失去性功能，变成老犍）。

○猫三，狗四，猪五，羊六（这四种动物怀胎生育期分别是：三个月、四个月、五个月、六个月）。

○小猫小狗，也算一口。

○老猫上屋檐，都是辈辈传。

○老猫送灯台，一去不回来（比喻去后就不再回来，含戏谑意味：他前后谈了四五个对象，都是~）。

○猫走千里都吃肉，狗走千里啃骨头。

○狗记千，猫记万，老鼠记得一里半。

* * * * * *

○行家一伸手，就知有没有（内行的人一出手，就可断定真假）。

○会者不忙，忙者不会。

○师傅不明弟子拙，歪师傅带歪徒弟。

○只有状元徒弟，没有状元师傅。

○长木匠，短铁匠（木匠选用的木料要稍长一点，木料长了可以截短；铁匠选用的器料可以短一点，铁器短了可以锤砸拉长）。

○编筐打篓子，一顾几口子。

* * * * * *

○无丰不成梆（意思是周边各地梆子剧团都有丰县籍演员。自清代乾隆年间，蒋花架子收徒创立蒋派梆子艺术，丰县梆子戏艺人分布在山东、安徽、河南、江苏等省，形成一定影响）。

○戏过三天松（指演戏持续多日，就不会紧凑了）。

○饱吹、饿唱、气打鼓（指饱、饿、生气三种状态分别适合吹奏、唱、击鼓）。

○不拿奸贼不煞戏（指传统戏中不惩处奸臣，戏就不结束：这算啥戏！奸臣还没拿下就煞戏了）。

○说书的嘴快，唱戏的腿快（说书艺人数语就可跨越多年，唱戏的演员稍用台步就可表示走出很远）。

○厨师的汤，唱戏的腔。

○要不中，唱"工升"；要不沾，唱"天仙"（意思是如果找不到押韵的字词，就唱"工升""天仙"这两道韵，这两道韵宽，容易唱）。

※ ※ ※ ※ ※ ※

○褒贬是买主（挑毛病的人往往是真心要购买的顾客：你的东西再好，也兴人家说说，～嘛）。

○南京到北京，买的不如卖的精。

○当面点钱不薄人（当着对方的面查点钱，不会使人感到情分浅）。

○好货不赶好行市（好货不如好行情）。

○河里无鱼市上看（意思是河里看不到鱼，到集市上却会看到很多鱼。比喻换个角度全面地看问题，就会了解事实）。

○货比三家不吃亏。

○老店里断不了陈货。

○快马赶不上青菜行（形容青菜的行情变化非常快）。

○庄稼老头脾气怪，价钱越贵越不卖。

○买卖争分毫。

○卖啥的吆唤啥（卖什么货物就吆喝什么货物）。

○生意不成话不到（做生意不成功，大多因为说话不到位）。

○生意不如手艺，手艺不如口艺，口艺不如守地。

○是虾都顶鱼（旧时虾的价格低，卖虾就会冲击鱼的行情，比喻廉价商品总会影响正宗商品的销售）。

○先尝后买，才知好歹。

○挣钱不挣钱，落个肚子圆。

○账多了不愁，虱子多了不咬人。

○外财不发命穷人（外财，来路不正或意外得来的钱财）。

※ ※ ※ ※ ※ ※

○猪肉不用拣，臀尖搭子眼（意思是猪肉最好吃的部位为臀尖和腿部。臀尖，猪臀部隆起处的肉。搭子眼，猪前腿部位的肉，卖肉者用铁钩钩挂）。

○要吃飞禽，鹁鸽鹌鹑；要吃走兽，还是狗肉。

○大锅的糊涂小锅的菜（大锅烧的稀饭味道好，小锅炒的菜味道好。糊涂，指稀饭）。

○葱辣鼻子蒜辣心，韭菜单辣舌头根。

○打春的萝卜立秋的瓜（萝卜在立春之后易于失水糠心，立秋之后成熟的瓜甜度不够，这两类蔬果口味欠佳）。

○桃保人，杏伤人，李子行里抬死人（桃子有保养功效，杏、李多吃对身体有害）。

○烟酒不分家（意为香烟和酒可以分享）。

○吃饱不想家。

○宁买不值，不买吃食。

○有巧没巧，全在末了（末了，音 [miə²¹⁴laur³⁵] miě lǎor，最后。本句意思为：盛粥、汤时，稠的都在下边，最后盛饭的占便宜）。

○隔锅的饭香（别人家的饭比自家的好吃）。

○年饭吃得早，日子过得好。

＊＊＊＊＊＊

○人靠衣裳马靠鞍（人需衣服装扮，马需鞍子装配）。

○三分人才，七分打扮（若要好看，三分靠长相，七分靠打扮）。

○二八月，乱穿衣（农历二月、八月，冷暖交替，人们穿衣厚薄不一）。

○光棍不穿四两棉（爱面子的人不穿太厚的棉衣，以免显得臃肿。光棍，指体面人或者爱面子的人）。

○有钱没钱，剃头过年。

○与人不睦，劝人盖屋。

○老百姓三件宝，丑妻、薄地、破棉袄（丑妻、薄地、破棉袄能让人平安生活，不令人羡慕忌妒，不招引横祸）。

○劈柴劈小头，问路问老头（劈木柴应从细小的一端开始，可以节省力气；问路应问老人，容易得到确切的答案）。

○三、六、九，往外走；二、五、八，好回家（出行风俗，农历逢三、六、九的日子适宜离家外出，农历逢二、五、八的日子适宜返家）。有的说出门三、六、九，回家二、五、八。

○穷干净，富邋遢，邋邋遢遢好人家。

○买得起马，就配得起鞍（比喻买得起主要部分，就能买起相匹配的部分：～，你买上了新房子，咋能不装修呢）。

○没吃过猪肉，也见过猪跑（比喻见识再少也应该懂得一些常识）。

○兴啥啥不丑。

○贪多嚼不烂。

○心急喝不得热糊涂。

○慢工出巧活（慢工夫能够做得细巧）。
○紧早不紧晚（尽量早行动，不要拖延）。
○身大力不亏（身材高大的人有劲）。
○小孩说话猛一莽（莽，音[maŋ³⁵] máng，幼儿突然发声）。
○从小看大（人在幼小的时候，可以看出长大后的情况）。
○小时候不成驴，到老也是驴驹子（比喻小时候品性不好，年老也不会改变）。
○人大愣，狗大呆，包子大了净韭菜。
○男长二十三，女长猛一蹿（男子身高可以长到二十三岁，女孩身高一次长足）。
○三十八，花一花（人在三十八岁时开始眼花）。
○破罐子熬得过柏木筲（旧时，瓦罐和柏木水桶是常用的提水工具，破瓦罐易碎，所以人们用起来小心；而柏木筲结实，不被爱惜，最终先于破瓦罐毁掉。此语比喻一些体质不好的人，寿命反而长于看似健壮的人）。

＊＊＊＊＊＊

○孝子认脚不认人（本地风俗，死者子女对吊孝的外姓人，不论尊卑长幼，见了就磕头）。
○闺女哭真心实意，儿子哭惊天动地，儿媳妇哭是疼东西，女婿哭虚情假意。
○官司悠悠，三冬三秋（极言旧时诉讼之难）。
○死人身上有糨子（比喻一旦被人命案件牵连，就会像糨糊粘住一样，很难摆脱）。

＊＊＊＊＊＊

○有啥别有病，没啥别没钱。
○天怕黑云地怕荒，人怕得病草怕霜。
○好汉就怕病来磨。
○有病好说说，有疮好摸摸。
○单方治大病（单方，指民间流传的药方，通常专治某种疾病，用药简单）。
○伤筋动骨一百天。
○病怕没名，疮怕有名。
○小孩不蹦，必定有病。

＊＊＊＊＊＊

○行得端，立得正，三条大路走当中。
○冻死迎风站，饿死不弯腰（或说：冻死迎风站，饿死不出声）。
○有粉搽到脸上。
○走过勤的好皇帝，受过苦的是好人（曾经蒙难，成为开明皇帝；曾经受苦，成为好人）。
○朝廷出殡官打锣，逼得老臣无奈何。
○官升脾气长。
○老鼠给猫攒着（比喻弱者积累财产，最终被强势者掠夺）。
○是骡子是马，牵出来遛遛就知道了。
○鞭打快牛，事找忙人。
○不怕一万，就怕万一（意为做事要细心、严谨，慎之又慎）。
○有钱难买回头看。
○吃亏人常在，刁钻不到头。
○吃一回亏，学一回乖。
○好酒的不入茶行（意为爱好什么就会到什么地方去）。
○不见兔子不撒鹰。
○三年不吸烟，省个大老犍。
○千顷地，万头牛，搁不得败家子一露头。
○狗窝里搁不住油馍馍（比喻不会过日子的人不懂得节存。有的说"狗窝里搁不住剩窝窝"）。
○上顿吃不饱，下顿省不了。
○冻的闲人，饿的懒人（闲散会受冻，懒惰会挨饿）。
○卖瓜的不说瓜苦。
○跑了猪，跑不了圈（即便一时躲开，但搬不走家，摆脱不了牵累）。
○光棍打九九，不能打加一（意思是聪明人见好就收，留有余地）。
○癞狗托不到墙头去（比喻不可造就）。
○淮鼠狼单咬病鸭子（比喻倒霉的事往往落在本来就有难处的人身上：他打工没找着工作，又叫汽车碰了一下子，真是~）。
○染缸里没有倒白布的（比喻环境对人有巨大影响）。
○千锤打锣，一锤定音（比喻一人说了算：~，我的婚事还是俺爸爸当家）。
○人随大溜草随风。
○天塌砸大家。
○一个槽上不能拴两个叫驴。
○满瓶子不响，半瓶子咣当（[kuaŋ^{55}taŋ^0] guāng dang）。
○偷来的发馍不能上供（发馍，又称发面馍，用发酵面块做成的馒头或面饼）。
○阴天晴天不知道，自家有啥没啥还能不知道？
○有钱买马，别受驴的颠。

○再一再二不能再三（事不过三，指同样的错误行为不可超过三次）。

○今年盼着明年好，明年的袍子改成袄。

○穷没有根，富没有苗，日子不好耐心熬。

＊＊＊＊＊＊

○丑话说到头里。

○话怕三面对头。

○会说的瞒不住会听的。

○路边上说话，草棵里有人。

○能吃过头饭，不能说过头话。

○唾沫星子淹死人（比喻人们在背后的议论很可怕）。

○小孩嘴里有实话（有的说：小孩嘴里吐真言）。

○张口容易合口难（比喻说出口的话难以收回）。

○一半瞎话一半空，说的再好没人听。

＊＊＊＊＊＊

○客走主安（客人离开，主人就安定下来）。

○礼多人不怪（礼节多，别人也不会责怪）。

○人到礼不差（只要人来到，即使不带礼物也不为失礼。有的说"人到理不差"）。

○一家有事百家忧。

○亲盼着亲好，邻盼着邻安（亲人之间、邻居之间，都盼望对方生活美好、平安）。

○人不亲土亲，和尚不亲帽子亲。

○一辈子同学三辈子亲。

○人心都是肉长的。

○远的香，近的囔（亲朋离得远，觉得亲切，离得近，反而容易闹矛盾。囔 [naŋ]²¹⁴ năng，不好）。

○各亲各论（对复杂的亲戚关系，只按自己的亲缘来定辈分、称呼，不考虑其他原因造成的差辈等问题）。

○啥亲戚啥待承（对不同的亲戚用不同的招待方式）。

○仨钱的不跟俩钱的玩（比喻财产较多的人不愿与较少的人合伙共事）。

○清楚不了糊涂了。

○劝和不劝分（对吵架双方要劝他们和好，不要劝他们分手）。

○争着不足，让着有余（或说：争之不足，让之有余）。

○先明后不争【事先说明（钱财等）使用、分配原则，以免事后争执：盖大楼的事儿，咱~，先谈好投资、租赁、分红的条条道道，再来凑钱】。

○只有敬服的，没有打怕的。

○骂人没好话，打人没好拳。

○看出殡的不怕折耗大。

○猴子不上竿，多敲两遍锣（本为驯猴术语，喻指如果别人不按自己的意愿做事，就多做说服动员工作）。

○一人难称百人意。

○做事不依东，累死也无功（东，东家，事主。干活不符合雇主的意愿，再累也无效）。

○吃谁的窝窝，受谁的哆啰。

○逮个黄鸟还得搭个谷穗咪（喻指要想获取，须先投入）。

○手里没把米，唤鸡鸡不来。

○站客难打发（对没坐下的来客的招呼语）。

○宁跦一村，不跦一家（跦，丰县音 [ma³⁵] má，意为错过。安排事情时，宁可错过整个村，也不遗漏个别人家）。

○没有外号不发家（旧俗认为外号可以带来发家的好运：人家喊他的外号，他也不恼，他觉得~）。

○一物降一物，蚂蚁吃豆虎（豆虎，豆虫）。

○恶人自有恶人磨，磨得恶人无奈何。

○鬼也怕恶人。

○不怕贼偷，就怕贼惦记。

＊＊＊＊＊＊

○爹治家业儿享福，到了孙子摆大铺。

○爹憨憨一个，娘憨憨一窝。

○有儿不服穷（有儿子就有希望摆脱穷困生活）。

○十个络花女，不赶一个跛脚儿（十个绣花的女儿不如一个跛脚儿子有用。络，此处音 [luə⁵⁵] luō。络花，意思是比照绣花底样来剪花、描花。十个络花女，有的说"十个络锦花""十个天仙女""十个孝顺女"）。

○跟谁向谁，有谁疼谁（子女跟谁长大就偏爱谁，和谁在一起就疼爱谁）。

○养儿才知报娘恩。

○天下爹娘疼小儿，天下爹娘爱好儿。

○疼孙子，葫芦头里攒金子；疼外甥，瞎糊弄，秫秫棵里断溜虫（葫芦头，旧时盛器，将熟透葫芦晒干掏空，锯开口，作储钱罐用。本句意为：祖母疼爱孙子，如同在储钱罐里积攒金子一样）。

○三辈子不出姥娘门（意为人受外祖母家的影响是很深的）。

○对眼就是磨，相中就是货（孔与轴能够相合的，就可成为石磨；看中的东西，就可买作货物。比喻本人看中的就是合适的：人家看那个女的不咋样，他看喽跟天仙样，~）。

○天上下雨地上流，两口子吵架不记仇，白日里吃的是一锅饭，黑喽枕的是一个枕头。

○娶媳妇像安神，安着好的还好过，安着孬的缠死人。

○媳妇是人家的好，孩子是自家的好。

○大二小三不重名（按排行给孩子取名，比如叫"大孩""二孩""小三"，虽然很多人都这样取名，也不算重名）。

○小孩要哄，老人要拢（对小孩要哄，对老人要笼络）。

○一辈子不问两辈子的事（上辈人对后辈人的事不必过问）。

○家败出野猫（比喻家庭败落时出现不走正道的人）。

第二节　四句头

丰县民间流传着一种"四句头"谚语，其特点是：列举四种具有共同特征的事物或感受，采用排比句式，押韵上口，幽默风趣，生活气息浓厚。

举例如下。

【四不斗】

男不跟女斗，老不跟少斗，有不跟穷斗，穷不跟急斗。

【四个八】

十七十八力不全，二十七八正当年，三十七八还好过，四十七八不沾弦。

【四好听】

撕绫罗，打茶盅，百灵叫，画眉声。

【四难听】

刷大锯，抢锅沿，黄鼠狼拉鸡驴叫唤（刷锯，磨锯齿使之锋利）。

【四还是】

磨刀还是石头，论滑还是泥鳅，爬竿还是老猴，经验还是老头。

【四宽敞】

河里洗澡地上睡，披着单子赶边会（单子，床单；边会，在村镇外边或野地成立的集市）。

【四恋】

虎恋深山鸟恋林，蜜蜂恋花雁恋群（说书艺人常用语）。

【四新鲜】

头刀韭，谢花藕，新娶的媳妇黄瓜纽。

【四瘆人】

大南洼，柏树林，夜猫子叫，吊死人。

第三节　歇后语

○八分钱赶集——办不了毛钱的事（毛钱，一角钱）。
○八月十五生孩子——赶节上了（赶到节骨眼上了）。
○巴狗撵兔子——要腿没腿，要嘴没嘴。
○城隍庙的书——说的说，听的听（旧时在县城城隍庙说书人表演时，听书人很随意，想听就听，想走就走）。
○秤钩子挂鞋——不志脚（"志脚"谐"自觉"）。
○出罢殡打和尚——不共下回（出殡时请和尚念经超度亡灵，事后就打和尚，不考虑再次合作相处。共，相处）。
○大年五更打只兔子——有它过年，没它也过年（大年五更，指农历正月初一五更时分。习惯上，过年的食品早就准备齐全，并不缺少一只兔子，所以，有没有兔子一样过年。比喻某人可有可无，有他与否都没什么关系）。
○豆腐掉到灰窝里——吹不得，打不得。
○豆芽子上天——能豆带尾巴。
○碓头砸磨扇——石打石（"石"谐"实"）。
○二大爷吃槐芽——肿脸难看。
○反贴门神——左右难。
○秆草卷老头——丢大人了（秆草，谷子秸秆。旧时简单地葬埋夭折儿童，常用秆草包裹）。
○狗皮贴到南墙上——不像画（"画"谐"话"）。
○关着门卖疥药——爱来不来。
○锅底下扒红芋——拣熟的掂。

○锅底下没烧火——你咋淤咪（"淤"谐"迂"）？
○好好的骡子卖了个驴价钱——没碰见识货人。
○脚面子上支锅——说踢就踢。
○斤半的鲤鱼——巧个儿。
○京城的皇上——辈辈传。
○噘嘴骡子标高价——嘴值钱。
○噘嘴骡子卖不过驴钱——毁就毁到嘴上。
○口袋里装着牛梭头——内里有弯儿。
○腊月里穿裤衩子——抖起来了（抖，双关用法，借指阔气）。
○癞蛤蟆戴眼镜——坑里壕里都看见（比喻斤斤计较，非常爱财：他块儿八角的都算得啪啪的，~）。
○癞蛤蟆垫桌子腿——硬撑。
○狼子去了尾巴——没有值钱的毛了（狼子 [laŋ²¹⁴tsɿ⁰] lǎng zi，指黄鼠狼。黄鼠狼的尾巴比较值钱，可以做毛笔等）。
○老雕叼着个蒜臼子——云里雾里攉（[tɕʻyə²¹⁴] quě）。
○老鸹落到猪身上——光看着人家黑。
○老嬷嬷吃柿子——光拣软的捏。
○老鼠拉木锨——大头在后边。
○老灶爷上天——有啥说啥。
○马掌钉到马腚上——离蹄太远（"蹄"谐"题"）。
○买的个麻花不吃——要的个劲（麻花是拧劲搓成的。这句比喻某人非常执拗）。
○买个炮仗没捻儿——咋响来（"响"谐"想"）。
○买金的碰上卖金的——碰巧了。
○卖糖稀的住楼——熬上去了。
○棉卜叽敲磬——没音（双关，没有回音）。
○庙里的猪头——有主了。
○庙里长草——荒了神了（"荒"谐"慌"）。
○牛犊子拉车——乱套了。
○七里铺的土地爷——神不大，庙不小。
○七月的核桃——满仁了（"仁"谐"人"）。
○墙头上骑马——转不开弯。
○荞麦面打糨子——好糊不沾板（糊 [xuɤ⁵²³] hùr，谐"户"。本句意是吝啬的富户不可交往）。

○苘秆子打狼——两头害怕。

○仨钱搁到两下里——一是一，二是二。

○三个牲口死了俩——别提那一犋了（"犋"谐"句"。三头牲口可以成为一犋，死了两头就不能组成一犋）

○三九天吃琉琉——寒透心（琉琉，即冰挂）。

○失火趴到床底下——挨一会儿是一会儿。

○四两棉花八张弓——细弹细弹（"弹"谐"谈"）。

○蒜瓣子顶门——头多不管用。

○土地老爷压瓜——净出神岔子。

○王小二过年——一年不如一年。

○蚊子咬菩萨——没人味。

○武大郎遛夜猫子——啥人玩啥鸟。

○瞎子蹚水——试着来。

○下过雨上王鲁——沾鞋（"沾鞋"谐"沾弦儿"。王鲁为山东省鱼台县一镇名，在丰县东北方向，淤地，雨后地黏）。

○兄弟俩关门——各人小心各人的。

○丫鬟拿钥匙——当家不作主。

○哑巴吃扁食——肚里有数。

○阎王爷断案——鬼话连篇。

○羊群里跑个驴——都数它的个子大。

○咬败的鹌鹑斗败的鸡——上不了阵势。

○要饭牵着猴——玩心大。

○倚着碑碣烤火——一面子热。

○运粮河的蛤蟆——干鼓肚。

○枣核子解板——没两锯（"锯"谐"句"）。

○灶火窝里相媳妇——就这一堆。

○掌鞋的不用锥子——针好（"针"谐"真"）。

○正月十五贴门神——晚了半个月（贴门神和贴春联都应在除夕日中午，正月十五日贴门神，则晚半个月）。

○锥子剃头——各师傅各传授。

○做梦娶媳妇——想好事。

第四节　歌谣

一、民谣及说唱

过年谣

年来到，年来到，闺女要花儿要炮。
老嬷嬷要个两头翘，老头要个独噜帽。

棉花歌
（1987年和集乡文化站收集）

小棉种，剔溜圆，清水淘，青灰里拌，
撒到东南地里二亩半。
上街觅来个王大汉，横锄竖锄七八遍。
打了顶，结了桃，家家小女去拾棉。
一拾拾到日头转，挎着竹篮转回还。
绞车绞（音叫），弓上弹，枣木槌子去弹棉。
弹里个棉绒细曾曾，搓里个棉卜叽心里空。
买个纺车八个翅，买个锭子两头尖。
右手拧，左手添，纺里个棉穗子剔溜圆。
拐子拐，络子缠，经线里娘娘跑开马，
刷线里娘娘站两边，织布里娘娘坐花船。
织里个布，赛银单，送到缸里染毛蓝。
糨子糨，巴棍子颠，剪子绞，钢针钻，
钻里个布衫可人穿。

十二月胡诌歌
（1987年岳庄乡文化站收集）

正月里掐樱桃大街去卖，二月里端阳节家家戴艾。
三月里牛郎会织女，四月里下苦霜百草打坏。
五月里交冬数九，六月里下大雪铺满长街。
七月里星泉高挂，八月里贴门神新年到来。
九月里风摆杨柳，十月里桃杏花开。
十一月麦熟蚕老，十二月三伏天卖扇的到来。

梁祝下山
（本篇为民间说唱，民国时期曾有铅印小册子流传）

天地出来紫不拉歪，一对学生下山来。

前边走里个梁山伯，后边跟着祝英台。

走一里，又一里，里里里边好东西。

走一庄，又一庄，庄庄里头小狗瞎汪汪。

小狗小狗你别咬，我是东庄恁大娘。

走一坡，又一坡，坡坡里头好苇棵。

梁哥梁哥你别慌走，我到苇棵里裹裹脚。

走一洼，又一洼，洼洼里头好庄稼。

高里是秫秫，矮里是芝麻，

不高不矮是棉花，棉花地里带西瓜。

熟了摘给梁哥吃，梁哥吃出甜头再来扒（[pʻa⁵⁵] pā）。

十不足
（1987年赵庄文化站整理）

前朝有个十不足，家下贫穷无饭吃。

老天爷赐他一碗饭，他言讲坐下没马骑。

老天爷赐他白龙马，他言讲身上没官职。

老天爷赐给他七品县印，他言讲小官要受大官欺。

老天爷叫他朝中做阁老，他言讲不如面南去登基。

老天爷叫他登龙位，他言讲缺少上天梯。

老天爷度他把天上，他陪着玉皇下象棋。

他看见玉皇女儿长得好，要跟玉皇女儿配夫妻。

当时弄恼玉皇面，一袍袖展到奈河里。

这就是前朝一辈古，劝明公别学十不足。

拄棍歌
（原丰县工商联副主席张庚整理）

拄棍一，拄棍一，离了拄棍过不得。

拄棍两，拄棍两，拄棍倒比儿还强。

拄棍三，拄棍三，儿媳妇的饭碗不易端。

拄棍四，拄棍四，拄棍好比儿媳妇眼中的刺。

拄棍五，拄棍五，到底老来弄么苦（弄么，这么）。

拄棍六，拄棍六，到底老来真难受。

拄棍七，拄棍七，人老钻腰把头低（钻腰，跧腰，弯腰）。
拄棍八，拄棍八，到底老来弄么瞎。
拄棍九，拄棍九，到底老来不抵个狗。
拄棍十，拄棍十，气似吹风肉似泥。

西北风，阵阵寒
（魏以胜整理）

西北风，阵阵寒，咱这合都兴海灿蓝。
海灿蓝，也怪好，咱这合都兴带花袄。
带花袄，两朵花，咱这合都兴黄洋袜。
黄洋袜，两道勒，咱这合都兴青礼帽。
青礼帽，砸气眼，咱这合都兴洋烟卷。
洋烟卷，嘴里吸，咱这合都兴海蚆子蜜。
海蚆子蜜，也怪滑，咱这合都兴打偏芽（把额前短发用卡子偏向一边分开卡住）。
打偏芽，两边分，咱这合都兴别别针。
别别针，别套袖，各样脏活都能做。

二、童谣

小嘛嘎 嗓子大

小嘛嘎，嗓子大，上到高山说大话。
爹拉犁子娘拉耙，奶奶跟着打坷垃。
走路的，别笑话，俺没牲口种庄稼。

小老鼠

小老鼠，上灯台。
偷油喝，下不来。
叫老猫，抱下来。
"吱吜"，打个花瓯。

杀 鸡
（1987年赵庄文化站收集）

小白鸡，咯咯嗒，客来了，要杀它。
鸡说啦：我天天媸蛋咯咯嗒，杀我不如杀鸣鸭。
鸣鸭说：我的个儿小脖子长，杀我不如杀只羊。
羊就说：我四条金腿往前走，杀我不如杀只狗。
狗就说：我看家看得喉咙哑，杀我不如杀匹马。

马就说：我背上鞍子任人骑，杀我不如杀头驴。
驴就说：我整天拉磨咕噜噜，杀我不如杀头猪。
猪就说：吃恁的菜，咽恁的糠，拿来小刀见阎王。

杀羊羔
（群体游戏中，扮杀羊者和扮老羊者对唱）

杀羊者：磨，磨，磨刀唻。

老羊：磨刀治啥唻？

杀羊者：杀恁的羊羔唻。

老羊：俺的羊羔吃恁啥唻？

杀羊者：吃俺一斗谷子二斗米。

老羊：东地里打了还恁，中不？

杀羊者：不中。

老羊：西地里打了还恁，中不？

杀羊者：不中。

老羊：天上掉下个银娃娃，恁一个，俺一个，中不？

杀羊者：不中。

老羊：杀就杀了吧。

小巴狗上南山

小巴狗，上南山。

割荆条，编字篮。

筛大米，做干饭。

老嬷嬷吃，老头看，急得巴狗啃锅沿。

巴狗巴狗你别急，剩了锅巴是你的。

第五节 谜语

一、事物谜

万古千秋一美人，十五六上正逢春。

十七十八还好过，二十四五命归阴。

（打一自然物体。谜底：月亮）

青石板，石板青，青石板上钉银钉。
（打自然物体。谜底：星星）

风来了，雨来了，老和尚背着鼓来了。
（打一自然现象。谜底：打雷）

越洗越脏。
（打一自然物体。谜底：水）

家住深山高宅院，光有人知道没人见。
老圣人烧了七天纸，都没跟他见一面。
（打一自然现象。谜底：回音）

肉包骨头红又甜。
（打一果实。谜底：红枣）

小喽青，大喽红，揭喽盖，淌喽脓。
（打一水果。谜底：柿子）

青竹竿，挑黄盆，里边坐着万把人。
（打一作物。谜底：向日葵）

青枝绿叶一棵桃，外是骨头里是毛。
（打一作物。谜底：棉花）

像桃不是桃，里边长白毛。
剥开白毛看，还有小黑桃。
（打一作物。谜底：棉花）

青叶青秆，头顶花碗，
骨头烧锅，外皮卖钱。
（打一植物。谜底：苘）

青竹竿,十八节,到老不长叶。
(打一植物。谜底:节节草)

你是南来北往的,俺是土生土长的。
赤脚踩俺俺不气,你张口骂俺是啥道理?
(打一植物。谜底:蒺藜秧)

一座小楼不大高,有个大嫂里头号。
人家问她号啥来,她说我哭我的孩子没长毛。
(打一现象。谜底:母鸡下蛋)

黑白灰黄皮棉袄,站着不如坐着高。
(打一动物。谜底:狗)

一身疙瘩不长毛,成天撇着大嘴号。
(打一动物。谜底:癞蛤蟆)

从南来个横打横,披着蓑衣露着腚。
(打一动物。谜底:苍蝇)

从南来个穿黑的,一头攮到粪堆里。
(打一动物。谜底:屎壳螂)

一个蛤蟆,四腿拉叉([la^{55}ts'a^{0}] lā ca),
嘴里吃人,肚里说话。
(打一物。谜底:房屋)

有面没有头,有腿没有手。也有四只脚,就是不会走。
(打一器具。谜底:桌子)

一个小红枣,三间屋里盛不了,开开门,往外跑。
(打一器具。谜底:油灯)

从南来个穿黄的,一头攥到麦穰里。
（打一器具。谜底：杈子）

一个小白棍,两头都透气。
（打一物。谜底：棉卜叽）

四四方方一座城,城上城下都是兵。
光听兵打仗,不见兵出城。
（打一器具。谜底：算盘）

远看是个庙,近看是个轿。
脚跐连环板,手打莲花落。
（打一器具。谜底：织布机）

一点铁,一点铜,一点木头一点绳。
（打一器具。谜底：秤）

破谜,破谜,四墙八壁。骨头烂了,还能喘气。
（打一器具。谜底：风箱）

左一片,右一片,隔着山头不见面。
（打人体一器官。谜底：耳朵）

山上长了一丛麻,割了一茬又一茬。
（打人体一物。谜底：头发）

四四方方一座城,城里城外都是兵。
个个穿着黄马褂,不知哪个是朝廷。
（打一器具。谜底：蜜蜂养殖箱）

二、字谜
一点一横,两眼剔瞪。
（谜底：六）

一横一奄拉,胳拉肢里夹疙瘩。
（谜底：下）

一点一横长,一撇到南阳。
南阳有一人,只有一寸长。
（谜底：府）

一点一横长,口字在当阳。
大口张开口,小口往里藏。
（谜底：高）

上头去下头,下头去上头,
两头去中间,中间去两头。
（谜底：至）

十四人抬着一个人,抬到山东见圣人。
圣人见了哈哈笑,世上咋有这样的人?
（谜底：伞,繁体）

附录

一、方言调查大力支持者及合作者名单
（以汉语拼音为序）

陈家彬	陈　民	程连箴	邓守敬	邓贞兰
范荣华	范玉友	冯德萍	韩友夫	黄连勇
季朗友	蒋　华	康长进	李昌雨	李泰安
李振钧	连广运	刘　洁	刘尊秀	纳建民
石炳宏	史有信	孙建永	孙启善	孙圣领
汪砚永	汪永哲	王传明	魏以胜	吴　艳
杨秋心	尹修伟	于圣连	张　斌	张　庚
张荣光	张秀华	张　悦		

二、这些字大家是怎样的读法

耀　东

【本文摘自《丰报》1936年8月14日第五版。作者逯耀东是丰县人，根据字典注音，认为自己读错许多字音。我们从方言研究的角度来看，他所说的"读错"，实际上是方言读法。从这些"读错字音"上，我们可以看出20世纪30年代丰县方言一些字的读音与现在既有相同之处，也有差别。】

现在上海童年书局，正筹印一部辨字实用字典，他说，有许多字被我们读错、写错、讲解错了，需

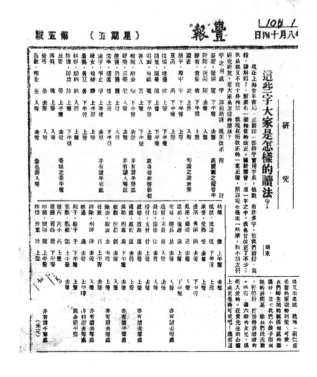

要有一个相当的改正。关于读音，这一年之中我也曾改正了不少；但是我又不敢十分相信，我现在所改正的一定正确，所以现在提出一些来，和小朋友们研究研究，看大家是怎样的读法。

字之用处	字	以前错误	现在改正	附注
华丽，丽偶	丽	下平声	去声	高丽国之丽音平
阡陌，街陌	陌	去声	入声	
静悄，悄忧	悄	下平声	上声	
读书	读	上声	入声	句读之读去声
屋宇，覆宇	宇	下平声	上声	
夏禹	禹	下平声	上声	
帏帐，帏囊	帏	上声	下平声	
闾里，闾桑	闾	上声	下平声	
顷刻，顷亩	顷	下平声	上声	取勇切，非启影切
吾人	吾	上声	下平声	
离开，离去	离	下平声	去声	亦有读平声处
好乐，喜乐	乐	入声	去声	亦有读入声处
侵袭，仍袭	袭	上声	入声	
儒学，儒道	儒	上声	下平声	
谏争，争止	争	上平声	去声	亦有读平声处
妇女，媳妇	妇	上平声	上声	
暑热，暑夏	暑	下平声	上声	
纠察，劾纠	纠	入声	上声	
防备，防禁	防	上声	下平声	
放姿	姿	上平声	去声	姿睢之姿平声
落魄	魄	上声	入声	
恰巧	恰	去声	入声	
亟数，频亟	亟	入声	去声	急也读入声
幼稚	稚	上平声	去声	
抵抗，抵达	抵	下平声	上声	
承受，受得	受	去声	上声	
边隅，角隅	隅	去声	下平声	
乱逆，迎逆	逆	去声	入声	
违恶，违避	违	上声	下平声	

续表

字之用处	字	以前错误	现在改正	附注
交易，变易	易	去声	入声	
边裔，末裔	裔	入声	去声	
畏怯，懦怯	怯	去声	入声	
授付，支付	付	上声	去声	
道德，道路	道	去声	上声	亦有读去声处
通道，道术	道	去声	上声	
为助，因为	为	下平声	去声	亦有读平声处
戏剧，剧甚	剧	去声	入声	
除去，藏去	去	去声	上声	亦有读去声处
召致	召	上平声	去声	
辟除，刑辟	辟	去声	入声	亦有读去声处
经过	过	去声	上平声	亦有读去声处
赐予，给予	予	下平声	上声	同余读平声
寒颤，颤动	颤	上平声	去声	
循芮，芮小	芮	上声	去声	
履践，履禄	履	下平声		
离间，间隔	间	上平声		亦有读平声处
珍惜，珍重	珍	上声		

【编者注：文中所说上平声即今所说阴平，丰县方言调值为214；下平声即今所说阳平，丰县方言调值为55；入声在明代丰县方言中即已消失，后人根据韵书仍能分辨】

三、参考文献

[1]《江苏语言资源资料汇编》编委会.江苏语言资源资料汇编·徐州卷[M].南京：凤凰出版社，2015.

[2] 李荣.徐州方言词典[M].南京：江苏教育出版社，1996.

[3] 江苏省地方志编纂委员会.江苏省志·方言志[M].南京：南京大学出版社，1998.

[4] 钱曾怡.山东方言研究[M].济南：齐鲁出版社，2001.

[5] 钱曾怡.金乡方言志[M].济南：齐鲁书社，2000.

[6] 苏晓青，万连增.赣榆方言研究[M].北京：中华书局，2011.

后 记

本书编写工作始于 2008 年，初衷在于记录和保存丰县独特的地域文化。2011 年因人员调动而间断。2021 年 5 月，丰县政协重启这一计划，并与东南大学出版社取得联系，商讨出版事宜。自此，编者重新修改书稿，并参照《徐州方言词典》《江苏省志·方言志》以及其他地区的方言研究书籍对书稿进行全面规范。2023 年 6 月完成初稿编写工作，经过与东南大学出版社的编辑们紧密合作，反复审校和修改，终于在 2024 年 8 月付梓。

这本书是编者多年积累和完善的结果，更是广大热心人关爱的结晶。在编写过程中，我们得到来自各方的支持和帮助。靳允良、史亚林、徐国良、巩志刚等几届政协主要领导对本书寄予厚望，并成为编写工作的坚强的后盾；原丰县人大常委会副主任袁奉岭对本书编写工作给予鼓励，并鼎力相助；江苏师范大学苏晓青教授对本书编写工作予以指导，提出意见；丰县史志办公室始终参与编写；许多丰县人配合调查，充当发音人，提供丰富的第一手资料。

在此，诚挚感谢所有帮助本书编写的人，感谢陈家彬、陈民、程连箴、邓守敬、邓贞兰、范荣华、范玉友、冯德萍、韩友夫、黄连勇、季朗友、蒋华、康长进、李昌雨、李泰安、李振钧、连广运、刘洁、刘尊秀、纳建民、石炳宏、史有信、孙建永、孙启善、孙圣领、汪砚永、汪永哲、王传明、魏以胜、吴艳、杨秋心、尹修伟、于圣连、张斌、张庚、张荣光、张秀华、张悦等人的支持和付出。

因调查不足、水平有限，本书难免存在错讹之处，我们恳请读者不吝赐教，提出宝贵的意见和建议。

编辑委员会
2024 年 8 月